Julius Mader   Dr.-Sorge-Report

Ein Dokumentarbericht
über Kundschafter des Friedens
mit ausgewählten Artikeln
von Richard Sorge

Julius Mader

Dr.-SORGE-REPORT

Militärverlag der
Deutschen Demokratischen
Republik

Bildquellennachweis

ADN-Zentralbild (8); Archiv Mader (79); Archiv des Militärverlages der DDR (11); Archiv des Präsidiums des Obersten Sowjets der UdSSR (1); Brigade «Dr. Richard Sorge» des VEB Berliner Bremsenwerk (5); Eta Harich-Schneider (1); Humboldt-Universität zu Berlin (1); Institut für Marxismus-Leninismus, Berlin (1); Institut für Marxismus-Leninismus, Moskau (1); «Junge Welt» (13); Gerhard Kegel (1); Mihailo Marić (2); «Neues Deutschland» (1); Hozumi Ozaki (1); Universität der Hansestadt Hamburg (1); Fürst von Urach (2); Yoshiko Vukelić (2)

ISBN 3-327-00204-5

3. überarbeitete und ergänzte Auflage 1986
© Militärverlag der Deutschen Demokratischen Republik (VEB) – Berlin 1984
Lizenz-Nr. 5
Printed in the German Democratic Republic
Lichtsatz: INTERDRUCK Graphischer Großbetrieb Leipzig – III/18/97
Druck und buchbinderische Weiterverarbeitung:
Offizin Andersen Nexö,
Graphischer Großbetrieb, Leipzig III/18/38
Lektor: Gisela Wolf
Schutzumschlag und Einband: G. Neubert/W. Ritter
Typografie: Ingeburg Zoschke
LSV: 0249
Bestellnummer: 746 284 3
01380

Dieses Buch ist einer internationalen Gruppe heldenhafter Kundschafter gewidmet, die vor und während des zweiten Weltkrieges in Japan gegen die deutsch-japanischen Kriegsbrandstifter kämpften.

In den Jahren 1942 bis 1945 ließen japanische Imperialisten und Militaristen folgende Mitglieder der Gruppe «Ramsay» erdrosseln, zu Tode foltern oder im Kerker verhungern:

den Helden der Sowjetunion

Dr. RICHARD SORGE

den jugoslawischen Kommunisten

BRANKO VUKELIĆ

sowie die japanischen Patrioten

Dr. HOZUMI OZAKI,

YOTOKU MIYAGI,

SHIGE MIZUNO,

YOSHIO KAWAMURA,

SUMIO FUNAKOSHI und

TOMO KITABAYASHI.

Ihr Kampf für den Frieden und für das Glück der Völker ist uns Beispiel und Verpflichtung

Inhaltsverzeichnis

Vorweggesagt 8

Ein Revolutionär wird geboren 11

Streiflichter aus Aserbaidshan 11
Von der Schulbank aufs Schlachtfeld 18
Durch die Hölle von Verdun 24
Orientierung auf das erste Glied 27
Mit Revolver unter roter Fahne 35
An der Hamburger Alma mater 40

Im Vortrupp der Klasse 44

Mitglied: Nummer 08678 44
«Teddys» Geheimkurier 56
Namhafte Gäste im Hinterhof 60
Im Mutterland 63
Ein Meisterwerk zur rechten Zeit 81
Von Tschekisten geschult 85
Auf der Seite der Kulis 96

Duell in China 102

Stützpunkt Schanghai 102
Treff mit A. S. 112
Gruppe der Unerschrockenen 121
Neue Front, alte Gegner 131
Hart auf hart 139

Jagd nach dem Kode 149
«Blauhemden» auf der Blutspur 153
Im Schatten der Großen Mauer 157
Wider barbarisches Gas 163
Kampf um zwei Köpfe 171
Die Heimat ruft 179

Gruppe RAMSAY: «Auftrag erfüllt» 185

Neue Direktiven 185
Zwischenstationen in Berlin und Chicago 191
Landung in Yokohama 197
Überlistete Geheimdienstgenerale 211
Wiedersehen in Moskau 231
Die tapferen Vierzig 237
Rund um den Chalchin-Gol 256
Gefunkte Spitzenmeldungen 263
Genickbruch der Würger 287

Nach Jahrzehnten: Das große Wie 324

General Willoughby schießt daneben 324
Dr. Sorges Arbeitsstil 338
Rendezvous mit Spionen 373
Als Kurier nach Schanghai 383
Max funkte dazwischen 393

Die Waffen des Dr. Sorge 410

Aus Moskauer Archiven: 502
Sorge-Dokumente

Kurzbiographien 515

Bibliographie der Publikationen von und 534
über Dr. Richard Sorge

Kurzbiographie Dr. Richard Sorges 546

Namenverzeichnis 550

Vorweggesagt

Der Humanist Richard Sorge

Vielseitige Bildung, Klugheit und Güte erkennt jeder sogleich als Eigenschaften eines Humanisten, gleichsam als die konstituierenden Elemente seines Wesens. Aber unerschrockene Scharfäugigkeit, kombinatorisch-analytische Fähigkeit, kühne Kunst der Verwandlung? Vermag das Persönlichkeitsbild des Humanisten bei aller zugestandenen Streitbarkeit auch derartiges schadlos mit aufzunehmen?

Inmitten einer enormen Fülle politisch-historischer, ökonomischer, kultureller und strategischer Aspekte jener schicksalhaften Periode zwischen 1930 und 1944/45 machen für mich gerade diese Fragen den «Dr.-Sorge-Report» von Julius Mader so aufregend.

Bereits vor zwei Jahrzehnten schrieb Mader zusammen mit einem Autorenkollektiv «Dr. Sorge funkt aus Tokyo». Die jetzt von ihm allein vorliegende Publikation ist durch ganz neue Forschungsergebnisse qualitativ bereichert; und ohnehin hat der sachkundige Autor die seitdem von vielen Seiten – darunter nicht bloß lauteren – geführte Sorge-Debatte wissenschaftlich-objektiv mit geführt und auch aktiv polemisch mitbestritten.

Die trübe Woge der dazu gesendeten, verfilmten, gedruckten Manuskripte aus dem Bereich der NATO hat nach wie vor ein Ziel: In der Gestalt Richard Sorges sollen die wachsamen Beschützer des Friedens und des Humanismus verleumdet, ihre Lauterkeit in Frage gestellt, solche philosophisch-ethischen Kategorien wie Treue und Glaube, Ehre und Gewissen ihres realen, menschheitlich-positiven Sinns beraubt werden. Insofern ist Maders Report eben auch ein glänzendes, beweg- und beweiskräftiges Plädoyer für den kämpferischen Humanismus in einer – zugegeben – nicht alltäglichen, aber eben doch historisch noch unvermeidlichen Gestalt. Er zeigt die subjektiven und objektiven Voraussetzungen einer Kampfesweise, die voll und ganz W. I. Lenins wiederholt formulierter Aufforderung entspricht, daß die revolutionäre Kampfpartei, das Proletariat, schließlich die siegreiche Arbeiterklasse in Gestalt des sozialistischen Staates und seiner Organe alle Inhalte und Formen des Kampfes gegen den skrupellosen Imperialismus beherrschen muß. Zwingend gehören dazu auch das Auge und Ohr, das kombinierende Gehirn derer, welche die verbrecherischen Absichten der aggressivsten, abenteuerlichen Kräfte des Gegners in den frühen Phasen der Vorbereitung aufzudecken in der Lage sind.

In unübersehbarem Kontrast zur reißerischen Spionage- und Agentenliteratur westlicher Provenienz gibt Mader hier ein Lebensbild im Strom der Epoche, dessen biographische und geschichtliche Gültigkeit unbestritten ist. Richard Sorges Entschluß ist klassenmäßig motiviert. Nicht die Aussicht auf Abenteuer, Geld, irgendeine Belohnung prägen seine persönliche Entscheidung, sondern die Einsicht in die Notwendigkeit, auch diese Kampfesweise im Interesse von Frieden und Fortschritt gut zu beherrschen.

So wird das Leben dieses Kundschafters ein Dokument des Humanismus im Sinne Heinrich Manns in seinen berühmten Essays «Ein Zeitalter wird besichtigt» oder im großen Romanwerk «Henri Quatre» – kämpferisch, findig und unbestechlich. Am 4. Oktober 1985 wäre Richard Sorge neunzig Jahre alt geworden. Er wurde am 7. November 1944 ermordet – zynisch berechnet an einem Jahrestag der Großen Sozialistischen Oktoberrevolution.

Richard Sorge, das ist ein Humanist im Leben, Kämpfen und Siegen, auch und erst recht noch im Tod. Wer dieses Buch von Julius Mader liest, erfährt es immer wieder auf tief beeindruckende Weise.

Prof. Dr. sc. Werner Neubert
(Aus «Die Weltbühne» 40/1985)

Dr. Richard Sorge. Ölbild von Andrej Iwanowitsch Plotnow (1965)

Ein Revolutionär wird geboren

Streiflichter aus Aserbaidshan

Baku, am Schnittpunkt Asiens und Europas gelegen, sollte für die Familie Sorge eine wichtige Rolle spielen. Im Altertum nannte man dieses Gebiet Land der Feueranbeter, und dort, wo sich Baku ausdehnte, stand einst der Tempel der Feueranbeter. Direkt aus dem Boden züngelten Flammen, vom Erdgas verursacht, von den Menschen aber als Gotteszeichen verehrt.

Das natürlich konzentrierte Erdöl drang hier aus eigener Kraft bis an die Erdoberfläche, wurde als Naphtha einfach mit Schalen und Eimern abgeschöpft, als Brennstoff für Öllämpchen, später für Petroleumlampen verwendet und weithin gehandelt. Mitte des 19. Jahrhunderts nahm Baku einen ungewöhnlichen Aufschwung und wurde zur ersten Erdölmetropole Europas. Die Brüder Nobel, schwedische Waffen- und Maschinenfabrikanten, ließen hier Fördertürme errichten und holten ihre ersten Millionen aus dieser Gegend.

Maxim Gorki lernte die alte Stadt kennen und notierte: «Baku mit seiner Erdölindustrie ist ein genial gemaltes Bild einer finsteren Hölle.» Fred Mercks hat in seinem Buch die Geschichte jenes Territoriums, auf dem damals nur drei Prozent der männlichen und ein Prozent der weiblichen Bevölkerung lesen und schreiben konnten, so beschrieben: «Geschäftsreisen in den Kaukasus, auf denen – nach dem Krimkrieg (1853–1856) – Holz für Gewehrkolben eingekauft wird, bringen die Nobels auch in die reichen Erdölreviere des Kaukasus. Die industrielle Ausbeute steht hier noch in den Anfängen. Die Nobels erhalten schnell und billig Konzessionen in den Petroleumfeldern von Balachany und fassen damit in der russischen Naphtha-Industrie Fuß. Sie gründen eine vertikale Ölgesellschaft, die von der Ölquelle über die Förderung und Verarbeitung bis zum Verkauf der Fertigprodukte alles unter eigener Regie hat ... Im Jahre 1872 beträgt die Ölausbeute des Ba-

*Deutscher
Kommunist und
Kundschafter der
Roten Armee:
Held der Sowjet-
union
Dr. Richard Sorge*

Указ Президиума Верховного Совета
СССР

О присвоении звания Героя Советского Союза товарищу Рихарду Зорге

За выдающиеся заслуги перед Родиной и проявленные при этом мужество и геройство присвоить товарищу Рихарду Зорге звание Героя Советского Союза посмертно.

Председатель Президиума Верховного Совета СССР
А. Микоян
Секретарь Президиума Верховного Совета СССР
М. Георгадзе

Москва, Кремль, 5 ноября 1964 г.

Erlaß des Präsidiums des Obersten Sowjets der UdSSR

Über die Verleihung des Ehrentitels Held der Sowjetunion an den Genossen Richard Sorge

Für hervorragende Verdienste gegenüber der Heimat und für Tapferkeit und Heldenmut wird dem Genossen Richard Sorge der Ehrentitel Held der Sowjetunion postum verliehen.

Vorsitzender des Präsidiums des Obersten Sowjets der UdSSR
A. Mikojan
Sekretär des Präsidiums des Obersten Sowjets der UdSSR
M. Georgadse

Moskau, Kreml, 5. November 1964

12

kuer Reviers 10 000 Tonnen. Schon 1880 liefern 195 Raffinerien eine Million Tonnen Petroleum. Die Nobels lassen 400 eigene Kesselwagen bauen und erwerben binnen kurzem über zwei Dutzend Flußtanker, um den wachsenden Inlandsmarkt zu beliefern. Sie besitzen Kisten-, Kannen- und Kanisterfabriken, Reparaturwerkstätten, Lagerhäuser und ein Vertriebsnetz in allen größeren Städten Rußlands. Über 25 000 Arbeiter schuften für das Ölimperium der Nobels, das beim Tode des alten Nobel im Jahre 1888 über ein Gesamtvermögen von 35 Millionen Rubel verfügt. Das war etwa ein Fünftel des ausländischen Kapitals in der russischen Erdölindustrie. Die bedeutendsten anderen Vertreter des Auslandskapitals waren deutsche und französische Unternehmen.»[1]

Aber weder die kapitalistische Sucht, neue Profitquellen an den Gestaden des Kaspischen Meeres zum Sprudeln zu bringen, noch der sprichwörtliche Erfindergeist der Nobel-Sippe reichten aus, der Erde ohne fremde Hilfe das schwarze Blut in Riesenmengen zu entziehen. Für das in mehrerer Hinsicht hochexplosive Unternehmen benötigte man eine Schar international erfahrener Ingenieure, Techniker und Technologen. Die Nobels heuerten sie an, wo immer sie welche fanden. Bereits zu Beginn unseres Jahrhunderts wurde nach keinem Rohstoff der Erde, Gold und Edelsteine eingeschlossen, derart intensiv gesucht wie nach dem Öl mit seiner erkannten ungeheuren wirtschaftlichen, strategischen und profitablen Perspektive.

Zu den ersten Angeworbenen, die nach Baku reisten, gehörte auch der dreißigjährige preußische Staatsangehörige Gustav Wilhelm Richard Sorge. Er war im Jahre 1852 in Sachsen-Anhalt, in der Gemeinde Wettin an der Saale, geboren worden und entstammte einer Gelehrtenfamilie. Sein Vater[2], Doktor der Medizin, praktizierte als Chirurg in Schildau bei der Festung Torgau, sein Großvater hatte zuletzt eine Pastorenstelle in Zschornewitz, sein Urgroßvater stellte zeitlebens Arzneimittel her und handelte mit ihnen. Die Spuren der Familie Sorge lassen sich bis ins 17. Jahr-

---

1 Fred Mercks, Das schwarze Blut, Berlin 1976, S. 46 f.
2 Laut Abschrift seiner Geburtsurkunde des Evangelischen Pfarramtes der Gemeinde Wettin sowie der Kopie seiner Todesanzeige beim Standesbeamten von Lankwitz (jetzt Westberlin-Lichterfelde) vom 2. Dezember 1907 lebte Gustav Wilhelm Richard Sorge vom 6. April 1852 bis 1. Dezember 1907. Auch diese Daten sind z. B. verläßliche Prüfsteine für die allgemein unexakte bürgerliche Sorge-Berichterstattung. So ließen die britischen Professoren F. W. Deakin und G. R. Storry Sorges Vater «am 5. April 1851 in Sachsen» zur Welt kommen, und der USA-Professor C. Johnson ließ ihn unzutreffenderweise 1911 sterben.

hundert zurück verfolgen und führen zu den sogenannten Buckel-
apothekern in der traditionsreichen thüringischen Arzneimittelge-
gend an der Schwarza, beispielsweise nach Witgendorff in
Schwarzburg-Rudolstadt.[3]

Der Sorge aus Wettin hatte sich im dortigen Steinkohlenberg-
werk, das sogar schon über eine Dampfmaschine verfügte, mit
den Verhältnissen unter der Erde vertraut gemacht, die Förder-
technik studiert und fleißig die wissenschaftliche Bibliothek des
Wettiner Bergamtes genutzt. Doch der heimatliche Steinkohlen-
bergbau erschien ihm unrentabel; er überlebte auch tatsächlich
das 19. Jahrhundert nicht mehr. Sorge wagte den Sprung zur Erdölförderung und entwickelte sich zu einem anerkannten Fach-
mann auf dem Gebiet der Tiefbohrtechnik und -industrie. Er war
deshalb nicht nur bei Nobels Kaukasischer Öl-Kompanie gefragt,
sondern auch bei den Gruben Maljawkin und Kusmin des Kas-
bek-Syndikats in Grasny, bei der rumänischen Grube Campina
der Steaua Romana sowie der grubentechnischen Abteilung der
deutschen Petroleum-Aktiengesellschaft. Der Technologe Sorge
fundierte die drei Arten der Erdölförderung, also den Schöpf-,
Pump- und Preßluftbetrieb, trat regelmäßig auf den internationalen Wanderversammlungen der Bohringenieure und -techniker als

vielbeachteter Fachreferent auf und verfaßte wissenschaftlich-technische Arbeiten.[4]

In Baku kam er nach mehrjähriger Tätigkeit in den Vereinigten Staaten von Amerika an[5] und richtete im Auftrag seiner deutschen Firma in der Siedlung Sabuntschi eine Werkstatt für Bohrtechnik ein. Die ewige Jagd nach dem Petroleum hatte ihm wenig Zeit für privates Glück gelassen. Dafür wuchs sein Bankguthaben.

In Baku gründete Sorge nun eine Familie. Aus dem Waisenhaus und von der Schulbank weg heiratete er Nina Semjonowna Kobeleff. Nina und ihre fünf jüngeren Geschwister waren Vollwaisen, sowohl ihr Vater, ein Eisenbahner, als auch ihre Mutter, eine Fabrikarbeiterin, waren früh Opfer der in Baku dominierenden unmenschlichen Arbeitshetze geworden.[6]

Am 4. Oktober 1895 bekam die Sorge-Familie nochmals Zuwachs, ein Sohn wurde geboren, dem der Vater stolz den Namen Richard gab. Der Vater stand damals im dreiundvierzigsten Lebensjahr, die Mutter war achtundzwanzig Jahre. Richard junior war das jüngste von zehn Kindern und der vierte Sohn der großen Familie. Das erarbeitete Vermögen des Familienvorstandes garantierte nicht nur ein sorgenfreies Leben, sondern ermöglichte es auch, daß die fünf Geschwister der Mutter großzügig unterstützt wurden und eine Berufsausbildung erhalten konnten.

Sorges Werkstatt lag in Sabuntschi und nicht weit davon, an einem Salzsee, sein zweistöckiges Wohnhaus. Hier verlebte der kleine Richard seine ersten drei Lebensjahre – unter südlicher Sonne und in einem wirtschaftlich wie sozial brodelnden Industriezentrum.

Da der Vater kränkelte, zog die Familie Sorge 1898 nach Deutschland um. Der Vater hatte in der Mozartstraße 29 des Berliner Villenvorortes Lankwitz ein Haus gekauft und wollte sich nun vor allem der wissenschaftlichen Arbeit widmen. Auf Grund

3 Die Angaben hat der Autor an Hand von Originaldokumenten beim Standesbeamten Westberlin-Steglitz, beim Evangelischen Pfarramt St. Nikolai zu Wettin/Saale, beim Evangelischen Konsistorium der Kirchenprovinz Sachsen in Magdeburg, im Lutherhaus in Eisenach, in der Ev. luth. Stadtkirchengemeinde der Lutherstadt Wittenberg, im Pfarrerbuch der Kirchenprovinz Sachsen und vor allem bei der Evangelischen Kirchengemeinde St. Marien Schildau recherchiert.

4 Siehe Richard Sorge (sen.), Tiefbohrtechnische Studien über Ölgruben-Betrieb und Spülbohrung (Aus dem Nachlaß herausgegeben von Hermann Sorge im Verlag für Fachliteratur), Berlin 1908.

5 Siehe K. Chromow, In der Heimat Richard Sorges. In: «Neues Leben», Moskau, vom 21. Juli 1965.

6 Um Richard Sorge zu diffamieren, verbreitete zum Beispiel Chalmers Johnson in «An Instance of Treason», Stanford/California 1964, S. 69: «Seine Mutter war die Tochter eines russischen Kapitalisten aus der Stadt Kiew.»

*Das Geburtshaus
von Richard Sorge
in Sabuntschi,
einer Arbeitersied-
lung
bei Baku*

*Familie Sorge mit
dem acht Monate
alten Richard in
Baku*

Der achtjährige Richard mit seinem Vater in Berlin

seiner umfangreichen Auslandserfahrungen in Europa, Amerika und Asien und seiner Sprach- und Landeskenntnisse bot jene große deutsche Bank ihm einen Direktorenposten an[7], die maßgeblich daran beteiligt gewesen war, die Deutsch-Russische Naphtha-Importgesellschaft zu gründen. Er, der den Großteil seines Lebens hart gearbeitet hatte und als Angehöriger der Intelligenz der herrschenden Klasse stets zu Diensten stand, stieg nun in ihre Reihen auf.

Für die große Sorge-Familie bedeutete das eine gesicherte Existenz und garantierte einen gut bürgerlichen Lebensstil.

Später brachte Richard Sorge diese Zeit bis zu seinem Schulabschluß auf folgenden Nenner: «Ich ... verbrachte meine Jugend in der relativen Geborgenheit einer wohlhabenden deutschen Bürgerfamilie. Wirtschaftliche Sorgen gab es bei uns nicht. Unsere Familie unterschied sich in vieler Hinsicht von anderen bürgerlichen Familien. Es herrschte bei uns eine besondere Lebensweise, die auch meinen Kinderjahren ihren Stempel aufdrückte. Wie meine Geschwister unterschied auch ich mich etwas von anderen Kindern.»[8]

7 Siehe Christiane Sorge, Mein Mann – Dr. R. Sorge. In: «Die Weltwoche», Zürich, vom 11. Dezember 1964.
8 Sorge-Memoiren. In: «Gendai – shi shiryo, Zoruge jiken (Materialien zur modernen Geschichte. Der Sorge-Fall), Tokyo 1962, Band I, S. 83.

Der Vater erzog die Kinder zu Weitblick, denn sie sollten über die Ländergrenzen hinaussehen. Er wollte ihnen aber auch deutschen Geschäftssinn oktroyieren. Die Mutter sorgte für russische Küche und verstand es, bei ihren Kindern starke Emotionen und Heimatliebe zu wecken. In der Familie waren Deutsch und Russisch gleichberechtigte Sprachen. Man interessierte sich weiterhin lebhaft für alles, was in und um Baku herum geschah, und registrierte, wie sich über Baku ein soziales Gewitter zusammenzog. Diese Stadt entwickelte sich zum revolutionären Mittelpunkt ganz Transkaukasiens. So war es unvermeidlich, daß der Bakuer Generalstreik vom Dezember 1904, in dem unter Führung Stalins die Erdölarbeiter erfolgreich um höhere Löhne und den Achtstundentag kämpften, im Lankwitzer Salon des Bankdirektors Sorge lebhafte Diskussionen und wilde Spekulationen auslöste.

Richard liebte seine Mutter sehr und war ihr auch eine starke Stütze, besonders als im Dezember des Jahres 1907 der Vater starb. Richard war damals zwölf Jahre alt. Im Oktober 1906 war im amerikanischen Hoboken schon Friedrich Adolph Sorge, sein Großonkel, gestorben.

Von der Schulbank aufs Schlachtfeld

Im Jahre 1902 hatten die Eltern Richard Sorge als Schüler in der Oberrealschule in Berlin-Lichterfelde angemeldet. Die Familie war inzwischen nach Steglitz in die Hohenzollernstraße 5 umgezogen. Richard besuchte diese Schule bis zur Unterprima. Durch Krankheit bedingt, mußte er 1908 die Quinta wiederholen.[9] Es entsprach dem preußischen Schulsystem, daß die Knaben schon hier dem Drill unterworfen waren und zu absolutem Gehorsam erzogen wurden.

Sorge widerstrebte diese preußische Lebensart instinktiv. Mehr als drei Jahrzehnte danach rekapitulierte er: «Ich war ein schwieriger Schüler, verstieß gegen die Schulordnung, war eigensinnig und hatte ein unvergleichlich loses Mundwerk. In Geschichte, Literatur, Philosophie, natürlich auch im Turnen und in meinen politischen Kenntnissen war ich den anderen weit überlegen. Dagegen lagen meine Leistungen in den anderen Fächern unter dem Durchschnitt. Mit fünfzehn Jahren (1910 – J. M.) begann ich

*Primaner Richard Sorge (Pfeil) mit seinen Klassenkameraden in der Ober-
realschule zu Berlin-Lichterfelde*

mich leidenschaftlich für Goethe, Schiller, Lessing, Klopstock,
Dante und für andere schwierige Autoren zu interessieren. Vergeblich quälte ich mich, die Geschichte der Philosophie und Kant
zu verstehen. Meine Lieblingsthemen in Geschichte waren die
Französische Revolution, die Napoleonischen Kriege und die Bis-
marck-Ära. Besser als die meisten Erwachsenen kannte ich die
allgemeinen deutschen Probleme. Jahrelang verfolgte ich sorgfältig die politische Entwicklung. In der Schule nannte man mich
deshalb ‹Ministerpräsident› ... Ich war Mitglied einer sozialdemokratischen Arbeiterturnvereinigung, was bedeutet, daß ich
ständig mit Arbeitern Umgang hatte. Aber als Schüler besaß ich
noch keinen festen Standpunkt. Ich war nur daran interessiert,
politische Kenntnisse zu sammeln. Weder wollte ich noch konnte
ich eine entschiedene Haltung einnehmen.»[10]

In den Schulferien war Richard mit seinen Kameraden viel unterwegs. Man wanderte, machte ausgedehnte Reisen und zeltete in
freier Natur.

Von einer solchen Ferienreise – er kam mit dem Schiff aus
Schweden – kehrte er zurück, als er im deutschen Heimathafen
eine eindrucksvolle Flottenkonzentration erlebte. Die Eisenbah-

9 Nach Richard Sorges «Schüler-Personalblatt», Album RZ II, im Archiv der Lilienthal-Oberschule (Gymnasium), Westberlin-Lichterfelde.
10 Sorge-Memoiren, a. a. O., S. 84.

Zeugnis der Reife

Richard Sorge

geboren am 4. Oktober 1895 zu Baku (Rußland),
evangel. Konfession, Sohn des verstorbenen
Ingenieurs Sorge, zuletzt Bln.-Lankwitz,
Kreis Teltow, besuchte die Oberrealschule zu Berlin-Lichterfelde
von Ostern 1905 bis 2. August 1914.
Er ist durch Verfügung des Kgl. Prov. Schulk. zu Berlin
vom 6. Dezember 1915 Z 2204 hierher zur Notreifeprüfung
überwiesen.

I. BETRAGEN UND FLEISS:

Er ist Gefreiter im Reserve-Feld-Artillerie-Regiment Nr. 43

II. KENNTNISSE UND FERTIGKEITEN:

1. RELIGIONSLEHRE	Gesamtprädikat: Genügend
2. DEUTSCH	Gesamtprädikat: Genügend
3. FRANZÖSISCH	Gesamtprädikat: Genügend
4. ENGLISCH	Gesamtprädikat: Genügend
5. GESCHICHTE	Gesamtprädikat: Gut
6. ERDKUNDE	Gesamtprädikat: Gut
7. MATHEMATIK	Gesamtprädikat: Gut
8. PHYSIK	Gesamtprädikat: Gut
9. CHEMIE	Gesamtprädikat: Gut
10. TURNEN	–
11. FREIHANDZEICHNEN	–
12. LINEARZEICHNEN	–
13. SINGEN	–
14. HANDSCHRIFT	–

Die unterzeichnete Prüfungskommission hat ihm demnach

das Zeugnis der Reife

zuerkannt und entläßt ihn mit den herzlichsten Segenswünschen

Berlin-Lichterfelde, dem 19ten Januar 1916
Königliche Prüfungskommission
gez. Prof. Dr. Weihs, Königlicher Kommissar und stellvertretender Direktor
(Unterschriften weiterer sechs Professoren und Doktoren, die
seine Oberlehrer waren)

Richard Sorge im Jahre 1914

nen waren mit zurückbeorderten Uniformierten überfüllt, Truppentransporte rollten von Übungen in ihre Standorte zurück.

Ende Juli 1914 war die drohende Kriegsgefahr in aller Munde. Richard Sorge kam gerade noch bis Berlin. Am 1. August erklärte die kaiserlich-deutsche Regierung dem zaristischen Rußland den Krieg, am darauffolgenden Tage wurden Heer und Flotte mobilgemacht.

Nacheinander wurden immer mehr Staaten und Völker in diesen Raubkrieg um neue Märkte hineingezogen. Anfang August war der erste Weltkrieg, vom deutschen Imperialismus ausgelöst, in vollem Gange.

In Deutschland wurde die chauvinistische Hurra-Stimmung geschürt. Der Kaiser appellierte an das Volk, an die Männer, an die Krieger, an die Jugend. Jeder preußische Schuldirektor wollte die meisten Freiwilligen aus seiner Schülerschar präsentieren. Der junge Sorge machte, sowieso schon etwas schulmüde, keine Ausnahme. Er ließ seine erziehungsberechtigte Mutter ungefragt und meldete sich als Achtzehnjähriger im blumen- und girlandengeschmückten Rekrutierungsbüro als Kriegsfreiwilliger. Seine Motive faßte er rückblickend in die Worte: «Ich folgte dem unwiderstehlichen Bedürfnis nach Veränderung, dem Wunsch, der Schule und einem Leben zu entfliehen, das ich für sinnlos hielt. Das Kriegsabenteuer hatte auf die Begeisterungsfähigkeit meiner achtzehn Jahre seine faszinierende Anziehungskraft ausgeübt.»[11]

11 Ebenda.

Im Ersatzbataillon des kaiserlichen Infanterieregiments 91 erhielt Richard Sorge den sechswöchigen militärischen Grundschliff nach dem kursierenden simplen Motto: «Jeder Stoß ein Franzos', jeder Schuß ein Russ'!» Dann ging es geschniegelt und gebügelt und mit Pauken und Trompeten in den Krieg. Doch der wurde alles andere als ein Spaziergang. Schon zum Jahresende war die Front im Westen zum Stellungskrieg erstarrt. Die deutsche 4. Armee blieb beim belgischen Ypern stecken, die 6. Armee vermochte von Lille nicht an die Nordseeküste durchzubrechen. Die Oberste Heeresleitung hatte mit aller Macht versucht, in Flandern den Durchbruch zu erzwingen. Junge Kriegsfreiwillige, verführte Gymnasiasten, Studenten sollten mit ihrem jugendlichen Übermut und Schwung die Wende für den Kaiser herbeiführen. Vier dazu gebildete Reservekorps der 4. Armee – Sorge gehörte mit einem Studentenbataillon des 3. Feldartilleriewachregiments dazu – waren als menschlicher Rammbock dafür vorgesehen. Am 11. November marschierten diese Einheiten mit Pickelhauben auf den Köpfen und vaterländischen Liedern auf den Lippen in geschlossener Formation sinnlos in das vernichtende Feuer britischer, französischer und belgischer Maschinengewehre. Bei Dixmuiden erhielt Sorge seine Feuertaufe und verlor gleichzeitig Zehntausende etwa gleichaltrige Kameraden. In einem Militärhistorischen Abriß wird dazu konstatiert: «Ungenügend ausgebildet, von älteren Reserveoffizieren ohne Fronterfahrung geführt, gänzlich unzureichend von Artillerie unterstützt, wurden Zehntausende als Kanonenfutter in den Tod gejagt. Falkenhayns Befehl, ohne Rücksicht auf Verluste schneidig anzugreifen, war eine Bankrotterklärung der OHL. Nach 1918 hat die imperialistische deutsche Militärgeschichtsschreibung diesen Massenmord, besonders am Beispiel der Kämpfe um Langemarck, in verlogener Manier heroisiert und eine Legende geschaffen, die teilweise noch heute verbreitet wird.»[12]

Sorge hatte die erlebte Massenmordpolitik des preußischen Kriegsministers, General Erich von Falkenhayn, bereits auf die Formel «Von der Schulbank zum Schlachthof»[13] gebracht.

Im Sommer 1915 wurde Richard Sorge am deutsch-belgischen Frontabschnitt das erstemal verwundet. Knapp dem Tode entronnen, begann sein kritisches Überdenken. Erkenntnisse über den Charakter von Raubkriegen reiften. Jahre danach resümierte er: «Dieser wilde und blutige Konflikt stürzte uns, meine Kameraden und mich, in die tiefste Verwirrung, die wir jemals empfunden hatten. Nachdem unser Schlachtendurst einmal gestillt war und unsere Abenteuerlust befriedigt, begannen Monate der Betäubung und der Verwirrung bis ins Innerste... Keiner meiner Kriegskameraden war sich über den wahren Zweck dieses Krieges im klaren, von seiner wahren inneren Bedeutung ganz zu schweigen. Die meisten Soldaten waren in den besten Jahren: Arbeiter und Handwerker. Fast alle von ihnen gehörten der Gewerkschaft an, viele unter ihnen den Sozialdemokraten. Nur ein wirklich Radikaler war unter ihnen, ein grauhaariger Steinmetz aus Hamburg, der sich einfach weigerte, sich mit irgend jemand über seine politischen Anschauungen zu unterhalten. Wir wurden gute Freunde, und er erzählte mir von seinem Leben in Hamburg, wo er arbeitslos gewesen war und Verfolgungen erlitten hatte. Er war der erste Pazifist, dem ich begegnete. Anfang 1915 fiel er an der Front, kurz bevor ich selbst das erste Mal verwundet wurde.»[14]

Im heimatlichen Lazarett in Berlin-Lankwitz lernte Sorge den Soldaten Erich Hubert Correns kennen. Sie schlossen Freundschaft für ihr weiteres Leben. Beide diskutierten stundenlang über den Sinn des Lebens, über Gedankenfreiheit, Freiheit überhaupt, wozu und für wen. Seinen damaligen Erkenntnisstand beschrieb er einmal viel später so: «Meine politische Wißbegierde trieb mich dazu, nach den geheimen Ursachen dieses Aggressionskrieges zu suchen. Wen interessierte dieses oder jenes Land mit seinen Bergwerken, seinen Industrien? Wer begehrte fremde Territorien im Austausch gegen Blut? Keiner der einfachen Soldaten, die mich umgaben, hatte jemals den Wunsch gehabt, irgend etwas zu annektieren. Keiner von ihnen war auch nur imstande, den Sinn unserer Anstrengungen zu begreifen. Niemand wußte, worin das wahre Ziel des Krieges und – noch viel weniger – worin sein tieferer Sinn bestand... Wir wußten nur zu gut, daß, wenn wir beispielsweise die Waffen niederlegten, die Feinde Deutschlands nur freie Hand gehabt hätten, ihre Ziele zu verwirklichen, die nicht weniger abzulehnen waren als die der herrschenden Kräfte des deutschen Reiches. Worauf es uns ankam, war, eine umfassende Lösung, eine im internationalen Maßstab endgültige Antwort zu finden, aber dazu waren wir noch nicht fähig.»[15]

12 Helmut Otto/Karl Schmiedel, Der erste Weltkrieg, Berlin 1977, S. 97.
13 Sorge-Memoiren, a. a. O., S. 86.
14 Zitiert nach F. W. Deakin/G. R. Storry, Richard Sorge, München 1965, S. 21f.
15 Sorge-Memoiren, a. a. O., S. 86.

Durch die Hölle von Verdun

Kaum genesen, mußte der zum Gefreiten beförderte Richard Sorge wieder an die Front. Dieses Mal ging es in Richtung Osten. Seine Einheit sollte die kaiserlich-österreichischen Truppen in Galizien gegen die Streitkräfte des russischen Zaren verstärken helfen. Der Sohn einer russischen Mutter sollte auf Russen feuern? Neue Gewissensfragen wurden damit bei Sorge aufgeworfen. Noch war die Zeit, in der sich deutsche und russische Soldaten verbrüderten, nicht herangereift. Nach knapp drei Wochen wurde Sorge durch Splitter verletzt und in ein Berliner Lazarett eingeliefert — diesmal war er Opfer eines Befehls deutscher Offiziere und russischer Munition geworden. Im Krankenhaus widerfuhren ihm drei Dinge, die auf unterschiedliche Weise wichtig für ihn waren: Die Oberrealschule erkannte ihm nach der Notreifeprüfung das Abitur an; seine militärischen Vorgesetzten teilten ihm die Beförderung zum Unteroffizier im Reservefeldartillerieregiment Nr. 43 mit und zeichneten ihn «für Tapferkeit» mit dem «Eisernen Kreuz II. Klasse» aus, und erstmalig bekam er ein Flugblatt einer ihm noch unbekannten Spartakusgruppe in die Hände. Alle drei Ereignisse zeigten Wege, die in verschiedene Richtungen wiesen. Sein Schulabschlußzeugnis bestätigte, obwohl er durch seinen Fronteinsatz die Oberprima übersprungen hatte, gute Kenntnisse in den Unterrichtsfächern Geschichte, Erdkunde, Mathematik, Physik und Chemie sowie «genügende» in Religionslehre, Deutsch, Französisch und Englisch.[16] Damit war sein Weg zum Studium an einer Universität oder Hochschule und eine gutbürgerliche Karriere geebnet. Anders sah es bei der Armee aus. Hier hatten die Vorgesetzten lange gezögert, aus Richard Sorge einen preußischen Unteroffizier zu machen. Sein Schneid und Draufgängertum schien manchem zu unkontrollierbar; manch einer bekam beides sogar am eigenen Leibe zu spüren. Sorge schrieb dazu in einem Lebenslauf: «Als ich zur Armee kam, wandte ich keine politischen, sondern individuelle Methoden an: Ich verprügelte die Feldwebel.»[17] Und nichts wurde damals den Soldaten des Kaisers mehr nachgetragen als mangelnder Gehorsam, Disziplinverstöße oder gar die Mißachtung eines Vorgesetzten. Trotzdem schloß man eine militärische Laufbahn keineswegs aus. Entscheidend für seinen Lebensweg sollte indes die Tatsache werden, die er an gleicher Stelle in einem Satz formulierte: «Im Lazarett steckte mir ein junger Mann illegale Schriften zu.»

Sie stammten von den Linken in der Sozialdemokratischen Partei Deutschlands Karl Liebknecht, Rosa Luxemburg, Franz Mehring, Wilhelm Pieck und Clara Zetkin, die sich zur Gruppe Internationale zusammengefunden hatten. Seit Januar 1916 gab sie — die sich von da an auch Spartakusgruppe nannte — «Politische Briefe» heraus, die gegen den imperialistischen Krieg und zum antiimperialistisch-demokratischen Kampf aufriefen. Die Vertrauensleute dieser Spartakusgruppe verteilten damals in der Heimat und in den Schützengräben Flugschriften und wandten sich vorwiegend an die Leidtragenden und Kriegsopfer, an die täglich todbedrohten Soldaten, an Verwundete und Kriegskrüppel, hungernde Munitionsarbeiterinnen und Kriegerwitwen, Gewerkschafter und politische Gefangene. Karl Liebknecht verkündete damals unverblümt: «Was hat unsere gesamte Taktik gegenwärtig zu bestimmen? Der Krieg ist der schärfste Ausdruck der Klassenherrschaft und des Imperialismus ... Danach ist unsere Taktik vollkommen eindeutig und klar. Schärfster Kampf. Aber nicht nur an die Parteigenossen, sondern an alle Indifferenten müssen wir uns wenden.»[18]

Es waren also politische Kräfte am Werk, die die Demagogie der Herrschenden durchschaubar machten. Und wer lernen wollte zu verstehen, der verstand.

1916 wurde Sorge von der preußischen «Königlichen Prüfungskommission ... mit den herzlichsten Segenswünschen» und dem Zeugnis der Reife bedacht, und unmittelbar danach schickten des Kaisers Generale das Feldartillerieregiment 43 und damit später auch Sorge in die Hölle vor Verdun. Diese Festung war der nördliche Eckpfeiler der stark ausgebauten Linie Belfort—Épinal—Toul—Verdun, die den deutschen Vormarsch auf Paris so erfolgreich gestoppt hatte. Die zwanzig großen und vierzig mittelgroßen Forts mit ihren versenkbaren Geschütztürmen auf den beherrschenden Höhen beiderseits der Maas, die stabilen Bunker und soliden Feldbefestigungen waren eine unüberwindbare Barriere. Anfang 1916 hatte die Oberste Heeresleitung ihre

16 Original im Archiv der Lilienthal-Oberschule (Gymnasium), Westberlin-Lichterfelde.
17 Aus Sorges Lebenslauf zum Antrag auf Mitgliedschaft der KPdSU(B) aus dem Jahre 1925. In: «Neues Leben», Moskau, vom 23. September 1964.
18 Zitiert nach Heinz Wohlgemuth, Burgkrieg, nicht Burgfriede, Berlin 1963, S. 295f.

großangelegte Operation mit dem vielsagenden Decknamen «Gericht» anlaufen lassen. Siegesbewußt übernahm offiziell der deutsche Kronprinz selbst das Kommando über die zum Angriff bestimmte 5. Armee gegen den stärksten Abschnitt der französischen Verteidigung. Mit fast 13 Divisionen stieß man gegen die 11 Divisionen der Franzosen vor. Die Hälfte aller dieser Truppen war auf lediglich 13 Kilometer Frontbreite massiert. Gegen 600 französische Geschütze wurden 1225 deutsche, einschließlich 42-cm-Mörser, und zusätzlich 202 Minenwerfer aufgeboten. Speziell ausgebildete Handgranaten- und Sprengtrupps sowie erstmalig eingesetzte Flammenwerfer sollten die französischen Bunkerbesatzungen niederkämpfen. Im Trommelfeuer verschoß man von deutscher Seite etwa 20 Millionen Granaten. Trotz alledem waren die kaiserlichen Truppen in drei Monaten kaum einen Kilometer vorangekommen. Verdun war schon zur größten Material-, aber auch moralischen Zermürbungsschlacht des ersten Weltkrieges ausgeufert, als der Unteroffizier Sorge mit vielen anderen gegenüber dem Fort Douaumont fast deckungslos im von Granattrichtern durchfurchten Landstreifen Stellung bezog.

Bei einem Spähtruppunternehmen wurde Sorge während eines der vielen Artillerieduelle, die täglich über den Truppen ausgetragen wurden, an beiden Beinen schwer verwundet.

Hilflos und unentdeckt, blutend und fiebernd mußte Richard Sorge drei Tage und Nächte im unmittelbaren Frontbereich zubringen. In einer seiner Biographien heißt es dazu: Sorges «dritte Verwundung vollzog aber auch die innere große Umkehr ... Drei Tage lang lag er delirierend im Stacheldraht. In diesen Tagen geschah seine radikale Wandlung.»[19] Richtiger ist, daß sich diese Wandlung beschleunigt vollzog.

Für die nächsten Wochen war Richard Sorge im wahrsten Sinne des Wortes ans Bett gebunden. Er mußte mehrmals operiert werden. In seinem Soldbuch war vermerkt: dreimal verwundet. Sein Körper war bereits von mehreren Narben gezeichnet. Seine spätere Ehefrau schrieb über die letzte Verwundung: Sorge «hatte den Krieg mitgemacht und hinkte mit seinem zerschossenen Knie ... Wegen seines Kniesschusses konnte er nie langsam eine Treppe hinuntergehen, er mußte hüpfen und machte sich dabei mitleidlos über sich selber lustig.»[20] Zwar war Sorge von Natur aus optimistisch, doch wie eine Augenzeugin noch aus dem Jahre 1941 berichtete, wurde er die grauenvollen Erlebnisse der Hölle von Verdun, die er durchschritten und durchfiebert hatte, sein Leben lang nicht los. Die Musik-Professorin Eta Harich-Schneider bestätigte dies. Selbst beim harmlosen Singen von Volksliedern «fing Sorge immer wieder von seinem Verdun-Erlebnis an. Das ist sein Trauma.»[21]

Vor Verdun verlor das deutsche Heer 337 000 und Frankreich 362 000 an Toten, Verwundeten, Vermißten und Gefangenen! In Verdun wurden mit Brachialgewalt die Berechnungen und Hoffnungen des deutschen Generalstabes widerlegt, daß der erste Weltkrieg noch siegreich beendet werden könne. Und hier gab es auf beiden Seiten der Front neue Zeichen von Kriegsmüdigkeit und Antikriegsstimmung. Sie nahmen sprunghaft zu, nachdem Ende Juni von deutscher Seite damit begonnen worden war, mit Giftgas gefüllte Granaten zu verschießen. Dieser tückische Kampfstoff schädigte nicht nur Lungen- und Atemwege, er verurteilte die Getroffenen meist zu qualvollem Tod, der — je nach Windrichtung und -wechsel — gegnerische wie eigene Truppen traf.

Orientierung auf das erste Glied

Richard Sorge lag mit seinen schweren Verletzungen in einem Königsberger Lazarett. Nicht nur in kritischen Stunden, nach den Operationen, umsorgte ihn eine junge, hübsche, etwa gleichaltrige Krankenschwester. Sie hatte in den vergangenen Jahren viel Leid und Elend erlebt, viele Kriegsopfer gepflegt und nicht wenige junge Männer sterben sehen. Ihr Vater war ein Intellektueller und aktiver Marxist, der Verbindung zur Sozialdemokratischen Partei Deutschlands hatte. Er stutzte, als er von der Tochter den keineswegs häufigen Namen Sorge hörte. Er dachte sofort an Friedrich Adolph Sorge, den persönlichen Freund und engen Kampfgefährten von Karl Marx und Friedrich Engels, den Kommunisten der ersten Reihe, der für ihn ein Begriff war. Zwischen 1890 und 1904 hatte er viele Aufsätze von ihm aus den USA gelesen. Neben Friedrich Engels, August Bebel und Wilhelm Liebknecht gehörte

19 Margret Boveri, Der Verrat im 20. Jahrhundert, Hamburg 1957, Band III, S. 67.
20 Christiane Sorge, a. a. O.
21 Eta Harich-Schneider, Charaktere und Katastrophen, Westberlin/Frankfurt/Wien 1978, S. 222.

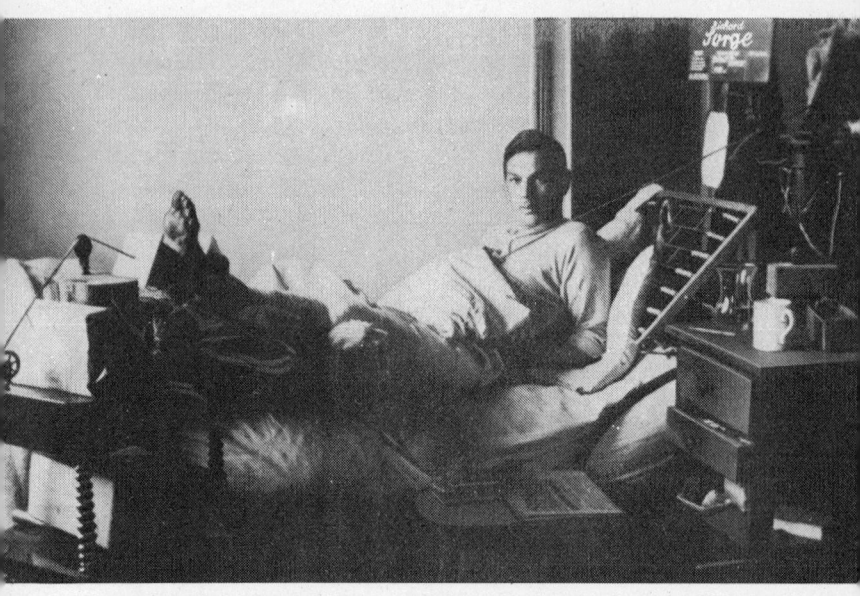

Richard Sorge nach seiner schweren dritten Verwundung 1917 in einem Königsberger Lazarett

F. A. Sorge zu den regelmäßigen Mitarbeitern des in Stuttgart seit 1881 erscheinenden theoretischen Organs der deutschen Sozialdemokratie «Die Neue Zeit».[22] Die Krankenschwester schleppte den 17. Jahrgang dieses gebundenen Journals aus der väterlichen Bibliothek an Richard Sorges Krankenlager und empfahl ihm, darin die «Erinnerungen eines Achtundvierzigers» von F. A. Sorge zu lesen. Durch diesen Zufall wurde Richard Sorge mit Revolutionären seiner Familie und über sie mit dem Kommunismus, seinen Theoretikern und Theorien, seinen Vorkämpfern und Kampforganisationen bekannt. Im Elternhaus hatte er über seinen 1906 in den USA verstorbenen Großonkel Friedrich Adolph Sorge wenig erfahren können. In der Revolution von 1848 hatte dieser Großonkel die bäuerlich-demokratische Bewegung in der preußischen Provinz Sachsen unterstützt und sich den Rekrutenfängern der reaktionären preußischen Armee entzogen. An der Seite von Friedrich Engels half er im südwestdeutschen Großherzogtum Baden Aufstände der Stadt- und Landbevölkerung zu organisieren und vertrieb in den Reihen der badisch-pfälzischen Revolutionsarmee den Großherzog mit dessen Hofschranzen. Dann leistete er den herbeieilenden konterrevolutionären preußischen Truppen verbissenen Widerstand. Bei der blutigen Niederlage der Revolution wurde Friedrich Adolph Sorge in Abwesenheit zum Tode verurteilt. Er rettete sich in die Schweiz, wurde von dort und aus Belgien wegen fortgesetzter revolutionärer Tätigkeit ausgewiesen und emigrierte in die USA. Dort half er, die junge Arbeiterbewegung zu organisieren und marxistisch zu orientieren und sie der revolutionären Internationalen Arbeiterassoziation (IAA) anzuschließen.[23] Nach 1871 pflegte F. A. Sorge einen regen brieflichen Gedankenaustausch mit Karl Marx und Friedrich Engels.[24] Als 1874 der Generalrat der IAA nach New York verlegt wurde, avancierte F. A. Sorge schließlich zum Sekretär dieser internationalen Organisation. Das grenzenlose Vertrauen, das Karl Marx in diesen Genossen hatte, geht schon aus der handschriftlichen Empfehlung hervor, die Marx Mitte 1868 abfaßte: «Wir empfehlen Herrn Sorge allen Freunden der Internationalen Arbeiterassoziation und bevollmächtigen ihn zugleich, im Namen und im Interesse dieser Assoziation zu handeln.»

Richard Sorge konnte den fortsetzungsweise abgedruckten Memoiren seines Großonkels entnehmen, daß seine Familie noch mehrere unbändige Demokraten, Patrioten, Internationalisten und schließlich Revolutionäre aufzuweisen hatte. Sein Großvater, ein Hüne von Gestalt, «hatte sich vom (reaktionär-preußischen – J. M.) Militärdienst befreit durch eine gewisse Terrorisierung der Aushebungsbeamten»[25].

Richards Großonkel Hermann Heinrich Sorge hatte ebenfalls 1848 als Zweiundzwanzigjähriger am bewaffneten Aufstand der Demokraten gegen den Großherzog von Baden teilgenommen. Und über seinen Urgroßvater Georg Wilhelm Sorge konnte Richard nachlesen: Er «war Landpfarrer und der sprichwörtliche

22 In dieser Zeitschrift sind folgende Beiträge von F. A. Sorge zu finden: Jg. 1890/91: Briefe aus Nordamerika; Die Arbeiterbewegung in den Vereinigten Staaten bis 1850; von 1850 bis 1860; von 1860 bis 1866; Jg. 1891/92: Die Arbeiterbewegung ... 1877 bis 1885; Jg. 1894/95: Die Arbeiterbewegung ... 1886 bis 1892; Jg. 1895/96: Aus den Vereinigten Staaten; Jg. 1902/03: Zum 14. März (Marx' Todestag); Jg. 1903/04: Frauen- und Kinderarbeit in den Vereinigten Staaten.
23 Siehe auch Friedrich Adolph Sorge. In: Geschichte der deutschen Arbeiterbewegung, Biographisches Lexikon, Berlin 1970, S. 436 ff.; Ein Sohn Bethaus. In: 800 Jahre Bethau, Bethau 1981.
24 Bisher wurden 147 Briefe von 1870 bis 1895 veröffentlicht. Siehe Marx/Engels, Werke, Bände 33 bis 39, Berlin 1966/1968.
25 F. A. Sorge, Erinnerungen eines Achtundvierzigers. In: «Die Neue Zeit», Stuttgart, Jg. 1898/99, S. 156.

Revolutionäre Familientraditon:
Großonkel Friedrich Adolph Sorge
war Kampfgefährte von Karl Marx
und Friedrich Engels

Englische Originalbescheinigung von Karl Marx für Friedrich Adolph Sorge
mit dem Text: «London, 4. Juli 1868. Wir empfehlen Herrn Sorge allen
Freunden der Internationalen Arbeiterassoziation und bevollmächtigen ihn
zugleich, im Namen und im Interesse dieser Assoziation zu handeln.
Karl Marx, Sekretär für
Deutschland»

Titelblatt der marxistischen Propagandaschrift «Sozialismus und der Arbeiter» von Friedrich Adolph Sorge, London 1906

Kindersegen dieses Standes war ihm so reichlich beschieden, daß die Zahl der am gemeinsamen Mahle teilnehmenden Familienmitglieder selten auf zwölf herabsank». Dieser Urgroßvater «hatte freiheitlichen, unabhängigen Sinn und sich dadurch der Orthodoxie und den Behörden (des königlichen Preußens – J. M.) entfremdet, mit denen er viele Jahre lang einen lebhaften Kampf unterhielt ... Im Frühling und Sommer des Jahres 1848» beteiligte sich der Landpastor Sorge «stark an der Bewegung in unserem heimatlichen Distrikt zwischen Elbe und Mulde in der Provinz Sachsen und war einer der gesuchtesten und beliebtesten Redner in den Volksversammlungen auf Märkten und Plätzen»[26].

Friedrich Adolph Sorge beschrieb dann seinen wackeren Vater

---

26 Ebenda. S. 157.

Auszug aus dem
Stammbaum
von Richard Sorge
(nach amtlichen und
kirchlichen Recherchen
des Autors)

Johann Michael Sorge
Arzneimittellaborant in Schwarzburg-Rudolstadt, verheiratet mit Elisabeth Magdalena, gestorben 5. März 1807

Johann **George Sorge**
Arzneihändler und -laborant, hatte 11 Kinder, gestorben 1809, verheiratet 1787 mit Johanne Christiane Elisabeth, geb. Riedel, gestorben 31. Oktober 1847

George **Wilhelm Sorge**
Ordinierter Theologe, lutherischer Pfarrer, Kantor und Rektor in Bethau und Naundorf/Kreis Torgau 1825–1834), Zschornewitz, Gröbern, Golpa und Großmöhlau/Kreis Bitterfeld (1834–1872), Teilnehmer an der Revolution 1848, hatte 13 Kinder, geboren 15. Januar 1797 in Schildau/Kreis Torgau, gestorben 16. September 1887 in Wittenberg, verheiratet mit Hedwig Chlothildis, geb. Lange

Dr. med. Gotthold **Wilhelm Sorge**
praktischer Arzt und Chirurg, verweigerte preußischen Militärdienst, geboren 5. April 1825 in Schildau/Kreis Torgau, gestorben in Berlin, verheiratet 1851 in zweiter Ehe mit Apothekerstochter Magdalena Natalie, geb. Müller, gestorben in Berlin

Herrmann **Heinrich Sorge**
Modelltischler, Teilnehmer an der Revolution 1848, verweigerte preußischen Militärdienst, geboren 4. September 1828 in Bethau, gestorben 27. März 1913 in Ringwood/USA

Ing. Gustav Wilhelm **Richard Sorge**
Erdöltechnologe, hatte 10 Kinder, geboren 6. April 1852 in Wettin/Preußische Provinz Sachsen, gestorben 1. Dezember 1907 in Berlin, verheiratet mit Nina Kobeleff, geboren 20. April 1867 in Baku

Friedrich Adolph Sorge
Musiklehrer, Teilnehmer an der Revolution 1848/49, Sekretär der I. Internationale, geboren 9. November 1828 in Bethau, gestorben 26. Oktober 1906 in Hoboken/USA

Dr. rer. pol. **Richard Sorge**
Held der Sowjetunion, geboren 4. Oktober 1895 in Baku, ermordet 7. November 1944 in Tokyo

weiter: «Auch die Bewegungen auf fremdem Boden, jenseits der Grenzpfähle Preußens und Deutschlands fanden rege Teilnahme im elterlichen Hause, und in den vierziger Jahren (des 19. Jahrhunderts – J. M.) war unser Haus, das Pfarrhaus (in Zschornewitz – J. M.), längere Zeit eine Station der unterirdischen Eisenbahn – underground railway –, die von Frankreich und Belgien nach Polen führte.» Dann schilderte F. A. Sorge, daß damals polnische Revolutionäre »öfters Quartier in unserem Hause ... hatten und nach kurzer Rast fünf bis sechs deutsche Meilen weiter befördert ... wurden zur nächsten Station.»[27] Der marxistische Historiker Franz Mehring würdigte Richards Urgroßvater in der «Neuen Zeit» dann so: Er war freidenkender Geistlicher, einer jener sächsischen ‹Lichtfreunde›, die im vormärzlichen Liberalismus eine ganz respektable Rolle spielten. Sorges Vaterhaus bildete eine Station in der unterirdischen Eisenbahn ... Es war die Zeit, wo Robert Blum, der erste revolutionäre Held des Knaben Sorge, in stiller Nacht an dem Schlüssel feilte, der dem polnischen Aufstand die Tore der Krakauer Zitadelle öffnen sollte.»[28]

Der hier mehrmals auftauchende Begriff «unterirdische Eisenbahn» geht auf die berühmte «underground railway» zurück, jene illegale Organisation in den USA, die zwischen 1830 und 1860 heimlich etwa 50 000 befreite Sklaven aus den Südstaaten bis nach Kanada schleuste. Auf ähnliche Weise wurden polnische und österreichische Revolutionäre heimlich durch das spitzeldurchsetzte Preußen geleitet, darunter auch mehrmals der polnische revolutionäre Demokrat und utopische Sozialist Edward Dembowski, der aus seiner Pariser Emigration mit der «Polnischen Demokratischen Gesellschaft» gegen die Habsburger Herrschaft 1846 den Krakówer Aufstand mitorganisierte und führte.

Begeistert nahm Richard Sorge auf, wie schon seine Vorväter fleißig den Meißel an die Grundfesten der feudalen, überlebten Dynastien von Hohenzollern und Habsburg angesetzt hatten.

Um Sorges Krankenlager türmten sich nun viele Bücher, er las nächtelang, und seine Krankenschwester sorgte für ständigen Nachschub. Sorge äußerte über seinen monatelangen Königsberger Zwangsaufenthalt: «Ich las Engels, dann Marx und auch die Gegner von Marx und Engels, die ihren theoretischen, philoso-

27 Ebenda, S. 156.
28 Franz Mehring, F. A. Sorge, Oktober 1906. In: «Die Neue Zeit», Stuttgart, Jg. 1906/07, S. 145 f.

phischen und ökonomischen Prinzipien widersprochen hatten. Ich vertiefte mich in die Geschichte der deutschen und der internationalen Arbeiterbewegung ... In diesen Monaten eignete ich mir die Grundkenntnisse über Marx und über die Elemente der praktischen Denkweise an.»[29]

Beim preußischen Unteroffizier Sorge kam es zum entscheidenden Gesinnungswandel, er blieb nicht länger Höriger der Herrschenden, er reihte sich in die Reihen jener ein, die vorhatten, die Welt zu verändern, die Geschichte der Menschheit in neue Bahnen zu lenken.

Richard Sorge hatte den Krieg und seine Folgen aus verschiedenen Blickwinkeln erlebt, an der Front und in den großen Lazaretten, im Bewegungs- wie im Stellungskrieg, an der West- und an der Ostfront, als Infanterist und Artillerist, als einfacher Soldat und als Unteroffizier. Er war nun auch geistig gerüstet für einen neuen Schritt.

Die entscheidende Zeit seiner Wandlung, seiner Erkenntnisse, die fortan seinen Lebensweg bestimmen sollten, faßte er in folgenden Sätzen zusammen: «In beiden Lagern waren bereits Millio-

Richard Sorge als Unteroffizier der kaiserlichen deutschen Armee

nen von Menschen umgekommen. Wie viele sollten noch sterben? Der deutsche Wirtschaftsapparat, den man einst so gerühmt hatte, war zusammengebrochen. Mit mir litten Tausende von Proletariern unter Teuerung und Hungersnot ... Weder die adligen hohen Militärs ... noch die Bourgeoisie waren imstande, eine einzige Idee zu finden, die das Land aus dem ausgefahrenen Gleis ziehen und dem Volk ein neues Schicksal vorzeichnen konnte ... Ich habe am ersten Weltkrieg teilgenommen, habe den Krieg an beiden Fronten – im Osten und im Westen – mitgemacht, bin mehrmals verwundet worden, habe das Unglück des Krieges am eigenen Leibe erfahren. Kriege werden letztlich nur von einer kapitalistischen Gesellschaft inspiriert. Um die Menschheit von diesem Unglück zu befreien, muß man den Kapitalismus ablehnen! Nur die revolutionäre Arbeiterbewegung bot eine neue wirkungsvolle Ideologie, für die die Massen zu kämpfen bereit waren. Das unbeugsame und edle Ziel dieser Ideologie war es, zuerst die wirtschaftlichen und politischen Ursachen nicht nur des jetzigen, sondern auch aller künftigen Kriege zu beseitigen, und zwar durch das souveräne Mittel der inneren Revolution.»[30]

So begann Sorge seinen revolutionären Vorbildern nachzuleben.

Im Januar 1918 wurde Sorge aus der kaiserlichen Armee entlassen. Mit einem verkürzten Bein war man nicht mehr «kriegsverwendungsfähig». Sein aktiver Dienst war damit beendet. Geistig hatte er diese Trennung längst vollzogen.

Mit Revolver unter roter Fahne

Als junger Philosophiestudent der Berliner Königlichen Friedrich-Wilhelms-Universität erlebte Richard Sorge Ende Januar 1918 den Streik von über einer halben Million Arbeitern und Arbeiterinnen, die dem Aufruf der Spartakusgruppe und revolutionärer Obleute gefolgt waren. Das Volk forderte immer unüberhörbarer: Schluß mit dem Krieg und dem Elend! In Rußland hatte mit der Großen Sozialistischen Oktoberrevolution eine Wende in der Menschheitsgeschichte stattgefunden. W. I. Lenins historischer Funkspruch «An alle! An alle!» vom 12. November 1917,

29 Zitiert nach S. Goljakow/W. Ponisowski, Die Stimme Ramsays, Moskau 1980, S. 16.
30 Sorge-Memoiren, a. a. O., S. 89.

der einen demokratischen Frieden anbot, blieb nicht wirkungslos, auch nicht in Deutschland. In Berlin wurde die rigoros gegen die Demonstranten vorgehende Polizei durch 5000 ausgesuchte, als zuverlässig und kaisertreu geltende Unteroffiziere des Heeres verstärkt. Zu ihnen gehörte Richard Sorge längst nicht mehr. Und nicht nur wegen seiner Ausmusterung. Viele Demonstrationen wurden durch Säbelattacken von Gendarmen auseinandergetrieben. Die Oberste Heeresleitung kommandierte zusätzlich vier Jägerbataillone an die Berliner Heimatfront ab. Die Arbeiter erlitten eine Niederlage, aber Lenin bezeichnete den politischen Massenstreik, an dem sich zuletzt eine Million Menschen beteiligt hatten, als «einen Wendepunkt in den Stimmungen des deutschen Proletariats»[31].

In Berlin brodelte es. Auch die Stimmung bei den Sorges war gereizt, obwohl die Ursachen ganz anderer Natur waren. Das hinterlassene Vermögen des Vaters war durch die Geldentwertung zusammengeschmolzen, die Geschwister stritten sich nun um den Rest. Richards Mutter mußte ihr Haus aufgeben und in den ersten Stock des Mietshauses Nummer 18 der Mainzer Straße in Berlin-Wilmersdorf umziehen.

Aber es gab neben dem familiären Ärger auch politische Kontroversen, die Sorge zum Nachdenken über seine Zukunft veranlaßten. Die Geschwister hatten für Richards neue Gedanken nichts übrig. Seine Professoren und Dozenten an der Universität waren für Sorge zu sehr nach rückwärts orientiert. Zudem glaubte er, das gewählte Studienfach Philosophie sei nicht das richtige für ihn. Deshalb entschloß sich Sorge, nach Kiel zu gehen und sich an der dortigen alten Universität als Student für Volkswirtschaftslehre und Soziologie einzuschreiben. Die preußische Werft- und Industriestadt Kiel war seit der Reichsgründung im Jahre 1871 der wichtigste deutsche Kriegshafen an der Ostsee. Hier hatten die Werftarbeiter gestreikt. In den Betrieben, an den Instituten, auf den Kriegsschiffen der kaiserlichen Flotte waren revolutionäre Agitatoren am Werk. Der alleinstehende Sorge suchte hier im Sommer 1918 Anschluß an die organisierten Revolutionäre. Er trat in die Unabhängige Sozialdemokratische Partei Deutschlands (USPD) ein und erhielt gleich eine Aufgabe. Die USPD war im April 1917 gegründet worden und diente als ein Sammelbecken für jene Sozialdemokraten, denen die rechte SPD-Führung zu wenig revolutionär war. «In Kiel», kommentierte Sorge Jahre danach, «wurde ich in die USPD aufgenommen. Wenn ich nicht der ‹Spartakusgruppe› (der marxistischen Linken – J. M.) beitrat, so deshalb, weil es mir nicht gelang, mit ihr in Verbindung zu kommen. Meine erste Arbeit als Mitglied der Partei bestand darin, zusammen mit zwei oder drei Genossen eine Gruppe sozialistischer Studenten zu gründen, die ich dann leitete.»[32] Im Wohngebiet leitete Sorge als Vorsitzender der Schulungskommission zusätzlich einige Parteiinstrukteure an. Dazu schrieb er selbst: «Beim politischen Unterricht berichtete ich von der Geschichte der Arbeiterbewegung, erläuterte den Unterschied zwischen revolutionärer und konterrevolutionärer Bewegung.»[33]

In Kiel fand der zweiundzwanzigjährige Sorge im dreißigjährigen Dozenten und späteren Professor Dr. phil. habil. Kurt Albert Gerlach nicht nur einen guten Lehrer für Volkswirtschaftslehre, sondern auch einen zuverlässigen Genossen. Der Hannoveraner Gerlach hatte in verschiedener Hinsicht eine ähnliche Entwicklung durchgemacht wie Sorge: Er hatte sich von seinem Vater, einem jüdischen Fabrikdirektor, politisch losgesagt und als Sanitätskraftfahrer den menschenvernichtenden, imperialistischen Krieg hassen gelernt. Aber er war, auch altersbedingt, Sorge voraus. Als Privatdozent an der Leipziger Universität hatte er schon Bücher über die Gewerkschaftsbewegung und die Bedeutung des Arbeitsschutzes für die Arbeiter verfaßt. In England hatte er sich während seines mehrjährigen Aufenthaltes der Labour Party angeschlossen. Und nun, im Kiel jener Tage, bereitete er heimlich Vorlesungen über Themen wie «Sozialismus und Kommunismus» vor. Zweifellos zählten Sorge und Gerlach mit zu jenen, die in dieser angespannten Situation die Saat für den kommenden Aufstand legten. Wie bekannt ist, hat Sorge beispielsweise «vor Matrosen, Hafen- und Werftarbeitern illegale Vorträge über den Sozialismus gehalten. An eines der Referate kann ich mich heute noch erinnern. Eines Morgens früh wurde ich abgeholt, auf Umwegen an einen geheimen Ort gebracht, der sich als unterirdische Marinekaserne herausstellte, und dort aufgefordert, hinter verschlossenen Türen eine heimliche Versammlung abzuhalten.»[34]

Anfang Oktober 1918 forderte die Spartakusgruppe die Volksrevolution, das Ende des kriegerischen Völkermordens und den

31 W. I. Lenin, Werke, Berlin 1960, Band 27, S. 548.
32 Sorge-Memoiren, a. a. O., S. 111.
33 Zitiert nach S. Goljakow/W. Ponisowski, a. a. O., S. 18.
34 Zitiert nach F. W. Deakin/G. R. Storry, a. a. O., S. 23.

Sturz des deutschen Imperialismus. Davon unberührt gaben kaiserliche Generale und Admirale immer neue Einsatz- und Durchhaltebefehle heraus. Da brach am 3. November 1918 der bewaffnete Aufstand der Kieler Matrosen aus. Unter solchen Losungen wie «Es lebe die Internationale! Es lebe die deutsche Republik! Weg mit dem Kaiser!» vereinten sich politisch vorbereitete Kieler Arbeiter und Soldaten mit den Matrosen. Auf Schiffen und über Fabriken wehten rote Fahnen, Matrosen- und Soldatenräte wurden gewählt und verfügten innerhalb nur weniger Stunden über 20000 bewaffnete und kampfbereite Matrosen und Soldaten. Zwar ließ der kaisertreue Leutnant Steinhäuser mit seinem Maschinengewehrtrupp noch etwa fünfzig Demonstranten niedermähen, bevor ihn Revolutionäre unschädlich machten, aber der bewaffnete Aufstand als Signal für die Novemberrevolution in ganz Deutschland war nicht mehr aufzuhalten. Sorge schrieb in seinem Lebenslauf über seine Beteiligung gewohnheitsgemäß kurz: «Organisierte einen Zirkel für die Matrosen. Während des Matrosenaufstandes nahm ich an Demonstrationen teil.»[35] Dabei ließ er unerwähnt, daß er selbst und Gerlach als Mitglieder in den ersten gemeinsamen Rat der Kieler Arbeiter- und Matrosenräte gewählt wurden. Sorge übernahm den Auftrag, in Kiel die erste Volkshochschule zu gründen.

Die Menschen erwarteten jetzt den Frieden und eine bessere Zukunft. Das Essen war knapp, aber der Wissensdurst ungeheuer groß. Die Fesseln schienen gesprengt, viele Pläne wurden geschmiedet. Die Frau des nun amtlich berufenen Professors Gerlach beschreibt aus ihrer Sicht jene Zeit: «Es war nach dem ersten Weltkrieg gewesen, als in Kiel die Schiffe mit der roten Fahne der Revolution einliefen, junge Deutsche sich eine neue Zeit erhofften, Studenten wie Professoren alltäglich in politische Versammlungen, gemäßigte wie radikale, eilten und die Luft unruhig, verheißungsvoll und tatenfroh über Stadt und Förde wehte. Viele junge Menschen besuchten unser Haus, das mit Glyzinien umwachsene, wohl eingerichtete, in dem ich als zwanzigjährige Frau eines Professors der Nationalökonomie Tee einschenkte und nie müde wurde, den Diskussionen zuzuhören. Mein Mann hatte mehrere Jahre in England gelebt, war Fabier[36] und sympathisierte mit der deutschen Revolution. Spätherbst 1918, Winter 1919! Maler sprachen von neuer Kunst, Dichter brachen mit alten Traditionen, schweigsam saß ein junger Hörer meines Mannes zwischen den Gästen, Richard Sorge … Im Hörsaal, im Seminar schien er mehr aus sich herauszugehen als bei uns im Salon, denn bald war zu sehen, daß mein Mann ihn vor allen anderen bevorzugte. Es entspann sich eine Freundschaft zwischen den beiden: wir nannten ihn mit seinem Spitznamen ‹Ika›.»[37]

Wenn es um die Verteidigung der Revolution ging, pflegte jedoch Sorge nie zu schweigen, weder auf den Decks noch in den Kasematten, weder im Seminar noch in den Salons. Er war auch bereit, die Revolution nicht nur mit Worten zu verteidigen. Das bewies sein Einsatz im Januar 1919. Generale und rechte SPD-Führer bereiteten damals den konterrevolutionären Gegenschlag vor. General Walter Freiherr von Lüttwitz war mit 10 000 Soldaten im Berliner Süden aufmarschiert, dagegen fehlten den Revolutionären und ihrer Volksmarinedivision Waffen. Der Generalstreik des Berliner Proletariats wurde von rechten Gewerkschaftsführern desorientiert. Arbeiterführer, wie Karl Liebknecht und Rosa Luxemburg, wurden feige gemeuchelt. Aus vielen Städten eilten Genossen nach Berlin. Unter denen aus Kiel fand man Richard Sorge, der dazu notierte: «Mit … Genossen fuhr ich in offizieller Parteimission nach Berlin, um in der dortigen (Partei-)Zentrale zu arbeiten … Als wir in Berlin ankamen, war es bereits zu spät, irgend etwas zu unternehmen … Schon auf dem Bahnhof wurden wir angehalten und nach Waffen durchsucht, aber glücklicherweise wurde mein Revolver nicht entdeckt. Jeder, der eine Waffe bei sich trug und sich weigerte, sie herauszugeben, wurde erschossen. Nachdem die Genossen und ich mehrere Tage auf dem Bahnhof festgehalten wurden, schickte man uns nach Kiel zurück.»[38]

So erlebte er, nun schon als besonnener Revolutionär, die sich abzeichnende Niederlage der Arbeiterklasse in der Novemberrevolution. Lenins Schriften lehrten ihn bald, daß nur eine revolutionäre, eben eine marxistisch-leninistische Massenpartei in der Lage war, eine sozialistische Revolution zu führen und ihre Ergebnisse zu verteidigen. Als Mitglied der USPD zog er daraus die erforderlichen Konsequenzen.

35 Zitiert nach «Neues Leben», a. a. O.
36 Gemeint ist die sozialreformistische britische Fabian Society, aus der mit anderen Organisationen um die Jahrhundertwende die Labour Party Großbritanniens hervorgegangen ist.
37 Christiane Sorge, a. a. O.
38 Zitiert nach F. W. Deakin/G. R. Storry, a. a. O., S. 24.

An der Hamburger Alma mater

In ganz Deutschland setzte sich die bewaffnete Konterrevolution durch und begann, die Revolutionäre zu jagen. Richard Sorge, der auf ihren Listen stand – auf dem Berliner Bahnhof hatte man seine Personalien erfaßt und der Polizei übermittelt –, hielt es für ratsam, von Kiel nach Hamburg zu ziehen, um dort zunächst sein Studium fortzusetzen. In der Freien und Hansestadt Hamburg, der zweitgrößten Stadt und dem wichtigsten Seehafen Deutschlands, war Sorge erst einmal dem Zugriff der preußischen politischen Polizei entzogen. Hamburg war das norddeutsche Zentrum der Arbeiterklasse und traditionell eine Hochburg der Sozialdemokratie. Nach der Novemberrevolution wurde in dieser Millionenstadt auch eine Universität gegründet. Sorge meldete sich an der Rechts- und Staatswissenschaftlichen Fakultät dieser jungen Alma mater als Doktorand an, als diese noch um ihr Promotionsrecht kämpfte. Es war die Zeit, da man in Deutschland den Entwurf der neuen «Verfassung des Deutschen Reiches» diskutierte, bevor sich die Weimarer Republik endgültig konstituierte. Der Artikel 165 dieser Verfassung bestimmte: «Die Arbeiter und Angestellten sind dazu berufen, gleichberechtigt in Gemeinschaft mit den Unternehmern an der Regelung der Lohn- und Arbeitsbedingungen sowie an der gesamten wirtschaftlichen Entwicklung der produktiven Kräfte mitzuwirken ... Die Arbeiter und Angestellten erhalten zur Wahrnehmung ihrer sozialen und wirtschaftlichen Interessen gesetzliche Vertretungen in Betriebsarbeiterräten ...»

Richard Sorge suchte für seine Doktorarbeit einen Untersuchungsgegenstand, der praxisorientiert war. Er wollte mit seiner Schrift nicht zuletzt eben den Betriebsarbeiterräten eine Anleitung zum Handeln in arbeitsrechtlicher und lohnpolitischer Hinsicht in die Hände geben. Dabei konzentrierte er sich aus verschiedenen Gründen auf die Konsumgenossenschaften. Mit dem Aufschwung der Arbeiterbewegung waren in Deutschland seit Mitte des vorigen Jahrhunderts Hunderte von Konsumvereinen entstanden, die als Organisationen der Arbeiterklasse ihren Mitgliedern unverfälschte und preiswerte Waren anboten. Als Dachverband dieser Konsumgenossenschaften war 1903 in Hamburg der sozialdemokratisch orientierte Zentralverband deutscher Konsumvereine entstanden, der nun Richard Sorge sein Zentralarchiv zur Nutzung anbot. Als Promotionsthema wählte Sorge dann endgül-

Matr. Nr. *1240. 106*

Laufende Nr. *340*

Wir Rektor und Senat

der Königlichen Friedrich Wilhelms-Universität zu Berlin

bekunden durch dieses Abgangszeugnis, dass

Herr ~~Fr.~~ *Richard Sorge,*

geboren zu *Baku, Russland, ...*

Sohn ~~Tochter~~ des *Ingenieurs S*

zu den akademischen Studien auf de~~r~~ ~~Gymnas.~~ ~~Realgymnas.~~ in *Berlin-Lichterfelde*
Oberrealsch.

vorbereitet, auf Grund des Zeugnisses der Reife ~~bezw. eines Abgangszeugnisses von der Universität~~

am *25. Januar 1916* bei uns immatrikuliert worden ist, sich bis zum *...1917/18*

als Studierende~~r~~ hier aufgehalten und sich

der

beflissen hat.

Während dieses Aufenthaltes hat der/die selbe bei unserer Universität nach den vorgelegten Zeugnissen die umstehend verzeichneten Vorlesungen vorschriftsmässig angemeldet.

Stundungsvermerk über M.

Abgesandt Zeugnisse und Anmeldungsbuch unter Einziehung — Rücksendung
von M. Pf.
Berlin, 191

Die Gebühren für das Abgangszeugnis mit *12* M. *5* Pf. sind bezahlt.
Berlin, *17/3* 191 *8*

Die Universitäts-Quästur

Die umstehend aufgeführten Vorlesungen sind in das Abgangszeugnis nicht aufzunehmen.

Bereits Anfang 1916 hatte Richard Sorge an der Berliner Universität sein Philosophiestudium begonnen tig: «Die Reichstarife des Zentralverbandes deutscher Konsumvereine». Dabei setzte er sich mit sehr komplizierten Fragen auf dem Gebiet der Lohn- und Tarifpolitik deutscher Konsumvereine auseinander. Die Inhaltsangabe seiner Doktorarbeit vermittelt davon eine gute Vorstellung. Sorge hatte das über zweihundert Seiten umfassende Manuskript in fünf Abschnitte gegliedert:

I. Teil
Die freien Gewerkschaften und der Zentralverband deutscher Konsumvereine.

II. Teil
Die Entwicklung der Reichstarife mit dem Verbande der Bäker, Konditoren und Berufsgenossen Deutschlands.

III. Teil
Die Entwicklung der Reichstarife mit dem Verbande der Handels- und Transportarbeiter Deutschlands.

IV. Teil
Garantien für Sicherung und Durchführung des Tarifwerkes,
a) Allgemeine Garantien
b) Das Tarifamt und seine Tätigkeit.

V. Teil
Das Tarifwerk in der Revolution.
Tabellenwerk
Anhang»

Zum Inhalt der Doktorarbeit ist noch zu bemerken, daß Sorge nicht darauf verzichtete, die Ergebnisse seiner Untersuchungen parteilich zu kommentieren. So schrieb er unter anderem: «Die Genossenschaften, wie das englische Genossenschaftswesen zeigt, sind ebenfalls Organisationen der Arbeiterklasse, ein Teil der Arbeiterbewegung, mit der sozialen Frage genauso zusammenhängend, wie die gewerkschaftlichen Organisationen und die politischen der Arbeiter. Es sind dieselben Gruppen, die schwer unter dem aufstrebenden kapitalistischen Wirtschaftsleben litten, all den Schwankungen und Notlagen ausgesetzt, wie Karl Marx als jener Zeit eigentümlich im ‹Kapital›, Engels in der ‹Lage der englischen Arbeiter› und Brentano in den ‹Arbeiter-Gilden der Neuzeit› angibt und darstellt.»

in druckfertiger Form als Wertpaket nach Hamburg abgehen, wodurch ich den Anforderungen für Promotion in der Rechts- und Staatswissenschaftlichen Fakultät nach der letzten Mitteilung die mir zugegangen ist, nachkommen möchte. Ich möchte also nunmehr an die hohe Fakultät das Gesuch richten mir Titel und Würde eines Doktors der Staatswissenschaften zu verleihen.

Richard Sorge
Assistent.

Aus dem Antrag des Hochschulassistenten Richard Sorge an die Universität Hamburg

Neben seinen umfangreichen Studien begann Sorge journalistisch für die «Hamburger Volkszeitung» zu arbeiten. Sein Studienpensum war enorm. Wozu andere Doktoranden Jahre benötigten, das schaffte Sorge in kurzer Frist. Nach nur sieben Monaten stellte er sich seinen akademischen Prüfern. Und diese bestätigten einhellig dem noch nicht ganz vierundzwanzigjährigen Kandidaten, daß er die Prüfung mit Summa cum laude, also mit Auszeichnung, dem höchsten Prädikat, bestanden habe. Dazu muß man bemerken, daß nach der seinerzeit geltenden Promotionsordnung an deutschen Universitäten für die mündlich und schriftlich strenge Doktorprüfung nicht unbedingt ein vorangegangenes Diplomexamen gefordert wurde.

Dr. rer. pol. Richard Sorge stammte nicht aus der Arbeiterklasse, er war auch nicht als Revolutionär geboren worden. Doch die Schule des Lebens, die Praxis, ein halbes Jahrzehnt von Klassenkämpfen, seine Kameraden und Genossen hatten aus ihm einen Revolutionär gemacht, und sein dreijähriges intensives Studium bildete ihn zu einem akademisch qualifizierten Marxisten.

Im Vortrupp der Klasse

Mitglied: Nummer 08678

Ende Dezember 1918 hatte der Gründungsparteitag der Kommunistischen Partei Deutschlands stattgefunden. Im Juni 1919 beschloß die Reichskonferenz der Partei, die in Berlin in der Illegalität tagen mußte, das erste Parteistatut. Am 15. Oktober 1919 wurde Dr. Richard Sorge organisierter Kommunist. Ein entscheidender Schritt in seinem Leben war vollzogen. Sein KPD-Mitgliedsbuch trug die Nummer 08678, Eintrittsort: Aachen.

Der Zentralausschuß der KPD gab ihm nach dem 2. Parteitag, der Ende Oktober 1919 illegal in und um Heidelberg und Mann-

Aus Dr. Sorges Parteidokument

heim tagte, erste Parteiaufträge für das Rheinland. In Aachen wurde er beispielsweise in die örtliche Parteileitung gewählt. Das linksrheinische Gebiet war damals noch von den imperialistischen Siegermächten besetzt, die keine Arbeiter- und Soldatenräte duldeten und die KPD nicht zuließen. Deshalb mußte Sorge, mit Wissen der Partei, seine politische Arbeit in der USPD fortsetzen, die zugelassen war. Auch Clara Zetkin beispielsweise war nach der Gründung der KPD im Parteiauftrag in der USPD verblieben, um bestimmte politische Aufgaben zu erfüllen. Die Genossin Sella Gabelin erlebte Sorge während seiner Aachener Zeit und berichtete, wie er junge Arbeiter und bildungshungrige Gymnasiasten der linksradikalen Jugendgruppe für die KPD gewann. Es gelang ihm schließlich sogar, seinen Lehrer und Kampfgefährten Prof. Dr. Kurt Gerlach davon zu überzeugen, daß er, ein streitbarer Sozialdemokrat und Revolutionär, in die Reihen der jungen KPD gehöre. Das sind nur zwei Beispiele dafür, wie überzeugend Sorge für seine Partei neue Mitglieder warb. In Gerlachs Haus schulte er abends mehrere Studiengruppen und machte sie mit den Werken von Karl Marx, Friedrich Engels und W. I. Lenin vertraut, während er tagsüber seinen Pflichten als Assistent von Professor Gerlach am Lehrstuhl für Wirtschaftswissenschaften an der Aachener Technischen Hochschule nachkam.

Mitte März 1920 horchten auch die Aachener Bürger auf. Am 13. des Monats zog überraschend der ehemals kaiserliche Korvettenkapitän Hermann Ehrhardt als Befehlshaber der berüchtigten Marinebrigade Ehrhardt mit dem Hakenkreuz am Stahlhelm in Berlin ein und besetzte das Regierungsviertel. Der konterrevolutionäre Kapp-Putsch rollte, wohl vorbereitet, an: Der Königsberger Generallandschaftsdirektor Wolfgang Kapp und der Infanteriegeneral Walter Freiherr von Lüttwitz, Befehlshaber des Gruppenkommandos I der Reichswehr, erklärten die Regierung für abgesetzt und das Parlament für aufgelöst. Bei den Putschisten waren unter anderen der ehemalige Generalquartiermeister der Obersten Heeresleitung, General Erich Ludendorff, der ehemalige kaiserliche Polizeipräsident von Berlin, Traugott von Jagow, und jener kaiserliche Major Waldemar Pabst, der schon Mitte Januar 1919 als 1. Generalstabsoffizier der konterrevolutionären Gardekavallerieschützendivision den feigen Mord an den Kommunisten Karl Liebknecht und Rosa Luxemburg befohlen hatte, mit von der Partie. Unter der Parole von Lüttwitz «Kampf

Unter dem Rektorat von Karl Rathgen, Doctor rerum politicarum, ordentlichem Professor der Volkswirtschaftslehre, und während des Dekanats von Kurt Perels, Doctor iuris utriusque, ordentlichem Professor des öffentlichen Rechts, hat die Rechts- und Staatswissenschaftliche Fakultät

Herrn Richard Sorge, Baku (Rußland)

auf Grund mit ‚Auszeichnung‘ bestandener Prüfung und Veröffentlichung seiner Schrift ‚Die Reichstarife des Zentralverbandes deutscher Konsumvereine‘ die Würde als

Doktor der Staatswissenschaften

verliehen. Zum Zeugnis dessen ist diese Urkunde ausgestellt, mit dem Siegel der Fakultät versehen und vom Dekan unterzeichnet worden.

Hamburg, den 8. August 1919.

Der Dekan

Perels

(L. S.)

gegen den Bolschewismus» begann sich der gnadenlose Terror der Putschisten über Deutschland auszubreiten. Die Regierung war geflohen, bürgerliche Demokraten, vor allem aber Mitglieder und Funktionäre der KPD, der USPD und der SPD wurden von den schwer bewaffneten Putschisten festgenommen, mißhandelt, viele von ihnen sogar kurzerhand erschossen. Nördlich von Aachen operierten und massakrierten das konterrevolutionäre Freikorps Lützow und in Rheinland-Westfalen das Freikorps Lichtschlag. Die KPD hatte bereits am 14. März 1920 aufgerufen: «Proletarier in Stadt und Land ... Sammelt Euch zum Kampf gegen die Militärdiktatur ... Eure nächsten Forderungen sind: Sofortiger Rücktritt der Regierung Kapp-Lüttwitz, Entwaffnung und Auflösung der Reichswehr, der Sicherheitspolizei ... Sofortige Beschlagnahme aller Waffen der Bourgeoisie. Bildung einer revolutionären, zuverlässigen Arbeiterwehr unter Kontrolle der Arbeiterräte.»

Sorge beteiligte sich im Rhein-Ruhrgebiet aktiv am Kampf gegen die Putschisten und gehörte in Aachen selbst zur Streikleitung. Der Generalstreik von über zwölf Millionen Werktätigen und die Erfolge der von Kommunisten und Sozialdemokraten organisierten und bewaffneten Kräfte, besonders der Roten Ruhrarmee, ließen den blutigen Kapp-Putsch bereits nach vier Tagen zusammenbrechen. Seine Anführer wurden in die Flucht gejagt. Doch die Reaktion in Deutschland war damit keineswegs geschlagen. Auch Sorge sollte das bald zu spüren bekommen. Der Rektor der Technischen Hochschule wurde von der Polizei vor dem Streikorganisator gewarnt, und er entließ deshalb den Assistenten Sorge Ende März 1920 aus dem Hochschuldienst. Nicht lange danach mußte auch Professor Gerlach die Hochschule verlassen.

Wenn man aber glaubte, auf diese Weise den jungen Akademiker und bei den Studenten beliebten Assistenten damit kleingekriegt zu haben, so hatte man sich getäuscht. Sorge wurde vorübergehend Bergmann und verdiente seinen Lebensunterhalt unter Tage, gab seine politische Arbeit jedoch keinesfalls auf. In den folgenden elf Monaten arbeitete er in verschiedenen Bergwerken des deutschen Ruhrgebietes beziehungsweise der benachbarten niederländischen Provinz Limburg. In seinen Kerkeraufzeichnungen vermerkte er, auf diese Zeit zurückblickend: «Der Beruf war hart, und ich war durch meine Verwundungen benachteiligt. Diesen Entschluß jedoch habe ich nie bereut. Die Erfahrungen, die ich unter Tage sammelte, haben mir ebenso sehr genutzt wie jene, die ich auf dem Schlachtfeld machte, und sie waren ebenso nützlich auch für die Partei. Ich erzielte ziemlich schnell gute Ergebnisse unter den Bergarbeitern. Ich gründete eine kommunistische Gruppe in der ersten Grube, in der ich arbeitete, und sah, wie sie sich zufriedenstellend entwickelte. Ich wiederholte diesen Vorgang in einer zweiten und in einer dritten Grube im gleichen Revier.»[1]

Gleichzeitig suchte Richard Sorge nach Fluchtwegen für deutsche Arbeiter, die von der Polizei und von der Klassenjustiz wegen ihrer revolutionären Tätigkeit verfolgt wurden. Einige zum Teil schon stillgelegte Bergwerksstollen unter der deutsch-niederländischen Grenze eigneten sich gut für diesen Zweck.

Mißtrauisch beobachtete die niederländische Polizei im Auftrag der Grubenbesitzer die politische Arbeit des deutschen Bergmannes mit dem Doktortitel. Bald darauf wurde er festgenommen, vom Bergwerksgelände wegeskortiert und aus den Niederlanden ausgewiesen.

Im Auftrag der KPD zog Sorge nunmehr nach Rheinland-Westfalen. Er quartierte sich zunächst in der Alleestraße 18 in Remscheid ein, arbeitete jedoch in Solingen. Diese Stadt, rechts der Wupper im Bergischen Land gelegen, ist eine Industriestadt, deren Stahl-, Waffen- und Schneidwarenwerke ihr den internationalen Ruf als «Klingenstadt» eingebracht hatten. Das Solinger Proletariat war politisch reif und schlug manche Klassenschlacht. Im Januar 1918 kam es hier zu machtvollen Massenaktionen gegen den Krieg und die, die an ihm verdienten. Und Ende November desselben Jahres war es der Solinger Arbeiter- und Soldatenrat, der forderte, die Chemischen Werke in Leverkusen zu beschlagnahmen, künftig ihre Rüstungsproduktion zu verhindern und den belasteten Generaldirektor Carl Duisberg zu verhaften. In der «Bergischen Arbeiterstimme», einer in der Druckerei der KPD in Solingen gedruckten, sehr populären Zeitung, begann Sorge seine eigentliche journalistische Karriere als politischer Redakteur. Er stand als solcher im Impressum und war den Lesern bald ein gut vertrauter Leitartikler. Nicht alle Artikel zeichnete er mit seinem Namen. Er benutzte auch die Pseudonyme Adoml, Sonter, Heinze und Petzold.[2] Sorge schrieb klassenverbunden, leidenschaftlich und argumentierte konkret. Er sah die Parteipresse als kollektiven Propagandisten, Agitator und Organisator im

48

Klassenkampf. Als beispielsweise Ende 1921 die Herrschenden versuchten, mit ihrem jährlichen Weihnachtsrummel und dem Fest der Geburt des Erlösers das Volk, das noch an den Folgen des Krieges litt, von den wahren sozialen und demokratischen Interessen abzulenken, griff Sorge zur Feder und formulierte treffsicher in seinem Kommentar für die Weihnachtsausgabe der «Bergischen Arbeiterstimme»: «Die 14,5 Millionen Mark Dividende, mit denen die Firma Krupp das Jahr abschloß, gehen nahezu ganz in die Taschen der Familie Krupp. Also eine kleine Zahl, winzige Zahl von Menschen bekommt 14,5 Millionen Mark zu Weihnachten bar auf den Tisch des Hauses gelegt, zu all dem anderen, was sie schon besitzt, zu all den anderen Bezügen, die sie noch jährlich hereinbekommen. Denn die Dividende ist nicht die einzige Einnahmequelle der Firma Krupp. Und doch bekommen es Zeitungen fertig, wie zum Beispiel die ‹Kölnische Zeitung›, die Sparsamkeit und Einfachheit, kurz und gut, die so einfache und tätige Familie Krupp zu rühmen, die sich nur mit dem Gehalte von 14,5 Millionen begnügt, während die Arbeiter der Firma Krupp nahezu 3 Milliarden Mark an Löhnen und Gehältern bekamen innerhalb der letzten 4 Jahre. Umgerechnet auf die Zahl der bei Krupp beschäftigten Arbeiter, rund 99 000 Mann gegen 92 000 im Vorjahre, ergibt dies sage und schreibe auf den Kopf jedes einzelnen Arbeiters in den letzten 4 Jahren 7 500 Mark. Die Kleinigkeit von 14,5 Millionen Mark, die die Familie Krupp hiergegen aufweisen kann als einmalige Einnahme, nicht die einzige Einnahme, die sie bezieht, rollt für den denkenden Arbeiter sofort das ganze soziale Problem auf.»

Und Sorge rüttelte mit seinen Schlußgedanken auch den letzten Leser wach. «Weihnachten kann für uns nur sein ein Fest der Besinnung auf den Inhalt der Lügen und des Betruges, den die bürgerliche Gesellschaft an der Arbeiterschaft ausübt. Weihnachten sei das Fest der Besinnung auf das eine große Ziel, das uns alle einen kann, auf das Ziel der Beseitigung der Lüge, der Ausbeutung und der Unterdrückung, auf das Ziel der Befreiung des Proletariats aus den Fesseln des Kapitals.»

So eindrucksvoll rechnete Sorge am Heiligen Abend unfeierlich unter anderem mit dem Krupp-Clan ab, dessen Kanonenkönige zu den Kriegsverbrechern des ersten Weltkrieges zählten und des-

1 Sorge-Memoiren, a. a. O., S. 216; siehe auch F. W. Deakin/G. R. Storry, a. a. O., S. 25f.
2 Siehe S. Goljakow/W. Ponisowski, a. a. O., S. 22.

Bericht

über die

Verhandlungen des 2. Parteitages der Kommunistischen Partei Deutschlands

(Sektion der Kommunistischen Internationale)

Abgehalten in Jena
vom 22. bis 26. August 1921

Herausgegeben von der Zentrale der
Kommunistischen Partei Deutschlands

V · I · V · A

Vereinigung Internationaler Verlags-Anstalten G. m. b. H.
(Frankes Verlag)   1922   Berlin SW 61

19/20. Rheinland-Westfalen	Eickenberg
	Richter, Josef
	Düwell
	Melchers
	Heck
	Dattan, Otto
	Braß, Otto
	Schroeder, Paul
	Heyder, Hermann
	Zetkin, Klara
	Meiswinkel
	Rathert, Bertha
	Sorge, Dr. Richard

Sorge war 1921 Parteitagsdelegierter in Jena

sen Vertreter im «Rat der Götter» der deutschen Monopole längst wieder dabei waren, revanchistische Pläne auszuhecken und wiederum eine Neuverteilung der Welt mit kriegerischen Mitteln anzustreben.

Im März 1921 war Sorge übrigens nach Solingen gezogen und wohnte in Wieden Nr. 19.

Neben seiner journalistischen Arbeit agierte er als Lehrer in einer Parteischule der KPD im Industriezentrum Wuppertal und außerdem als Dozent an der Volkshochschule der nördlich von Solingen gelegenen Stadt Ohligs. Dort hatten seine Kurse «Philosophische Grundlagen der Gesellschaftswissenschaft», «Volkswirtschaftslehre für Betriebsräte» und vor allem «Was man vom Betriebsrätegesetz wissen muß» beachtlichen Zulauf. Häufig reichten die Versammlungsräume nicht aus, denn die französische Besatzungsmacht war an der Fortbildung deutscher Arbeiter nicht eben interessiert und versuchte solche Vorlesungen, wie sie Sorge hielt, zu behindern. So teilte beispielsweise der Geschäftsführer der Volkshochschule in Ohligs am 30. Mai 1921 Dr. Sorge mit: «Die französische Besatzungsbehörde hat einige Räume des Lyzeums zur Benutzung durch die Volkshochschule freigegeben. Ich bitte Sie daher, Ihre Vorlesungen am Freitag, dem 3. 6. 21 wieder aufzunehmen. Die Hörer werden durch die Presse in Kenntnis gesetzt. Ich bitte Sie noch, Ihre Hörer darauf hinzuweisen, daß den Besuchern der Kurse nur die Benutzung des Haupteinganges des Lyzeums gestattet ist. Die Benutzung des Nebeneinganges ist streng verboten.»[3]

Am Haupteingang aber hatte der französische Kommandant seine Polizeispitzel plaziert. Sorges Lehrgangsteilnehmer jedoch ließen sich durch solche Schikanen nicht einschüchtern. Neunundfünfzig Arbeiter waren zum Beispiel Hörer von Sorges erstem Kurs über das Betriebsrätegesetz. In der Teilnehmerliste findet man solche Berufsangaben wie: Bau- und Gießereiarbeiter, Lager- und Transportarbeiter, Schlosser, Schleifer, Dreher, Rohrzieher, Lackierer, Schmelzer, Former, Putzer, Kutscher, Bäcker, Expedient und Handlungsgehilfe.[4]

Dr. Sorge war unter den Arbeitern der KPD-Bezirke 19/20 nicht nur namentlich bekannt. Er wurde daher auch ihr Delegierter zum Jenaer Parteitag der KPD, der vom 22. bis 26. August

3 Original im Stadtarchiv Solingen, Klosterhof 4.
4 Schriftliche Auskunft des Stadtarchivs Solingen an den Autor vom 20. September 1980.

1921 stattfand. Die KPD zählte damals fast 360 000 Mitglieder, und nach Halle-Merseburg war der KPD-Bezirk Rheinland-Westfalen der zweitstärkste Bezirk, er hatte zum Beispiel doppelt soviel Mitglieder wie der Bezirk Berlin-Brandenburg. Zu den Delegierten gehörten unter anderen Hermann Duncker, Paul Fröhlich, Georg Handtke, Fritz Heckert, Wilhelm Koenen, Wilhelm Pieck und Clara Zetkin. In Jena traf Sorge auch Ernst Thälmann wieder. Von allen Delegierten war damals Sorge der einzige, der den Doktortitel trug. Der von ihm mit ausgearbeitete Rechenschaftsbericht des Bezirkes 19/20 konnte auf politische Erfolge verweisen wie: «Die Bildung von Fraktionen ist in den einzelnen Gewerkschaften sowie in den Betrieben in erheblichem Maße durchgeführt ... Als besondere Streikbewegung nennen wir die von Hamborn (August-Thyssen-Werke), Wiesdorf (Farbwerke) und allgemeine Straßenbahnerstreiks im Bezirk. Unsere Fraktionen haben bei diesen Streiks ganz vorzüglich mitgewirkt ... Im Bezirk erscheinen zur Zeit vier Zeitungen und zwar ‹Bergische Arbeiterstimme› (Solingen), ‹Freiheit› (Düsseldorf), ‹Ruhr-Echo› (Essen) und ‹Bergische Volksstimme› (Remscheid). Außerdem erscheint ein tägliches Kopfblatt der ‹Bergischen Volksstimme›, die ‹Rote Tribüne› für die Unterbezirke Hagen und Elberfeld-Barmen.»[5]

Aber der Bericht ging auch auf den Terror gegen die Kommunisten ein. «In ganz Westfalen haben wohl in den Anfangstagen Zusammenstöße zwischen Sipo (Sicherheitspolizei – J. M.) und Arbeiterschaft stattgefunden. In Essen wurden 21 Tote gezählt ... Im Unterbezirk Mörs wurde alles, was Kommunist hieß, verhaftet, anfangs 400 Personen ... Im Unterbezirk Hagen sind weit über 100 Parteigenossen verhaftet, ebenso im Unterbezirk Bochum 34 Verhaftete. In Düsseldorf haben zirka 30 Prozent der Arbeiterschaft gestreikt. Doch sind auch hier ungefähr 20 Genossen verhaftet worden. Im Unterbezirk Remscheid beteiligten sich 75 Prozent der Arbeiterschaft an der Aktion. 459 Funktionäre sind gemaßregelt, 10 Genossen sind vor den Richter geschleppt und abgeurteilt.»[6]

Man kann nur ahnen, welcher Mut dazu gehörte, in einer solchen Zeit politischer Hexenjagd Redakteur und bekannter Leitartikler einer KPD-Zeitung zu sein.

Der Jenaer Parteitag der KPD beschäftigte sich mit dem Bericht über den 3. Kongreß der Kommunistischen Internationale, mit den nächsten Aufgaben der Partei, der Tätigkeit in den Gewerkschaften, der Lage Sowjetrußlands und der Hilfsaktion für dieses Land.

Aufschlußreich war auch, daß ein innerparteilicher Verbindungsdienst angekündigt wurde, in dem schließlich Genosse Sorge in den folgenden Jahren eine besondere Rolle spielen sollte. Dazu hieß es im Parteitagsprotokoll: «Die (Propaganda-)Abteilung hat weiter die Organisierung des Verbindungsdienstes begonnen, der darin besteht, daß nicht nur die Mitgliedschaft eines Bezirks in jeder politischen Situation mit der Bezirksleitung in enger Verbindung steht, sondern auch die Bezirksleitungen untereinander und diese wieder mit der Zentrale auch dann auf das engste verbunden werden, wenn alle legalen Verkehrsmittel versagen. Desgleichen ist der Verbindungsdienst mit den ausländischen Organisationen hergestellt, so daß heute mit allen Bruderparteien der illegale Verbindungsdienst besteht. Dieser Verbindungsdienst wird weiter ausgebildet, so daß in Zukunft nicht nur von Partei zu Partei Verbindungen bestehen, sondern daß an der gesamten deutschen Grenze mit allen kommunistischen Ortsgruppen jenseits der Grenze die Verbindungen hergestellt werden und somit ein enger Kontakt mit den Kommunisten jenseits der Grenze vorhanden ist.»[7]

Vom Jenaer Parteitag heimgekehrt, vollendete Sorge seine erste Monographie, der er den Titel «Rosa Luxemburg's Akkumulation des Kapitals – Bearbeitet für die Arbeiterschaft» gab und die 1922 in Solingen herausgegeben wurde. Er wollte damit einfachen Lesern verständlich machen, daß die Kapitalisten um ihrer Existenz willen gezwungen sind, ihr Kapital ständig zu vermehren und daß sie das nur durch eine erhöhte Ausbeutung der Arbeiter erreichen können. Später schätzte er selbstkritisch ein, daß er das Thema nicht richtig in den Griff bekommen und es mehr agitatorisch als wissenschaftlich gründlich abgehandelt hätte. In Zeit und Raum gestellt, erfüllte aber wohl auch diese Arbeit ihre Aufgabe.

In Solingen gab es auch in seinem Privatleben eine Veränderung. Er heiratete Christiane, eine charmante, kluge junge Frau. Sie stammte aus einer wohlhabenden bürgerlichen Familie, be-

5 Bericht über die Verhandlungen des 2. Parteitages der KPD, Berlin 1922, S. 98 ff.
6 Ebenda, S. 99.
7 Ebenda, S. 23.

grüßte aber die Revolution in Europa. Sie kannten sich bereits vier Jahre, und zwar aus der Zeit in Kiel und Aachen. Christiane war in erster Ehe mit Professor Gerlach verheiratet. Gerlach, der an einer unheilbaren Krankheit litt, wußte, daß seine Lebenserwartung nicht mehr hoch war. Sorge war in Kiel sein Lieblingsstudent und in Aachen sein bevorzugter Assistent gewesen. Seite an Seite waren sie durch das Feuer der Novemberrevolution gegangen. Sorge verdankte Gerlach seine politische Bildung, Gerlach dagegen wurde durch Sorge zum Kommunisten. Mußte nicht Christiane zur Zerreißprobe für diese enge, langjährige Männerfreundschaft werden? Sie schrieb selbst mehr als vier Jahrzehnte später darüber. «Mit großem Geschmack und viel Liebe hatte mein Mann unser Haus eingerichtet – nun sprach er von Scheidung ... Ika war nie zudringlich, er brauchte um Menschen nicht zu werben, sie flogen ihm zu, Männer wie Frauen ... Zerfallen mit mir selbst, zerrissen von der Liebe zu beiden Männern, fuhr ich nach Süddeutschland zu meiner Stiefmutter ... Die Freundschaft zwischen ihm und meinem Mann blieb bestehen, auch als dieser wußte, wie es um uns stand.»[8]

Christiane hatte in Sorge einen verständnisvollen Partner. Als ausgebildete Bibliothekarin gehörten Maxim Gorki, Leo Tolstoi und Romain Rolland zu ihren Lieblingsautoren. Christiane schwärmte von Rußland, Richard liebte das Land seiner Mutter. In der ersten Zeit lebten sie in Solingen, noch unverheiratet, denn Christiane wollte zunächst ihre Promotion an der Wirtschafts- und Sozialwissenschaftlichen Fakultät der Universität Köln abschließen. «Zweimal in der Woche», erinnerte sich Christiane Sorge, «fuhr ich nach Köln ins soziologische Seminar und arbeitete daheim an meiner Doktorarbeit. Als mein mündlicher Prüfungstermin heranrückte, büffelte Ika mit mir. Es war erstaunlich, wie sein scharfer Verstand auf Anhieb das Wesentliche herausfand. Mit seiner Hilfe bestand ich das Doktorexamen im Sommer 1922.»[9]

Christiane verteidigte damals ihre Arbeit zum Thema «Leo N. Tolstoi als Sozialpolitiker». An mehreren Stellen dieser Dissertation glaubt man Richard Sorges politischen Einfluß herauszulesen, zum Beispiel in dieser Passage: «Der Boden, aus dem Tolstois Sozialpolitik herauswuchs, ist deutlich zu erkennen. Die russische Leibeigenschaft befand sich nach einhundertdreißigjährigem Bestehen im letzten Drittel, als Leo Nikolajewitsch Tolstoi

Solingen 1922: Titelseite von Richard Sorges erster Monographie

als das Kind gräflicher und fürstlicher Gutsherrn heranwuchs, also innerhalb einer Wirtschaftsverfassung, die dem einen Teil der Menschen alles Recht, dem anderen Teil nicht das geringste gab. Die moralische und soziale Bedeutung dieses Zustands bestand darin, daß der Bauer tatsächlich leib- und seeleneigen war, daß der Herr seine Leibeigenen verkaufen, verschenken, prügeln und wirtschaftlich ausnutzen konnte, wie er wollte.»[10]

Welch Disput mag solchen gemeinsamen Erkenntnissen und stilistisch schön abgeschliffenen Formulierungen vorausgegangen sein? Welche Gemeinsamkeiten ergaben sich bei kollektiven Geschichts- und Literaturstudien?

Für die Umwelt war ihr Zusammenleben ohne Standesamt und

8 Christiane Sorge, a. a. O.
9 Ebenda.
10 Christiane Sorge, Leo N. Tolstoi als Sozialpolitiker (Inaugural-Dissertation), Köln 1922, S. 8 f.

Schein ein großes Ärgernis, und das bekamen sie zu spüren. Man wollte sie sogar aus der Stadt weisen. Gegen Richard Sorge hatte die Staatsanwaltschaft sogar ein Ermittlungsverfahren wegen angeblich unberechtigten Tragens des akademischen Doktortitels eingeleitet und entsprechende Verhöre angeordnet. Die Klassenjustiz der Herrschenden mußte erst lernen, daß es jetzt viele gebildete Proletarier gab und unter den Kommunisten ein Doktortitel nicht so ungewöhnlich war.

Die Reaktion in Solingen und Umgebung jedenfalls ging im Falle Sorge sehr bald von juristischen Nadelstichen zu handfesten Angriffen über.

Auf Anraten der Partei zogen die Sorges daher Ende Oktober 1922 nach Frankfurt am Main. Diese Stadt war bereits in den zwanziger Jahren ein ökonomisches und geistiges Zentrum Westdeutschlands. Sorge half dort, im November die neue Gesellschaft für Sozialforschung zu gründen. Die KPD vertraute Sorge einige Aufgaben an: Er wurde Verbindungsmann zur Berliner Parteizentrale, verwaltete die örtliche Parteikasse und war für die sichere Unterbringung der bezirklichen Mitgliederkartei verantwortlich.[11]

«Teddys» Geheimkurier

Die Ruhrbesetzung im Januar 1923 verschärfte noch die Wirtschaftskrise. Die Bevölkerung litt unter der grassierenden Inflation und der Arbeitslosigkeit. Der Klassenkampf spitzte sich zu. In machtvollen Streiks vertraten die Arbeiter ihre Forderungen. Proletarische Hundertschaften bildeten sich. Das Monopolkapital und seine Gewaltorgane reagierten mit brutalem Terror. Die Kommunisten gaben auf ihrem 8. Parteitag, der vom 28. Januar bis zum 1. Februar in Leipzig stattfand, Antwort auf die Frage, was zu tun sei. Sie forderten unter anderem die Einheitsfront, eine Arbeiterregierung, die Bekämpfung konterrevolutionärer Organisationen. Die Krisenlasten sollten von der Großbourgeoisie getragen werden. Auf dem Parteitag gab es jedoch auch Meinungsverschiedenheiten mit rechtsopportunistischen und linkssektiererischen Kräften. Die Illusionen über den Weg der Arbeiterklasse zur Macht konnten vom revolutionären Kern der Partei nicht ganz ausgeräumt werden. Das sollte sich bald auswirken.

Auch Sorge stellte sich diesen Problemen. 1922 während der 1. Marxistischen Arbeitswoche in Ilmenau und verstärkt 1923 während der 2. Marxistischen Arbeitswoche in Geraberg, zu der er 19 marxistische Wissenschaftler eingeladen hatte, setzte er sich mit ultralinken Tendenzen des Genossen Karl Korsch auseinander. Auch Christiane Sorge nahm an diesen Arbeitswochen teil.

Ende September desselben Jahres verhängte Reichspräsident Friedrich Ebert über Deutschland den Ausnahmezustand. Polizei und Reichswehr sollten mit allen Mitteln die revolutionäre Massenbewegung gegen Teuerung, Wucher, Betriebsstillegungen und Terror der Polizei sowie faschistischer Banden eindämmen. In Sachsen und Thüringen, wo ein Drittel aller proletarischen Hundertschaften konzentriert war, wo es fast keinen Betrieb ohne Betriebsrat gab und wo die Einheitsfrontbewegung der Arbeiterklasse in Deutschland am weitesten entwickelt war, bildeten linke Sozialdemokraten und Kommunisten Anfang Oktober Arbeiterregierungen. Professor Korsch beispielsweise wurde in der Arbeiterregierung Thüringens Justizminister. Die Zentrale der KPD, in die im Mai 1923 Ernst Thälmann gewählt worden war, beschloß am 20. Oktober nunmehr den Generalstreik einzuleiten, die Bürgerkriegsvorbereitungen der Reichswehr zu durchkreuzen, den bewaffneten Aufstand mit dem Ziel vorzubereiten, in ganz Deutschland eine Arbeiter-und-Bauern-Regierung zu bilden.

In dieser komplizierten Lage brauchte die KPD-Zentrale verläßliche Kuriere. Sorge, der Ernst Thälmann schon 1919 als damaligen Distriktführer der USPD in Hamburg kennengelernt hatte, wurde für diese Aufgabe ausgewählt. Er pendelte zwischen Berlin und Frankfurt am Main, täuschte die strengen Reichswehr-Kontrollen und schlug sich zu den Kontaktstellen in Sachsen und Thüringen durch, wo die Reichswehr inzwischen einmarschiert war. Ständig mußte er mit gründlichen Leibesvisitationen, mit argwöhnischen Ausweiskontrollen und mit vorläufigen Festnahmen rechnen.

Auch von Hamburg aus zogen die dort stationierten Reichswehreinheiten gegen die rechtmäßigen Arbeiterregierungen in Sachsen und Thüringen. In der zweiten Oktoberdekade legte ein machtvoller Streik den Hamburger Hafen still. Nach einem Plan

---

11 Siehe Chalmers Johnson, An Instance of Treason, a. a. O., S. 71.
12 Siehe G. L. Ulmen, The Science of Society, Den Haag/Paris/New York 1978, S. 47; Julius Mader, Dr. Richard Sorge in Ilmenau, Geraberg und Suhl (1922/1923), Ilmenau 1985.

der Oberbezirksleitung Nordwest der KPD begann am 23. Oktober 1923 der bewaffnete Aufstand in der Stadt, der das Signal zur Erhebung der Arbeiterklasse in ganz Deutschland sein sollte. Die Kampftrupps der Arbeiter erstürmten siebzehn Polizeireviere und bewaffneten sich. 18 000 von Thälmann in Hamburg mobilisierte Kommunisten und ihre Klassengenossen sorgten dafür, daß der Gegner drei Tage lang nichts unternehmen konnte. In Bremen, Frankfurt am Main, Rostock und anderen Städten kam es zu Sympathiestreiks mit dem Hamburger Proletariat. Stundenlang mußten die eilig hierher transportierten konterrevolutionären Polizeikommandos gegen die von den Hamburger Arbeitern zäh verteidigten Barrikaden anrennen. Erst als sich herausstellte, daß dieser Aufstand isoliert bleiben würde, brach man ihn am 25. Oktober auf Beschluß der Hamburger KPD-Organisation ab. Diszipliniert zogen sich die proletarischen Kämpfer zurück. Die Reaktion rächte sich. Der Reichswehrgeneral Hans von Seeckt errichtete eine Militärdiktatur, die Kommunistische Partei Deutschlands wurde verboten, gegen Ernst Thälmann und fast alle führenden Funktionäre der KPD wurde Haftbefehl erlassen,

Ernst Thälmann wußte: Der Revolutionär Richard Sorge ist zuverlässig

das Streikrecht aufgehoben und der Achtstundentag als eine Errungenschaft der Novemberrevolution praktisch rückgängig gemacht. 7000 Arbeiter wurden inhaftiert, 18000 angeklagt.

Doch Genosse Thälmann, der seit dem Hamburger Aufstand den Decknamen «Teddy» führte, blieb für den Klassengegner unauffindbar. Er tauchte zunächst in Hammerbrook, später beim Bauern Meins in Hoisbüttel unter.

Die deutsche Arbeiterklasse hatte eine Niederlage erlitten. Kontakte zwischen der in die Illegalität gedrängten KPD-Führung und den Leitungen im Land waren schwieriger geworden, doch sie rissen nie ab. Dafür, daß es eine ständige Verbindung zur KPD-Oberbezirksleitung Nordwest gab, sorgte «Teddys» Geheimkurier Richard Sorge. Er verwendete damals in Hamburg den Decknamen Robert.[13] In der von der Akademie der Wissenschaften der UdSSR herausgegebenen Thälmann-Biographie des Moskauer Geschichtsprofessors Dawid S. Dawidowitsch ist diese Tatsache gewürdigt worden: «Wie aus unveröffentlichten Archivdokumenten hervorgeht, war Richard Sorge, der später ein hervorragender sowjetischer Kundschafter wurde, im stürmischen Jahr 1923 Verbindungsmann zwischen Thälmann und der Zentrale der KPD. Thälmann berichtete Ende Oktober 1923 in einem Brief an die Zentrale der KPD, daß die Parteiorganisation Hamburgs nach dem Abbruch des Aufstandes in die Illegalität gehe, und er nannte die Hamburger Adresse Richard Sorges als konspirativen Treffpunkt für die Kuriere der Zentrale. An Sorges Anschrift sollten auch weiterhin die Parteimaterialien für den Bezirk Wasserkante geschickt werden.»[14]

Welche Informationen hat Richard Sorge damals weitergeleitet? Welche Bedeutung hatten sie, daß die Partei sie nicht der Post oder dem Telefon anvertrauen wollte? Wie oft entging er listig und mutig den gnadenlosen Exekutionskommandos der Seeckt-Soldateska? Wir wissen es nicht, denn Thälmann ebenso wie Sorge schwiegen darüber bis in ihren Tod. 1944 wurden diese beiden großartigen kommunistischen Kämpfer vom Klassengegner ermordet. Während Ernst Thälmann im August 1944 von der SS im KZ Buchenwald hinterrücks erschossen wurde, erdrosselten japanische Henker im November desselben Jahres Richard Sorge.

13 Siehe F. W. Deakin/G. R. Storry, a. a. O., S. 423.
14 Dawid S. Dawidowitsch, Ernst Thälmann – Von seinem Leben und Kampf, Moskau 1968, S. 150; siehe auch Ernst Thälmann – Zwischen Erinnerung und Erwartung, Frankfurt/Main 1977, S. 70.

Namhafte Gäste im Hinterhof

Die ausgedehnten Reisen Sorges im Auftrage der Partei waren nichts Ungewöhnliches. Als Dozent war er offiziell am Institut für Sozialwissenschaften in Frankfurt am Main, das sich noch im Aufbau befand, beschäftigt und konnte zwischen seinen Lektionen frei über seine Zeit verfügen.

Gemeinsam mit Felix Weil und dessen reichem Vater, Hermann Weil, hatten Professor Gerlach und Dr. Sorge schon 1922 eine Gesellschaft für Sozialforschung gegründet, die sich für das genannte Institut einsetzte. Erstmalig sollten dort die Geschichte des Sozialismus und der Arbeiterbewegung untersucht und gelehrt werden.[15] Das Institut war der Frankfurter Universität angegliedert; als Direktor war Professor Gerlach vorgesehen, der aber Mitte 1923, kurz vor Antritt seines Postens, starb. Richard Sorge und seine Frau waren von ihm noch als Mitarbeiter gewonnen und angestellt worden.

An den Beginn und an die turbulente Zeit in der Mainmetropole erinnerte sich Dr. Christiane Sorge mit folgenden Worten: «Auch ich arbeitete im soziologischen Institut. Im Garten eines Frankfurter Patrizierhauses war es uns trotz Wohnungsnot und Inflation gelungen, einen leeren Stall mit Kutscherwohnung zu entdecken. Wir ließen das ganze zu einem originellen Gartenhaus umbauen, ein Malerfreund strich uns die Zimmer an, eines rot, eines ockerfarben, eines hellblau. Ikas Marxismus war glücklicherweise nicht mit Armutsgelübden verbunden, auch wenn er nicht die geringsten Beziehungen zu Geld oder Besitz hatte ... Er liebte die große russische Schwermut, war mitleidig ohne sentimental zu sein, half Kollegen, denen es schlecht ging, und schrieb hingebungsvoll über den Proletarier. Natürlich brachte er Gäste mit aus seiner Redaktion, dann wurde geraucht und getrunken ... Er liebte Katzen und Hunde und spielte wie ein Knabe mit ihnen ... Nicht daß das Essen ihn besonders interessierte, aber das Kochen machte ihm Vergnügen. Seine Auswahl an Menüs war nicht groß, bestimmt jedoch größer als meine ... Wenn der Eierkuchen zerfiel, war er betrübt, und es tröstete ihn nicht, wenn ich das zerrissene Gebilde für Kaiserschmarrn erklärte ...

An den Abenden verkehrten wir mit Künstlern, Musikern, Schriftstellern, von denen mancher einen Namen hatte oder sich später erwarb, wie Hindemith, George Grosz, Drömmer ... In dieser Zeit erhielten wir die ersten Besuche von Russen. Ich träume zurück und sehe sie auf meinem violetten Sofa sitzen, Erdnüsse essend, die sie mitbrachten ...»[16]

Der Komponist Paul Hindemith, ein Schüler von Arnold Mendelsohn, wirkte damals als Konzertmeister an der Frankfurter Oper, bevor er in Berlin Professor, später ein weltbekannter Dirigent und markanter Vertreter der bürgerlichen Musik des 20. Jahrhunderts wurde. George Grosz, der wie Sorge der KPD schon kurz nach ihrer Gründung beigetreten war und von seinen Genossen verehrungsvoll der Daumier oder Goya unserer Tage tituliert wurde, griff mit seinen Grafiken und Gemälden die Gebrechen und Verbrechen der herrschenden Klasse an.

Wer aber waren Sorges russische Besucher, über die sich seine Ehefrau nicht näher äußerte, ja nicht äußern konnte?

Im Jahre 1923 beispielsweise wurde Sorge vom Direktor des Moskauer Marx-Engels-Institutes, dem Genossen Dawid B. Rjasanow, besucht.[17] Rjasanow forschte in Deutschland nach Dokumenten der I. Internationale, speziell nach Originalbriefen von Karl Marx und Friedrich Engels. Von Sorge erbat er Hilfe, denn er nahm an, im Nachlaß seines berühmten Großonkels Friedrich Adolph Sorge müßten Briefe existieren, die dieser mit den beiden Großen der internationalen Arbeiterbewegung gewechselt hatte.

Im selben Jahr weilte auch eine Delegation von Vertretern des Exekutivkomitees der Kommunistischen Internationale in Frankfurt am Main, unter ihnen Otto Wilhelm Kuusinen, Solomon A. Losowski, Dmitri S. Manuilski und Josef A. Pjatnizki.

Die sowjetischen Genossen waren zum 9. Parteitag der KPD gekommen, der vom 7. bis 10. April 1924 in Offenbach und Frankfurt am Main illegal stattfand. Obwohl die KPD offiziell wieder legal war, konnte an eine ungehinderte Arbeit nicht gedacht werden. Nach wie vor hielt die Jagd auf Kommunisten an. Der militärische Ausnahmezustand war im Februar zwar aufgehoben worden, der zivile blieb jedoch bis Ende Oktober bestehen. Verboten waren die proletarischen Hundertschaften und die revolutionären Betriebsräte, Demonstrationen und Versammlungen.

Die Situation in der Partei und die äußeren Bedingungen waren recht kompliziert. Vieles war zu berücksichtigen.

15 Siehe G. L. Ulmen, a. a. O., S. 62.
16 Christiane Sorge, a. a. O.
17 F. W. Deakin/G. R. Storry, a. a. O., S. 31 ff.

Der Zeitpunkt des Parteitages war klug gewählt. In Frankfurt fand gerade eine internationale, stark besuchte Presseausstellung statt. Die Stadt war voll von Besuchern.

Aus Sicherheitsgründen wurden Tagungsort und Tagungsstätte mehrmals gewechselt. Die Namenslisten der Parteitagsdelegierten aus 28 Bezirken sowie die Teilnehmer der Kommunistischen Internationale, der Roten Gewerkschaftsinternationale, der Jugendinternationale und der Vertreter der kommunistischen Bruderparteien aus Polen, der Schweiz und den Niederlanden wurden streng geheimgehalten, ebenso die Rednerliste. Dazu stand im Bericht über den Parteitag: «Leider konnten im Protokoll die Namen der Redner keine Aufnahme finden, weil fast gegen alle führenden Genossen nicht nur Haftbefehle von dem Oberreichsanwalt und den Staatsanwälten vorliegen, sondern auch ein Riesenprozeß gegen die Leitung der Partei vom Oberreichsanwalt in Vorbereitung ist und wir den Justizbehörden durch Bekanntgabe der Parteitagsredner nicht noch ihr schändliches Handwerk erleichtern wollen.»[18]

Der Parteitag diskutierte, wie man sich den neuen Bedingungen des Klassenkampfes anpassen, wie man dem Terror der Reaktion und den Repressalien der Kapitalisten begegnen könne. Über die Massenpolitik der KPD kam es zu heftigen Diskussionen. Ernst Thälmann und Wilhelm Pieck sowie andere Delegierte setzten sich mit Links- und Rechtsabweichlern auseinander und verteidigten die Leninsche Einheitsfrontpolitik. Sie wurden von Kuusinen, Losowski und Manuilski unterstützt, die die Generallinie der Kommunistischen Internationale begründeten und verteidigten.

Im vom 9. Parteitag der KPD angenommenen Aktionsprogramm hieß es schließlich: «Der Parteitag ... zieht die Lehren aus der Oktoberniederlage ... Genug des Rückblickens auf verlorengegangene Kampfesmöglichkeiten und Kampfespositionen. Die Arbeiterklasse Deutschlands geht ihren Weg unter den größten Schwierigkeiten und Gefahren. Die deutsche Arbeiterklasse geht durch Siege und Niederlagen den Weg der proletarischen Revolution. Die Arbeiterklasse Deutschlands kann auf die Dauer nicht geschlagen werden.»[19]

Dr. Sorge gehörte nicht nur zu den Delegierten, er war auch für die Sicherheit der sowjetischen Delegation verantwortlich. Diese Aufgabe schloß vielerlei ein. Die Gäste mußten unauffällig gekleidet, gut verpflegt und so untergebracht werden, daß sie ungestört die Parteitagsmaterialien und -protokolle studieren, mit Genossen diskutieren und Gedanken niederschreiben konnten. Rund um die Uhr waren sie vor Spitzeln und der zahlenmäßig starken Frankfurter Polizei abzuschirmen. Sorge hatte für ein paar Nächte seine Wohnung zur Verfügung gestellt. Sie eignete sich dafür besonders gut, denn die Nachbarschaft war bei Sorges an Geselligkeit und lange beleuchtete Fenster gewöhnt. Seine Frau übernahm, ohne viel zu fragen, die Verpflegung. Sorge ließ es sich auch nicht nehmen, sich mit seinem Schäferhund an den nächtlichen Wachgängen zu beteiligen.

Die sowjetischen Genossen fanden Gefallen an dem Deutschen Sorge, der ihnen von der KPD-Zentrale entsprechend empfohlen worden war. Nach langen Diskussionen schlugen sie ihm vor, nach Moskau zu kommen und seine Fähigkeiten und Erfahrungen in den Dienst der Kommunistischen Internationale zu stellen. Genosse Manuilski bot sich ihm schließlich sogar als Parteibürge in Moskau an. Für Sorge war das eine große Anerkennung und Ehre. Er erbat sich Bedenkzeit, um diesen für sein weiteres Leben bestimmenden Schritt zu durchdenken und ihn mit seiner Frau sowie der KPD-Zentrale zu beraten. Christiane Sorge erzählte: «Ein halbes Jahr später fragte mich Ika, ob ich mit ihm nach Rußland gehen wolle. Da war kein Besinnen, nur ein glühendes Ja. Vieles mußte vorher erledigt werden, die Wohnung vermietet, die Pässe besorgt, die Kleiderfrage entschieden werden. Eines Oktobertags war es soweit. Im Schlafwagen ging es nach Rußland. Es gab mehrere Grenzen mit Zollrevision, niemals aber Schwierigkeiten. Eines Morgens, sehr früh, wußte ich, daß wir nun auf russischer Erde fuhren ... So kamen wir nach Moskau.»[20]

Im Mutterland

Seit Anfang 1925 arbeiteten die Sorges in Moskau und begannen, sich in der sowjetischen Metropole einzurichten. Richard Sorge nahm die sowjetische Staatsbürgerschaft an und bewarb sich um die Mitgliedschaft in der Kommunistischen Partei der Sowjet-

18 Bericht über die Verhandlungen des IX. Parteitages der KPD, Berlin 1924, S. 7.
19 Ebenda, S. 389.
20 Christiane Sorge, a. a. O.

Aus der Parteiakte Richard Sorges

union. Noch heute existiert Sorges Parteiakte. In dem in Moskau
archivierten Fragebogen hatte Sorge handschriftlich angegeben:

«Beruf: Intelligenzler

Ausgeübter Beruf: Parteiarbeiter

Gewerkschaft: Lehrerverband.»

Sorges Karteikarte in der zentralen Mitgliederkartei der
KPdSU(B) enthält folgende Angaben:

«Nummer des Mitgliedsbuches: 0049927.

Zeit des Eintritts in die Partei: März 1925.

Name der Organisation, die das Mitgliedsbuch ausgestellt hat:
Rayon Chamowniki, Moskauer Organisation.»[21]

Seine Frau, Dr. rer. pol. Christiane Sorge, fand als Assistentin
und Bibliothekarin Arbeit im Institut für Marxismus-Leninismus.
Rückschauend erinnerte sie sich: «Ich selbst fand eine Tätigkeit
in einem der großen Institute, die eine neue Marx-Ausgabe vorbereiteten; photokopierte Manuskripte mußte ich aus dem Englischen entziffern. Ich hatte glücklicherweise einen äußerst nach-
sichtigen ungarischen Chef; mein Englisch nämlich war damals
recht kümmerlich ... Das Institut befand sich in dem herrlichen
alten Palast eines ehemaligen Großfürsten. Über eine breite Mar-
mortreppe stieg man zum oberen Stock, an kostbaren chinesischen Vasen vorbei. Die Prunkräume, nun in Arbeitssäle mit Bi-

64

bliotheken verwandelt, gefielen mir sehr. Auch die ... Kollegen, die ich kennenlernte, waren sympathisch; vor allem war da eine junge, schlanke, gut aussehende Russin, die vier Sprachen beherrschte ... Während der Arbeitsstunden wurde nicht geredet, doch gab es ein kleines Zimmer, in das man jederzeit verschwinden konnte, um schnell eine Zigarette zu rauchen.» Und sie schilderte weiter: «Moskau war im Sommer nicht weniger schön als im Schnee. Ich lernte weiterhin Russisch bei meiner charmanten Lehrerin Katja ... aber als ein Jahr verflossen war, zeigte sich, daß sie fließend Deutsch gelernt hatte, während mein Russisch nur mühsam vorwärtsging. Die Geselligkeit in unserem Hotelzimmer, dem einzigen Raum, den wir zu zweit besaßen, nahm zu; oft erschienen die Gäste erst um Mitternacht, sie brachten Wein und Schnaps, Lachs und Kaviar mit, wir unsererseits stellten Tee oder Kaffee.»[22]

Dr. Richard Sorge nahm unverzüglich die ihm bereits in Deutschland angebotene Tätigkeit in der Kommunistischen Internationale auf, die schon im März 1919 auf Initiative von Lenin gebildet worden war. Der von Karl Marx und Friedrich Engels geleitete Bund der Kommunisten und die I. sowie die besten Traditionen der II. Internationale waren historische Vorläufer der Komintern. Sie «legte den Grundstein für die internationale kommunistische Bewegung der Gegenwart und stand fast ein Vierteljahrhundert an deren Spitze. Sie sicherte die Einheit und Geschlossenheit der kommunistischen Parteien, erzog sie im Geiste der marxistisch-leninistischen Ideen, der internationalen Solidarität und hoher Prinzipienfestigkeit.»[23] Mit der Komintern, die die revolutionären Kräfte der internationalen Arbeiterbewegung vereinigte, hatte eine neue Periode in der Geschichte des proletarischen Kampfes begonnen. Die kommunistischen Parteien der einzelnen Staaten gehörten ihr als Sektionen an. Als erfahrener Propagandist wirkte Sorge zunächst in der Presseabteilung. Seine hohe Qualifikation, seine ausgezeichneten Sprachkenntnisse halfen ihm dabei. Mit bewundernswerter Intensität stürzte er sich in seine neue Arbeit.

Für seine Publikationen verwendete er das Pseudonym R. Sonter, oder er schrieb unter I. (Ika) Sorge. Seine Arbeiten erschienen

21 Zitiert nach «Neues Leben», Moskau, vom 18. September 1964.
22 Christiane Sorge, a. a. O.
23 Die Kommunistische Internationale, Berlin 1970, S. 5.

МИРОВОЕ ХОЗЯЙСТВО и МИРОВАЯ ПОЛИТИКА

№ 10—11

КОММУНИСТИЧЕСКОЙ АКАДЕМИИ

„WORLD ECONOMICS & POLITICS"	„L'ÉCONOMIE et la POLITIQUE MONDIALES"	„WELTWIRTSCHAFT und WELTPOLITIK"
N 10—11, 1926.	N 10—11, 1926.	N 10—11, 1926.
Contents	Sommaire	Inhalt
CHRONICLE:	CHRONIQUE:	CHRONIK:
1. The rationalization and concentration of German industry—*R. Sonter.* . . 139	1. La rationalisation et concentration de l'industrie allemande—*R. Sonter.* . . 139	1. Rationalisierung und Konzentration in der deutschen Industrie—*R. Sonter.* . .139

Р. ЗОНТЕР

КОНЦЕНТРАЦИЯ И РАЦИОНАЛИЗАЦИЯ ГЕРМАНСКОЙ ПРОМЫШЛЕННОСТИ

Auszüge aus wirtschaftswissenschaftlichen Publikationen, die Richard Sorge 1926 in Moskau herausgab

КАК ОТРАЗИЛАСЬ РАЦИОНАЛИЗАЦИЯ НА ПОЛОЖЕНИИ РАБОЧИХ?

Если речи капиталистов о „благотворном влиянии" рационализации на положение рабочих начинают вызывать все большие сомнения даже в Америке (ибо если взять положение американского рабочего класса в целом, то получается уменьшение реальной заработной платы), то несравненно резче обнаруживаются отрицательные стороны рационализации в других странах. И особенно резко именно в Германии. В доказательство укажем на хоть и незначительное, но совершенно несомненное ухудшение заработной платы за последние месяцы. Этот факт тем более знаменателен, что он по времени совпадает не только с полным расцветом концентрации и рационализации, но и с относительным улучшением кон'юнктуры сравнительно с началом 1926 г.

За последние два месяца мы имеем, таким образом, понижение заработной платы — правда, весьма незначительное, но симптоматически чрезвычайно важное, если принять во внимание обстановку концентрации, рационализации и сравнительно хорошей кон'юнктуры (в августе наблюдалось незначительное повышение).

Но еще резче обнаруживается действие концентрации и рационализации в условиях сравнительно хорошей кон'юнктуры, если сравнить движение безработицы в 1925 г. и 1926 г.

Месяцы	Машинисты		Текстильщики		Деревообделочники		Рабочие бумаж. произв.		Рабочий кл. в целом	
	1925 г.	1926 г.	1925 г.	1926 г.	1925 г.	1926 г.	1925 г.	1926 г.	1925 г.	1926 г.
Январь	5,5	30,6	10,3	44,4	3.6	34,3	2,1	40,2	4,7	22,6
Февраль	5,5	29,7	10.5	48,4	3,2	24,3	1,7	42,2	4,5	21,6
Апрель	4,9	25,2	12,3	53.4	1,5	20	2,1	39,3	4,2	19.1
Июнь	5,7	26,4	14.7	48,8	1,3	17,4	3	34,5	4,4	17.2
Июль	7,2	25.6	12	43,9	3	18,3	3,8	36,3	4,9	16,7

Несмотря на то, что в течение двух взятых периодов кон'юнктура была приблизительно одинаковая — в 1925 г. благодаря иностранным кредитам, в 1926 г. вследствие английской забастовки,—разница оказывается громадной. И об'ясняется она главным образом концентрацией и рационализацией. При этом не следует забывать, что незначительное уменьшение безработицы в июне—июле было вызвано, помимо усиливающегося влияния английской забастовки, также и наступлением сезонных полевых работ. Мы видим, следовательно, что рационализация, бесспорно вызвавшая некоторое увеличение продукции в Германии, привела вместе с тем к уменьшению абсолютного числа занятых в производстве рабочих.

von 1925 bis 1928 in den Presseorganen des Exekutivkomitees der Komintern «Kommunistische Internationale» und «Rote Gewerkschaftsinternationale», die in mehreren Sprachen gedruckt wurden.

Er publizierte aber auch im «Bolschewik», dem theoretischen Organ der KPdSU(B), beziehungsweise in dem viersprachig in Moskau herausgegebenen Journal «Weltwirtschaft und Weltpolitik». Außerdem wird angenommen, daß Sorge auch Autor der «Internationalen Pressekorrespondenz (Inprekorr)», ebenfalls ein Organ der Komintern, gewesen ist.[24] Daß bisher noch kein Nachweis seiner Artikel erbracht wurde, kann damit zusammenhängen, daß er unter einem bisher unbekannten Pseudonym schrieb.

In allen seinen Arbeiten setzte er sich mit Grundfragen des Klassenkampfes, besonders in den USA und in Deutschland, sowie mit dem Verrat der Arbeiterinteressen durch rechte sozialdemokratische Führer auseinander. Stets war er bemüht, die sich international verschärfende Ausbeutung der Arbeiter durch die Kapitalisten zu beweisen. Als Beispiel dafür möge ein Auszug aus dem Oktober-November-Heft der «Weltwirtschaft und Weltpolitik» des Jahrganges 1926 dienen:

«R. Sonter. Konzentration und Rationalisierung in der deutschen Industrie

Wie wirkte sich die Rationalisierung auf die Lage der Arbeiter aus? Wenn die Reden der Kapitalisten über den ‹guten Einfluß› der Rationalisierung auf die Lage der Arbeiter selbst in Amerika immer stärkere Zweifel hervorzurufen beginnen (denn im ganzen betrachtet ist die Lage der amerikanischen Arbeiterklasse durch ein Absinken des Reallohns gekennzeichnet), so sind die negativen Seiten der Rationalisierung in anderen Ländern noch unvergleichlich stärker hervorgetreten, besonders heftig in Deutschland. Zum Beweis dessen verweisen wir auf die zwar geringfügige, aber zweifellos vorhandene Verschlechterung des Lohns in den letzten Monaten. Diese Tatsache ist um so bemerkenswerter, als sie zur Zeit nicht nur mit der Blüte der Konzentration und Rationalisierung zusammenfällt, sondern – im Verhältnis zum Beginn des Jahres 1926 – auch mit einer relativen Verbesserung der Konjunktur ... In den letzten zwei Monaten haben wir auf diese Weise ein Absinken des Lohns zu verzeichnen – das ist wirklich eine bezeichnende und außerordentlich wichtige

Tatsache, wenn man die Aufmerksamkeit auf die Konzentration und Rationalisierung sowie auf die vergleichsweise gute Konjunktur richtet (im August war eine unbedeutende Erhöhung zu beobachten). Die Folgen der Konzentration und Rationalisierung unter den Bedingungen einer verhältnismäßig guten Konjunktur werden aber noch deutlicher, wenn man die Bewegung der Arbeitslosenzahlen in den Jahren 1925 und 1926 vergleicht.

Monate	Maschinenbauer		Textilarbeiter		Holzarbeiter		Arbeiter der Papierindustrie		Arbeiterklasse insgesamt	
	1925	1926	1925	1926	1925	1926	1925	1926	1925	1926
Jan.	5,5	30,6	10,3	44,4	3,6	34,3	2,1	40,2	4,7	22,6
Febr.	5,5	29,7	10,5	48,4	3,2	24,3	1,7	42,2	4,5	21,6
April	4,9	25,2	12,3	53,4	1,5	20,0	2,1	39,3	4,2	19,1
Juni	5,7	26,4	14,7	48,8	1,3	17,4	3,0	34,5	4,4	17,2
Juli	7,2	25,6	12,0	43,9	3,0	18,3	3,8	36,3	4,9	16,7

Ungeachtet dessen, daß die Konjunktur im Verlauf der zwei herausgegriffenen Perioden fast den gleichen Stand hatte – 1925 dank ausländischer Kredite und 1926 infolge der Streiks in England –, zeigt sich eine große Differenz, die sich in der Hauptsache aus der Konzentration und aus der Rationalisierung erklärt. Dabei darf man folgendes nicht übersehen: Im Juni/Juli ging die Arbeitslosenzahl nur geringfügig zurück, trotz des stärkeren Einflusses der Streiks in England und auch trotz der landwirtschaftlichen Saisonarbeiter. Wir sehen folglich, daß die Rationalisierung, die unbestreitbar eine Steigerung der Produktion in Deutschland hervorgerufen hat, mit einer Verringerung der absoluten Beschäftigungszahl (Arbeiter) in der Produktion verbunden war.»

Besonders beachtenswert war Sorges damalige Polemik gegen die imperialistische Politik des Generals der US-Army und Großbankiers Charles Gates Dawes, der 1923 und 1924 als Vorsitzender des Alliierten Reparationsausschusses für einen nach ihm benannten Plan verantwortlich war, der darauf zielte, das deutsche Volk finanziell auszuplündern, die deutschen Industriebosse wieder hochzupäppeln. Mit dem Dawesplan sollte jede revolutionäre

24 Siehe F. W. Deakin/G. R. Storry, a. a. O., S. 40.

I. K. SORGE

DAS DAWESABKOMMEN
UND SEINE AUSWIRKUNGEN

Bewegung in Mitteleuropa erstickt und Deutschland früher oder später als konterrevolutionäre Basis gegen den jungen Sowjetstaat genutzt werden.[25] General Dawes wurde als ein Spitzenkandidat der reaktionären Republikanischen Partei im Jahre 1925 für vier Jahre sogar Vizepräsident der USA. Es gehört zu den bedeutenden Verdiensten Sorges, diesen völkerfeindlichen Dawesplan

> Der Sinn des Dawesplans ist also ein großzügiger Versuch des amerikanischen Kapitals, die zerrissene Weltwirtschaft wieder einheitlich zu gestalten, einen Ausgleich zwischen den engegengesetzten kapitalistischen Interessen zu schaffen und damit die revolutionäre Gefahr zu beseitigen.
>
> Alle Parteien und Organisationen also, die sich für diesen Dawesplan eingesetzt oder ihn stillschweigend gebilligt haben, sind mitverantwortlich für die wachsende Verelendung der Massen. Von ganz rechts angefangen, bis herunter zu den Barmat-Sozialisten und bis zu den Stinnes-Gewerkschaften der Amsterdamer Internationale, sie alle sind es, denen die Arbeiterschaft Not, Hunger und wohl auch bald Krieg zu verdanken hat.
>
> Die einzige Organisation, die vom ersten Moment an, seitdem das Problem des Dawesplans überhaupt schwebt, gegen dieses Bündnis der korrumpierten Arbeitervertreter mit den Schwerindustriellen gekämpft hat, ist die Kommunistische Internationale.

Auszug aus der Sorge-Broschüre «Das Dawesabkommen und seine Auswirkungen»

rechtzeitig entlarvt zu haben. Einige Beweise dazu aus seiner Pressekampagne:

1925: In Hamburg erscheint Sorges Kampfschrift «Das Dawes-Abkommen und seine Auswirkungen». In der April-Ausgabe der «Roten Gewerkschaftsinternationale» kritisiert Sorge «Die Dawesierung Deutschlands» und berichtet gleichzeitig über «Die bisherige Auswirkung des Dawes-Plans auf die deutsche kapitalistische Wirtschaft».

1926: Im Mai-Heft des «Bolschewik» beschreibt Sorge «Die Krise der deutschen Wirtschaft und der Dawes-Plan».

1928: In seinem Buch «Der neue deutsche Imperialismus» widmet sich Sorge mit einem speziellen Kapitel dem «Kampf gegen den Dawes-Plan».

Von seiner kräftezehrenden und häufigen Tag- und Nachtarbeit erholte sich Sorge im Sommer 1926 im herrlichen Kaukasus. Christiane Sorge erzählte, daß es damals in ihrer Ehe bereits kriselte. «Dann kam der Sommer, und wir erhielten Urlaub. Ika und

25 Siehe Reinhold Pretory, Die Dollars des Generals Dawes – Zu einer theoretischen Schrift Dr. Richard Sorges. In: «Junge Welt», Berlin, vom 3. November 1964.

ich beschlossen, unsere eigenen Wege zu gehen. Ich wollte ans Schwarze Meer mit Marina, der sympathischen Kollegin vom Institut. Gegen Ende unseres Urlaubs würde Ika mich auf ein paar Tage besuchen. Ich fuhr zwei Tage und zwei Nächte dritter Klasse auf dem oberen Liegebrett, kilometerlange Sonnenblumenfelder zogen vorbei; Kiew mit seinem herrlichen Kloster auf hohen Felsenriffen, das Asowsche Meer ... Die Zeit verging schnell, alles war neu und interessant. Die Mitreisenden zeigten sich freundlich, boten immer wieder Tee und Zucker an, denn nur an den Stationen gab es Proviant zu kaufen. Dunkelblau tauchte das Schwarze Meer auf. In Sotschi erwartete mich Marina. Die Hitze war groß, aber wir liefen jeden Tag an den Strand, wanderten auch ein wenig in den Kaukasus hinein. Und dann kam Ika. Wo er war, was er trieb, erfuhr ich nicht, außer, daß er seine Geburtsstadt Baku besucht hatte. Und dann waren wir wieder in Moskau.»[26]

Den Grund für Sorges Wortkargheit seiner Frau gegenüber kennen wir nicht. Auf jeden Fall hatte es ihn in seinen Geburtsort bei Baku getrieben. War es das Bedürfnis, sich am Kai wieder einmal die Gischt des heimatlichen stürmischen Kaspischen Meeres ins Gesicht sprühen zu lassen? Wie hatte sich Baku, seit 1920 die Hauptstadt der Aserbaidshanischen Sozialistischen Sowjetrepublik, verändert? Der Hafen war ausgebaut worden, genügte jedoch trotzdem nicht mehr den Bedürfnissen der wachsenden Wirtschaft. Der Erdölreichtum der Halbinsel Apscheron diente jetzt dem Aufbau des Sozialismus in der gesamten UdSSR. Große Raffinerien und viele Bohrtürme zeigten den stürmischen Fortschritt in diesem Wirtschaftszweig, seine große Perspektive. In und um Baku lebten noch vier Kusinen von Sorge: Maria Timofejewna Prokofjewa, Antonina Rotärmel, Jewgenia und Sinaida. Die eine war Lehrerin, eine Laborantin in der städtischen Poliklinik und die anderen Hausfrauen. Sorge erfuhr von ihnen, wie die Revolution das Leben der Menschen in diesem industriellen Ballungsgebiet zum Guten verändert hatte. Er fragte sich auch zur Vorortsiedlung Sabuntschi durch und suchte die Ossipjangasse, Nummer 2. Dann stand er vor jenem großen Haus, in dem er wohlbehütet die ersten drei Jahre seines Lebens verbracht hatte. Nachbarn erzählten ihm, daß die wundervolle weiße Akazie vor der Veranda schon damals Schatten gespendet habe. Das Haus selbst machte einen sehr gepflegten Eindruck und wurde nach der

Revolution als Sanatorium genutzt. Sorge schien davon hell begeistert. Ein Chronist bemerkte dazu: «Sorge hat dieses Erlebnis sehr genossen und beschreibt es vergnügt in Briefen an seine Mutter und an seine Familie in Deutschland.»[27]

Für Sorge zählte nur die Leistung. Das entsprach einem seiner ausgeprägtesten Charakterzüge. Deshalb pflegte er auch familiären Besitz und unverdientes Vermögen zu verachten. Christiane Sorge bestätigte das. «Ihm lag nichts am Besitz… Ein Grundstück, das er in Berlin geerbt hatte, war ihm eine peinliche Angelegenheit, und später schenkte er es mir.»

Nach Moskau heimgekehrt, nahm Dr. Sorge sofort wieder neue Aufgaben in Angriff. Dabei möge keiner glauben, daß sich seine politische Arbeit lediglich auf theoretische Abhandlungen schwerwiegender und aktueller Probleme des internationalen Klassenkampfes oder gar nur auf bezahlte Arbeitsstunden beschränkte. Wo und wann immer das möglich war, verknüpfte er das Studium und die Bereicherung der marxistisch-leninistischen Wissenschaft mit massenpolitischer, notwendiger Kleinarbeit, also hauptberufliche mit ehrenamtlicher Tätigkeit. In Moskau zum Beispiel hatten deutsche Kommunisten einen Deutschen Klub gegründet, doch er wollte nicht so richtig zu einem Zentrum gesellschaftlich regen Lebens werden. Christiane Sorge schrieb dann auch zunächst enttäuscht darüber. «Einmal wöchentlich besuchten Ika und ich den Deutschen Klub, wo es eine kleine Bibliothek deutscher Romane und Klassiker gab, im übrigen jedoch recht langweilig war, so daß wir bald wieder durch den knirschenden Schnee nach Hause stapften.»[28] Christiane resignierte, Richard reagierte. Er stellte sich dem Moskauer Stadtparteikomitee für eine Mitarbeit in der Klubleitung zur Verfügung, entwickelte neue Ideen und unterbreitete Programmvorschläge. Der deutsche Genosse A. Pollak berichtete später darüber. «Richard Sorge lernte ich in Moskau im Jahre 1925 kennen. Ich leitete damals eine Laienkunstgruppe im Deutschen Klub. Mitglieder des Klubs waren deutsche Arbeiter, Emigranten, ehemalige Kriegsgefangene, Mädchen aus deutschen Dörfern an der Wolga. Hier wurde auch eine umfangreiche politische Arbeit geleistet. Unser Chor sang oft in Moskauer Betrieben.

26 Christiane Sorge, a. a. O.
27 F. W. Deakin/G. R. Storry, a. a. O., S. 41.
28 Christiane Sorge, a. a. O.

Den Genossen Sorge hatte das Moskauer Stadtparteikomitee zu uns geschickt. Er sollte der Klubleitung helfen. Bald aber wählten wir Richard zum Vorsitzenden unseres Vorstandes. Er brachte die Klubarbeit in Schwung. Richard war auch der Mensch, zu dem jeder wie zum besten Freund mit seinen Sorgen und Zweifeln kommen konnte. Ich erinnere mich an einen Hamburger Matrosen. Längere Zeit hatte er Bedenken wegen einiger Probleme der Politik unserer Partei. Richard war es, der ihm half, ein Kommunist zu werden.

Den Klub besuchten des öfteren auch Arbeiter anderer Nationalitäten. Immer fanden sie hier bei den deutschen Genossen freundschaftliche Hilfe und Unterstützung.

Wie freute sich Richard über jeden erfolgreichen Auftritt unserer Laienkunstgruppe! Wieviel gute Ratschläge gab er uns! Wer ihn kannte, wird sein Leben lang mit tiefer Dankbarkeit an Richard Sorge denken, an den Menschen, der ein wahrer Kommunist war.»[29]

Dr. Sorge war ein Parteiarbeiter, dem das Administrieren und andere bürokratische Auswüchse fremd waren. Als Beispiel sei hier ein Brief von ihm angeführt, der darüber hinaus zeigt, daß er sich der Jugend mit besonderer Hingabe widmete. 1926 hatte er in Moskau eine Pioniergruppe deutscher Kinder ins Leben gerufen, und nun forderte er für sie einen geeigneten Genossen.

«Moskau, den 12. April 1926
An das Rayonkomitee Krassnaja Pressnja der WKP(b),
Moskau
Werte Genossen!
Der Deutsche Kommunisten-Klub hat vor kurzem eine Pioniergruppe deutscher Kinder gegründet. Zu dieser Arbeit bedürfen wir unbedingt Eurer Unterstützung, und zwar nicht nur durch Anweisungen und Rundschreiben allgemeiner Art, sondern auch in persönlicher Hinsicht.

Wir ersuchen Euch daher, wenn es Euch möglich ist, uns einen Genossen zuzuweisen, der mit der Pionierarbeit gut vertraut und der deutschen Sprache mächtig ist.

Mit kommunistischem Gruß
Für den DKK gez. Sorge»

29 Zitiert nach «Neues Leben», Moskau, vom 21. Juli 1965.

An das

Rayonkomitee Krassnaja Pressnaja der WKP (b),

Moskau.

Werte Genossen!

Der Deutsche Kommunisten-Klub hat vor kurzem eine Pioniergruppe deutscher Kinder gegründet. Zu dieser Arbeit bedürfen wir unbedingt Eure Unterstützung und zwar nicht nur durch Anweisungen und Rundschreiben allgemeiner Art, sondern auch in persönlicher Hinsicht. Wir ersuchen Euch daher, wenn es Euch möglich ist, uns einen Genossen zuzuweisen, der mit der Pionierarbeit gut vertraut und der deutschen Sprache mächtig ist.

Mit kommunistischem Gruss

Für den DKK.

Aus Richard Sorges Moskauer Originalschriftwechsel

1927 begann das Exekutivkomitee der Komintern Instrukteure in die kommunistischen Parteien einzelner Staaten zu senden. Es war die Zeit, in der sich diese Parteien im organisatorischen Aufbau stärker von Wohngebiets- auf Betriebszellen konzentrierten. Hier fehlte manchen Genossen die notwendige Erfahrung, und es gab auch ideologische Unklarheiten. Genosse Manuilski, Mitglied des Exekutivkomitees der Komintern, kannte Sorge gut genug und hatte seine erfolgreiche Arbeit in der Presseabteilung genau verfolgt. Er forderte den befähigten Propagandisten, der

Moskau 1927:
Dmitri S. Manuilski
empfiehlt Richard
Sorge

75

mehrere Sprachen beherrschte, als Instrukteur für das Skandina-vische Länderbüro der Komintern an. In den folgenden zwei Jahren war Sorge viel in Nordeuropa unterwegs. Zuvor hatte er sich kurz mit skandinavischen Sprachen beschäftigt.

Im Februar 1927 reiste er über Deutschland nach Dänemark und dann weiter nach Schweden. Anfang des Jahres 1928 besuchte er nochmals Kopenhagen, um im April nach Norwegen weiterzufahren, wo er sich bis zum Kongreß des Norwegischen Kommunistischen Jugendverbandes aufhielt. 1929 weilte Sorge für zehn Wochen in Großbritannien.

In Skandinavien untersuchte er unter anderem Möglichkeiten und Bedingungen für eine stärkere Zusammenarbeit von Kommunisten und Mitgliedern der sozialdemokratischen Parteien, in Dänemark informierte er sich über die Arbeit der Kommunisten in den Gewerkschaften, und in Großbritannien interessierte er sich für die örtliche Arbeitsweise des 1925 gegründeten Komitees der anglo-russischen Gewerkschaften. Im Frühjahr 1929 protestierte die Arbeiterklasse in England mit einem Generalstreik gegen die Regierungspolitik.[30]

Ende 1928 analysierte Sorge in der «Kommunistischen Internationale» Teile seiner operativ gesammelten Erfahrungen unter der Überschrift «Die sowjetisch-skandinavische Gewerkschaftseinheit».

Dafür, wie Sorge seine nicht einfachen Aufträge für die Partei erledigte, wie er mit Konsequenz und Taktgefühl Erfolge erreichte, gibt es zwei Augenzeugen.

Der Däne Kaj Moltke, Redakteur und nach dem zweiten Weltkrieg langjähriges Mitglied des dänischen Parlaments, berichtete in der Kopenhagener Zeitung «Politiken» am 27. Dezember 1964 über seine Erlebnisse mit dem damals zweiunddreißigjährigen Sorge. «Ich kam als Mitglied der Übergangsführung der dänischen Kommunistischen Partei dazu, Richard Sorge ... bei seiner

Dr. Sorges Unterschriften in Deutsch und Russisch

Arbeit in Dänemark aus nächster Nähe zu beobachten, da ich wiederholt bei seinen theoretischen und ideologischen Vorträgen in Kopenhagen als Dolmetscher auftrat, Vorträge, die von scharfer Logik geprägt waren.» Er schildert dann, wie Sorge während seines Aufenthaltes mit seiner umfassenden Kenntnis der politischen Gegebenheiten überraschte und sehr bald die Sympathie der dänischen Kommunisten gewann. Moltke bewunderte noch nach fast vier Jahrzehnten die großen organisatorischen Fähigkeiten Sorges, der erste Flugblätter angeregt und Kontakte zu anderen Parteien gesucht habe, um die kommunistische Partei aus ihrer Isolierung herauszuführen, und der systematisch in persönlichen Begegnungen mit Arbeitern im Hafen, auf der Werft und bei General Motors herausgefunden habe, «wo sie der Schuh drückte»[31].

Der deutsche Genosse Richard Gyptner, der damals als Sekretär des Westeuropäischen Büros der Komintern am Kongreß des Norwegischen Kommunistischen Jugendverbandes teilnahm, erlebte Sorge so: «Das war zwischen Weihnachten und Neujahr. Mit mehreren Genossen fuhr ich an einem Abend nach Abschluß dieses Kongresses in ein Berghotel bei Oslo. Hier traf ich wieder mit Genossen Sorge zusammen. Es überraschte mich, daß er von vielen Gästen begrüßt und angesprochen wurde. Er sprach sogar schon norwegisch. Seine Sprachkenntnisse – er beherrschte auch Russisch, Englisch und Französisch – und seine gewandten Umgangsformen beeindruckten mich sehr.»[32]

Mitte des Jahres 1928 hatte Dr. Sorge nach eigenen Angaben als Experte für Nordeuropa am VI. Kongreß der Kommunistischen Internationale teilgenommen, der vom 17. Juli bis 1. September in Moskau tagte und an dem Delegierte von 57 Parteien und Organisationen teilnahmen. Als internationale und zeitgemäße Hauptaufgabe der kommunistischen Weltbewegung diskutierte der Kongreß, was man gegen die Gefahr eines imperialistischen Krieges tun und wie die UdSSR verteidigt werden könne. Ein weiterer Gegenstand war die imperialistische Intervention in China und die Verteidigung der chinesischen Revolution sowie die Aufstände in den Kolonien. Sorge war von den Gedanken Ku-

---

30 Siehe Chalmers Johnson, a. a. O., S. 73 ff.; F. W. Deakin/G. R. Storry, a. a. O., S. 42 ff.
31 Siehe «Handelsblatt», Düsseldorf, vom 7. Januar 1965.
32 Zitiert nach Julius Mader/Gerhard Stuchlik/Horst Pehnert, Dr. Sorge funkt aus Tokyo, Berlin 1966, S. 63 f.

*Dr. Christiane Sorge, Spring Valley/USA: «Seine große Liebe war Ruß-
land... Wir haben uns 1932 in Berlin freundschaftlich geschieden.»*

usinens, der das Hauptreferat zu Fragen der revolutionären Bewegung in den Kolonien hielt, tief beeindruckt. Die vom VI. Kongreß festgelegte Taktik des Proletariats zum Krieg bestimmte
fortan sein weiteres Handeln.

Während ihn die politische Tätigkeit voll ausfüllte, lief sein persönliches Leben nicht in den gewünschten Bahnen. Seine Frau
Christiane schaffte es auf die Dauer nicht, sich mit dem unge-
wohnten Leben in Moskau abzufinden. Die Eheleute hatten sich
auseinandergelebt. Für die politische Zielstrebigkeit ihres Mannes
und die damit verbundenen enormen Strapazen konnte Christiane Sorge kein Verständnis aufbringen. Sie selbst schilderte die
Stunde des Abschieds: «Bis zu einem bestimmten Tag im zweiten
Jahr unseres Aufenthaltes in Moskau (also 1926 – J. M.)... war
mir mein (deutscher – J. M.) Paß zurückgegeben worden. Er enthielt die Erlaubnis, nach Deutschland zu fahren. Sollte ich es
tun? Warum sollte ich es nicht tun? Ika verlor kein Wort darüber,

78

er ließ mich frei wie immer. Spät abends brachte er mich an die Bahn, er half, wo er helfen konnte, und wir taten, als würden wir uns bald wiedersehen. Doch als der Zug anfuhr, konnte ich doch nicht verhindern, daß mir die Tränen aus den Augen stürzten. Ich wußte, es war das Ende unseres gemeinsamen Lebens, und er wußte es wohl auch. Doch korrespondierten wir, mit großen Pausen zwischen unseren Briefen, bis ans Ende seines Lebens. Nie hat er über seine eigentliche Arbeit auch nur ein Wort verlauten lassen. Selbst dann nicht, als wir uns 1932 ein paar Tage lang in Berlin trafen und unsere Ehe, die fünf Jahre gedauert hatte, in Freundschaft scheiden ließen.»[33]

Es spricht für Dr. Christiane Sorge, daß sie sich nie gegen Richard Sorge mißbrauchen ließ. Ihr sachlicher Bericht unter der Überschrift «Mein Mann – Dr. R. Sorge», den 1964 die Züricher «Weltwoche» abdruckte, wurde von der Illustrierten «Quick» am 21. Februar 1965 in «Mein Mann war der Spion Dr. Sorge» verfälscht. Aus Richard Sorge wurde ein «Spion» und aus dem Ehemann «der gefährlichste Agent unserer Zeit». Dr. Christiane Sorge wurde in ihrem Wohnort in den USA zu dieser Fälschung

Christiane Sorge, die Frau des gefährlichsten Agenten unserer Zeit, brach ihr Schweigen:

Mein Mann war der Spion Dr. Sorge

---

33 Christiane Sorge, a. a. O.

4. Juni 1965

befragt. Sie distanzierte sich von den unsauberen Methoden der Münchener «Quick»-Redaktion und übergab dem Autor folgende Stellungnahme:

«4. Juni 1965

Ich bewundere Ikas Tapferkeit und Mut und Anständigkeit, er hat nie etwas für Geldgewinn getan ... Man sollte das schwere Schicksal von ihm besser verstehen und auch andere Seiten von ihm sehen als die politischen. Darum habe ich auch den Artikel für die Weltwoche geschrieben, der dann entstellt, besonders auch das Bild, in der Quick erschien. Ich war ja nie die Frau des Spions ... Sie haben ein erstaunliches Material gesammelt, und Ihr Buch wird bestimmt hochinteressant ... Im übrigen wünsche ich Ihnen den besten Erfolg und grüße Sie, Ihre Christiane Sorge.»

Ein Meisterwerk zur rechten Zeit

Ziemlich schnell nach dem ersten Weltkrieg war das deutsche Finanzkapital wieder zu Kräften gekommen. Kaum hatte 1927 die Interalliierte Militärkontrollkommission, die eigentlich die deutschen Militärs zügeln sollte, ihre Arbeit eingestellt, da wurde auch schon von der Reichswehrgeneralität die illegale Aufrüstung beschleunigt und mit einem neuen Flottenbauprogramm begonnen. Allein für die nächsten Jahre plante man vier Panzerkreuzer.

Das deutsche Proletariat wehrte sich gegen eine solche Politik der Konzernherren und ihrer Militärs. Die Lohn- und Arbeitszeitkämpfe nahmen zu.

In dieser Zeit erschien im Hamburg-Berliner Verlag Carl Hoym Nachfolger das Buch «Der neue deutsche Imperialismus».

In der «Roten Fahne» hieß es dazu: «Der neue deutsche Imperialismus trägt nach außen wie nach innen neue Züge. Sie rechtzeitig und klar nach Inhalt und Form zu erkennen ist von der größten Bedeutung für die revolutionäre Partei der Arbeiterklasse, um sie und damit die Arbeiterklasse vor Überraschung und vor praktischen Fehlgriffen zu bewahren ... Die Aufgabe war keineswegs leicht, ein Gebilde mit so eigenartigen, zum Teil unfertigen und noch undeutlichen Zügen, wie es der neue deutsche Imperialismus ist, auch nur in den Umrißlinien zu treffen. Die Beschreibung hat in diesem Fall noch eine besondere Bedeutung. Daß so etwas wie ein neuer deutscher Imperialismus existiert, ist eine keineswegs allgemein anerkannte Sache. Im Gegenteil. Die bürgerlichen Parteien, bis zur Sozialdemokratie herab, und ebenso die bürgerliche Wissenschaft leugnen hartnäckig, daß die Politik der heutigen deutschen Republik bereits wieder ausgesprochen imperialistische Züge trägt. Die Beschreibung des neuen deutschen Imperialismus bedeutet daher zugleich die Führung eines Existenzbeweises für ihn. Die praktisch-politische wie die theoretische Bedeutung dieses Nachweises für die Politik der deutschen Arbeiterklasse liegt auf der Hand.

Der Beweis für die Existenz des neuen deutschen Imperialismus ist nun dem Verfasser durchaus gelungen und seine Umrisse sind im ganzen richtig gezeichnet.»[34]

Der Verfasser dieser Schrift war Dr. Sorge, der sein Pseudonym

---

34 «Rote Fahne», Berlin, vom 28. Februar 1928.

R. Sonter benutzt hatte. Sein profundes Werk gliedert sich in folgende Hauptkapitel:

I. Die ökonomische Basis des neuen deutschen Imperialismus;

II. Die Durchsetzung der ökonomischen Basis in der neuen Politik des deutschen Kapitals;

III. Die Klassen und Schichten und der neue deutsche Imperialismus;

IV. Die Stellung der II. Internationale und der deutschen Sozialdemokratie zum Imperialismus überhaupt und speziell zum neuen deutschen Imperialismus in der Nachkriegszeit;

V. Die Kriegsgefahr und der Kampf gegen sie.

Dr. Sorge lieferte mit diesem Buch eine hervorragende marxistisch-leninistische Analyse des deutschen Imperialismus. Aber nicht nur das. Ein halbes Jahrzehnt bevor die Nazis die Macht übernahmen, warnte er bereits vor dieser braunen Pest. «Heute ... sind diese faschistischen Elemente nichts anderes als absolut willige Werkzeuge des Finanzkapitals ... Ihre Ideologie ... entspricht den zeitungsartikelmässig, propagandistisch ausgebauten Bedürfnissen des Finanzkapitals – seinen inneren und äußeren wirtschaftlichen und politischen Notwendigkeiten – voll.»[35]

Besonders aufschlußreich sind Sorges Ratschläge für den Friedenskampf, die seine politische Klarheit, seinen Weitblick und seine Erfahrung zeigen. Mehr als zehn Jahre vor dem Beginn des zweiten Weltkrieges orientierte Dr. Sorge: «Der Kampf gegen die Kriege und die Kriegsgefahr erfordert ... von allen Revolutionären und ganz besonders von den Kommunisten fortgesetzte Arbeit und Anstrengung in folgender Richtung:

1. Aufdeckung der besonderen Rolle, die der neue deutsche Imperialismus bei der Kriegsgefahr spielt, ebenso wie die Aufdeckung der Machenschaften anderer imperialistischer Staaten zur Hervorrufung von neuen Kriegen.

2. Unermüdlichen Nachweis, daß die Gefahr des imperialistischen Krieges gegen die Sowjetunion in den heutigen Tagen besonders akut geworden ist.

3. Innerhalb dieser auf Grund der marxistischen Analyse aufzuzeigenden Entwicklung ist mündlich und schriftlich bei jeder Gelegenheit der konkrete Stand der Kriegsgefahren aufzuzeigen, um an Hand des jeweiligen Nachweises, wie weit die Gefahr schon gediehen ist, in Verbindung mit der klaren Perspektive die

konkreten Beweise für die Richtigkeit dieser Perspektive führen zu können.

4. Energischen Kampf gegen den Faschismus als Staatsmacht, aber auch gegen den mehr versteckten Faschismus des Finanzkapitals, wie er z. B. im ‹Stahlhelm› und anderen Verbänden zum Ausdruck kommt.

5. Energischen Kampf auch gegen die neuen Methoden des deutschen Finanzkapitals, die Arbeiterschaft immer mehr zu ‹amerikanisieren›, d. h. durch Werkvereine, Werksport- und sonstige Unternehmereinrichtungen die Arbeiterschaft indifferent, arbeitsgemeinschaftlich und apolitisch zu machen.

6. Schärfsten Kampf gegen die bewußt von der II. Internationale geführten Manöver zur Verbergung der drohenden Kriegsgefahr.

7. Unmittelbare scharfe Reaktion auf die Lügen besonders der II. Internationale über die Sowjetunion, die ebenfalls nichts anderes sind als die ideologische Vorbereitung des kommenden Krieges.

8. Klarlegung der Gründe, aus denen heraus der Verrat der Sozialdemokraten, Pazifisten und Demokraten während eines Krieges unbedingt notwendig ist, trotz ihrer scheinheiligen Äußerungen gegen den Krieg. Nachweis der gesamten falschen und grob imperialistischen Grundlagen in der Theorie der II. Internationale. Aufdeckung der Rolle derjenigen Oppositionsströmungen in der Sozialdemokratie, die innerhalb der Sozialdemokratie bisher verblieben sind und auch weiter verbleiben werden ...

9. Immer wieder Darlegung der Greuel des letzten Weltkrieges und der außerordentlich gesteigerten Greuel des kommenden Krieges besonders vor der Arbeiterjugend, die den letzten Weltkrieg nicht aktiv miterlebt hat.

10. Breiteste Anwendung der Einheitsfronttaktik zur Sammlung der Parteilosen, aber auch sozialdemokratischen und kleinbürgerlichen Massen gegen den Krieg.

11. Zusammenfassung dieser kriegsgegnerisch eingestellten Massen in Aktionskomitees oder sonstigen organisatorischen Formen, wie z. B. in der Liga gegen die koloniale Unterdrückung usw.

12. Stärksten Ausbau aller Organisationen, die eine aktive

---

35 R. Sonter, Der neue deutsche Imperialismus, Hamburg/Berlin 1928, S. 125.

Rolle im Kampfe gegen den Krieg spielen können, wie z. B. des Roten Frontkämpferbundes, der Roten Hilfe, der IAH[36] usw.

13. Besondere Arbeit unter den im Kriegsfalle besonders wichtigen Gewerkschaften, besonders wichtigen Trusts und Betrieben. Schaffung von Fraktionen und Zellen von ganz besonderer Aktivität, Konzentrierung der Arbeit auch auf die für den Krieg besonders wichtigen Industriebetriebe.

14. Propaganda und Vorbereitung von Teilstreiks in den besonders wichtigen Trusts und Betrieben und Ausrichtung dieser vorbereitenden Arbeit auf die Ausweitung dieser Bewegungen bis zum Generalstreik.

15. Besondere Aufmerksamkeit der illegalen Arbeit und der illegalen Korporationen, ohne die im Falle des Krieges keine entscheidende Arbeit gegen den Krieg geleistet werden kann.

16. Arbeit unter Heer, Flotte und Polizei, selbst unter den speziell in Deutschland besonders schwierigen Verhältnissen. Die Arbeit muß derartig geführt werden, daß die Parole der Verbrüderung im gegebenen Moment eine Aktionsparole werden kann. Hierbei muß allerdings berücksichtigt werden, daß bei einem Kampfe diese Parole der Verbrüderung zur Parole des Übergangs zu den revolutionären Truppen im gegebenen Moment umgewandelt werden muß.»[37]

Zweifellos half Sorges praxisorientiertes Buch der KPD, die sich unter Ernst Thälmann zur marxistisch-leninistischen Massenpartei entwickelte, die politischen Kämpfe der nächsten Jahre zu führen. Rückblickend beweist zudem gerade diese letzte von Sorge erschienene Monographie, die auch in der Sowjetunion und 1929 in Japan[38] erschien, welch engagierter Friedenskämpfer, Theoretiker, Propagandist und Organisator er war.

In Sorges Buch «Der neue deutsche Imperialismus» sind auch folgende Sätze zu lesen: «Ein wirklicher Kampf gegen die bestehende Kriegsgefahr kann heute unter den gegebenen Verhältnissen nicht unter der Losung der imperialistischen Vaterlandsverteidigung, noch des Völkerbundes, noch der sogenannten Demokratie geführt werden, sondern einzig und allein unter der Losung: Verteidigung der chinesischen und russischen Revolution.» Die

---

36 Abkürzung für die 1921 von W. I. Lenin ins Leben gerufene Internationale Arbeiterhilfe, die in vielen Ländern streikende, kämpfende, verfolgte und inhaftierte Arbeiter unterstützte.
37 R. Sonter, a. a. O., S. 187 ff.
38 Ihr Titel lautete: «Shin Doitsu teikokushugi»; übersetzt wurde das Buch von Fuwa Rinzo.

Komintern hatte sich bereits auf ihrer VII. Tagung, Ende 1926, mit der Situation in China beschäftigt und auf bestimmte Tendenzen hingewiesen. Sorge griff diese Gedanken auf und orientierte in seinem Buch das Proletariat und alle Friedenskräfte nochmals darauf, die in China tobende Konterrevolution zurückzuschlagen!

Von Tschekisten geschult

Eines Tages wurde Sorge unerwartet zum legendären Chef der Verwaltung Aufklärung der Roten Armee, General Jan Karlowitsch Bersin, gerufen. Der General kannte alle Publikationen Sorges, schätzte ihn als einen befähigten Beobachter, einen gründlichen Bewerter und verläßlichen Prognostiker und konfrontierte ihn nun mit der Frage, ob er bereit sei, seine Parteifunktion aufzugeben und auch auf eine mögliche, offizielle, wissenschaftliche

Sorges Lehrer und Vorgesetzter: General der Roten Armee und Chef der militärischen Aufklärung Jan Karlowitsch Bersin

Karriere zu verzichten, um für die Sowjetunion an einen wichtigen Abschnitt der geheimen Front zu gehen, wo er gerade jetzt dringend benötigt werde. Sorge war sich der weitreichenden Konsequenzen, der völligen Veränderung seines Lebensstils, des vermehrten Risikos im Lager des Klassenfeindes bewußt. Aber in ihm schlug ein Kämpferherz, er war voller Tatendrang – und von der internationalen Gefahr brauchte ihn keiner erst zu überzeugen. Mag sein, daß es ihm nicht leicht fiel, doch General Bersin bekam trotzdem sofort mit einem Handschlag sein Ja! Nun wurde Sorge auf seinen eigentlichen Auftrag intensiv vorbereitet und mußte dafür zunächst viel lernen.

Dreieinhalb Jahrzehnte später äußerte sich einer seiner Kampfgefährten, der inzwischen in den Generalstab aufgestiegen ist, aber im Hinblick auf seine Funktion noch namenlos bleiben muß, über Richard Sorge: «Er war ein erstaunlicher Mensch ... Wissenschaftler, Forscher, Diplomat. Von seinen Lehrmeistern eignete er sich klares und nüchternes Denken, die eiserne Selbstbeherrschung eines Revolutionärs an. Ich war in derselben Parteiorganisation wie Richard, wir trafen uns, sprachen miteinander. Den stärksten Einfluß übte zweifellos auf Sorge, wie überhaupt auf uns alle, Genosse Bersin aus. Er beteiligte sich nicht nur persönlich an der Ausarbeitung des Auftrages für Sorge, sondern half ihm auch in vielem, seine verantwortliche und schwierige Aufgabe zu lösen.»[39]

Sorges Lehrer, General Bersin und Bürgerkriegskommissar Borowitsch, waren aus der harten Schule der Leninschen Tschekisten hervorgegangen. Dennoch bestand zwischen den drei Revolutionären keinerlei Lehrer-Schüler-Verhältnis, denn eigentlich unterschieden sie sich ja nur dadurch voneinander, daß sie bisher an verschiedenen Frontabschnitten für die gemeinsame Sache gekämpft hatten – Sorge in Kiel, Hamburg und im Ruhrgebiet, Bersin und Borowitsch in Leningrad und in Sibirien.

Die Tscheka[40] hatte Ende 1917 in Sowjetrußland den ungleichen Kampf gegen die noch mächtigen inländischen und auch ausländischen Feinde der proletarischen Revolution aufgenommen. An ihrer Spitze standen von Anfang an Männer wie Feliks Dzierżyński, Schrecken der Bourgeoisie genannt, Jan Bersin und Alex Borowitsch, Kommunisten, die für die Revolution täglich ihr Leben einsetzten. Als das internationale Monopolkapital zum Sturm gegen die revolutionären russischen Arbeiter und Bauern

Felix Edmundowitsch Dzierżyński wurde 1917 auf Vorschlag Lenins zum Vorsitzenden der Tscheka ernannt. Er war in den ersten Jahren der Revolution Bersins Vorgesetzter

blies, als seine Generale mit modern ausgerüsteten Interventionsarmeen über Sowjetrußland herfielen, als gekaufte Banditen zum Terror übergingen und aufrechte Kommunisten sowie Führer der KPR(B) ermordeten, schrieb Feliks Dzierżyński, ein Mitstreiter Lenins, an seine Frau: «Der Ring der Feinde wird immer enger und stärker, und er nähert sich bereits unserem Herzen... Ich wurde auf einen Posten in der ersten Feuerlinie gestellt und bin gewillt zu kämpfen, mit offenen Augen der ganzen Gefahr unserer drohenden Lage entgegenzublicken und selbst erbarmungslos zu werden, um den Feind in Stücke zu reißen wie ein treuer Wachhund... Wir sind Soldaten auf Kampfposten. Ich lebe nur dem, was vor mir ist, denn das erfordert äußerste Aufmerksamkeit und Wachsamkeit, wenn wir den Sieg erringen wollen. Mein Wille ist – zu siegen. Und wenn auch nur höchst selten auf meinem Gesicht ein Lächeln zu sehen ist, bin ich doch von dem Sieg der Idee und der Bewegung überzeugt, für die ich lebe und ar-

39 Zitiert nach «Neues Leben», Moskau, vom 23. September 1964.
40 Tscheka – Abkürzung für Außerordentliche Kommission zum Kampf gegen Konterrevolution, Sabotage und Spekulation.

beite. Es ist ein blutiger Tanz, ein wahrhaft erbarmungsloser Kampf, ein titanisches Ringen.»[41]

Die Härte des Klassenkampfes jener Jahre, in denen tagtäglich unter ständigem Einsatz des Lebens die Frage «Wer – wen?» entschieden werden mußte, läßt sich heute nur schwer vorstellen. Ende 1922 – im Oktober hatte die Rote Armee erst die letzten japanischen Interventen aus Wladiwostok vertrieben – zog der als schweigsam bekannte Genosse Dzierżyński, der seit fünf Jahren an der Spitze der Tscheka stand, eine öffentliche Zwischenbilanz. «Auf dem Höhepunkt des Bürgerkrieges, als uns der Feuerring der Blockade zu erdrücken drohte, als uns Kälte, Hunger und Zerstörung quälten, als die Weißgardisten im Innern und die Imperialisten von außen gegen das Herz der Republik vorstießen, haben die Allrussische Tscheka und ihre Organe an den verschiedensten Orten eine aufopferungsvolle, heldenhafte Arbeit geleistet.

Die aufgedeckten Verschwörungen und Aufstände ziehen in langer Kette an uns vorüber. Das scharfe Auge der Allrussischen Tscheka drang überall hin. Die Allrussische Tscheka war eine Waffe der Diktatur der Arbeiterklasse. Das Proletariat hatte seine besten Söhne für die Arbeit in der Tscheka zur Verfügung gestellt, und es ist kein Wunder, daß unsere Feinde die Tscheka und die Tschekisten wütend haßten. Dieser Haß war völlig verdient, und die Allrussische Tscheka kann stolz darauf sein, daß sie das Objekt einer so unerhörten Hetze seitens der Bourgeoisie war. Die Allrussische Tscheka ist stolz auf ihre Helden und Märtyrer, die im Kampf gefallen sind.»[42]

Zu den Mitarbeitern Feliks Dzierżyńskis hatte in dieser schweren Zeit auch der Kommandeur Jan Bersin gehört. Bei der allrussischen Mitgliederzählung der Russischen Kommunistischen Partei (Bolschewiki) nach seinen Verletzungen befragt – über die er sonst nie sprach –, antwortete er kurz: «Zweimal verwundet, sieben Wunden.»

Jan Karlowitsch Bersin, Kind lettischer landarmer Kleinbauern, war bereits im Revolutionsjahr 1905 als Vierzehnjähriger in die Sozialdemokratische Arbeiterpartei Rußlands eingetreten. Weil er revolutionäre Literatur verbreitet hatte, war er von den Bütteln des Zaren geprügelt worden. Später hatte man ihn für seine Teilnahme an den bewaffneten Kämpfen einer lettischen Arbeiterabteilung zum Tode verurteilt, und nur wegen seiner Jugend war er nicht hingerichtet worden. Nach seiner dritten Verhaftung schließlich hatte man ihn nach Jakutien in die Verbannung transportiert. 1917 war er an den revolutionären Kämpfen in Petrograd aktiv beteiligt gewesen. Danach hatte Lenin für Jan Bersin einen Sonderauftrag. Anfang 1918 weigerten sich die kapitalistischen Staaten immer noch beharrlich, Sowjetrußland, den ersten Staat der Arbeiter und Bauern, völkerrechtlich anzuerkennen. Lenin sandte damals eine sowjetische Mission über Berlin in die Schweiz, die sich in der Berner Schwanengasse etablierte. Sie sollte den diplomatischen Blockadering um Sowjetrußland sprengen helfen, aber auch von der Schweiz aus die revolutionären Ereignisse in Westeuropa beobachten. Jan Bersin leitete ein halbes Jahr lang diese Mission. Er sorgte für die Herausgabe der Zeitung «Russische Nachrichten» in deutscher, französischer und italienischer Sprache. Diese in Massenauflagen gedruckte Zeitung half, die Wahrheit über den Kampf des jungen Sowjetstaates um den Frieden und gegen die ausländische Intervention imperialistischer Mächte zu verbreiten. Als in Deutschland die Novemberrevolution ausbrach, wurden Jan Bersin und seine Mitarbeiter von der geschockten Schweizer bürgerlichen Regierung des Landes verwiesen.[43] Bersin eilte zurück an die Front. Von Juni bis August 1919 hatte er die Politabteilung der 11. Petrograder Schützendivision geführt und war anschließend im Auftrag der Tscheka in der 15. Armee gewesen. Im Dezember 1920 hatte man ihn abkommandiert und dem Chef der Verwaltung Aufklärung der Roten Armee direkt unterstellt, bis er 1924 schließlich selbst die Leitung der sowjetischen militärischen Aufklärung übernahm.[44]

Bersin war nun inzwischen General geworden und leitete seit vier Jahren die Verwaltung Aufklärung der Roten Armee. Der Achtunddreißigjährige schloß bald enge Freundschaft mit dem dreiunddreißigjährigen Richard Sorge. Jan Karlowitsch Bersin, von seinen Genossen voller Hochachtung nur «der Alte» genannt, war voller Ideen und ein begabter Organisator. Mit untrüglicher Menschenkenntnis und großem Einfühlungsvermögen widmete er sich der Auswahl und der Qualifizierung geeigneter Kader. Er wußte genau, wieviel bei der überaus schwierigen Aufklärungsar-

41 Zitiert nach «Nowy Mir», Moskau, Nr. 1/1938.
42 «Prawda», Moskau, vom 17. Dezember 1922.
43 Siehe «Die Weltbühne», Berlin, Nr. 41/1978, S. 1301.
44 Siehe Geschichte der Kommunistischen Partei der Sowjetunion, Berlin 1960, S. 374.

beit von der politischen und menschlichen Reife der Genossen abhing. Sie mußten nicht selten Situationen meistern, ohne sich vorher mit anderen Genossen beraten zu können.

Bersin machte Sorge nun mit den aufmerksam registrierten
Fernostaktivitäten besonders der deutschen Reichswehr vertraut,
deren Führung nach dem für Deutschland verlorenen ersten Weltkrieg auf Revanche sann. Im Versailler Vertrag hatten die alliierten Siegermächte Deutschland unter anderem die Beschränkung
des Berufsheeres auf 100 000 und der Marine auf 15 000 Mann sowie die Abtretung aller Kolonien – auch die in China und im pazifischen Raum – diktiert. Schwere Artillerie, Flugzeuge und Panzer, die Ein- und Ausfuhr von Waffen waren verboten. Nach
Artikel 179 des Versailler Vertrages war es Deutschland zudem
untersagt, «irgendeine Mission des Landesheeres, der Seemacht
oder Luftstreitkräfte in einem fremden Land zu beglaubigen,
noch sie dorthin zu entsenden oder abreisen zu lassen». Nach diesem Artikel durfte kein deutscher Staatsangehöriger ins Ausland
geschickt werden, um in fremden Staaten militärisch «die Ausbildung zu fördern oder überhaupt beim Unterricht im Heer-, Ma-
rine- und Luftwesen mitzuwirken». Aber schon acht Jahre danach waren die Reichswehr, deutsche Rüstungsfabrikanten und
Waffenhändler emsig dabei, diesen Vertrag heimlich zu durchlö-
chern. Dabei spielte die Konzeption eines neokolonialistischen
Vorstoßes nach Fernost eine nicht untergeordnete Rolle. Im Januar 1927 verhandelte beispielsweise Oberst Kurt Liebmann als
Leiter der Heeresstatistischen Abteilung des Reichswehrministeriums mit dem japanischen Militärattaché in Berlin, Generalmajor R. Watanabe, über den verstärkten Austausch und die gegenseitige Abkommandierung von Truppen- und Generalstabsoffizieren.[45]

Von Tschiang Kai-schek beauftragt, begann auch der in
Deutschland ausgebildete chinesische General Li Nai deutsche
Militärberater für China anzuwerben.[46] Zu diesem Zweck traf im
August 1927 der chinesische General Chen Shao-wu in Berlin
ein.[47] Er war bereits vor 1914 sechs Jahre lang in Deutschland bei
der Artillerie ausgebildet worden, gehörte zu den besten Absol-
venten der Kriegsschule im damaligen Neiße, beherrschte perfekt
Deutsch und hatte im inzwischen weltkriegserfahrenen deutschen
Offizierkorps viele Freunde und Gönner. So schien er der ideale
Unterhändler für das Reichswehrministerium zu sein.

Im Dezember 1927 verließen dann auch bereits die ersten deutschen Heeresoffiziere unter dem angeheuerten Generalstabsoffizier Oberst Max Bauer[48] in Zivil Deutschland, um in China als hochdotierte Militärberater zu fungieren.[49]

1927 begannen deutsche Rüstungsexporteure die chinesische Kuomintang-Armee mit Waffen aus der Schweiz und der Tschechoslowakei, aus Belgien und Deutschland zu beliefern. Die Reichswehr war allerdings nicht in der Lage, ihre Geheimnisse zu wahren, besonders die KPD schlug Alarm. In der «Roten Fahne» vom 21. April 1927 fand man unter der Überschrift «Deutsche Waffen gegen Südchina» Informationen darüber, und am 20. Juli 1929 galt ein Artikel dem Thema «Die Reichswehr bewaffnet Chinas Henker!». Die kommunistische Reichstagsfraktion forderte im April 1927 mit ihren Anträgen von der deutschen Regierung «die sofortige Zurückziehung aller imperialistischen Truppen und die sofortige Aufhebung aller dem chinesischen Volke aufgezwungenen räuberischen Verträge»[50].

Die Sowjetunion hatte gute Gründe, diese Entwicklung aufmerksam, ja besorgt zu verfolgen, denn immerhin grenzte China rund 7300 Kilometer an den Südosten und den Süden der Sowjetunion und über 4700 Kilometer an die mit der Sowjetunion freundschaftlich verbundene Mongolische Volksrepublik, die seit 1924 bestand. In China hielt die herrschende Klasse 2,2 Millionen Männer unter Waffen, und auf chinesischem Territorium waren beachtliche Truppen- und Flottenkontingente imperialistischer Staaten stationiert.

Das Interesse der Sowjetunion war auch in anderer Hinsicht berechtigt, denn im April 1927 hatte der chinesische General Tschiang Kai-schek geputscht und eine volksfeindliche Regierung

45 Siehe Akten zur deutschen Auswärtigen Politik 1918–1945, Serie B, Bd. IV, Göttingen 1970, S. 158.
46 General Li Nai wurde bald darauf Leiter der «Dienststelle für die Beraterschaft in der Geschäftsstelle des Vorsitzenden der Militärkommission» in Nanking und Tschiang Kai-schek direkt unterstellt.
47 Siehe Akten zur deutschen Auswärtigen Politik 1918–1945, Serie B, Bd. VI, Göttingen 1974, S. 210ff.
48 Siehe A. Vogt, Oberst Max Bauer. Generalstabsoffizier im Zwielicht. 1869–1929, Osnabrück 1974.
49 Siehe Karl Mehner, Die Rolle deutscher Militärberater als Interessenvertreter des deutschen Imperialismus und Militarismus in China (1928–1936) (Dissertation), Leipzig 1961; Bernd Martin, The German Advisory Group in China. Military, Economic, and Political Issues in Sino-German Relations, 1927–1938, Düsseldorf 1981.
50 Der Reichstag 1924–28, Handbuch der Kommunistischen Reichstagsfraktion 1924–28, Berlin o. J., S. 70f.

in Nanking eingesetzt. Diese Regierung steuerte damals innen- und außenpolitisch einen skrupellos antikommunistischen Kurs. Allein in den folgenden acht Jahren wurden in China etwa 400000 chinesische Kommunisten zu Tode gefoltert oder auf andere Weise ermordet. Noch im April 1927 wurde in Peking die sowjetische Botschaft überfallen, und im Dezember desselben Jahres wurden von der Tschiang-Kai-schek-Clique die sowjetischen Konsulate, alle anderen sowjetischen Missionen und Handelseinrichtungen zwangsweise geschlossen, später schließlich sogar die diplomatischen Beziehungen zur Sowjetunion abgebrochen. Sun Yat-sen, der 1925 verstorbene chinesische bürgerliche Revolutionär und Staatsmann, hatte bereits 1923 sowjetische Militärberater nach China gerufen, die fortan treu der chinesischen antiimperialistischen und antifeudalen Revolution gedient hatten.[51] Tschiang Kai-schek zwang auch sie 1927 zum unverzüglichen Verlassen des Landes.

Gleichzeitig verstärkten sich konterrevolutionäre Aktivitäten an der sowjetischen Grenze in Fernost. Deutschland modernisierte die Bewaffnung der Armeen nordchinesischer Generale.[52] Der weißgardistische Ataman Semanow, der vor der Roten Armee in die Mandschurei geflohen war, begann im chinesischen Tientsin 3000 konterrevolutionäre Söldner anzuwerben.[53] General Tschang Hsüh-liang, ein Hauptorganisator der konterrevolutionären Armee russischer Emigranten, prahlte damit, 70000 Soldaten «gegen Sowjetrußland ins Feld führen» zu können und probierte schon Streifzüge ins sowjetische Staatsgebiet aus. In der chinesischen Nordostarmee gaben zaristische Offiziere den Ton an. Die Japaner hatten in der Südmandschurei ihre Okkupationstruppen von 8000 auf 15000 Mann aufgestockt, das heißt, fast verdoppelt. Britische Agenten waren in China an antisowjetischen Provokationen interessiert[54], und Mitte 1929 überfielen Truppen chinesischer Militaristen sogar die von China und der UdSSR gemeinsam bewirtschaftete Ostchinesische Eisenbahn.

Der Verwaltung Aufklärung der Roten Armee war auch nicht entgangen, daß der militärische Geheimdienst des imperialistischen Deutschlands in China kräftig gegen die Sowjetunion mitmischte. Am 2. April 1927 hatte zwar der Staatssekretär des Auswärtigen Amtes in Berlin, Carl Theodor Conrad von Schubert, dem sowjetischen Botschafter Nikolai N. Krestinski und seinem Begleiter, Botschaftsrat Stepan Bratman-Brodowski, amtlich versichert, daß es verboten sei, in deutschen Häfen auf deutschen Schiffen weitere Waffen für China zu verladen[55], aber wie dieses Verbot praktisch umgangen wurde, zeigte ein 1927 aufgedeckter Fall in Kiel. Der norwegische Frachter «Aker» sollte eine volle Ladung Gewehrmunition aus Deutschland nach China bringen. Dieser Transport war von der Seetransportabteilung der Reichswehr organisiert und vom Oberregierungsrat Beuster amtlich abgefertigt worden. Die «Rote Fahne» enthüllte, daß der Chef der Reichswehrspionageabteilung der Reichsmarine-Ostseestation in Kiel, Oberleutnant Protze, bei diesem 17 Eisenbahnwaggons umfassenden Munitionstransport beteiligt war.[56] Im Jahre 1928 enthüllte sogar das Berliner Boulevardblatt «Die Welt am Abend» in seiner Wochenendausgabe auf der ersten Seite, groß aufgemacht:[57]

«Geheimreise deutscher Offiziere

Oberst Bauer noch in Berlin: Privatmann Oberst a. D. Bauer ist fast täglich in den Räumen des Wehrkreiskommandos III in der Kurfürstenstraße zu sehen und hat auch das Reichswehrministerium in den letzten Tagen noch aufgesucht. Die chinesische Nationalregierung hat zugegeben, daß sie mit Oberst Bauer einen Vertrag abgeschlossen hat.» Aus Kreisen der nach China verpflichteten Offiziere erfuhr die Redaktion folgendes: «Diese militär-politische Mission ist mit ausdrücklicher Genehmigung des Foreign Office (Außenministerium Großbritanniens – J. M.) vorbereitet worden ... das mit dem Plan einer Reorganisation der chinesischen Nationalarmee nicht nur durchaus einverstanden ist, sondern unterstützt ihn mit allen Kräften in der Berechnung, in einer modern aufgezogenen chinesischen Nationalarmee ein Instrument mehr in der kommenden Auseinandersetzung mit Rußland in der Hand zu haben ... Die Übernahme der Reorganisa-

51 Siehe R. A. Mirowizkaja, Widnyje sowjetskije kommunisty – utschastniki kitaiskoj revoljuzii, Moskau 1970; A. I. Kartunowa, Sun' Jat-sen i russkije sowjetniki. In: Sun' Jat-sen, Moskau 1966; dieselbe, W. K. Blücher w Kitaje 1924–1927, Moskau 1970; A. I. Tscherepanow, Sapiski wojennowo sowjetnika w Kitaje (1925–1927), Moskau 1971.
52 Siehe Akten zur deutschen Auswärtigen Politik 1918–1945, Serie B, Bd. IV, Göttingen 1970, S. 294ff.
53 Siehe Agnes Smedley, Chinas neue Krise. In: «Frankfurter Zeitung» vom 5. April 1929.
54 Siehe Agnes Smedley, Hinter den Kulissen der Nankinger Regierung. Ebenda, 1. Morgenblatt, vom 26. September 1929.
55 Siehe Akten zur deutschen Auswärtigen Politik 1918–1945, Serie B, Bd. V, Göttingen 1972, S. 216.
56 Siehe «Die Rote Fahne», Berlin, vom 20. Juli 1929; Aus dem Kampf der deutschen Arbeiterklasse zur Verteidigung der Revolution in China, Berlin 1959, S. 105.
57 «Die Welt am Abend», Berlin, vom 9. November 1928.

Jahrgang 6 / Nr. 264   U   10 Pf.

Die Welt am Abend

Berlin, Freitag, 9. November 1928

Geheimreise deutscher Offiziere

Oberst Bauer noch in Berlin
Weshalb England die Militärmission unterstützt

Mehrzahl ein Zusammengehen mit England abgelehnt haben.

Die nach China delegierten Offiziere sind durch Vermittlung der gleichen Stellen angeworben worden, wobei auch der berüchtigte Oberst Nicolai seine Hand im Spiel gehabt hat. Die Herren sind angewiesen worden, dritten Personen gegenüber von „Demobilisationsarbeiten" zu sprechen und sind zu einem fünfjährigen Vertrag verpflichtet worden. Das Gehalt wird in Dollar ausbezahlt und beträgt im Monat durchschnittlich 500 Dollar.

Durch das Reichswehrdementi, auf das die deutsche demokratische Presse prompt herein-

tionsarbeit gerade durch deutsche Offiziere bezweckt die Geheimhaltung der englischen Pläne … Die nach China delegierten Offiziere sind durch Vermittlung der gleichen Stellen angeworben worden, wobei auch der berüchtigte Oberst Nicolai seine Hand im Spiel gehabt hat. Die Herren sind angewiesen worden, dritten Personen gegenüber von ‹Demobilisierungsarbeiten› zu sprechen und sind zu einem fünfjährigen Vertrag verpflichtet worden. Das Gehalt wird in Dollar ausbezahlt und beträgt im Monat durchschnittlich 500 Dollar … Wenn die deutsche Militärmission im Dezember tatsächlich abfahren wird, wird niemand von dieser Abreise Notiz nehmen können.»

Der zitierte Oberst Walter Nicolai gehörte zu den dunkelsten Figuren des deutschen Militarismus: Seit 1904 war er im kaiserli-
Großen Generalstab zu finden, von 1913 bis Anfang 1919

kommandierte er die Geheimdienstabteilung III B in diesem Generalstab, und als Spionageexperte der Reichswehr entwickelte er die revanchistische Subversionskonzeption des Generalstabes in der Weimarer Republik.[58]

Die Verwaltung Aufklärung der Roten Armee mußte demnach gerüstet sein, um auch an der geheimen Front Chinas mit den dort bereits antisowjetisch wühlenden Geheimdiensten vor allem Großbritanniens, Deutschlands und Japans die Klingen zu kreuzen.

Solche Fernostexperten der Roten Armee wie der Held des Bürgerkrieges und spätere Marschall der Sowjetunion Wassili Konstantinowitsch Blücher, der von 1924 bis 1927 als Chef der etwa 60 sowjetischen Militärberater der revolutionären Regierung Chinas in Kanton gedient hatte[59], oder Michael M. Borodin vermochten jederzeit, eine grobe Übersicht über die militärische Lage in China Ende der zwanziger Jahre zu geben.

Von den auf 450 bis 500 Millionen geschätzten Chinesen waren von der herrschenden Klasse etwa 2,2 Millionen bewaffnet worden. Davon standen 1,6 Millionen, also über 70 Prozent, unter dem zentralen oder provinziellen Befehl der Nankingregierung Tschiang Kai-schecks[60] oder mit ihr konkurrierender und rivalisierender Generale. Die restlichen 600 000 Soldaten, mehr als ein Viertel, dienten territorialen chinesischen Großagrariern als Hausmacht. Die Bewaffnung war außerordentlich unterschiedlich.[61]

---

58 Später beriet er Hitler und das Spionage- und Sabotageamt Ausland/Abwehr des Oberkommandos der Wehrmacht. Siehe Albrecht Charisius/Julius Mader, Nicht länger geheim, Berlin 1980, S. 776.
59 1929 wurde Marschall W. K. Blücher Oberbefehlshaber der Besonderen Rotbanner-Fernostarmee.
60 Siehe Agnes Smedley, Nationale Abrüstung in China! In: «Frankfurter Zeitung», Abendblatt, vom 30. September 1929.
61 Der deutsche Berater General Hans von Seeckt schlug Tschiang Kai-schek 1933 Streitkräfte in einer Stärke von 60 aufs modernste bewaffnete Divisionen vor.
Den Zustand der territorialen Streitkräfte der chinesischen Feudalherren beschreibt Agnes Smedley in einer Reportage aus der Provinz Kiangsu. Die sich gegenseitig bekriegenden und beraubenden chinesischen Großagrarier sicherten ihr Gebiet – sogenannte Sais – durch Lehmmauern, Schießtürme und private Söldnertruppen. Letztere «sind meist mit Lanzen und anderen primitiven Waffen ausgerüstet. Seit 1927/28, als die alten Militaristen von den neuen besiegt wurden, sind die Dörfer im Besitz von Gewehren und Kugeln. In sieben Dörfern wurden (bei einer Studienreise des Zivilgouverneurs von Kiangsu – J. M.) 98 Gewehre und fast 10 000 Ladungen Munition, in vier Sais 836 Gewehre und 67 119 Ladungen Munition festgestellt. Doch verändert das Vorhandensein der Gewehre nirgends die ökonomische Struktur des Gebietes. Da die Gewehre nicht repariert und kein neues Pulver oder neue Kugeln hergestellt werden können, sind sie, soweit die Bauern in Betracht kommen, ziemlich nutzlos. Und deshalb bleiben Schwerter und Lanzen die gewöhnlichen Waffen.» In: «Frankfurter Zeitung» vom 22. Mai 1932.

Die chinesische Rote Armee kontrollierte in China sechs Sowjetgebiete mit etwa 1,5 Prozent der Landesfläche und einem Prozent der Bevölkerung. Die chinesischen Kommunisten hatten zu jener Zeit anwachsende Streitkräfte von ca. 65000 Mann und 45000 Gewehren. Über 97 Prozent aller Waffenträger Chinas standen demnach damals auf der Seite der Reaktion.

Die Fronten und Kriegsschauplätze verschoben sich in dem etwa 9,6 Millionen Quadratkilometer großen China ständig. Um so dringender war es, aus erster Hand Informationen über die beunruhigende Lage zu sammeln. Diese Notwendigkeit bezog sich nach General Jan Bersin auf:

1. die soziale und politische Charakterisierung der Nankingregierung und ihrer einzelnen Fraktionen;
2. ihre militärische Stärke;
3. ihre Außenpolitik;
4. ihre Innenpolitik;
5. die soziale und politische Charakterisierung aller Kräfte, die zur Nankingregierung in Opposition standen;
6. die Chinapolitik Großbritanniens und der USA;
7. die militärische Stärke ausländischer Mächte in China;
8. das akut werdende Problem der Exterritorialität für Ausländer in China und
9. die Entwicklung der chinesischen Landwirtschaft und Industrie.[62]

Noch 1929 fand in Moskau das abschließende Gespräch zwischen General Bersin und Dr. Sorge vor dessen Chinaeinsatz statt. Dann reiste Sorge ab.

Auf der Seite der Kulis

Es gab nur wenige Kommunisten, die sich für eine solche Aufgabe eigneten, die Dr. Sorge nun übernommen hatte. Den Mut, für die revolutionäre Sache auch an der geheimen Front zu kämpfen, hatten seit der Großen Sozialistischen Oktoberrevolution schon Tausende bewiesen, und Hunderte bezahlten mit ihrem Leben. Doch eine Aufgabe von dieser Tragweite verlangte mehr als nur Mut. China war ein Raum, in dem sich die unterschiedlichsten Interessen kreuzten, in dem die verschiedensten Kräfte am

Werk waren, in dem Geheimdienste und ihre Spitzel jeden Fremden sofort ins Visier nahmen. In dieser Situation in die Regierungskreise Tschiang Kai-scheks unauffällig einzudringen und ihnen ihre Geheimnisse zu entreißen, verlangte Geschick und Klugheit. Zeitverlust durfte sich die Verwaltung Aufklärung der Roten Armee und damit Dr. Sorge nicht leisten. Jeder erfolglose Tag konnte einerseits unübersehbare Opfer bedeuten, aber jede unvorsichtige Sekunde andererseits den Ausfall, ja den Tod des Kundschafters und seiner Mitstreiter. Der Mann, der diese Aufgabe lösen wollte, mußte nicht nur ein international erfahrener Revolutionär mit einem universellen Wissen sein, nicht nur Fremdsprachen beherrschen und ein verschworenes Kollektiv leiten können, er mußte sich auch in der ausgesuchten Zielgruppe von Europäern, Asiaten und Nordamerikanern sicher, als einer der Ihren anerkannt, bewegen können. Dazu hatte er ihre Sitten und Gebräuche zu beherrschen, mußte «standesgemäß» auftreten, in den Klubs der sich als «Herrenmenschen» Fühlenden und auf diplomatischem Parkett souverän sein. Sorge war schon angekündigt worden, wen er in Nanking als deutsche Militärberater zu erwarten hatte: Kapitän Dr. phil. habil. Ernst August Ansel und Regierungsrat Dr. jur. und Dr. rer. pol. Rudolf von Zanthier, die Barone Major von Wangenheim, Oberleutnant von Bock, von Egidy, von Hornhardt und andere. Von Sorges Kunst akademischen Parlierens, seiner vorgetäuschten Kameraderie, seiner blitzschnellen Auffassungsgabe und seinem absolut verläßlichen Merkvermögen hing viel ab. Die Geheimniskrämerei des Gegners war nur durch überlegene Methoden zu überwinden. Schwächen routinierter Bourgeois und gezierter Adliger mußten ausgenutzt werden. Für seine Arbeit genügten jedoch nicht nur gekonnte Reverenzen, dazu bedurfte es auch auserwählter Referenzen. Niemand konnte für ihn diese notwendigen Beziehungen knüpfen und wirksame Empfehlungen besorgen. Das mußte er schon selbst tun. Zu diesem Zweck fuhr er zunächst mit seinem alten Reisepaß und einem Ersatzpaß auf den Namen Hugo Barath nach Berlin. Sein Quartier nahm er bei dem kommunistischen Ehepaar Maldaque im Stadtteil Treptow in der Schlesischen Straße 6. Die achtzigjährige Margarete Maldaque, die seit 1921 der KPD angehört und heute im Stadtbezirk Friedrichshain

---

62 Siehe auch Chalmers Johnson, a. a. O., S. 76; F. W. Deakin/G. R. Storry, a. a. O., S. 80 und 86.

wohnt, erzählte uns: «Richard – der uns nur unter dem Namen Hugo bekannt war – verstand es, völlig unauffällig zu leben. Wir hatten ihm, er war uns angekündigt worden, ein Zimmer mit einer Couch und einem Bücherschrank reserviert. Er selbst brachte eine Art Campingliege mit. Das Haus, in dem wir wohnten, war für jede Polizeiüberwachung denkbar ungeeignet. Genossen hatten das schon ausprobiert. An der Frontseite wurde der Eingang von einer Bäckerei und einer Kneipe flankiert, in dem ersten, zweiten und dritten Quergebäude am Hof befanden sich Handwerksbetriebe. Es herrschte ständig reger Kundenverkehr. Richard hatte von uns die entsprechenden Wohnungs- und Zimmerschlüssel bekommen, er konnte kommen und gehen, wann er wollte. Seine Wäsche wusch er selbst und versorgte sich auch sonst allein. Nicht selten benutzte er meine Schreibmaschine, die ich aus beruflichen Gründen zu Hause hatte. Als meine Tochter zur Welt kam, freute er sich riesig mit uns und schenkte mir für den Kinderwagen eine Garnitur. Im Dezember 1929 zogen wir wegen meiner Tochter, die Rachitis hatte, nach Birkenwerder. Richard verabschiedete sich von uns. Er hat uns als Hugo noch ein paarmal aus Charbin geschrieben. 1933, nach der siebenten polizeilichen Haussuchung bei uns, habe ich auch letzte, sogar unverdächtige Schriftstücke von ihm beseitigt.» Genosse Richard Gyptner, der damals auch in Berlin war, kam mit Sorge ebenfalls zusammen. «Das letztemal sah ich Richard Sorge im Jahre 1929 in Berlin. Ich glaube, es war im Mai oder Anfang Juni. Ich war inzwischen Sekretär des Westeuropäischen Büros der Komintern geworden. Sorge hatte um seine Entlassung aus dem Apparat der Komintern gebeten, und ich sollte ihm mitteilen, daß seinem Ersuchen stattgegeben worden war. Deshalb traf ich mich mit ihm. Ich teilte ihm den Beschluß mit und übergab die Depesche. Er freute sich sehr, denn er hatte offenbar großes Interesse, eine neue Arbeit zu beginnen. Er sagte mir, daß er wieder nach Moskau fahren werde. Wir verabschiedeten uns mit vielen Wünschen für eine erfolgreiche Arbeit.»[63]

Sorge zog von Treptow ins Villenviertel Charlottenburg um. Er war emsig bemüht, eine Korrespondentenstelle für China zu erhalten. Bei der «Deutschen Getreide-Zeitung», die sechsmal wöchentlich erschien, hatte er Erfolg. Hinter dieser «Tageszeitung für den Weltverkehr in landwirtschaftlichen Erzeugnissen», wie ihr Untertitel anzeige, stand die Getreide-Kreditbank Aktienge-

Sorge-Akte aus der Kartei der militärischen Aufklärung der Roten Armee

sellschaft. Sie brachte Börsenberichte über Weizen, Roggen, Hafer, Mais, Gerste und Hülsenfrüchte aus Hamburg, Bremen, Frankfurt/Main, Mannheim, Stuttgart, Duisburg, Breslau (Wrocław) und Königsberg (Kaliningrad), Liverpool, Rotterdam, Chicago, Winnipeg, Buenos Aires und Rosario, also aus Europa, Nord- und Südamerika, beachtete aber die Produktionsbörsen Asiens in Hinblick auf das steigende Fernostinteresse Deutschlands zu wenig. Der Chefredakteur Dr. Alfred Stern, der aus Offenbach stammte, empfing Sorge mehrmals und plauderte eifrig mit ihm über Frankfurt am Main. Er sah eine Chance, durch Sorges Mitarbeit das Minus seines Blattes wettzumachen. Daß er den einflußreichen Zeitungsherausgeber Dr. Justus Schloss und den Kommerzienrat Alfred Zielenziger von der Getreide-Kreditbank AG dafür begeisterte und das Auswärtige Amt um eine formge-

---

63 Zitiert nach Julius Mader/Gerhard Stuchlik/Horst Pehnert, a. a. O., S. 69 f.

rechte Empfehlung anging, war dann eigentlich selbstverständlich.

Noch in Moskau hatte Sorge, um sich auf seine Mission vorzubereiten, aufmerksam die neuesten und somit aktuellen Bücher des linksorientierten deutschen Sinologen Karl August Wittfogel studiert. Dieser hatte 1926 in Wien «Das erwachende China. Ein Abriß der Geschichte und der gegenwärtigen Probleme Chinas» und 1927 in Berlin die Monographie «Schanghai – Kanton» auf den Büchermarkt gebracht. Sorge kannte Wittfogel gut aus der gemeinsamen Tätigkeit in der Gesellschaft für Sozialforschung und ihres Instituts in Frankfurt am Main. Beide hatten mit ihren Frauen 1922 und 1923 an den Marxistischen Arbeitswochen in Ilmenau und Geraberg teilgenommen. Noch im November 1929 traf sich Sorge mit Wittfogel und wärmte stundenlang mit ihm Erinnerungen aus den zwanziger Jahren auf. Wittfogel war seit 1925 Mitglied der Deutsch-Chinesischen Gesellschaft und des Chinainstituts in Frankfurt am Main. Als er von Sorges Chinareiseplänen erfuhr, vermittelte er ihm kameradschaftlich gleich eine Verbindung zu seinem Kollegen, dem Sinologen Professor Dr. Dr. Richard Wilhelm, der das Chinainstitut leitete.[64] Nach zwei Tagen hatte Sorge dadurch einen vielversprechenden Forschungsvertrag der angesehenen Deutsch-Chinesischen Gesellschaft in der Tasche, der zudem den Vorteil hatte, in Deutsch und Chinesisch ausgefertigt und notariell gesiegelt zu sein.

Zu den regelmäßig von Sorge gelesenen und für seine Publikationen ausgewerteten bürgerlichen Zeitungen gehörte die «Frankfurter Zeitung»[65]. Aufmerksam verfolgte er darin die interessante und aufschlußreiche Chinaberichterstattung der Sonderkorrespondentin in Schanghai, Agnes Smedley.[66] In der Ausgabe vom 5. November 1929, in der der fortsetzungsweise Abdruck ihres sensationellen Romans «Eine Frau allein» angekündigt wurde, las Sorge: «Die Verfasserin ist zur Zeit für unsere Zeitung als Berichterstatterin für den Fernen Osten tätig, und wie ihre Berichte, so gibt diese Autobiographie einen Beweis ihrer außerordentlichen schriftstellerischen Qualität: eine kühne Härte gegenüber den Tatsachen mit der Feinfühligkeit dichterischen Taktes zu verbinden.» Was lag für Sorge näher, als sich die Schanghaier Adresse dieser faszinierenden Zeitgenossin zu erfragen?

Auf einer Kurzreise in die USA verschaffte sich Sorge nun nicht nur einige Paßeintragungen, die ihn bei der Polizei aller

Richard Sorge interessierte sich für Agnes Smedleys Lebensweg

Agnes Smedley

EINE FRAU ALLEIN
Mein Lebensroman

Länder als weitgereisten Globetrotter legitimierten, sondern auch noch zwei Bescheinigungen von Redaktionen, denen er vertragslos unter dem Autorenpseudonym Alex Johnson aus China zu berichten versprach.

Derart mit «Papieren» in drei Sprachen ausgestattet, verständigte er die Moskauer Zentrale, daß er für seine Aufgabe wohl «gerüstet» sei. Anfang Dezember 1929 waren seine Koffer zur Abreise gepackt. Die Zeit drängte. Eine neue Gruppe von deutschen Militärberatern, die vertragsmäßig im Januar 1930 in Nanking ihre Tätigkeit aufnehmen sollte, reiste aus Berlin ab. Darunter befanden sich die Oberstleutnante Guse und Haubs, die Majore von Knobelsdorff und Krug, der Hauptmann Freiherr von Hunolstein. Sorge wollte mit ihnen in China eintreffen.

Der beschleunigte Weg zu seinem Einsatzort führte ihn über Paris nach Marseille. Das Schiff nahm von dort Kurs auf Schanghai, via Suezkanal, Colombo auf Ceylon und die britische Kronkolonie Hongkong. Sorge stieß in die Kreise jener vor, die als Kavaliere auftraten, tatsächlich aber begab er sich auf die Seite der ärmsten Kulis des Kapitals.

64 Siehe G. L. Ulmen, a. a. O., S. 106.
65 Siehe dazu R. Sonter, a. a. O., S. 18.
66 Im zweiten Halbjahr 1929 konnte Dr. Sorge von Agnes Smedley u. a. in der «Frankfurter Zeitung» lesen: Japans Faust in der Mandschurei, am 17. Juni; Die umstrittene Mandschurei, am 23. Juli; Moskitos, die sich in Guerillakrieger verwandeln, am 22. September; Die «Amerikanisierung» Chinas, am 3. November; Schanghai, die unruhige Stadt, am 27. November und Immer noch kein Ausweg, am 8. Dezember.

Duell in China

Stützpunkt Schanghai

Der japanische Luxusdampfer legte am 10. Januar 1930 am Passagierkai von Schanghai an. Dr. Sorge passierte mit seinem Gepäck ohne Komplikation die umständlichen Kontrollen der Polizei und des Zolls. Eine neue, hektische und exotische Umgebung saugte ihn auf. Sorge wußte, was ihn erwartete.

Seitdem das Schiff Hongkong verlassen hatte, vergrub er sich in einen dort erworbenen Stapel von Zeitungen, Handels- und Börsenberichten. Noch vom Schiff aus ließ er erste Informationen über die neue Entwicklung am fernöstlichen Sojabohnenmarkt nach Berlin morsen. Notfalls hätten ihm so Kapitän und Funkoffizier an Hand der Telegrammoriginale als glaubwürdige Zeugen für seine journalistische Tätigkeit dienen können.

In der ersten Woche durchstreifte Sorge Schanghai, um Stadt und Leute näher kennenzulernen.

Schanghai war für Dr. Sorges Chinaauftrag vorteilhaft. Genau hier konnte man, wenn überhaupt, den Puls des an den gesellschaftlichen Widersprüchen fiebernden Großreiches fühlen. Schanghai mit seinen über drei Millionen Einwohnern war als bevölkerungsreichste und größte Hafenstadt Chinas praktisch auch die Hauptstadt des Landes. Es hatte der alten Metropole Peking (Beijing) und dem in der zweiten Hälfte der zwanziger Jahre von Tschiang Kai-schek eigenmächtig zur Hauptstadt gemachten Nanking (Nanjing) längst den Rang abgelaufen. In Schanghai waren 25 Prozent der Schwer- und sogar 80 Prozent der Leichtindustrie des Landes konzentriert, hier hatten sich die mächtigsten in- und ausländischen Bankkonzerne angesiedelt, hier wurde die Masse der Export- und Importgeschäfte abgewickelt. Schanghai bot für ganz Zentral- und Nordchina den Haupthafen und war auch weit vor Dairen und Tientsin (Tianjin) das Zentrum für den chinesischen Überseehandel. Über 50 Prozent aller Importe und

35 Prozent der Exporte Chinas passierten beispielsweise Anfang der dreißiger Jahre den Schanghaier Hafen. Die Stadt war damit zwangsläufig zu einer imperialistischen Bastion in China geworden. Nicht nur die chinesische Großbourgeoisie war hier vertreten, auch die Bürokraten der Kuomintang (Guomindang) und der Nankinger Regierungsclique gaben sich hier ihr Stelldichein. Die einzelnen chinesischen Warlords[1] der verschiedenen Einflußzonen bezogen ihre Waffen aus dem Ausland über Schanghai, und auch der geheime Opiumhandel blühte. Im Schanghai jener Tage gab es schon 30 Hochschulen und wissenschaftliche Institute.

Handel und Finanzen wurden besonders von den imperialistischen Staaten Europas und Nordamerikas beeinflußt. Ihre Interessenvertreter hatten in den von Ausländern bewohnten Gebieten Exterritorialität durchgesetzt, die sie wie ihren Augapfel hüteten, denn sie garantierte ihnen eine Menge kolonialer Sonderrechte.[2]

Ausländer waren danach prinzipiell der chinesischen Rechtsprechung entzogen. Für Angehörige des Deutschen Reiches allerdings gab es nach dem für sie verlorenen ersten Weltkrieg ein merkliches Handikap. Sie durften erst 1921 wieder nach China zurück, nachdem die Weimarer Republik dort fortan auf alle diese Sonderrechte verzichtet hatte. Deshalb trat Dr. Sorge besonders bei seinen Reisen ins Innere Chinas als Mister Johnson auf und nutzte dabei die verbrieften Vorteile für USA-Staatsbürger.

Schanghai jedenfalls war und blieb durch die letztlich rassistisch geprägte Ausländerherrschaft gezeichnet. Es gab dort ganze für Ausländer reservierte Stadtteile, wie die Internationale Niederlassung, die französische und die japanische Konzession, die streng von den Chinesenvierteln getrennt waren. Allein in der Internationalen Niederlassung wohnte eine Million privilegierter Ausländer! Zwar hatte zu Beginn des Jahres 1930 die Tschiang-Kai-schek-Regierung das Recht der Exterritorialität formal aufgehoben, aber ihr fehlte die Kraft, diesen Beschluß auch zu verwirklichen. Lediglich Mexiko verzichtete von sich aus auf diese anachronistischen Sonderrechte.

1 Warlords wurden damals lokale Herrscher, meist Generale, genannt, die mit ihren Privatarmeen die Macht in jeweils einer oder mehreren Provinzen Chinas an sich gerissen hatten und die Zentralregierungen bekämpften.
2 Siehe Wilhelm Wagner, Über das Recht des Fremden, in China sich aufzuhalten und niederzulassen (Dissertation), Gießen 1917. Dr. jur. Wilhelm Wagner war 1909 bis 1913 Diplomat an der deutschen Kaiserlichen Gesandtschaft in Peking, 1913 bis 1914 Vertreter des Kaiserlichen Konsuls in Swatau/Provinz Kuangtung, 1914 bis 1916 Leutnant des Leibgarde-Infanterie-Regiments Nr. 115 und 1930 deutscher Generalkonsul in Kanton.

Noch war das blutige Gemetzel nicht vergessen, das englische Kolonialtruppen und japanische Polizisten 1925 gerade in Schanghai unter den chinesischen Patrioten, die sich gegen die imperialistische Herrschaft erhoben, angerichtet hatten. 1927, zu Beginn der nationalen Revolution in China, zogen wiederum Kontingente britischer Kolonialsoldateska und Marineinfanterie der USA metzelnd in Schanghai ein. Außerdem wurde in der Internationalen Niederlassung ein zusätzliches «Freiwilligenkorps» rekrutiert und ausgerüstet. Eine Armada von über 120 Kriegsschiffen ausländischer Mächte kreuzte vor der Stadt und auf dem Jangtsekiang, ihrem Hinterland. Die Exterritorialität wurde also auch militärisch gesichert, und zwar in erster Linie von Großbritannien, Frankreich, den Niederlanden und den USA.[3]

Die nordamerikanische Journalistin Agnes Smedley, die in Schanghai lebte, malte mit ihrem sozialkritisch tiefdringenden Sachverstand zur Zeit von Sorges Eintreffen folgendes Schanghai-Kolorit in einem Artikel für die «Frankfurter Zeitung»: «In den großen Städten freilich, wie etwa in Schanghai, geht das Leben unbekümmert seinen normalen Gang weiter. Da gibt es luxuriöse offizielle Empfänge und Bälle, die Eröffnung neuer Banken, die Bildung von großen Finanzgruppen und aller möglichen Vereinigungen, das Spiel an der Börse, Opiumschmuggel und gegenseitige Beleidigungen von Fremden und Chinesen unter der Ägide der Exterritorialität. Und es gibt da die nächtlichen Tanzklubs, Bordelle, Spielklubs und Tennisplätze usw. usw. Und es gibt tatsächlich Leute, die alles das den Beginn einer neuen Zeit, die Geburt einer neuen Nation nennen. Für eine bestimmte Klasse von Chinesen mag das vielleicht auch wirklich zutreffen: für die Kaufleute, für die Bankiers, für die Schieber. Für die chinesische Bauernschaft aber, das heißt für 85 Prozent des chinesischen Volkes, ist das wie die – das Leben auslöschende Pest.»[4]

Schanghai war für Dr. Sorges Vorhaben aber auch gleichzeitig ein heißes Pflaster, denn hier knüpften in großer Zahl imperialistische Geheimdienste ihre Netze. Und auch die Repressivorgane arbeiteten äußerst aktiv, denn durch die Konzentration der Industrie lebten in der Stadt Millionen Proletarier. Schanghai wurde 1921 zum Geburtsort der Kommunistischen Partei Chinas. Hier, wie überall in der kapitalistischen Welt, einigte sich die in- und ausländische Reaktion sehr schnell, wenn es um das Bekämpfen in- und ausländischer Kommunisten ging. In den Kerkern der Internationalen Niederlassung zum Beispiel schmachteten allein Anfang 1930 nicht weniger als 1 300 Kommunisten verschiedener Nationalität und mußten das Schlimmste, die routinemäßige Auslieferung an die Henker Tschiang Kai-scheks, befürchten. In Schanghai grassierten antikommunistische und antisowjetische Mordhetze, Pogrome und Provokationen.[5] Die Gouverneure der Internationalen Niederlassung heuerten als Spitzel und Agenten, als Provokateure und brutale Killer bevorzugt weißgardistische Halsabschneider an. Sie fanden sie unter den über 25 000 Emigranten, die die Große Sozialistische Oktoberrevolution in Rußland hierhergeschwemmt hatte. Agnes Smedley beobachtete sie eingehend: «Weißrussen stromern an der ganzen chinesischen Küste umher. Sie betteln, rauben, stehlen, bieten sich allen Nationen zur Spionage an, schmuggeln Opium, sind Falschmünzer

3 Siehe Agnes Smedley, Wird die Exterritorialität in China wirklich aufgehoben? In: «Frankfurter Zeitung», 2. Morgenblatt, vom 8. Januar 1930.
4 Agnes Smedley, Der Bürgerkrieg in China – und was weiter? Ebenda, 1. Morgenblatt, vom 5. Februar 1930.
5 Siehe Agnes Smedley, Schanghai, die unruhige Stadt, Ebenda, 2. Morgenblatt, vom 27. November 1929.

oder Mörder und geben sich als Streikbrecher gegen die Chinesen her. Innerhalb des britischen Truppenkontingents von Schanghai befinden sich weißrussische Regimenter; sie tragen britische Uniformen und singen zaristische Lieder. In den Bordellen und Nachtlokalen von Schanghai wimmelt es von weißrussischen Frauen ... Ausländische und chinesische Geheimpolizisten schießen sich in der Dämmerung auf der Straße gegenseitig an, weil jeder versehentlich den anderen für einen Räuber hält; verwundet oder tot bleiben sie auf dem Pflaster liegen ... Schanghai war vielleicht einmal eine Stadt der Hoffnung. Heute aber weiß jeder, daß sie eine Stadt des Leidens und des Elends ist.»[6]

Sorge mußte also nicht nur höchst wachsam sein, er war auch gewarnt. Zur Beruhigung seiner «Schatten» gab er sofort eintausend Visitenkarten in Auftrag, mit dem schlichten Satz «Dr. Richard Sorge, P. O. B. 1062, Schanghai» ließ er sich in das übliche «Deutsche Adreßbuch für den Fernen Osten» aufnehmen. Hätte er es nicht getan, wäre dies aufgefallen. Dann richtete er sich auf dem Hauptpostamt das Postfach Nr. 1062 und in der jungen Shanghai Manufacturers Bank of China ein Bankkonto ein, auf das bald unauffällige Dollarbeträge von der National City Bank in New York überwiesen wurden. Auf die Zentrale war Verlaß.

Das dichte Polizei- und Geheimdienstnetz Schanghais zwang Sorge zu besonderem Verhalten. Der englische Professor F. W. Deakin fand dazu später in britischen alten Schanghaier Polizeiakten Hinweise, über die er schrieb: «Von Juli 1931 bis Januar 1932 wurde Sorge von der Polizei überwacht ... und zwar nicht nur sein Postfach Nr. 1062, sondern auch seine Wohnung ... Man stellte fest, daß er das Haus nur selten verließ: Spielte zum Zeitvertreib Schach mit Freunden. Empfing viele Telefonanrufe, paßte sehr auf, daß seine Gespräche nicht von irgendeinem Mitglied seines Haushalts mitgehört werden!»[7] Daß alle Angehörigen der Schanghaier Sorge-Gruppe sich perfekt mit Hilfe des Schachbretts und seiner Figuren verständigen konnten, blieb somit nicht nur chinesischen Spitzeln, britischen Polizisten, sondern schließlich auch einem Oxford-Professor ein unlösbares Geheimnis. Jedenfalls verstand es Sorge, seine «Schatten» zu täuschen, abzuhängen, sie immer wieder zu überlisten.

Selbstverständlich konnte sich Dr. Sorge, wollte er seinen Auf-

6 Agnes Smedley, Cinéma aus Schanghai, Ebenda, vom 15. Juni 1930.
7 F. W. Deakin/G. R. Storry, a. a. O., S. 97.

trag erfüllen, vom Gegner nicht in die Isolation drängen lassen. Er war auch nicht gewillt, namenlos in der Masse der etwa 1 500 Deutschen oder der 1 800 USA-Bürger unterzutauchen. Insgesamt lebten ungefähr 50 000 Europäer und Amerikaner in Schanghai.

Im deutschen Generalkonsulat ließ Dr. Sorge sich bei Rüdt Freiherr von Collenberg-Bödigheim anmelden. Der Generalkonsul empfing ihn am 17. Januar 1930, bereits eine Woche nach seiner Ankunft, denn Sorge war ihm mit der diplomatischen Kurierpost längst angekündigt und vom Auswärtigen Amt empfohlen worden.

Abschrift.

Berlin, den 28.Nov. 1929
Ref. Rollhausen i.V.

Herrn
Generalkonsul Freiherr Rüdt
von Collenberg-Bödigheim
        S h a n g h a i

    Sehr geehrter Herr Generalkonsul!
    Der Herausgeber der "Deutschen Getreidezeitung", Herr Dr. Justus Schloss, hat sich an das Reichsministerium für Ernährung und Landwirtschaft mit der Bitte gewandt, Herrn Dr. Richard Sorge ein Empfehlungsschreiben an das Generalkonsulat Shanghai auszustellen. Herr Dr. Schloss ist dem genannten Ministerium bekannt, Herr Dr. Sorge jedoch nicht.
    Herr Dr.Richard Sorge, Berlin-Charlottenburg,Reichskanzlerplatz 1, ist, wie Herr Schloss mitteilt, im Begriff, nach Shanghai zu reisen, um die chinesischen Agrarverhältnisse zu studieren; er wird für die "Deutsche Getreide-Zeitung" eine Reihe von Aufsätzen schreiben.
    Ich wäre Ihnen, sehr geehrter Herr Generalkonsul, zu Dank verpflichtet, wenn es Ihnen möglich wäre, Herrn Dr. Sorge während seines Aufenthaltes in Shanghai bei der Beschaffung von Informationen und Material beizustehen.
    Mit vorzüglicher Hochachtung bin ich

                Ihr sehr ergebener

                    (Dgt.)

Empfehlungsschreiben des Berliner Auswärtigen Amtes für Richard Sorge

Der Generalkonsul war von dem Mittdreißiger Sorge außerordentlich begeistert, denn dieser präsentierte ihm gleich ein handschriftliches Empfehlungsschreiben eines der führenden deutschen Experten, Prof. Dr. Dr. Richard Wilhelm, Leiter des weltbekannten Chinainstituts an der Universität Frankfurt am Main und Herausgeber des Chinakunde-Journals «Sinica». Wilhelm, einst deutscher Missionar in China, Dozent an der Pekinger Universität, war als vom Auswärtigen Amt oft konsultierter Sinologe und Patron der Deutsch-Chinesischen Gesellschaft für alle deutschen Chinadiplomaten ein vertrauter Lehrer, geradezu ein Begriff. Richard Sorge und seine ehemalige Frau Christiane kannten Professor Wilhelm noch gut aus der Zeit, als er Lehrbeauftragter am Institut für Sozialwissenschaften und sie wissenschaftliche Bibliothekarin an der Universität in Frankfurt gewesen war. Ende 1929 hatte Dr. Sorge mit der Deutsch-Chinesischen Gesellschaft einen hochspezialisierten Forschungsvertrag über «Ursprung und Entwicklung des chinesischen Bankrechts» abgeschlossen, dessen Thema nun den Schanghaier Generalkonsul besonders beeindruckte. Bereitwillig kam er dem Wunsch Sorges nach und empfahl ihn dem Gesandten Herbert Cuno von Borch und dem Vizekonsul Dr. Heinz Lautenschlager in der Gesandtschaft Peking, dem Gesandtschaftsrat Martin Fischer in Nanking und dem Generalkonsul Dr. jur. Wilhelm Wagner in Kanton (Guangzhou). Das Generalkonsulat vermittelte ihn auch an die Schanghaier Filiale des Deutschen Stickstoffsyndikats, die ein gutes Archiv über die chinesische Landwirtschaft besaß. Sorge war es geglückt, sofort viele Tore aufzustoßen; die gründlichen Vorarbeiten hatten sich gelohnt.

Die journalistische und wissenschaftliche Tätigkeit waren für seine Tarnung klug gewählt: Als Berichterstatter der «Deutschen Getreide-Zeitung» konnte er sich unverdächtig mit allen landwirtschaftlichen Problemen Chinas, also einer hauptsächlich noch feudalen Produktionsweise, beschäftigen und dabei die im Klassenkampf wichtige Bauernfrage untersuchen. Und das globale Bankrechtthema verpflichtete, ja legitimierte ihn sogar, in alle alten und zeitgenössischen finanziellen und juristischen Transaktionen dieser privaten und staatskapitalistischen Bankunternehmen einzudringen. Sorge tat es mit der ihm eigenen Gründlichkeit und Schnelligkeit. In den ersten fünfzig Tagen seines Schanghaiaufenthaltes kabelte er fünf Manuskripte zum Abdruck an «seine» Berliner Tageszeitung. Im Februar 1930 konnte er im deutschen Generalkonsulat beiläufig seine ersten, seit 9. Januar regelmäßig gedruckten Berichte in der Handelsabteilung vorlegen und entsprechende Hochachtung ernten.

Max Christiansen-Clausen erzählte uns: «Richard bevorzugte meist zweckmäßige, sportliche Knickerbocker-Anzüge. Aus seiner rechten Jackettasche ragte dann eine dicke Zeitung heraus, die den Zeitungskopf noch teilweise erkennen ließ, kaum aber das Datum. Besuchte er deutsche Zivil- und Militärkreise, waren es meist die ‹Deutsche Getreide-Zeitung› oder ‹Frankfurter Zeitung›, waren es anglo-amerikanische Kreise, dann die Londoner ‹Times›. So wirkte er auf simple Gemüter wie ein permanent tätiger, kurzum wie ein ‹rasender Reporter›.»

Seine Artikel in der Berliner «Deutschen Getreide-Zeitung» ließ er meist ungezeichnet, oder er versah sie nur mit solchen Versalien wie «J» (Johnson) und «I» (Ika).

Nach und nach registrierte man in einschlägigen Wirtschafts- und Diplomatenzirkeln Schanghais die fleißige Berichterstattung eines qualifizierten Journalisten, aus dessen Feder solche Artikel stammten wie:

1930

9. Januar   : «Die Ausfuhr von Soyabohnen über Dairen»;
10. Januar   : «Die Soyabohnenernte in der Mandschurei»;
8. Februar   : «Die Ausfuhr von Soyabohnen»;
14. Februar   : «Hemmnisse für die chinesische Erdnußausfuhr»;
15. Februar   : «Gute Sesamernte in China»;
19. September: «Ernteaussichten in der Mandschurei»;

1931

20. Januar   : «Mandschurisches Soyaschrot nach Europa?»;
23. Januar   : «Hervorragende Sesamernte in China»;
13. Februar   : «Rußland kauft Soyabohnen»;
20. Februar   : «Deutschland als Hauptabnehmer für chinesische Erdnüsse»;
8. April   : «Starker Rückgang der japanischen Mehlausfuhr»;
11. September: «Wandlungen in der mandschurischen Soyabohnenwirtschaft»;

1932

16. Januar	: «Die Ausfuhr von Sesamsaat aus China»;
29. Januar	: «Steigender Erdnußexport Chinas»;
4. Februar	: «China kauft USA-Weizen»;
15. Juni	: «Schanghai meldet Unsicherheit der Devisenverhältnisse».

Allein diese 16 Artikel, darunter neun gründlichere Außenhandels- und landwirtschaftliche Berichte, wiesen Dr. Sorge bei den deutschen Vertretungen und den chinesischen Behörden als Sachkenner aus. Er beobachtete den chinesischen Export und Import und konnte dabei unauffällig die Wirtschaftsinteressen vor allem Deutschlands, Japans, Italiens, der Niederlande und der USA erforschen. Durch seine Reportertätigkeit kam Sorge – das ist aus seinen Artikeln ablesbar – in engen Kontakt mit chinesischen Beamten des Nankinger Landwirtschaftsministeriums, der Seezollverwaltung von Tsingtau (Qingdao), des Soja-Exportbüros in Charbin und der Oil Manufactury Association. Im Nankinger Industrieministerium beschaffte sich Sorge die Jahresanalysen der Sojabohnenwirtschaft der Jahre 1926 bis 1930. Regelmäßig studierte er den aufschlußreichen «Monthly Report of Economic Statistics of Dairen».

Nach den Ergebnissen seines journalistischen Schaffens zu urteilen, machte sich Sorge besonders mit den fernöstlichen Städten Schanghai, Kanton, Dairen, Charbin, Tsingtau, Tientsin (Tianjin), Hankou und mit den chinesischen Provinzen Hunan, Kiangsu und Shantung sowie mit der Mandschurei, die an die UdSSR, die Mongolische Volksrepublik und Korea grenzte, vertraut.

Sorge sah sich bei seinen beruflichen Reisen auch strategische Eisenbahnstrecken in dem verkehrsmäßig noch wenig erschlossenen Land genau an. So konstatierte er zum Beispiel im Januar 1930, daß die Eisenbahnverbindungen mit Wladiwostok wegen des russisch-chinesischen Konfliktes geschlossen seien.[8] Im Januar 1931 schrieb er über die «lahmgelegte Peking-Hankou-Bahn»[9].

Anfang Mai 1930 reiste Sorge für sechs Monate nach Kanton und in südchinesische Provinzen, wo sich erste Keime eines Aufruhrs gegen die Tschiang-Kai-schek-Regierung zeigten, die dann ein Jahr später kraftvoll aufgehen sollten. Von Kanton aus ließ sich außerdem die von der britischen Kronkolonie Hongkong ausgehende Chinapolitik Großbritanniens besser beobachten.

Ordnet man Dr. Sorges Zeitungsbeiträge rückschauend nach Raum und Zeit, wird deutlich, wie gut er es verstand, die jedermann begreifliche Neugier als Journalist gezielt für seine eigentlichen Kundschafteraufgaben einzusetzen. Dafür zwei Beispiele: Deutschland war beim Erdnußexport in der ersten Hälfte der dreißiger Jahre Chinas bester Kunde. Es gewann aus Erdnüssen Öl. Ein wichtiges Anbaugebiet aber war die Provinz Honan. Dr. Sorge fuhr dorthin und berichtete den Lesern der «Deutschen Getreide-Zeitung» von der «billigen Arbeit des chinesischen Bauern», forderte für sie «eine Befreiung von den übermäßigen Ansprüchen der Militär- und Steuerbehörden» und sprach sich schließlich gegen «kriegerische Operationen (aus), die immer wieder das Land verwüstet haben, wie noch in allerneuester Zeit in den Erdnußgebieten der Provinzen Honan und Kiangsu»[10]. In der Provinz Honan gab es damals bereits ein revolutionäres Gebiet der chinesischen Arbeiter und Bauern. An Ort und Stelle konnte Sorge unter beruflichem Vorwand herausfinden, welche Truppentransporte und -konzentrationen die reaktionäre Nanking-Regierung vornahm, um die Kommunisten der Provinz zu vernichten.

Das zweite Beispiel: Am 18. September 1931 horchte die Welt auf. Die japanische Armee fiel in Nordostchina ein! Sicher nicht zufällig hatte Dr. Sorge gerade diese gefährdeten Gebiete kurz zuvor als höchstwahrscheinlich in Frage kommenden Kriegsschauplatz sondiert. Offiziell allerdings war er in den Ölmühlen längs der Chinesischen Ostbahn gewesen, die die Sojabohnen zu Öl und Preßkuchen verarbeiteten, und hatte in der Ausgabe vom 11. September 1931 der «Deutschen Getreide-Zeitung» darüber berichtet.

Insgesamt legte Dr. Sorge mit der Eisenbahn, mit dem Auto, in Flugzeugen und auf Reittieren etwa 10 000 Kilometer in China zurück.[11] Seine Routen hatte er in seinem Arbeitszimmer auf einer Landkarte an der Wand säuberlich mit Fähnchen abgesteckt, wichtige Erkenntnisse in Karteikästchen gespeichert.

8 Siehe «Deutsche Getreide-Zeitung», Berlin, vom 10. Januar 1930.
9 Ebenda, vom 23. Januar 1931.
10 Ebenda, vom 14. Februar 1930.
11 Siehe Sergej Goljakow/Wladimir Ponisowski, a. a. O., S. 39.

Treff mit A. S.

«Ich hatte schon in Europa von ihr gehört. Ich wußte, daß ich mich auf sie verlassen konnte. Beim Aufbau meiner Gruppe in Schanghai und besonders bei der Auswahl chinesischer Mitarbeiter sicherte ich mir ihre Hilfe. Ich lernte so viele von ihren jungen chinesischen Freunden kennen wie möglich und bemühte mich, vor allem mit denen bekannt zu werden, die bereit waren, mit Ausländern für eine linke Sache zusammenzuarbeiten.»[12]

Das notierte Sorge später über eine ungewöhnliche Frau: Agnes Smedley.

Als eifriger Leser ihrer Chinareportagen in der «Frankfurter Zeitung» – allein 1929 waren es 21 gewesen – hatte sich Sorge von der Redaktion die Schanghaier Adresse der Korrespondentin geben lassen, so daß er sie schnell finden konnte.

Agnes Smedleys autobiographisches Buch «Eine Frau allein» war innerhalb von nur zwei Jahren in den USA, in Großbritannien, Frankreich, in den Niederlanden, in Spanien, Schweden, in der Tschechoslowakei, in Polen, Ungarn, Jugoslawien und in der UdSSR erschienen und hatte Millionen Leser begeistert. Der Literat Max Geisenheyner, Redakteur ihrer China-Sonderkorrespondenzen bei der «Frankfurter Zeitung», widmete seiner Autorin solche Zeilen: «Weich und anschmiegsam ist der Name dieser Frau. Hart, unerbittlich ihr Wille. Stark und feurig ist ihr Herz. Es schlägt für alle Unterdrückten. Aber nicht heimlich, unter der Last irgendeiner bürgerlichen Existenz, nein, Wille und Herz fühlen nur den einen Beruf: im Kampfe mit der zähen, beharrenden Welt der Gerechtigkeit und der Menschlichkeit die Fahne des Sieges anzuheften.»

Und: «Als man sie aufforderte, nach China zu fahren, nahm sie das als einen Fingerzeig des Schicksals. Nun kämpft und lebt sie seit Jahren in Asien und kämpft fanatisch für die Freiheit der unterdrückten chinesischen Volksklassen. Obwohl sie ständig ihr Leben in Gefahr bringt, schildert sie ohne Rücksichten die Dinge, die sie sieht. Die ‹Frankfurter Zeitung› hat viele dieser Artikel veröffentlicht. Sie haben einen ungewöhnlichen Widerhall in der Welt gefunden.»[13]

Noch gibt es keine abgeschlossene Agnes-Smedley-Biographie, ihr Name ist in keiner Enzyklopädie der USA verzeichnet, in anderen Lexika findet man nur lückenhafte, nicht selten unzutref-

*1937 in Yan'an: Die US-Staats-
bürgerin Agnes Smedley als Bio-
graphin des Oberbefehlshabers der
chinesischen Roten Arbeiter-und-
Bauern-Armee Tschu De*

fende Angaben. Um so wichtiger ist es, das Leben dieser sehr
kreativen und konsequenten Vertreterin der proletarischen Litera-
turbewegung der USA in den dreißiger bis fünfziger Jahren unseres Jahrhunderts zu schildern. Nur so wird das Vertrauen Sorges
zu dieser im internationalen Klassenkampf gestählten, hervorragenden Publizistin verständlich.

Mehr als ein Drittel ihres Lebens war Agnes Smedley außerhalb der USA tätig, davon etwa 13 Jahre in China und 8 Jahre in
Deutschland. Vorweg sei festgestellt, daß sie zum deutschen Volk,
dessen Sprache sie erlernte, ein besonderes Verhältnis hatte:
Deutschland war der erste ausländische Staat, den sie als Wahl-

---

12 Sorge-Memoiren, a. a. O., S. 701; F. W. Đeakin/G. R. Storry, a. a. O., S. 74.
13 Max Geisenheyner über Agnes Smedley. In: «Frankfurter Zeitung», 2. Morgenblatt, vom
   13. November 1931.

heimat kennenlernte, in Berlin verfaßte sie ihre ersten beiden Monographien, in Deutschland erschien die erste Fremdsprachenauflage ihres ersten Buches, die «Frankfurter Zeitung» druckte es seit November 1929 fortsetzungsweise ab, das Organ der KPD, die «Rote Fahne», würdigte ihre Arbeit, und während des zweiten Weltkrieges half der antifaschistische deutsche Malik-Verlag aus der Emigration heraus zwei ihrer neuesten Bücher zu verbreiten.

Agnes Smedley kam im letzten Jahrzehnt des vorigen Jahrhunderts – ihr genaues Geburtsdatum ist nicht bekannt – in einer armen Bauernfamilie auf einer Farm bei Osgood im Bundesstaat Missouri zur Welt. Ihr Vater war ungelernter Arbeiter indianischer Abstammung, ihre Mutter Waschfrau. Agnes Smedley wuchs hauptsächlich in Kohlerevieren auf, eine Grundschule besuchte sie nicht, denn sie mußte bereits als Kind mitarbeiten. Als Tellerwäscherin, Servieren, Tabakpflückerin, Zeitungsverkäuferin in Trinidad und Denver lernte sie sehr früh Ausbeutung, Ungerechtigkeit und Mißstände des USA-Kapitalismus kennen. Sie nutzte jede Chance, sich zu bilden. Als Redaktionsstenotypistin und Abonnementswerberin wurde sie mit dem Pressewesen vertraut. Bereits in jungen Jahren verfaßte sie erste Presseartikel. Ihr Drang nach Qualifizierung war groß. Verwandte unterstützten sie, und so konnte sie die Tempe Normal School in Arizona, die Abendschule der New-Yorker Universität, eine Lehrerinnenschule bei Phoenix und Sommerkurse der Universität von Kalifornien in Berkeley besuchen. Da sie Spanisch beherrschte, arbeitete sie zeitweise als Aushilfslehrerin in einer ländlichen Zwergschule in New Mexico. In San Francisco heiratete sie den Ingenieur Ernest Brundin und bekam Kontakt zu örtlichen Sozialisten. Im ersten Weltkrieg verlor sie wegen ihres politischen Engagements ihre Lehrerinnenstelle und nahm eine Arbeit als Stenotypistin im New-Yorker Magazin «The Graphic» an. Später wurde sie gewerkschaftlich für die IWW (Industrial Workers of the World) aktiv und wirkte als Reporterin bei der führenden sozialistischen Tageszeitung New Yorks, «Call», mit. Durch ihre Verbindung mit dem Inder Chattopadhyaya kam sie mit indischen Emigranten in den USA in Kontakt, die gegen die Kolonialherrschaft Großbritanniens kämpften. Nach dem ersten Weltkrieg übersiedelte Agnes Smedley nach Berlin und widmete sich hier zunächst dem Studium der deutschen Sprache. Außerdem beschäftigte sie sich mit den nationalen und sozialrevolutionären Bewegungen Indiens und Chinas. Dadurch war sie mit der politischen Arbeit der in Europa und besonders der in Deutschland lebenden Inder und Chinesen eng verbunden. Mitte der zwanziger Jahre gab es etwa 5000 politische Emigranten und Studenten aus kolonialen Ländern in Berlin, darunter waren vier Fünftel Gegner des Imperialismus. Agnes Smedley war in dieser Zeit Mitarbeiterin, Lebens- und Kampfgefährtin von Virendranath Chattopadhyaya, eines profilierten Kämpfers gegen den Kolonialismus, der später der Kommunistischen Partei beitrat.

Im Juni 1921 begleitete sie Chattopadhyaya und die indische Delegation zum III. Kongreß der Kommunistischen Internationale nach Moskau. Es war ihre erste Reise in die Sowjetunion. Wieder in Berlin, setzte sich Agnes Smedley mit der asiatischen Geschichte und Politik auseinander und assistierte tatkräftig Chattopadhyaya, der stark von der Revolution beeindruckt war. Der Historiker Diethelm Weidemann zum Beispiel schilderte die Situation so: «Der Verlauf der chinesischen Revolution und die damit einhergehenden Kämpfe zwischen dem revolutionären und dem rechten, proimperialistischen Flügel in der Kuomintang fanden einen Widerhall auch in Berlin. Die Auseinandersetzungen um Inhalt und Richtung der chinesischen Revolution einerseits und andererseits der Kampf der progressiven Kräfte in den kapitalistischen Ländern gegen die imperialistischen Machenschaften zur Erdrosselung der Volksrevolution in China trugen in hohem Maße dazu bei, die antiimperialistischen Kräfte in aller Welt zu erhöhter Aktivität und zum gemeinsamen Handeln zu mobilisieren. An dieser Entwicklung hatte auch Chattopadhyaya tätigen Anteil.»[14] Agnes Smedley bestätigte später, daß ihr Lebensgefährte versucht habe, «alle unterdrückten asiatischen Völker im Gefolge der chinesischen Revolution zu vereinen»[15]. Die VI. erweiterte Tagung des Exekutivkomitees der Kommunistischen Internationale unterstrich im Frühjahr 1926 die hervorragende Bedeutung der Losung «Proletarier aller Länder und unterdrückte Völker der Welt, vereinigt euch!» Im Februar 1927 fand daraufhin bereits in Brüssel der Gründungskongreß der «Liga gegen Imperialismus und für nationale Unabhängigkeit» statt, an dem Ag-

14 E. N. Komarov/A. D. Litman/B. Schorr/D. Weidemann, Politik und Ideologie im gegenwärtigen Indien, Berlin 1976, S. 314f.; siehe auch Agnes Smedley, Indien als entscheidender Faktor der Weltpolitik. In: «Zeitschrift für Geopolitik», Berlin, Nr. 6/1925, S. 385ff.
15 Agnes Smedley, Battle Hymn of China, London 1944, S. 24.

nes Smedley ebenfalls teilnahm, wobei sie mit dem indischen Delegierten Jawaharlal Nehru zusammentraf. Zuvor war ihr erster Artikel in einem kommunistischen Presseorgan abgedruckt worden. Die «Rote Fahne» der KPD publizierte am 27. Januar 1927 ein Manuskript von ihr über die Lage in Indien unter britischem Kolonialjoch.

Die Berliner Zeit von Agnes Smedley kann zusammenfassend etwa so eingeschätzt werden: Sie wandelte sich von einer gefühlsmäßigen Sozialistin zu einer kommunistisch orientierten Revolutionärin, sie fundierte ihre Indien- und Chinakenntnisse, publizierte in linksorientierten und proletarischen Zeitungen und Zeitschriften und schloß ihr erstes Buchmanuskript[16] ab.

1928, in Indien war soeben ihre Monographie «India and the Next War (Indien und der nächste Krieg)» mit einer historisch beachtenswerten Prognose erschienen, nahm sie das Angebot als Fernostkorrespondentin der «Frankfurter Zeitung und Handelsblatt» sowie italienischer Zeitungen an, um ihren Lebensunterhalt zu verdienen. Ihre Lebensgemeinschaft mit Chattopadhyaya hatte sie aufgegeben. Sie reiste durch die Sowjetunion und unterbrach ihre Tour in Moskau, um am VI. Kongreß der Komintern, der vom 17. Juli bis 1. September 1928 tagte, teilzunehmen. Als «internationale Hauptaufgaben der kommunistischen Bewegung ... nannte der Kongreß den Kampf gegen die Gefahr eines imperialistischen Krieges, die Verteidigung der UdSSR, den Kampf gegen die Intervention in China und gegen die Aufteilung Chinas, die Verteidigung der chinesischen Revolution und der Aufstände in den Kolonien... Eine der wichtigsten Fragen... war die revolutionäre Bewegung in den kolonialen und halbkolonialen Ländern.»[17] Diese Beratung war für Agnes Smedley, betrachtet man rückschauend ihre politische Tätigkeit und ihre bevorzugten Themen in den folgenden zwei Jahrzehnten, Orientierung und persönliche Aufgabenstellung zugleich.

Nach einigen Monaten Zwischenaufenthalt in Charbin, Tientsin, Peking und Nanking bezog Agnes Smedley im Mai 1929 eine Wohnung in Schanghai, zunächst in der abgetrennten French Concession und ab Ende 1929 in der European Section des International Settlement. Es entging ihr nicht, wie sich sofort Spitzel und Polizisten um sie rudelten. Sarkastisch berichtete sie bald in der «Frankfurter Zeitung» über die in China im allgemeinen und in Schanghai besonderen Verhältnisse, in die sie bereits bei der

Ankunft von drei europäischen Journalisten eingeweiht worden war: «Sie selbst erzählten mir, daß die Japaner über den besten Geheimdienst in China verfügten und daß man von ihnen eine Menge Neuigkeiten erfahren könne. ‹Natürlich gilt das nur für den Norden›, sagten sie. ‹Im Süden ist der britische Geheimdienst der beste. Sie können sicher sein, daß dieser genau weiß, wann Sie in China angekommen sind, wie auch alles andere über Sie, eingeschlossen, wie oft Sie Ihre Unterwäsche zu wechseln pflegen.›»[18]

Das alles konnte aber eine Agnes Smedley nicht abschrecken. Aus dem nach dem zweiten Weltkrieg von den USA sichergestellten dicken Dossier der Shanghai Municipal Police über sie ging hervor, daß sie sofort aufgefallen sei, weil sie einen USA- und einen deutschen Paß besessen habe. Außerdem wird darin ein zusätzlicher USA-Paß auf den Namen Petroikos erwähnt. Sie wurde unter Polizeikontrolle gestellt, ihre aktive Mitgliedschaft in folgenden politischen progressiven Vereinigungen registriert: «Hindustan Association» (Berlin), «Indian Revolutionary Society» (Berlin), «Friends of the Soviet Union», «All-China Labour Federation», «China League for Civil Rights» und «Noulens Defense Committee». Für den «Manchester Guardian» arbeitete sie später als China-Korrespondentin.

Agnes Smedley reiste sehr häufig und sehr lange durch die chinesischen Provinzen, vom nördlichen Futschietien und nordöstlichen Wusih bis ins südliche Kanton. 1932 besuchte sie auch die Philippinen.

Ihre Berichte, die sie in Englisch abfaßte und meist bescheiden nur mit A. S. zeichnete, wurden transportbedingt in Deutschland mit 14 bis 40 Tagen Zeitverlust abgedruckt. Viele von ihnen sind von Hermynia zur Mühlen[19] übersetzt worden. Agnes Smedley kabelte aber auch in bestimmten Fällen Berichte über «Transradio»

16 Als Autorin des Buches «Daughter of Earth» wurde sie von der «Linkskurve», Berlin, Nr. 2/1930, S. 29 f., so eingeschätzt: «Noch fehlt es Agnes Smedley an jener letzten Konsequenz wirklich produktiven und revolutionären Schaffens. Häufig unterliegt sie dem persönlichen Eindruck geistig hochstehender Menschen, die wohl ferne Sympathien für den Befreiungskampf des Proletariats haben, ihn aber nicht als ihre eigene Sache auffassen und führen.»
17 Die Kommunistische Internationale – Kurzer historischer Abriß, Berlin 1970, S. 329 und 341.
18 Agnes Smedley, Darf ich Ihnen vorstellen – den Europäer in China. In: «Frankfurter Zeitung» vom 12. Mai 1929.
19 Hermynia zur Mühlen (1883–1951) war eine österreichische Schriftstellerin, die sich zum Marxismus und zur großen Sozialistischen Oktoberrevolution bekannte und dem «Bund proletarisch-revolutionärer Schriftsteller» angehörte. Sie übersetzte unter anderem auch die Werke des nordamerikanischen Schriftstellers Upton Beall Sinclair, des Briten John Galsworthy und des Russen Leonid Nikolajewitsch Andrejew.

nach Frankfurt und benutzte seit Mitte 1931 sofort die eingerichtete Luftpost Schanghai–Berlin. Vom beruflichen Fleiß Agnes Smedleys sprechen 61 Artikel allein in der «Frankfurter Zeitung» von 1929 bis 1932, darunter 20 im Jahre 1929, 22 1930, 15 1931 und nur 4 im letzten Jahr ihrer Schanghaier Zeit.

Ende der zwanziger Jahre konnte sie beobachten, wie in China rasch die «ganze Macht in den Händen einer einzigen Familie unter der Führung des Oberkommandierenden Tschiang Kai-schek konzentriert» wurde, wobei «der Finanzminister... heute im Nankinger Staatsgebäude den Hauptstützpunkt darstellt»[20]. Dieser Finanzminister und spätere Vizepräsident Sung Tzu-wen, T. V. Soong genannt, war der Schwager Tschiang Kai-scheks. Die Publizistin, immer wißbegierig, war sehr genau und verhältnismäßig schnell darüber informiert, was der innerste Kreis der Tschiang-Kai-schek-Clique plante und vorhatte. Sie verkehrte freundschaftlich mit der Witwe des Führers der bürgerlich-demokratischen Revolution in China Sun Yat-sen, Soong Ching-Ling, die sie auch in ihrer Schanghaier Wohnung besuchte. Sie schätzte sie «als eine der ungewöhnlichsten Persönlichkeiten in der revolutionären Bewegung Asiens»[21]. Die Frau Sun Yat-sens, die aus einer chinesischen Bankiersfamilie stammte, besaß eine Schwester, Soong Mei-ling, die Tschiang Kai-schek 1928 geheiratet hatte, und einen Bruder, der unter eben dem Namen T. V. Soong in Nanking als Finanzminister residierte. Auch der Nankinger Minister für Industrie, Handel und Landwirtschaft war mit einer ihrer Schwestern verheiratet. Wenn auch Tschiang Kai-schek seine bekannte revolutionäre Schwägerin in Acht und Bann tat, später sogar ins Exil drängte, so rissen die persönlichen Kontakte besonders unter den Schwestern nie völlig ab und waren nicht selten nützlich. Auf diesem Wege wurde Sorge zum Beispiel innerhalb einer Woche Mitglied des exklusiven «Automobil Club of China», dessen Präsident damals der Diktator Tschiang Kai-schek war. Über den Finanzminister T. V. Soong gelangte Agnes Smedley regelmäßig an Etat-Angaben und aufschlußreiche Analysen des gesamten Nankinger Staatshaushaltes, der zu etwa 86 Prozent ein kopflastiger, da dauerverschuldeter Militärhaushalt war.[22]

Durch viele Interna aus dem Tschiang-Kai-schek-Clan konnte Agnes Smedley die Rolle des machthungrigen Tschiang genau einschätzen. «Es ist bezeichnend, daß in dem gleichen Maße, wie das Niveau der nationalen Revolution immer tiefer und tiefer gesunken ist, die durchschnittlich-mittelmäßige Persönlichkeit dieses ehemaligen Bankangestellten (in der Sung-Bank seines Schwiegervaters – J. M.) höher und höher steigt.»[23]

Es gehört zur verhängnisvollen Tradition des feudalen und kapitalistischen Chinas, daß «Militärs mit ihren großen Armeen armer Bauern sich gegenseitig Schach bieten»[24]. Agnes Smedley befaßte sich daher auch eingehend mit den hohen Militärs. Mit wahrer Akribie sammelte sie biografische Details, kartierte sie, legte Dossiers an, wandte viel Zeit auf, um diese auf dem aktuellsten Stand zu halten. In ihren Artikeln griff sie auf diesen Fundus zurück und überraschte die überseeischen Leser immer wieder mit Neuigkeiten aus dem parasitären Leben solcher chinesischer Kuomintang-Generale wie Chen Shao-wu, Feng Yü-hsiang, Liu Dchen-nien, Tschang Hsüh-liang, Tschang Tsolin und Tschang Tschung-tschang.[25] Sie wußte vom Nordarmee-General Yen Hsischan, wie er aus russischen Emigranten ganze Regimenter rekrutierte, und warum sich der Kommandeur der 4., der sogenannten Eisernen Division, General Tschang Fat-kwei, 1929 gegen Tschiang Kai-schek erhob. Um den General Tschang Tschungtschang, der mit den Japanern paktierte, hatte sie 38 Frauen und Konkubinen gezählt und seine Körperhöhe mit «über sechs Fuß hoch» vermerkt. In ihrer Kartei, wahrlich ein ungedruckt gebliebenes «Wer ist wer» in der chinesischen Generalität, befanden sich 218 Generale, offiziell bestallte und solche, die sich selbst ernannt hatten. Man kann sich vorstellen, daß allein diese journalistische Sammlung für Dr. Sorge eine oft genutzte Fundgrube war. Aber auch andere Quellen der Journalistin konnte er nutzen, denn Agnes Smedley verfolgte seit 1929 in China die Regierungspolitik; die Machtkämpfe der Generale und Kuomintang-Fraktionen; das Militärwesen, seine Struktur, Organisation, Finanzierung,

20 Agnes Smedley, Hinter den Kulissen der Nankinger Regierung, In: «Frankfurter Zeitung», 1. Morgenblatt, vom 26. September 1929.
21 Agnes Smedley, Soong Ching-Ling, die Gattin Sun Yat-Sens. In: «Für die Frau – Beilage der FZ für Mode und Gesellschaft», Frankfurt/M., Nr. 10/1930.
22 Siehe Agnes Smedley, Tschiang Kai-schek rechnet ab – Der erste Kassenbericht der Nankinger Regierung. In: «Frankfurter Zeitung» vom 30. April 1930. Siehe auch ebenda, Abendblatt, vom 30. September 1929.
23 Agnes Smedley, China vor einem neuen Bürgerkrieg. In: Ebenda, 1. Morgenblatt, vom 25. Juni 1931.
24 Agnes Smedley, Die Verschiebung der Fronten in China. In: Ebenda, 1. Morgenblatt, vom 25. Oktober 1930.
25 Siehe dazu A. Smedley, Artikel in der «Frankfurter Zeitung» vom 5. April, 18. August und 22. November 1929 sowie 5. Mai bzw. 12. Juli 1931.

Strategie, innerchinesische Operationen und seine antisowjetische Orientierung; die Wirtschaft und den Außenhandel; die Wissenschaften; das Kunstleben; imperialistische Interventionen, aggressive Akte und offensive Außenhandelsaktionen der USA, Großbritanniens, Deutschlands, Japans und Frankreichs; die soziale Lage, die Klassensituation, die Entwicklung der chinesischen Roten Armee und der chinesischen Sowjetgebiete.

Sie bezog auch Auskünfte von chinesischen und ausländischen Gelehrten der Academia Sinica und ihrer gesellschaftswissenschaftlichen wie naturwissenschaftlichen Institute in Nanking, Peking und Schanghai, an der Universität Peking sowie der Nankai-Universität in Tientsin. Aus ihrer Meinung machte sie keinen Hehl. Chinesische Studenten, Gewerkschafter, Intellektuelle gehörten zu ihrem Diskussionskreis genauso wie Vertreter des Schanghaier «Koreanischen Nationalkomitees» und des «Vereins der Koreaner» oder der Hongkonger «Anti-Mui-Tsai-Gesellschaft»[26]. Mit der Witwe Sun Yat-sens gehörte sie auch der äußerst aktiven chinesischen «Liga für Menschenrechte» an.[27]

In der komplizierten Phase, als Sorge in China noch nicht heimisch war und viele Kontakte knüpfen mußte, war ihm eine Persönlichkeit und journalistische Berufskollegin wie Agnes Smedley eine unschätzbare Hilfe.

Mit der Nordamerikanerin Agnes Smedley hatte der Europäer Dr. Richard Sorge eine im Klassenkampf erprobte und hochgebildete Kämpferin an seiner Seite. Wie genau sie den gesellschaftlichen Verlauf voraussehen konnte, zeigt beispielsweise die im Februar 1931 von ihr formulierte Aussage: «China wird während der nächsten zwanzig Jahre der Kriegsschauplatz des Kampfes zwischen Kommunismus und Kapitalismus sein.»[28]

Am 1. Oktober 1949 wurde die Volksrepublik China gegründet, und der Imperialismus hatte historisch seine Herrschaft über eine weitere halbe Milliarde Menschen und über runde 10 Millionen Quadratkilometer unseres Erdballs verloren!

Dies sei nur ein Beweis dafür, welch enorme Hilfe die persönliche Freundschaft, kollegiale Zusammenarbeit und antiimperialistische Kampfgemeinschaft mit Agnes Smedley für Dr. Sorge gewesen ist. Über sie lernte er auch seine Helfer und Mitstreiter kennen, den japanischen Journalisten Dr. Hozumi Ozaki und den japanischen Reporter Teikichi Kawai, den chinesischen Kommunisten Ch'ang und die deutsche Kommunistin Ruth Werner[29].

Gruppe der Unerschrockenen

Selbstverständlich war die Aufgabe, die vor Sorge stand, von ihm allein nicht zu bewältigen, er brauchte zuverlässige Gefährten. Die Zentrale half, indem sie Mitarbeiter nach Schanghai beorderte. Doch Sorge mußte auch selbst an Ort und Stelle Helfer suchen, sie erproben, überprüfen und wirksam einsetzen.

Zunächst mußte eine schnelle Nachrichtenverbindung zur Moskauer Zentrale aufgebaut werden. Auf der Kurierlinie Schanghai – Charbin transportierte man in regelmäßigen Abständen längere Berichte, die man Blatt für Blatt mit der Fotokamera mikrokopierte, weil sich Kleinbildfilme besser verstecken ließen. Besonders wichtige Kurz- und Eilmeldungen aber sollten über Kurzwellenfunk via Wladiwostok an die Zentrale gesandt werden. Sie wurden zunächst von Dr. Sorge persönlich chiffriert. Diese zeitaufwendige Arbeit übernahm jedoch bald ein von der Zentrale geschickter Kundschafter, der der Kommunistischen Partei Polens angehörte und sich John nannte. Er erledigte auch die anfallenden Fotoarbeiten der Gruppe. Mit seinem in der Schanghaier North-Szechuan-Road eröffneten Fotoladen trug er außerdem sein Scherflein bei, die der Gruppe entstehenden Kosten zu decken. Der Laden und die dazugehörende Dunkelkammer eigneten sich übrigens auch ausgezeichnet für illegale Zusammenkünfte und als Anlaufstelle für Geheimkuriere.

Den Funkkontakt zur Zentrale stellte kurzfristig Sorges erster Funker, der ehemalige Marinefunker und deutsche Genosse Sepp Weingarten[30], mit seinem selbstgebauten Funkgerät her. Er hatte

26 Siehe Agnes Smedley, Mui Tsai = Kindersklaverei in Hongkong. In: Ebenda, 2. Morgenblatt, vom 10. September 1930.

27 Im Frühjahr 1933 überreichte eine von der Frau Sun Yat-sens und Agnes Smedley geführte Delegation dieser Liga dem Generalkonsulat Hitlerdeutschlands in Schanghai ein Protestschreiben, in dem es hieß: «Im Namen des menschlichen, sozialen und kulturellen Fortschritts und im Bemühen, die sozialen und kulturellen Errungenschaften der Menschheit zu erhalten, protestiert die Liga für Menschenrechte Chinas aufs energischste gegen die (Nazi-)Greuel in Deutschland. Wir protestieren gegen diesen schreckensvollen Terror gegen die deutsche Arbeiterklasse und gegen fortschrittliche Denker, gegen einen Terror, der das soziale, intellektuelle und kulturelle Leben Deutschlands verkrüppelt.»
Der Delegation gehörten ferner Chinas bekannteste Schriftsteller, Angehörige der Sinica-Akademie und der Herausgeber des «China-Forums» an. Siehe dazu: Aus dem Kampf der deutschen Arbeiterklasse zur Verteidigung der Revolution in China, Berlin 1959, S. 174.

28 Agnes Smedley, Rote Armeen in China. In: «Frankfurter Zeitung», 2. Morgenblatt, vom 19. Februar 1931.

29 Sie lebte damals mit einem anderen Vor- und unter dem Namen ihres ersten Ehemannes in Schanghai. Siehe Alexander Blank/Julius Mader, Rote Kapelle gegen Hitler, Berlin 1979, S. 516.

30 Nach 1935 bildete Genosse Weingarten in Moskau junge Chinesen und Chinesinnen als Funker für die chinesische Rote Armee aus.

sich in der französischen Konzession von Schanghai niedergelassen.

Zu Beginn des Jahres 1931 übernahm der einunddreißigjährige Max Christiansen-Clausen diese Arbeit. Er war unter dem Namen Max Clausen, als deutscher Geschäftsmann getarnt, schon im Winter 1929 über Sibirien, Charbin, Dairen nach Schanghai gekommen. Max war ein klassenbewußter Kämpfer, ein Kommunist. Als Sohn eines Maurers wuchs er im Nordfriesischen auf und erlernte das Schmiede- und Schlosserhandwerk. 1917 hatte ihn die kaiserliche Armee rekrutiert und zur Funkerausbildung abkommandiert. Angewidert von den erschütternden Kriegserlebnissen und dem preußischen Kadavergehorsam verließ er Anfang 1919 die Armee, schlug sich als gewerkschaftlich organisierter Hafenarbeiter durch und heuerte schließlich als Matrose auf verschiedenen Schiffen an.

1922 mußte er nach einem Mechanikerstreik drei Monate ins Gefängnis. 1923 wurde er arbeits- und durch die galoppierende Inflation auch bald mittellos. Im Hamburger Seemannsklub lernte er Kommunisten kennen, die ihm politisch endlich die Augen öffneten. Er wurde im März 1927 Mitglied der KPD und er-

Funkte in China für Sorge:
Max Christiansen-Clausen

Bildete 1928 Max Chri-
stiansen-Clausen im Funken
aus: Der bulgarische Kom-
munist und Elektroinge-
nieur Nikolai Jablin

Von Max Christiansen-Clausen zur Partnerin erwählt: Anna in Schanghai

klärte sich 1928 bereit, in die Sowjetunion zu fahren, um mit seinen Fähigkeiten den Sozialismus zu stärken, notfalls ihn auch verteidigen zu helfen. Auf diesem Wege war er Kundschafter und Funker der Roten Armee geworden und hatte nun seinen Kampfposten in China bezogen. Dort lernte er bei der Suche nach einer geeigneten Wohnung auch seine spätere Frau Anna, eine gleichaltrige geborene Shdankow aus Nowonikolajewsk, kennen, die Russin war und durch ihre erste Ehe die finnische Staatsbürgerschaft besaß. Sie schlug sich, nun alleinstehend, in Schanghai als Krankenpflegerin durchs Leben.[31] Max Christiansen-Clausen fragte seinen Vorgesetzten Dr. Sorge, ob sich ein künftiges Zusammenleben mit Anna mit seinem Kampfauftrag vereinbaren lasse. Sorge ließ sich von Max seine große Liebe in einem Restaurant vorstellen, man lernte sich näher kennen, und Sorge kam zu dem Urteil: «Eine sehr sympathische Frau. Ich wünsche dir Glück!»[32] Die Genossen Richard, Max und Anna waren danach in Fernost über ein Dutzend Jahre im Kundschaftereinsatz, und ihre Treue

31 Siehe Sergej Goljakow/Wladimir Ponisowski, a. a. O., S. 47 ff.
32 Zitiert nach ebenda, S. 50.

zur Sache sowie daß sie sich unbedingt aufeinander verlassen konnten, bewährten sich in mehr als einer lebensgefährlichen Konfliktsituation.

Genau ein Jahr nach Dr. Sorge traf ein Este in Schanghai ein. In seinem Paß stand: Klaas Selman, Beruf: Tierarzt. Er hatte aber offenbar andere Ambitionen, als Tiere zu behandeln. Offiziell beteiligte er sich mit seinem Vermögen an dem Fotoladen, in dem bereits – sicher nicht zufällig – John tätig war. Selman ging noch weiter. In der Nähe eröffnete er ein gemütliches, gut florierendes Restaurant mit europäischer Küche, zu dessen Stammkunden bald Dr. Sorge zählte. In Wirklichkeit war Selman jener Militärexperte, den Sorge zum Verstärken seiner Gruppe per Funk von der Zentrale angefordert hatte und der Karl Martin Rimm hieß. Rimm, Sohn einer Landproletarierfamilie aus Antola, gehörte bereits zu den bewährten Funktionären der Kommunistischen Partei Estlands. Nach dem Besuch eines Gymnasiums in Dorpat (heute Tartu) übte er den Beruf eines Dorfschullehrers im estnischen Lepistu aus. Im ersten Jahr nach der Großen Sozialistischen Oktoberrevolution wählten ihn arme estnische Bauern vertrauensvoll in den Sowjet der Bauerndeputierten. Er organisierte zum Schutz der Revolution die erste Gruppe der Roten Garde in Estland. Als 1918 das kaiserlich-deutsche Heer ins Baltikum einfiel und auch das 1917 von Rußland abgetrennte Estland besetzte, zog sich die Rote Garde nach Sowjetrußland zu-

Richard Sorge nannte seinen Stellvertreter in Schanghai immer nur «Paul»: Karl Rimm war ein erfahrener Brigadekommandeur und Kundschafter

rück. Rimm kam nach Wologda, wurde dort Mitglied des Kriegssowjets des Kreises und war nun territorial für die Rekrutierung der Roten Armee verantwortlich. Später bekämpfte er im Ural die Banden der Omsker konterrevolutionären Regierung des zaristischen Admirals Alexander W. Koltschak. Im Februar 1920 wurde Koltschak in Irkutsk erschossen. Rimm half nun mit, bei Archangelsk am Weißen Meer die imperialistischen Interventionstruppen abzuwehren. Und Rimm war als Offizier der Roten Armee auch dabei, als der weißgardistische General und Befehlshaber der nordwestlichen Interventionstruppen, Nikolai N. Judenitsch, vor Petrograd derart vernichtend geschlagen wurde, daß ihm schließlich nur noch die heillose Flucht nach Großbritannien übrigblieb. Nach Beendigung des Bürgerkrieges wurde Rimm zum Studium an die Frunse-Militärakademie delegiert, die er 1924 erfolgreich absolvierte. Man bestätigte ihm dort die Befähigung zum Stabschef einer Division. Sein erworbenes Wissen, die nicht geringen persönlichen Erfahrungen mit deutschen Konterrevolutionären und seine guten Deutschkenntnisse waren hervorragende Voraussetzungen für seine neue Aufgabe. Er trug in der Gruppe den Namen Paul und entlastete fortan – nun an der Küste des Ostchinesischen Meeres – Dr. Sorge als dessen Stellvertreter. Wiederum ein Jahr später, also 1932, erreichte seine Ehefrau, Ljuba Iwanowna Rimm, mit einem auf Luisa Klaas lautenden estnischen Paß, Schanghai. Sie lernte Sorge bereits am ersten Tag ihres Aufenthaltes in dieser Stadt kennen und erinnert sich rückblickend: «An jenem Abend kam ein Gast zu uns, ein Mann von angenehmem Äußeren, der Typ eines Sportlers. Er begrüßte mich wie einen alten Freund: ‹Sind Sie schon angekommen? Sehr angenehm. Wie war die Reise? Gewiß waren Sie ein wenig nervös. Hatten Sie auch keinen ‚Schatten‘ hinter sich?› Während er mich mit seinen Fragen überhäufte, sah ich ihn mir etwas genauer an. Er hatte schönes krauses Haar und blaue Augen. Sein Wesen beeindruckte mich. Und dann sagte Karl: ‹Das ist Richard.›»[33] Ljuba Rimm, Tochter eines estnischen Transportarbeiters, hatte sich schon als Lyzeumsschülerin einer illegalen revolutionären Organisation angeschlossen. Sie beendete die Ausbildung und wurde von einer Fürstin als Erzieherin des aristokratischen Nachwuchses engagiert. Nach der Großen Sozialistischen Oktoberrevolution erlernte sie den Beruf einer Krankenschwester und arbeitete schließlich am Moskauer Institut zum Schutz von Mutter und

Ljuba Iwanowna Rimm chiffrierte in Schanghai
...und berichtete bis ins hohe Alter über die Sorge-Gruppe

Kind als Arzthelferin. Als Sorge bei der Zentrale eine weitere Chiffriererin für die Funktexte anforderte, weil der Arbeitsanfall enorm war, entschloß sich General Bersin, Genossin Rimm dafür zu gewinnen und sie schnell ausbilden zu lassen. Sie stimmte dem neuen Auftrag sofort zu, denn dadurch konnte sie wieder mit ihrem Mann zusammenleben. Ihre Anreise, von der letztlich auch die Sicherheit der gesamten Gruppe in Schanghai abhing, war ein Abenteuer. Moskau verließ sie als Sowjetbürgerin, in Estland verwandelte sie sich in eine Deutsche, in Berlin dann in die Estin Luisa Klaas. Das Luxusschiff «Conte Rosse» brachte die sich als wohlsituierte Tierarztgattin gebende Genossin von Venedig über Hongkong wohlbehalten nach Schanghai, wo sie sich sofort mit der neuen Arbeit vertraut machte.

Eine bedeutende, unersetzliche Hilfe für Sorges Gruppe war der chinesische Kommunist Ch'ang. In der sowjetischen Sorge-Literatur wird er als «der tatkräftige, alles wissende Chinese Tschang»[34] bezeichnet. Sein Vater war Leibdiener eines chinesischen Generals in Schanghai, ein Umstand, der der Sorge-Gruppe immer wieder sehr nützlich sein sollte. Genossin Rimm

33 Zitiert nach Wiiwi Härmaste, Aus der Lebenschronik der Ljuba Rimm. In: «Nôukogude Naine», Tallinn, Nr. 1/1967, S. 11 f.
34 Sergej Goljakow/Wladimir Ponisowski, a. a. O., S. 39.

erinnerte sich in diesem Zusammenhang an ein gefährliches Unternehmen. Nach der Festnahme eines chinesischen Informanten der Sorge-Gruppe bei einer der vielen üblichen Razzien der Polizei wollte man vorsichtshalber ein Funkgerät der Gruppe auseinandernehmen und für ein paar Tage verschwinden lassen.

Ljuba Rimm und Ch'ang waren dabei, es in vornehmen Reisekoffern zur Wohnung dieses Generals zu transportieren, in der es Ch'angs Vater verbergen sollte. Zufällig gerieten sie dabei in unmittelbarer Nähe der Generalsvilla in eine der motorisierten und somit immer wieder schnell ihren Standort wechselnden Polizeikontrollen. Geistesgegenwärtig und mutig stritt Ch'ang heftig mit den unsicher werdenden Polizisten, indem er ihnen das Recht absprach, die Koffer eines Generals – Ch'angs Vater hatte sie ihnen für diesen Geheimtransport geliehen – kontrollieren zu dürfen. Es entstand ein großer Menschenauflauf, und im allgemeinen Tumult zog Ch'angs Vater die Rikscha mit den Koffern in den Innenhof der Villa. Als die Polizisten am Ende doch in die Villa eindrangen und die Koffer gewaltsam öffneten, fanden sie nur Uniformstücke sowie ungewaschene Leibwäsche des Generals und mußten sich entschuldigend zurückziehen. Ch'angs Vater hatte die Koffer blitzschnell ausgewechselt. Eine heikle Situation, denn

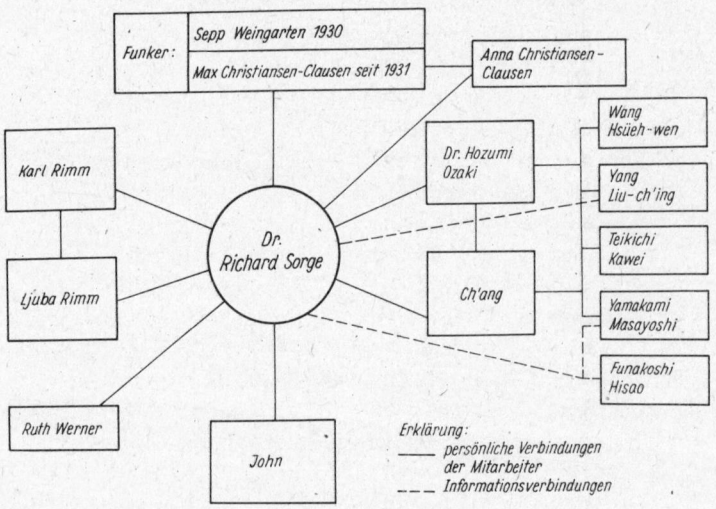

Dr. Sorges Kampfgefährten und Mitarbeiter in China (1930–1932)

nach dem damals in Schanghai geltenden Kriegsrecht stand auf den Besitz und Gebrauch eines illegalen Funkgerätes die Todesstrafe. Ch'angs Kaltblütigkeit und seine Kenntnisse chinesischer Verhaltensweisen, die den Genossen aus Europa begreiflicherweise völlig fehlten, hatten Schlimmes verhütet. Auch im Hinblick auf die Militärberater war seine Mitarbeit hocheffektiv. Diese hatten, ihrem Stand gemäß, haufenweise Kulis, Boys, Köche, Zimmer- und Kindermädchen. Ch'ang verstand es immer wieder, im Bedarfsfalle über dieses Personal rund um die Uhr «offene Augen» und «offene Ohren» zu mobilisieren.

Ruth Werner lernte in Schanghai eine weitere chinesische Mitstreiterin Sorges kennen, die sie folgendermaßen charakterisierte: «Zu Richards Mitarbeitern gehörte auch eine junge, zarte Chinesin mit kurzem Haar, blassem Gesicht und etwas vorstehenden Zähnen. Sie kam aus einer einflußreichen Familie. Ihr Vater war, glaube ich, ein hoher Guomindang-General. Er verstieß sie, als sie einen Mann eigener Wahl heiratete, einen mittellosen Kommunisten. Sie war intelligent, tapfer und bescheiden … (Ihr) Mann war lungenkrank. Auf Richards Wunsch mietete ich für ihn einen Bungalow in den Bergen von Mokanshan und besuchte ihn dort auch.»[35]

Zu den wichtigsten Informanten der Schanghaier Sorge-Gruppe aber gehörte der dreißigjährige japanische Journalist und Schriftsteller Dr. jur. Hozumi Ozaki. Dr. Sorge stellte ihm später einmal folgendes, für sich sprechendes schriftliches Zeugnis aus: «Ozaki war mein erster und wertvollster Helfer … Unsere Beziehungen, sowohl die sachlichen als auch die rein persönlichen, blieben stets vorzüglich. Er trug mir die genauesten, vollständigsten und interessantesten Informationen zu, die ich je aus japanischen Quellen erhielt. Gleich nachdem wir uns kennengelernt hatten, wurden wir die besten Freunde.»[36]

Dr. Ozaki bereitete unter seinem Schriftstellerpseudonym Shirakawa Jirō die Übersetzung des Buches von der ihm gut bekannten und vertrauten Agnes Smedley «A Woman Walks the Earth Alone» ins Japanische[37] vor. Ozaki lebte seit 1928 beruflich als Korrespondent der angesehenen japanischen «Osaka Asahi Shimbun» in Schanghai. Er pflegte als aufrechter Patriot und

35 Ruth Werner, Sonjas Rapport, Berlin 1977, S. 68.
36 Zitiert nach Sergej Goljakow/Wladimir Ponisowski, a. a. O., S. 61.
37 Es erschien unter dem Titel «Onna hitori daichi o yuku» 1934 im Tokyoter Verlag Kaizō Sha.

konsequenter Friedenskämpfer regen Umgang mit progressiven japanischen und chinesischen Berufskollegen sowie mit antiimperialistischen Organisationen, legalen und illegalen. Dr. Ozaki publizierte Bücher und Artikel in Zeitungen und Journalen. Er beherrschte neben seiner Muttersprache Chinesisch und Englisch. Allein 1931 erschienen in der Tokyoter «Internationalen Proletarischen Bibliothek» zwei Bücher von ihm, eines unter dem schon zitierten Pseudonym Shirakawa Jirō, das andere unter Ou Tsoch'i[38]. Zu Ozakis unübersehbar großem, politisch links orientiertem Freundeskreis gehörten beispielsweise die chinesischen Gelehrten Wang Hsüeh-wen und Yang Liu-ch'ing.[39] Beide hatten an der kaiserlichen Kyoto-Universität bei dem prominenten japanischen marxistischen Politökonomen Professor Dr. Hajime Kawakami, der Marx' «Das Kapital» ins Japanische übersetzt hatte, studiert. Beide waren auch aus dem chinesischen Kommunistischen Jugendverband hervorgegangen und hatten Ende 1930 in Schanghai die antiimperialistische «Japanisch-chinesische Kampfliga» gegründet. Sorge beriet sich besonders häufig mit Professor Wang, der ein ausgezeichneter Kenner seines Landes war und über viele Verbindungen zu internen chinesischen Archiven und Bibliotheken verfügte.

Über Dr. Ozaki sicherte sich die Sorge-Gruppe weiter die Mitarbeit des japanischen Reporters Teikichi Kawai vom Journal «Shanghai Weekly News», des japanischen Redakteurs Funakoshi Hisao von der Tageszeitung «Shanghai Daily News» und von Yamakami Masayoshi, der das Chinabüro der renommierten japanischen Presseagentur Rengō Tsūshin leitete.

Teikichi Kawai war der Sorge-Gruppe besonders nützlich. Seit 1929 kannte er den japanischen Dolmetscher Ryuki Soejima, der als Regierungsbeamter in Peking angestellt war. Mit seiner Hilfe infiltrierte er den militärischen Geheimdienst der japanischen Okkupanten im an die Sowjetunion angrenzenden Nordostchina. Er hatte Soejima 1932 veranlaßt, sich bei der japanischen Kempeitai zu bewerben, die den Dolmetscher überprüfte und annahm. Insgesamt kopierte Soejima 37 Geheimdokumente und sandte sie mit einem Kurier von seinem Einsatzort Mukden (Shenyang) aus nach Schanghai. Mitte der dreißiger Jahre wurde er allerdings zu einem feigen Verräter und lieferte Kawai gegen einen Judaslohn der japanischen Polizei aus. Der Journalist wurde daraufhin in den Kerkern von Hsingking fünf Tage lang bestialisch gefoltert und ununterbrochen verhört. Doch Kawai war eher bereit zu sterben, als seine Mitstreiter zu verraten. Die Folterknechte mußten vor diesem standhaften Patrioten kapitulieren. Mangels Beweisen wurde Kawai von einem Konsulargericht zu zehn Monaten Gefängnis mit Bewährung verurteilt. 1940 kehrte er nach Japan heim, nahm dort sofort wieder Kontakte zu Ozaki auf und setzte den Kampf fort.

Ruth Werner hat in ihren Memoiren über fünfundvierzig Jahre danach selbst ausführlich geschildert, wie sie als zweiundzwanzigjährige Kommunistin in Schanghai Dr. Sorge kennenlernte und nach ihren Möglichkeiten seine Gruppe unterstützte.

Sorges Schanghaier Kundschaftergruppe war also von vornherein international zusammengesetzt: Vier Sowjetbürger, je ein polnischer und ein chinesischer Kommunist, zwei deutsche Kommunisten und ein japanischer Patriot gehörten zum Kern. Die Angehörigen der Gruppe beherrschten zusammen ein Dutzend Sprachen: deutsch, russisch, englisch, französisch, japanisch, estnisch, finnisch, polnisch und diverse chinesische Dialekte; Karl Rimm beispielsweise sprach sechs Sprachen.

Genosse Sorge trug als Leiter selbstverständlich die Hauptlast seiner sich erst nach und nach verstärkenden Kundschaftergruppe und sorgte nicht nur für ihre kontinuierliche, sondern auch für eine sich steigernde Leistungskraft.

Neue Front, alte Gegner

Imperialistische Staaten, insbesondere die USA, Großbritannien, aber auch Deutschland hatten in den Jahren 1925 bis 1929 hinnehmen müssen, wie durch die antiimperialistisch-antifeudale Re-

38 Das chinesische Schriftzeichen Ou Tso-ch'i entspricht dem japanischen Ozaki.
39 Professor Wang Hsüeh-wen übersetzte Marx' «Das Kapital» ins Chinesische und war seit Mitte der dreißiger Jahre stellvertretender Direktor des Marx-Lenin-Instituts in Jänan. 1949 bis 1958 gab er in der VR China das politökonomische Journal «Hsüeh Hsi» heraus, seit 1949 war er Mitglied der Neuen Ökonomischen Forschungsgesellschaft, wurde 1951 Präsidiumsmitglied der Chinesisch-Sowjetischen Freundschaftsgesellschaft und 1954 als Delegierter von Kiangsu für den 1. Nationalen Volkskongreß der VR China gewählt. Seit 1955 war er Mitglied der Akademie der Wissenschaften, Abteilung für Philosophie und Gesellschaftswissenschaften, der VR China. 1956 wurde er Mitglied des «Asiatischen Solidaritätskomitees» von China, und 1964 wählte ihn die 4. Politische Konsultativkonferenz als Mitglied ihres Ständigen Komitees.
Yang Liu-ch'ing, der auf Taiwan geborene Gewerkschaftsführer und Parteipropagandist, wurde Mitte der dreißiger Jahre in Schanghai verhaftet, dem Tschiang-Kai-schek-Regime ausgeliefert, auf seine Heimatinsel deportiert und im Kerker von T'aichung ermordet.

volution ihr Einfluß in China schwand. Deshalb stärkten sie das Regime Tschiang Kai-scheks mit Geld, modernsten Waffen und Militärberatern, um dem Diktator zu helfen, die Revolution zu unterdrücken. Dieser riesigen, geballten und erfahrenen Macht stand fernab der Heimat, in einem Land, wo Europäer «die großen Nasen» genannt wurden, eine kleine Kundschaftergruppe gegenüber. Eine Front des Klassenkampfes im Fernen Osten, eine historische Gegnerschaft wie an vielen unsichtbaren Barrikaden der Welt: Hier begeisterte Revolutionäre, da professionelle Konterrevolutionäre.

Dr. Sorges hauptsächliche Zielgruppe waren, und das aus verständlichen Gründen, die deutschen Militärberater. Ihr Vertrauen mußte er gewinnen, über sie konnte er den bürokratischen und militärischen Apparat Tschiang Kai-scheks infiltrieren und anzapfen, über sie mußte er aber auch versuchen, an Informationen über die Absichten anderer imperialistischer Staaten heranzukommen; an Informationen aus Japan zum Beispiel, dessen Aggressivität immer vordergründiger in Erscheinung trat.

Der volksfremd gewordene rechte Flügel der Kuomintang zählte unter der etwa halben Milliarde Chinesen «weniger mehr als 139 000 Mitglieder»[40] und war seit 1927 «in der Hauptsache nur noch eine Organisation von Regierungsbeamten und Militaristen»[41]. Agnes Smedley hatte schon 1929 die Lage realistisch so eingeschätzt, daß «die militärische Macht der ausschlaggebende Faktor bei allen Streitigkeiten in China»[42] sei.

Je mehr Sorge sich – die Empfehlung des deutschen Generalkonsuls hatte gut geklappt und war bei den devoten Militärs nicht wirkungslos geblieben – in das Vertrauen des deutschen Chefmilitärberaters einschleichen konnte, um so mehr Türen öffneten sich für ihn. Sorge schrieb später dazu: «Ich war in deutschen Gesellschaftskreisen um das Generalkonsulat sehr gut bekannt und tat diesen Leuten manchen Gefallen. Zu ihnen gehörten Kaufleute, Studenten und Militärinstrukteure, unter denen die Angehörigen der deutschen Militärberatergruppe bei der Nanking-Regierung die wichtigsten waren. Ich suchte nicht nur Personen aus, die sich in Nanking mit militärischen Aktivitäten beschäftigten, sondern auch solche, die mit politischen Problemen zu tun hatten. Einer von ihnen war Oberstleutnant Kriebel, Chef der Militärberater und späterer Generalkonsul in Schanghai nach April 1934. Von Angehörigen des Beraterstabs wurde ich häufig nach Nanking eingeladen, und sie kamen bei mir in Schanghai vorbei. Ich besuchte mit ihnen auch Chiahsing und Hankou. Sie versorgten mich mit einem großen Teil jener Informationen über interne Angelegenheiten der Nanking-Regierung, ihre Pläne zur Unterwerfung der Warlords, und ihre Prinzipien für Politik und Wirtschaft. 1932, zur Zeit des Schanghai-Zwischenfalls, waren die akkuraten Daten über die japanischen Operationspläne und Truppenstärken, die ich von ihnen bekam, von unschätzbarem Wert.»[43]

Während seines Chinaeinsatzes erlebte Dr. Sorge zwei deutsche Chefberater, von den reaktionären Chinesen ehrfurchtsvoll Dsungguwen genannt. Schon ihre Dienstränge bewiesen, daß der Stellenwert Chinas in den weitreichenden Spekulationen Deutschlands zunahm: Oberstleutnant Hermann Kriebel amtierte vom Juni 1929 bis Mai 1930, und General der Infanterie Georg Wetzell saß anschließend bis April 1934 auf diesem Auslandsposten.

Der Bayer Kriebel war für Sorge kein unbeschriebenes Blatt. Bereits 1924, als er Gerichtsprozesse in der deutschen Presse auswertete, war ihm dieser Name aufgefallen, und er hatte ihn in seine Privatkartei prominenter Nazis aufgenommen.

Kriebel war schon als blutjunger Leutnant des bayrischen Leibregiments in China gewesen, und zwar unter dem kaiserlich-deutschen «Weltmarschall» Alfred Graf von Waldersee, der das 25 000 Mann zählende deutsche Expeditionskorps befehligte. Dieses Korps wurde am 27. Juli 1900 in Bremerhaven von Kaiser Wilhelm II. mit den als «Hunnenrede» in die Geschichte eingegangenen denkwürdigen Sätzen verabschiedet: «Ihr wißt es wohl, ihr sollt fechten gegen einen verschlagenen, tapferen, gutbewaffneten, grausamen Feind. Kommt ihr an ihn, so wißt: Pardon wird nicht gegeben, Gefangene werden nicht gemacht! Wer euch in die Hände fällt, sei euch verfallen. Wie vor tausend Jahren die Hunnen unter König Etzel sich einen Namen gemacht, der sie noch jetzt in Überlieferungen und Märchen gewaltig erscheinen läßt, so möge der Name Deutscher in China auf tausend Jahre durch euch in einer Weise bestätigt werden, daß niemals wieder ein Chi-

40 Agnes Smedley, Was geht in Kanton vor? In: «Frankfurter Zeitung», Reichsausgabe, vom 30. August 1931.
41 Agnes Smedley, Immer noch kein Ausweg in China. Ebenda, 2. Morgenblatt, vom 8. Dezember 1929 und 19. Februar 1931.
42 Ebenda, vom 5. April 1929.
43 Sorge-Memoiren, a. a. O., S. 158.

nese es wagt, einen Deutschen auch nur scheel anzusehen.»[44] Diesem Gedanken folgend half Kriebel bis Jahresende mit, den antiimperialistischen Volksaufstand der Yihetuan – von den Imperialisten «Boxer» genannt – blutig niederzuschlagen, bis an die Chinesische Mauer vorzudringen, die Kaiserstadt Peking zu plündern, und schließlich dem chinesischen Volk eine Kontribution von 450 Millionen Tael[45] aufzuzwingen.

Im ersten Weltkrieg diente Kriebel als Generalstabsoffizier unter Oberst Max Bauer in der deutschen Obersten Heeresleitung. In München half der 1918 demobilisierte Oberstleutnant Kriebel, die militaristische Heimwehr zu organisieren, die dann gemeinsam mit einer Übermacht konterrevolutionärer Truppen in München die im April 1919 ausgerufene Räterepublik in Bayern zerschlug, Münchener Arbeiter und Soldatenräte sowie reihenweise Kommunisten und Sozialdemokraten ermordete. Auf Münchener Boden, am Strand der Isar, hatten sich also Kriebel und beispielsweise der deutsche Genosse Otto Braun, der die Räterepublik damals bis zur letzten Patrone verteidigte und – wie noch zu lesen sein wird – seit 1932 den chinesischen Revolutionären half, auf den Barrikaden des Klassenkampfes gegenübergestanden. Schließlich landete der unbelehrbare Revanchist und Kommandeur eines Freikorpsmordtrupps, Kriebel, im November 1922 in der jungen Nazipartei und gehörte damit zu ihren «alten Kämpfern». Als die Hitleranhänger im November 1923 in München putschten, marschierte Kriebel mit Göring, Frick, General Erich Ludendorff und Röhm an Hitlers Seite in der ersten Reihe. Im April 1924 wurden Kriebel und sieben weitere Nazis zusammen mit Hitler von einem Münchener Gericht wegen «Hochverrats» zur Haft in der Festung Landsberg verurteilt. Doch die in Bayern wieder Herrschenden sorgten damals dafür, daß daraus eine Kavaliershaft wurde. Hitler nutzte die Zeit und diktierte seinem «Privatsekretär» Rudolf Heß das Manuskript für den ersten Band seines Pamphlets «Mein Kampf». Schon im Dezember 1924 konnten Hitler und seine Komplizen die Festung Landsberg wieder verlassen. Kriebel, für den Hitler betontermaßen stets das «völkisch-national-soldatisch-kriegerische Vorbild» blieb, tauchte zunächst im österreichischen Kärnten unter und im Mai 1929 mit weiteren ehemaligen Offizieren und jetzigen Nazisympathisanten an der Seite von Oberst Max Bauer in Nanking wieder auf. Hitler hatte ihn in der Zwischenzeit mit dem «Blutorden vom 9. November 1923» und dem «Ehrenzeichen der NSDAP» dekoriert. Nachdem Oberst Bauer in China an Pocken starb, rückte sein «Kriegskamerad» Kriebel als greifbar ranghöchster Offizier an seine Stelle.[46]

Kriebel wiederum übergab seine Funktion im Frühjahr 1930 – direkt an der Front bei Keifeng im gepanzerten Zug des Marschalls Tschiang Kai-schek – dem aus Deutschland beorderten General Wetzell. Der reaktionäre General Erich Ludendorff, der im ersten Weltkrieg kaiserlich-deutscher Generalquartiermeister gewesen war, hatte Wetzell, einem seiner Lieblingsgenerale, dringend geraten, «in China Ordnung zu schaffen».[47]

Bis zu seiner formellen Pensionierung 1927 konnte man Wetzell als Chef des als Truppenamt getarnten fortbestehenden Generalstabes erleben. Für die Ende 1930 beginnenden Vernichtungsfeldzüge gegen die chinesischen Sowjetgebiete, die sich in einigen Landesteilen gebildet hatten, lieferte Wetzell an Marschall Tschiang Kai-schek fleißig Planstudien, wie zum Beispiel die zur «offensiven Umzingelungsstrategie» oder zur «Blockhausstrategie», und legte immer wieder großen Wert auf persönliche Frontinspektionen.[48] Sein oft wiederholter Ratschlag für das Behandeln unbewaffneter oder bewaffneter Bauern, die man im Kriegsgebiet antraf, war: Erschießen! Dem chinesischen Gouverneur von Kiangsi Hsiung Shih-hui riet er: «In unserem deutschen Krieg unter Noske[49] gegen die Kommunisten wurden unbarmherzige Maßstäbe angewandt und wurde brutal exekutiert. Nur das war erfolgreich und würde sich hier genau so gut bewähren.»[50]

44 Zitiert nach Bernd Ruland, Deutsche Botschaft Peking, Bayreuth 1973, S. 37f.
45 Das entsprach 1,5 Milliarden Goldmark, davon beanspruchten 29 Prozent das zaristische Rußland, 20 Prozent Deutschland, 15,5 Prozent Frankreich, 11 Prozent Großbritannien, 7,6 Prozent Japan, 7 Prozent die USA und den Rest weitere europäische Länder.
46 Von Mitte 1930 bis März 1934 blieb Kriebel Militärberater und war auch Dozent an der Kriegsakademie von Whampoa. Von April 1934 bis März 1937 war Kriebel der letzte deutsche Generalkonsul in Schanghai. Im Februar 1941 verstarb er. Siehe Karl Mehner, a. a. O., S. 59ff.; Jerry B. Seps, German Military Advisers and Chiang Kai-shek (Dissertation), Berkeley/California 1972; Harold J. Gordon, Hitlerputsch 1923. Machtkampf in Bayern 1923/24, München 1978.
47 General Ludendorff (1865–1937) war 1917/18 in Deutschland praktisch Organisator einer Militärdiktatur und beteiligte sich 1920 am Kapp- sowie 1923 am Hitlerputsch. Als übler Rassist gehörte er zu den militanten Antisemiten.
48 Siehe Die Beraterära des Generalstabschefs Wetzell. In: Karl Mehner, a. a. O., S. 77ff.
49 Gustav Noske (1868–1946) setzte als rechtes sozialdemokratisches Mitglied des Rates der Volksbeauftragten 1919 Freikorpsverbände gegen die Arbeiterklasse ein und förderte 1919/20 als Reichswehrminister den Kapp-Putsch.
50 Zitiert nach Bernd Martin, The German Advisory Group in China. Military, Economic and Political Issues in Sino-German Relations, 1927–1938, Düsseldorf 1981, S. 109; Siehe Walter Sommer, Zur Rolle deutscher Berater in den Einkreisungs- und Vernichtungsfeldzügen gegen die südchinesische Sowjetrepublik 1930–1934. In: «Zeitschrift für Politik», Köln, Nr. 18/1971, S. 269ff.

Über Wetzells Wüten im fernen China wurde nicht nur von der Sorge-Gruppe genau Buch geführt, sondern auch von der Amerikanerin Agnes Smedley, die in der internationalen Presse Alarm schlug. Sie berichtete in einer Frontreportage zum Beispiel über den im März 1931 begonnenen dritten Vernichtungsfeldzug gegen die südchinesische Sowjetrepublik. «Neun Monate Krieg der Nankinger Truppen gegen sie haben nichts auszurichten vermocht. Seit dem Juni führt General Tschiang Kai-schek persönlich eine 300 000 Mann starke, aufs beste und modernste ausgerüstete Armee gegen die 100 000 Rotarmisten in Kiangsi. Deutsche militärische Berater, mit General Wetzell an der Spitze, sitzen in Tschiang Kai-scheks Hauptquartier und arbeiten die Pläne für diesen Krieg aus. Deutsche Offiziere sind mit den Truppen an die Front gegangen... Der Tod ist in millionenhafter Gestalt in China eingekehrt... Im Zerstörungswerk stehen die Flüsse des Landes in Konkurrenz mit den Kriegsherren – aber das veranlaßt die Militaristen nicht, ihre Kämpfe einzustellen. General Tschiang Kai-schek führt einen Zweifrontenkrieg ähnlich wie der russische Zar nach der Revolution von 1905. In Kiangsi bedroht er die Rote Armee durch ein Heer von 300 000 Söldnern, in den Städten verhaftet und foltert er Tausende von kommunistischen Intellektuellen und läßt sie hinrichten... Die Landkarte von China ist dunkel mit Blut befleckt ... Die zwei wichtigsten Tatsachen in China sind heute: die katastrophalen Überschwemmungen und der Krieg Tschiang Kai-scheks gegen die Roten Bauernarmeen. Die Fluten haben 80 Millionen Menschen, meist Bauern, Tod und Hunger gebracht ... Die Leiber von Tausenden armer Chinesen schwimmen in den Fluten. Aber noch einige Tatsachen müssen überall bekannt werden. Diese Überschwemmungen sind zwar ein Naturereignis, aber für ihren katastrophalen Umfang sind zweifellos gewisse Beamte und Militärs mit verantwortlich, die heute in China an der Spitze stehen... Auch jetzt nehmen die Militaristen mitten im Überschwemmungsgebiet ... dauernd Arbeiter gefangen, schmieden sie mit den Hälsen zusammen und verschiffen sie nach Kiangsi, wo sie von General Tschiang Kai-schek gegen die Roten Armeen geführt werden. Dieser verlangt in einem Telegramm noch mehr Gefangene, weil die Kulis von Kiangsi im Kampf gegen die Roten ‹unbrauchbar› sind... Offiziell wird von ununterbrochenen Siegen der Regierungstruppen berichtet, aber die Erzählungen von Offizieren, die von der Front zurückkommen, lauten ganz anders. Sie berichten, daß die gesamte Bevölkerung von Süd-Kiangsi ihr bewegliches Hab und Gut genommen und sich mit den Roten Armeen zurückgezogen habe. Durch einen entvölkerten Landstrich müssen die Regierungstruppen marschieren und alle Nahrung und Feuerholz zum Kochen mit sich führen.

Im Juli erschien eine neue Rote Armee in der Provinz Hopei im Norden, und am 13. August revoltierten 20000 Mann Regierungstruppen an der Grenze von An-hwei und Hupeh und gingen zu den Roten Armeen von Nordost-Hupeh über, wo sich ein großes Sowjet-Territorium bildete. Am 21. August kamen Nachrichten von einer großen Offensive der Roten Armeen, worauf sofort zwei Divisionen Regierungstruppen eingesetzt wurden und Tschiang Kai-schek von Nanking zur Front eilte. Die unerträglichen Zustände, welche die Bauern veranlaßt haben, Rote Armeen zu bilden, können natürlich nicht dadurch gebessert werden, daß man versucht, die Aufständischen zu vernichten.»[51] Ein Jahr zuvor hatte die Autorin bereits konstatiert: «So steht denn auch im offiziellen Programm der Nankinger Kuomintang die Ausrottung der Kommunisten an erster Stelle.»[52]

Das aber war das Ziel der aus Deutschland stammenden Militärs: Spätestens nach der «Hunnen-Rede» ihres einstigen obersten Kriegsherrn und Kaisers waren die Chinesen Untermenschen. Zu diesem rassistischen Dünkel gesellte sich bei den ranghohen deutschen Militärberatern – und da unterschieden sie sich kaum von denen anderer imperialistischer Staaten – noch der antikommunistische Haß. Mit ihrer rigorosen Menschenausrottung und Taktik der «verbrannten Erde», also des Unbewohnbarmachens weiter Flächen, konnten sie sich in China austoben und Erfahrungen für nie aufgegebene antisowjetische Aggressionsabsichten sammeln. Die mit Dr. Sorge befreundete Agnes Smedley brachte das zeitgenössisch auf folgenden treffenden Nenner: «Die Geschichte vom heutigen China wird sehr klar geschrieben – geschrieben mit dem Blute der werktätigen Arbeiter und Bauern: klar, unverschleiert, grausam und brutal – der Krieg Nankings gegen die Roten Armeen und Bauern ist ein Krieg gegen die arbeitenden Massen, deren brutale Ausbeutung durch

51 Agnes Smedley, Der Tod in China. In: «Frankfurter Zeitung» vom 8. Oktober 1931.
52 Agnes Smedley, Die Verschiebung der Fronten. In: Ebenda, 1. Morgenblatt, vom 25. Oktober 1930.

die chinesische herrschende Klasse und ihre ausländischen Helfer nicht seinesgleichen in der Geschichte der Menschheit hat!»[53]

Durch die deutschen Militärberater in Nanking erhielt Dr. Sorge eine Menge von strategischen und operativen Informationen, viele von ihnen bereits im Stadium des Planens und Vorbereitens konterrevolutionärer militärischer Operationen. Aber auch Kriebels und Wetzells nachträglich ausgeplauderten Frontberichte, die meist ernüchtert klangen, vermittelten wichtige taktische Erkenntnisse und tiefere Einblicke. Genauso wichtig waren die gelegentlich bis ins einzelne gehenden Schilderungen direkter Berater der chinesischen «Lehrtruppe» und der Frontoffiziere, vor allem der 6. und 87. Division und der Artilleriebrigaden, wie Oberleutnant Otto Bauer, Rittmeister Oskar von Boddien, Oberleutnant Gustav Boegel, Leutnant Franz Hummel, Hauptmann Constantin Meyer, Unteroffizier Franz Pohle und Oberst Hermann Wilck.

Auf Hummel wurde Dr. Sorge von Anna Christiansen-Clausen aufmerksam gemacht. Sie hatte als Krankenpflegerin Hummels Frau in einer Schanghaier Privatklinik kennengelernt, wo diese sich ein Kind abtreiben ließ. Hummels Frau stammte aus weißrussischen Emigrantenkreisen und vermutete in Genossin Anna, mit der sie sich so gut im heimatlichen Russisch unterhalten konnte, ebenfalls eine Kommunistenhasserin. Dabei erzählte sie stolz und ungebremst viel von ihrem Mann, seinen Dienstreisen, seiner strapazenreichen Teilnahme an Mordfeldzügen schon seit 1930. Der Infanterieoffizier Hummel war an der Seite von Oberst Max Bauer als einer der ersten drei deutschen Militärberater nach China gekommen.

In dem von der Konterrevolution in China gnadenlos geführten Ausrottungskrieg konnte jedes dem Gegner von der Sorge-Gruppe abgeluchste Detail sehr wichtig und von großer Tragweite sein. Der Sorge-Gruppe kam es daher auf dieser Position des internationalistischen Kampfes auf möglichst viele Informationen und auf ihren schnellen Weitertransport zur Moskauer Zentrale an.

53 Agnes Smedley, Rote Armeen in China. Ein Aufstand der Bauern. Eine Sowjetregierung. In: Ebenda, 2. Morgenblatt, vom 19. Februar 1931.

Hart auf hart

Max Christiansen-Clausen erinnerte sich an die immense Arbeit Sorges in China so: «Richard stand vom ersten Tage an vor einer Riesenaufgabe. Wie sollte er mit seinen wenigen Mitstreitern das territoriale Wirrwarr einer 2-Millionen-Armee durchblicken? Wie konnte er Hunderte, sich dazu noch gegenseitig bekriegende und gegeneinander intrigierende chinesische Generale erfassen? Wie kam man an zuverlässige, also unverfälschte Nachrichten von den vielen Hauptfronten und noch mehr Bürgerkriegszentren? Auf welche Weise konnte man sie im notwendigen Maße überprüfen, präzisieren, aufs wesentliche komprimieren? Und dabei blieben das chinesische Militärwesen und die ausländischen in China operierenden Streitkräfte diverser imperialistischer Mächte ja nur ein kleiner Bruchteil von Richards Gesamtbeobachtungsfeld! Um wenige Daten zu sammeln, mußte Richard manchmal lange Nächte in Nanking im ‹Clubhaus›, im ‹International Club› oder im ‹Rotary Club› opfern und seine Gesprächspartner im wahrsten Sinne des Wortes weinselig machen und zum Sprechen bewegen. Dabei war und blieb er seinen Gesprächspartnern stets eine Nase voraus. Noch aus Deutschland hatte er sich zum Beispiel über die meisten Militärberater, die den besten Überblick versprachen, Personenangaben mitgebracht, die ihm halfen, wie er uns zu sagen pflegte, sie schließlich freundschaftlich ‹auszunehmen wie eine fette Weihnachtsgans›. In diesem Zusammenhang kann ich mich noch der preußischen Generale Gudowius, Lindemann, Spemann, Wetzell und Link, der Adligen Moltke, Alten, Bock, Hunolstein, Egidy und Knobelsdorff oder solcher Doktoren wie Blume, Ansel, Leber und Eberbeck erinnern, die sich alle immer wieder, weit weg von der Heimat in Schanghai und Nanking, zu einem vertrauten, leutseligen Plauderstündchen mit dem ‹Weltmann› Richard Sorge drängten. Sie waren für uns wichtige Quellen, die reichlich sprudelten. An andere mußte sich Richard erst heranpirschen oder sich ‹von Kamerad zu Kamerad› weitervermitteln lassen. Dabei dachte Richard immer an den perspektivischen Wert der Kundschafterergebnisse. Wer lehrt wen was an den Kriegsakademien in Peking und Nanking? Und an den Kriegsschulen der Waffengattungen? Es waren Konzeptionen und Dinge, die gewöhnlich erst etwa in einem halben Jahrzehnt wirksam wurden. Welche neuen, noch beweglicheren Truppen

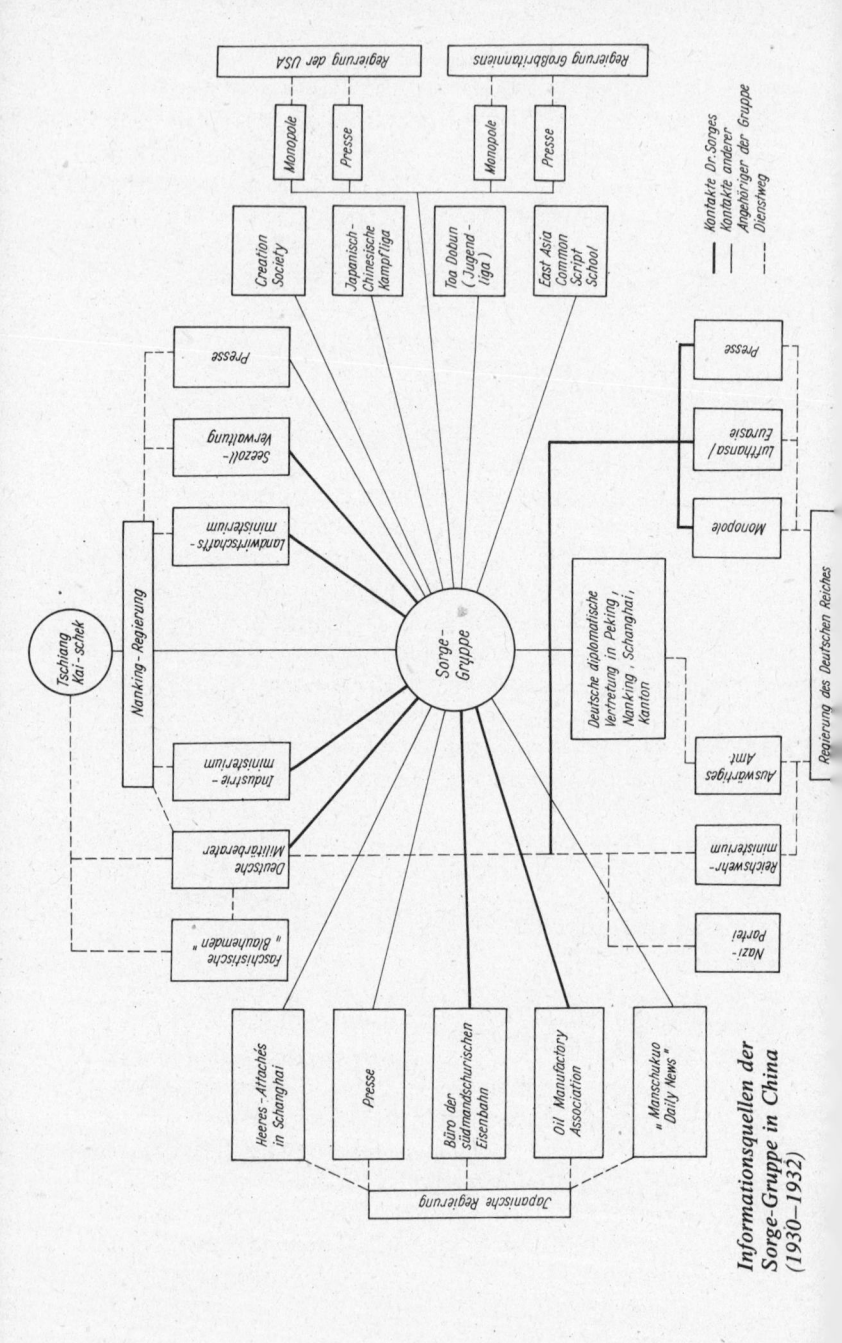

Informationsquellen der Sorge-Gruppe in China (1930–1932)

Regierung der USA
Regierung Großbritanniens

Monopole
Presse

Creation Society
Japanisch-Chinesische Kampfliga
Toa Dobun (Jugend-liga)
East Asia Common Script School

Presse
Sezzoll-Verwaltung
Landwirtschafts-ministerium
Industrie-ministerium
Deutsche Militärberater
Faschistische „Blauhemden"

Tschiang Kai-schek
Nanking-Regierung

Sorge-Gruppe

Deutsche diplomatische Vertretung in Peking, Nanking, Schanghai, Kanton

Presse
Lufthansa/Eurasie
Monopole
Auswärtiges Amt
Reichswehr-ministerium
Nazi-Partei

Regierung des Deutschen Reiches

Heeres-Attachés in Schanghai
Presse
Büro der südmandschurischen Eisenbahn
Oil Manufactory Association
„Manschukuo Daily News"

Japanische Regierung

Kontakte Dr. Sorges
Kontakte anderer Gruppe
Angehöriger der Gruppe
Dienstweg

formierte man? Welche weitreichenderen Waffen – wie Artillerie und Kampfflugzeuge – wurden bestellt, erprobt und in welchen Etappen und bei welchen Divisionen eingeführt? Man kann sich demnach gut vorstellen, daß bei uns kein Arbeitsmangel herrschte und wie wir uns, oftmals gemeinsam, freuten, wie Mosaiksteinchen zu Mosaiksteinchen kam.»

Der Weg zum Erfolg war mitunter sehr weit, und nur selten spielte der Zufall eine solche Rolle wie im Falle von Sorges Aufklärung der modernen artilleristischen Ausrüstung der Nankingarmee. Im ersten Weltkrieg hatte er einmal in einem Urlauberzug den vierunddreißigjährigen Veterinär namens Erich Eberbeck kennengelernt, der von einer Feldhaubitzbatterie des Straßburger Fußartillerieregiments Nr. 10 zur Tierseuchenforschungsstelle in Pojeziory abkommandiert worden war. Man unterhielt sich über Studienpläne nach dem Krieg. Eberbeck wollte an der Tierärztlichen Hochschule in Berlin seine Doktorprüfung ablegen. Sein Forschungsgebiet war die Rotzkrankheit bei Pferden. Ende 1931 erfuhr Sorge in Nanking vom Oberstveterinär Dr. Leber, daß ein gewisser Eberbeck, ein Kollege in Berlin, einen Beratervertrag für China unterzeichnet habe.

Nach reichlich anderthalb Jahrzehnten stießen Dr. Sorge und Dr. Eberbeck, der inzwischen zu einem von Tschiang Kai-scheks Hauptberatern für das chinesische Veterinärwesen avanciert war, in einem Nankinger Offizierskasino auf ihr gegenseitiges Wohl an. Noch in derselben Nacht erfuhr Sorge aus erster Hand, daß Eberbeck sich mit der beschleunigten Beschaffung und Aufzucht widerstandsfähiger und leistungsstärkerer Mulis beschäftigen müsse, die zum Transport modernster, speziell für unwegsame chinesische Verhältnisse konstruierter Gebirgsgeschütze vorgesehen seien. Die Geschütze, die von Ingenieuren unter dem Hannoveraner Ballistiker Professor Dr.-Ing. Hermann Cranz und dem Dresdner ehemaligen Professor für Waffenkonstruktion an der Militärtechnischen Akademie zu Berlin, Wilhelm Schwinning, nach Erfahrungen aus dem ersten Weltkrieg weiterentwickelt worden waren, gehörten zum heimlichen Rüstungsprogramm der deutschen Konzerne und sollten zunächst ein profitabler Exportschlager und in China praktisch erprobt werden. Da der Versailler Vertrag die Produktion von Geschützen mit dem Kaliber 7,5 cm und einer Schußweite bis 9500 Metern in Deutschland noch verbot, kooperierte die Reichswehr über ihre Mittelsmänner, meist ehemalige aktive Artillerieoffiziere und Waffentechniker, mit dem schwedischen Bofors-Unternehmen, das bereits 1932 mit den ersten 48 Geschützen dieser Art zwei Regimenter der Nankingarmee ausrüsten wollte. Eberbeck erzählte eifrig seinem ehemaligen «Frontkameraden» Sorge, worin sein Beitrag bestünde. Das Geschütz ließe sich in acht je 100 Kilogramm schwere Teile zerlegen und sollte von acht Mulis durch straßenloses Gelände zum Einsatzort transportiert werden. Seine Aufgabe sei es, geeignete Mulis in großer Stückzahl zu beschaffen und mit ähnlichen Lasten für ihre künftige Aufgabe zu trainieren. Der Doktor wußte noch mehr zu erzählen. Die Ausbildung der chinesischen Artilleristen sollte der ebenfalls kürzlich angereiste «Kamerad» Hauptmann Gottfried Gilbert[54] übernehmen. Das 1. Regiment würde von dem mit ihm aus Deutschland angekommenen Major Walter Hartmann, das 2. Regiment von Oberleutnant Gustav Boegel an den Geschützen ausgebildet werden. Für die künftige Artillerie habe man etwa 18 Kilometer südlich von Marschall Tschiang Kaischeks Nankinger Residenz in Tangshan eine Schule mit einem ausgedehnten Schießplatz eingerichtet. Das allerdings wußte Sorge schon von seinen chinesischen Informanten. Sie hatten vom alten Koch des weißgardistischen Bauingenieurs Jaron in Schanghai, der mit den Arbeiten in Tangshan betraut war, Gelände- und Bauskizzen, Pläne und Vermessungsunterlagen heimlich kopieren lassen. Auf diese Weise stieß Sorge in Schanghai sogar auf eine vom Berliner Reichswehrministerium beschriftete Kopie eines Übersichtsplanes über den Artillerietruppenübungsplatz Jüterbog, der dem von Tangshan der Eile wegen gleich als Vorbild dienen sollte.

Solche Kundschaftererergebnisse dienten nicht zuletzt dazu, die chinesische Rote Armee zu informieren und taktisch rechtzeitig vorzubereiten. Jedenfalls waren später bei den von der Nankingarmee gegen die Sowjetgebiete Chinas geführten «Strafexpeditionen» gerade die Muli-Transportkolonnen bevorzugte Beobachtungs- und Vernichtungsobjekte der chinesischen Roten Armee, die solchen schweren Waffen nichts entgegenzusetzen hatte als Partisanengruppen auf den Anmarschwegen der Artillerieeinheiten im gegnerischen Hinterland. Als die Armeeführung der Tschiang-Kai-schek-Truppen beispielsweise unter besonderer Geheimhaltung in der Provinz Kiangsi Artillerie konzentrierte, um überraschend das Hauptquartier der Roten Armee in Südkiangsi anzugreifen und zu vernichten, wunderte sie sich, daß dieser Plan fehlschlug. Die Verbände der Roten Armee wichen damals der artilleristischen Feuerwalze geschickt aus.

Aus verschiedenen Gründen schenkte Sorge den Luftstreitkräften der Nankingarmee besondere Aufmerksamkeit. Sie waren in dem Riesenland und als mögliche Bedrohung der Nachbarstaaten die schnellste und weitreichendste Teilstreitkraft, zwar noch relativ klein, doch die absoluten Flugzeugzahlen stiegen schnell. Besonders gefährdet waren die chinesischen Sowjetgebiete, einmal vom Überraschungseffekt her, aber auch, weil die chinesischen Kommunisten praktisch über keine wirksamen Fliegerabwehrwaffen verfügten.

Die Nankinger Regierung begann ihr gesamtes, noch schwach entwickeltes Flugwesen unter militärischen Aspekten zu organisieren. Man importierte zunächst Flugzeuge aus Frankreich, Italien und den USA, investierte jedoch auch, um sich eine eigene materiell-technische Basis zu schaffen. Zivilflugplätze wurden militärisch genutzt, und ebenso hatten die Pilotenausbildung sowie die durchgängige Organisation des fliegenden Personals in sogenannten Fliegerverbänden militärischen Charakter.

Um ihr Luftfahrtmonopol abzusichern, hatten bis Anfang der dreißiger Jahre die britische Imperial Airways Ltd. und die in China wirkende Flugverkehrs-Erforschungsgesellschaft der USA abgelehnt, Chinesen als Piloten auszubilden. Die französische Regierung wiederum verschacherte nur über zehn Jahre alte, also unmoderne, leistungsschwache Kriegsflugzeuge aus dem ersten Weltkrieg nach China.

Die deutschen Militärberater erklärten sich indes von vornherein bereit, die chinesische Fluggesellschaft zügig aus- und die Luftstreitmacht forciert aufzubauen.

Ihre Pläne, den Versailler Vertrag brechend, heimlich im Ausland Erfahrungen für die Luftwaffe des imperialistischen Deutschlands zu sammeln und mit den deutschen Konzernen den serienweisen Bau von Aufklärungs-, Jagd-, Militärtransport- und Bombenflugzeugen in Gang zu bringen, trafen sich mit Tschiang Kai-scheks Gier nach moderner Militärtechnik. Die Deutschen schulten Hunderte chinesischer Piloten und halfen mit der Ent-

---

54 Es handelt sich um einen kriegserfahrenen Reichswehr-Artillerieexperten und den Verfasser der Reichswehrinstruktion «Der Artillerist. Unterrichtsbuch für Rekruten, Kanoniere, Unteroffiziere und deren Lehrer», Berlin 1928.

wicklung von Langstreckenmaschinen beim Aufbau der Flugverbindung von China nach Europa. Bedingung war jedoch der bevorzugte Import ausschließlich deutscher, moderner Junkers-Flugzeuge und Sonderrechte für die deutsche Lufthansa. Tschiang Kai-schek kam dem entgegen und ging sogar noch weiter: Er wollte eine Junkers-Flugzeugfabrik in China.

Den Konkurrenzkampf der Flugzeugkonzerne und Fluggesellschaften ausnutzend, hatte schon Agnes Smedley in gepflegten Kasinogesprächen einiges aus den deutschen Flugzeugtechnikern, Dipl.-Ing. Karl Fuchs und Rubens, sowie den arroganten Offizieren Otfried Lehmann, einem Luftbeobachter und Jagdflieger im Range eines Oberleutnants aus dem ersten Weltkrieg, und Oberleutnant Welkoborski am Flugplatz Hankou herausgeholt. Die Offiziere brüsteten sich mit ihren erfolgreichen Aufklärungsflügen, wobei sie die chinesische Rote Armee mit einer als Zivilmaschine getarnten Junkers täuschten und trotz Tiefflugs Abwehrfeuer verhinderten. Euphorisch gesprächig erlebte sie die vollzählig erschienenen deutschen Flugberater in Nanking anläßlich der Eröffnung der Lufthansa-Fluglinie Schanghai – Nanking – Moskau – Berlin – Paris, die die bisher übliche Reisezeit von drei Wochen auf vier bis fünf Tage zusammenschrumpfen ließ. Die Lufthansa hatte zudem mit ihrer gemischt deutsch-chinesischen Eurasia-Fluggesellschaft gleichzeitig große Teile des innerchinesischen Flugverkehrs an sich gerissen. Ein Major Techel, der nach Deutschland heimflog, nannte stolz Daten über von ihm projektierte Flugzeughallen und Flugplatzkapazitäten.[55]

Sorges wichtigste Quelle über die geplanten Etappen der chinesischen Luftstreitkräfte aber war der deutsche Militärberater Oberleutnant Helmuth Heinrich Graf von Moltke. Sorge unterhielt sich 1932 mit Otto Braun, der als Militärberater der Kommunistischen Internationale beim Zentralkomitee der KP Chinas tätig war, ausführlich darüber. Rund vier Jahrzehnte später kam der wortkarge und äußerst zurückhaltende Mann im Zusammenhang mit der Person Moltkes darauf zurück und erzählte: «Ich habe erlebt, wie deutsche Piloten aus deutschen Ju's im Ruhrgebiet hergestellte Bomben wahllos auf chinesische Dörfer und Zivilisten abwarfen und ungefährdet an- und abflogen. Sie haben uns in Jänan, Guangdong, Schenssi und Westjünnan schwer zugesetzt und sollten uns vor allem auf unserem ‹Langen Marsch› über 25 000 Li[56] durch elf chinesische Provinzen dezimieren. Jedesmal aber, wenn ich meine Nase aus dem Sand und Gras zog oder wenn ich den vorsorglich angelegten Splittergraben wieder verlassen konnte und es keine Opfer gab, wunderten sich meine chinesischen Genossen über mein Schmunzeln in dieser Situation. Aber jedes gegnerische Flugzeug erinnerte mich immer wieder an die seinerzeitige Sorge-Information. Der Flieger-Berater der damals vom General Feng Yi-p'ei aufgestellten Elite-Lehrtruppe pflegte sich nämlich gesellschaftlich mit Zusammenschlagen der Hacken und schnarrender Stimme vorzustellen: ‹Stamm B, Linie eins, Ast eins, Moltke, Graf von!› Sorge hatte auch Mühe, dabei ernst zu bleiben, zumal der erst dreißigjährige Graf auf dem Parkett des Effektes wegen ein Monokel bevorzugte. Der Klassengegner war uns Kommunisten zwar in der Luft voraus, uns blieb nur das Schutzmittel der Tarnung, aber wir wußten längst, wo beispielsweise in neun Nankinger Hallen die um ca. 60 Junkersmaschinen, darunter 32 mit einer Motorenleistung von je über 300 PS, verstärkte Luftarmada auf dem Boden gewartet werden mußte und für uns möglicherweise erreichbarer wurde. Tschiang Kai-schek hatte zuletzt etwa 500 Kampfflugzeuge gegen die chinesische Rote Armee im Einsatz. Jedes von ihnen mußte früher oder später wieder landen, auftanken, aufmunitioniert werden. Dann waren wir am Zuge, wie damals vor Guiyang, als wir die Flugplatzwachen überrannten und alle Flugzeuge sprengten, besonders schadenfroh die deutschen Ju's. Das Schmunzeln eines wissenden Optimisten hatte sich gelohnt!»

In seiner rassistischen Überheblichkeit unterschätzte der Sohn des kaiserlichen Kapitäns zur See Graf von Moltke die Pfiffigkeit eines der ihm zugeteilten Soldatenboys, den Tschiang Kai-scheks Offiziere von der Straße weg zur Armee gepreßt hatten und der darauf brannte, sich für seine Behandlung und die seines verstümmelten Bruders, eines Schanghaier Gewerkschafters, zu rächen. Er sorgte elf Monate lang dafür, daß die Papiere des mecklenburgischen Adligen, die wegen der Analphabeten im Hause auch in seiner Abwesenheit unverschlossen auf dem Schreibtisch lagen, regelmäßig und schnell fotografiert wurden.

Für die Sorge-Gruppe in Schanghai war es ebenso wichtig, die

55 Siehe Agnes Smedley, Berlin – Schanghai. Eine deutsche Fluglinie nach China. In: «Frankfurter Zeitung», 1. Morgenblatt, vom 12. Januar 1930.
56 Li war ein chinesisches Wegemaß, 1 Li = 644,4 Meter.

Bewaffnung und Ausrüstung der Nankingarmee zu beobachten und qualitativ wie quantitativ einzuschätzen. Erleichtert wurde das durch die Tatsache, daß die meisten Waffenimporte über den Hafen liefen und ihre Bezahlung durch die Großbanken von Schanghai erfolgte; außerdem war die chinesische Rüstungsproduktion ebenso zentralisiert wie die Nachschublager. Das Nankinger Arsenal, auch Zeughaus genannt, war das größte Nachschubzentrum für die modernsten Waffen für Heer und Luftwaffe. Sorge gelang es, «eine Karte und Blaupausen des chinesischen Zeughauses zu besorgen, die er fotokopierte und nach Moskau schickte».[57] Einen wesentlichen Anteil an der Bewaffnung der Tschiang-Kai-schek-Truppen hatten die Pulver-, Patronen-, Granaten- und Gewehrwerke sowie der Geschützreparaturstützpunkt des Hanyangarsenals in der Nähe Hankous. Dort war schon der von Max Christiansen-Clausen bereits erwähnte preußische Leutnant a. D. Dr. Gustav Blume tätig. Er war es auch, der nach dem Vorbild eines modernen tschechoslowakischen Gewehrs eine Infanteriewaffe entwickelt hatte und in Hanyang ihre Serienproduktion organisierte. Tschiang Kai-schek versprach sich von dieser Massenproduktion sehr viel und legte großen Wert darauf, daß diese Waffe seinen Namen Tschung-tscheng[58] erhielt.

Die Sorge-Gruppe richtete ihr Augenmerk auf alle neuen Waffen und auf neues militärisches Gerät, mit denen die Nankingarmee ausgerüstet werden sollte. Max Christiansen-Clausen bestätigte, daß es sich nicht nur um die Tschung-tscheng, sondern gleichermaßen um Pistolen und Gewehre der deutschen Mauserwerke, um leichte Minenwerfer und Mörser der deutschen Rheinmetall-Borsig Aktiengesellschaft als auch beispielsweise um Fernmelde- und Funkgeräte der deutschen Elektrokonzerne Siemens und AEG handelte, denen Sorge nachjagte. Seine Informationen sollten der Zentrale schon vorliegen, bevor die Waffen und Geräte im Truppengebrauch auftauchten.

Ruth Werner erzählte in diesem Zusammenhang eine Episode aus ihrem Zusammentreffen mit Sorge in ihrer Schanghaier Wohnung. «Ich erwähnte schon, daß ich bei Treffs in unserer Wohnung nicht dabei war, sondern nur den Genossen ein sicheres Haus bot ... Als ich wieder einmal den Tee hinauf ins Zimmer brachte, hielten die Genossen Revolver in den Händen. Auch im Koffer und auf dem Teppich lagen Waffen. Ich merkte Richard und Paul an, daß ich in diesem Augenblick nicht willkommen war, aber ich freute mich trotzdem. Nicht nur Papierchen – auch Waffen! ... Die Waffen mögen Modelle gewesen sein, die entweder für die Sowjetunion interessant waren ... oder sie hatten für die chinesische Rote Armee Bedeutung. Vielleicht lernten auch die beiden anwesenden chinesischen Genossen, die Waffen auseinanderzunehmen und zusammenzusetzen.»[59]

Eine Information dazu lieferte uns auch Otto Braun. Im chinesischen Sowjetgebiet gab es damals eine zentrale Armeegruppe mit fünf Divisionen mit einer Gesamtstärke von 25 000 Mann. Dazu kamen dezentralisierte Regimenter mit etwa 40 000 Mann, zusammen also 65 000 Mann. Diese Truppen verfügten aber insgesamt nur über 30 000 bis 40 000 Gewehre. Mit anderen Worten, nur jeweils etwa die Hälfte bis zwei Drittel der vom Nachschub weitgehend abgeschnittenen Einheiten der chinesischen Roten Armee hatte ein Gewehr.[60]

Viele ihrer Soldaten zogen damals mutig und nur mit Schwertern und Messern bewaffnet in Entscheidungskämpfe. Alle aber waren an den wenigen Gewehren und Pistolen – meist Typen aus der Zeit vor dem ersten Weltkrieg – ausgebildet worden. Auf dem Schlachtfeld konnten sie also erbeutete Waffen unmittelbar auf den Gegner richten. Das optimierte den Kampfwert und die Feuerkraft der Bauern-und-Arbeiter-Einheiten. Beim Einführen neuer Waffen in der Nankingarmee mußte daher möglichst schnell der Überraschungseffekt gemindert werden, indem man die neuen Waffen rechtzeitig kennen- und perfekt handhaben lernte. Aus der permanenten Unterbewaffnung der chinesischen Roten Armee war im täglichen Kampf um Leben und Tod das Möglichste zu machen. Unter diesem Aspekt war jedes einzelne von der Sorge-Gruppe besorgte Waffenmodell unbezahlbar. Sein Studium konnte möglicherweise Zehntausenden entschlossenen Kämpfern von großem Nutzen sein. Welche Bedeutung das hatte, wird deutlich, wenn man bedenkt, daß allein im März 1931 bei Tschiang Kai-scheks «Strafexpedition» gegen die chinesische Rote Armee in kurzer Zeit etwa 20 000 Gewehre – das entsprach 10 Prozent der Infanteriebewaffnung der beteiligten

57 F. W. Deakin/G. R. Storry, a. a. O., S. 84.
58 Tschiang Kai-schek war nur der sogenannte Gelehrtenname des gebürtigen Tschiang Tschung-tscheng.
59 Ruth Werner, a. a. O., S. 75f.
60 Siehe Otto Braun, Chinesische Aufzeichnungen (1932–1939), Berlin 1973, S. 25.

200 000 Mann Kuomintang-Truppen, erbeutet wurden und unmittelbar gegen den Gegner gerichtet werden konnten.

Woher die Sorge-Gruppe die so wertvollen Waffen besorgte, konnte bis heute nicht restlos geklärt werden. Die Militärpolizei Tschiang Kai-scheks war damals intensiv damit beschäftigt, Waffenverluste aufzuklären. Trotz scharfer Bewachung verschwanden aber beim Löschen der Schiffsladungen im Schanghaier Hafen immer wieder kistenweise Waffen aus Übersee im unüberblickbaren Wirrwarr der Lagerhallen. In der Kuomintang-Bürokratie wucherte von unten bis oben die Korruption, für Geld war alles mach- und erreichbar.[61] Tschiang-Kai-schek-Offiziere verkauften beispielsweise Waffen für Schanghai-Dollars, um in den teuren Ausländerhotels, Touristennachtbars und Bordellen für Europäer verkehren zu können. Ein Waffenmeister der deutschen Beratergruppe tauchte, sicher nicht mit leeren Händen, auf Nimmerwiedersehen im Schanghaier Chinesenviertel unter. Bekannt wurden auch Fälle, bei denen «Mitarbeitern» renommierter Nankinger und Schanghaier Bestattungsinstitute ein besonderer Trick gelang. Sie gaben vor, den teuren Toten auftragsgemäß zu waschen, einzukleiden und in den Sarg zu legen – des Klimas wegen war Eile geboten –, stellten dann aber fest, den falschen Sarg mitgebracht zu haben. Die unbeobachtet Gelassenen hatten inzwischen «aufgeräumt» und eilten nun mit dem leeren Sarg fort, in dem jedoch zusammengeraffte Dienstwaffen und -papiere, kommerzielle Waffenangebote und Privatkorrespondenzen unauffällig ruhten. Dies geschah 1930 in den Wohnungen des Oberfeuerwerkers Landauer und des Oberfähnrichs der Infanterie a. D. von Hornhardt, der Waffeninstrukteur in der Nankinger Lehrdivision war, und Mitte 1931 beim Kavallerieoberleutnant Freiherrn von Bock. Wer war nicht alles in China zu jener Zeit hinter Waffen her? Opiumschmuggler und Gangsterbanden, Straßenräuber und konkurrierende «seriöse» Waffenimporteure, Spione imperialistischer Mächte und notgedrungenermaßen eben auch sowjetische Kundschafter und chinesische Kommunisten. Die Zeit hat solche Spuren längst verwischt und darüber geführte Akten vermodern lassen.

Im Arsenal von Chung-king, jener Millionenstadt in Südwestchina, aber fand Sorge an den Ufern des mittleren Jangtsekiangs das, worauf er – wie wir noch sehen werden – besonders stolz sein konnte: Das Geheimnis des lautlosen Todes.

Jagd nach dem Kode

Als Max Christiansen-Clausen seinen Kurzwellensender baute, abstimmte und «eichte» und seinen neu angeschafften Rundfunkempfänger, der eine große KW-Bandbreite hatte, ausprobierte, fiel ihm auf, daß gerade in und um Schanghai der Äther voller Signale war. Er erzählte, noch bis ins hohe Alter hinein, begeistert davon. «Als Marinefunker war ich schon einiges gewöhnt. Aber was ich in Schanghai rund um die Uhr beispielsweise auf den KW-Frequenzen 39 bis 60 erleben mußte, war sogar für einen Funkprofi toll. Stationäre und maritime Funkmittel, ziviler und militärischer Funk, amtlicher und Amateurfunk, offener und chiffrierter Funk – und das in äußerst vielen Weltsprachen. Auf der Skala lagen die Sender nur Bruchteile von Millimetern nebeneinander, Sendungen in unterschiedlicher Stärke überlappten sich und beeinflußten häufig die Trennschärfe sehr negativ. Mein Funkerherz schlug beim Signalgewimmel stets höher. Es war trotzdem verhältnismäßig einfach, Amateure von geschulten Funkern, amtliche Schnellgeber von anderen Funkstellen und an den mir bekannten Rufzeichensystemen auch national unterschiedliche Funknetze zu unterscheiden. Allein von letzteren gab es die chinesischen, dann den diplomatischen und militärischen Funkverkehr der Amerikaner, Japaner, Franzosen, Briten, Deutschen, Niederländer und so weiter. Unsere Aufgabe war jedoch nicht, Funkaufklärung zu betreiben, dazu fehlten uns Mittel und vor allem unendlich viel Zeit. Dennoch sagte ich schon im Frühjahr 1930 Richard, man müßte ‹den Himmel melken› können, ich meinte damit, nicht allzu gefährdet im eigenen Quartier zusätzlich die sich anbietende Informationsfülle für unsere Zwecke anzuzapfen. Richard schlußfolgerte sofort: Was uns am meisten interessiert, ist sicher chiffriert. Also brauchten wir Kodes, besonders den Geheimkode der Nachrichtenmittel der Nankingarmee. Nach nur zwei Monaten hatte Richard in Nanking herausbekommen, daß mit der ‹Modernisierung› dieser Armee die Kodierung seit Ende 1929 prinzipiell verändert worden sei und daß sich damit, wie auch mit der weiteren Verbesserung, ein deutscher Ingenieur und Fernmeldeoffizier namens Stölzner in Chinkiang, wo das

---

61 Allein zwischen 1931 und 1937 wurden beispielsweise über 69000 Anzeigen gegen Beamte, Offiziere und Funktionäre des Nankingregimes wegen Korruption erstattet, letztlich wurden nur 13 Beamte entlassen und 41 mit leichten Gehaltsabstrichen bestraft!

zentrale Nachrichtenregiment Tschiang Kai-scheks stationiert war, beschäftigte. Richard reiste gelegentlich nach Chinkiang und kam – ich muß bemerken – derart abgespannt habe ich ihn danach nicht mehr erlebt – erfolglos zurück. Er bezeichnete Stölzner als einen vorsichtigen Fuchs, der sein am Rande des militärischen Geländes gelegenes Haus perfekt abgesichert habe. Posten mit Hunden bewachten es, die Fenster seien vergittert, er vermied unbekannte Besuche. Nach den Antennenanlagen auf seinem Grundstück zu schließen, betrieb er auch eine persönliche Sendestation. Ich riet ihm, die Sache noch mal mit dem bewährt-listigen Genossen Ch'ang zu beraten. Vielleicht kamen seine vielen Helfer weiter. Er winkte müde ab und meinte: ‹Wir können mit dieser Sache kein Risiko eingehen, das Eisen scheint zu heiß, denn würde auch nur der geringste Verdacht des teilweisen Kodeverlustes aufkommen, würde dieser verändert werden und unsere ganze Aktion wäre ein Windei.› Ch'ang zeichnete sich aber auch durch Zähigkeit aus. Er kannte Land und Leute besser als wir. Nach etwa hundert Tagen meldete er Richard die gefundene ‹weiche› Stelle. Er war zunächst davon ausgegangen: Wenn wir in Stölzners Haus nicht reinkommen, dann muß uns jemand aus dem Haus das, was wir brauchen, herausbringen. Stölzner war einer Chinesin sexuell verfallen und hatte sie auch geheiratet. Sie wollte ihn für ‹ewig› behalten und hatte Angst, ihn zu verlieren und damit auch ihre an seiner Seite erlebte gesellschaftliche Aufwertung. Sie hatte im Hause als einzige Zutritt zu allen Räumen, auch zu Stölzners ‹Allerheiligstem›, dem Arbeitszimmer, das sie säuberte, weil er keinem Boy und keiner Dienerin traute. Von seiner Frau wußte er, daß sie es nie wagen würde, sich um seine beruflichen Dinge zu kümmern, zudem war sie technisch ungebildet und radebrechte nur englisch und deutsch. Sie aber wollte ihm mit immer neuen Seidengewändern, sündhaft teuren französischen Parfüms, Negligés, Dessous – die sie in größeren Abständen mit ihrer Mutter in Schanghai einkaufen ging, wenn ihr Mann dienstlich in Nanking weilte – imponieren. Doch bei den Wucherpreisen reichte selbst das nicht niedrige Haushaltsgeld des Herrn Militärberaters dazu nicht. Das Problem war nur, wie sie die ‹Papiere› kopieren sollte, zum Abschreiben waren es zu viele, vom Bedienen einer modernen Kleinbildkamera hatte sie keine Ahnung, dafür, daß wir sie im Fotografieren gründlicher schulten, war keine Zeit. Jetzt mußte John ran. Er ‹opferte› eine Leica, präparierte Blende und Belichtungszeit durch mechanische Blokkierung und bestimmte durch eine mit einer Bleikugel beschwerte Schnur die günstigste Entfernung vom abzulichtenden Objekt. Nun konnten Ch'angs Verbindungsmänner Madame Stölzner in weniger als zehn Minuten instruieren: Papierseiten unter Stehoder Schreibtischlampe legen, Bleikugel darauf ruhen lassen, den Faden straffen, Kamera ruhig halten und Auslöserknopf langsam durchdrücken, Film weitertransportieren. Filmwechsel war auch unkompliziert. Mit ihren Einkäufen und unserer ‹Vorauszahlung› von etwa einem Liter diverser Parfüms in Dutzenden von Flakons, die Anna stückweise eingekauft hatte, schmuggelte sie den Fotoapparat und zehn Kleinbildfilme unauffällig ins Haus und in ihre Kleidertruhe. Wir alle waren gespannt. Eines Tages entwickelte John das Ergebnis. Aus der Fixierschale holten wir Abzug um Abzug, in deutscher, in englischer, in chinesischer Han-Sprache; Druckseiten, Buchtexte, Schreibmaschinentexte, Privatbriefe, Seiten mit Ziffern, Funktions-, Satzzeichen, vervielfältigte Instruktionen. Ein einziges Durcheinander, gestochen scharfe neben verwackelten Fotoabzügen. Systematisches, seitengerechtes Arbeiten war offenbar nicht die Stärke der ‹Fotografin›. Wir drei sortierten grob nach Sprachen, dann sah Richard die Englischtexte durch, ich die deutschen, die chinesischen Texte hoben wir Ch'ang auf. Nach der dritten ‹Lieferung› aus Chinkiang, der auch die Leica beigefügt war, hatten wir den Kode für den Funkverkehr des Nankinger Großen Generalstabes mit den Divisionen und Brigaden, einige Spezialkodes – unter anderem solche, die im Funkverkehr die deutschen Berater exklusiv unter sich benutzten – und vor allem deutschsprachige Militärunterlagen mit skizzierten Systemvorschlägen für routinemäßige und schnell erforderliche Kodeveränderungen. Was genauso wichtig war, in – wie Vergleiche ergaben – gleichlautenden Sprachausgaben in Deutsch, Englisch – für die Ausbilder – und in der Han-Sprache kompetent transkribiert. Nebenbei fiel uns unerwartet ein Telefonverzeichnis sämtlicher deutscher Militärberater mit Diensttelefonnummern und Privatanschlüssen in ganz Kuomintangchina in die Hände, aus dem sich ein guter struktureller Überblick rekonstruieren ließ. Letztlich waren also unsere vor allem in Pariser, Lyoner und Marseiller Duftwässern angelegten Schanghai-Dollars in unserem unüblichen Geschäft Parfüm gegen Papiere außerordentlich nützliche Ausgaben.»

Man kann davon ausgehen, daß diese mühevolle gemeinsame sowjetisch-deutsch-chinesische Kundschafterleistung in der folgenden Zeit vor allem den chinesischen Revolutionären unübersehbare Vorteile gebracht hat. Otto Braun zum Beispiel schreibt in seinen Memoiren: «Als ich meine Arbeit (1932 – J. M.) in Schanghai aufnahm ... verfügte ich nur über mangelhafte, sich zum Teil widersprechende militärische Informationen... Über die Kuomintangarmeen war ich im großen und ganzen recht gut informiert, nicht zuletzt durch Funksprüche aus dem (chinesischen – J. M.) Zentralen Sowjetgebiet, wo fast der gesamte Funkverkehr des Gegners systematisch abgehört und dechiffriert wurde.»[62]

Beim Vorbereiten seiner Memoiren stieß Genosse Braun in Moskauer Archiven auch auf diese von 1932 stammende Namens- und Funktionsliste der deutschen Militärberater in China, die Dr. Sorge zusammengestellt hatte:

«Deutsche Militärberater

Zur Zeit etwa 60 in Nanking registriert. 40 mehr als Mitte 1929, 10 mehr als Mitte 1930. Verteilung: deutsche Generalberatungsstelle 5 %, bei chinesischem Chef Großer Generalstab 10 %, beim Kriegsminister 25 %, beim chin. Armeeinspekteur 55 %, Rest in Waffenamt und Arsenalen Nanking, Hanyang/Hankou und Chungking.

im Beraterzentrum
General d. Inf. Georg Wetzell (Dsungguwen/Generalberater), Major Hans Krug, Hauptmann Friedrich Krummacher (Adjutant/Behördenleiter)

im Kriegsministerium u. a.
Rittmeister Oskar von Boddien, Ltn. Dr. Gustav Blume, Oberstltn. F. Haubs, Professor Keiper (früher Dresden), Koeppen, Oberst Ernst Lassen, Oberstveterinär Dr. Max Leber, Oltn. Otfried Lehmann, Rittmeister Wilhelm Lorenz, Dr. phil. Walther Metzener (Chemiker!), Major Hans Pirner, Ingenieur Rubens

im Großen Generalstab
Baumgärtner (Kartograph/Photograph), Dipl.-Ing. Ertner (Technik), Generalmajor Gudowius (von Kriegsakademie Peking), Major Walter Hartmann, Oltn. Hans Ruef (Kartograph)

Oberst Bade, Oltn. Otto Bauer, Major Beelitz, Hauptmann Erich Bloedorn, Hauptmann Ulrich von der Damerau, Hauptmann von Egidy, Major Dr. med. Walther Fehrmann (hat Schweizer Paß!), Hauptmann Gottfried Gilbert, Oltn. Hartung. Ltn. Franz Hummel, Hauptmann Freiherr von Hunolstein, Hauptmann Kaiser, Major Ernst von Knobelsdorff, Major Richard Kotz, Oberstltn. Hermann Kriebel, Major Hans Krug, Waffenmeister Karl Martin, Hauptmann Constantin Meyer, Oltn. Friedrich Moellenhoff, Oltn. Moritz, Oberst Hans Nolte, Uffz. Franz Pohle, Major Otto Schaumburg, Hauptmann Bodo Freiherr von Stein, Ltn. (Ing.) Erich Stölzner, Oltn. Kurt Streppel, Ltn. Fritz Weber, Oltn. Welkoborsky, Leutnant zur See Wilhelm Zimmermann.»

«Blauhemden» auf der Blutspur

Auf Sorges Liste der deutschen Militärberater folgten auch noch Hinweise auf die waffengattungsmäßige Spezialisierung und die truppendienstliche Mission. Sorge versäumte es außerdem nicht, nazistisch orientierte und organisierte Militärberater wie Oberstleutnant Kriebel und seinen Schwiegersohn aus St. Gallen, den Sanitätsberater Dr. med. Fehrmann, Major Pirner, Hauptmann Krummacher und Rittmeister Lorenz ausführlicher zu charakterisieren. Pirner instruierte und führte beispielsweise motorisierte Elite- und erste Panzertruppen der Nankingarmee, Lorenz drillte an der Kavallerieschule den jungen Reiternachwuchs und formierte die neuen Eskadronen dieser im straßenarmen China sehr beweglichen Truppe. Krummacher schilderte er in vieler Hinsicht als Schlüsselfigur, sowohl als Adjutant der Chefberater Oberstleutnant Kriebel und General Wetzell als auch als Disponent für Waffen- und Rüstungsmaterialeinkäufe. Sorge hatte nach der Analyse der politischen Entwicklung in Deutschland besonders Ende der zwanziger Jahre eine gewisse Parallele zum politischen Leben Chinas vorausgesehen, die durch den Diktator Tschiang Kai-schek und seine um sich gescharten durchweg rechtsextremistischen in- und ausländischen Berater begünstigt wurde. Ihm fiel

62 Otto Braun, a. a. O., S. 12 und 19.

auf, daß nach und nach solche profaschistische Putschisten und konterrevolutionäre Freikorpsführer wie Oberst Max Bauer und Waldemar Pabst und immer mehr Altnazis wie eben Kriebel, Fehrmann, Krummacher, Pirner, Lorenz und andere nicht nur in China auftauchten, sondern sich nach Schlüsselstellungen in der Beraterschaft des Diktators drängten und ihm «politische Radikallösungen» empfahlen. Zu den Sympathisanten der deutschen Nazis zählte übrigens auch der USA-Militärberater und bekannte Flieger Charles Augustus Lindbergh in China.[63]

Sorge erlebte selbst noch während seines Chinaeinsatzes, wie Kriebel an der Whampoa-Akademie Tschiang Kai-scheks heranwachsende Kader erzog und für faschistische Vorbilder aus Deutschland und Italien begeisterte. Hitlers braun uniformierte SA und Mussolinis Schwarzhemden wurden von Kadetten und jungen Offizieren, die mit Blauhemden auftraten, bereits 1932 nachgeäfft. Tschiang Kai-schek förderte den ihm dienenden Führer- und Kriegskult dieser politischen Gewaltanbeter und verschaffte ihnen entsprechende einflußreiche Positionen besonders in den Geheimdiensten, in der Militärpolizei und bei der Gendarmerie, in den paramilitärischen Formationen und im Propagandaapparat seiner Diktatur. Auch der pensionierte Reichswehrgeneral Georg Wetzell, seit 1930 Chefberater, riet seinem chinesischen Dienstherrn unter Hinweis seines persönlichen Beitrages beim systematischen und militärischen Niederkämpfen der Novemberrevolution im Nachkriegsdeutschland immer wieder, «mit dem Feind rücksichtslos abzurechnen, keine Gefangenen zu machen»! Wie diese Ratschläge befolgt wurden, das konnte Sorge allerdings nicht mehr von Schanghai aus beobachten. Aber er hörte vom Wüten des deutschen Polizeihauptmanns und ehemaligen Führers der SA-Gruppe «Berlin-Brandenburg», Walter Stennes, den Tschiang Kai-schek als Kommandeur seiner großen und schlagkräftigen Leibbrigade und seines persönlichen, mit Sondervollmachten ausgestatteten Stabes 1933 anheuerte und später auch hoch dekorierte.[64]

Mit den Karrieren der deutschen Militärberater bestens vertraut, vermochte Sorge seiner Kollegin Agnes Smedley gleich bei seinen ersten Besuchen zu helfen, ihre Berichterstattung biographisch zu präzisieren. Am 5. Februar 1930 konnte man in der «Frankfurter Zeitung» über die Art und Weise, wie grausam Tschiang Kai-schek den Kampf im Bürgerkrieg führte, wie bestialisch er im

Klassenkampf mit dem Gegner abrechnete und wie er schon mit aggressiven Absichten gegen die Sowjetunion spielte, lesen: «Die Bürgerkriege in China – und was weiter?... In wochenlangen heftigen Kämpfen hat Nanking seine besten Truppen gegen die machtvolle Kuomintchün (Gruppe der Kuomintang in Mittelchina – J. M.) vorgeschickt. Tschiang Kai-schek hatte Geld, Lebensmittel, Bekleidungsstücke, Flugzeuge und etwa ein Dutzend deutsche militärische Ratgeber (darunter Organisatoren des Hitlerputsches von 1923), Kanonen und Munition ... Wochenlang floß dort das Blut wie Wasser, denn auf beiden Seiten gab es je 30000 bis 40000 Tote und Verwundete. Auf beiden Seiten gab es fast keine ärztliche Hilfe. Auf beiden Seiten gab es dieselben Soldaten: Bauern, die aus Verzweiflung für eine Handvoll Reis in den militärischen Kampf und Tod getrieben worden waren. Aber so wie das Blut gleich Wasser dahinfloß, so verrann auch das Geld. Allein dieser Krieg hat Nanking 15 Millionen Dollar gekostet.« Agnes Smedley schildert dann, daß davon allein fünf Millionen Dollar verwendet worden waren, um gegnerische Generale zu bestechen und die Front wechseln zu lassen und im Rücken des Gegners Fünfte Kolonnen zu finanzieren. Diese von Kriebel konzipierte Strategie unterschied sich bereits wesentlich von der Kriegführung im ersten Weltkrieg und tendierte zur künftigen «totalen Kriegsführung» Hitlerdeutschlands im zweiten Weltkrieg.[65]

Ging es darum, militärische Operationen der Tschiang-Kai-schek-Truppen gegen die chinesischen Sowjetgebiete rechtzeitig zu signalisieren, gönnte sich Dr. Sorge keine Ruhe. Die Genossen und Kämpfer in diesen Gebieten sollten gewarnt und vorbereitet sein. Der erste antikommunistische Einkreisungsfeldzug Tschiang Kai-scheks war im Dezember 1930 gescheitert. Im Januar 1931,

63 Siehe Otto Braun, a. a. O., S. 30. Lindbergh hatte 1927 mit seinem 200-PS-Flugzeug in 33¹/₂ Stunden den Weltrekord-Nonstopflug New York – Paris durchgeführi. Anfang der vierziger Jahre gehörte er zu den faschistischen Propagandisten in den USA, und 1954 wurde er Brigadegeneral der US Air Force.
64 Siehe Charles Drage, The Amiable Prussian, London 1958; Bernd Ruland, a. a. O., S. 396.
65 Der Nazi Kriebel betonte später selbst im Naziblatt «Völkischer Beobachter», Berlin, vom 22. Januar 1935: «Der ursprüngliche Zweck der deutschen Militärberater in der chinesischen Armee war der, die Truppen der Nanking-Regierung derart auszubilden, daß sie zur Zeit der Generalsbürgerkriege jedem inneren Gegner überlegen waren.» In welchem Maße aus diesen Militärberatern fanatische Kader der Hitlerwehrmacht hervorgingen, zeigen Beförderungs- und Ordenslisten. Danach erhielt jeder zehnte ehemalige Militärberater das für besonders skrupellose Kriegführung 1939 gestiftete Ritterkreuz.

etwa hundert Tage vor dem geplanten zweiten, schickte Richard Sorge auf dem Kurierweg einen Situationsbericht an die Moskauer Zentrale, in dem abschließend neue Operationen so angekündigt wurden: «Gegenwärtig entwickelt sich die sowjetische Bewegung in 300 südlichen und zentralen Landkreisen. Sie verfügt über eine organisierte Armee von 36 Korps, ungefähr 200000 Kämpfer, und ungefähr eine Million wenn auch schlecht bewaffneter Arbeiter und Bauern, die sich zu Partisanenabteilungen, Abteilungen der Jungen Garde und anderen Massenorganisationen vereinigt haben. Die konsequente Liquidierung des imperialistischen Jochs und aller Überreste aus der Zeit des Feudalismus in den sowjetischen Gebieten, die Enteignung und Verteilung des Großgrundbesitzes an die Bauern, die Aufhebung aller Schuldverpflichtungen – das alles macht die Sowjetgebiete zu Zentren, die praktisch den Weg zur Befreiung ganz Chinas zeigen. Die Nankinger Regierung kommt nicht gegen die sowjetischen Gebiete an, mag sie von noch so vielen imperialistischen Mächten allseitig unterstützt werden. Die von Tschiang Kai-schek großspurig angekündigten Feldzüge gegen die Sowjetgebiete scheitern einer nach dem anderen. Die Kuomintangleute denken jedoch nicht daran, die Waffen zu strecken. In nächster Zukunft sind neue Feldzüge gegen die befreiten Bezirke zu erwarten.»[66]

Daß das Niederkämpfen jeder Opposition gegen die Diktatur im Inland – wie ja auch Hitler in seinem Machwerk «Mein Kampf» empfiehlt – die Voraussetzungen für die antikommunistische Aggression nach außen schaffen sollte, schilderte Agnes Smedley in ihrer zeitgenössischen Analyse schon 1930 treffend. «Tschiang Kai-schek ... hätte beabsichtigt, den chinesisch-russischen Krieg so lange hinzuhalten, bis die Bürgerkriege in Mittel- und Südchina beendet gewesen wären, um dann seine Nankinger Truppen nach Norden zu verschiffen und dort selbst die Herrschaft über die Mandschurei zu übernehmen. Er habe weiter beabsichtigt, dann mit Moskau zu verhandeln, und seine weiteren Schritte ganz davon abhängig zu machen, welche Unterstützung er bei den (imperialistischen – J. M.) Großmächten gegen die Sowjetunion gefunden haben würde.»[67]

Im Schatten der Großen Mauer

Das riesige China war Schnittpunkt der Machtinteressen vieler imperialistischer Staaten, die sich dort Sonderrechte geschaffen hatten. Ökonomischer Expansionsdrang war auch in China Triebfeder militärischer Aktivitäten. Bleiben wir zunächst einmal bei Deutschland: Die erste deutsche Handelsfirma tauchte beispielsweise 1842 in China auf, 1855 waren es sieben deutsche Firmen. Ihnen folgten 1861 erste deutsche Diplomaten nach Schanghai, 1897 eroberte das kaiserliche Deutschland die Kolonie Kiautschou (Jiaozhau) mit Tsingtau, und 1900 gehörte auch Deutschland zu den imperialistischen Interventen, die in China einfielen. Im ersten Weltkrieg hatten die Japaner den Deutschen das Kiautschou-Gebiet wieder abgejagt, und 1919 wurden die geschlagenen Deutschen aus China ausgewiesen, ihre 273 Unternehmen wechselten die Besitzer. Kein Jahrzehnt später schätzte Dr. Sorge beim Untersuchen des Kapitalexportes des «neuen deutschen Imperialismus» richtig ein: «Deutsches Kapital ist auch wieder nach China eingedrungen und ohne daß genaue Daten gegeben werden können, wird übereinstimmend die Belebung der deutschen Banktätigkeit in China gemeldet.»[68]

Systematisch vervollständigte die Sorge-Gruppe ihre Materialien auch über die ökonomische Lage in China. In welchem Maße und Tempo dies geschah, läßt die Äußerung von Genossin Ruth Werner nur ahnen, die für Sorge heimlich Manuskripte abtippte, darunter «ein ebenso interessantes, ungefähr 350 Schreibmaschinenseiten umfassendes Manuskript über die wirtschaftlichen Verhältnisse Chinas. Ein deutschsprechender Genosse ungarischer Herkunft hatte es verfaßt. Der Name des Genossen war als Mitarbeiter der ‹Inprekorr›[69] international bekannt, aber ich besinne mich nicht mehr auf ihn.»[70]

Kein Wunder, daß Sorge als Kundschafter, aber auch als interessierter Wirtschaftswissenschaftler in Schanghai bemüht war, seine Faktenlücken zu schließen. Max Christiansen-Clausen schilderte uns, wie Sorge frohlockte, daß sich schon Mitte 1930 der deutsche Generalkonsul die Ehre gab, ihn zum Abschluß-

66 S. Goljakow/W. Ponisowski, a. a. O., S. 44f.
67 In: «Frankfurter Zeitung», 1. Morgenblatt, vom 5. Februar 1930.
68 R. Sonter, a. a. O., S. 39.
69 «Internationale Presse-Korrespondenz», Organ der Kommunistischen Internationale.
70 Ruth Werner, a. a. O., S. 78.

Aus den Leibern erschlagener Proletarier will der Imperialismus eine
Brücke schlagen, um in das Land des Sozialismus einzudringen!

MANDSCHUREI

*Die KPD warnte vor Tschiang Kai-scheks antisowjetischer
Stoßrichtung: Titelseite der «Arbeiter-Illustrierten-Zeitung
(AIZ)», Berlin, Nr. 16/1932*

bankett der ersten deutschen Nachkriegs-China-Studiendelega-
tion einzuladen. Sorge ließ sich von einem chinesischen Maß-
schneider innerhalb von zwei Tagen einen neuen Smoking nähen.
Das Bankett in tropischer Nacht war für ihn dann allerdings
Schwerstarbeit. Er wurde als namhafter Chinakorrespondent vorgestellt, parlierte fünf Stunden, wurde herumgereicht, suchte sich
aber auch gezielt seine Gesprächspartner. Er sammelte fleißig Visitenkarten und verteilte auf Wunsch seine eigene. Als er die emp-
fangenen Karten später genauer sichtete, hatte er den endgültigen
Beweis dafür in der Hand, daß sich Vertreter deutscher Monopole
und Großbanken an Ort und Stelle über China und seine Wirt-
schaftschancen informierten. Der siebenköpfigen Delegation in

Schanghai gehörten beispielsweise das Mitglied des Direktoriums und des Aufsichtsrates von Krupp, Dr. Carl Friedrich Louis Wendt, Reichsbankdirektor und Vorstandsmitglied der Dresdner Bank, Dr. Hans Schippel, sowie der Berliner Bankdirektor der Darmstädter und Nationalbank, Dr. A. Jacoby, an. Und Sorge hatte beim Sekt erfahren, daß Repräsentanten der von ihm besonders beobachteten Konzerne[71] wie AEG, Hamburg-Amerika-Linie, Krupp und Siemens-Halske planten, noch im selben Jahr einen Chinaausschuß des Reichsverbandes der Deutschen Industrie (RDI) zu bilden. Das hatte ihm der stellvertretende Vorsitzende des Verbandes sächsischer Industrieller und als Präsidiumsmitglied des RDI der Leiter der Chinastudienkommission, ein Heinrich Retzmann, zugeraunt. Von Generalkonsul Dr. Wilhelm Wagner erfuhr Sorge außerdem, daß dieser Retzmann bis 1919 kaiserlich-deutscher Admiral gewesen sei und nach wie vor von den deutschen Industriellen als besonderer Chinakenner geschätzt werde. Er sei von 1902 bis 1904 ein militärischer Befehlshaber in der deutschen Kolonie Tsingtau gewesen! Zu den diesmal nach China vorausgeeilten deutschen Militärs stießen also zur gemeinsamen Offensive jetzt die Bank- und Industriekapitäne von Rhein und Ruhr, Hamburg und Berlin.

Nur ein Jahr später hatte sich Dr. Sorge weitere Klarheit verschafft. Ihm war ein Bericht der Bank of China in die Hände gefallen, den er offensichtlich auch mit Agnes Smedley auswertete. Wie es scheint, hat er ihr beim Verfassen eines entsprechenden Beitrages, übrigens auffallenderweise der einzige aus ihrer Feder, den die Redaktion der «Frankfurter Zeitung» in ihren Börsenteil «Frankfurter Handelsblatt» aufgenommen hat, geholfen.[72] Danach ergab sich folgender ausländischer Vermögens- und Firmenstand in China:

Staat	Vermögen in Millionen Dollar	Zahl der registrierten Firmen
Frankreich	?	181
Deutschland	100	319
USA	200	574
Japan	1 000	8 926
Großbritannien	1 750	682

71 R. Sonter, a. a. O., S. 16 bis 18 und 77.
72 Siehe Agnes Smedley, China in der Krise. In: «Frankfurter Zeitung» vom 10. September 1931.

Die Japaner legten den Schwerpunkt ihres ökonomischen Vormarsches in China in die Mandschurei. Um so mehr begann die Konkurrenz der europäischen und nordamerikanischen Kapitalisten in «ihrer» Einflußzone in und um Schanghai zu toben. Das deutsche Kapital besaß zwar schon wieder mehr Unternehmen in China als vor dem ersten Weltkrieg, doch die deutschen Investitionen waren damals höher: 250 Millionen Dollar. Die durch den verlorenen Weltkrieg vorübergehend geschwächte Kapitalexportkraft des deutschen Imperialismus zeigte sich auch in China. Dafür aber erhöhte sich die deutsche Einfuhr an Waffen, Maschinen und Chemikalien außergewöhnlich schnell, nicht zuletzt durch den Einfluß der deutschen Militärberater bei der Nankingregierung. 1932 konnte Dr. Sorge in Schanghai registrieren, daß Deutschland wieder mit 6,5 Prozent an den chinesischen Importen beteiligt war – wobei allerdings die von deutschen Beratern geführten Arsenale hauptsächlich Tschiang Kai-scheks Truppen versorgten –, während es im Jahre 1936 dann schon 17 Prozent sein sollten.

Das wiederum rief die USA-Monopole auf den Plan. Auch sie verfügten bereits über starke Wirtschaftspositionen und setzten ebenfalls auf das Nankingregime.

Die British American Tobacco Company war mit ihren monatlichen 2,8 Millionen Dollar Steuerzahlungen der absolut größte Finanzier der aufwendigen Kriegführung von Tschiang Kai-schek und deckte allein etwa ein Siebentel seiner Militärausgaben![73]

USA-Konzerne kauften den Briten unter anderem die Shanghai Mutual Telephon Company und die Shanghai Light and Power Company ab und hatten somit die Energiebasis dieser Hafenstadt in ihren Händen. Sie starteten gerade Anfang der dreißiger Jahre in China wirtschaftlich wie militärisch ihre antikommunistisch orientierte Offensive. Agnes Smedley schätzte das so ein: «Der Geldsäckel – hierin liegt die Stärke von Tschiang Kai-schek ... Er, der Vertrauensmann der Bankiers von Schanghai, wird nicht nur von den chinesischen, sondern auch von den ausländischen Finanzleuten unterstützt, die ihr schweres Geld in 22 Anleihen (in nur vier Jahren! – J.M.) bei der Nankinger Regierung während deren Amtszeit angelegt haben... In China ist Geld wohl noch beredter als Kanonen.»[74]

Längst boten vor allem Admirale der US Navy der konterrevolutionären Mordsoldateska Tschiang Kai-scheks Schützenhilfe und beteiligten sich am gnadenlosen Hinmetzeln völlig ungenügend bewaffneter chinesischer Bauern und Arbeiter. Im Herbst 1930 kabelte Agnes Smedley, nachdem sie sich wieder mit ihren politischen Freunden abgestimmt und von ihnen Fakten bekommen hatte, nach Deutschland: «Aber die Fremden stehen bei ... der Ausrottung der ... Roten nicht beiseite; Sie sind vielmehr den chinesischen Regierungstruppen sogar zuvorgekommen und bekämpfen jetzt die Kommunisten längs des Jangtse mit eigenen Mitteln. Am 23. August veröffentlichte die chinesische Presse eine Liste der ausländischen Kanonenboote und Kreuzer auf dem Jangtse; es wurden 16 japanische, 10 amerikanische, 5 britische und 2 italienische Schiffe aufgeführt. Tatsächlich haben die fremden Kanonenboote auch von dem Tage ab, an dem die kommunistischen Armeen am 29. Juli Tschangscha, die Hauptstadt von Hunan, eroberten, aktiv eingegriffen. Vor mir liegen Zeitungsausschnitte über acht Zusammenstöße zwischen ausländischen Kanonenbooten und kommunistischen Heeren seit dem 1. August. Was eine ganze Anzahl von Wochen geheimgehalten wurde, gibt die amerikanische Presse in China und Amerika jetzt bekannt; nämlich die Nachricht, daß die Kommunisten aus Tschangscha nicht von chinesischen Truppen, sondern von dem amerikanischen Kanonenboot ‹Palos› vertrieben wurden, das sich in Begleitung von japanischen, italienischen und britischen Kanonenbooten befand und nach dem Zeugnis einer in Schanghai erscheinenden amerikanischen Wochenschrift ‹die kommunistischen Armeen zur Räumung zwang und damit die Sowjetherrschaft aufhob, die sie in der Stadt errichtet hatten›. Hankou wäre vor dem Ansturm der sich zusammendrängenden Kommunisten gefallen und hätte das Zentrum einer Sowjetregierung gebildet, wären die fremden Kreuzer nicht Anfang August dorthin geeilt mit der Drohung, die Stadt zu bombardieren, falls die Kommunisten sich nähern würden ... Die ausländischen Zeitungen in China gehen denn auch weiter. Kanonenboote auf dem Jangtse sind nicht genug, schreiben sie, und befürworten die bewaffnete Intervention fremder Truppen.»[75]

In dieser zugespitzten Situation kam Anfang der dreißiger

73 Siehe Agnes Smedley, Tschiang Kai-schek rechnet ab. In: Ebenda, vom 30. April 1930.
74 Agnes Smedley, China vor einem neuen Bürgerkrieg. In: Ebenda, 1. Morgenblatt, vom 25. Juni 1931; siehe auch die «Amerikanisierung» Chinas, 2. Morgenblatt, vom 3. November 1929.
75 Agnes Smedley, Die Verschiebung der Fronten in China. Es geht jetzt gegen die «Roten». In: Ebenda, 1. Morgenblatt, vom 25. Oktober 1930.

Jahre der sechzigjährige USA-Bankier Russel Green Fessenden aus Boston auf eine Chinainspektion. Er gehörte zur Führungsmannschaft der Wall Street und vertrat beispielsweise die Aufsichtsräte der American Trust Company, war Generaldirektor der Old Colony Trust Company und Präsident der Bosten Five Cents Savings Bank sowie des Building Trusts. Dieser Finanzmagnat aus Massachusetts sollte für das Washingtoner Weiße Haus Leitlinien für die Chinapolitik der USA für das nächste Jahrzehnt ausarbeiten und sammelte mit seinen Mitarbeitern entsprechende Materialien und Empfehlungen vorwiegend in Nanking und Schanghai, wo er auch den Entwurf seines Basispapiers mit den erfahrensten Chinaexperten der USA beriet. Erst nach dem zweiten Weltkrieg eruierten die beiden britischen Historiker Deakin und Storry: «Ein vertrauliches amerikanisches Memorandum ... als Fessenden-Report bekannt geworden, fiel Sorge in die Hände, ehe es auf amerikanischer Seite veröffentlicht werden konnte; man weiß nicht genau, durch welche Vermittlung.»[76] Dieses späte Ermittlungsergebnis gibt nur die halbe Wahrheit wieder. Das Fessenden-Memorandum ist bis heute nur etwa zur Hälfte veröffentlicht worden, der andere Teil blieb Senatoren hinter gepolsterten Türen und Wirtschaftsführern in Manageretagen als Denkhilfe für imperialistische, China betreffende Entscheidungen vorbehalten. Und was die Quelle betrifft, so war sie wohl der Amerikanerin Agnes Smedley zu verdanken, die eine Kopie aus Nanking erhalten hatte. Dort saß einer ihrer Bekannten und Vertrauten als Berater des Finanzministers[77] von Tschiang Kai-schek und hatte die Aufgabe, den konkurrierenden britischen Berater Sir Frederick White auszustechen.[78]

Sorges Kundschafter-Gruppe jedenfalls konnte rechtzeitig und sicher diese Perspektivvorschläge der USA an die Moskauer Zentrale weiterreichen. Das geschah zu einer Zeit, in der sich noch nicht völlig klar abzeichnete, daß die USA sich in China gegenüber dem recht massiven Vormarsch des deutschen Imperialismus erfolgreich durchzusetzen verstanden. Rückblickend muß die Beschaffung des Fessenden-Reports durch Dr. Sorge daher sehr hoch bewertet werden, denn er deutete ja schon die komplexen wirtschaftlichen, außenpolitischen und militärischen Interessen des USA-Kapitals, den chinesischen Markt und den Diktator Tschiang Kai-schek betreffend, an.

In Hitlerdeutschland dagegen setzten sich nach 1933 immer

mehr jene Kräfte durch, die in Fernost auf das profaschistische kaiserliche Japan setzten. Im Juli 1938 wurden die deutschen Militärberater mit ihrem Chef, General der Infanterie Alexander von Falkenhausen, ins «Dritte Reich» zurückbefohlen und mit ihren insgesamt über ein Jahrzehnt in China gesammelten Kriegserfahrungen noch vor Beginn des zweiten Weltkrieges in die Hitlerwehrmacht integriert.

Wider barbarisches Gas

Richard Sorge hatte aus dem ersten Weltkrieg ein schreckliches Trauma. Er erlebte vor Verdun, wie die kaiserlich-deutsche Armee chemische Waffen einsetzte, sah an den Fronten und in Lazaretten die Opfer des Gaskrieges. Seit dieser Zeit haßte er diese verderbenbringende Erfindung, die massenweise Leben vernichtete, damit sich einige wenige auf Kosten der Menschheit Vorteile verschaffen und zusätzlich hohe Profite einstreichen konnten. Übrigens gehörte auch Max Christiansen-Clausen zu den Giftgasopfern des ersten Weltkrieges. Mit einem Nachrichtenbataillon war er an der deutsch-französischen Front eingesetzt, als deutsche Artillerie den Gegner mit Blaukreuz-Granaten beschoß. Da sich der Wind gedreht hatte, wurden die eigenen Truppen getroffen. Max' Lunge war angegriffen, er spuckte wochenlang Blut. Dieses furchtbare Erlebnis konnte auch er sein Leben lang nicht vergessen.

Die Generale – voran der deutsche Generalstabschef Erich von Falkenhayn – jener kriegführenden Staaten, die Gaseinsatz befahlen und mit den Weißkreuz-, Grünkreuz-, Blaukreuz- und Gelbkreuz-Kampfstoffen riesige Gräberfelder füllten und ein Millionenheer haut-, augen- und lungengeschädigter Krüppel hinterlassen hatten, blieben unbestraft und ungeächtet.

Der kaiserliche Generalstab glaubte mit dem Giftgas seine quantitative Unterlegenheit an Truppen wettmachen zu können und sah darin das Mittel, vor allem den «Massenansturm von Sla-

---

76 F. W. Deakin/G. R. Storry, a. a. O., S. 87.

77 Siehe Agnes Smedley, Rote Armeen in China. In: «Frankfurter Zeitung», 2. Morgenblatt, vom 19. Februar 1931.

78 Siehe Agnes Smedley, Immer noch kein Ausweg in China. In: Ebenda, 2. Morgenblatt, vom 8. Dezember 1929.

wen» sowie afrikanischer und asiatischer Hilfstruppen Frankreichs und Großbritanniens aufzuhalten. Allein die russische Armee hatte mit etwa 25 Prozent der Gasgeschädigten und etwa 60 Prozent der Gastoten die höchsten Opfer im ersten Weltkrieg gebracht. Zwar hatten die Haager Konferenzen von 1899 und 1907, also noch vor dem ersten Weltkrieg, bereits den Gebrauch von Gift und vergifteten Waffen verboten. Keine imperialistische Regierung, die über chemische Kampfstoffe verfügte, hatte sich jedoch an das Verbot gehalten und so den lautlosen Tod seine verheerende Ernte einfahren lassen. Seit dem Frühjahr 1922 setzte sich die junge Sowjetmacht konsequent für das völlige Verbot dieser barbarischen Waffe ein, und 1925 kam international das Genfer Protokoll über den Gas- und bakteriologischen Krieg zustande, dem sich Deutschland bezeichnenderweise erst vier Jahre später anschloß.[79] Doch die zahlenmäßig durch den Versailler Vertrag niedrig gehaltene deutsche Armee und deutsche Monopolgruppen hatten in ihrem heimlichen Aufrüstungsprogramm den chemischen Kampfstoffen längst wieder einen hohen Stellenwert eingeräumt.

Dr. Sorge beobachtete, wie andere Kommunisten auch, diesen besorgniserregenden Prozeß und warnte 1928 sogar öffentlich davor. Bei seiner politökonomischen Untersuchung des Monopolisierungstrends im Nachkriegsdeutschland stieß er auch auf die IG Farben und stellte fest: «Die angeführte Arbeitsteilung im Trust ist längst noch nicht zum Abschluß gekommen. Fast von Monat zu Monat gliedert er sich neue Arbeitsgebiete an. Schon heute reicht seine Produktion vom Seidenstrumpf bis zu Dynamit und Giftgasen!»[80] Er orientierte weiter eindringlich darauf, «die augenblicklich noch ‹stille› Beteiligung des deutschen Kapitals an der Intervention in China durch die Belieferung der chinesischen Konterrevolution mit Waffen ... nicht völlig außer acht»[81] zu lassen!

Man kann nicht sagen, ob Sorge auch damals schon auf diesem Gebiet mehr wußte, als er aus bestimmten Gründen – selbst unter Pseudonym – geschrieben hat. Fest steht jedoch, daß in seinen letzten Gesprächen, die er mit seinem acht Jahre älteren Bruder in Deutschland führte, engagiert über Giftgaskriege, ihre Wahrscheinlichkeit und Chancen diskutiert wurde. Hermann Sorge war ein profilierter Chemiker und lehrte an der mathematisch-naturwissenschaftlichen Fakultät der Universität Göttingen.[82]

Auch die KPD, mit deren Materialien sich Richard Sorge nicht nur beruflich intensiv beschäftigte, sondern die er auch Jahre hindurch mit gründlichen Arbeiten anreicherte, prangerte in Deutschland mit allen propagandistischen und parlamentarischen Mitteln die bei der Reichswehr laufenden Giftgaskriegsvorbereitungen an.[83] Außerdem wußte Sorge sicher auch: Major Max Bauer, Leiter der Abteilung schwere Artillerie und Befestigungen in der Operationsabteilung der Obersten Heeresleitung bereitete Anfang Oktober 1914 gemeinsam mit Professor Walther Nernst und dem Konzerngewaltigen Carl Duisberg von den Farbenfabriken Leverkusen die Massenproduktion von 20 000 105-mm-Ni-Schrapnellgeschossen für den ersten deutschen Gasangriff an der Westfront bei Neuve-Chapelle vor.[84] Dieser Max Bauer, der auch nach dem ersten Weltkrieg im «Düsseldorfer Industrieclub» verkehrte, tauchte dann im Dezember 1927 als erster deutscher Generalberater in China an der Seite Tschiang Kai-scheks auf. Und sein Kriegs- wie Klubpartner, Geheimrat Carl Duisberg, wurde von ihm bereits im März 1929 in Nanking empfangen und durch China geleitet, um für dortige Großinvestitionen des deutschen Chemietrusts interessiert zu werden. Duisberg gehörte in dieser Zeit schon zum «Rat der Götter» der deutschen Wirtschaft und zu den Drahtziehern in der Politik. Er war Direktor der Deutschen Farbengesellschaft Waibel & Co. und inzwischen nicht nur als Gründer zum Vorsitzenden des Aufsichtsrates der IG Farben gemacht worden, sondern führte gleichzeitig den Reichsverband der deutschen Industrie.[85] Duisberg jedenfalls konnte schnell handeln, denn er war kompetent: Er versprach der Nankingclique starke Hilfe.

Dr. Sorge aber hatte sie bereits anvisiert. Aus Erfahrung wußte er, die Spuren der IG Farben führen zu wohlgehüteten Geheimnissen der imperialistischen Kriegführung. Ruth Werner vermerkte in ihren Memoiren, daß sie einmal für Sorge ein Manu-

79 Siehe «Reichsgesetzblatt», Teil II, Berlin 1929, S. 174ff.
80 R. Sonter, a. a. O., S. 23.
81 Ebenda, S. 178.
82 Hermann Sorge, 1887 in Baku geboren, studierte seit 1909 an der Leipziger, seit 1910 an der Münchener und seit 1912 an der Göttinger Universität Chemie. 1915 promovierte er in Göttingen mit der Dissertation «Über Furan- und Hydrofuran-Verbindungen» zum Dr. phil.
83 Siehe die zeitgenössische KPD-Broschüre von Günther Reimann, Giftgas in Deutschland. Die Machtstellung der IG Farbenindustrie AG, Berlin o. J.
84 Siehe Olaf Groehler, Der lautlose Tod, Berlin 1978, S. 26; Max Bauer, Der große Krieg in Feld und Heimat, Erinnerungen und Betrachtungen, Tübingen 1921.
85 Siehe Carl Duisberg, Meine Lebenserinnerungen, Leipzig 1933.

skript schrieb, in dem es um von den IG Farben zusammenge-stelltes vertrauliches Material über die geographischen und Agrarverhältnisse in China, um Marktmöglichkeiten usw. ging.[86]

Bei seinen Nachforschungen stieß Sorge auf eine Reihe ausländischer Spitzenchemiker in China, die meist noch 1929 – also unmittelbar nach der Duisberg-China-Visite mit Tschiang Kaischeks Busenfreund Dr. Yü Ta-wei[87] aus Berlin angereist waren. Dazu zählten beispielsweise der fünfundfünfzigjährige Dr. phil. habil. Ernst August Ansel aus Göttingen, Dr. phil. Walther Metzener und der österreichische Ingenieur von Henning. Gemeinsam mit Duisberg war schon der kaiserliche Berufsoffizier Leutnant a. D. Dr. Gustav Blume in Schanghai eingetroffen. Bei ihnen allen handelte es sich um weltkriegserfahrene Chemiker, um Sprengstoff-, Munitions- und Giftgasfachleute!

Kein Wunder also, daß in den vertraulichen Konzernpapieren, die sich Sorge zu beschaffen wußte, immer häufiger von Diphenylchlorarsin- und Phenarsazinchlorid, Xylylbromid, Dichlordiäthylsulfid, Chlorpikrin beziehungsweise Diphosgen die Rede war. Eingeweihte wußten, daß es sich dabei um solche verheerenden Kampfstoffe wie Blaukreuz, Weißkreuz, Gelbkreuz und das tödlich wirkende Grünkreuz handelte!

Als erster deutscher Chemieberater hatte Ansel von 1927 bis Ende 1928 in der Sprengstoffherstellung der südchinesischen Provinzhauptstadt Kanton gewirkt. Dann half er, die Granaten- und Munitionsfabrikation des Hankouer Hanyang-Arsenals zu modernisieren, richtete dort die Minen- und teilweise die Gasgeschoßproduktion ein. Dies geschah mit heimlich organisierten Importen des Chinahandelshauses Carlowitz & Co., wo ein Dr. Ado Nolte – übrigens ein Verwandter des deutschen Militärberaters Oberst Hans-Erich Nolte im Stab des Generals Chen Cheng – schriftführend war, und der Hamburger Firmen Simon, Evers & Co., Siemssen & Co. und anderen. Nach seiner Rückkehr vom Deutschlandurlaub wurde Ansel direkt Militärberater und arbeitete an einer Geheimstudie über «Die Bedeutung und Wirkung von Gift- und Rauchgasen im modernen Kriege»![88] Als «Krönung» seiner menschenfeindlichen Arbeit in China fühlte sich Ansel noch prädestiniert, Ballistik – wobei er dem Einsatz chemischer Munition besondere Beachtung schenkte – an der Kriegsakademie in Peking zu lehren.

Agnes Smedley war beim Besuch des Rockefeller-Instituts dort Mitte 1929 auch auf ihn aufmerksam geworden.[89] Danach baute er mit deutschen Maschinen in Chungking ein Arsenal auf, in dem etwa 100 von ihm angelernte Chinesen Kampfgase produzierten und Granaten mit Pikrinsäure füllten.

Der Chemiker Metzener, von den chinesischen Militaristen liebevoll Mai-tzu-nei genannt, war mit Wissen der deutschen Regierung von 1929 bis 1935 als Militärberater und ausschließlich mit der Giftgasproduktion direkt in Schanghai beschäftigt.[90]

Vor Ort gelang es also der Sorge-Gruppe, ein streng gehütetes Geheimnis rechtzeitig aufzuklären: Das deutsch-chinesische Komplott zum Einsatz chemischer Massenvernichtungsmittel. Über 10 000 Kilometer hinweg verbanden sich die militanten Antikommunisten Chinas und Deutschlands, die Händler des Todes aus Leverkusen mit denen aus Nanking. Die Tschiang-Kai-schek-Clique konnte auf diese erfahrenen Experten chemischer Kriegführung bauen; man hatte auch keine Skrupel, diese Mittel anzuwenden. Sie ging dabei von folgenden Prämissen aus:

– Giftgas war damals noch die modernste massenwirksamste Waffe. Es eignete sich zudem auch für den Luftkrieg, wenn die eigenen Luftstreitkräfte eindeutig überlegen waren.

– Es schien geeignet, die Massen chinesischer Revolutionäre schnell, billig und für die Nankingarmee am verlustlosesten zu dezimieren, ihre Lebensräume zu verseuchen und sie schließlich auszurotten.

– Im Hinblick auf die Erfolge der kaiserlich-deutschen Armee

86 Siehe Ruth Werner, a. a. O., S. 78.
87 Dr. Yü Ta-wei war vor dem ersten Weltkrieg in Deutschland ausgebildet worden und unterzeichnete in geheimer Mission im Range eines Generalleutnants als «Legationsrat Doktor Davi Yui» in der Handelsabteilung der Chinesischen Gesandtschaft, Berlin W 15, Kurfürstendamm 218, bis 1929 die deutschen Beraterverträge. Danach wurde er Ministerialrat im Nankinger Kriegsministerium und stellvertretender, dann Leiter des chinesischen Waffenamtes.
88 Der Württemberger Ansel studierte an der Königlichen Technischen Hochschule in Stuttgart Chemie und promovierte 1913 an der Universität Göttingen. 1915 habilitierte er. Im ersten Weltkrieg war er Ballistiker und Giftgasexperte. Nach seinem Paß in China war er am 10. November 1874 in Ulm an der Donau geboren.
89 Siehe Agnes Smedley, Darf ich Ihnen vorstellen – den Europäer in China. In: «Frankfurter Zeitung» vom 12. Mai 1929. Als 1933 die IG Farben die Finanzkontrolle auch über diese Zeitung übernahm, wurde der Korrespondentenvertrag mit Agnes Smedley gekündigt. Siehe Chälmers Johnson, a. a. O., S. 100.
90 In einer Aktennotiz des stellvertretenden Staatssekretärs, Ministerialdirektor Gerhard Köpke, im Berliner Auswärtigen Amt vom 5. März 1929 heißt es: Legationsrat der Chinesischen Gesandtschaft, Lone Liang, stellte «nicht direkt in Abrede, daß die Gesandtschaft mit dem Chemiker und Giftgas-Experten, Dr. Metz(e)ner, einen Vertrag abgeschlossen hat». Siehe dazu auch A Summary of the Work of the German Advisory Group in China, Taipei/Taiwan (Office of Military History) 1971, S. 9 ff. Nach seinem in China verwendeten Reisepaß war Metzener am 5. Januar 1880 in Düsseldorf geboren.

beim Einsatz chemischer Kampfmittel gegen die russische Armee versprachen eine entwickelte Giftgasproduktion und eine auf den Einsatz spezialisierte Sondertruppe möglicherweise ähnliche Erfolge gegen die personell verhältnismäßig starke Rote Armee der Sowjetunion.

Die deutschen Komplizen dieser Verschwörung versprachen sich indes auch einige Vorteile für die eigene Seite, nämlich

— eine deutsche Monopolisierung des Verkaufs der erforderlichen Chemikalien, Apparaturen und Produktionslizenzen auf dem chinesischen Markt,

— die Weiterbeschäftigung hochspezialisierter deutscher Giftgaschemiker, die hier die Möglichkeit erhielten, außerhalb jeder internationalen Kontrolle weiter zu forschen und zu testen,

— die Sammlung großräumiger und truppendienstlicher Erfahrungen für die Reichswehr unter verschiedenen Gelände- und Wetterarten, bei Bedingungen des «scharfen Schusses», bei der Vergiftung der Luft und des Geländes für die künftige Kriegführung in Europa.

In diesem Zusammenhang dürfte auch eine andere Tatsache bestätigend sein: Reichswehr-Generaloberst a. D. Hans von Seeckt, der vom Frühjahr 1934 an den Posten des deutschen Generalberaters Tschiang Kai-scheks bekleidete, zählte bereits in Deutschland zu den besessenen Förderern der chemischen Kampfstoffe.[91]

Genosse Otto Braun berichtete uns von einem langen Gespräch mit Dr. Sorge im Jahre 1932, in dem auch dieser Aspekt angesprochen wurde. «Der rege Gedanken- und Informationsaustausch dauerte bis Sonnenaufgang, keiner von uns sah auf die Uhr, viel starker Tee ließ uns nicht müde werden. Unter unseren Bedingungen wußten wir Genossen nie, ob wir uns je wiedersehen, je wieder treffen konnten. Wir sagten uns gegenseitig in Kürze alles, was wir überhaupt durften, vertrauten uns alles an, was in unserem gemeinsamen Kampf gegen die Konterrevolution an den verschiedensten Frontabschnitten der Welt von Nutzen sein konnte und künftig mit an Sicherheit grenzender Wahrscheinlichkeit noch auf uns zukam. Richard hatte mir über zwei Jahre Chinaerfahrungen voraus, dafür war ich frisch von der Frunse-Militärakademie mit speziellem und modernstem militärischem Wissen vollgestopft. Als wir bei der Perspektive des Gaskrieges in China zunächst unterschiedliche Meinungen und Argumente hatten, be-

Tauschte in Schanghai mit Dr. Sorge Gedanken und Erfahrungen aus: Genosse Otto Braun

gann sich mein bisher besonnener, ruhiger Diskussionspartner jäh zu verändern. Ich kannte Richard so noch nicht, er brauste leidenschaftlich auf, er argumentierte unduldsam und besessen, aber er nannte mir auch einige Fakten, die bei mir nicht ohne nachhaltigen Eindruck blieben. Nie werde ich diesen Tag vergessen. Im Fenster hinter ihm kroch die Sonne am Horizont empor, und er beschwor mich eindringlich, fast wörtlich so: ‹Gib auch du immer acht auf den Einsatz von Gas! Gas ist die Geißel der Minderheit der Ausbeuter gegen die Mehrheit der Ausgebeuteten! Gas ist das Mittel, Massen zu liquidieren, möglicherweise große Teile der größten Klassen und Völker!› Unser Händedruck zum Abschied an diesem Maimorgen war herzlich, aber wortlos. Wir sahen uns lange in die Augen. Es war etwa ein Jahr später, ich wußte nicht, wo sich Richard gerade aufhielt, er wird es sicher von mir auch nicht gewußt haben, da arbeitete ich in Jueedjin mit dem Oberbefehlshaber der Roten Arbeiter-und-Bauern-Armee und Vorsitzenden des Revolutionären Kriegsrats der Chinesi-

91 Generaloberst Hans von Seeckt (1866–1936) gehörte seit 1899 dem deutschen Generalstab an; 1920–1926 Chef der Heeresleitung der Reichswehr, setzte 1923 als Militärdiktator die Reichswehr gegen die legalen Arbeiterregierungen in Sachsen und Thüringen ein. Seit 1930 unterstützte er als Politiker der «Harzburger Front» die Nazipartei. Nach einem längeren Chinaaufenthalt überreichte er im Juni 1933 Tschiang Kai-schek eine «Denkschrift zur Reorganisation der chinesischen Armee». Von April 1934 bis März 1935 war er dann deutscher Generalberater Tschiang Kai-scheks.

169

schen Sowjetrepublik, Tschu De, zusammen an einem Aufruf des Zentralen Exekutivkomitees der Chinesischen Sowjetrepublik an alle Werktätigen der Welt. Als ehemaliger Mitarbeiter unserer ‹Roten Fahne›, der allerdings schon längere Zeit keine Artikel mehr geschrieben hatte, tat ich es – eingedenk Richards Schanghaier Vermächtnisses – mit für mich sonst ungewohnter, ungeheurer Verve. Sollte Richard diesen journalistischen Alarm- und Mobilisierungsruf unter die Augen bekommen haben, würde er sich an seine Worte und an mich erinnern. Das hoffte ich, denn er hatte ja auch auf diesem Gebiet so recht behalten!»

Wir suchten und fanden auch den von Otto Braun zitierten Aufruf vom 6. September 1933. Auszugsweise sei er hier wiedergegeben: «Die Goumindang hat jetzt den sechsten Feldzug der Generale gegen unser freies Sowjetchina eröffnet. In diesem Feldzug wurden allein gegen den Zentralen Sowjetrayon (Djangssi, Fudjän, Hunan und Gwangdung) Nanking- und Kanton-Truppen in der Stärke von 440 000 Mann konzentriert, die mit allen Mitteln der modernen Kriegstechnik ausgerüstet sind: mit schwerer Artillerie, Tanks, Flugzeugen und Giftgasen ... Die deutsche faschistische Regierung entsandte nach Nanking 70 Militärspezialisten mit von Seeckt an der Spitze, die von Tschiang Kai-schek zu einer besonderen Sektion beim Generalstab in Nantschang zur Leitung der Kriegsoperationen gegen die Rote Armee organisiert wurden. Von Seeckt hat mit Hilfe der deutschen ... Wetzell und Kriebel den ganzen Plan des sechsten Feldzuges Tschiang Kai-scheks ausgearbeitet ... Die amerikanischen und anderen Piloten und Militärspezialisten der ‹demokratischen› Länder, die die amerikanischen, englischen, japanischen, französischen, deutschen und anderen Flugzeuge, Panzer, Kanonen und Gase verwenden und unter der Leitung der deutschen faschistischen Generale und Generalstabsoffiziere und der chinesischen militaristischen Henker von der Guomindang stehen, führen einen furchtbaren Luft- und Gaskrieg gegen die chinesischen Arbeiter und Bauern, gegen die chinesische Stadt- und Dorfarmut und. fortgeschrittene Intelligenz ... Ihr wichtigstes Ziel ist die Vernichtung der freien Chinesischen Sowjetrepublik und ihrer jungen Roten Armee.»[92]

---

92 Zitiert nach «Sowjetchina in Gefahr», Verlagsgenossenschaft ausländischer Arbeiter in der UdSSR, Moskau/Leningrad 1933; vgl. auch Aus dem Kampf der deutschen Arbeiterklasse zur Verteidigung der Revolution in China, Berlin 1959, S. 179f.

Kampf um zwei Köpfe

Wenn es gegen die Kommunisten ging, arbeitete die englische Polizei des International Settlement in Schanghai mit Tschiang Kaischeks Henkern Hand in Hand. Zu Jahresbeginn 1931 vervielfachte sie wieder einmal ihre antikommunistischen Terroraktionen und verhaftete in der zweiten Januardekade 23 Kommunisten, darunter Ho Meng-hsiung, Lin Yü-nan – ein Vetter Lin Piaos, der in der chinesischen Roten Armee Korpskommandeur war – und fünf Schriftsteller. In Ketten geschlossen, wurden sie dem Tschiang-Kai-schek-Regime ausgeliefert und nach der obligaten Folter am 7. Februar 1931 in Nanking öffentlich hingerichtet.

In der zweiten Juniwoche zerrte dieselbe englische Kolonialpolizei ein Ehepaar aus seiner Wohnung. Hilaire Noulens und seine Frau. Noulens war Lehrer für Französisch und Deutsch. Das Ehepaar lebte, gezwungen durch die Konterrevolution, in der Illegalität; seine ursprünglichen Schweizer Pässe lauteten auf Paul und Gertrude Ruegg. Genosse Ruegg, ein langjähriger Gewerkschaftsfunktionär, half als Europäer und Funktionär des fernöstlichen Panpazifischen Sekretariats der Gewerkschaften dem von der Tschiang-Kai-schek-Clique bedrohten Allchinesischen Gewerkschaftsbund, der damals illegal war und etwa 114 000 Mitglieder zählte. Die Nankingregierung tat alles, diese Gewerkschafter zu entrechten, Vertreter der Arbeiter und Bauern auszuschalten und die chinesische Arbeiterklasse weiter im Kulistadium zu halten. In dieser Situation mußten die klassenbewußten chinesischen Arbeiter besonders aktiv unterstützt werden, wobei die Organisation der Internationalen Roten Gewerkschaften und die Internationale Rote Hilfe Vorbildliches leisteten. In diesem Zusammenhang sei erwähnt, daß Richard Sorge unter «I. Sorge» schon Mitte der zwanziger Jahre häufiger Autor der Zeitschrift «Die Rote Gewerkschaftsinternationale» gewesen war.

Genosse Ruegg und seine Frau arbeiteten eigentlich als Illegale sehr umsichtig und hatten sich zeitweise als Kanadier oder eben als Belgier mit Namen Noulens getarnt. Unter dem Decknamen W. Almas hatte Ruegg beispielsweise an der 2. Panpazifischen Arbeiterkonferenz teilgenommen. Nun waren sie Opfer eines elenden Spitzels geworden. Das Leben eines Kommunisten im China jener Tage stand nicht hoch im Kurs, gegen ihn wurden alle Mittel eingesetzt. Agnes Smedley hatte schon ein paar Wochen zuvor angedeutet: «Die Maßnahmen der Regierung zur Unterdrückung der Roten bestehen nicht nur aus Kanonenkugeln. Für chinesische Militaristen ist eine Hauptwaffe die Bestechung. General Tschiang Kai-schek hat jetzt auf die Köpfe der bekanntesten roten Generale je 50000 Mark gesetzt. Er hat jedem Bauern, der Verrat üben will, 30 Mark geboten. Eine Nantschanger Zeitung berichtete stolz, daß ein Bauer Verrat geübt habe und 30 Mark = 30 Silberstücke erhielt.»[93] Was daraufhin folgte, war unter allen reaktionären Regimes – sei es dem von Nanking oder dem rivalisierenden von Kanton – schließlich gleich. Agnes Smedley alarmierte damals die Welt: «In den beiden grundlegenden Fragen, der Agrar- und Arbeitsfrage, besteht kein Unterschied zwischen den beiden Regierungen. Nur ihre Behandlung der Kommunisten ist verschieden: in Kanton werden sie erschossen, dagegen werden sie in Schanghai, Hankou und Nanking geköpft oder lebendig verbrannt ... Für die chinesische öffentliche Meinung gibt es dafür strenge Zensurgesetze und letzten Endes die Kugel oder das Beil des Henkers.»[94]

Die Rueggs aber waren Ausländer, legitimierte Angehörige eines europäischen Staates. Nach der von den imperialistischen Staaten in China für ihre Bürger und Ansiedlungen kolonial durchgesetzten Exterritorialität war die chinesische Gerichtsbarkeit nicht zuständig, mußten für die ausländischen Bürger die Gesetze ihres Heimatstaates gelten. Im Falle der Rueggs jedoch zeigte sich der Klassencharakter dieses Rechtes wieder einmal sehr deutlich: Die Schanghaier international zusammengesetzte Stadtpolizei der imperialistischen Mächte übergab das Ehepaar am 14. August 1931 den Polizeischergen Tschiang Kai-scheks und damit den deutschen Beratern Polizeimajor Wendt aus Hamburg und Hauptmann Albrecht Freiherr von Lamezan, der Tschiang Kai-scheks Geheimdienstbeamte seit Anfang 1932 ausbildete. Damit schienen die Köpfe auch dieser prächtigen Menschen, die in feuchten Verliesen schmachteten und vielfach gefoltert wurden, bereits verwirkt. Die streng isolierten Rueggs schwiegen tapfer und sahen standhaft ihrem Ende entgegen. Der britische Geheimdienst klagte darüber: «Wer Noulens wirklich war, hat die britische Polizei in Schanghai nie herausbekommen, sie gab sich mit der letzten Version von seiner Schweizer Staatsangehörigkeit zufrieden.»[95]

Doch die Rueggs-Noulens, die sich bisher selbstlos für die Entrechteten aufgeopfert hatten, blieben nicht allein, wurden jetzt selbst zu Fanalen internationaler Solidarität. Agnes Smedley initiierte im September 1931 in Schanghai ein «Noulens Defense Committee», also ein Komitee zur Verteidigung der Noulens, dem namhafte Persönlichkeiten vieler Länder, darunter auch die Schwägerin von Tschiang Kai-schek, die Frau von Sun Yat-sen, angehörten. Außerdem wirkten die USA-Bürger Edgar Snow und Harold Isaacs, der Herausgeber des «China-Forums», mit. Das weltweit ausstrahlende Komitee ließ die Noulens nicht aus den Augen, denn jeder öffentlich unkontrollierte Tag konnte für das Ehepaar den Tod an unbekanntem Ort und unter später unklärbaren Umständen bedeuten. Der Fall Noulens geriet so in die Schlagzeilen der Weltpresse. In einer Septembermeldung von 1931 klagte auch Agnes Smedley wieder eindringlich an: «Wie wir schon festgestellt haben, werden alle Zwischenfälle in China durch Töten – entweder von Chinesen oder von Fremden – gelöst ... Die chinesischen militärischen Behörden verhafteten ein Ehepaar, das beschuldigt wurde, kommunistisch zu sein. Es war bei der Panpazifischen Gewerkschaft, einer halbillegalen Gewerkschaft in Asien, angestellt. Die Eheleute wurden einem geheimen militärischen Gerichtshof ausgeliefert. In der ausländischen Presse erhoben sich viele Proteststimmen. Auch die Frau Sun Yat-sens setzte sich für die beiden Gefangenen ein, aber nach bisher unbestätigten Meldungen scheint es, daß ihr Protest zu spät kam.»[96]

Tatsächlich waren die Rueggs in einem Geheimverfahren von einem Nankinger Kriegsgericht im Oktober 1931 abgeurteilt worden: Paul Ruegg zum Tode, Gertrude Ruegg zu lebenslanger Haft, unter damaligen chinesischen Bedingungen nur eine etwas langsamere Methode der Hinrichtung.[97] Agnes Smedley hatte im Kerker von Taitung in der Provinz Schanssi selbst gesehen, wie die splitternackt in Zellen mit bis zu 68 Personen dahinvegetierenden Opfer dem Verhungern preisgegeben waren. Für je 200 Häftlinge durfte die Kerkerintendantur nach Nankinger Vorschrift als

93 Agnes Smedley, Rote Armeen in China. In: «Frankfurter Zeitung», 2. Morgenblatt, vom 19. Februar 1931.
94 Agnes Smedley, Was geht in Kanton vor? In: Ebenda: Reichsausgabe, vom 30. August 1931.
95 Zitiert nach F. W. Deakin/G. R. Storry, a. a. O., S. 100f.
96 Agnes Smedley, Der Tod in China. In: «Frankfurter Zeitung» vom 8. Oktober 1931.
97 Siehe Agnes Smedley, Gefängnisse in China. In: Ebenda, 1. Morgenblatt, vom 15. September 1930.

Verpflegungssatz monatlich nicht mehr als 15 Dollar ausgeben, also 45 Mark!

Der Sorge-Gruppe gelang es, bis in die Todeszellen der Rueggs vorzudringen. Die Moskauer Zentrale wurde über Funk auf dem laufenden gehalten, und der Kampf um die Köpfe der Rueggs trat in seine dramatische Endphase. Es war keine Zeit mehr zu verlieren, deshalb wurde gleich «doppelt genäht». Sorge kannte die Schwächen im Amtssystem des Gegners und hatte zum Bestechen der korrupten Nankinger Militär- und Justizbeamten 20 000 Dollar angefordert.

In der Nordmandschurei brachen zwei deutsche Genossen als Geheimkuriere auf, jeder mit 20 000 Dollar für Richard Sorges wichtige, da lebensrettende Mission versehen. Einer wußte nichts vom anderen, beide hatten unabhängig voneinander von der Zentrale ihren Einsatzbefehl bekommen. Vor ihnen lagen 2 000 Kilometer und unahnbare Abenteuer. Keiner wußte, ob er die gefährliche Reise lebend überstehen würde. Die Zentrale mußte jedes Risiko einkalkulieren.

Die Genossen Otto Braun[98], zweiunddreißig Jahre alt und vor dreizehn Jahren in die KPD eingetreten, und Hermann Siebler, ein Dreißigjähriger, der der KPD schon über ein Jahrzehnt angehörte, machten sich auf den Weg.

Hermann Siebler, Kundschafter und Funker der Verwaltung Aufklärung der Roten Armee, saß uns einige Jahrzehnte später in seiner Wohnung in der Berliner Karl-Marx-Allee gegenüber. In viele Teile Europas und Asiens hatte ihn sein Weg geführt, wo er recht komplizierte Kampfaufträge erfüllte. Als Mittzwanziger war Genosse Siebler zur Funkerei gekommen. Geforscht und experimentiert wurde damals in einem unauffälligen Radioladen in Berlin-Kreuzberg, Blücher-Straße 69, in der Nähe des Halleschen Tores. Dieses Geschäft barg ein Geheimnis. Es war Mitte der zwanziger Jahre von Artur Hübner eröffnet worden. Man konnte darin modernste Telefunken-, Loewe- und Blaupunkt-Erzeugnisse kaufen, und die passionierten Rundfunkbastler fanden ein hervorragendes, breites Sortiment. Nach außen hin florierte der Laden, es herrschte reger Kundenverkehr. Über den Hintergrund und den Ladeninhaber klärte uns Genosse Siebler auf. «Artur Hübner, einer meiner besten und verläßlichsten Kampfgenossen, stammte aus einer Proletarierfamilie und war selbst seit 1916 in der Gewerkschaft sowie seit ihrer Gründung 1918 in der KPD or-

Schlug sich als Geheimkurier aus der Mandschurei zur Sorge-Gruppe nach Schanghai durch: Genosse Hermann Siebler

ganisiert. Er war ein verläßlicher Freund der jungen Sowjetunion und hatte begeistert bereits 1920 in Moskau am kommunistischen Jugendkongreß teilgenommen. In den zwanziger Jahren begann Artur, als Kundschafter für die Rote Armee zu arbeiten. Mit seinem Radioladen tarnte er seine verantwortungsvolle antimilitaristische Tätigkeit. Artur war ein Meister konspirativer Methoden. Schräg gegenüber seinem Laden befand sich ein Polizeirevier. Doch nie haben die uniformierten Exekutivbeamten des Monopolkapitals auch nur den geringsten Verdacht geschöpft, obwohl der Laden uns Proleten in vielfacher Hinsicht ein wirklicher Stützpunkt war: Hier fanden abgeschirmte Treffen mit Kurieren statt, hier deckten Arbeiter zu Billigstpreisen ihren Bastlerbedarf, hier qualifizierten sich Kommunisten zu Rundfunk- und Funkspezialisten, hier machten wir uns mit dem jeweils erreichten Höchststand der Funktechnik vertraut, hier entstanden KW-Funkgeräte für den illegalen Einsatz im Klassenkampf. Ich kann mich noch genau erinnern, denn ich war ebenfalls in Hübners Geschäft tätig und eignete mir dort das ABC der in Mode kommenden Funktechnik an. Beispielsweise baute ich dort eine Akkumulatoren-Ladestation für damals übliche Radio-Akkus, die uns

---

98 In dem Buch von J. Mader/G. Stuchlik/H. Pehnert, Dr. Sorge funkt aus Tokyo, S. 100ff., schildert Otto Braun ausführlich seine Erlebnisse.

Kunden zum Aufladen brachten. Außerdem half noch der Genosse Fritz Neumann dort mit, ein hochqualifizierter Feinmechaniker, der zuvor im Lorenz-Konzern beschäftigt war. Auch kann ich mich an einen Funker erinnern, der bei der Marine gedient hatte. Er erprobte die selbstgebauten Funkgeräte und versuchte, mit Moskau Verbindung zu bekommen. Im Jahre 1930 bin ich mit Genossen Neumann in die UdSSR emigriert, 1931 folgte uns Artur Hübner nach Moskau. Artur und ich qualifizierten uns noch im Funkgerätebau und im Tastfunk, bevor wir als Kundschafter der Roten Armee unsere antifaschistischen Auslandsposten bezogen. Unsere Wege trennten sich, wir hörten erst ein Vierteljahrhundert danach wieder voneinander.»[99]

Das Zusammentreffen mit Richard Sorge in Schanghai gehörte zu dem Unvergessenen in Hermann Sieblers Leben. «Im Jahre 1932 befand ich mich als Funker in geheimer Mission im nordmandschurischen Charbin im Einsatz. Im Sommer trat damals der diese Stadt durchfließende Strom Sungari über die Ufer und überschwemmte die Landschaft. Die Altstadt von Charbin stand unter Wasser, Eisenbahnstrecken wurden unterspült, kleinere Brücken stürzten ein, Bahnlinien mußten gesperrt werden. Tag für Tag herrschte eine drückende Schwüle. Kaum hatte sich der Wasserspiegel etwas gesenkt, erhielt ich den Auftrag, heimlich eine sehr hohe Dollarsumme auf dem schnellsten Wege nach Schanghai zu bringen. Das Geld bekam ich in mehreren tausend amerikanischen Geldscheinen, vor mir lag also ein beachtlicher Stapel Papiergeld. Aus Sicherheitsgründen durften die kleinen Dollarnoten nicht in Scheine mit höherem Nennwert umgetauscht werden. Der Hitze wegen trug man in dieser Jahreszeit gewöhnlich leichte chinesische Anzüge aus Rohseide. Das erste Problem bestand jetzt darin, wie man unauffällig die vielen Geldscheine versteckte, denn sie durften nicht in die Koffer gepackt werden. Mit dem ersten Zug, der nach dem Unwetter in Richtung Dairen abfuhr, ging die Reise los. Dünne Notenbündel hatte ich überallhin verteilt, in die Taschen, in einen von mir speziell gefertigten Leibgurt. Mehrmals mußten wir an solchen Stellen umsteigen, an denen Bahndämme eingesackt waren. Die Züge verkehrten auf den Teilstrecken nur im Pendelverkehr. Nach etwa 250 Kilometer Fahrt, wir waren abends in Tschang-tschun angekommen, wurde die Reise jäh unterbrochen. Als Grund dafür wurde uns angegeben, in dieser Gegend operierten Hunghutsi, ‹Männer mit roten

Bärten›. Die Japaner bezeichneten diese Gruppen als ‹Räuber›, tatsächlich waren es aber kommunistische Partisanengruppen, die unter den japanischen Okkupanten in der Mandschurei sehr gefürchtet waren. Trotz starker Militärpatrouillen auf jedem Eisenbahnzug wagten es die Japaner zeitweise nicht, nachts die Züge fahrplanmäßig verkehren zu lassen. Das Hotel, in dem wir schlafen sollten, war stark überbelegt, in Zweibettzimmern kampierten bis zu zehn Reisende. Ich verbrachte die Nacht wach in einem Stuhl sitzend, mein Auftrag und vor allem die Verantwortung für das viele Geld ließen mich kein Auge zumachen. Am nächsten Tag rollte der Zug weiter nach dem Süden. Von Dairen fuhr ich mit einem japanischen Schiff nach Schanghai. Überall bemerkte ich japanische Spitzel, die jeden Europäer nicht nur neugierig, sondern auch argwöhnisch beobachteten. Aber ich hatte Glück. Sie konnten an mir offenbar nichts Auffälliges entdecken. Endlich kam ich in Schanghai an. Das Geld steckte ich nun einfach in eine Aktentasche. In Charbin hatte ich vor Reiseantritt die Schanghaier Adresse des Funkers der Sorge-Gruppe auswendig lernen müssen. Dieser Verbindungsmann war auch ein deutscher Kommunist, er hatte den Decknamen Seppel. Es war nicht leicht, Seppel zu finden. Von Schanghai gab es keine Stadtpläne, zu häufiges Nachfragen hätte die Aufmerksamkeit der Spitzel erregt. Also war ich auf Rikscha-Kulis angewiesen, die mich durch die Straßen zogen. Die Rikscha-Kulis aber waren Analphabeten, denen man mit der Hand jeweils die Fahrtrichtung angeben mußte. Ich atmete auf, als ich schließlich im französischen Stadtviertel von Schanghai Seppel fand, mit ihm die Erkennungslosungen austauschen und ihm den Geldstapel übergeben konnte. Am Abend fuhr ich vereinbarungsgemäß dann mit Seppel zum Genossen Sorge. Ich kann mich noch genau erinnern: Bei Sorge traf ich auch dessen Stellvertreter Paul. In dieser Runde tauschten wir unsere Gedanken und Erfahrungen aus. Sorge stellte sehr gezielte Fragen über die aktuelle Lage in der Mandschurei, er selbst erläuterte präzise die politische und militärische Situation in China. Dann diskutierten wir noch über die populäre nordamerikanische Kommunistin Agnes Smedley. Sorge hatte eine hohe Meinung von ihr und setzte sich wohl auch dafür ein, daß ihre Bücher und

99 Zitiert nach Julius Mader, Ein revolutionärer Funkpionier, im Klassenkampf erzogen. In: «Funkamateur», Berlin, Nr. 3/1977, S. 119 und 4/1977, S. 168; siehe auch Alexander Blank/Julius Mader, a. a. O., S. 510 und 495.

Reportagen in der Sowjetunion nachgedruckt wurden. Ich war beeindruckt von unserem Richard Sorge, im stillen bewunderte ich sein geistiges Format. Sorge garantierte in seiner Gruppe ein vorbildliches kameradschaftliches Verhältnis.

Insgesamt hielt ich mich vierzehn Tage in Schanghai auf. In dieser Zeit kam ich dreimal mit Sorge zusammen. Dabei fragte er mich einmal, ob ich schon in einem japanischen Restaurant gewesen sei. Auf mein Nein hin fuhren wir, zusammen mit Paul, in ein solches Speiserestaurant. Die Atmosphäre war exotisch. Vor unseren Augen wurden die Speisen auf Spirituskochern am Tisch zubereitet. Wir saßen, nachdem wir unsere Schuhe ausgezogen hatten, auf Kissen. Man bot uns Geishas zur Unterhaltung an. Doch zum Erstaunen der Bedienung machten wir keinen Gebrauch von diesem Angebot. Zu einem japanischen Nationalgericht prosteten wir uns mit Bier zu.

Vor meiner Rückreise bat mich Sorge unter vier Augen, mehrere belichtete Leicafilme nach Charbin mitzunehmen und für deren Weitertransport in die Sowjetunion zu sorgen. Selbstverständlich willigte ich ein. Außerdem sollte ich den Genossen Max Christiansen-Clausen und seine Frau Anna in Mukden aufsuchen, die sich dort auf einen neuen Einsatz vorbereiteten. Auch diesen Auftrag habe ich erledigt.

Die letzte Etappe meiner Kurierfahrt sollte noch einmal Nerven kosten. In Mukden kaufte ich mir eine Flugkarte nach Charbin. Der Leiter des ‹Deutschen Clubs› begleitete mich persönlich zum Flugplatz. Das kleine Flugzeug war für sieben Passagiere eingerichtet, davon wurden fünf Plätze besetzt. Unter den Passagieren war ich der einzige Europäer. Mit mir flogen ein japanischer General und drei seiner Stabsoffiziere. Wenn die auch nur geahnt hätten, was ich, auf Leicafilme gebannt, in meinen Taschen mit mir herumtrug! Das Flugzeug startete, unvorherzusehende Ereignisse nahmen ihren Lauf. Nach ungefähr einer halben Flugstunde brachte mir der Kopilot einen Zettel, auf dem in englischer Sprache geschrieben stand, daß wir wegen schlechten Wetters zurückfliegen müßten. War das eine Falle? Kaum in Mukden gelandet, fuhr eine elegante Limousine direkt an unser Flugzeug. Der japanische General forderte mich durch Gesten auf, in die Limousine zu steigen. Ich wußte nicht, was los war. Mußte ich mich als verhaftet betrachten? Wo fuhr man mich hin? Was sollte ich mit dem Material machen? Papierne Geheimnotizen konnte man notfalls zerkauen, aber Leicafilme? Die Situation erwies sich aber als harmloser, als sich zunächst ahnen ließ. Der General gab seinem Fahrer den Auftrag, in die Stadt zu fahren. Er selbst stieg dann vor der Kommandantur aus. Der Fahrer fragte mich devot, wohin ich wolle. Ich dirigierte ihn zum ‹Deutschen Club›. Die Lust zum Fliegen war mir aber doch vergangen. Am nächsten Tag fuhr ich mit der Eisenbahn zurück nach Charbin und kam dort unentdeckt an. Wieder war einer meiner Aufträge erfolgreich abgeschlossen. Die Begegnung mit unserem Richard Sorge werde ich mein Leben lang nicht vergessen. Ich glaube, heute kann sich kaum jemand vorstellen, welchen Gefahren, aber auch Strapazen sich Genosse Sorge in jenen turbulenten Jahren weitab von seiner Heimat aussetzte.»

Die beiden Genossen hatten das Geld nicht vergeblich transportiert. Jetzt konnte Dr. Sorge handeln. Die Aktion glückte, im Juni 1932 waren die Rueggs frei und konnten China verlassen. Ihre Henker warteten vergeblich.

Die Heimat ruft

Dr. Sorge war etwa drei Jahre lang ununterbrochen in China im Kundschaftereinsatz. Er gönnte sich keinen Auslandsurlaub. Seine Reisen durch China entsprachen einer Strecke von einem Viertel des Erdumfanges. Zu dieser Zeit meinte er einmal: «In den drei Jahren, die ich in China war, habe ich seine alte und neue Geschichte, seine Wirtschaft und seine Kultur studiert und die Politik dieses Staates umfassend erforscht.»[100]

Nur einmal hatte Sorge unter dem Vorwand, Urlaub machen zu wollen, Japan besucht. Er hielt sich beispielsweise drei Tage lang im Tokyoter Grand-Hotel «Imperial» auf.[101] Dieser kurze Aufenthalt sollte für ihn in verschiedener Hinsicht noch recht nützlich sein. Doch dazu später mehr.

Noch Mitte 1932 gelang Dr. Sorge ein weiteres Meisterstück. Auf einer Geheimkonferenz in Kuling unterbreiteten General Georg Wetzell und seine deutschen Militärberater der Tschiang-Kai-schek-Generalität ihre strategischen Pläne für den vierten Feldzug

100 Zitiert nach S. Goljakow/W. Ponisowski, a. a. O., S. 71.
101 Siehe F. W. Deakin/G. R. Storry, a. a. O., S. 401.

gegen die chinesischen Kommunisten in den Provinzen Honan, Hupeh und Anhwei. Sorge meldete alle ihm bekannt gewordenen Stoßrichtungen, die geplanten Kräfte und die Truppenkonzentrationen, Termine und den Kern von Wetzells «Blockhausstrategie», mit der er die chinesische Rote Armee vernichten wollte, unverzüglich an die Moskauer Zentrale. Die Rote Armee konnte dadurch früh genug und für Tschiang Kai-scheks Strategen völlig unerwartet west- und nordwärts ausweichen und der in Nanking schon fest eingeplanten Niederlage entgehen.

In diesem Zusammenhang äußerte sich übrigens Genosse Professor Dr. Gerhart Eisler, der als deutscher Kommunist und proletarischer Internationalist Anfang der dreißiger Jahre bei seiner Tätigkeit in Schanghai Dr. Sorge kennen- und schätzenlernte, als kompetenter Augenzeuge. «Es war zur Zeit dieser Angriffe der Guomindang-Verbände, als ich in Schanghai und in Nanking Genossen Sorge, dem ich Jahre zuvor in Deutschland bei unserer politischen Arbeit flüchtig begegnet war, näher kennenlernte. Er lebte mitten unter den deutschen Offizieren und hatte sich dem Kasinomilieu angepaßt. So war es ihm gelungen, sich eine gute Basis für seine Kundschaftertätigkeit zu schaffen. Der Umgang mit diesen Leuten ... erforderte ein hohes Maß an Selbstbeherrschung. Wenn diese ‹Herrenmenschen› Alkoholorgien feierten

180

und dabei grölten: ‹Wir werden die roten Schweine schon fertigmachen!›, durfte Sorge seine Wut und Empörung nicht zeigen.

Richard Sorge hatte erfahren, welche Operationen gegen die roten Gebiete geplant waren. Da ich enge Kontakte mit den chinesischen Kampfgenossen unterhielt, konnte ich diese Informationen weiterleiten. So traf ich mich mit ihm. Unter den damaligen Bedingungen durften wir nicht lange zusammenbleiben. Die Gespräche mußten sich auf das Notwendigste und Wesentlichste beschränken. Trotz des auf uns lastenden Druckes strahlte Richard Sorge Ruhe und Sicherheit aus. Ohne Hast vermochte er in wenigen Minuten die Absichten und Pläne des Gegners, selbst die kompliziertesten Situationen, verständlich zu erläutern. Er hatte die bewunderungswürdige Gabe, das Wesentlichste in kurzen, treffenden Sätzen darzulegen. Dabei machte er mich nicht nur mit den militärischen Vorhaben der Guomindang-Clique bekannt, sondern schlug auch Gegenmaßnahmen vor und gab Ratschläge, was zu tun sei, um sich vom Gegner nicht überraschen zu lassen. Zu unseren Gesprächen brachte er niemals Notizen mit. Er hatte alles im Kopf, auch Zahlen sowie Personen- und Ortsnamen, die meist nur schwer zu merken waren.

Während meines Chinaaufenthaltes, das heißt in den Jahren 1929 bis 1931, habe ich mit Genossen Sorge ein dutzendmal gesprochen. Er war ein lebensfroher Mensch, der sich von Schwierigkeiten nicht niederdrücken ließ, ein Mensch voller Energie und Optimismus. Er konnte sehr humorvoll sein, manchmal auch etwas ironisch. In den Rollen, die ihn sein Auftrag zu spielen zwang, trat er mit erstaunlicher Sicherheit auf. Er hat viel geleistet. Wir sind stolz auf Richard Sorge, den wir nicht vergessen werden und der eingereiht ist in die Schar der deutschen Revolutionäre, die sich nie geschont, die nie geschwankt haben.»[102]

Wie auch Eisler bestätigte, halfen Sorge und seine Gruppe nach besten Kräften den chinesischen Kommunisten. Durch Kuriere oder über Funk wurde die Zentrale in Moskau ständig und umfangreich über politisch und militärisch bedeutsame Ereignisse informiert. So zum Beispiel über
– die drei Offensiven der Nankingarmee zwischen Dezember 1930 und September 1931 gegen die revolutionären Basen der chinesischen Roten Armee;

102 Zitiert nach J. Mader/G. Stuchlik/H. Pehnert, a. a. O., S. 93 ff.

- das Erstarken der chinesischen Roten Armee in den Sowjetgebieten Fudjän, Anhuee, Honan, Schenssi, Ganssu und auf der Insel Hainan im Jahre 1930 sowie das Herausbilden der revolutionär-demokratischen Zentralregierung der Arbeiter und Bauern in Jueedjin in der Provinz Djangssi;
- die weitere Massierung konterrevolutionärer Verbände unter dem Befehl einiger chinesischer Generale an den fernöstlichen Grenzen der UdSSR und vor allem
- die 1931 beginnenden Raubkriege des japanischen Imperialismus im Nordosten Chinas an der sowjetischen Staatsgrenze.

Im Januar 1932 hatte Japan Schanghai überfallen und plante etappenweise weitere Aggressionsschläge gegen China. Otto Braun schrieb dazu: «Als Hauptfeind wurde – ich möchte dies ausdrücklich betonen – schon 1932/33 der aggressive japanische Imperialismus betrachtet.»[103] Dies deckte sich mit den Lageberichten der Sorge-Gruppe.

Im Frühjahr 1932 hatte es sich Dr. Sorge nicht nehmen lassen, persönlich einen langen Bericht darüber in das nordmandschurische Charbin zu bringen, zu dem eine regelmäßige Kurierlinie der Zentrale führte. Später rekonstruierte er den Inhalt des Berichtes. «Der Ausbruch der Kämpfe in Schanghai im Jahr 1932 deutete

Soldaten der 19. chinesischen Armee verteidigen Schanghai gegen die japanischen Aggressoren

auf eine neue Richtung in der japanischen Politik hin, obwohl wir damals natürlich noch nicht genau wußten, ob es sich einfach um ein plötzliches Geplänkel handelte oder ob es eine neue Anstrengung der Japaner war, nach der Annexion der Mandschurei auch noch China zu erobern. Ebensowenig ließ sich sagen, ob die Japaner nordwärts nach Sibirien oder südwärts nach China vorstoßen würden. Durch die Vorfälle in Schanghai war meine Arbeit noch wichtiger geworden. Ich mußte versuchen, die wahren Pläne der Japaner herauszufinden und im Kampf um Schanghai die Kampfmethoden der Japaner in allen Einzelheiten zu studieren.»[104]

Die Taktik der Japaner bei ihrem Überfall auf Schanghai beobachtete er von verschiedenen Positionen aus. Aber nicht etwa, wie andere Europäer, ungefährdet mit Ferngläsern von den Balkonen und Flachdächern sowie aus Hotelzimmern im Fremdenviertel Schanghais. Sorge eilte zum Zentrum des Geschehens, dorthin, wo die 19. chinesische Armee und die von der Kommunistischen Partei Chinas mobilisierten Schanghaier Arbeiter ihre Heimatstadt verteidigten.[105]

Sorge selbst notierte: «Ich sah die Verteidigungsstellung der Chinesen, und ich sah die japanische Luftwaffe und Marine im Kampf. Die chinesischen Soldaten waren sehr jung, aber ihre Disziplin war ausgezeichnet, obwohl sie meist nur mit (Hand-) Granaten ausgerüstet waren.»[106]

Sorge konnte sich nicht nur vom Stand der Kampftaktik und Bewaffnung der japanischen Aggressoren einen optischen Überblick verschaffen, er erhielt auch über die allgemeine Richtung der japanischen Politik «sehr nützliche Informationen von Ozaki, der unmittelbar nach den Schanghaier Kämpfen einen Sonderbericht abfaßte, der sich hauptsächlich auf Gespräche mit den japanischen Heeresattachés in deren Konsulat in Schanghai stützte. Er unterstrich darin die starke Kampfmoral der chinesischen Truppen, die antijapanische Einstellung des chinesischen Handels und bestätigte, daß es sich um eine berechnete Provokation der Japaner gehandelt habe. Nach den Kämpfen sagte er zu Sorge, nach seinen Informationen seien die Japaner so beein-

103 Otto Braun, a. a. O., S. 17.
104 Zitiert nach F. W. Deakin/G. R. Storry, a. a. O., S. 80.
105 Ebenda, S. 81.
106 Ebenda, S. 81.

druckt von der Reaktion der Chinesen, daß sie versuchen würden, die Angelegenheit zu lokalisieren.»[107]

Tatsächlich brauchten die Japaner einige Zeit, um sich von ihrem Schock zu erholen. Erst ein Jahr später besetzten sie die Provinz Shōho. Jedenfalls zählte die Sorge-Gruppe schon damals zu jenen Kräften, die die kluge, da fundierte Erkenntnis vertraten, «daß Japan trotz seiner militärischen Übermacht den chinesischen Riesen niemals zwingen kann».[108]

Um aber in die Geheimnisse der japanischen Außen- und Militärpolitik einzudringen, erhielten Sorge und seine Gefährten einen anderen Auftrag in einem anderen Land.

Im Februar 1932 wurde zudem Dr. Ozaki von seiner Redaktion «Osaka Asahi Shimbun» aus Schanghai nach Japan zurückbeordert. Er mußte dem Ruf folgen, um nicht die Aufmerksamkeit japanischer Überwachungsorgane auf sich zu lenken.

Am 12. November desselben Jahres fuhr Dr. Sorge über Wladiwostok nach Moskau. Er hatte seine ersten Kundschafterprüfungen ausgezeichnet bestanden. Richard Sorge hatte unter anderem mit Max und Anna Christiansen-Clausen sowie den Japanern Dr. Ozaki und Kawai erste Kampferfahrungen gesammelt, die für sie in Japan später noch sehr nützlich sein sollten.

Für die Sowjetunion zeichnete sich im Jahre 1932 im Verhältnis zum südöstlichen Nachbarn China eine gewisse Wende ab. China mußte künftig seine Potenzen auf die Abwehr der japanischen Aggressoren konzentrieren.

Schon Ende 1931 war es in der Nankinger Regierung zu Fraktionskämpfen gekommen. Marschall Tschiang Kai-schek, der seit Oktober 1928 die Präsidentschaft der Nankinger Regierung beansprucht hatte, mußte diese abgeben. Im Januar 1932 übernahm Wang Jing-wei dieses Amt, Tschiang Kai-schek blieb aber tonangebender Oberkommandierender der Armee und Vertreter der chinesischen Reaktionäre.

Im Dezember 1932 nahm China die diplomatischen Beziehungen zur UdSSR, die es im Juli 1929 durch antisowjetische Provokationen Tschiang Kai-scheks zerstört hatte, wieder auf.

107 Ebenda, S. 81.
108 Siehe «Frankfurter Zeitung» vom 10. Oktober 1931.

184

Gruppe RAMSAY:
«Auftrag erfüllt!»

Neue Direktiven

Drei Jahre hatten sie sich nicht gesehen, aber General Jan Bersin und Richard Sorge waren sich in dieser Zeit durch ihre gemeinsame Arbeit an der geheimen Front trotzdem sehr viel näher gekommen.

Als sie sich Anfang 1933 in der Verwaltung Aufklärung der Roten Armee wieder gegenübersaßen und ihren Tee tranken, ließ sich General Bersin erst einmal von Sorge berichten, wie nun, nach dem strapaziösen Chinaeinsatz, sein persönliches Leben ablief. Sorge arbeitete damals an einem wissenschaftlichen Buch über China, dessen Manuskript er Lotte Brann, einer deutschen Genossin, täglich in deutscher Sprache in die Schreibmaschine diktierte. Sorge lebte damals im Hotel «Nowaja Moskowskaja», das heute noch, allerdings unter dem Namen «Hotel Bukarest», existiert. Auch im Privatleben bahnte sich bei ihm Neues an. Kurz vor seiner Abreise nach Schanghai war eine junge Witwe in sein Leben getreten: Katja, siebenundzwanzig Jahre alt und von ihm sehr geliebt. Nun wollten Katja und Richard heiraten und eine Familie gründen.

Jekaterina Alexandrowna Maximowa wohnte seit einigen Jahren in der Moskauer Nishni-Kislowski-Gasse 8/2, Wohnung 12. Obwohl sie vor sieben Jahren ihr Studium an der Theaterhochschule in Leningrad abgeschlossen hatte, arbeitete sie im Werk «Totschismeritel» zunächst als Apparatewart, dann als Brigadier und schließlich als Abteilungsleiterin. Während der langen Abwesenheit Sorges hatte sie einen Sonderlehrgang in Mathematik und Physik besucht.

Der inzwischen siebenunddreißigjährige Richard Sorge sehnte sich nach einem Leben in familiärer Geborgenheit, nach Seßhaftigkeit und einem normalen Arbeitsrhythmus, nach dem Glück,

eigene Kinder zu haben. Doch diese privaten Pläne waren, wie die Aussprache mit Bersin zeigte, zu früh geschmiedet. Zwar stimmte der General dem Heiratswunsch Sorges zu, aber dann kam er unverzüglich auf die aktuellen Weltprobleme zu sprechen. Für Sorge, der vom Ort des Geschehens kam, genügte dafür der Telegrammstil. Seit September 1931 führte der japanische Imperialismus einen Raubkrieg gegen China, hatten seine Truppen Nordostchina besetzt. Ende Januar 1932 überfielen die Japaner Schanghai. General Bersin lagen bereits Kundschaftermeldungen vor, daß im Frühjahr 1933 japanische Truppen in die chinesische Provinz Shöho vorzudringen beabsichtigten. Noch konnten die beiden Gesprächspartner, obwohl bestens mit der Problematik vertraut, die schweren Opfer, die die japanische Aggression gegen China mit sich bringen würde, nicht voraussehen. Aber sie waren sich einig darin, daß Japan einen schonungslosen Krieg in China und möglicherweise auch darüber hinaus in ganz Asien führen wolle, daß dieser Krieg in einen zweiten Weltkrieg einmünden könne und daß das asiatische Japan deshalb noch intensiver als bisher imperialistische Verbündete in Europa suchen würde. Heute wissen wir, daß die japanische Aggression China nicht weniger als elf Millionen Menschenleben gekostet und ihm Schaden in Höhe von umgerechnet mehr als 50 Milliarden Dollar zugefügt hat.[1]

In seiner militärischen Laufbahn war Jan Bersin schon mehr als einmal mit den aggressiven Plänen, Aktionen und Provokationen der Imperialisten, nicht zuletzt mit der antisowjetischen Subversion der japanischen Militaristen, unmittelbar konfrontiert worden. Alle Anzeichen, auch die Geständnisse gefaßter japanischer Agenten, sprachen dafür, daß Japan intensiv einen Überfall auf die Sowjetunion vorbereitete. Die fernöstlichen Gebiete der UdSSR gehörten seit langem zu den erklärten Kriegszielen des japanischen Imperialismus. Die Rote Armee und sowjetische Partisanen hatten schon einmal gegen eine japanische Aggressionsarmee kämpfen müssen, und zwar 1918, als die Japaner Wladiwostok überfallen hatten. Erst im Herbst 1922 war es gelungen, die Eindringlinge endgültig zu vertreiben. 1920 hatten japanische Truppen den nördlichen, zur Sowjetunion gehörenden Teil der Insel Sachalin annektiert und waren 1925 von der Sowjetregierung gezwungen worden, auch dieses Gebiet wieder zu räumen.

1921 hatte die Rote Armee an der Seite der revolutionären Streitkräfte des mongolischen Volkes die konterrevolutionären, weißgardistischen Banden des Barons von Ungern-Sternberg zerschlagen, der ebenfalls in japanischem Auftrag in die Mongolei eingedrungen war.[2]

Wegen ernster innen- und außenpolitischer Schwierigkeiten waren die japanischen Imperialisten in den folgenden Jahren gezwungen, ihre Expansionsbestrebungen vorübergehend einzustellen.

1927 übernahm General Tanaka das Amt des japanischen Ministerpräsidenten, ein «starker Mann», der das Kaiserreich aus der 1926 über die Inselwelt hereingebrochenen Wirtschaftskrise führen sollte. Er versuchte, die innenpolitischen Schwierigkeiten seines Landes auf Kosten der UdSSR, Chinas und der Mongolischen Volksrepublik zu lösen. Schon fünf Wochen nach dem Amtsantritt von Tanaka fielen japanische Interventionstruppen in

---

1 Wladimir Godyna, Echo des Nanking-Massakers. In: «Neue Zeit», Moskau, Nr. 18/1983, S. 30.
2 Die Mongolische Volksrepublik – Historischer Wandel in Zentralasien, Berlin 1982, S. 121.

das Gebiet von Schantung (Schandung) in China ein. Japan wollte China allein beherrschen und die anderen imperialistischen Mächte von dort verdrängen.

Die Eroberung der Mandschurei, deren strategische Bedeutung als Aufmarschgebiet gegen die Sowjetunion der japanische Generalstab seit langem erkannt hatte, stand zunächst auf der Tagesordnung. Da Japan im nordostchinesischen Gebiet über die Südmandschurische Eisenbahn verfügte, konnten die kaiserlichen Generale leicht Zwischenfälle provozieren und damit die Lage immer mehr zuspitzen. Die Westmächte, besonders die USA, sahen den Aggressionsvorbereitungen des Kaiserreiches untätig zu, obwohl sie das reaktionäre chinesische Guomindangregime unter Tschiang Kai-schek unterstützten. Ihre Hoffnungen waren auf einen japanisch-sowjetischen Konflikt gerichtet. «Ich gebe offen zu», sagte damals der Präsident der USA Herbert Hoover, «daß es mein Lebensziel ist, Sowjetrußland auszurotten.»[3]

Auch Tschiang Kai-schek hatte Japan geradezu ermuntert, in China einzufallen, indem er seine Truppen immer wieder gegen die revolutionären Kräfte einsetzte.

Das gründliche Studium dieser Vorgänge und Zusammenhänge hatte ja zu dem Entschluß General Bersins geführt, Dr. Richard Sorge als Kundschafter nach China zu schicken, in dieses Land, das in den japanischen Plänen als Vorfeld für einen Krieg gegen die Sowjetunion dienen sollte. Die sowjetische Führung hatte die Gefährlichkeit des japanischen Imperialismus richtig eingeschätzt, denn noch während Dr. Sorge in China weilte, überfielen 1931 – nach einem Plan von General Koiso – starke japanische Truppenverbände den Nordosten Chinas, die Mandschurei, sperrten vorübergehend die ostchinesische Eisenbahn und schoben sich 1932 bis an die sowjetische Grenze vor. Damit war die gesamte Mandschurei besetzt. Japan füllte bis Ende der dreißiger Jahre ihre dort stationierte Kwantungarmee von neun auf zwölf Divisionen auf – also praktisch auf 350000 Offiziere und Soldaten – und schuf direkt im Aufmarschraum an der sowjetischen Grenze 18 Militärbezirke. Hinzu kam, daß Japan zur See und in der Luft damals schon die stärkste imperialistische Macht im Fernen Osten war.[4]

Japan hatte im Dezember 1931 auch den Vorschlag der Regierung der UdSSR abgelehnt, einen japanisch-sowjetischen Nichtangriffspakt abzuschließen.

Im September 1932 nahmen sich die japanischen Okkupanten auf Grund des sogenannten japanisch-mandschurischen Protokolls das Recht, Truppen in beliebiger Stärke an der mandschurisch-sowjetischen Grenze zu stationieren und damit die Mandschurei weiter zu einer Angriffsbasis gegen den ersten sozialistischen Staat der Welt auszubauen. Diese aggressive japanische Politik hatte übrigens «in englisch-amerikanischen Geschäftskreisen einige nicht einflußlose Anhänger»[5]. Von der Mandschurei aus begann nun der kaiserliche Geheimdienstgeneral Kenji Doihara seine subversiven Attacken gegen die Sowjetunion.

Im März 1933 trat Japan aus dem Völkerbund aus. Dieser hatte zwar die japanische Aggression ausdrücklich verurteilt und den dort gebildeten Marionettenstaat nicht anerkannt, aber – beeinflußt durch die antisowjetischen Spekulationen der herrschenden Kreise Großbritanniens, Frankreichs und der USA – auf Sanktionen gegen das Kaiserreich verzichtet. Japan bediente sich bei seiner expansiven Politik des militärisch-polizeilichen Apparates und seiner fanatischen Militärclique, die die Interessen des japanischen Volkes auf das gröbste mißachtete.

General Bersin und seine Genossen, die die Rüstungspolitik Japans genau beobachteten, registrierten, daß das Kaiserreich mit seinen Rüstungsausgaben hinter den USA, Großbritannien, Frankreich und Italien bereits an fünfter Stelle lag. Das Entwicklungstempo der Rüstung ließ darüber hinaus seine Absicht erkennen, einige dieser Staaten unbedingt zu überholen. 1932/1933 wies der Rüstungshaushalt eine Summe aus, die dreimal höher war als die japanischen Militärausgaben am Ende des ersten Weltkrieges. Die Sowjetunion, die bereits viele Erfahrungen im Kampf gegen die japanischen Aggressoren sammeln konnte, mußte mit einem plötzlichen Überfall rechnen, denn der kaiserliche Generalstab begann bewaffnete Konflikte stets ohne Kriegserklärung. Auch die militärischen Überfälle auf chinesisches Gebiet hatte die japanische Armee auf diese völkerrechtswidrige Art begonnen.[6] Die Rote Armee hatte also allen Grund, vor den aggres-

3 Herbert Hoover im Gespräch mit dem Sekretär der People's Lobby, Benjamin C. Marsh. In: «San Francisco News», San Francisco, vom 13. August 1931.
4 W. I. Tschuikow, Mission in China, Notizen eines Militärberaters. In: «horizont», Berlin, Nr. 46/1980, S. 32.
5 Heinrich Georg Stahmer, Japans Niederlage – Asiens Sieg, Bielefeld 1952, S. 240.
6 Auch die Überfälle Japans auf China 1937 und Pearl Harbor 1941 erfolgten ohne Kriegserklärung.

siven kaiserlichen Generalen und ihren hinterhältigen Plänen und Methoden auf der Hut zu sein.

Der Chef der sowjetischen Aufklärung, General Jan Bersin, und alle seine Mitarbeiter mußten die Kriegsvorbereitungen der potentiellen Aggressoren exakt aufklären, um die militärische Führung detailliert darüber informieren zu können, woher eine Gefahr drohte und von welcher Art diese Gefahr war. Die Verantwortung für die Sicherheit des ersten sozialistischen Staates der Erde gebot ihnen geradezu, dabei den Ereignissen im Fernen Osten äußerste Aufmerksamkeit zu schenken.

Bersin mußte Sorge davon nicht überzeugen. Doch als er Richard mitteilte, daß beschlossen worden war, ihn, der doch erfahren und so erfolgreich war, in dieser Situation nach Japan zu schicken, war dieser doch überrascht. Für Sorge bedeutete das, wieder auf die erhoffte familiäre Geborgenheit zu verzichten, das Schreiben seines Buches abzubrechen, neue Strapazen und letztlich erneutes tödliches Risiko auf sich zu nehmen. Er wußte, daß die Zeit drängte, und so besiegelte er trotz allem sein Ja mit einem kräftigen Händedruck. General Bersin hatte von ihm, dem Revolutionär, wohl auch keine andere Entscheidung erwartet. Nun hatte man sich auf den Auftrag zu konzentrieren, der im wesentlichen folgenden Fragen nachging:

1. Wird Japan an der mandschurischen Grenze die Sowjetunion angreifen?
2. Welche Land- und Fliegerkräfte könnten dabei gegen die Sowjetunion eingesetzt werden?
3. Welche Beziehungen haben sich nach dem Machtantritt Hitlers zwischen Japan und Deutschland herausgebildet?
4. Welche Politik betreibt die japanische Regierung China gegenüber?
5. Welche Politik betreibt Japan gegenüber Großbritannien und den USA?
6. Welche Rolle spielt die japanische Militärkaste tatsächlich bei der Orientierung und Festlegung der japanischen Außenpolitik?
7. In welchem Umfang und in welchem Tempo werden die japanische Schwerindustrie und die gesamte Wirtschaft auf Rüstungsproduktion umgestellt?[7]

Diese Fragen zeigen die Kompliziertheit des Kundschafterauftrages und lassen die damit verbundenen Schwierigkeiten ahnen.

Es ist deshalb auch verständlich, daß die Führung der militärischen Aufklärung diesen Auftrag nur jemandem anvertrauen konnte, von dessen überragenden Fähigkeiten, von dessen politischer Erfahrung und von dessen Mut sie absolut überzeugt war. Von jeder der künftigen Meldungen Dr. Sorges würde sehr viel abhängen. Niemand als er selbst würde sich für die Richtigkeit jeder Mitteilung verbürgen müssen.

Zunächst hatte Sorge in Tokyo eine Kundschaftergruppe zu formieren. Sorgfältig suchten der General und er nun gemeinsam geeignete Kader für den inneren Kern dieser Gruppe. Sie fanden Männer verschiedener Nationalität aus verschiedenen Kontinenten, sie waren alle Kommunisten, proletarische Internationalisten, kampfbereite Kundschafter für den Frieden.

Bersin persönlich prägte das Wort für eine der gewagtesten Kundschaftermissionen der Weltgeschichte: RAMSAY. RAM beginnend mit R wie Richard, SAY mit S wie Sorge; RAMSAY, das symbolische Qualitätssiegel für Richard Sorges chiffrierte, geschriebene und gefunkte Geheimnachrichten!

Nach Japan konnte Katja ihren Mann nicht begleiten. Für lange Zeit würden nur die Mikrofilme der Kundschafterpost, befördert von Kurieren unter gefahrvollen Bedingungen, den Eheleuten ermöglichen, miteinander in Verbindung zu bleiben. Für wie lange?

Dr. Richard Sorge bezog einen neuen Kampfabschnitt an der unsichtbaren Front. Und es gab keine Garantie dafür, daß er den Einsatz überleben würde.

Zwischenstationen in Berlin und Chicago

Im Mai 1933 verließ Dr. Sorge Moskau und begann eine Reise, die seinen Einsatz in Japan vorbereiten sollte. Wenn er, wie geplant, in Japan als deutscher Journalist auftreten wollte, mußte er Dokumente vorweisen, an deren Echtheit sogar die äußerst mißtrauischen japanischen Geheimpolizisten nicht zweifeln konnten. Er brauchte einen gültigen deutschen Auslandspaß, Empfehlungen und Aufträge, am besten einen Vertrag mit einer deutschen

7 Siehe «Sa rubeshom», Moskau, Nr. 39/1964.

Zeitung. Wo anders als in Deutschland sollte er sich das beschaffen? Was sich im Falle seines Chinaeinsatzes bewährt hatte, sollte wiederholt werden. Die Tarnung als Journalist bedingte auch, daß er in Tokyo unter seinem richtigen Namen auftreten würde. Wer Empfehlungen haben wollte, mußte Leistungen nachweisen. In Schanghai war er als Dr. Sorge bekannt geworden, und die, die ihm Aufträge vermitteln konnten, kannten ihn unter diesem Namen. Überhaupt war es für einen Kundschafter sehr vorteilhaft, wenn er seinen richtigen Namen tragen konnte. Traf man zufällig einen Bekannten, war die Gefahr, entdeckt zu werden, sehr gering.

Wenige Monate nach der Machtübernahme der Hitlerfaschisten traf Richard Sorge in Berlin ein, um die eben skizzierten Aufgaben in Angriff zu nehmen, von deren Lösung für den Erfolg seiner Mission in Japan sehr viel, wenn nicht alles abhängen würde. Er wußte selbstverständlich, was er mit seinem Aufenthalt in Deutschland riskierte, da doch sein Name als der eines deutschen Kommunisten in mehreren Orten aktenkundig war. Aber Dr. Sorge und die leitenden Offiziere der militärischen Aufklärung hatten das Risiko sehr genau kalkuliert. Ein Mitarbeiter der Aufklärungsorgane der Roten Armee, J. Gorew, hat in einem veröffentlichten Bericht die Überlegungen wiedergegeben, die General Bersin und seine Genossen veranlaßt hatten, Dr. Richard Sorge nach Deutschland zu entsenden: «Erwog man alles in allem, hätte man Richard nicht nach Deutschland schicken dürfen. Doch die Wahrheit ist konkret. Der Plan der Leitung war äußerst kühn und – richtig ... Unser General Bersin war ein Meister der Kundschafter-Dialektik, die darin bestand, Mut, kühnes Streben, Risiko und größte ‹Frechheit› mit der allergrößten Vorsicht zu vereinen. Sein Berliner Plan (für Dr. Sorge – J. M.) kann dafür als glänzendes Beispiel dienen. Es versteht sich von selbst, daß dieser Plan mit einem Risiko verbunden war, aber ohne Risiko ließen sich derartige Aufgaben nun einmal nicht lösen. Wichtig war allein, daß die Chancen für einen Erfolg recht groß waren und die beschlossene Lösung durch die konkreten Umstände gerechtfertigt wurde. Sie basierte auf zwei gründlich durchdachten Überlegungen:

Erstens war der Gestapoapparat gerade erst geschaffen worden. Man befand sich in der Anfangsperiode der Organisierung des faschistischen Terrorregimes, in einer Periode, in der alles noch drunter und drüber ging, in der sich der radikale Umbruch gerade vollzog. Man konnte logischerweise annehmen, daß den Hitlerfaschisten im Augenblick nicht nach einer systematischen, intensiven und zeitraubenden Durchsuchung der Polizeiarchive zumute war.

Zweitens erlaubten die persönlichen Qualitäten Richards, sein Verstand, sein Mut und seine Selbstbeherrschung und die darüber hinaus von ihm in der illegalen Arbeit schon gesammelten großen Erfahrungen die feste Überzeugung, daß die Operation erfolgreich verlaufen werde.»[8]

Niemand kann heute darüber Auskunft geben, was Dr. Sorge im einzelnen unternahm, um sein Ziel zu erreichen. Jedenfalls gelang es ihm, mit der Redaktion der «Frankfurter Zeitung» eine Übereinkunft zu treffen, nach der er in Japan als Mitarbeiter dieses angesehenen Blattes auftreten durfte.

«Er verhandelte über eine Zusammenarbeit außerdem noch mit einigen deutschen Monatszeitschriften und mit einer großen Amsterdamer Zeitung. Von einer Zeitschrift erhielt er einen schriftlich fixierten Vertrag, bei den anderen kam man zu mündlichen Übereinkommen. Aber er hatte in Tokyo bei jeder Institution das Recht, auf seine Verbindungen zu diesen Presseorganen hinzuweisen. Sie alle waren für ihn eine Visitenkarte, wie sie für das Ausland von größter Bedeutung war ... All das kam nicht einfach so zustande, sondern erforderte mehr als zwei Monate Anstrengungen und Hetze angesichts einer ständig lauernden Gefahr. In allen Redaktionen saßen zuverlässige Agenten der Nazipartei.»[9]

Richard Sorge war für die Begegnungen mit Faschisten gut präpariert. Er hatte sich eingehend mit der faschistischen Ideologie befaßt, Hitlers Buch «Mein Kampf» studiert und sich die nazistische Phraseologie so zu eigen gemacht, daß er sich ihrer mühelos bedienen konnte, wenn er den Hitlerleuten als Nazi erscheinen mußte. Die Leitung der militärischen Aufklärung hatte ihm sogar empfohlen, der Nazipartei beizutreten. Dazu schrieb Gorew: «Sollte er das nun hier in Deutschland schon tun, um in Tokyo mit dem Parteibuch in der Tasche auftauchen zu können? Das war verlockend, aber auch im höchsten Grade riskant. Im Falle seines Parteieintritts konnte man anfangen, in seiner Vergangenheit herumzuwühlen. Sorge vermutete durchaus

8 J. Gorew, Ich kannte Sorge. In: «Komsomolskaja Prawda», Moskau, vom 9. Oktober 1964.
9 Ebenda.

richtig, daß es leichter und sicherer wäre, in Tokyo in die Partei einzutreten. Er würde dort als eine Person erscheinen, die politisches Vertrauen genießt. Denn die Tatsache, daß er als Korrespondent angesehener Nazizeitungen entsandt worden war, diente als politische Empfehlung für seine Aufnahme in die Nazipartei.»[10]

Sorge ließ sich damit in der Tat auch Zeit. Unauffällig und unbeanstandet wurde er am 1. Oktober 1934 in die NSDAP-Auslandsortsgruppe Tokyo als Mitglied aufgenommen.

Die Sachkenntnis, mit der Gorew über Sorges Aufenthalt in Deutschland berichtet hat, kommt nicht von ungefähr. Dr. Sorge hatte damals in Berlin einen Treff mit einem sowjetischen Genossen, der im Begriff war, ebenfalls als Kundschafter in den Fernen Osten zu gehen. Dieser Mann, der von Richard Sorge an einem Junitag des Jahres 1933 um zwölf Uhr mittags in einem Berliner Café erwartet wurde, war niemand anders als J. Gorew. Er und Dr. Sorge sollten künftig als «Nachbarn» arbeiten. Es kam deshalb darauf an, sich über einige operative Fragen zu verständigen. Gorew schilderte diese Begegnung. «Pünktlichkeit war für uns ein unumstößliches Gesetz. Als ich genau zur vorgeschriebenen Zeit eintraf, war Sorge schon zur Stelle. Er saß an einem Tischchen auf der geräumigen, offenen Terrasse des Cafés. Es waren nur wenige Gäste anwesend. Ich erkannte Richard nach der mir gegebenen Beschreibung und den vereinbarten Gegenständen sofort und ging, freundlich lächelnd, auf ihn zu. Der sich langweilende Kellner mag den Eindruck gehabt haben, daß sich zwei alte Freunde trafen. Und wir fühlten uns auch tatsächlich bald so. Die Situation der illegalen Arbeit im Ausland schuf die Voraussetzung für eine besonders kameradschaftliche, enge Freundschaft. Ich glaube, daß sie jener Kampfkameradschaft, die die Menschen an der Front verbindet, ähnlich ist. Das eben war die ‹Tuchfühlung›, die alle jene verband, die, wenn auch mit unterschiedlichen Mitteln und Methoden, so doch gegen ein und denselben Feind kämpften – gegen die faschistische Bestie, für die sowjetische Heimat, für den Sozialismus.

Richard Sorge war eine stattliche, repräsentative Erscheinung, ein Mann von guter Figur, größer als der Durchschnitt.

Irgendwo habe ich gelesen, daß Sorge einen ‹fast traurigen› Gesichtsausdruck gehabt haben soll. Das stimmt nicht. Vielleicht ist das auf Fotos so herausgekommen, aber der Wirklichkeit ent-

spricht es ganz und gar nicht. Seine klaren Augen, seine Gesichts-
züge, seine Gesten und seine Mimik – alles sprach von einer energischen Entschlossenheit, intensiver Gedankenarbeit, einer festen
Überzeugung von seinen Ansichten und von einem scharfsinni-
gen, schnell erfassenden Verstand. Dieses interessante Gesicht
vergißt man nie. Richard war energisch, aber nicht unruhig; er
war konkret und sachlich. Er zwängte niemandem seine Meinung
auf, sondern überzeugte durch Logik und reifliches Durchdenken
der von ihm vorgeschlagenen Entschlüsse. Er war ein lebhafter,
interessanter Gesprächspartner, und er liebte einen Scherz.

Wir einigten uns relativ schnell über die operativen Fragen, wir
sprachen deutsch miteinander. Richard war mit fertigen, ausgezeichnet durchdachten Vorschlägen zu dem Treff gekommen und
mit einigen Änderungen, die ich vorschlug, schnell einverstanden.
Wir gingen dann zum Austausch unserer Ansichten über die internationale politische Lage über.»[11]

Gorew charakterisierte dann Sorges analytischen Verstand und
seine revolutionäre Leidenschaft und gab dessen Ansichten über
den deutschen Faschismus und die Gefahr eines neuen Krieges
wieder. Im Zusammenhang mit Dr. Richard Sorges Arbeitsstil
werden wir auf diesen Teil des Berichtes von Gorew zurückkommen, der dann noch mitteilte: Sorge «kannte die außergewöhnlichen Schwierigkeiten der illegalen Arbeit in Japan sehr gut,
wußte beispielsweise, daß die japanischen Geheimdienste zu jener
Zeit an die Fersen eines jeden Ausländers Spitzel hefteten, die ihn
ständig beobachteten. Aber offensichtlich reizten diese Schwierigkeiten Richard um so mehr. Er sprach davon wie von etwas ganz
Selbstverständlichem und sagte, daß die Vorstellungen von
‹außergewöhnlichen Schwierigkeiten› höchst relativ wären, daß
man unter allen Bedingungen Erfolg haben könne, man müsse
sich nur richtig orientieren und es verstehen, die gegebenen Möglichkeiten zu nutzen. ‹Natürlich›, fügte er mit einem nachdenklichen Lächeln hinzu, ‹braucht man auch ein bißchen Glück.›»[12]

Bevor Richard Sorge seinen außerordentlich arbeitsreichen
Deutschlandaufenthalt beendete, meldete er am 30. Juli 1933 der
Moskauer Zentrale: «Ich kann nicht sagen, daß ich das mir ge-
stellte Ziel hundertprozentig erfüllt habe. Vieles ließ sich eben ein-

10 Ebenda.
11 Ebenda, vom 8. Oktober 1964.
12 Ebenda.

fach nicht machen. Aber noch länger hierzubleiben, um noch andere Zeitungsvertretungen zu erhalten, wäre sinnlos. So oder so, man muß es versuchen. Es ist mir unerträglich, die Rolle eines Müßiggängers zu spielen, man muß an die Arbeit gehen. Bis jetzt kann ich nur sagen, daß die Voraussetzungen für die künftige Arbeit mehr oder weniger vorhanden sind.»[13]

Das war eine sehr bescheidene Einschätzung seiner Leistungen, denn immerhin hatte er es geschafft, die weite Reise nach Japan über die USA und Kanada mit einem gültigen deutschen Auslandspaß und mit Empfehlungen sowie mit Aufträgen deutscher Nazizeitungen und -zeitschriften anzutreten.

Bewußt mied er die Eisenbahnroute durch Sibirien und die Schiffsroute über Schanghai nach Japan. Auch die von den Faschisten verschärften Ausreisekontrollen in solchen Häfen wie Hamburg und Bremen wußte er zu umgehen. Sorge bevorzugte ein französisches Passagierschiff der Route Cherbourg–New York. Auf dem Weg nach Cherbourg machte er Zwischenstation in Paris, wo er zu den Gästen des Hotels «Noailles» zählte. Hier wurde er von einem Kurier der Zentrale aufgesucht, der ihm mitteilte, wo er die ersten Mitarbeiter seiner Gruppe in Tokyo treffen könne. Von New York fuhr er nach Washington, um in der japanischen Botschaft bei seiner Exzellenz, dem Botschafter Katsuji Debuchi, vorzusprechen.[14] Sorge überreichte dem hohen Diplomaten aus Tennos Reich ein Gruß- und Empfehlungsschreiben, das ihm der Münchener Generalmajor a. D. und Professor Dr. phil. Karl Haushofer, der seit Anfang der zwanziger Jahre Hitlers geopolitischer Lehrer war, gegeben hatte. Haushofer kannte Debuchi sehr gut, sie hatten sich in Japan kennengelernt und vertraten seit Jahr und Tag dieselbe politische Richtung. Der fünfundfünfzigjährige Debuchi war nicht irgendwer: Bevor er als Botschafter des kaiserlichen Japans in die USA geschickt wurde, war er schon stellvertretender Außenminister seines Landes gewesen. Und nur drei Jahre nach diesem Gespräch mit Sorge wurde Debuchi für seine außenpolitischen Verdienste von seinem Kaiser geadelt und in die exklusive Kammer der Lords berufen. Als Dr. Sorge seinen überaus höflichen Gastgeber verließ, trug er einen amtlich versiegelten, an das Außenministerium in Tokyo adressierten Brief mit einer Weiterempfehlung Debuchis in der Aktentasche, der ihm später im Machtbereich Japans manche Türe öffnen sollte.

Sorge reiste dann weiter zur Weltausstellung nach Chicago, in deren unüberwachbarem Getümmel er noch einmal einen Kurier der Zentrale traf, um letzte Informationen auszutauschen. Nach diesem Treffen verließ Sorge die USA in Richtung Kanada und buchte eine Passage für die Schiffslinie von Vancouver an Kanadas Westküste nach Yokohama. Das Reiseunternehmen garantierte seinem deutschen Fahrgast, daß er spätestens am 8. September 1933 seine Füße auf japanischen Boden würde setzen können.

Landung in Yokohama

An dem Mann mit dem Handköfferchen, der im Passagierstrom das aus Kanada eingetroffene Linienschiff verließ, war nichts, aber auch gar nichts Auffälliges zu entdecken. Im Zollgebäude mußte er sich – wie alle Reisenden – einer Kontrolle unterziehen. Auch sein inzwischen angelandetes Gepäck wurde untersucht. Er gab an, sich als Korrespondent verschiedener namhafter europäischer Zeitungen für die nächsten Jahre in Tokyo niederlassen zu wollen. In seinem Gepäck fand man, trotz eifriger Suche, nichts Verdächtiges. Selbst die moderne Leica-Kleinbildkamera erregte kein Aufsehen. Den Zollbeamten war durchaus erklärlich, daß ein Journalist für Berufszwecke einen modernen Fotoapparat benötigte.

Sein deutscher Paß war echt und wies viele Visa auf. Er lautete auf den Namen Dr. Richard Sorge. Der Paßkontrolleur drückte einen großen Einreisestempel mit dem Datum des 6. September 1933 auf eine leere Seite.

Dr. Sorge verließ die belebte Hafenstadt Yokohama auf dem schnellsten Wege und fuhr mit einem Zug nach Tokyo. Zunächst bezog er Quartier in dem renommierten Hotel «Sanno» in der Nähe des Taranomon. Dieses Hotel zählte zu den exklusiven Luxusherbergen für Ausländer in Tokyo.

Nach einigen Tagen, an denen er die Stadt besichtigt hatte, stattete er in der deutschen Botschaft, die sich in der Nähe des Kaiserpalastes befand, den üblichen Anmeldebesuch ab. Dort konnte

---

13 F. W. Deakin/G. R. Storry, a. a. O., S. 112f.
14 J. Gorew, a. a. O. vom 9. Oktober 1964.

Dr. Sorge ein Empfehlungsschreiben der Preußischen Staatsregierung überreichen, das er aus Berlin mitgebracht hatte[15], wußte er doch, welche Wunderwirkung ein amtliches Papier auf deutsche Beamte auszuüben pflegt. Er ließ bei dem Mitarbeiter der Botschaft, der ihn empfing, erst gar keine neugierigen Fragen aufkommen, sondern betonte sogleich, daß er im Auftrag der «Frankfurter Zeitung»[16], der Berliner «Täglichen Rundschau», des «Berliner Börsen-Couriers»[17], der von München aus gesteuerten «Zeitschrift für Geopolitik», des «Deutschen Volkswirts» und des Amsterdamer «Algemeen Handelsblad»[18] in Japan längere Zeit zu arbeiten gedenke. Wie bekannt, hatte er seinen Deutschlandaufenthalt seit Mai 1933 dazu genutzt, mit den Redaktionen dieser Publikationsorgane Kontakte zu knüpfen und sich als Japankorrespondent anzubieten.

Wer eine Visitenkarte, die ihn als Mitarbeiter der «Frankfurter Zeitung» auswies, vorzeigen oder sich auf den Schriftleiter Max Geisenheyner berufen konnte, war in den Auslandsvertretungen des «Dritten Reiches» schlechthin integer. Das hing weniger mit der nur etwa 70 000 Exemplare betragenden Auflage der «Frankfurter Zeitung» zusammen. Das hatte auch nicht viel mit dem Leserkreis dieser Tageszeitung zu tun, der sich zu 40 Prozent aus Finanz- und Industriekreisen, zu 30 Prozent aus deutschen Staatsbeamten und zu 20 Prozent aus Angehörigen sogenannter freier Berufe zusammensetzte. Dieses Ansehen war vielmehr darauf zurückzuführen, daß die Zeitung als Sprachrohr eines mächtigen Monopols gewertet wurde. Seit Anfang der dreißiger Jahre befand sich nämlich die Mehrheit der Kapitalanteile der «Frankfurter Zeitung» im Besitz der IG Farben, des größten deutschen, ja europäischen Chemiemonopols. Kraft seiner geballten Wirtschaftsmacht bestimmte es nicht unwesentlich die deutsche Regierungspolitik mit.

Richard Sorge hatte während seines Deutschlandaufenthaltes keinen festen Korrespondentenvertrag mit der «Frankfurter Zeitung» abschließen können. Diese Tageszeitung zählte zu den wenigen finanziell so starken Publikationsorganen, die sich ein eigenes Korrespondentennetz leisten konnten, das von den Presseagenturen unabhängig war. Doch nach einem mündlichen Übereinkommen durfte sich Dr. Sorge, wenn er Erkundigungen für seine Kommentare einzog, jederzeit auf diese einflußreiche Redaktion berufen. Das Empfehlungsschreiben und die Redaktionskontakte Richard Sorges stimmten den Beamten der Botschaft und, wie sich danach zeigte, auch den damaligen deutschen Botschafter in Tokyo, Dr. jur. Ernst-Arthur Voretzsch, zutraulich. Der fünfundsechzigjährige Diplomat Voretzsch war zudem amtsmüde, er sollte zum Jahresende endlich in Pension gehen. Seine Hauptbeschäftigung bestand seit Wochen darin, persönlich darüber zu wachen, daß seine gesammelten altjapanischen Bronzegegenstände und Gemälde fachgerecht verpackt und kistenweise zu seinem Alterssitz, dem mittelfränkischen Schloß Colmberg, geschickt wurden. Die immer komplizierter werdenden Probleme der japanischen Innen- und Außenpolitik interessierten ihn nur noch am Rande.

Als sich Dr. Sorge dann noch nach dem Leiter der Auslandsorganisation der Nazipartei in Tokyo erkundigte, mußte der Botschaftssekretär, der ihn abfertigte, zweifellos annehmen, ein besonders wertvolles, hitlertreues Mitglied der deutschen Gemeinde in Tokyo vor sich zu haben.

Der Erfolg seines ersten Besuches in der deutschen Botschaft, bei dem er ganz bescheiden um eventuell notwendige Unterstützung seiner journalistischen Arbeit ersucht hatte, schläferte Sorges Wachsamkeit keineswegs ein. Er wußte, daß hinter den Empfangsräumen der Botschaft die Beauftragten des Reichsführers SS wirkten, die den Auftrag hatten, alle in Japan ansässigen und dort ankommenden Deutschen auf ihre politische Zuverlässigkeit gegenüber der faschistischen Regierung zu überprüfen und sie zu bespitzeln.

Sein publizistisches Debüt gab Dr. Sorge bereits im letzten Quartal des Jahres 1933. Im «Berliner Börsen-Courier», der an allen Börsen der Welt studiert und in achtzehn europäischen Staaten zu haben war, erschienen zwei Artikel Sorges. Sein Leitartikel in der Abendausgabe vom 18. Oktober 1933 trug die Überschrift «Japans ‹Lebenslinie›» und beschäftigte sich mit den Hintergründen für Japans expansive Außenpolitik in Asien. Japan

15 Siehe Äußerung von Eugen Ott. In: «Der Spiegel», Hamburg, vom 20. Juni 1951, S. 29.
16 Dr. Paul Sethe, ehemaliger Ressortleiter der «Frankfurter Zeitung», schrieb am 1. Dezember 1964 an den Autor: «Ich weiß nicht mehr, ob mit Sorge ein regelrechter Korrespondentenvertrag geschlossen worden ist. Ich vermute, daß dies nicht der Fall war.»
17 Siehe J. Gorew, a. a. O., vom 9. Oktober 1964; F. W. Deakin/G. R. Storry, a. a. O., S. 111f.
18 Die Redaktion «Nieuwe Amsterdamsche Courant – Algemeen Handelsblad» bestätigte in ihrem Schreiben vom 21. September 1964 an den Autor: «Soweit wir haben feststellen können, war Dr. Sorge nicht kontraktlich mit unserer Zeitung verbunden; er sandte uns nur freibleibend einzelne Beiträge.»

Hier ging Dr. Sorge ein und aus: Deutsche Botschaft in Tokyo

hatte sein seit vier Jahrzehnten beharrlich verfolgtes Ziel erreicht und war von einem Inselreich durch die okkupierten Gebiete in China und seine Kolonie Mandschukuo zu einer Insel- und Kontinentalmacht geworden. Dr. Sorge schätzte Japans differenzierte Außenhandels- und Außenpolitik gegenüber den USA, Großbritannien, den Niederlanden, Deutschland, Italien, China, der Mongolischen Volksrepublik und der UdSSR ein und kam unter anderem zu dem Schluß, daß sich im imperialistischen Kampf um die Neuverteilung der Welt die Zusammenarbeit Japans mit Deutschland und Italien verstärken würde. Sorge kommentierte damals von Tokyo aus treffend: «Die Führung der japanischen Politik ist heute nahezu völlig in den Händen der militärisch betonten nationalistischen Gruppen (um nicht den hier als zu westlich empfundenen Ausdruck Faschismus zu gebrauchen)... Der Westen hat allen Grund, die durch eine kaiserliche Proklamation unterstrichene Erklärung, daß Mandschukuo die ‹Lebenslinie› für Japan bedeutet, so ernst wie nur irgend möglich zu nehmen... Japan hat durch seine Kontinentalpolitik auch die gefährliche Rolle übernommen, als Keil zwischen dem Kommunismus im Norden und den sich immer mehr ausdehnenden kommunistischen Gebieten Zentral-Chinas zu wirken.» Sorge kündigte gleichzeitig eine maßlose Militarisierung des gesamten gesellschaftlichen Lebens Japans und auch die Tendenz an, «seine Außenpolitik im engsten Einvernehmen mit der Heeres- und Marine-Leitung zu führen».

Schon am 27. November 1933, zu der Zeit kam es gerade zu japanischen Provokationen gegen die UdSSR, ließ Sorge in der Abendausgabe der genannten Börsenzeitung seinen Leitartikel «Japans ‹nationale Krise›» folgen. Er beschäftigte sich mit der innenpolitischen Zerreißprobe Japans, «das sich im Prozesse erheblicher wirtschaftlicher und politischer Machtexpansion befindet». Sorge zeigt darin die Misere der massenfremden wichtigsten Parteien Seiyukai und Minseito, die «die wirtschaftliche Macht der größten Privatunternehmungen verkörpern», die bedauernswerte Lage der Bauern, das erschreckende Anwachsen der Staatsschulden, die umfangreich betriebene Aufrüstung und sagt schließlich die weitere «Verstärkung des Einflusses des Militärs bei gleichzeitiger Beibehaltung einiger ausgesprochen nationalistischer ziviler Politiker» voraus. Sorges kluge Analysen ließen in Berlin nicht nur Wirtschaftskreise aufhorchen. Sie dienten auch Dr. Herbert von Dirksen, der sich auf seinen Botschafterposten in Tokyo vorbereitete. Diese Artikel trugen wesentlich dazu bei, sein Japanbild zu prägen. Er muß sich auch Sorges Namen gemerkt haben, denn als er zum Jahresende 1933 als neu akkreditierter deutscher Botschafter in Tokyo ankam, suchte er bald Kontakt zu ihm, dem nun schon bekannten Japankorrespondenten. Auch die Beamten des Sicherheitsdienstes in der Botschaft hatten inzwischen wohlwollend Sorges veröffentlichte und fundierte Beiträge zur Kenntnis genommen.

Diese Beamten stellten jedoch nicht die einzige Barriere dar, die Dr. Sorge überwinden mußte, wenn er seinen Geheimauftrag erfüllen wollte. Er war darauf vorbereitet, sich in einem Land zu bewegen, in dem sich die Furcht vor Spionen mindestens seit der Mitte des vorigen Jahrhunderts zu einer Manie entwickelt hatte. Jeder Ausländer, besonders jeder mit weißer Hautfarbe, war von vornherein verdächtig. Sorge wußte, daß er in einem Staat wirken würde, dessen Militärs ein unvergleichlich dichtes Spitzelnetz unterhielten. Dabei hatten es die japanischen Geheimdienstler nicht einmal schwer, denn in dem flächenmäßig kleinen Inselreich hielten sich nur wenige Ausländer auf. Es waren achttausend Weiße, und zwar je ein Viertel Engländer, Amerikaner und Deutsche sowie zweitausend Fremde verschiedenster Nationalität. Diese achttausend Europäer und Amerikaner lebten in wenigen japanischen Städten und waren dort außerdem in komfortablen Hotels beziehungsweise besonderen Stadtvierteln konzentriert.

Sorge wollte von vornherein höchste japanische Ämter von seiner Ankunft und seinen journalistischen Aufträgen in Kenntnis setzen, um offiziell tätig werden zu können. Zu diesem Zweck suchte er das japanische Außenministerium auf und präsentierte dem Leiter der Nachrichtenabteilung, Eiiji Amau, das Empfehlungsschreiben der japanischen Botschaft in Washington. Bei Amau handelte es sich um einen einflußreichen Beamten, der die wöchentlichen Pressekonferenzen leitete und als ministerieller Sprecher fungierte.

Das japanische Geheimdienstsystem indessen richtete sich – wie in allen imperialistischen Ländern – sowohl nach außen wie auch nach innen. Zu diesem System gehörten verschiedene Geheimdienstzweige und -organe. So oblagen die Spionage und andere Geheimdienstoperationen im Ausland im wesentlichen dem Heer und der Kriegsmarine, denen nicht selten vom japanischen Außenministerium Hilfe angeboten und auch geleistet wurde. Mit Spitzeltätigkeit und Spionageabwehr im Inland beschäftigten sich gleich mehrere Organe; und zwar mehr oder weniger unabhängig voneinander. Da war zunächst die Geheimpolizei, die dem japanischen Innenministerium unterstand, in bestimmten Fragen aber auch dem Justizministerium zuarbeitete. Im Bereich des Heeres beschäftigte sich die Kempeitai mit der Spionageabwehr auf den japanischen Inseln und in allen von Japan eroberten Gebieten. Selbstverständlich verfolgten die verschiedenen japanischen Geheimdienstapparate samt und sonders mit großer Intensität das Ziel, den Generalen und Admiralen bei ihren volksfeindlichen Machenschaften die gewünschte Ruhe und Ungestörtheit zu sichern, das heißt, die Militarisierung des gesamten gesellschaftlichen Lebens in Japan vor jeder Ausspähung abzuschirmen. Im Rahmen dieser Aufgabe überwachte auch die Kempeitai die Ausländer, vor denen man die militärischen Geheimnisse des Landes besonders sorgfältig hüten wollte. Aufgaben und Charakter dieser Kempeitai ließen sich auf einen Nenner bringen: Sie war – wie im faschistischen Deutschland die Gestapo – die von den Japanern am meisten gefürchtete und gehaßte Institution.[19]

Nirgendwo in der imperialistischen Welt war gunji himitsu –

das soviel wie militärisches Geheimnis bedeutet – derart bedrohlich weit gefaßt wie damals in Japan.

Als 1945 das kaiserliche Japan kapitulierte, zählte die Kempeitai 140 000 besoldete Agenten, davon 70 000 fest angestellte, darunter 24 000 Armeeoffiziere.[20] Die Kempeitai-Offiziere und -Agen-
ten saßen überall: in den Portierlogen der Hotels und hinter
Postschaltern, sie traten als Gepäckträger oder Eisenbahner auf,
sie hatten sich in den Häfen, in den Zensurstellen für Presse, Literatur und Rundfunk sowie im Funkabhördienst eingenistet, sie
waren in Geschäftsvierteln, an Kinokassen und in Lehrerzimmern
zu finden. Die Kempeitai überwachte alle Dolmetscherbüros und
Fotoläden, den Waffen- und Sprengstoffhandel, Elektrizitäts-
werke und Freudenhäuser, die von den Ausländern so bevorzugten Geishas und den Medikamentenhandel. Diese militärische
Agentenarmee wurde von einem eigenen General befehligt, der
ausschließlich dem Kriegsministerium unterstand. Die Kriegsmarine arbeitete mit diesem General in allen Fragen der Personal-
kontrolle zusammen.

Wer bei der Kempeitai Agentenführer werden wollte, wurde
erst einmal eingehend auf seine absolute Kaisertreue geprüft. Alle
seine Familienangehörigen mußten eine strenge Untersuchung
über sich ergehen lassen. In Friedenszeiten hatte der Bewerber
dann sechs Jahre bei der Armee zu dienen. Er mußte überdurch-
schnittlich raffiniert und körperlich kräftig und gesund sein sowie
einige Fremdsprachen beherrschen. Erst wenn all diese Voraussetzungen erfüllt waren, durfte der Kandidat einen einjährigen Sonderkursus besuchen, in dem er durch hartes Training auf seine
hinterhältige Tätigkeit gegen die eigenen Landsleute und gegen
Ausländer vorbereitet wurde. Die Angehörigen der Kempeitai waren also die Handlanger der japanischen Militärkaste, gewissermaßen die Verläßlichsten der Verläßlichen des Kaisers, der persönlich für seine ständig einsatzbereite Geheimgarde sorgte. Er
sicherte ihr auch aus dem Haushaltsbudget überreichliche Mittel
zu.

Für die nach innen wie außen gerichteten Geheimdienste gab
das kleine Japan schon 1934 fünfmal soviel aus wie Großbritannien, sein Kolonialreich eingeschlossen. Japan gab damals für
diesen Zweck sogar achtzigmal soviel aus wie die USA. Und im

19 Siehe Ronald Seth, Secret Servants – A History of Japanese Espionage, New York 1957, S. 155.
20 Ebenda, S. 256.

Jahre 1938 hatten sich die Finanzmittel für die japanischen Geheimdienste mehr als versechsfacht. Sie betrugen – in damaliger deutscher Währung ausgedrückt – 62,5 Millionen Reichsmark.

Dr. Sorge bekam die Kempeitai vom ersten Tage an zu spüren. Zunächst machte sich der «Jiji-Shimbun»-Reporter Mitsukado Aritomi in auffälliger Weise an ihn heran. Der deutsch sprechende Japaner versuchte, sich dem Neuzugereisten direkt aufzudrängen, und vermittelte ihm ein günstig erscheinendes Zimmer im Tokyoter Meguro-Hotel. Nachdem Dr. Sorge dem Hotelbesitzer eine Einstandslage gegeben hatte, wußte er allerdings schon, daß dieser früher im japanischen Armee-Spionagedienst gedient hatte. Der Gegner war erkannt und somit ungefährlich geworden. Eines Tages versuchte Mitsukado Aritomi, Dr. Sorge mit einem russisch sprechenden Provokateur auf die Probe zu stellen. Der Agent redete Richard Sorge in einem unerwarteten Augenblick in der Sprache seiner Mutter an. Der Versuch mißglückte total. Dr. Sorge reagierte so, als sei ihm Russisch völlig fremd.

Um verhältnismäßig ungestört arbeiten zu können, suchte sich Richard Sorge – im Gegensatz zu den meisten anderen Europäern – in einem ausgesprochen japanischen Viertel eine kleine Wohnung. Bald stellte er jedoch fest, daß seine Haushälterin eine Zuträgerin der Kempeitai war. Nach einer längeren Reise bemerkte er, daß seine von ihm präparierte Briefmappe und andere Papiere durchsucht worden waren. Ein japanischer Dolmetscher der deutschen Botschaft, mit dem sich Sorge manchmal unterhielt, wurde mehrmals zur Polizei gerufen und über den deutschen Journalisten ausgefragt.[21] Er informierte Dr. Sorge, obwohl er darüber zu schweigen hatte. Mitunter installierte die Kempeitai an den dünnen Wänden von Sorges Wohnung eine für damalige Verhältnisse sehr kostspielige Abhöranlage. Die Lauscher wurden aber enttäuscht, denn Richard Sorge traf jene, mit denen er Kontakt suchte, in der Regel in Speiserestaurants und stark besuchten Gaststätten. Auch dorthin folgten ihm die japanischen Spitzel. Wenn es darauf ankam, wußte er sie jedoch immer abzuschütteln, da er zunächst wochenlang die Methoden seiner Überwacher genau studiert und deren Schwächen erkannt hatte.

Als Dr. Sorge in späteren Jahren eine junge Japanerin näher kennengelernt hatte, trat die Kempeitai auch an sie heran, um sie zum Spitzeldienst zu verpflichten. Ishii Hanako erinnerte sich: «Im Juli (1941 – J. M.) hatte man mich zur Polizei zum Verhör gerufen und mich zu zwingen versucht, Richard zu beobachten, das nach seiner Arbeit liegengebliebene Durchschlagpapier zu beschaffen und über seine Reisen zu berichten.»[22] Doch in dieser jungen Frau hatten sich die kaiserlichen Agenten getäuscht. Ihre Liebe, Verehrung und Treue zu dem sie umsorgenden Mann ließen alle Korruptionsversuche erfolglos abprallen.

Dr. Sorge, der mit dem Mißtrauen seiner japanischen Überwacher von vornherein gerechnet hatte, begegnete ihren Schnüffeleien im wesentlichen auf zwei Arten.[23]

Erstens verstand er, die Aufmerksamkeit der Spitzel immer wieder dadurch abzulenken beziehungsweise einzuschläfern, daß er sich mehrere Monate lang vorwiegend in öffentlichen Bibliotheken und in seinem Arbeitszimmer seinen Japanstudien widmete. Täglich fand man ihn hinter beachtlichen Bücherstapeln. Er las in der Bücherei der deutschen Botschaft. Er ging in der Bibliothek der Deutsch-Ostasiatischen Gesellschaft in Tokyo ein und aus. Er durchstöberte Buchläden und Antiquariate. Seine bescheidene Wohnung – ein leicht gebautes Sommerhaus inmitten eines Gartens im Tokyoter Stadtteil Azabu in der Nagasaka-cho Nummer 30 – füllte sich nach und nach mit Büchern und übersetzten Schriften, Landkarten und Karteikästen. Schließlich standen in seiner Handbücherei über eintausend Bände, die er auch gelesen hatte. Der deutschen Musikprofessorin und weltbekannten Cembalistin Eta Harich-Schneider, die Sorge im Sommer 1941 mehrmals zu Hause besuchte, verdanken wir folgende interessante Milieuschilderung: Sorges «Wohnung war ein Backofen. Die Straßen verschwammen in Staub und weißem Glast, und sogar bei Nacht war es auf seiner Dachterrasse drückend schwül ... Heißer Holzgeruch erfüllte die Luft, und bei all der Enge viel Grün in dem kleinen Gärtchen ... Aus den Nachbarhäusern hörte man Radio und Kinderlachen ... Sorges Haus lag ganz verwinkelt zwischen japanischen Arme-Leute-Häusern und war in einem achtlosen, ungepflegten europäisch-japanischen Stil gehalten. Unten zwei Räume, notdürftig eingerichtet mit ein paar schäbigen Tischchen, auf dem einen ein Fetzen von altem Purpurbrokat ... Daneben eine ... Küche. Oben sein Arbeitszimmer mit großem Diwan, Schreibtisch, Grammophon und an der Rückwand Bü-

21 Siehe Charles A. Willoughby, Shanghai Conspiracy, New York 1952, S. 67.
22 Zitiert nach «Trud», Moskau, vom 13. September 1964.
23 Siehe Charles A. Willoughby, a. a. O., S. 66/67.

cher bis zur Decke. Daneben das Schlafzimmer, fast ganz von einem großen Doppelbett ausgefüllt. Vor dem Schlafraum ein kleiner Gang. Die Terrasse zog sich über die ganze Länge der beiden Zimmer.»[24]

Sorge verfolgte die Rundfunk- und Zeitungsnachrichten, studierte die Geschichte und die Kulturgeschichte des Landes, politische und wissenschaftliche Schriften, japanische Klassiker und Polemiken der international bekanntesten Japankenner. Sein Wissensdurst war schier unstillbar. Weder den Besitz von Büchern noch dessen Studium konnte der japanische Geheimdienst verbieten. Dr. Sorges Studienergebnisse aber – nicht nur sein angeeignetes, sondern bald auch sein angewandtes Wissen – sollten sehr schnell zur mächtigen Waffe werden. Neben seinen Studien unternahm er als Tourist Orientierungsreisen in verschiedene japanische Provinzen.

Zweitens wußte Richard Sorge, daß seine Überwachung durch japanische Agenten in dem Maße etwas nachlassen werde, je angesehener er in der deutschen Botschaft würde, denn die Faschisten hatten ihre eigenen Überwachungsexperten, die mit dem japanischen Geheimdienst eng zusammenwirkten. Um aber für die Botschaft zu einer angesehenen Persönlichkeit zu werden, mußte er sich durch sehr gründliche Japankenntnisse unersetzlich machen. Und genau das strebte er an.

Auf einigen seiner Reisen durch Japan nahm Dr. Sorge auch den Publizisten Friedrich Sieburg mit. Was die beiden deutschen Berichterstatter unterwegs über sich ergehen lassen mußten, fand nur einer von ihnen bemerkenswert, nämlich Sieburg. Er notierte: «Auf den zwei oder drei Reisen, die ich mit Sorge machte, war die Anzahl der Polizisten, die sich, ob nun in Uniform oder in Zivil, uns näherten, uns kontrollierten und ins Gespräch zogen, geradezu überwältigend. Das brauchte keine besondere Bedeutung zu haben, denn die japanische Spionenfurcht ist bis zur Geisteskrankheit entwickelt. Obwohl ich selbst eine ganz unzweideutige Erscheinung war und mit faustdicken japanischen Empfehlungen umherging, wurde ich doch selbst unaufhörlich von Polizisten belästigt, die sich auf eine recht kindische Art mit meiner Person zu beschäftigen versuchten.

Nicht selten tauchte, während ich mich rasierte, ein etwas unsauberer Jüngling mit zahllosen Füllfederhaltern in der Brusttasche in meinem Hotelzimmer auf, zog unter vielen Verbeugungen ehrfürchtig die Luft ein und erklärte, daß er von der Polizei sei und hoffe, ich fühle mich in Japan sicher. Dasselbe geschah mir immer wieder auf Ausflügen, in öffentlichen Parks und sogar in Tempeln.

Meistens waren diese Jünglinge, die von einer geradezu himmelschreienden Unauffälligkeit waren, völlig zufriedengestellt, wenn ich ihnen meine Visitenkarte überreichte, die ich mir, übrigens auf Sorges dringenden Rat hin, gleich bei meiner Ankunft in japanischen Schriftzeichen hatte anfertigen lassen. Der Geheimpolizist studierte dann gewöhnlich diese Visitenkarte, als ob sie ein wertvolles Dokument sei, nickte befriedigt und bat, die Karte behalten zu dürfen. Später habe ich erfahren, daß das Sammeln von Visitenkarten in Japan äußerst beliebt ist und daß viele Japaner dicke Alben besitzen, in die sie die gesammelten Visitenkarten, natürlich besonders solche von Ausländern, einkleben.

Unaufhörlich wurde das Publikum über die Gefahr der Spio-

24 Eta Harich-Schneider, a. a. O., S. 206.

nage belehrt. Unaufhörlich fanden Kurse statt und wurden Instruktionen veröffentlicht. Ich selbst wohnte einmal einem Vortrag bei, den ein japanischer Polizei-Offizier vor Geishas hielt, um sie für die Bekämpfung von Spionen einzusetzen. Leider verstand ich kein Wort von dem Vortrag. Er war nichtsdestoweniger köstlich. Der japanische Polizei-Offizier war ein ernstes Männchen mit grauem Borstenhaar und einer großen Brille, und der Saal saß voll von diesen blumenhaften Geschöpfen in ihren bunten Kimonos und kreidig gepuderten Gesichtern.

Später ließ ich mir erklären, worauf solche Instruktionen hinauslaufen. Nun, vor allem darauf, den Spion, der natürlich ein Weißer ist, gleich an seiner Aufmachung zu erkennen. Diese Aufmachung entsprach nach Ansicht der japanischen Spionage-Abwehr genau dem Aussehen, das Spione in älteren Abenteuer-Filmen haben. Ernsthaft wird diesen Mädchen erklärt, daß, wenn ein Mann mit hochgeschlagenem Mantelkragen, einer Reisemütze, einer kurzen Pfeife und gar einem Monokel im Auge das Teehaus betritt, es sich nur um einen Spion handeln kann. Ich erwähne dies als Beispiel für den rührenden Schematismus, den die japanischen Behörden an den Spionagekomplex heranbrachten.

Ich fuhr mit Sorge unter anderem nach Kyoto, nach Nara und nach Yamada, wo wir die Heiligen Schreine besichtigten. In den Zügen tauchten immer wieder Leute auf, die uns ansprachen, einige Brocken Englisch oder Deutsch an den Mann brachten und uns um unsere Visitenkarten baten. Auf dem Bahnhof in Yamada stellte uns eine ganze Gruppe uniformierter Polizisten und nahm unter zahllosen Verbeugungen und zischendem Einziehen der Luft unsere Personalien auf. Sogar als wir vor den Heiligtümern verweilten, erschien ein Jüngling, in einer ungewöhnlich schmutzigen und kurzen europäischen Jacke, musterte uns lange schreckerfüllt durch seine riesige Brille und forderte uns dann zum Austausch von Visitenkarten auf.

Einmal bat ein Polizeibeamter sogar, unsere Füllfederhalter besichtigen zu dürfen. Ich erfuhr später, daß in Japan eine besondere Angst vor Füllfederhaltern besteht, weil man glaubt, daß die Spione mit Füllfederhaltern photographieren oder Messungen vornehmen. Auch von infraroten Strahlen, mit denen die Spione angeblich arbeiten, war unaufhörlich die Rede, und ich weiß nicht, welche fixe Idee die japanische Spionage-Abwehr dazu trieb, zu glauben, daß der weiße Spion daran zu erkennen sei, daß er immer ‹von oben nach unten photographiere›.

Wie dem auch sei, das Übermaß an polizeilichem Interesse auf meinen Reisen mit Sorge mag eine normale Veranstaltung gegenüber zwei bekannten europäischen Journalisten gewesen sein. Es ist aber auch möglich, daß Sorge bereits damals verdächtig war.»[25]

Zum gleichen Thema äußerte sich auch ein namhafter amerikanischer Pressemann, Harold O. Thompson, der mehr als einmal Einblick in die spezielle Methodik japanischer Geheimdienstler gewonnen hatte.

«Von 1936 bis zum Sommer 1941», schrieb er, «war ich Korrespondent der ‹United Press› in Tokyo. Mein Büro befand sich im siebenten Stock des Dentsu-Gebäudes. Auf demselben Flur waren auch die Arbeitsräume des ‹Deutschen Nachrichtenbüros› (DNB), der ‹Havas›-Agentur und der ‹Associated Press›. Sorge besuchte oft Berufskollegen im ‹Deutschen Nachrichtenbüro›. Ich traf ihn auch auf japanischen Pressekonferenzen … Von meinen oberflächlichen Begegnungen her gefiel mir Sorge. Ich lernte ihn als freundlichen, entgegenkommenden Burschen kennen … Eine Begebenheit ist mir noch besonders in Erinnerung. Die japanische Polizei ließ Sorge durch einen Geheimpolizisten überwachen, so wie sie viele von uns zu überwachen pflegte. Eines Tages erschien der Mann, der Sorge zu überwachen hatte, in meinem Büro, um sich mit meinem japanischen Assistenten zu unterhalten. Der Assistent erzählte mir, der Polizist wäre hocherfreut, denn Sorge hätte einen Motorradunfall gehabt und befände sich jetzt im St.-Lukes-Krankenhaus. Deshalb habe der Polizist etwas Zeit für sich selbst. Ich ging dem Bericht nach und entdeckte im Krankenhaus, daß Sorge nur leicht verletzt und schon wieder entlassen worden war. Als ich das dem Polizisten erzählte, verließ er mein Büro in Windeseile, um wieder seinem Überwachungsauftrag nachzugehen. Ich glaube, daß Sorge intensiver beschattet wurde als die meisten von uns.»[26]

All diese Vorgänge und Erlebnisse lassen ahnen, unter welch schwierigen Bedingungen Dr. Sorge seinem Kundschafterauftrag, von dessen Erfüllung so sehr viel abhing, nachging, welchen Bela-

25 Zitiert nach «Der Spiegel», Hamburg, vom 19. September 1951, S. 21.
26 Aus dem Schreiben von Harold O. Thompson vom 23. April 1965 an den Autor.

stungen er während der annähernd dreitausend Tage seines Wirkens in Japan ausgesetzt war.

Anfang der dreißiger Jahre befand sich Japan in einer Wirtschaftskrise. Die Zahl der Arbeitslosen stieg sprunghaft an. Ende 1931 gab es im Reich des Tenno drei Millionen Arbeitslose. Viele Werktätige lebten in unsagbarer Armut. Innere Erschütterungen in Japan schienen unausbleiblich zu sein. Die herrschenden Kreise des Landes versuchten, durch außenpolitische Abenteuer aus dieser Lage herauszukommen. Extrem rechtsradikale politische Gruppen und viele Geheimgesellschaften strebten immer merklicher einer faschistischen Herrschaftsform zu. Polizei und Militär jagten den Vortrupp der japanischen Arbeiterklasse, verfolgten die Kommunistische Partei Japans, die am 15. Juli 1922 gegründet worden war. Mit ihren populären Losungen «Das Land den werktätigen Bauern!», «Arbeit und Brot für die Arbeiter!» und «Freiheit für das ganze Volk!» hatte die Partei die Wut der gesamten Reaktion auf sich gezogen. Der japanische Kaiser, sein Kabinett und die Generale herrschten mit Terror gegen ihre Landsleute. Schon 1928 hatten sie die Arbeiter-und-Bauern-Partei, in der sich 1926 linke Kreise und Reformisten zusammengefunden hatten, die linksgerichteten Gewerkschaften, den Bund der proletarischen Jugend sowie einige linke Studentenorganisationen aufgelöst. Der beliebte kommunistische Führer Masanosuke Watanabe war im selben Jahr ermordet worden. Im März 1929 hatten gedungene Mörder den Parlamentsabgeordneten Senji Yamamoto erdolcht, der gegen eine japanische Intervention in China und für eine friedliche Politik Japans gegenüber der Sowjetunion aufgetreten war. Im Jahr vor der Ankunft Dr. Sorges in Japan, im Mai 1932, putschten mit dem Faschismus sympathisierende Offiziere der japanischen Armee. Sie besetzten in Tokyo Regierungsgebäude und Redaktionen, brachten den japanischen Ministerpräsidenten Inukai Tsuyoshi um und strebten nach einer Militärdiktatur. Sie hatten ihr Ziel zwar nicht erreichen können, gaben es aber keineswegs auf.

Der im Klassenkampf erfahrene Dr. Sorge wußte alle diese Erscheinungen richtig zu deuten. Eine gewisse Parallelität zum deutschen Faschismus ließ sich nicht übersehen. Der Druck der imperialistischen Reaktion gegen das eigene Volk geht stets dem Druck nach außen, der Aggression, voraus.

Überlistete Geheimdienstgenerale

Dr. Richard Sorge hielt sich erst seit wenigen Wochen in Tokyo auf, da trat er schon in nähere Beziehungen zu einem damals in Japan fast völlig unbekannten Reichswehroffizier – dem Oberstleutnant Eugen Ott. Oberflächlichen Betrachtern mag die nahezu traumwandlerische Fähigkeit imponieren, mit der Sorge gerade auf diesen Generalstabsoffizier stieß, der offiziell als Artillerieoffizier und Reichswehrbeobachter beim 3. japanischen Artillerieregiment in der Industriestadt Nagoya auftrat. Doch die Bekanntschaft der beiden war durchaus kein Zufall. Dr. Sorge hatte den Kontakt zu Ott auf Grund seiner fundierten Kenntnisse um bestimmte Zusammenhänge zielstrebig gesucht.

Japan war im März 1933 und Deutschland im darauffolgenden Oktober demonstrativ aus dem Völkerbund ausgetreten. Die Regierungen beider Staaten wollten freiere Hand für die Militarisierung bekommen und die Vorbereitungen ihrer geplanten Eroberungsfeldzüge vor der internationalen Öffentlichkeit noch besser verheimlichen. Jede Fühlungnahme des deutschen mit dem japanischen Generalstab mußte deshalb für die sowjetische militäri-

Hitlers Mann in Tokyo: Generalmajor und Militärattaché Ott, der spätere deutsche Botschafter

211

sche Aufklärung von großem Interesse sein. Dadurch, daß der Verbindungsoffizier Eugen Ott hieß, bekam dieser deutsch-japanische Kontakt noch eine besondere Note. Der vierundvierzigjährige Oberstleutnant war weder für die Führung der Roten Armee noch für die Kommunistische Partei Deutschlands ein unbeschriebenes Blatt. Allerdings interessierte sie weniger die Tatsache, daß Gardeleutnant Ott am Hofe seines Königs von Württemberg die Damen der Gesellschaft als Vortänzer beglückt hatte. Viel wichtiger war, daß Ott zu Beginn des ersten Weltkrieges als Adjutant im württembergischen Feldartillerieregiment 65 gedient, dann zum Stab einer Kavalleriedivision gehört hatte und schließlich über einen Sonderkursus für Nachrichtenoffiziere schnell in den kaiserlichen Generalstab aufgestiegen war. Dort unterstand er damals in der Abteilung III B dem Chef des militärischen Geheimdienstes der kaiserlichen Armee, Oberst Nicolai.[27] Dieser Nicolai hatte in den zwanziger Jahren übrigens auch bei der Auswahl von Militärberatern für China seine Hände im Spiel. Den jungen Ott verpflichtete er nicht nur zur Geheimdienstarbeit, sondern er schulte ihn auch zu einem profilierten Agentenführer des deutschen Imperialismus, zu einem Fährtensucher des deutschen Militarismus, zu einem Salonoffizier, der sich hinter den Kulissen hoher Politik wohl fühlte und viele Fäden zu ziehen verstand. Kein Wunder, daß Ott auch dann diesem dunklen Metier treu blieb, als das kaiserliche Heer geschlagen nach Hause marschierte, Kaiser Wilhelm II. ins sichere Exil geflohen war und das deutsche Volk schwer unter den Kriegsfolgen zu leiden hatte.

Bereits im Jahre 1923 konnte man Eugen Ott wieder im Generalstab finden. Er trug die Schulterstücke eines Hauptmanns und assistierte dem Major Kurt von Schleicher. An der Tür von Otts Dienstzimmer hing ein Schildchen mit den nichtssagenden Ziffern I 1/III. Nur Eingeweihte wußten, daß Hauptmann Ott jetzt in der 1. Abteilung, Grundsatzgruppe «Innenpolitik», Dienst tat. Drei Jahre später wurde daraus die Wehrmachtsabteilung. Auch in dieser Abteilung gehörte Ott zu den engsten Beratern von Schleicher. Mit ihm erklomm er Sprosse um Sprosse auf der Beförderungsleiter. 1932 trug Kurt von Schleicher die Generalsuniform. Den Ehrgeizling Ott hatte er zum Oberstleutnant und zum Chef der Wehrmachtsabteilung im Reichswehrministerium gemacht.

Zu einer Zeit, da in Deutschland heftige Klassenschlachten geschlagen wurden, stand also Ott an der «inneren Front». 1930 hatte die Kommunistische Partei Deutschlands das «Programm zur nationalen und sozialen Befreiung des deutschen Volkes» verkündet, und die Reichstagswahlen im November 1932 brachten der von Ernst Thälmann geführten Partei 5,9 Millionen Stimmen. Das waren 1,3 Millionen mehr als bei den Wahlen im Jahre 1930. Es wurde ganz offensichtlich, daß die KPD mit ihrem antifaschistischen, den Lebensinteressen des deutschen Volkes entsprechenden Programm zusehends an Einfluß gewann. In dieser Situation vereinte das deutsche Großbürgertum seine politischen Kräfte. Als Hauptinstrumente, mit denen die aufstrebende Arbeiterklasse niedergehalten werden sollte, betrachteten die deutschen Monopolherren die Faschisten und die Reichswehr. Generalleutnant von Schleicher, Amtschef im Reichswehrministerium und Vertrauensmann der Reichswehrgeneralität, bemühte sich um die Zusammenarbeit mit den Faschisten. Er selbst schrieb rückblickend: «Ich ... bin seit dem Herbst 1930 konsequent und hartnäckig für die Heranziehung der Nationalsozialisten zur Regierung eingetreten.»[28] So hatte er beispielsweise im Jahre 1930 versucht, das Vergehen von drei Reichswehroffizieren zu vertuschen, die mit dem Ulmer SA-Führer Pfeffer von Salomon in Verbindung getreten waren und in der Reichswehr offen Propaganda für Hitler gemacht sowie zu einem bewaffneten Putsch gegen die Weimarer Republik aufgerufen hatten.[29]

Von Schleichers Verhalten gegenüber den einzelnen Naziführern war unterschiedlich. Sicherlich ahnte er nicht, daß ihn ein Hitler treu ergebener Vertrauensmann jeden Tag politisch beriet. Dieser V-Mann der Nazis hieß Eugen Ott.[30] Ohne Wissen vieler Reichswehrgenerale arbeitete der Geheimdienst der Reichswehr längst mit der faschistischen Führung zusammen. Dafür hatte schon Oberst a. D. Nicolai gesorgt, der zum Dank dafür später von Hitler auch reaktiviert und zur Tarnung seiner Spionagetätigkeit mit der Leitung des «Instituts für neue deutsche Geschichte» betraut wurde.

27 Siehe J. Gorew, a. a. O., vom 10. Oktober 1964; Ronald Seth, a. a. O., S. 211; Curt Riess, Total Espionage, New York 1941, S. 217; Who's who in Japan with Manchoukuo and China, Tokyo 1940, S. 600 f.
28 Zitiert nach Thilo Vogelsang, Zur Politik Schleichers gegenüber der NSDAP 1932. In: «Vierteljahreshefte für Zeitgeschichte», Stuttgart, Nr. 1/1958, S. 89.
29 Lew A. Besymenski, Generale ohne Maske, Berlin 1963, S. 51/52.
30 Ellis Mark Zacharias, Secret Missions. The Story of an Intelligence Officer, New York 1946, S. 159. Konteradmiral Zacharias war Geheimdienstoffizier der USA.

Mit Hilfe von Oberstleutnant Ott waren jedenfalls Hitler und seine Schlägerkolonnen über die politischen Maßnahmen der Reichswehr stets genau informiert. Besonders ermutigend für die Faschisten mußte die Schlußfolgerung der Generalität gewesen sein, daß die Reichswehr in der 1932/33 im Klassenkampf entstandenen Situation einen «militärischen Ausnahmezustand nicht aufrechterhalten» könnte.[31] Diese Erkenntnis hatte sich nämlich aus einem dreitägigen «Kriegsspiel» ergeben, das in Anwesenheit von Vertretern aller Reichsbehörden, der Polizeichefs und der Kommandeure sämtlicher Reichswehrdivisionen im Reichswehrministerium unter der Leitung Oberstleutnant Eugen Otts stattgefunden hatte. Unter dem Eindruck des mächtigen Berliner Verkehrsarbeiterstreiks hatte dieser Bürgerkriegs- und Notstandsexperte sowie heimliche Zuträger Hitlers im Interesse der deutschen Monopolherren und im Auftrag ihrer Militärs zu prüfen gehabt, ob die revolutionäre deutsche Arbeiterklasse allein mit Reichswehr und Polizei überhaupt noch niedergehalten werden könnte.[32] Die Frackträger aus Banken und Konzernen wußten nun genau, daß die Reichswehr nur gemeinsam mit den Schlägerkolonnen Hitlers in der Lage war, ihre Interessen durchzusetzen.

Nach den Novemberwahlen wurde ein neues Kabinett gebildet. Am 2. Dezember 1932 lancierten Finanzkapital und Reichswehrführung General von Schleicher als ihren vorübergehenden Sachwalter auf den Sessel des Reichskanzlers. Einen Tag zuvor war Oberstleutnant Ott im Auftrag eben dieses Kurt von Schleichers zu dem Chef der NSDAP – seinem politischen Idol – nach Weimar gefahren, um «Hitler zum Eintritt der (Nazi-)Partei in ein etwaiges Kabinett von Schleicher aufzufordern»[33]. Von Schleicher hatte Hitler das Amt des Vizekanzlers und für die Nazipartei eine entsprechende Zahl von Ministerposten anbieten und Eugen Ott um die Zusammenarbeit zwischen der Reichswehr und der Nazipartei buhlen lassen. Was der Oberstleutnant sonst noch mit Hitler hinter geschlossenen Türen besprochen hat, ist bis heute unbekannt geblieben. Hitler, von seiten bestimmter Monopolkreise bestärkt, lehnte die Vizekanzlerschaft ab. Und von Schleicher mußte abtreten. Am 30. Januar 1933 wurde Hitler Reichskanzler. Damit begann in Deutschland eine offen terroristische, die faschistische Diktatur. Monopolherren und Finanzgewaltige, insbesondere die reaktionärsten und chauvinistischsten, unterstützten Hitler vorbehaltlos. Das deutsche Volk wurde entrechtet. Zehntausende der besten Söhne der deutschen Arbeiterklasse, Tausende Arbeiterfunktionäre verschwanden in von SA bewachten Kerkern. Nach den Plänen der neuen Machthaber, ihrer Hintermänner und der dienstbeflissenen Reichswehrgenerale bildete sich so in Mitteleuropa ein neuer gefährlicher Kriegsherd heraus.

Eugen Ott hatte als geheimdienstlich geschulter Generalstabsoffizier seine innenpolitische Mission erfüllt, und zwar im Sinne des deutschen Imperialismus derart gut, daß Hitler, dessen Berater Oberst Nicolai und die Reichswehrführung ihm eine neue wichtige Aufgabe übertrugen. Ott sollte nun die Interessen der deutschen Militaristen im fernen Japan wahrnehmen. Das Vertrauen Hitlers zu dem ihm gut bekannten Ott kam nicht nur durch diesen Einsatzbefehl zum Ausdruck. Am 30. Juni 1934 erschossen SS-Männer den Reichswehrgeneral von Schleicher, der nicht nur Hitler in bestimmten Fragen unbequem geworden war, an seinem Schreibtisch. Ott aber wurde im selben Jahr zum Oberst befördert und als Militärattaché an die deutsche Botschaft in Tokyo berufen. Bevor diese Ernennung erfolgte, hatte Ott, noch als Oberstleutnant, einige Spezialaufträge für das Hitlerregime im Fernen Osten zu erledigen.

Nazis wie Reichswehr waren brennend daran interessiert, in Asien militärische Partner für Aktionen gegen den ersten sozialistischen Staat der Welt zu finden. Über eine solche Zusammenarbeit hatte bereits Anfang der dreißiger Jahre Oberst a. D. Nicolai mit dem damaligen Geheimdienstchef der japanischen Armee, General Nakama, verhandelt. Es war zu einer vorläufigen Übereinkunft zwischen dem deutschen und dem japanischen Geheimdienst gekommen, die ein Zusammenwirken auf der Basis des gegenseitigen Vorteils anstrebten. Der japanische Geheimdienst wollte gewisse Spionageergebnisse aus dem Fernen Osten, besonders solche über den asiatischen Teil der Sowjetunion, liefern, während die Reichswehr den Japanern überall dort Hilfe bot, wo diese auf Grund ihres Aussehens nicht unauffällig tätig werden konnten. Der Austausch von Nachrichten und Spionageergebnissen sollte sich auf politische, militärische und bestimmte wirtschaftliche Fragen erstrecken.[34]

---

31 Siehe Franz von Papen, Der Wahrheit eine Gasse, München 1952, S. 247.
32 Siehe Kurt Schützle, Reichswehr wider die Nation, Berlin 1963, S. 193.
33 Eugen Ott, Ein Bild des Generals Kurt von Schleicher, München 1959, S. 369.
34 Siehe Ronald Seth, a. a. O., S. 211; Curt Riess, a. a. O., S. 218.

Diese Übereinkunft fußte auf der traditionellen Zusammenarbeit zwischen dem deutschen und dem japanischen Generalstab, die sich bis ins Jahr 1883 zurückverfolgen läßt. Sie wurde besonders durch den kaiserlichen Generalmajor und späteren Professor Dr. phil. Karl Haushofer ausgebaut, der vor dem ersten Weltkrieg Militärberater in Japan gewesen war. Aus dieser Zeit kannte er auch Katsuji Debuchi, den damaligen Direktor der Asienabteilung des Außenministeriums. Seit den zwanziger Jahren lehrte Haushofer nun schon das Fach Geopolitik. Diese unwissenschaftliche Theorie übertreibt bewußt die Bedeutung geographischer Faktoren und behauptet, daß Größe und Lage des Territoriums, seine Bodenschätze und Bodenbeschaffenheit die Politik des jeweiligen Landes bestimmen.[35] Diese Pseudowissenschaft wurde von der Reichswehr und von der Nazipartei gleichermaßen gefördert, denn mit ihr bereiteten sie die neuen Raubkriege ideologisch vor und begründeten die «Notwendigkeit», die Welt zugunsten des deutschen Imperialismus aufzuteilen. Diese Theorie mündete in Menschenverachtung und Rassenhaß. Und ausgerechnet der unbestrittene Führer der deutschen Geopolitiker, Generalmajor a. D. Haushofer, der sich am oberbayrischen Ammersee niedergelassen hatte, sollte es sein, der Dr. Sorge einen beachtlichen Dienst erwies. Das kam so: Oberstleutnant Ott war, wie bereits erwähnt, vom Reichswehrministerium zum Verbindungsoffizier in Japan bestimmt worden. Zwar konnte ihm Oberst Nicolai entsprechende Empfehlungen mitgeben, aber ein Minimum an Wissen über die japanische Armee und über Japan überhaupt sollte ihm Haushofer schnell noch vermitteln. Dieser Haushofer hatte vor einiger Zeit einen seiner Assistenten, den damaligen Privatsekretär Hitlers, Rudolf Heß, für die Reichswehr eine hundertzweiunddreißigseitige Studie über die Spionagepraktiken der Japaner liefern lassen. Ott wollte mehr darüber erfahren. Das alles ging ziemlich eilig vor sich, da sich der Oberstleutnant bereits im Juni 1933 beim japanischen Generalstab melden mußte.

Kaum hatte Eugen Ott seinen Berater verlassen, traf auch schon Dr. Sorge in Haushofers Münchener Universitätsbüro ein. Sorge war für dieses Zusammentreffen gut gerüstet. Bei seinen sorgfältigen Einsatzvorbereitungen hatte er sich auch mit Haushofers Publikationen gründlich beschäftigt. Er kannte die Begeisterung des Professors für Japan sowie für fernöstliche Spezialprobleme und konnte darüber hinaus mit eigenen fundierten

Chinakenntnissen aufwarten. Richard Sorge war nicht entgangen, daß sich Professor Haushofer in seiner Zeitschrift schon seit 1927 unablässig für ein militärisches Bündnis zwischen Deutschland, Japan und Italien einsetzte. Er muß Haushofer wohl gefragt haben, ob er an Fachbeiträgen über japanische und chinesische Probleme für seine «Zeitschrift für Geopolitik» interessiert sei. Über das Ergebnis der Verhandlungen zwischen Professor Haushofer und Dr. Sorge im Jahre 1933 schrieb uns der spätere Chefredakteur dieser Zeitschrift, Kurt Vowinckel:

KURT VOWINCKEL VERLAG

29-9-1964   19-I/1

...

Ich weiß lediglich, daß Sorge sich an Professor Haushofer mit der Mitteilung gewandt hat, er gehe auf längere Jahre nach Japan, und dem Anerbieten, uns von dort Beiträge für die «Zeitschrift für Geopolitik» zu senden. Da Haushofer sich Japan immer noch eng verbunden fühlte, und da wir Wert auf Mitarbeit von Kennern an Ort und Stelle legten, war Haushofer sehr darüber erfreut...
Ich vermute, daß Sorge Professor Haushofer in München zu diesem Punkt gesprochen hat. Und wahrscheinlich sind dort jene Themenkreise besprochen worden, die uns für eine solche Mitarbeit interessierten... Ich selbst habe Sorge nur einmal vor seiner Abreise gesehen... Sorge galt uns als vor allem wirtschaftlich geschulter Berichterstatter für Japan...

[36]

---

35 Siehe Kleines politisches Wörterbuch, Berlin 1967, S. 223/224.
36 Brief vom 29. September 1964 an den Autor. Der Vowinckel-Verlag verbreitet in der BRD militaristisch-revanchistische Literatur.

Um welche Themenkreise es bei den Verhandlungen zwischen Dr. Sorge und Professor Haushofer gegangen sein muß, kann man schon den ersten Beiträgen Richard Sorges entnehmen, die bald darauf in Haushofers Zeitschrift abgedruckt wurden. Dr. Sorge schrieb über «Mandschukuo im Umbau» und «Die japanische Wehrmacht – Ihre Stellung, ihre Rolle in der japanischen Politik – Wehrgeografische Folgerungen». Der ahnungslose Chefgeopolitiker wird Sorge nicht nur etwas über die Reise und die Aufgaben von Oberstleutnant Ott gesagt haben, sondern – wie allein schon die Artikelüberschriften erkennen lassen – von seinem Besucher auch auf Themen festgelegt worden sein, die es Dr. Sorge in Japan ermöglichten, unter Berufung auf Generalmajor a. D. Haushofer und andere Empfehlungen mit dem Reichswehrexperten Ott eine für diesen Offizier unverfängliche Diskussionsgrundlage zu finden. Gegen eventuelle allerletzte Zweifel Otts hatte Dr. Sorge noch einen Empfehlungsbrief des alten Militärs und namhaften Leitartiklers der liberalen «Täglichen Rundschau», Dr. Zeller, in seinem Reisegepäck. Zeller empfahl darin seinem Busenfreund und Kriegskameraden Ott Dr. Sorge «als völlig vertrauenswürdig, sowohl politisch als auch menschlich».[37]

Als Dr. Sorge seine Reise nach Japan antrat, war Oberstleutnant Ott bereits am Werk. Die japanische Armeeführung hatte ihn in einer abgelegenen Artilleriekaserne untergebracht, um ihm ungestörte Studien zu ermöglichen und gleichzeitig Aufsehen in der Öffentlichkeit zu vermeiden; das war auch Otts Wunsch.

Neben seiner Tätigkeit als Verbindungsoffizier fertigte er für die Reichswehrführung eine Analyse über die Struktur und die Organisation des Geheimdienstes der japanischen Armee mit dem Ziel an, daraus Lehren für die antisowjetische Spionagetätigkeit zu ziehen. Seine Empfehlungsschreiben hatten ihm bei dem auf Gegenleistung angewiesenen japanischen Generalstab schon viele Türen geöffnet. In der Mandschurei hatte er mit dem japanischen Spionagegeneral Kenji Doihara Freundschaft geschlossen, der dreizehn Sprachen und Dialekte beherrschte und dessen Agenten von der mandschurischen Grenze aus gegen die Sowjetunion zu operieren versuchten. Doihara hatte ihm unverzüglich einen perfekt deutsch sprechenden Geheimdienstoberst zugesellt, der Otts Fragen zu beantworten und ihm Materialien zu besorgen hatte. Dieser siebenundvierzigjährige Oberst hieß Hiroshi Oshima.[38]

Japanischer Geheim-dienstler und Nazi-verehrer: General Hiroshi Oshima

Forscht man nach, wo Oshima seine deutschen Sprachkenntnisse erworben hatte, so stößt man auf seinen Vater, der nach
1896 durch die Artillerieausbildung eines württembergischen Re-
giments gegangen und anschließend noch zweimal nach Deutschland abkommandiert gewesen war, um die moderne Kriegführung zu studieren. Während des ersten Weltkrieges war er dann
japanischer Kriegsminister gewesen. Es gab nicht wenige Gründe
für eine enge Freundschaft zwischen Ott und der Familie Oshima,
in der der immer noch rüstige sechsundsiebzigjährige General
den Ton angab: gemeinsame Erinnerungen an Württemberg, Begeisterung für den deutschen Militarismus, beiderseitiges Interesse an Geheimdienstarbeit und das gemeinsame Bestreben, das
Waffenhandwerk für politische Abenteuer zu mißbrauchen.

Auf einer Geheimkonferenz[39] japanischer Divisionskomman-

---

37 Zitiert nach F. W. Deakin/G. R. Storry, a. a. O., S. 112.
38 Siehe Curt Riess, a. a. O., S. 219/220.
39 Siehe Ellis Mark Zacharias, a. a. O., S. 405.

deure und Admiralstabsoffiziere lernte Ott auch den Admiral Suetsugu kennen[40], dessen Freundschaft für ihn eigentlich erst dann so richtig von Nutzen war, als Nobumasa Suetsugu im Juni 1937 japanischer Innenminister wurde. Durch seine vielseitigen persönlichen und dienstlichen Kontakte bekam Oberstleutnant Ott nicht wenige Informationen. Übrigens bezeichnete Ott selbst später einmal Oshima als «einen Mann, der zum inneren Kreis der japanischen Militärkamarilla gehört und deshalb sehr gut über alles informiert ist, was die Militärs und ihre Pläne für die Zukunft betrifft»[41].

Die Informationen mußten aber alle an Einseitigkeit leiden, da sie ausschließlich aus japanischen Heeres- und Marinekreisen stammten. Obwohl Ott, der militärische Angelegenheiten nur mäßig zu beurteilen vermochte, in Intrigen ausgezeichnet bewandert und in der japanischen Armeeführung sehr gut eingeführt war, mußte er bei seinen mangelhaften Sprachkenntnissen doch verhältnismäßig isoliert bleiben. Einer ganzen Reihe von Problemen stand er deshalb hilflos gegenüber, und das wußte er auch. So mußte dem Oberstleutnant der neu zugereiste Dr. Richard Sorge, der ihn scheinbar zufällig traf, wie ein Geschenk des Himmels, nicht aber wie ein potentieller Kundschafter der Roten Armee erscheinen. Für den Generalstabsoffizier gab es also keinen Grund, mit Sorge etwa nicht ins Gespräch zu kommen. So tauschten die beiden bald Gedanken über die Ereignisse in Deutschland aus, sprachen über Probleme des Fernen Ostens, plauderten über persönliche Dinge, vertrieben sich die Zeit beim Schachspiel.

Das zweite Zusammentreffen zwischen Sorge und Ott brachte eine unerwartete Begegnung. Ott stellte stolz seine Gattin vor, Helma, Tochter des Rechtsanwaltes und deutschen Politikers Dr. Robert Bodewig, der aus der Kleinstadt Lahnstein stammte. Helma Ott fühlte sich im fernen Japan isoliert und unglücklich. Und daraus machte sie kein Geheimnis. Der Zufall wollte es, daß sich die jetzige Offiziersgattin Helma Ott und Richard Sorge kannten. Beide erinnerten sich sofort an die Zeit in Frankfurt am Main. Ihr damaliger Mann, ein Architekt, hatte eine KPD-Zelle geleitet. Bei einer zünftigen Feier von Künstlern hatte man sich das erstemal gesehen, beim Wein geschunkelt, und sie hatte mit dem charmanten jungen Doktor reichlich getanzt.[42] Dabei war es geblieben. Helma Ott, die damals mit den politischen Freunden ihres Mannes sympathisiert hatte, kannte jedoch Sorges Parteifunktionen aus jener Zeit nicht. Sie sah jetzt in Dr. Sorge den Landsmann, den sympathischen Plauderer, den charmanten Partygast, den perfekten Gesellschafter. Und fortan sorgte sie dann auch für häufige Einladungen und ermunterte, ja drängte ihren Mann, Richard Sorge in den engen Familienkreis aufzunehmen. Zwei völlig entgegengesetzte Charaktere waren damit bekannt geworden. Der Klassenstandpunkt trennte den kurzsichtigen Reichswehroffizier von dem kämpfenden Kommunisten: hier Ott, ein Chauvinist und Intrigant, ein Faschist, ein besessener Kommunistenjäger und eingefleischter Gegner der deutschen Arbeiterklasse, eine Vertrauensperson des faschistischen Geheimdienstes, ein Wegbereiter des Krieges, ein gerissener Feind aller friedliebenden Völker – dort Dr. Sorge, ein im Klassenkampf bewährter proletarischer Internationalist, ein absoluter Gegner von Imperialismus und Militarismus, ein Antifaschist, ein intelligenter Aufklärer der Roten Armee, ein konsequenter Kämpfer für den Frieden und den gesellschaftlichen Fortschritt auf der Welt. Von einer «Freundschaft» versprachen sich dennoch beide viel, jeder allerdings aus ganz anderen Gründen. Darüber hat Eugen Ott rückblickend einmal folgendes geäußert: «Es war für mich eine schwierige Aufgabe, den Stand der sich wie hinter einem eisernen Vorhang vollziehenden Ausbildung der japanischen Armee zu beobachten und darüber zu berichten. Es blieb mir keine Muße, mich mit der japanischen Sprache zu beschäftigen, und ich freute mich um so mehr über die Bekanntschaft mit Sorge, dem es dank seiner Sprachkenntnisse leichter war, mit den Japanern Kontakt zu bekommen und von ihnen Informationen zu erhalten.»[43] Trotz dieses «freundschaftlichen» Verhältnisses, und obwohl Ott der Hilfe Dr. Sorges bedurfte und ihn keineswegs als Kundschafter der Roten Armee erkannt hatte, war der Oberstleutnant – berufsbedingt – äußerst mißtrauisch. Er ließ den Journalisten sogar bespitzeln, das gab er später selbst zu. «Wenn es ihn überkam», schrieb Ott über Dr. Sorge, «verschwand er zeitweilig, und ich ließ ihn monatelang überwachen.»[44]

Doch Richard Sorge, diesem Meister der Tarnung, konnte das nichts anhaben. Noch bevor er – bereits vier Monate nach seiner

40 Siehe Ronald Seth, a. a. O., S. 212; Curt Riess, a. a. O., S. 219.
41 Zitiert nach Paul Schwarz, This Man Ribbentrop, New York 1943, S. 173.
42 Siehe S. Goljakow/W. Ponisowski, a. a. O., S. 127f.
43 Zitiert nach «Der Spiegel», Hamburg, vom 20. Juni 1951, S. 29.
44 Ebenda.

Ankunft in Yokohama – nach Moskau berichtete: «Ich glaube, daß ich jeden einzelnen Spitzel und alle von ihnen angewandten Methoden ausreichend kenne. Ich glaube, ich habe sie bereits alle an der Nase herumgeführt»[45], war er sich darüber im klaren, daß er auch Ott endgültig übertölpelt hatte. Dabei standen sich beide mit sehr ungleichen Waffen gegenüber. Ott konnte jederzeit mit japanischer Hilfe rechnen, die ihm offiziell garantiert worden war. Auf Grund seiner engen Beziehungen zum Chef der mächtigen Kempeitai bekam er auch aus dessen feinmaschigem Spitzelapparat Informationen. Außerdem durfte er auf die nahezu unbegrenzte Hilfe der deutschen Botschaft bauen. Trotzdem gerieten Ott und alle seine Verbündeten bei diesem Ringen mit Dr. Sorge letztlich ins Hintertreffen. Und der sowjetische Kundschafter beherrschte den Abgesandten der deutschen Imperialisten und Militaristen im Laufe der Zeit immer mehr. Auf diese Weise lernte Sorge nicht nur viele Kanäle des faschistischen Geheimdienstes in Europa und Asien sehr genau kennen, er drang, assistiert von Ott, auch recht tief in den für Ausländer sonst unzugänglichen weitverzweigten Apparat des japanischen Geheimdienstes ein.

An drei Beispielen soll nun gezeigt werden, welche Vorteile Dr. Richard Sorge aus dem Umgang mit Eugen Ott zog.

In späteren Jahren lud Ott Dr. Sorge häufig in seine pompöse Sommervilla am Meeresstrand, dreißig Kilometer südlich von Tokyo, ein. Die Kempeitai hatte – um den Ausbau der japanischen Flotte vor der nationalen und der internationalen Öffentlichkeit möglichst geheimzuhalten – in allen wichtigen Küstengebieten das Fotografieren streng verboten. Sorge wurde in Begleitung Otts einmal gestellt, als er gerade ein Objekt, das ihn interessierte, auf seinen Leicafilm gebannt hatte. Bevor der Kempeitaimann jedoch heran war, hatte Dr. Sorge geistesgegenwärtig den Film in die Kassette zurückgespult und sie Ott übergeben. Eugen Ott, in dessen Knickerbockerhose die Kassette nun steckte, wies sich als ein Mann aus, der diplomatische Immunität genoß. Und bei Sorge war nichts zu finden. Ja, Ott bezeichnete Richard Sorge – in Umkehrung des tatsächlichen Verhältnisses – sogar als «seinen Gehilfen» und bot ihm damit Schutz. Man vergegenwärtige sich: Der damals ranghöchste Geheimdienstler der faschistischen Wehrmacht in Japan half dem draufgängerischen Kundschafter der Roten Armee, einen wichtigen Film vor dem Zugriff des japanischen militärischen Geheimdienstes zu retten![46]

Im September 1937: Dr. Sorge (Pfeil) bei der Hochzeitsfeier des deutschen Diplomaten Hans-Otto Meissner in Tokyo (1 = Militärattaché Eugen Ott, 2 = seine Frau, 3 = Botschafter Dr. Herbert von Dirksen)

Dr. Klaus Mehnert, ein nach dem zweiten Weltkrieg vom Geheimdienst der US Navy demaskierter Spitzenagent des Spionage- und Sabotageamtes Ausland/Abwehr des Oberkommandos der Hitlerwehrmacht, besuchte 1936 Ott dienstlich und wunderte sich über dessen uneingeschränktes Vertrauen zu dem vor drei Jahren eingetroffenen Richard Sorge. Mehnert notierte dazu in seinen Memoiren: «An einem der ersten Tage mit Enid (seiner aus Berkeley/USA stammenden Ehefrau – J. M.) in Tokio waren wir zum Frühstück beim Ehepaar Ott eingeladen. Noch jemand war gekommen. ‹Mein Freund Richard Sorge›, sagte Ott. Als wir uns dann in Otts Arbeitszimmer begaben und ich mich mit ihm über die Lage in Japan, über die erst einige Wochen zurückliegende Offiziersrevolte, über meine nächtlichen Gespräche in Mandschukuo und auch über Deutschland unterhalten wollte, war Sorge wieder dabei. Ott kannte ich seit meiner Kindheit... Mit ihm konnte ich offen sprechen. Aber Sorge? Gewiß, dem Namen nach kannte ich ihn; seine Aufsätze in der ‹Zeitschrift für Geopolitik›, einer über Mandschukuo, ein zweiter über die japanischen Streitkräfte, beide im Vorjahr erschienen, hatten mir bei der Vorbereitung auf die Reise nach Ostasien gute Dienste geleistet. Aber ich fühlte mich durch seine Anwesenheit gehemmt. Er

45 Zitiert nach «Komsomolskaja Prawda», Moskau, vom 10. Oktober 1964.
46 Siehe «Der Spiegel», Hamburg, vom 8. August 1951, S. 26.

mußte das bemerkt haben, denn er brach bald auf. ‹Sorge ist ein hervorragender Kenner Japans›, sagte Ott, als wir allein waren, ‹ein enger Freund von mir und absolut vertrauenswürdig.›

Als ich mich mit Ott zu einer Sonntagswanderung in die Umgebung Tokios traf, war ein dritter Wandersmann dabei – Richard Sorge. Aber ich hatte inzwischen mein Mißtrauen aufgegeben. Sorge war hervorragend informiert und konnte glänzend erzählen. An einem der nächsten Tage zogen Enid und ich mit ihm zu einer neuen Wanderung los. Dabei kamen wir durch einige Dörfer, in denen Enid fotografierte; Sorge, der an einem Aufsatz über die japanische Landwirtschaft arbeitete, brillierte durch seine Kenntnisse ... Wir trafen ihn dann noch mehrmals u. a. in Gesellschaft der Wehrmachtsattachés Kretschmer, Wennecker und Gronau – überall hatte er offenen Zutritt, die meisten informierten ihn im Austausch gegen die ausgezeichneten Informationen, die er ihnen gab.

Als ich im Juni 1941 wieder nach Tokio kam (auf dem Wege von Hawaii nach Schanghai), war Ott Botschafter. Besuchte ich ihn in seinem Dienstzimmer oder in der Botschafter-Residenz – Sorge war fast immer dabei, auch auf einer Wanderung, die wir wieder unternahmen, diesmal am Hakone-See mit dem grandiosen Blick auf den Fudschi.»[47]

Der schon erwähnte Japanreisende Friedrich Sieburg hat zu seiner Bekanntschaft mit Dr. Richard Sorge einmal bemerkt: «Wenn in den Monaten, in denen ich in Tokio war, in der Welt etwas Besonderes passierte, sei es in Europa, sei es im Bereich Japans, so war es üblich, daß der (spätere) Botschafter Ott Sorge kommen ließ ... Sorge war nicht nur ein sehr enger persönlicher Freund des Botschafters, sondern eine seiner wichtigsten Informationsquellen. Er hatte ihn zu einem früheren Zeitpunkt sogar auf seine Kosten aufs asiatische Festland gesandt, wo er die japanische Ausbreitung studierte und die militärischen Chancen Japans im Kriege gegen China prüfte.»[48]

In gleicher Richtung hat sich auch Dr. Sethe geäußert, der in der Redaktion der «Frankfurter Zeitung» Sorges Japanberichte bearbeitete. Er schrieb am 1. Dezember 1964 an den Autor: «Wer seine Reisen finanzierte, weiß ich nicht mehr; ich glaube nicht, daß wir es waren; wahrscheinlich die Botschaft» in Tokyo.

Wie man sieht, verließ sich Ott auch bei Recherchen auf den gewandten Dr. Sorge. So kam es, daß viele seiner ausgedehnten

Kundschafterreisen aus dem Etat der deutschen Botschaft in Tokyo, letztlich also vom Gegner selbst, finanziert wurden. Das allerdings änderte überhaupt nichts an der Tatsache, daß Richard Sorge die Ergebnisse seiner Kundschaftertätigkeit nur der Moskauer Zentrale lieferte. Ott bekam lediglich ein paar Randinformationen und einige sehr allgemein gehaltene Land-und-Leute-Berichte. Doch schon dieses Material ließ Dr. Sorge für Ott immer unentbehrlicher werden. Mit der Zeit verließ Otts Schreibtisch nahezu kein Bericht nach Berlin, bei dessen Abfassung Sorge nicht konsultiert worden wäre. Aus den Berliner Aufträgen und Rückfragen an Eugen Ott vermochte Dr. Sorge das jeweils besondere Interesse des deutschen Generalstabes, des faschistischen Geheimdienstes und später des Auswärtigen Amtes an bestimmten Komplexen mühelos herauszulesen und für seinen Kundschafterauftrag entsprechende Konsequenzen zu ziehen.

Die mit Sorges Hilfe zusammengestellten Ott-Berichte wurden in Berlin von den Zentralstellen als überdurchschnittliche Leistung bewertet. Direkter Nutznießer einer solchen Einschätzung war Ott, indirekter Nutznießer der Mann hinter ihm: Dr. Sorge. Fürwahr, die Karriere, die Ott fern der Heimat machte, dürfte in vieler Hinsicht einmalig gewesen sein. Auf Grund seines schon erwähnten ersten Sonderberichtes über den Geheimdienst der japanischen Armee und dessen antisowjetische Aktionen traf – auf Initiative Hitlers und mit der Unterschrift des damaligen Reichskriegsministers von Blomberg versehen – schon im April 1934 die Beförderungsurkunde zum Oberst und die Ernennung zum Militärattaché an der deutschen Botschaft in Tokyo bei Ott ein.[49] Damit gehörte er zu jenen besonders ausgewählten neunzehn Militärattachés, die als professionelle Spione über die ganze Erde verteilt waren und wenig später dem neuen Chef des militärischen Geheimdienstes der faschistischen deutschen Wehrmacht, Admiral Canaris, unterstellt wurden.[50]

1936, als Beobachter des «Hindenburgmanövers» und als Militärberater von Hitler persönlich nach Bad Kissingen gerufen, berichtete Oberst Ott über die verstärkten Kriegsvorbereitungen und

47 Klaus Mehnert, Ein Deutscher in der Welt, Erinnerungen 1906–1981, Stuttgart 1981, S. 156 f.
48 Zitiert nach «Der Spiegel», Hamburg, vom 8. August 1951, S. 27.
49 Siehe auch Curt Riess, a. a. O., S. 220.
50 Alle deutschen Militärattachés unterstanden der militärisch-geheimdienstlichen Amtsgruppe Auslandsnachrichten und Abwehr im Reichskriegsministerium, die systematisch zum Spionage-und-Diversions-Amt Ausland/Abwehr im Oberkommando der Hitlerwehrmacht ausgebaut

die strategischen Ziele der japanischen Streitkräfte. Die Nazis steuerten damals auf ein antisowjetisches Kampfbündnis mit Japan zu.

Bereits wenige Monate später durfte sich Ott über die außerplanmäßige Beförderung zum Generalmajor freuen. Dieser Rang aber, der höchste übrigens, den zur damaligen Zeit in Sonderfällen deutsche Militärattachés überhaupt erreichen konnten, sollte längst nicht das Ende seiner Laufbahn bedeuten. Um sein Weiterkommen bemühten sich die Spitzen der Nazis: sein «Führer» und Reichskanzler Hitler, Generaloberst Keitel, Chef des Wehrmachtsamtes im Reichskriegsministerium, und SS-Obergruppenführer Joachim von Ribbentrop, der Chef des Auswärtigen Amtes. Ein erhalten gebliebenes Dokument weist das eindeutig nach. Keitel schrieb:

«Berlin, den 17. März 1938

Sehr verehrter Herr von Ribbentrop!

Gelegentlich eines Vortrages beim Führer habe ich diesen auf die Persönlichkeit des augenblicklichen Militärattachés in Tokio, Generalmajor Ott, angesprochen, zumal das Oberkommando des Heeres mir gegenüber schon verschiedentlich die Frage der Heimatverwendung des Generalmajors Ott in einer höheren Truppenkommandeurstelle angeschnitten hatte. Generalmajor Ott ist dadurch, daß er als nächster Mitarbeiter des Generals v. Schleicher zu diesem in einem nahen Vertrauensverhältnis stand, *ohne seine Schuld* in eine politisch schiefe Lage gekommen. Der Führer hat mir gegenüber bei diesem Vortrag die Frage angeschnitten, ob nicht Generalmajor Ott vielleicht auf Grund seiner Leistungen zur Verwendung in einer selbständigen Stelle im diplomatischen Dienst in Frage käme und mich gebeten, die zuständige außenpolitische Stelle zu veranlassen, diese Frage mit ihm zu besprechen.

Wenn Sie als Außenminister geneigt sein sollten, diese Anregung des Führers über die Verwendung des Generalmajors Ott im außenpolitischen Dienst zu bejahen, so würde von hier aus veranlaßt werden, Generalmajor Ott nach hier zu beordern, damit der Führer, wie er es dann wünscht, mit Generalmajor Ott selbst sprechen kann.

Heil Hitler!
Ihr ergebener
gez. Keitel»[51]

Hitler, der Ott nach seinem Machtantritt mit den Worten begrüßt hatte: «Ich freue mich, Sie wiederzusehen, wir kennen uns ja von Weimar her»[52], vergaß also den ehemaligen V-Mann der Nazis in der Reichswehrführung nicht. Keitel lobte Otts Leistungen als Fernostexperte, und von Ribbentrop sollte aus dem General einen Botschafter machen, wie es Hitler jetzt wünschte. Und die Diplomaten nahmen den so schnell aufgestiegenen Wehrmachtsgeneral in ihre Reihen auf.

Nur sechzehn Tage waren verstrichen, seit Keitel den Brief verfaßt hatte, da drückte Hitler Generalmajor Ott schon in Berlin die Hand und ließ ihn wissen, daß er sich von nun an Außerordentlicher und Bevollmächtigter Botschafter des Deutschen Reiches in Japan nennen dürfe. Der Zeitpunkt und die überhastete Einladung Otts nach Berlin hatten zwei Ursachen.

Einmal frischte Hitler im Zusammenhang mit der fortgeschrittenen Kriegsvorbereitung Deutschlands den diplomatischen Dienst mit zuverlässigen Faschisten auf. An Stelle des Freiherrn von Neurath war SS-Obergruppenführer von Ribbentrop Außenminister geworden. Zu seinem Staatssekretär erkor er sich den SS-Brigadeführer Freiherr von Weizsäcker, und alle wichtigen deutschen Botschafterposten sollten fortan nur noch von absolut Skrupellosen besetzt werden.[53]

Zum anderen kam selbst Ott seine Berufung so überraschend, daß er sinnierte: «Mit mir hat man einen Präzedenzfall geschaffen, um dasselbe auch mit Oshima machen zu können.»[54]

Hitler persönlich machte Ott, der bisher als Offizier keiner Partei angehört hatte, zum Mitglied der Nazipartei und steckte ihm das Parteiabzeichen an.[55]

In der Tat legte Hitler außerordentlichen Wert darauf, daß der

wurde. Als Militärattachés wurden nur die geheimdienstlich erfahrensten Generalstabsoffiziere eingesetzt. Sie waren der Amtsgruppe Ausland im Amt Ausland/Abwehr berichtspflichtig. Die Tätigkeit dieser Attachés charakterisierte ein ehemaliger Geheimdienstoffizier wie folgt:
»Ihre Aufklärungsorgane waren in erster Linie die deutschen Militärattachés. Die Amtsgruppe unter Leitung des Vizeadmirals Bürkner hielt naturgemäß enge Verbindung zum Auswärtigen Amt ... Daß Admiral Canaris auch die deutschen Militärattachés in den fremden Ländern zu Erkundungen einspannen konnte, erleichterte dem Amt Ausland/Abwehr die fortlaufende Erstellung einer Übersicht über die Weltlage wesentlich.»
(Oscar Reile, Geheime Ostfront – Die deutsche Abwehr im Osten 1921–1945, München/Wels 1963, S. 455.)
51 Zitiert nach Akten zur deutschen auswärtigen Politik. Aus dem Archiv des deutschen Auswärtigen Amtes, Serie D, Bd. 1, Frankfurt/Main 1950, S. 691.
52 Zitiert nach «Der Spiegel», Hamburg, vom 20. Juni 1951, S. 29.
53 Siehe auch «Frankfurter Zeitung», Frankfurt/Main, vom 3. April 1938.
54 Zitiert nach «Der Spiegel», Hamburg, vom 25. Juli 1951, S. 26.
55 Siehe Ivar Lissner, Vergessen, aber nicht vergeben, Frankfurt/Main 1970, S. 219.

Kommunistenhasser Oshima, Otts Busenfreund, der sich seit 1934 als Generalmajor und Militärattaché an der japanischen Botschaft in Berlin betätigte, japanischer Botschafter würde. Auf der Grundlage des Antikommunismus bildete sich die Kriegsachse Berlin—Tokyo heraus. Sie wurde wesentlich von den militärischen Geheimdiensten Deutschlands und Japans gefördert, die sich in den Händen der reaktionärsten politischen und militärischen Kreise befanden. Was im Jahre 1933 Ott und Oshima in einem Tokyoter Rauchzimmer beraten hatten, war zu einer der Keimzellen für das antisowjetische Bündnis zwischen der faschistischen Wehrmacht und der kaiserlich-japanischen Armee geworden.

Mitte des Jahres 1938 verhandelte Oshima im Auftrag seines kaiserlichen Kabinetts in diesem Sinne mit Hitlers Staatssekretär für Auswärtige Angelegenheiten. Was er dabei als Entwurf für ein geheimdienstliches Militärabkommen in der Wilhelmstraße hinterließ und in welcher Form dieser Vorschlag dann dem SS-Obergruppenführer von Ribbentrop unterbreitet wurde, hat alle Kriegswirren überstanden und wird heute in einem Londoner Staatsarchiv aufbewahrt.

Vorschlag des japanischen Militärattachés in Berlin, des Generalmajors Oshima, vom 28. Juni 1938

«Streng geheim!

Nach dem Geist des Antikomintern-Abkommens vom 25. November 1936 haben die Deutsche Wehrmacht (ausschließlich der Kriegsmarine) und die Japanische Armee folgendes vereinbart:

1. Die Beiden tauschen die eingelaufenen Nachrichten über die russische Armee und Rußland aus.
2. Die Beiden wirken bei der Zersetzungsarbeit gegen Rußland mit.
3. Die Beiden halten jährlich mindestens einmal eine gemeinsame Beratung ab mit dem Zweck, die Durchführung des obengenannten Nachrichtenaustausches und der Zersetzungsarbeit zu erleichtern sowie den Geist des Zusatzprotokolls des Antikomintern-Abkommens hervorzuheben.

Der Zeitpunkt der gemeinsamen Beratung ist im ... vorgesehen und deren Ort, Teilnehmer sowie Gegenstände werden vorher zwischen den Beiden vereinbart.»[56]

Überarbeiteter Vorschlag des Staatssekretärs von Weizsäcker für Reichsaußenminister von Ribbentrop

«Streng geheim!

Nach dem Geist des Antikomintern-Abkommens vom 25. November 1936 haben die Deutsche Wehrmacht (ausschließlich der Kriegsmarine) und die Japanische Armee folgendes vereinbart:

1. Beide Teile tauschen die Generalstabsnachrichten über die russische Armee und Rußland aus.
2. Beide Teile wirken bei der Abwehrarbeit gegen Rußland zusammen.
3. Beide Teile halten jährlich mindestens einmal eine gemeinsame Beratung ab mit dem Zweck, die Durchführung des obengenannten Nachrichten-Austausches und der Abwehrarbeit zu erleichtern, sowie die im Rahmen des Antikomintern-Abkommens liegenden Ziele, soweit sie die Wehrmacht betreffen, weiter zu verfolgen.

Als Zeitpunkt der gemeinsamen Beratung ist als Regel der Februar jeden Jahres vorgesehen. Ort, Teilnehmer, sowie Gegenstände der Beratung werden vorher zwischen beiden Teilen vereinbart.»[57]

Beide Seiten beriefen sich ausdrücklich auf den sogenannten Antikominterpakt, der am 25. November 1936 zwischen Deutschland und Japan geschlossen worden war. Auf diesem Pakt, der ein faschistisches Programm für den Kampf um die Weltherrschaft darstellte, basierten verschiedene Spezialvereinbarungen. Bei der Untersuchung einiger Hintergründe des Antikominternpaktes kam der Geheimdienstexperte der USA, Curt Riess, zu folgendem Ergebnis: «Im November 1936 wurde zwischen Japan und Deutschland der Antikominternpakt abgeschlossen. Damals sagten Diplomaten, daß er hauptsächlich das Werk von Ott und Oshima, der bald darauf zum Generalleutnant befördert worden ist, sei. Neben dem offiziellen Text hatte dieser Pakt eine Reihe Geheimklauseln zum Inhalt, die sich mit der Zusammenarbeit auf den Gebieten militärischer Aktionen und der Spionage beschäftigten.»[58]

56 Public Record Office, London, G. F. M. 2/2134, Bl. 47 128/29.
57 Ebenda, G. F. M. 2/2392, Bl. 50 299.
58 Curt Riess, a. a. O., S. 226.

So war es wohl sicher kein Zufall, daß Hiroshi Oshima wenige Wochen nach dem besagten Besuch in der Berliner Wilhelmstraße zum kaiserlich-japanischen Botschafter in Berlin ernannt wurde.

Ott in Tokyo und Oshima in Berlin wirkten nicht nur in der gleichen Richtung, sie wurden von ihren Regierungen selbstverständlich auch ständig politisch und militärisch aus erster Hand informiert.

Hitler empfing außerdem seinen Botschafter Ott noch einige Male zu persönlichen Instruktionen, das letztemal kurz vor dem wortbrüchigen Überfall Hitlerdeutschlands auf die Sowjetunion, nämlich am 29. März 1941 in der Berliner Neuen Reichskanzlei.

Dieser Einblick in jene Sphären der Politik, in denen Imperialisten Überfälle planten, Kriegspakte austüftelten und Blitzkriege gegen andere Völker vorbereiteten, macht erst so recht deutlich, welch große Bedeutung die Informationsquelle Ott für Dr. Sorge in Tokyo während acht langer Jahre hatte. Wie intim sich der ahnungslose Ott zu Richard Sorge verhielt, hat der damalige Ministerialdirektor Helmuth Wohlthat geschildert, der mehrere Jahre Leiter der «Delegation für Wirtschaftsverhandlungen in Ostasien» war. Wohlthat schrieb: «Der Botschafter behandelte Sorge wie einen Presse-Attaché der Botschaft. Es bestand der engste Austausch geheimer Nachrichten zwischen dem Botschafter und Herrn Sorge ... Er (gemeint ist Ott – J. M.) vertraute als Botschafter Herrn Sorge beim Ausbruch des Krieges die Führung des Kriegstagebuches der Botschaft an.»[59]

Politisches Verantwortungsbewußtsein, Ideenreichtum und Initiative, perspektivisches Denken, treffsichere Menschenkenntnis, überlegenes Wissen, höchste Wachsamkeit und die eiserne Selbstbeherrschung eines Revolutionärs ermöglichten es Dr. Sorge, der Moskauer Zentrale beispielhafte Kundschafterergebnisse aus dem konspirativen Treiben imperialistischer Aggressoren zu liefern. Das versetzte den in der BRD dann pensionierten Botschafter Eugen Ott noch im Jahre 1951 in Erstaunen. Noch immer fassungslos, erklärte er: «Der Fall Sorge war für mich eine große Enttäuschung. Ich habe die ganzen Jahre hindurch keine Sekunde an ihm gezweifelt ... Allerdings ist mir die Kraftleistung, ein solches Spiel zu treiben, noch heute unverständlich.»[60]

Daß Kommunisten zu schier übermenschlichen Leistungen fä-

230

hig waren und sind, daß sie alles, in ungezählten Fällen auch ihr Leben einsetzten und einsetzen, um dem Fortschritt der Menschheit zu dienen und den Völkern den Frieden zu erhalten, lehrt die Geschichte und ist in der Gegenwart ständig zu beobachten. Deshalb ist es nicht unsere Schuld, wenn Ott und seine gleich ihm borniertenGeneralskollegen aus der Geschichte sowie aus ihren eigenen Niederlagen an allen Frontabschnitten nichts lernen beziehungsweise nichts lernen wollen.

Wiedersehen in Moskau

Im Mai 1935 dechiffrierte Richard Sorge ein Telegramm der Moskauer Zentrale, das ihn aufforderte, auf schnellstem und sicherstem Wege nach Moskau zu kommen. Er entschloß sich, seine letzten Informationen, mikrokopiert auf Kleinbildfilme, selbst mitzunehmen. Darunter war beispielsweise ein sehr aussagekräftiger, da «genauer, wenn auch roh entworfener Plan ... der die Führungskräfte, die Bündnisse und Feindseligkeiten zwischen den rivalisierenden Fraktionen in der japanischen Armee aufzeigte»[61]. Yotoku Miyagi und Teikichi Kawai hatten diesen Plan zusammengestellt.

Dr. Sorge wählte eine besondere Reiseroute, denn er mußte vermeiden, daß in seinen 1933 in Berlin beantragten und auch ausgestellten Reisepaß ein 'in Japan möglicherweise auffälliges Ein- und Ausreisevisum der UdSSR eingestempelt wurde. Auch Deutschland wollte er nicht berühren. So fuhr er zunächst nach New York, wo ihm die Zentrale einen österreichischen Paß mit anderem Namen zukommen ließ. Mit ihm reiste Sorge unerkannt über Frankreich, Österreich, die Tschechoslowakei und schließlich von Polen in die Sowjetunion.

General Semjon Petrowitsch Urizki, Jan Bersins Stellvertreter, erwartete Sorge bereits ungeduldig und bat ihn, möglichst umfassend die Lage in Japan und in den von Japan besetzten Gebieten zu analysieren sowie über den erreichten Aufbau und die Arbeitsmöglichkeiten der Gruppe «Ramsay» zu berichten.

59 Helmuth C. H. Wohlthat in seinem Schreiben vom 8. Januar 1965 an den Autor.
60 Zitiert nach «Der Spiegel», Hamburg, vom 20. Juni 1951, S. 29.
61 F. W. Deakin/G. R. Storry, a. a. O., S. 169.

Leitete den Japan-Einsatz Dr. Sorges: General Semjon Petrowitsch Urizki

Zu dieser Zeit wurde intensiv der VII. Kongreß der Kommunistischen Internationale vorbereitet, der vom 25. Juli bis 21. August 1935 im Moskauer Haus der Gewerkschaften stattfinden sollte. Erwartet wurden über 500 Delegierte von 76 kommunistischen Parteien und sympathisierenden Organisationen aus aller Welt. Der Kongreß sollte aus der internationalen Entwicklung der letzten Jahre eine neue strategische und taktische Linie für die Arbeit der damals schon über drei Millionen Kommunisten auf der Welt festlegen. Insofern war er von außerordentlicher Bedeutung. Selbstverständlich trug auch die Rote Armee ihren Teil dazu bei, die politische und militärische Weltlage real einzuschätzen. Und Japan spielte dabei eine große Rolle. Hauptreferenten waren unter anderen Georgi Dimitroff und Palmiro Togliatti. Dimitroff analysierte die Offensive des Faschismus und die Aufgaben der Kommunistischen Internationale im Kampf um die Einheit der Arbeiterklasse gegen den Faschismus. Togliatti widmete sich ebenfalls einem hochaktuellen Thema. Er untersuchte die Vorbereitung zu einem imperialistischen Krieg und orientierte auf den Kampf gegen ihn.

Sorge verfolgte den Verlauf dieses historischen Kongresses sehr genau. In seinem Zimmer am Sadowajaplatz hörte und las er intensiv die Berichte und Tagungsprotokolle. Wie mag ihm dabei zumute gewesen sein? Der Kongreß hatte demonstrativ den Führer der deutschen Kommunisten, Ernst Thälmann, an dessen Seite Sorge in Hamburg gekämpft hatte und der jetzt von den deutschen Faschisten eingekerkert war, zum Ehrenvorsitzenden gewählt. Unter den Delegierten befanden sich neben den deutschen Kommunisten Wilhelm Pieck und Walter Ulbricht seine Genossen Otto Kuusinen, Solomon A. Losowski, Dmitri S. Manuilski und Ossip A. Pjatnizki. Einige von ihnen ergriffen das Wort, und die Genossen Kuusinen und Manuilski wurden vom Kongreß in das Präsidium und das Sekretariat des Exekutivkomitees der Kommunistischen Internationale (EKKI) gewählt.

Sorge, obwohl kein Delegierter, konnte stolz darauf sein, durch seine über sechsjährige operative Tätigkeit als Kundschafter sein Scherflein dazu beigetragen zu haben, daß der Kongreß eine klare Perspektive für den Kampf gegen den Faschismus formulieren und damit die marxistisch-leninistische Theorie bereichern konnte. Im Protokoll wurde betont: «Kampf für den Frieden» müsse «die zentrale Losung der kommunistischen Parteien» sein.[62] Der VII. Kongreß verurteilte entschieden «den Raubfeldzug der japanischen sowie der anderen Imperialisten»[63] in China und «konzentrierte seinen Angriff auf die faschistischen Kriegsbrandstifter – Deutschland, Japan und Italien. Der deutsche Faschismus wurde als der Hauptfeind des Friedens charakterisiert.»[64]

Dieser Kongreß bestätigte Dr. Sorge nicht nur, wie notwendig und nützlich sein Wirken für den Erhalt des Friedens und den gesellschaftlichen Fortschritt war, sondern bestimmte auch fortan sein weiteres konsequentes Handeln.

Er konferierte mehrmals mit den Generalen Bersin und Urizki. Dabei wurden die künftigen, noch größeren und dringlicheren Aufgaben deutlich. Als es um die Möglichkeiten von vermehrten und schnelleren Funkkontakten ging, schlug Sorge vor, ihm Max Christiansen-Clausen zu schicken, den er vom gemeinsamen Chinaeinsatz her kannte. Er sollte auch das Chiffrieren übernehmen. Bisher hatte Sorge alle seine Funksprüche in Japan selbst chiffrie-

62 VII. Kongreß der Kommunistischen Internationale. Gekürztes stenographisches Protokoll, Moskau 1939, S. 582.
63 Ebenda, S. 584.
64 Die Kommunistische Internationale, Berlin 1970, S. 480.

233

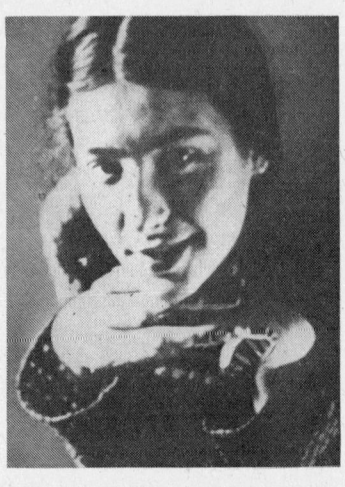

Letzte Stunden mit Richard Sorge:
Katja 1935 in Moskau.

ren und dechiffrieren müssen. Eine zeitraubende Arbeit. Sein Vorschlag wurde akzeptiert und Max, der seit August 1933 mit seiner Lebensgefährtin Anna zunächst in Odessa und später im Gebiet Engels an der Wolga lebte und als Funkspezialist arbeitete, nach Moskau beordert. Drei Jahre hatten sich Richard und Max nicht gesehen; nun, auf dem Bahnsteig, begrüßten sie sich mit Tränen der Rührung in den Augen.

Sorge genoß seine Moskauer Tage. Endlich konnte er seine Frau Katja in die Arme schließen, die so lange auf ihn gewartet hatte. Beide ahnten nicht, daß es keine Zukunft für sie geben, daß Richard sie und Moskau nicht mehr wiedersehen sollte. Auch ihr Kind, von ihnen sehnlichst gewünscht, würde Katja aus gesundheitlichen Gründen nicht zur Welt bringen können.

Sorge mußte bereits Ende August erneut nach Tokyo aufbrechen. Als Österreicher getarnt, reiste er diesmal zunächst in die Niederlande und von dort nach New York. Von hier aus ging es mit dem echten Paß zurück nach Japan.

Vor Reiseantritt kam General Bersin noch einem Wunsch Sorges nach. Dieser war das letztemal vor zwei Jahren in Deutschland gewesen und mußte aus Sicherheitsgründen den Machtbereich der Faschisten meiden. Trotzdem wollte er sich unbedingt vor seiner Rückkehr nach Japan mit einem verläßlichen Kenner der gegenwärtigen Situation in Deutschland unterhalten. Ihn interessierten dabei ganz spezielle Fragen, beispielsweise wie sich die Mitte März 1935 von der Hitlerregierung eingeführte allgemeine Wehrpflicht auswirkte, bei der die Armee von 100000 auf 550000 Mann erhöht worden war, und Einzelheiten zu dem Mitte Juni 1935 zwischen Deutschland und Großbritannien unterzeichneten Flottenabkommen. Informieren wollte er sich außerdem über das antipolnische Vordringen der Fünften Kolonne in Danzig (Gdańsk).

General Bersin erlaubte Sorge daher ausnahmsweise, daß er mit Genossen, die im bürgerlichen Polen für die Sowjetunion wirkten und in Warschau die Nazibotschaft angezapft hatten, in direkten Gedankenaustausch trat. Einer war Gerhard Kegel, der erst kürzlich in Berlin seine Memoiren der Öffentlichkeit übergab. Er schrieb in Erinnerung an damals: «Viele Jahre nach dem zweiten Weltkrieg erfuhr ich erstmals Näheres über Genossen Dr. Richard Sorge, seinen politischen Kampf, sein Leben und Sterben. Als ich sein Bild in Zeitungen und Büchern betrachtete, wurde mir bewußt, daß ich diesem Mann schon einmal – und zwar in Warschau – begegnet war. Es kann im Sommer 1935 gewesen sein, als mich eines Nachmittags Genosse Rudolf Herrnstadt anrief. Er wohnte damals in einem kleinen Appartement in dem obersten Stockwerk eines modernen Hauses in der Warschauer Aleje Ujazdowskie. Falls ich nichts Wichtigeres vorhätte, sagte er, sollte ich zu einer Tasse Kaffee zu ihm kommen. Er erwarte den Besuch eines Bekannten, den kennenzulernen sich lohne. Es sei

In Warschau traf Richard Sorge Genossen Kegel

235

ein erfahrener Journalist, der Ostasien-Kenner Dr. Sorge, der die
‹Frankfurter Zeitung› im Fernen Osten vertrete. Er sei auf der
Durchreise und habe einen Tag in Warschau Station gemacht. Er
werde sicherlich viel Interessantes erzählen können.

Als ich bei Herrnstadt anlangte, war Dr. Sorge bereits bei ihm.
Wir tranken unseren Kaffee auf dem Balkon. Es war warm und
sonnig, und wir hatten einen sehr schönen Blick über das Weichseltal bis hinüber nach dem Stadtteil Praga. An Einzelheiten des
längeren Gesprächs kann ich mich nur schwer erinnern. Neben
einer gemeinsamen politischen ‹Reise um den Horizont› erzählte
Dr. Sorge über Probleme des Fernen Ostens. Natürlich wurden
auch Meinungen über die Naziherrschaft in Deutschland und die
wachsende Kriegsgefahr ausgetauscht. Daß Sorge Kommunist
war, wußte ich damals nicht. Heute halte ich es für sicher, daß
Genosse Sorge über mein politisches Engagement besser informiert war als ich über das seine.»[65]

Bereits im September 1935 folgte Max Christiansen-Clausen
Sorge nach Tokyo. Er hatte ein intensives Funk- und Chiffriertraining hinter sich und war mit den entsprechenden Pässen etappenweise als Italiener, Kanadier und schließlich als USA-Staatsbürger mit dem Schiff gereist; zunächst von Leningrad bis ins
französische Le Havre und mit der «Boston» bis New York. Dort
ließ er beim deutschen Generalkonsulat seinen deutschen Paß aus
den zwanziger Jahren verlängern und ging unter dem Namen
Max Klausen in San Francisco am 14. November 1935 an Bord
der «Tatsuta Maru». Zwei Wochen später landete er in Japan
und traf Sorge am vereinbarten Ort.

Max' Lebensgefährtin Anna folgte unter dem Namen Emma
König im März 1936. Mit dem Transsibirienexpreß fuhr sie bis
Wladiwostok und von dort mit dem Küstenschiff bis in das ihr
bereits vertraute Schanghai. Ende Juli kam Max als Geheimkurier für Dr. Sorge das zweitemal in diese Stadt und traf sich mit
Anna. Nach über einem halben Jahrzehnt gemeinsamen Lebens
konnten sich beide nun endlich auch offiziell den Ehestand bescheinigen lassen. Der faschistische deutsche Konsul, der sie in
Schanghai traute, hatte keine blasse Ahnung vom abenteuerlichen
und gefährlichen Vorleben seiner Ehekandidaten. Als gut situierte
Gattin des Unternehmers M. Klausen & Co. betrat Anna bestens
getarnt bald darauf das Parkett des Deutschen Clubs in Tokyo.

Die tapferen Vierzig

Während Hitlers Generalmajor Ott in wachsende Abhängigkeit zu seinem vermeintlichen Freund Dr. Sorge geriet, pflegte dieser unendlich viele Bekanntschaften zu Japanern der verschiedensten Bevölkerungsschichten und zu in Japan weilenden Ausländern. Er nutzte als findiger Journalist wie als Kundschafter alle Informationsquellen. Seine Art kam ihm dabei sehr zugute, denn er konnte «fesselnd erzählen... Er war außerordentlich aufmerksam gegenüber anderen Menschen und beherrschte die große Kunst zuzuhören ... Und dann war er sehr hilfsbereit», wie ihn Sella Gabelin aus eigenem Erleben charakterisiert hat.

Der weltbekannte Professor für ostasiatische Kultur- und Sprachwissenschaften Dr. phil. Erich Haenisch, an dessen Seite Dr. Sorge ausgedehnte Forschungsreisen unternommen hatte, kam zu dem Urteil: «Sorge war ausgesprochen angenehm, auch gebildet. Wir haben uns gut unterhalten.»[66] Und Ishii Hanako, mit der Sorge persönlich sehr befreundet gewesen war, schrieb in diesem Zusammenhang: «Manchmal war er plötzlich für einige Monate verschwunden, reiste in die Mandschurei, nach Schanghai oder woanders hin. Wenn er zurückkam, war er zwar noch abgemagerter, aber auch gebräunter, und unverändert hatte er seine fröhlichen kleinen Funken in den Augen. Morgens machte er seinen gewohnten Frühsport, dann setzte er sich ans Lenkrad seines Wagens und unternahm Streifzüge durch Tokyo. Er hatte unwahrscheinlich viele Bekannte.»[67]

Seine Bekannten waren hauptsächlich, aber nicht ausschließlich Japaner beziehungsweise in Tokyo lebende Deutsche. Zum Beispiel verkehrte er, wie der Geheimdienst der USA nach 1945 rückblickend registrieren mußte, auch mit etwa einhundertzwanzig amerikanischen Staatsbürgern.[68] Im Umgang mit Bourgeois war Dr. Sorge stets kritisch, denn weder seine politische Lebenseinstellung noch sein Auftrag erlaubten ihm, Zeit etwa dadurch zu vergeuden, daß er mit Snobs und Partykokotten nichtssagende Gespräche führte.

Dr. Lily Abegg, eine bekannte Fernostkorrespondentin der

65 Gerhard Kegel, In den Stürmen unseres Jahrhunderts, Berlin 1983, S. 75.
66 Prof. Dr. Erich Haenisch in seinem Schreiben vom 3. November 1964 an den Autor.
67 Zitiert nach «Trud», Moskau, vom 13. September 1964.
68 Siehe auch «Der Spiegel», Hamburg, vom 20. Juni 1951, S. 27.

«Frankfurter Zeitung», erinnerte sich. «Sorge war menschlich eigentlich recht nett und konnte charmant sein, wenn er wollte ... Er mochte keine dummen Menschen und auch keine solchen, die ihm uninteressant vorkamen ... Er zeigte dann seine ‹Verachtung› und konnte auch sehr sarkastisch werden ... Wir alle, die wir mit ihm verkehrten, haben manches von ihm gelernt — das läßt sich nicht leugnen. Sein Interesse für politische Dinge so glaube ich — war geradezu fanatisch.»[69]

Sorge hatte etwas gegen blasierte Parasiten, brillantberingte Hohlköpfe und halbnackte Damen der Gesellschaft. Dieser Widerwille paarte sich mit tiefem, klassengebundenem Mitgefühl für das leidende Proletariat und die Bauernschaft. Friedrich Sieburg, den eigentlich erst Sorge mit der wirklichen Situation in Japan bekannt gemacht hatte, vermerkte beispielsweise dazu: «Sorge war wie besessen von dem Schicksal aller dieser rücksichtslos in die großen Städte gesandten Mädchen, die oft nicht mehr als Kinder waren, und hatte sich eine wirklich reizende Art zugelegt, in seinem gebrochenen Japanisch mit ihnen zu schwatzen, sie zu necken und ihnen auch kleine Vorteile zuzuwenden. Er war in diesem Milieu unglaublich beliebt. Unvergeßlich ist mir eine Wanderung mit Sorge durch Tamanoi, einen Stadtteil von Tokio, der die niedrigste und ärmste Prostitution birgt. Die Prostitution spielt ja in Japan eine unvorstellbar große Rolle und gehört zu den notwendigsten Lebenseinrichtungen der japanischen Männer. Es gibt diese Prostitution in allen Schattierungen ... von der wohlhabenden Tänzerin mit eigenem schönem Hause, die dort gegen hohes Entgelt ihre Freunde empfängt, bis zur Groschen-Prostitution, für die arme Bauernmädchen geopfert werden, die in Zeiten der Hungersnöte von den verzweifelten Vätern geradezu in die Städte verkauft werden. Tamanoi ist der Tiefpunkt dieser Prostitution. Kleine Bauernmädchen von zwölf bis sechzehn Jahren sitzen zu Tausenden in winzigen Holzhütten und warten auf die Kunden. Es ist ein unvorstellbares, herzzerreißendes Elend und die unmittelbare Folge der permanenten japanischen Agrarkrise. Ich werde Sorge den Ernst und das wirkliche Leid nie vergessen, mit denen er mich in diese Dinge einweihte.»[70]

Es gehörte eben einfach zu Dr. Sorges kommunistischer Lebensauffassung, stets mit den Entrechteten zu fühlen. Er ließ sich weder durch Bespitzelung noch durch die Klassenschranken des diplomatischen Personals und auch nicht durch den Arbeitsstil salonbegieriger – im wahrsten Sinne des Wortes – Star-Reporter imperialistischer Staaten daran hindern oder davon ablenken.

Während sich Sorge bei seinen Kontakten zu vielen Menschen des öffentlichen Lebens um Schnüffler überhaupt nicht kümmerte, wußte er, wenn er sich mit seinen Kampfgefährten traf, stets die notwendige Vorsicht gegen alle möglichen Spitzel zu wahren. Mit Hilfe General Bersins und zum größten Teil aus eigener Initiative hatte er in Japan einen kleinen Spähtrupp für den Frieden, eine bewußte Kampfgemeinschaft formiert. Zweiunddreißig Japaner, vier Deutsche, zwei Jugoslawen und einen britischen Staatsbürger scharte Dr. Sorge bis 1941 nach und nach um sich. Achtzig Prozent dieser Gruppe waren also Japaner, deren Beherrscher mehr oder weniger offen zum Überfall auf die Nachbarvölker hetzten. Daß sich in der «Ramsay» benannten Gruppe Menschen aus vier Staaten zusammenfanden, die neun Sprachen – nämlich Japanisch, Chinesisch, Russisch, Deutsch, Norwegisch, Englisch, Serbisch, Französisch und Dänisch – beherrschten, kann als Ausdruck dafür gewertet werden, daß der konsequente Kampf gegen imperialistische Kriegsbrandherde keine Staatsgrenzen kennt.

Die Zusammensetzung der Gruppe «Ramsay» war auch in anderer Hinsicht aufschlußreich. Menschen aus allen Klassen und Schichten, aus achtzehn Berufen hatten sich zusammengefunden. Neunzig Prozent kamen aus den Reihen der Werktätigen und der schaffenden Intelligenz, jeder fünfte war Kommunist. So standen in der Gruppe neben Arbeitern, neben dem Bauernfunktionär, neben Intellektuellen zwei Händler, ein Fabrikbesitzer, ein Grundbesitzer und Parlamentsabgeordneter, ja sogar der Sohn eines japanischen Fürsten sowie der Sohn eines von der Reaktion ermordeten japanischen Ministerpräsidenten. Jeder achte Helfer Dr. Sorges war eine Frau. Die meisten seiner selbstlosen Kampfgefährten waren zwischen zwanzig und fünfundvierzig Jahren alt, es waren also Menschen, die in der Blüte ihres Lebens standen. Wie man sieht, kannten die Verwegenen bei ihrem heroischen Kampf weder engstirnige Voreingenommenheit, noch schränkte Richard Sorge die vielseitige Bereitschaft für eine Mitarbeit an der gemeinsamen guten Sache ein. Die Zusammensetzung und die Aufgabe ließen es deshalb nicht zu, sich zu isolieren.

69 Dr. Lily Abegg in ihrem Schreiben vom 20. Dezember 1964 an den Autor.
70 Zitiert nach «Der Spiegel», Hamburg, vom 8. August 1951, S. 26.

Selbstverständlich hielt sich Dr. Sorge strikt an bestimmte Gebote: keinerlei Kontakte zu Zellen der illegalen Kommunistischen Partei Japans oder zur sowjetischen Botschaft in Tokyo. Für den Fall einer eventuellen Aufdeckung seiner Kundschaftertätigkeit durften keine Handhaben für eine zusätzliche Hetze gegen die Kommunistische Partei Japans beziehungsweise für eine Kompromittierung der Diplomaten der Union der Sozialistischen Sowjetrepubliken geboten werden.

Sorge, der in jedem Falle entschied, wer als ständiger Mitarbeiter und wer als freiwilliger Informant seiner Gruppe in Frage kam, wurde aus Sicherheitsgründen durchaus nicht jedem seiner Helfer vorgestellt. So gab es viele von ihnen, die ihn persönlich nie kennenlernten. Dr. Richard Sorge suchte mit allen Mitteln Kontakt zu gleichgesinnten Kampfgefährten. Er wußte ganz genau, daß seine schwierige Aufgabe nur zu lösen war, wenn er sich eine gewisse Basis schuf. Und dabei fühlte er sich stets für die Sicherheit aller Mitarbeiter persönlich verantwortlich. Daß er die japanischen, deutschen, chinesischen und britischen Geheimdienste jahrelang nasführte, ließ ihn keine Minute lang überheblich werden. Er handelte nach der Erkenntnis, daß eine Kette nur so stark ist wie ihr schwächstes Glied. Und in seiner Kette durfte es kein schwaches Glied geben. Wie die Praxis dann bestätigte, gab es auch keins.

Nicht Mißtrauen, sondern hohes Verantwortungsbewußtsein zwang ihn, jederzeit die Regeln der Konspiration strikt einzuhalten, unerbittlich zu sein, auch gegen sich selbst. Dazu gehörte, daß jeder Mitarbeiter jeweils nur ein arbeitsnotwendiges Minimum über seine anderen Kameraden wissen durfte. Dr. Sorge verkehrte deshalb – alle erdenklichen Vorsichtsmaßnahmen vorausgesetzt – in der Regel nur mit neun Mitarbeitern seiner Gruppe, und zwar mit den Japanern Dr. Hozumi Ozaki und Yotoku Miyagi, dem Jugoslawen Branko Vukelić, dem britischen Staatsangehörigen deutscher Herkunft Guenther Stein sowie mit seinen deutschen Funkern Bernhardt in Yokohama und später Max Christiansen-Clausen in Tokyo, ferner mit Emma Bernhardt, Anna Christiansen-Clausen und Edith Vukelić. Alle Angehörigen dieses engsten Kreises hatten sich, bevor sie zur Gruppe «Ramsay» stießen, im internationalen Klassenkampf längst bewährt. Vor allem zwei dieser Kundschafter hatten mit einer größeren Zahl von Mitarbeitern beziehungsweise ständigen Informanten Kontakt.

Betonen muß man, daß etwa 40 Prozent der Angehörigen der Gruppe «Ramsay» schon durch ihre Berufe einen besonderen Einblick in die japanische Außen- und Innenpolitik sowie in die Wirtschafts- und Militärpolitik hatten. Denn von den Mitstreitern Dr. Sorges übten 18 Prozent den Beruf eines Journalisten oder Kriegsberichterstatters aus, 12 Prozent zählten zu den hohen und mittleren Beamten der japanischen Staatsbürokratie, und 10 Prozent saßen in den Zentral- und Forschungsbüros der Südmandschurischen Eisenbahngesellschaft sowie in deren Auslandsniederlassungen.

Wichtigster japanischer Kampfgefährte Sorges war Dr. Hozumi Ozaki, den er ja schon in Schanghai kennen- und schätzengelernt hatte. Er verschaffte Sorge außer vielen bedeutsamen Einzelmeldungen auch 53 höchst geheime Analysen über politische,

Kommunist seit seinem 19. Lebensjahr: Branko Vukelić kam als französischer Korrespondent nach Tokyo

ökonomische und militärische Spezialprobleme Japans und dessen politische Chinakonzeption. Ozaki drang im Interesse der Gruppe «Ramsay» zeitweise auch tief in den japanischen Geheimdienst ein.[71] Die dabei gewonnenen Aufklärungsergebnisse stellte er vorbehaltlos in den Dienst der edlen Sache.

Wer war Ozaki, woher kam dieser Friedenskämpfer, woher nahm er die Kraft für seine geheime Mission, die zweifelsohne sehr nervenaufreibend war? Er hatte an der Tokyoter Universität studiert und war dann in den Redaktionsstab der mit zwei Millionen Auflage größten japanischen Zeitung, der «Asahi Shimbun», eingetreten. Dort hatte er sich auf chinesische Probleme spezialisiert, war als Reporter durch das riesige China gereist und schließlich von dem japanischen Fürsten und dreimaligen Ministerpräsidenten Konoe zu Beraterdiensten in Tokyo verpflichtet worden. Diese Vertrauensstellung ermöglichte ihm einen guten

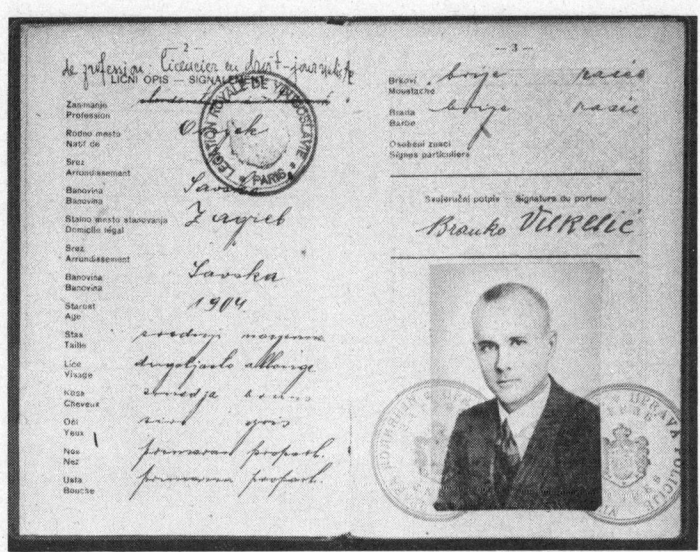

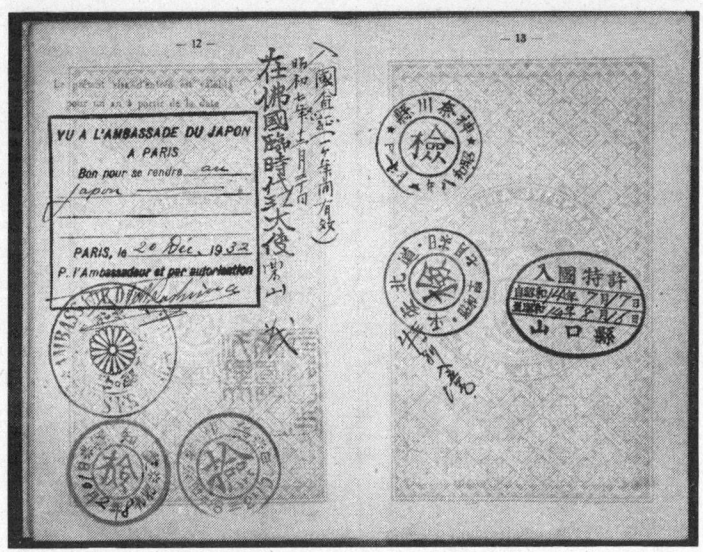

*Personalien und japanisches Einreisevisum aus dem Paß von
Branko Vukelić*

71 Siehe Charles A. Willoughby, a. a. O., S. 110.

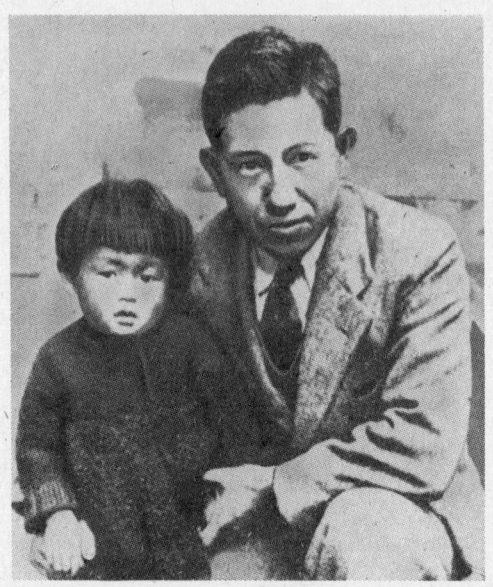

Einblick in die hohe Politik Japans. Er hatte völlig legal unbe-
grenzten und schnellen Zugang zu allen, auch den geheimsten
Unterlagen der japanischen Regierung. Später begab er sich in
das vom japanischen Geheimdienst stark durchsetzte Forschungs-
büro der staatsmonopolistischen Südmandschurischen Eisenbahn
AG, für die er auch seit August 1939 den betrieblichen «Monats-
bericht» redigierte. Ozaki unterhielt dienstlich wie privat weitrei-
chende Beziehungen zu Institutionen des japanischen Staatsappa-
rates, zu japanischen Politikern, Abgeordneten, Geheimräten,
Parteien und zur bürgerlichen japanischen Presse. In seinen Niederschriften legte Hozumi Ozaki einmal dar: «Ich bin von Natur
aus ein geselliger Mensch. Ich liebe das Volk, finde zu den meisten Menschen Kontakt, mehr noch, ich pflege zu den Menschen
freundlich zu sein. So ist mein Bekanntenkreis nicht nur weit,
sondern mit den meisten verbindet mich auch eine sehr enge Ka-
meradschaft. Meine Freunde waren die Quellen meiner Information.»[72]

Es steht außer Zweifel, daß dieser proletarische Internationalist, dessen später gedruckte Abschiedsbriefe aus dem Kerker an
seine Frau und seine jüngste Tochter ihn für immer als einen fein-
sinnigen Menschen charakterisieren, sich von Anfang an der vol-

Arbeitete eng mit Ozaki zusammen: Japanischer Reichstagsabgeordneter Ken Inukai

len Tragweite seines politischen Handelns bewußt war. Es ging ihm darum, die Sowjetunion vor einem Angriff zu schützen und sein japanisches Vaterland aus einem verheerenden Krieg herauszuhalten. Im Kerker bekannte er: «Während meiner langen Zusammenarbeit mit Sorge in Japan wurde ich oft aufgefordert, Informationen zu liefern, die direkten Einfluß auf die Verteidigungspläne der Sowjetunion hatten. Ich wußte, daß diese Daten, die ich sammelte, von der Sowjetunion gebraucht wurden. Aber das belastete keineswegs mein Gewissen, weil doch die Verteidigung der Union der Sozialistischen Sowjetrepubliken eine der Pflichten der Mitglieder der kommunistischen Parteien ist.»[73]

Die meisten Nachrichten bezog Ozaki aus der Südmandschurischen Eisenbahn AG(SME), an deren neuralgischen Punkten Landsleute saßen, die ihm zuarbeiteten. Noriaki Goto und Hisataka Kaieda wirkten in der SME-Niederlassung im nordchinesischen Mukden. Yoshio Miyanishi war im Tokyoter SME-Forschungsbüro beschäftigt, und sein Freund Yu Takahashi saß in der Zentrale der SME.

Die Südmandschurische Eisenbahn AG war jenes staatsmono-

72 Ebenda.
73 Aus den Kerkeraufzeichnungen von Ozaki aus dem Jahre 1942, nach der amerikanischen Vorlage übersetzt, ebenda, S. 115.

polistische Wirtschaftsimperium, das weite Teile Nordostchinas ökonomisch durchdrang und beherrschte. Die SME bereitete für den kaiserlich-japanischen Generalstab diese Gebiete als strategische Aufmarschbasis gegen die Sowjetunion vor. Japan konzentrierte 77 Prozent all der Kapitalanlagen, die nach China flossen, in der Mandschurei; der überwiegende Teil davon – schon im Jahre 1931 nicht weniger als 40 Prozent – entfiel auf die SME und ihre 33 Tochtergesellschaften.[74] Die SME und die japanische Kwantungarmee, die in der Mandschurei stationiert war, glichen siamesischen Zwillingen. Und niemand vermag eindeutig klarzustellen, ob die Monopolherren der SME oder die Generale der Kwantungarmee am meisten auf ihre Machtausdehnung in China und auf einen Überfall auf die fernöstlichen Gebiete der Sowjetunion drängten. Zusammengenommen vervielfachte sich natürlich die Gefahr, die von jenen Kreisen ausging, welche ja – das darf nicht übersehen werden – die Regierungspolitik in Tokyo wesentlich mitbestimmten. Schließlich herrschten die SME und die Kwantungarmee damals an der sowjetischen Grenze über ein nordchinesisches Gebiet, das mit 1,3 Millionen Quadratkilometern rund dreimal so groß war wie das insulare Japan. Verschärfend kam noch hinzu, daß mit über 50 Prozent Kapitalbeteiligung die japanische Regierung selbst Hauptaktionär der 1906 durch einen besonderen Erlaß des japanischen Kaisers gegründeten SME war. Das heißt, die wirtschaftlich expansiven Interessen ließen sich nicht von den politisch aggressiven Zielen trennen. Die staatsmonopolistische SME «machte» Minister. Und japanische Minister empfanden es als eine große Ehre, Präsident oder Vizepräsident der SME zu werden. So war es gerade Yosuke Matsuoka, ein langjähriger Präsident der SME und späterer japanischer Außenminister, der 1933 den Austritt Japans aus dem Völkerbund vollzog, nachdem der Völkerbund die japanische Aggression in der Mandschurei als völkerrechtswidrig verurteilt hatte.

Dieser kurze Überblick macht sichtbar, wie wichtig es für die Gruppe «Ramsay» war, diesen Koloß ständig unter Beobachtung zu haben. Wer sich, wie der hochqualifizierte Ozaki, die SME erschließen konnte, sicherte sich damit einen Strom allerwichtigster strategischer Nachrichten. Er erfuhr von jeder Truppenverschiebung in Nordostchina, die nur mit Hilfe der von der SME beherrschten Eisenbahn-, Straßen- und Luftfahrtverbindungen sowie der Häfen vor sich gehen konnte. Er war in der Lage, den fieberhaften Ausbau der japanischen Rüstungsindustrie zu beobachten, die Auswirkung der Wirtschaftshilfe Deutschlands auf diese antisowjetische Kriegsbasis in Nordostchina zu verfolgen und gleichzeitig jene SME-Memoranden zu lesen, die Japans Minister wie richtungweisende Empfehlungen beachteten. Auf diese Weise gelang es der Gruppe «Ramsay», über die rüstungsorientierte Erhöhung der Kapazität der SME-Showa-Stahlwerke genauso exakt nach Moskau zu berichten wie über die Ölgewinnung aus Ölschiefer, die die SME in der Mandschurei vorantrieb, und über die Kohleverflüssigung, die vom japanischen Heer auch finanziell gefördert wurde und vom deutschen IG-Farben-Konzern mit in Gang gebracht worden war. Japans Armee, deren Generalstab mit dem Gedanken spielte, nach Sibirien vorzustoßen, mußte zu diesem Zweck motorisiert sein. Deshalb steigerten die Japaner seit Mitte der dreißiger Jahre in der Mandschurei die Benzinproduktion sowie die strategische Einlagerung von Treibstoffen, die Fahrzeug- und mit Hilfe der Aluminiumproduktion auch die Flugzeugherstellung.[75] Praktisch rollte auf der Südmandschurischen Eisenbahn zwischen Tschangtschun und Dairen beziehungsweise Andung kein bedeutender Truppen- oder Kriegsmaterialtransport, von dem die Gruppe «Ramsay» nichts erfuhr.

Hozumi Ozaki konnte noch weitere wertvolle Informanten in seinem Friedenskampf seine Freunde nennen: den rechtsorientierten japanischen Fürstensohn und außenpolitischen Berater des japanischen Kabinetts Kinkazu Saionji[76], den Sekretär im Büro des japanischen Ministerpräsidenten Tomohiko Ushiba, den Wissenschaftler in der Pekinger Zweigstelle des japanischen Forschungsinstitutes für Chinafragen Sumio Funakoshi, den Verleger Shige Mizuno, der für die Gruppe «Ramsay» sogar der japanischen Geheimgesellschaft «Schwarzer Drache» beitrat. Andere Informationen bezog Ozaki von dem Chinareporter und Mitarbeiter des Forschungsinstitutes für Chinafragen Teikichi Kawai, vom Leiter des Wirtschaftsressorts der Zeitung «Tokyo Asahi Shimbun» Shinjiro Tanaka, von dem Berichterstatter des Kriegsministe-

74 Siehe Siegfried Warneck, Die Südmandschurische Eisenbahngesellschaft in der jüngsten Entwicklung der Mandschurei. In: «Zeitschrift für Geopolitik», Berlin, Nr. 1/1935, S. 31.
75 Siehe «Frankfurter Zeitung», Frankfurt/Main, vom 29. Oktober 1936. Strukturplan der Leuna-Werke. In: IG-Farben/Auschwitz/Massenmord, Berlin 1964, S. 16.
76 Siehe S. Budkewitsch, Richard Sorge, wie er war. In: «Meshdunarodnaja Shisn», Moskau, Nr. 6/1967.

riums Kiyoshi Isono und vom Schanghaier Redaktionsleiter der «Manshu Nichi-Nichi Shimbun» Yoshio Kawamura. Die von Ozaki systematisch ausgebauten Verbindungen reichten bis in den japanischen Kaiserpalast. Er hätte leicht einer der führenden Politiker seines Landes werden können, aber der Preis dafür wäre Verrat an den Lebensinteressen seines Volkes gewesen. So stand er in den schwersten und schwärzesten Stunden Japans auf der Seite der unterdrückten Arbeiter und Bauern, bewährte sich als Antifaschist und tat bis zum Letzten seine Pflicht.

Nicht anders handelte Yotoku Miyagi, ein begabter Kunstmaler. Er hatte im amerikanischen Los Angeles studiert und war Mitglied der Kommunistischen Partei der USA geworden. Als man ihn bat, nach Japan heimzukehren und für das Wohl seiner werktätigen Landsleute in der Gruppe «Ramsay» eine Schlüsselfunktion zu übernehmen, zögerte er keine Minute. Seine Stärke erwuchs aus einer echten Volksverbundenheit. Miyagi wertete seit 1934 für die «Ramsay»-Gruppe systematisch das japanische Fachjournal «Gunji to Gijutsu» (Militärwesen und -technik) aus.

Miyagi verkehrte direkt mit seinem Freund Ozaki, aus Gründen der Tarnung allerdings auf eine besondere Art. Er unterrichtete nämlich jeden Sonntagmorgen eine Tochter von Ozaki im Malen. So wurde selbst vor Frau Ozaki die Kundschaftertätigkeit der beiden geheimgehalten.

Dr. med. Tokutaro Yasuda, ein berühmter japanischer Anthropologe und Ethnograph, Verfasser einer fünfbändigen Geschichte der Menschheit, arbeitete in der Gruppe «Ramsay» als zuverlässiger Gewährsmann des Kommunisten Miyagi mit. Er leitete die Informationen weiter, die er aus Unterhaltungen mit seinen hochgestellten Patienten gewann. Über den ersten Besuch von Miyagi im Jahre 1935 erzählte der Forscher später einmal: «Mein Gast sagte mir, Freunde hätten ihn wissen lassen, daß man sich mit mir nicht nur über Krankheiten unterhalten könne. An jenem Abend saßen wir bis in die späte Nacht zusammen. Miyagi sprach lange über die Absichten Hitlers und der japanischen Regierung. Man müsse versuchen, die Pläne zur Vernichtung der Sowjetunion zu vereiteln, den japanisch-sowjetischen Krieg zu verhindern. Miyagi schloß: ‹Wir benötigen Ihre Hilfe!› Von diesem Zeitpunkt an begann Miyagi, einmal in der Woche und später täglich zu kommen. Die gesammelten Informationen erwiesen

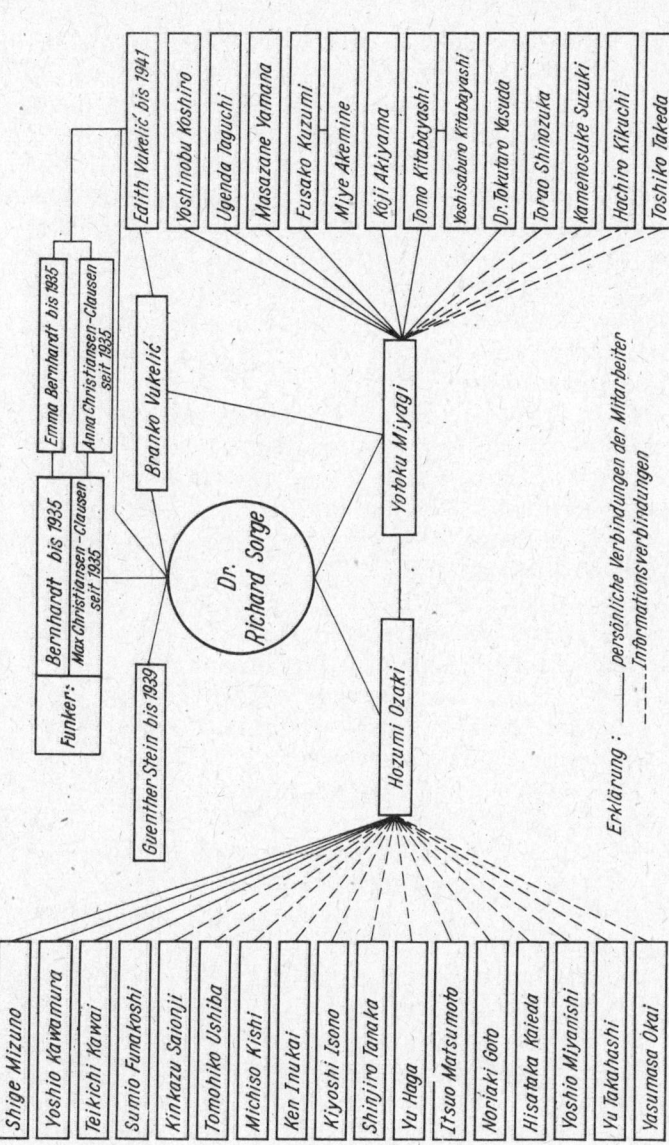

Dr. Sorges Kampfgefährten und Mitarbeiter in Japan (1933–1941)

Erklärung: ———— persönliche Verbindungen der Mitarbeiter
- - - - - - Informationsverbindungen

sich als wertvoll ... Als Geschenk für meine Berichte übergab mir Miyagi sein Gemälde ‹Iris›. Mitten in der politischen Arbeit, selbst schwer tuberkulosekrank, fand Miyagi noch immer Zeit für seine musische Arbeit.»[77]

Mit weiteren zwölf japanischen Friedenskämpfern verband Miyagi eine ebenso enge politische Freundschaft. «Miki», wie er den Unteroffizier Yoshinobu Koshiro nannte, brachte ihm von seinen Einsätzen in der Mandschurei, in Nord- und Südchina wertvolle Meldungen über antisowjetische Hetze, über Vorbereitungen von Grenzprovokationen gegen die UdSSR, über Stationierungsorte und die Ausrüstung japanischer Divisionen sowie über deren rückwärtige Dienste mit. Der nationalgesinnte Fabrikant Torao Shinozuka, der Umgang mit japanischen Generalstabsoffizieren pflegte, vertraute das Gehörte Miyagi an. Genosse Masazane Yamana nahm nicht nur in verschiedenen japanischen Distrikten militärische Objekte und deren Ausbau in Augenschein, sondern lieferte als Landwirtschaftsexperte und Funktionär einer progressiven Vereinigung japanischer Pächter auch treffende Situationsberichte über die Lage des Landproletariats und die Stimmung unter der japanischen Dorfbevölkerung. Über die sogenannte Soziale Massenpartei Japans wurde Miyagi durch seine Kameradin und Gesinnungsgenossin Fusako Kuzumi ständig unterrichtet. Im Informationsbüro des japanischen Ministerrates saß Miye Akemine, ein wichtiger Informant von Fusako Kuzumi. Koji Akiyama konnte aus seiner Dolmetschertätigkeit und aus den Regierungsaufträgen, die ihm vorlagen, beachtliche Hinweise geben. Die Makler Kamenosuke Suzuki und Ugenda Taguchi kamen mit vielen japanischen Truppenoffizieren, Fronturlaubern und Kriegsmaterialproduzenten zusammen und berichteten Miyagi über die Stimmung in den Truppenteilen, besonders der japanischen Aggressionsarmee in China. Die Damenschneiderin Tomo Kitabayashi, die Miyagi noch aus Los Angeles kannte, konnte von ihren anspruchsvollen Kunden, die meist Offiziersfrauen waren, über den Einsatz ihrer Männer einiges erfahren und informierte außerdem über die Meinung der Adventistensekte zur japanischen Kriegspolitik. Der persönliche Sekretär des japanischen Generals Ugaki – eines Mannes also, der seit 1925 viermal japanischer Kriegsminister, lange Jahre japanischer Gouverneur in Korea und seit 1938 Außenminister war – gewährte Miyagi Einblick in geheime Verschlußsachen. Wie Miyagi auch sonst ständig an der rechtzeitigen Aufdeckung neuer Aggressionspläne arbeitete, geht daraus hervor, daß er von einem japanischen Obersten, den er porträtierte, erfuhr, welche chinesischen Gebiete im japanischen Generalstab gerade als maßstabgetreue Reliefs modelliert wurden. Mit Hilfe solcher Reliefs sollte eine möglichst exakte Überfallplanung gewährleistet werden.

Unter Dr. Sorges Getreuen gab es auch einen verwegenen Berufsrevolutionär mit Sonderauftrag, den Jugoslawen Branko Vukelić. Dieser Kommunist von echtem Schrot und Korn benutzte seinen «salonfähigen» Adelstitel. Er stellte sich auf französisch als «de Voukelitch» vor. Er war mit seiner Frau Edith aus Paris nach Tokyo gekommen und vertrat offiziell die französische Presseagentur «Havas», die französische Illustrierte «La Vue» und die jugoslawische Zeitschrift «Politika». Niemand in Tokyo vermutete nur im entferntesten in dem Adligen, der entsprechend auftrat – seine Mitstreiter nannten ihn deshalb im Scherz «Gigolo» –, einen kampferprobten Kommunisten. Der österreichische Kaiser hatte die Familie Vukelić geadelt, weil Brankos Großvater als Oberst in der k. u. k. Armee der Donaumonarchie treu gedient hatte. Branko Vukelić hatte es lange Zeit abgelehnt, den Adelstitel zu führen, doch bei seinem Japaneinsatz gehörte dieser Titel auf den Visitenkarten mit zur besten Tarnung.

Schon als Student war Branko Vukelić in die Reihen der jugoslawischen Kommunisten eingetreten, für die er auch in der Illegalität wichtige Parteiaufträge auf dem Gebiet der Propaganda und Agitation ausführte. Nach Beendigung seines Studiums an der Technischen Hochschule in Zagreb schickte ihn die Partei in die Tschechoslowakei. Offiziell studierte er in Brno an der Kunstakademie, tatsächlich aber erledigte er spezielle Aufträge, häufig als Geheimkurier. Später zog er nach Paris und schrieb sich als Student an der Sorbonne ein, half aber vorwiegend, eine Druckerei zu führen, die massenwirksame Parteiliteratur für die illegale Kommunistische Partei Jugoslawiens herstellte. In all diesen Kampfjahren stand ihm sein Bruder Slawko zur Seite. Vom Parteiagitator und Propagandisten führte Branko der Weg zum Journalismus.

Als Kommunisten fühlten sich beide Brüder verpflichtet, der von imperialistischen Mächten eingekreisten Sowjetunion mit

77 Zitiert nach «Iswestija», Moskau, vom 8. September 1964.

Tokyo, Januar 1940:
Branko Vukelić hei-
ratet Yoshiko

aller Kraft zu helfen. Slawko reiste in die Sowjetunion, kam in die Abteilung des Generals Bersin und ging später als todesmutiger Funker in das vom internationalen Faschismus bedrohte Spanien. Branko nahm den Vorschlag des sehr gefährlichen Japaneinsatzes an. Mit der Weisung, sich zu gegebener Zeit an Dr. Sorge zu halten und ihm zu assistieren, traf er mit seiner Frau, einer dänischen Gymnastiklehrerin, schon Anfang Februar 1933 in Tokyo ein. Er spezialisierte sich auf die Nachrichtensammlung aus diplomatischen und Journalistenkreisen. Als Vertreter der offiziellen französischen Nachrichtenagentur fand er nicht nur bei der französischen Botschaft stets offene Türen, sondern er verkehrte auch mit Diplomaten der britischen sowie der USA-Botschaft in Tokyo.

Zu seinen Bekannten zählten bald die namhaftesten bürgerlichen Pressevertreter in Tokyo, zum Beispiel Mister Melville Cox von der britischen Presseagentur Reuter, Mister Joseph Newman von der «New York Herald Tribune», Harold O. Thompson von der amerikanischen Presseagentur «United Press» und der französische Publizist Robert Guillan, der noch nach dem zweiten Weltkrieg zu den profiliertesten Kolumnisten der Pariser «Le Monde» gehörte. Mit dem britischen Militärattaché in Tokyo, Generalmajor Francis Piggott, leerte Branko Vukelić bei Gesprächen, die für die Gruppe «Ramsay» sehr wichtig waren, manchen Whisky mit Soda.

Diese Verbindungen gewannen vom Jahre 1939 an, als sich Frankreich und England im Kriegszustand mit dem faschistischen Deutschland befanden, noch mehr an Wert. Für die deutsche Botschaft gab es von diesem Augenblick an keine gesellschaftlichen Kontakte mehr zu diesen diplomatischen Vertretungen. Zur Erfüllung seines Kundschafterauftrages mußte aber Dr. Sorge auch weiterhin genaue Kenntnisse über die jeweiligen Reaktionen der französischen und britischen Politiker erhalten. Das war nur noch durch die Beziehungen von Branko Vukelić möglich.

Vukelić verkehrte zunächst mit Richard Sorge persönlich. Später hielt er vorsichtshalber den Kontakt meist über Miyagi aufrecht. Vukelić war ein meisterhafter Fotograf. Er bannte für die Gruppe «Ramsay» Hunderte Geheimdokumente auf Mikrofilme und entwickelte selbst in seinem eigens dazu eingerichteten Labor alle Filme.

In der Gruppe Dr. Sorges arbeiteten nacheinander zwei deutsche Kommunisten als Funker. Bis 1935 funkte Genosse Bernhardt die Texte in den Äther, die Richard Sorge persönlich chiffriert hatte. Dann richtete am Jahresende Genosse Christiansen-Clausen neue geheime Stationen ein und gab dringende Meldungen an die Zentrale nach Moskau weiter.

Als Gehilfe und vor allem als geheimer Kurier stand noch der Deutsche Guenther Stein, der als Jude in Deutschland verfolgt worden war und deshalb die britische Staatsangehörigkeit angenommen hatte, Dr. Sorge treu zur Seite. Aus Steins Wohnung nahm beispielsweise Max Christiansen-Clausen seine ersten Funkkontakte aus Japan zur Moskauer Zentrale auf. Stein, ein ehemaliger Korrespondent des «Berliner Tageblattes» und späterer Japanberichterstatter des Londoner «News Chronicle» sowie der «British Financial News», hatte besonders gute Kenntnisse

Sorges Reisebegleiter und unge-
wollter Informant: Fernost-Presse-
referent des Auswärtigen Amtes
Albrecht Fürst von Urach

Dr. Sorge liebte Kinder: Das Pri-
vatfoto zeigt ihn mit der Tochter
des Fürsten von Urach 1936 in Tokyo

auf dem Gebiet internationaler Finanz- und Kapitalmanipulationen. Als Autor des Buches «Made in Japan» hatte er sich in Wirtschaftskreisen einen Namen gemacht. Bei Ausbruch des zweiten Weltkrieges verließ er auftragsgemäß Japan, um in China eine neue Aufgabe als Kundschafter zu übernehmen.

Aus den Tokyoter Armenvierteln, von Landarbeitern und Bauern, aus Kasernen und Hafenkneipen, Modesalons und Sprechzimmern, Gemüseläden und Regierungsbüros, aus Stabsquartieren, ja selbst von den durch das Ausbeutersystem zur Prostitution Erniedrigten, also aus vielen, vielen Kanälen flossen Meldungen, Informationen, Aktenkopien, Landkartenskizzen, Übersetzungen, kurzum Hinweise mannigfaltiger Art an die Mitarbeiter Dr. Sorges und schließlich an ihn selbst. All das beachtliche Material mußte nun sortiert, geordnet, geprüft, verglichen und analysiert werden. Diese Arbeit konnte keiner der Mitarbeiter Dr. Sorge abnehmen.

Mit Hilfe wohlinformierter Kampfgefährten, dank seiner eigenen enormen Kenntnisse und auf Grund des umfassenden Einblickes in die innersten Angelegenheiten der deutschen Botschaft sowie durch seine intensiven Literaturstudien war Dr. Richard Sorge bald der beschlagenste europäische Fernostjournalist und ein ausgezeichneter Kenner japanisch-chinesischer Probleme geworden. Diesen Ruf genoß er von der Mitte der dreißiger Jahre bis zu seiner Ermordung. Und dieser Ruf diente schließlich seinem Kundschafterauftrag.

Für japanische Patrioten und Friedenskämpfer aber glich Richard Sorge einem Leuchtturm in dunkler Nacht. Um ihn scharten sich Japaner, die zu erreichen ihm gelang und die bereit waren, den Kampf gegen den Faschismus aufzunehmen. Diese Menschen sahen weiter, sie ließen sich nicht vom chauvinistischen Rausch mitreißen, denn sie wußten, daß die Großmachtpolitik der militaristischen japanischen Regierung das japanische Volk nur Opfer an Blut und Gut kosten würde.

Rund um den Chalchin-Gol

Die Jahre 1938 und 1939, die Zeit vor Beginn des zweiten Weltkrieges in Europa, waren für die «Ramsay»-Gruppe eine Generalprobe. Verschiedene Ereignisse im gesellschaftlichen Leben Japans und Aussagen beschaffter Geheimdokumente ließen Sorge schlußfolgern, daß die japanische Kwantungarmee aggressive Handlungen gegen die UdSSR plane und auf vielerlei Weise vorbereite. Zwei große Konflikte, von Japan provoziert, warfen ihre Schatten voraus:

Am 29. Juli 1938 fielen drei japanische Infanteriedivisionen in das fernöstliche sowjetische Territorium am Chassansee, südwestlich von Wladiwostok, ein. Zwei Wochen später war das Gebiet wieder befreit.

Im Mai 1939 drangen zwei durch eine Kavalleriebrigade verstärkte japanische Infanteriedivisionen am Fluß Chalchin-Gol in die Mongolische Volksrepublik ein und stießen in Richtung auf die Sowjetunion vor.

Vier Monate kämpften sowjetische und mongolische Einheiten, bis die Aggressoren vertrieben waren.

Seit Ende 1936 hatten die Japaner ihre Kwantungarmee verstärkt, sie noch weiter an die sowjetische Grenze herangeschoben und die Ausbildung antisowjetischer Spione, Diversanten und Saboteure forciert. Der «Ramsay»-Gruppe blieb das nicht lange verborgen. Wie historisch bewiesen ist, erhielt Dr. Sorge beispielsweise von Yotoku Miyagi schon «in der ersten Hälfte des Jahres 1937 einen Bericht über die militärischen Stellungen an der japanisch-sowjetischen Grenze bei Sachalin zusammen mit einer Karte, auf der die Position der japanischen Lager und Kasernen eingetragen war ... Außerdem gab er eine genaue Beschreibung eines neuen leichten Bombertyps ... Im Sommer desselben Jahres gelang es ihm, Sorge einen Bericht über den Aufbau der Geheimpolizei (Tokumu Kikan) zu verschaffen ... Von besonderem Interesse ... war Miyagis Darstellung der Abteilung der Geheimpolizei in Harbin in Mandschukuo. Sie schilderte die Ausbildung – eine Schulung, die mit einem Jahr Russischunterricht für Fortgeschrittene, Unterweisung in Sprengtechniken und der Kunst der Verkleidung begann. Nach diesem ersten Jahr wurden die geeigneten Spione und Saboteure für weitere Ausbildung in kleine Gruppen zu drei oder vier Mann zusammengefaßt.»[78]

Schon beim ersten Angriff beachtete der japanische Generalstab bestimmte räumliche und zeitliche Bedingungen. Man
wählte das Gebiet, in dem das japanische Korea und der japanische Vasallenstaat Mandschukuo an die UdSSR grenzten. Dieser
sowjetische Grenzbezirk war schwach besiedelt, ökonomisch und
verkehrstechnisch kaum erschlossen. Sumpfgebiete erschwerten
zudem Truppenkonzentrationen. Zeitlich rechnete sich die Generalität zusätzliche Vorteile aus: Im Juni 1938 hatte sie durch den
Agenten Lyushkow einen gewissen Einblick in das neueste örtliche sowjetische Grenzverteidigungssystem erhalten.

Im Morgennebel des 29. Juli 1938 drangen Einheiten der japanischen Kwantungarmee nach einer gewaltsamen Aufklärung auf
sowjetisches Territorium vor und eroberten dort zwei wichtige
Höhen. In heftigen Kämpfen kamen auf beiden Seiten Infanterie,
Kavallerie, Panzertruppen sowie Jagd- und Bombenflugzeuge
zum Einsatz. Die japanischen Truppen stießen auf sich ständig
verstärkenden Widerstand der sowjetischen Truppen in diesem
Raum.

Dr. Sorge konnte indes seine Zentrale davon in Kenntnis setzen, daß die japanische Regierung, die sich auf falsche Analysen
der japanischen Generalität gestützt hatte, von der Abwehrstärke
der Roten Armee überrascht war und sich strategisch überfordert
sah, den an Umfang zunehmenden Grenzkonflikt bereits in einen
Krieg ausufern zu lassen. Historiker bestätigten später: «Aber auf
Grund von Informationen von Ozaki, der nun (japanischer –
J. M.) Regierungsberater war, und Miyagi, der ... drängte, alles
Erreichbare über Truppenbewegungen festzustellen, konnte Sorge
der Moskauer Zentrale versichern, daß weder die japanische Regierung noch die japanische Armee gesonnen waren, den Konflikt
in einen wirklichen Krieg ausarten zu lassen.»[79] Der Aggressions-
akt endete mit einer Niederlage der Japaner. Japanische Diplomaten baten um Verhandlungen, und am 11. August 1938 wurden
die Kampfhandlungen eingestellt.

Sorge erfuhr zwischenzeitlich, daß die Japaner auf der Basis
der soeben abgeschlossenen Übereinkunft zwischen den japanischen und deutschen Militärgeheimdiensten bereit waren, die Nazis über die antisowjetischen Spionageberichte des Agenten
Lyushkow zu informieren. Major i. G. Scholl, Gehilfe des deut-

78 F. W. Deakin/G. R. Storry, a. a. O., S. 215.
79 Ebenda, S. 224 f.

schen Militärattachés in Tokyo, kehrte im Juli 1939 mit einer kompletten, über hundertseitigen Kopie des Berichtes nach Berlin zurück. Sorge gelang es, in der deutschen Botschaft dieses Material zu fotografieren und sofort auf dem Kurierweg an die Moskauer Zentrale weiterzuleiten. Von dort wurde rechtzeitig – wie man noch sehen wird – das Erforderliche veranlaßt.

Zu Beginn des Jahres 1939 machte Ozaki Dr. Sorge darauf aufmerksam, daß die Japaner beschleunigt die Eisenbahnstrecke Charbin – Tsitsihar – Hailaer ausbauten und den Bau der Nebenstrecke Gandshur – Suolun vorantrieben. Diese Eisenbahnlinien, die für schnelle Truppenverschiebungen geeignet waren, liefen in Richtung und bis in die Nähe der Grenze der Mongolischen Volksrepublik. Dazu gab es aus Sorges Informantenkreis zusätzliche Hinweise auf japanische Truppentransporte, die darauf schließen ließen, daß die Japaner über die Mongolei in das sowjetische Transbaikalgebiet vorzudringen beabsichtigten. Der japanische Vorstoß erfolgte zunächst 15 Kilometer tief in das Gebiet der Mongolischen Volksrepublik hinein und begann am 11. Mai 1939 mit 300 Kavalleristen. Mongolische und sowjetische Einheiten, die sich auf Grund des gegenseitigen Beistandspaktes in der Mongolischen Volksrepublik befanden, wehrten zunächst die Japaner ab. Daraufhin wurden starke japanische Kräfte an der mongolischen Grenze zusammengezogen. Die Grenzprovokation weitete sich schnell zu einem begrenzten Krieg aus, in dem sich letztlich 75000 japanische Eindringlinge und 57000 Mann der mongolisch-sowjetischen Truppen gegenüberstanden. Auf beiden Seiten waren zeitweise über 1000 Geschütze und Granatwerfer, über 1000 Panzer und Panzerwagen sowie nahezu 900 Flugzeuge beteiligt.[80] Die Rote Armee setzte dort erstmalig eine Luftlandebrigade und Flammenwerfer-Panzer ein.[81] Die japanische Kwantungarmee, die in der Mandschurei in ihren Laboratorien Nr. 11 und Nr. 731 die bakteriologische Kriegführung vorbereitet hatte, verseuchte sogar den Chalchin-Gol mit Typhus-, Paratyphus- und Ruhrbazillen.[82]

Die Angehörigen der «Ramsay»-Gruppe schonten sich nicht, von Tokyo aus das bestmögliche für einen Sieg der mongolisch-sowjetischen Truppen zu leisten und sozialistisches Territorium schützen zu helfen: Ozaki stellte Listen über Truppentransporte der Südmandschurischen Eisenbahn zusammen. Miyagi berichtete über neue Waffentypen und militärische Ausrüstungen, die das japanische Heer und die japanischen Fliegerkräfte erproben wollten sowie über die Stimmung in der Bevölkerung. Branko Vukelić, der vom 3. bis 15. Juli mit anderen Korrespondenten vom japanischen Generalstab in das Gebiet der Kampfhandlungen eingeladen wurde, um den japanischen «Sieg» mitzuerleben, brachte von seiner Reise wichtige Angaben über japanische Flugplätze, deren Kapazitäten, örtlich gezählte Flugzeugtypen und militärische Nachschublager mit nach Tokyo zurück.

Immer wieder interessierte sich die Zentrale für Meldungen über japanische Nachschubtransporte von Truppen und Kriegsmaterial. Sorge aber hatte relativ beruhigende Meldungen vorliegen: Das japanische Kriegsministerium zog die Suzuki-Division und der Generalgouverneur von Korea zwei koreanische Brigaden von der Front zurück, um sie nicht auch noch opfern zu müssen. Yamana Masazane meldete aus Hokkaido, daß keine außergewöhnlichen Transporte feststellbar seien. Miyagi klärte die japanischen Militärlager in Hailaer (Jehol) sowie in Tsitsihar, Charbin und Hsinking auf und zählte in der Nachschubbase Kungchuling bei Mukden Flugzeuge und Panzer.[83]

Shige Mizuno signalisierte aus seiner Heimatstadt Kyoto, daß die dort stationierte Heeresdivision im Juli und August nicht an die mongolische Grenze, sondern in das zentralchinesische Anhwei transportiert worden sei, wo sie offenbar noch dringender benötigt wurde.

Kurz vor Beginn der Entscheidungsschlacht am Chalchin-Gol lud der Befehlshaber der 6. japanischen Armee, General Rippo Ogissu, eine Delegation der deutschen Botschaft in Tokyo zur Frontbesichtigung ein, an der Dr. Sorge als Pressevertreter teilnahm.

Bereits 1936 hatte Sorge dieses Grenzgebiet zusammen mit einer deutschen Forschungsexpedition bereist, die Gegend als möglichen Kriegsschauplatz bei einer japanischen Aggression genau untersucht und schon im Jahre 1937 folgende warnende und treffende Schlußfolgerung publiziert: «Die ... Schwierigkeiten sind heute technisch, im Maßstabe eines großen Feldzuges, noch

80 Siehe «Sport und Technik», Berlin, Nr. 5/1983, S. 16f.
81 Geschichte des Großen Vaterländischen Krieges, Berlin 1962, Band 1, S. 286f.
82 K. Walther, Der Einsatz von bakteriologischen Waffen durch die Imperialisten im zweiten Weltkrieg. In: «Mitteilungsblatt der Arbeitsgemeinschaft ehemaliger Offiziere», Berlin, Nr. 6/1963, S. 7.
83 Siehe Chalmers Johnson, a. a. O., S. 151ff.; F. W. Deakin/G. R. Storry, a. a. O., S. 225.

nicht zu bewältigen. Der motorisierte Apparat, den ein Kriegszug durch die Mongolei verlangt, übersteigt bei weitem die technischen Mittel, die heute ... zur Verfügung stehen.»[84]

Der polnische Brigadegeneral a. D. Leon Dubicki, der 1939 in den Reihen der Roten Armee am Chalchin-Gol gekämpft und später diese Ereignisse und ihre Hintergründe erforscht hat, schreibt darüber: «Sie (die japanische Führung – J. M.) lud einige Militärattachés und ausländische Korrespondenten in den Raum der Kampfhandlungen ein ... Unter den Eingeladenen war auch Richard Sorge, der bei den Japanern und beim deutschen Militärattaché großes Vertrauen genoß. Er nutzte die hervorragende Gelegenheit und sammelte Schritt für Schritt Informationen über das ausschweifende und bequeme Frontleben der japanischen Generale und Offiziere; über die Zusammensetzung, die Gefechtsbereitschaft, die Dislozierung, eine mögliche Umgruppierung und über die Absichten der japanischen Truppen in der Mongolei; über die schwächsten Abschnitte und die neuralgischen Punkte ihrer operativen Gruppierung; über die ... geplante Angriffsbereitschaft der 6. Feldarmee. Ich vermute, daß Sorge die erhaltenen Informationen unverzüglich der sowjetischen Führung übermittelte. Diese konnte einen erfolgreichen Gegenangriff führen, die Japaner völlig überraschen und ihnen vier Tage zuvorkommen.»[85]

Der deutsche Militärattaché Oberst Matzky plauderte Dr. Sorge gegenüber aus, daß das Kaiserliche Generalhauptquartier nach seinen Informationen die Schlacht am Chalchin-Gol nicht mehr zu einem weiteren Vormarsch gegen die UdSSR ausweiten dürfe.[86]

Am 23. August waren die japanischen Aggressoren auf 60 Quadratkilometern eingeschlossen, und am 31. August war dann die Mongolische Volksrepublik endgültig von den Japanern befreit.

Insgesamt verloren die Japaner bei ihrem abenteuerlichen Unternehmen etwa 61 000 Offiziere und Soldaten, darunter 25 000 Tote; außerdem 600 Flugzeuge, 100 Fahrzeuge, 200 Geschütze, etwa 400 Maschinengewehre und 12 000 Gewehre.[87]

Auch das Spionage- und Sabotageamt Ausland/Abwehr des Oberkommandos der Hitlerwehrmacht hatte einen Beobachter in die Mandschurei entsandt, den Agenten Dr. Ivar Lissner. In seinen Memoiren resümierte er aus seiner Sicht rückblickend: «Zu dieser Zeit geschahen in der Mandschurei seltsame Dinge ... Die jungen ungeduldigen japanischen Offiziere der Kwantungarmee sahen nach so vielen Jahren der Untätigkeit eine Gelegenheit, sich auf dem Schlachtfeld einige Lorbeeren zu verdienen... Tokyo, das um jeden Preis einen Konflikt verhindern wollte, gab Befehl, zwei koreanische Brigaden und die berühmte Suzuki-Division aus dem einsamen mongolischen Grenzgebiet, wo die Kämpfe stattfanden, zurückzuziehen. Aber die Sowjets hatten auf mysteriöse Weise von dem Befehl aus Tokyo lange vor seiner Durchführung Kenntnis erhalten. Sie sahen eine einmalige Gelegenheit, der japanischen Kwantungarmee eine Lektion zu erteilen... Der Zwischenfall bei Nomon-han endete vier Monate später mit einer für die Japaner demütigenden Niederlage. Offiziere und Soldaten schrieben Abschiedsgedichte an den Tenno und begingen auf der zertretenen Grassteppe der Mongolei Harakiri. Der Generalstabschef der Kwantungarmee, General Iso-gai, war derartig außer sich über die Tatsache, daß ein solcher Schatten auf seine Arme gefallen war... daß sein militärisches Gehirn anfing, Pläne auszuhecken, denen zufolge er seine Linien zu verstärken und weiterzukämpfen gedachte, indem er den ersten Stoß gegen Tschita (das über 600 Kilometer tief in der UdSSR, an der Transsibirischen Bahn gelegene Industriezentrum – J. M.) führte und sich so an den Russen rächte.»[88]

Derartig unrealistisch denkende japanische Generale hatten von der Sowjetunion am Chalchin-Gol einen Denkzettel erhalten, der auch in gewissen Tokyoter Regierungskreisen nachhaltig ernüchternd wirkte. Der japanischen Regierung blieb es nicht erspart, am 15. September 1939, zwei Wochen nach dem Überfall Hitlerdeutschlands auf Polen und dem Beginn des zweiten Weltkrieges, ein staatliches Abkommen mit der UdSSR und der Mongolischen Volksrepublik über die Beilegung des Konfliktes am Chalchin-Gol zu unterzeichnen. Das hatte fortan zweifellos eine wesentliche, da auf Hitzköpfe politisch bremsende Wirkung bei allen strategischen Entscheidungen Japans während des zweiten Weltkrieges.

84 «Zeitschrift für Geopolitik», Berlin, Nr. 5/1937, S. 372 f.
85 Leon Dubicki, Wspomnienia z walk w szeregach Armii Radzieckiej nad Chałchin-Goł. In: «Wojskowy przegląd historyczny», Warschau, Nr. 1/1974, S. 223.
86 Siehe Chalmers Johnson, a. a. O., S. 151.
87 Geschichte des Großen Vaterländischen Krieges, a. a. O., S. 289.
88 Ivar Lissner, a. a. O., S. 221.

Nichts Wesentliches entging ihm: Dr. Sorge mit seiner Leica

Dr. Sorge aber versuchte mit den Ereignissen am Chalchin-Gol – die auch als Nomonhan-Zwischenfall in die Geschichte eingegangen sind – Botschafter Ott indirekt zu beeinflussen, denn Sorge wies Ott «darauf hin, daß die Aussagen von Lyushkow und anderer, die behauptet hatten, die Rote Armee sei geschwächt, sich nun als Lügen erwiesen hätten. Wollte die japanische Armee die Rote Armee (dort – J. M.) aus ihren gegenwärtigen Stellungen vertreiben, so brauche sie dazu 400 bis 500 Tanks, und damit wäre die industrielle Kapazität Japans überfordert. Deutschland müsse sich viel eingehender mit dem ganzen Zwischenfall bei Nomonhan beschäftigen und die alte Idee fallenlassen, daß die Rote Armee zu keinem ernsthaften Widerstand fähig sei.»[89]

Doch damit stieß Sorge bei den Herrenmenschen in der Botschaft wohl auf taube Ohren.

Gefunkte Spitzenmeldungen

Die Gruppe «Ramsay» lieferte der Zentrale viele Informationen über die Pläne und die Lage des japanischen Aggressors, alles ausgewählte Meldungen von überdurchschnittlicher Aussagekraft. Darunter befanden sich, soweit wir heute schon wissen, zwei weitere Spitzenmeldungen, Funksprüche, deren Inhalt Vorgänge betrafen, die den Verlauf der Geschichte wesentlich beeinflußten.

Nun hängt aber die Wirkungsmöglichkeit einer Kundschaftermeldung nicht nur von dem Grad der Informiertheit und von der analytischen Sorgfalt des Absenders ab, sondern auch davon, ob die Meldung den Stellen rechtzeitig vorliegt, die letztlich die politische Entscheidung fällen. Die beste Meldung nützt selbstverständlich nichts, wenn sie zu spät eintrifft und daher einen inzwischen vollzogenen Vorgang nur noch bestätigen kann, ohne rechtzeitig wirksame Gegenmaßnahmen ermöglicht zu haben. Der Geheimdienstgeneral der USA Willoughby äußerte, als er nach dem zweiten Weltkrieg in Tokyo jahrelang die Akten über den Prozeß gegen Dr. Sorge studiert hatte: «Sicher waren die Informationen, die Sorge... absandte, für die Sowjetunion viele Millionen Dollar wert.»[90] Willoughby, von der Profitideologie durchdrungen, konnte offensichtlich den Kundschafterdienst nur in Geld messen. Wohl war es der Gruppe «Ramsay» stets um Millionen gegangen – aber um Millionen Menschen, die vor einem Krieg zu bewahren sie stündlich das Letzte einsetzten. Für einen Kommunisten ist das menschliche Leben das wertvollste Gut. Der Mensch steht im Mittelpunkt seiner Betrachtungen und Handlungen. Die Erhaltung des Friedens, der Kampf gegen jeden Aggressor bedeuten ihm oberstes Gebot. Die gesamte Tätigkeit Dr. Sorges und seiner Mitarbeiter läßt sich eben nur von dieser weltanschaulichen Seite her richtig verstehen.

Es ist hier nicht möglich, all die vielen Meldungen der Sorge-Gruppe, von denen sich eine Auswahl im Buchanhang befindet, im einzelnen einzuschätzen. Bei zwei Funksprüchen aber muß man das tun. Es handelt sich

erstens um die rund vier Monate vor dem verbrecherischen Überfall des faschistischen Deutschlands auf die Sowjetunion ab-

89 Zitiert nach F. W. Deakin/G. R. Storry, a. a. O., S. 225.
90 Charles A. Willoughby, a. a. O., S. 103.

gegebene und später mehrmals präzisierte Warnmeldung und
   zweitens um die verläßlichen Nachrichten, wonach Japan in
absehbarer Zeit nicht die fernöstlichen Gebiete der UdSSR angreifen werde.

Beide Nachrichten stammen aus dem dritten Kriegsjahr 1941.
Mehrmals und immer detaillierter warnte die Gruppe «Ramsay»
im Frühjahr und im Sommer 1941 in ihren Funksprüchen an die
Zentrale vor dem drohenden Überfall Hitlerdeutschlands auf die
Union der Sozialistischen Sowjetrepubliken. Anfang März schon
ließ Dr. Sorge nach Moskau funken: «Deutscher Militärattaché
in Tokyo erklärte, sofort nach Kriegsende in Europa werde der
Krieg gegen die Sowjetunion beginnen.»[91] Am 5. März 1941, am
selben Tage also, an dem in Berlin das Oberkommando der Wehrmacht die Weisung Nr. 24 über die Zusammenarbeit mit Japan
als «Geheime Kommandosache» herausgab, präzisierte Richard
Sorge in einem Funkspruch den Überfalltermin auf die «zweite
Hälfte Juni»[92]. Zweiundfünfzig Tage später, am 26. April, gab die
Gruppe «Ramsay» einen allgemeinen Überblick über die vom
Oberkommando der Hitlerwehrmacht gegen die Rote Armee geplanten Operationen und bezifferte die Stärke der Truppen, die
dafür an den Grenzen der Sowjetunion bereitgestellt wurden, auf
mindestens 150 Divisionen.[93] Am 20. Mai traf in der Zentrale der
Funkspruch der Gruppe «Ramsay» ein, der den Angriff der faschistischen Divisionen mit Hauptstoßrichtung gegen Moskau für
den 20. Juni ankündigte.[94] Außerdem hieß es in einem Funkspruch, daß schon «eine Anzahl deutscher Vertreter (aus Tokyo –
J. M.) nach Berlin» zurückgekehrt sei.[95] Schließlich gab Dr. Sorge
am 15. Juni, also eine Woche vor dem heimtückischen Überfall
der faschistischen Wehrmacht auf die Sowjetunion, nach Moskau
durch: «Der Krieg wird am 22. Juni beginnen.»[96] Diese Meldungen wurden Stalin vorgelegt. Dazu meldet sich ein Augenzeuge zu
Wort, nämlich der Marschall der Sowjetunion, G. K. Shukow, der
als Korpskommandeur der 1. Armeegruppe im Sommer 1939 im
antijapanischen Einsatz am Chalchin-Gol selbst die Zuverlässigkeit der Kundschafterergebnisse der Gruppe «Ramsay» kennen-
lernen konnte. Er entsinnt sich noch genau eines Gespräches mit
Stalin vor dem Überfall Deutschlands auf die UdSSR. Stalin
sagte damals: «Jemand übermittelt uns sehr wichtige Angaben
über die Absichten der Hitlerregierung, wir haben jedoch einige
Zweifel.» Marschall Shukow resümiert dazu: «Wahrscheinlich

meinte er Richard Sorge, von dem ich erst nach dem Krieg erfuhr ... Heute dürfte es an der Zeit sein, den Hauptfehler von damals zu nennen, aus dem sich viele andere ergaben: die Fehleinschätzung der wahrscheinlichen Termine des Überfalls der faschistischen Truppen.»[97] Dieser Fall verdeutlicht, daß unter besonderen Bedingungen die beste und rechtzeitig eintreffende Meldung auch des verläßlichsten Kundschafters reinen Archivwert bekommen kann, wenn sie nicht gründlich genug ausgewertet und nicht in den richtigen politischen, militärischen und wirtschaftlichen Zusammenhang gestellt wird, wenn ihre Bedeutung von der politisch entscheidenden Stelle nicht voll erfaßt wird.

Von einer Warnung Dr. Sorges vor dem Überfall auf die Sowjetunion wissen wir, daß sie mit dem Randvermerk versehen worden ist: «Gehört zu den zweifelhaften und irreführenden Nachrichten!»[98] Dabei wurden gerade diese Meldungen der Gruppe «Ramsay» durch eine ganze Reihe anderer Hinweise bestätigt. Aus Berlin gelangten von einer antifaschistischen Widerstandsgruppe etwa zur selben Zeit und wiederholt gleichlautende Meldungen nach Moskau.

Am 10. Juni 1941 überquerte der einundzwanzigjährige zwangsrekrutierte deutsche Schütze Rudolf Richter bei Różanka den Bug. Als Jungkommunist fühlte er sich verpflichtet, der Roten Armee die Vorbereitungen der faschistischen 255. Infanteriedivision für den Angriff mitzuteilen, der in zwölf Tagen erfolgen sollte. Einen Tag vor dem Überfall auf die Sowjetunion durchschwamm im Bereich der 75. Division der Heeresgruppe Süd der deutsche Kommunist Alfred Liskow aus Kolberg (Kołobrzeg) den Bug und meldete der 4. Kommandantur der Wladimir-Wolynsker Grenztruppen die kurz bevorstehende Aggression. Doch der diensthabende Offizier der 41. Panzerdivision der Roten Armee, die in diesem Gebiet stationiert war, erwiderte dem Offizier der Grenztruppen, der ihn anrief: «Vor mir liegt eine Zeitung, in der schwarz auf weiß geschrieben steht: ‹Nach Meinung sowjetischer

91 Zitiert nach «Neues Leben», Moskau, vom 23. September 1964.
92 Siehe «Neues Deutschland», Berlin, vom 18. Oktober 1964.
93 Siehe «Die Presse der Sowjetunion», Berlin, Nr. 106/1964; Die sowjetischen Staatssicherheitsorgane im zweiten Weltkrieg. In: «Sowjetwissenschaft», Berlin, Nr. 11/1966, S. 1207.
94 Siehe «Die Presse der Sowjetunion», Berlin, Nr. 106/1964.
95 Zitiert nach «Neues Leben», Moskau, vom 23. September 1964.
96 Ebenda.
97 G. K. Shukow, Erinnerungen und Gedanken, Berlin 1983, Bd. 1, S. 261 und 269.
98 Zitiert nach «Neues Leben», Moskau, vom 23. September 1964.

Kreise entbehren die Gerüchte über die Absichten Deutschlands, den Pakt zu brechen und die UdSSR zu überfallen, jeglicher Grundlagen.»»[99]

Auch sowjetische Kundschafter und antifaschistische Widerstandsgruppen in verschiedenen Ländern, darunter die Schulze-Boysen-Harnack-Organisation[100], hatten mehrmals auf die Gefahr eines faschistischen Überfalles auf die UdSSR hingewiesen. Den Faschisten gelang es nicht, den Termin bis zuletzt geheimzuhalten. Alles dies bestätigte schließlich die Exaktheit der aus Tokyo eingegangenen Berichte.

Sowjetische Analysen haben inzwischen abschließend ergeben, daß die sowjetische Aufklärung über die Absichten des faschistischen Deutschlands auf dem laufenden war. Die von ihr gesammelten Informationen waren umfassend genug; sie vermochte es jedoch nicht, Stalin davon zu überzeugen, daß Deutschland wirklich beabsichtigte, unter Bruch des Nichtangriffspaktes den Krieg gegen die UdSSR zu beginnen.[101]

Die Meldungen der Gruppe «Ramsay» und die der Berliner Widerstandsgruppe hatten ihren Bestimmungsort jedenfalls sehr zeitig erreicht – nicht erst Stunden oder Tage, sondern schon Monate vor der Aggression. Die Meldungen der Sorge-Gruppe aus Tokyo, die Einblick in die strategischen Hauptkräfte, deren Verteilung und geplante Stoßrichtungen der gegen die UdSSR aufmarschierenden faschistischen Wehrmacht gewährten und den Angriffstermin immer exakter präzisierten, stammen hauptsächlich aus der Zeit vom 5. März bis 15. Juni 1941. In seinen Memoiren hat der Marschall der Sowjetunion Shukow nachgewiesen, daß gerade im März und April 1941 der sowjetische Generalstab – vielleicht sogar nicht zuletzt auf Grund der fundierten Warnungen Dr. Sorges an die Verwaltung Aufklärung der Roten Armee – doch eine ganze Reihe von Maßnahmen einleitete, um die Verteidigungsbereitschaft der UdSSR noch zu erhöhen. So wurden seit März 1941 im sowjetischen Generalstab beispielsweise beschleunigt Pläne zur Verteidigung der Westgrenzen modifiziert und der Mobilmachungsplan für den Kriegsfall den neuesten Bedingungen angepaßt. Im April 1941 berieten sowjetische Generale Maßnahmen, mit denen die Grenzmilitärbezirke verstärkt werden sollten. Außerdem wurde damals die Aufstellung von fünf schnell einsetzbaren, hochbeweglichen Luftlandekorps in Angriff genommen. Die sowjetische Verteidigungsindustrie be-

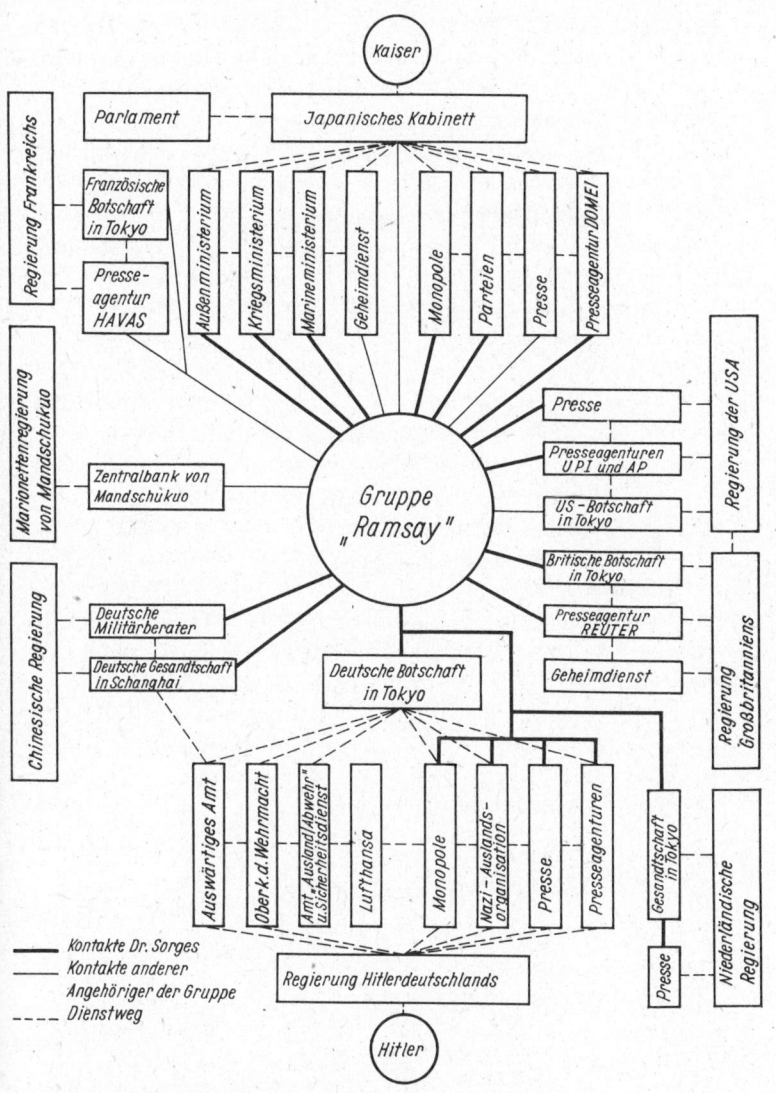

Informationsquellen der Sorge-Gruppe in Japan 1933–1941

99 Zitiert nach dem Bericht von S. Borsenko. In: «Prawda», Moskau, vom 22. Juni 1964.
100 Siehe Alexander S. Blank/Julius Mader, Rote Kapelle gegen Hitler, Berlin 1979, S. 137 und 287.
101 Siehe «Die sowjetischen Staatssicherheitsorgane im zweiten Weltkrieg», a. a. O., S. 1208, Sorge-Berichte. In: «Sputnik», Moskau, Nr. 1/1972, S. 163 ff.

kam zusätzlich Eilaufträge.[102] Doch alle diese militärischen und organisatorischen Maßnahmen und Befehle konnten erst nach gewisser Zeit wirksam werden. In dieser Situation fiel die faschistische Wehrmacht über die Sowjetunion her. Dazu heißt es in der «Geschichte des zweiten Weltkrieges»: «Eine Rolle spielten auch die Fehler bei der Bestimmung des möglichen Zeitpunkts für den Überfall Deutschlands auf die Sowjetunion und die damit zusammenhängenden Versäumnisse bei der Vorbereitung der Abwehr der ersten Schläge des Aggressors. Die nicht abgeschlossene Entfaltung der sowjetischen Truppen entsprechend den Plänen zur Deckung des Landes und ihr verspätetes Eintreffen in den Verteidigungsräumen beeinflußten Verlauf und Ausgang der ersten Operationen negativ. Das waren die Gründe dafür, daß die Deckungsarmeen nicht organisiert in die Grenzschlachten eingreifen konnten.»[103]

Stalin hatte die unmittelbare Aggressionsvorbereitung des faschistischen Deutschlands nicht richtig beurteilt. Dr. Sorges Meldungen jedoch basierten unter anderem auf Informationen aus der Reichskanzlei und aus dem Oberkommando der Wehrmacht. So war Anfang März 1941 im Zusammenhang mit der Überfallplanung auf die Sowjetunion eine Weisung folgenden Inhalts erteilt worden:

«Oberkommando der Wehrmacht   F.H.Q. den 5. III. 41
WFSt/Abt. L (I Op.)
Nr.: 44282/41 g.K.Chefs.

Geheime Kommandosache   14 Ausfertigungen
Chefsache   Nur durch Offizier   2. Ausfertigung

Weisung Nr. 24
über Zusammenarbeit mit Japan

Der Führer hat für die Zusammenarbeit mit Japan folgendes befohlen:

1.) Das Ziel der durch den Drei-Mächte-Pakt begründeten Zusammenarbeit muß es sein, Japan so bald wie möglich zum aktiven Handeln im Fernen Osten zu bringen. Starke englische Kräfte werden dadurch gebunden, das Schwergewicht der Interessen der Vereinigten Staaten von Amerika wird nach dem Pazifik abgelenkt.

Die Erfolgsaussichten für Japan werden angesichts der noch unentwickelten Kriegsbereitschaft seiner Gegner um so größer sein, je früher es zum Eingreifen kommt. Das Unternehmen ‹Barbarossa› schafft hierfür besonders günstige politische und militärische Voraussetzungen.

2.) Zur Vorbereitung der Zusammenarbeit ist es erforderlich, die japanische Wehrkraft mit allen Mitteln zu stärken. Hierzu ist von den Oberkommandos der Wehrmachtteile den japanischen Wünschen auf Mitteilung deutscher Kriegs- und Kampferfahrungen und Unterstützung wehrwirtschaftlicher und technischer Art in umfassender und großzügiger Weise zu entsprechen. Gegenseitigkeit ist erwünscht, darf aber nicht die Verhandlungen erschweren. Im Vordergrund stehen hierbei naturgemäß diejenigen japanischen Anträge, die sich in kurzer Zeit für die Kriegführung auswirken können.

In besonderen Fällen behält sich der Führer die Entscheidung vor.

3.) Die Abstimmung der beiderseitigen Operationspläne fällt dem Oberkommando der Kriegsmarine zu. Hierfür gelten folgende Richtlinien:

a) Als gemeinsames Ziel der Kriegführung ist herauszustellen, England rasch niederzuzwingen und USA dadurch aus dem Kriege herauszuhalten. Im übrigen hat Deutschland im Fernen Osten weder politische noch militärische oder wirtschaftliche Interessen, die zu einem Vorbehalt gegen japanische Absichten Anlaß geben.

b) Die von Deutschland im Handelskrieg erzielten großen Erfolge lassen es besonders angezeigt erscheinen, starke japanische Kräfte zu gleichem Zweck anzusetzen. Daneben ist jede Unterstützungsmöglichkeit für den deutschen Handelskrieg auszunutzen.

c) Die Rohstofflage der Mächte des Pakts verlangt, daß Japan diejenigen Gebiete an sich bringt, die es für die Fortsetzung des Krieges, besonders, wenn die Vereinigten Staaten eingreifen, braucht. Kautschuklieferungen müssen auch nach Kriegseintritt Japans durchgeführt werden, da für Deutschland lebenswichtig.

102 Siehe G. K. Shukow, a. a. O., S. 260 ff.
103 Geschichte des zweiten Weltkrieges, Bd. 4, Berlin 1977, S. 75.

d) Die Wegnahme von Singapore als Schlüsselstellung Englands im Fernen Osten würde einen entscheidenden Erfolg für die Gesamtkriegführung der Drei-Mächte bedeuten.

Außerdem sind Angriffe auf andere Stützpunkt-Systeme der englischen – der amerikanischen Seemacht nur, wenn Kriegseintritt USA nicht verhindert werden kann – geeignet, das dortige Macht-System des Feindes zu erschüttern und, ebenso wie beim Angriff auf die Seeverbindungen, wesentliche Kräfte jeder Art zu binden (Australien).

Ein Zeitpunkt für den Beginn operativer Besprechungen läßt sich noch nicht bestimmen.

4.) In den nach dem Drei-Mächte-Pakt zu bildenden Militär-Kommissionen sind lediglich solche Fragen zu behandeln, die gleicher Weise die drei beteiligten Mächte angehen. In erster Linie werden die Aufgaben des Wirtschaftskrieges hierunter fallen.

Festlegung im einzelnen ist Sache der ‹Hauptkommission› unter Mitwirkung des Oberkommandos der Wehrmacht.

5.) Über das Barbarossa-Unternehmen darf den Japanern gegenüber keinerlei Andeutung gemacht werden.

Der Chef des Oberkommandos der Wehrmacht.

(Im Entwurf gez.) Keitel.

Für die Richtigkeit

Junge

Korvettenkapitän»[104]

Eine solche Weisung setzte selbstverständlich Bündnisverträge prinzipieller Art zwischen dem faschistischen Deutschland und dem kaiserlichen Japan voraus. Diese waren durch den Antikominternpakt und durch den im Dokument zitierten Drei-Mächte-Pakt gegeben. Der Antikominternpakt, der sich gegen die UdSSR und den sozialen Fortschritt in der ganzen Welt richtete, war schon am 25. November 1936 in Berlin abgeschlossen worden. Unterzeichnet hatten ihn der hohe SS-Führer Joachim von Ribbentrop als Außerordentlicher und Bevollmächtigter Botschafter und der japanische Bevollmächtigte Botschafter Vicomte Kintomo Mushanokoji. Dem Antikominternpakt schlossen sich dann das faschistische Italien und andere faschistische Staaten Europas und Asiens an. Die geheimen Zusatzabkommen dieses Paktes

Immer dabei: Dr. Sorge (ganz rechts) bei einem Empfang der deutschen Botschaft in Tokyo für japanische Spitzenpolitiker

sahen bereits eine enge militärische Zusammenarbeit der imperialistischen Partner vor. Der sich daraus schließlich entwickelnde «Drei-Mächte-Pakt» wurde als ausgesprochener Kriegspakt am 27. September 1940 zwischen Deutschland, Japan und Italien mit einer zunächst zehnjährigen Geltungsdauer abgeschlossen, um «in Europa und Asien eine neue (die faschistische – J. M.) Ordnung zu schaffen und aufrecht zu erhalten». Unter diesen Pakt setzten der inzwischen Außenminister gewordene J. von Ribbentrop, der italienische Außenminister Graf Ciano und der japanische Botschafter in Berlin Saburo Kurusu ihre Unterschriften. Durch dieses faschistische Bündnis wurde bekräftigt, daß Japan die «Führung» Deutschlands und Italiens bei der «Neuordnung» in Europa anerkannte und respektierte, während sie für den asiatischen Raum Japan zuerkannt wurde. Bereits am 24. Juni 1939 hatte Sorge den Generalstab der Roten Armee über die Verhandlungen zum «Drei-Mächte-Pakt» informiert.

Die Weisung Nr. 24 des Oberkommandos der faschistischen Wehrmacht sah nun schon spezifische Maßnahmen zur Erreichung des faschistischen Raubzieles vor. Genau zweiundzwanzig Tage nach dem Zustandekommen dieser Weisung wurde Bot-

---

104 Zitiert nach Walther Hubatsch, Hitlers Weisungen für die Kriegführung 1939–1945 – Dokumente des Oberkommandos der Wehrmacht, Frankfurt/Main 1962, S. 103–105.

Faschistische Geheimdienstler konspirierten in Berlin: SS-Oberführer im Sicherheitsdienst Professor Dr. Franz Six (sitzend, 2. v. l.) und der japanische General Hiroshi Oshima (sitzend, Mitte) mit ihren Beratern

schafter Ott nach Berlin beordert. Hitler sprach mit dem General-major a. D. über seine Pläne, in diesem Falle selbstverständlich auch über den feststehenden Überfalltermin und über die Haupt-stoßrichtungen gegen die UdSSR. Mit solchen Informationen kehrte Tage darauf Ott nach Tokyo zurück, in die deutsche Bot-schaft, zu seinem «Freund» Dr. Sorge, mit dem er seit Jahren alle Geheimnisse zu teilen pflegte. Schon am 26. April konnte – wie bereits erwähnt – Sorge seine Meldungen über die Gefahr, die der UdSSR drohte, durch detaillierte Angaben ergänzen.

Wie reagierte Richard Sorge darauf, daß man in Moskau seine hochpolitischen und militärstrategisch bedeutenden Informatio-nen so unbeachtet zu den Akten heftete?

Wir wissen es inzwischen genau. Max Christiansen-Clausen er-zählte uns: «Eine ganz wichtige Sache ist, wie die Hitlerfaschisten die Sowjetunion überfielen. Wir hatten nämlich schon einige Wochen zuvor durchgegeben, daß mindestens 150 Divisionen an der Grenze der Sowjetunion aufmarschiert waren und daß der Überfall Mitte Juni erfolgen werde. Ich war bei Richard. Wir hatten einen komischen Funkspruch bekommen – ich kann den Inhalt nicht mehr wörtlich wiedergeben –, der besagte, daß man in der Zentrale nicht daran glauben könne, daß das passiere. Richard war sehr wütend. Er stand auf, wie er es immer machte, wenn er aufgeregt war, und meinte: ‹Jetzt langt es mir aber!› Er war sich bewußt, daß die Sowjetunion schrecklich hohe Verluste erleiden würde, wenn sie sich nicht auf den Überfall vorbereitete.»

Dr. Sorge konnte damals nicht wissen, daß der Personenkult zu ungerechtfertigten Verdächtigungen und zu Übergriffen geführt hatte. Keine Ahnung hatte er auch davon, daß seine Freunde und Vorgesetzten, die Genossen Bersin und Borowitsch, inzwischen nicht mehr am Leben waren.

Richard Sorge verlor in der Tokyoter Öffentlichkeit nicht die Beherrschung. Er rief sogar selbst die deutschsprechenden Auslandskorrespondenten zusammen und polemisierte in diesem Kreis gegen die Goebbelssche Propaganda, wonach die Sowjetunion «blitzartig» zu schlagen sei. Dr. Sorge war sehr ernst und nachdenklich geworden. Der Nazigesandte Erich Kordt will es jedenfalls bemerkt haben, wenn man seinen Memoiren Glauben schenken darf. Er schrieb: «Mir war aufgefallen, daß der Kriegsausbruch mit der Sowjetunion den Spötter und Zyniker Sorge mehr als irgendein anderes Ereignis innerlich bewegt zu haben schien.»[105]

Dr. Richard Sorge spielte nicht den Gekränkten. Seiner großen Verantwortung bewußt, steckte er nicht auf, sondern bewährte sich als disziplinierter Kundschafter auch in diesen Stunden menschlich harter Prüfungen. Seine Mission diente schließlich der kommunistischen Bewegung, war für den Friedenskampf in der ganzen Welt notwendig. Sorge wußte, welche Pflichten er gegenüber den Völkern der Union der Sozialistischen Sowjetrepubliken, gegenüber der Roten Armee, die sich zunächst gegen eine erdrückende Übermacht wehren mußte, und nicht zuletzt auch gegenüber dem japanischen Volk hatte. Er unterbrach seine Kundschaftertätigkeit nicht einen einzigen Tag.

105 Erich Kordt, Nicht aus den Akten, Stuttgart 1950, S. 429.

Jahre hindurch hatten er und später seine Gruppe «Ramsay» beobachtet und verfolgt, wie der japanische Imperialismus sich immer mehr und zielstrebig an die Grenzen des Sowjetlandes heranschob. Der japanische Generalstab hatte Nordostchina, also die Mandschurei, von jeher als strategisches Aufmarschgebiet gegen den ersten sozialistischen Staat der Erde betrachtet. Und gerade dieses Gebiet war von Japan schon in den Jahren 1931/32 überfallen und besetzt worden. Damit hatte das Kaiserreich den ersten großen Kriegsherd im Fernen Osten geschaffen. Im Juli 1937 lösten die japanischen Militaristen dann mit einer Provokation in der Nähe von Peking den nächsten Überfall auf das chinesische Volk aus. Dank ihrer gründlichen Kriegsvorbereitung und ihrer technischen Überlegenheit eroberten sie die chinesischen Städte Schanghai, Nanking und Hankou. Das chinesische Volk wehrte sich gegen die Soldateska der japanischen Imperialisten und mußte den Krieg schließlich acht Jahre lang bis 1945 führen.

Mit größter Aufmerksamkeit verfolgte damals die Gruppe «Ramsay» die Konzentration japanischer Streitkräfte in China. Besonders nach dem Überfall des faschistischen Deutschlands schien die Sowjetunion auch von Japan bedroht zu sein. Von den

Grausamkeiten und Bestialitäten des japanischen Militarismus: Britische Soldaten aus Indien werden nach der Besetzung Singapores 1942 von den Japanern als lebende Zielscheiben benutzt

Lord Russell of Liverpool schrieb zu diesem Bild: «Es wird geschätzt, daß 200000 Chinesen in den sechs Wochen nach der Eroberung Nankings durch die Japaner auf brutalste Weise ermordet wurden. Hier werden gefesselte Gefangene als Ziele für Bajonettübungen verwendet.»

100 kriegsbereiten japanischen Divisionen der Millionenarmee lagen 35 in China, 25 an der sowjetischen Grenze, und nur etwa 20 ausgesuchte Divisionen wurden zum Angriff gegen anglo-amerikanische Besitzungen im Pazifik bereitgestellt.[106]

In diesem Falle bezog Dr. Sorge das letzte Gewißheit bringende Nachrichtenmaterial über Hozumi Ozaki direkt aus der Geheimkanzlei des japanischen Kaisers. Am 6. September 1941 tagte in Tokyo – außergewöhnlich stark gesichert – eine der traditionell seltenen Kaiserlichen Konferenzen. Auf diesen Konferenzen waren schon immer politisch richtungweisende Grundsatzbeschlüsse verabschiedet worden. Auch an diesem Tage sollte es

106 Siehe Geschichte des Großen Vaterländischen Krieges der Sowjetunion, a. a. O., S. 398.

nicht anders sein. Die Geheimhaltung ging so weit, daß nicht einmal Protokoll geführt werden durfte. Die Teilnehmerzahl war auf ein Minimum begrenzt worden. Deshalb mußte die Gruppe «Ramsay» warten, bis der Ministerpräsident, Fürst Konoe, für seinen persönlichen Gebrauch eine Niederschrift angefertigt hatte. Daraus ging hervor, was auf der Kaiserlichen Konferenz beschlossen worden war: «Das Reich (Japan – J. M.) soll Mitte der letzten Dekade des Oktobers seine Kriegsvorbereitungen beenden … Im Falle, daß sich kein Weg für die friedliche Erfüllung unserer Forderungen bis zur ersten Dekade des Oktobers finden sollte, ist unverzüglich mit dem Krieg gegen Amerika, England und die Niederlande zu beginnen. Die Politik in allen anderen als den Südgebieten soll unverändert bleiben.»[107]

Um welche Forderungen handelte es sich dabei? Der japanische Imperialismus war bei seiner militärisch vorangetriebenen Machtausdehnung nicht nur auf den Widerstand der betroffenen Völker gestoßen. Er war auch in die traditionellen Interessensphären anderer imperialistischer Staaten, besonders in die Großbritanniens und der USA, eingebrochen. Zwangsläufig spitzten sich die politischen und wirtschaftlichen Widersprüche zwischen Japan und den USA sowie Großbritannien immer mehr zu. Japan drohte mit einer kriegerischen Lösung der Streitfragen, wenn seine viel zu hoch geschraubten Forderungen von den Anglo-

Der japanische Ministerpräsident Fürst Konoe holte Dr. Hozumi Ozaki (r. neben Konoe) als Berater in den Regierungsdienst

Amerikanern nicht erfüllt würden. Die Kundschaftergruppe unter Leitung von Dr. Richard Sorge mußte auch diese Seite der japanischen Politik sehr aufmerksam beobachten. Für Sorge stand fest, daß, nachdem der Krieg in China bereits seit vier Jahren geführt wurde, weder die ökonomische noch die militärische Kraft des Kaiserreiches ausreichen würde, gleichzeitig die USA, Großbritannien *und* die Sowjetunion anzugreifen. Die Frage war nur, in welcher Richtung wird Japan zunächst vorstoßen? Die Antwort hatte nun die Kaiserliche Konferenz gegeben. Sie führte zu Kabinettsbeschlüssen, die die militärische Planung bestätigten.

Das Ergebnis dieser geheimsten aller geheimen politischen Beratungen und der Inhalt der daraus resultierenden Maßnahmen lagen der Moskauer Zentrale bereits am 14. September 1941 vor, also nur rund zweihundert Stunden nachdem die Edelholztüren im Kaiserpalast hinter den auserlesenen Teilnehmern geschlossen worden waren. Und nur wenige Stunden vor ihrer Verhaftung jagten Dr. Sorge und Max Christiansen-Clausen noch einmal in den Äther: «Japan wird Amerika und England angreifen, die Gefahr für die Sowjetunion ist vorbei!»

Diese Meldung hatte für die Führung der Sowjetunion großen strategischen Wert. Sie bestätigte, daß die fernöstlichen Gebiete der Sowjetunion zunächst ungefährdet bleiben würden. Deshalb konnte sich die Rote Armee voll und ganz auf die Abwehr der faschistischen Divisionen konzentrieren. Vielleicht dachte damals, angesichts der ernsten Bedrohung der sowjetischen Metropole, Dr. Sorge an seine einstigen Gespräche mit General Bersin und mit dem Genossen Borowitsch. Wieder wollten Imperialisten Moskau erobern, wollten das Zentrum des Sowjetlandes, aber auch der kommunistischen Weltbewegung in den Würgegriff nehmen.

Von Botschafter Ott hatte Sorge auch erfahren, daß im Oberkommando der Wehrmacht der Operationsplan «Taifun» ausgearbeitet worden war. Hitler und seine Generale hatten diesen Plan ausgeheckt, um noch vor Einbruch des Winters Moskau in der Hand zu haben. Die entsprechenden Befehle erreichten die Stäbe am 26. September 1941. Eine Schlacht von welthistorischer Bedeutung zeichnete sich ab. Hitler hatte befohlen, die Hälfte aller seiner gegen die Rote Armee operierenden Truppen und techni-

107 Heinrich Georg Stahmer, Japans Niederlage – Asiens Sieg, Bielefeld 1952, S. 61; Geschichte des Großen Vaterländischen Krieges der Sowjetunion, Bd. 2, Berlin 1963, S. 699.

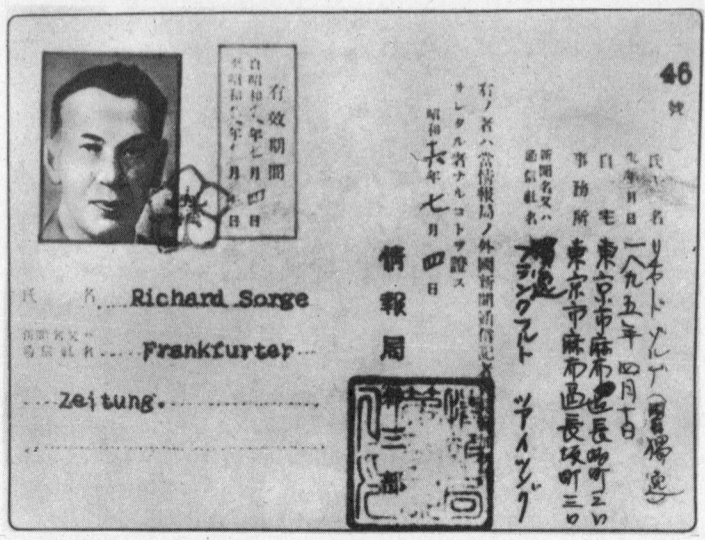

Öffnete Türen und Tore: Offizieller japanischer Presseausweis Dr. Sorges aus dem Jahre 1941

ТЕЛЕГРАММА вх. № 164831

Токио   11 - 37 - 29 декабря 1940.
         15 - 20 - 29 декабря 1940·

Токио, 28 декабря 1940 г.

В настоящее время немцы на своих восточных границах, включая Румынию, имеют 80 дивизий с целью воздействия на политику СССР.

Как говорят военные, прибывающие из Германии в Японию, немцы смогут оккупировать территорию СССР по линии Харьков—Москва—Ленинград.

РАМЗАЙ

In dieser Form übergab die Zentrale Sorges dechiffrierte Funksprüche dem Generalstab der Roten Armee

schen Kampfmittel für den zügigen Vorstoß auf Moskau einzusetzen. Er sprach von der «letzten großen Entscheidungsschlacht
dieses Jahres» und in diesem Zusammenhang von einem «letzten
gewaltigen Hieb, der noch vor dem Einbruch des Winters diesen
Gegner zerschmettern soll»[108]. 78 Divisionen, 2000 Panzer und
1000 Kriegsflugzeuge der faschistischen Wehrmacht wurden in
Richtung Moskau angesetzt. Die faschistische Heeresgruppe
Mitte war den Kräften der Roten Armee, die zum Schutz Moskaus bereitstanden, zahlenmäßig um ein vielfaches überlegen. Sie
hatte

an Flugzeugen die	2,6fache,
an Panzern die	2,2fache
an Geschützen und Granatwerfern die	1,9fache und
an Soldaten die	1,4fache Übermacht.[109]

Beide Seiten rüsteten an diesem strategischen Knotenpunkt
zum äußersten. Der deutsche General Günther Blumentritt vermerkte dazu in späteren Jahren: «Jedem (? – J. M.) deutschen
Soldaten in der Armee war klar, daß es sich bei dem Ausgang der
Schlacht um Moskau für uns um Leben und Tod handelte. Wenn
die Russen uns hier eine Niederlage zufügten, blieb uns keinerlei
Hoffnung mehr.»[110]

Das Staatliche Verteidigungskomitee der UdSSR und das Zen-
tralkomitee der KPdSU(B) ergriffen Sofortmaßnahmen, um das
Verteidigungssystem vor Moskau auszubauen und die Bevölke-
rung dieses Gebietes zu mobilisieren. In dieser angespannten Si-
tuation konnte die sowjetische Partei- und Staatsführung auf der
Grundlage der letzten Meldungen Dr. Sorges die sowjetischen
Streitkräfte umgruppieren, aus Sibirien neue Divisionen in den
Moskauer Raum dirigieren.

Die Meldungen der Gruppe «Ramsay» über die zunächst ab-
wartende Haltung der japanischen Imperialisten gegenüber der
Sowjetunion stammen aus der Zeit von September bis Oktober
1941. Die Verteidigungsschlacht vor Moskau dauerte bis November. Und bereits im Dezember 1941 konnte die Rote Armee gegen
die angeschlagenen Aggressoren zur Gegenoffensive übergehen.
Diese Wochen waren für den weiteren Verlauf des zweiten Welt-

108 «Völkischer Beobachter», Berlin, vom 10. Oktober 1941.
109 Siehe Geschichte des zweiten Weltkrieges 1939–1945. Militärhistorischer Abriß, Teil I, Berlin
   1961, S. 211.
110 Zitiert nach Vor Moskau und Stalingrad fiel die Entscheidung. In: Schriftenreihe «Der deutsche Imperialismus und der zweite Weltkrieg», Nr. 2, Berlin 1960, S. 50.

krieges sehr entscheidend. Die heldenhafte Verteidigung Moskaus und die anschließende Offensive werden für alle Zeiten nicht mehr von der Heldentat Dr. Sorges und seiner Tokyoter Gruppe «Ramsay» zu trennen sein, denn in diese große Schlacht griffen die kampfstarken Verbände der Roten Armee, die vom Fernen Osten und aus Mittelasien in den Moskauer Raum verlegt worden waren, ausschlaggebend ein.[111]

In der «Geschichte des Großen Vaterländischen Krieges der Sowjetunion» kann man darüber lesen: «Die gewaltigen Verluste des Gegners und rechtzeitige Einführung der strategischen Reserven durch das sowjetische Oberkommando veränderten das Kräfteverhältnis vor Moskau zugunsten der Roten Armee... Der Sieg der Roten Armee in der Schlacht vor Moskau beendete die erste und schwerste Etappe des Kampfes der Sowjetunion gegen das faschistische Deutschland.»[112]

Hitlers Blitzkriegspläne und -praktiken waren an der großen Kraft des Sowjetvolkes und der Roten Armee zerschellt. Allein in dem Monat, da die letzten sowjetischen Verbände aus Fernost in die Schlacht geführt worden waren, nämlich im Dezember 1941, hatte die Rote Armee 38 Divisionen des Aggressors vor Moskau aufgerieben. Diejenigen japanischen Generale, die noch immer mit Überfallplänen gegen die Sowjetunion, mit einer zweiten Angriffsfront an der sibirischen Grenze der UdSSR liebäugelten, hatten durch den Sieg der Roten Armee eine kalte Dusche bekommen.[113]

Weitgehend unbekannt ist bis heute geblieben, daß Dr. Sorge durch die Täuschung des japanischen und des deutschen Generalstabes noch einen weiteren Beitrag zum Sieg über die faschistischen Aggressoren lieferte. Richard Sorges Asienkenntnisse, die sich ja nicht nur auf die Gebiete außerhalb der Sowjetunion erstreckten, waren in der deutschen Botschaft in Tokyo sehr geschätzt. Es gab mehrere Hinweise darauf, daß Sorge den deutschen Militärattachés in Tokyo, die nur sehr lückenhaft informiert waren, fingierte Zahlenangaben über die Truppenstärke der Roten Armee an der sibirischen Grenze zuschob. Und die Militärattachés leiteten dieses Material nach Berlin weiter. Auch in den japanischen Generalstab lancierte Dr. Sorge solche Mitteilungen. Die Angaben waren so geartet, daß sie von den Japanern nicht einfach beiseite geschoben werden konnten und sie einige Zeit brauchten, um die von «deutscher Seite» kommenden

Angaben zu überprüfen. Der japanische Generalstab jedenfalls merkte zunächst nicht, daß nicht wenige Divisionen der Roten Armee von der sibirischen Flanke der Sowjetunion abgezogen worden waren.

Ein unter dem Namen E. H. Cookridge publizierender britischer hoher Geheimdienstoffizier hat nach dem Studium erbeuteter Wehrmachtsakten in diesem Zusammenhang festgestellt: «Sorge drehte den Nazis Nachrichtenmaterial an.» Und aus dem Protokoll des Prozesses gegen die japanischen Hauptkriegsverbrecher vor dem Internationalen Militärgerichtshof in Tokyo kann geschlossen werden, daß sich Richard Sorge bei dieser Aktion besonders des deutschen Militärattachés Oberstleutnant Fritz-Julius von Petersdorff bediente. Von diesem adligen Generalstabsoffizier wußte Dr. Sorge, daß er auffallend oft zwischen der deutschen Botschaft und dem japanischen Kriegsministerium pendelte. Auch steht fest, daß von Petersdorff Dr. Richard Sorge immer wieder um Rat fragte. Doch der sich blamiert fühlende von Petersdorff zog sich mit Kriegsende in den Schmollwinkel seiner westdeutschen Familienburg Fronhausen an der Lahn zurück und verweigerte bezeichnenderweise alle Auskünfte.

Zu der Zeit, da Sorge den deutschen und den japanischen Generalstab irreführte, sah sich sein Kampfgefährte Vukelić veranlaßt, die Anglo-Amerikaner rechtzeitig auf bestimmte japanische Aggressionspläne aufmerksam zu machen. Innerhalb der Gruppe «Ramsay» war Branko Vukelić der dafür geeigneteste Mitarbeiter, da er als französischer Berichterstatter in Tokyo Kontakte zu verschiedenen Diplomaten beziehungsweise zu Journalisten aus den USA und Großbritannien pflegte. Zu seinem Bekanntenkreis zählte auch der in Tokyo akkreditierte Korrespondent der amerikanischen Presseagentur «United Press», Harold O. Thompson. Vertrauensvoll wandte sich Vukelić mit seiner Warnung vor einem japanischen Überfall an Thompson in der Annahme, der USA-Staatsbürger, der über viele Beziehungen verfügte, würde Mittel und Wege finden, den offiziellen Stellen seines Landes und Großbritanniens entsprechende Signale zu geben. Thompson hat uns diesen Vorgang – der Text wurde ins Deutsche übersetzt – sehr genau geschildert:

111 Siehe Geschichte des Großen Vaterländischen Krieges der Sowjetunion, a. a. O., S. 288.
112 Ebenda, S. 318.
113 Siehe ebenda, S. 321.

HAROLD THOMPSON
281 GARTH ROAD
SCARSDALE, NEW YORK

Ich habe Branko Vukelić besser (als Dr. Sorge – J. M.) gekannt. Vuky (sein Spitzname – J. M.) hatte für die Agentur ‹Havas› gearbeitet, und als diese ihr Tokyoter Büro schloß, war er arbeitslos ... Ich hatte Vukelić gern, und auch er half mir bei verschiedenen Gelegenheiten. Einmal jedoch kam er zu mir und fragte mich, ob ich wissen möchte, welche Pläne die Japaner hätten, Singapore einzunehmen. Bedenken Sie, damals befand sich Japan noch nicht einmal im Kriegszustand (gemeint ist mit Großbritannien und den USA – J. M.). Ich erklärte Vukelić, daß er sich auf ein gefährliches Gebiet begebe, daß er in den Bereich der Spionage hineingerate und sich vom (Presse-)Nachrichtenwesen entferne. Er lachte und sagte... daß er... gute Freunde beim japanischen Militär habe. Nichtsdestoweniger weigerte ich mich, seinen Bericht anzuhören, warnte ihn nochmals und betonte, daß ich unter diesen Umständen seine Dienste nicht mehr gebrauchen könnte.

H. O. Thompson [114]

Dieses erst zwanzig Jahre nach Kriegsende formulierte sensationelle Eingeständnis von Harold O. Thompson macht einige Bemerkungen notwendig.

Singapore, die Millionenstadt an der Südspitze der Halbinsel Malakka, war damals noch britische Kronkolonie. Zu Singapore gehörte einer der bedeutendsten Häfen der Welt. Die Stadt war ein Verkehrsknotenpunkt und ein sehr wichtiger Umschlagplatz strategischer Rohstoffe für die Anglo-Amerikaner. Großbritannien hatte Singapore auch zum stärksten Flottenstützpunkt in Südostasien ausgebaut, der die für den Seeverkehr zwischen Asien und Europa so wichtige Malakkastraße beherrschte. Der Besitz Singapores war nicht nur für die weiteren japanischen Aggressionen bedeutungsvoll. Er sollte auch die Rohstoffgebiete Südostasiens und die dort stationierten britischen Truppen vom europäischen Kriegsschauplatz trennen. (Siehe Faltkarte nach S. 288.)

Erinnert sei daran, daß in der Weisung Nr. 24 des Oberkommandos der Wehrmacht im März 1941 festgestellt worden war:

«Die Wegnahme von Singapore als Schlüsselstellung Englands im Fernen Osten würde einen entscheidenden Erfolg für die Gesamtkriegführung der Drei-Mächte (Deutschland, Italien und Japan – J. M.) bedeuten.» Und in Tokyo verlangte Nazibotschafter Ott von der kaiserlichen Regierung, Singapore so schnell als möglich zu erobern, «indem er Japan unter dem 6. Mai (1941 – J. M.) nochmals aufforderte, Singapore anzugreifen. Er hat diese Aufforderung unter dem 10. Mai wiederholt.»[115]

Branko Vukelić muß etwa zu dieser Zeit versucht haben, dem namhaften Pressemann der USA die entsprechenden japanischen Pläne zu enthüllen, denn Thompson hat nach seinen eigenen Angaben Tokyo schon im Sommer 1941 verlassen. Die Vorwarnung erging demnach mindestens ein halbes Jahr vor dem blitzartigen japanischen Überfall auf den USA-Flottenstützpunkt Pearl Harbor und der japanischen Landung an der Ostküste Malayas, die einen Tag später, am 8. Dezember 1941, erfolgte. Nach der Eroberung Malayas standen die japanischen Aggressoren vor Singapore. Am 15. Februar 1942 kapitulierten die völlig demoralisierten britischen Truppen, die auf den Angriff nur ungenügend vorbereitet waren. Nicht weniger als 70 000 englische und australische Offiziere und Soldaten marschierten damals in japanische Gefangenschaft.

Nach Thompsons Reaktion auf Vukelićs Angebot war es nicht verwunderlich, daß aus Gründen der Sicherheit Angehörige der Gruppe «Ramsay» anglo-amerikanischen Kreisen in Tokyo nun keine Warnungen mehr zukommen lassen konnten. Die Anglo-Amerikaner in Japan beurteilten offensichtlich die Situation völlig falsch, sie unterschätzten die japanischen Aggressoren. Das Risiko weiterer Informationen war für die Friedenskämpfer um Dr. Sorge zu groß. Sie mußten sogar damit rechnen, bei der japanischen Geheimpolizei denunziert zu werden.

All diese Zusammenhänge machen erklärlich, weshalb der Schritt Branko Vukelićs, der von der Verantwortung für die Erhaltung des Friedens und für die Stärkung der antifaschistischen Front getragen war, in den USA und in England auch nach 1965 sorgfältig geheimgehalten wurde.

Während man sich also in den betroffenen Staaten im Westen über den Versuch von Vukelić, die Anglo-Amerikaner zu warnen,

114 Brief vom 23. April 1965 an den Autor.
115 Zitiert nach «Der Spiegel», Hamburg, vom 29. August 1951, S. 32.

ausschwieg, schrieben seit Kriegsende bürgerliche Historiker und Literaten der unterschiedlichsten Schattierungen lange Abhandlungen über die Gruppe «Ramsay», in denen sie versuchten, den Beitrag dieser sowjetischen Kundschafter zum Sieg über die faschistischen Armeen vor Moskau einzuschätzen. Ihr Urteil fiel sehr verschieden aus und liegt zwischen der Ansicht des berüchtigten SS-Hauptsturmführers Erich Kernmayr, der unter dem Namen Erich Kern in der BRD als neofaschistischer Starautor agiert, und der des Kieler Geschichtsprofessors Dr. phil. Michael Freund. Nach Meinung des fanatischen Kommunistenhassers Kernmayr fügte Dr. Sorge «der deutschen Ostfront unermeßlichen Schaden zu und entschied mit höchster Wahrscheinlichkeit den Kampf an der Ostfront für den Bolschewismus».

Diese Version wurde von Dr. Kurt Zentner bereitwillig übernommen, der eine «Illustrierte Geschichte des zweiten Weltkrieges» verfaßte. Über die Schlacht vor Moskau schrieb er in unwissenschaftlicher und äußerst primitiver Manier: «Diese Divisionen (der Roten Armee – J. M.) führen einen gewaltigen, völlig überraschenden Schlag mit ihrer Artillerie, ihren hochmodernen Panzern, mit modernen Flugzeugen. Wie ist das nur möglich? Die Rote Armee im europäischen Raum war doch vernichtet?... Ein einziger Mann hat das zuwege gebracht, ein einzelner hat in diesen Tagen die Sowjetunion gerettet. Ein Deutscher, ein Kommunist, von dem in Deutschland kein Mensch weiß, daß er Kommunist ist... Der Journalist Dr. Richard Sorge, Auslandskorrespondent des DNB und der ‹Frankfurter Zeitung› in Ostasien... Und nun, am 6. Dezember (1941 – J. M.) ist es dank der Agententätigkeit des Journalisten Sorge soweit – die Sibiriaken greifen an! Sie sind frisch und ausgeruht, an Waffen und Ausrüstung weit überlegen, erfahren in Eis und Schnee. Die deutschen Truppen müssen weichen.»[116]

Auf einer Position mit dem Altnazi Kernmayer befindet sich auch der Brite Charles Wighton, der zu dem Schluß kam: «Richard Sorge war unbestritten der größte Spion des zweiten Weltkrieges. Wahrscheinlich verdankt die heutige Sowjetunion und darüber hinaus die gesamte Organisation des Weltkommunismus ihre Existenz diesem Deutsch-Russen.»[117]

Der Geschichtsprofessor Freund dagegen will herausgefunden haben, daß die letzte, die wichtigste Funkmeldung Dr. Sorges nichts Neues gebracht hätte und keinerlei Einfluß auf die Niederlage der Hitlerarmee vor Moskau ausgeübt haben könnte.[118] Zwischen diesen auseinanderklaffenden Urteilen gibt es eine große Zahl weiterer irriger Meinungen.

Weilte Dr. Sorge noch unter uns, hätte er sicher für diese kümmerlichen Geschichtsdeuter nur ein mitleidiges Lächeln übrig. Wie bescheiden er die kollektiven Taten seiner Tokyoter Gruppe noch im japanischen Kerker einschätzte, bevor man ihn zum Opfergang zwang, geht aus den Worten hervor: «Ich meine natürlich nicht, daß die friedlichen Beziehungen zwischen Japan und der UdSSR nur dank der Tätigkeit unserer Gruppe erhalten geblieben sind. Doch bleibt es Tatsache, daß sie dazu beigetragen hat.»[119]

In der Wissenschaft des Marxismus-Leninismus, die Genosse Richard Sorge beherrschte und stets anwandte, ist die Rolle von Persönlichkeiten in der Geschichte geklärt. Daß Dr. Sorge eine Persönlichkeit war, steht bei Freund und Feind außer Zweifel. Die Behauptung, daß vom Tun und Handeln allein eines Menschen oder einer kleinen Gruppe von Menschen die Existenz der Sowjetunion, des sozialistischen Weltsystems und der kommunistischen Weltbewegung abgeleitet werden könne, beruht auf einer grundlegenden Fehleinschätzung bürgerlicher Skribenten, die das Bestehen sowie gleichzeitig das gesetzmäßige Wachstum des gesellschaftlichen Fortschritts in aller Welt mit immer neuen Ausflüchten zu deuten versuchen. Sie möchten mit solchen und ähnlichen Behauptungen ihre Leser von der Richtigkeit und der Wahrheit des Marxismus-Leninismus ablenken und die große materielle und humanistische Stärke der sozialistischen Länder herabwürdigen und verkleinern. Außerdem wird die Überschätzung der Leistung von Dr. Sorge und seiner Gruppe «Ramsay» selbstverständlich nicht etwa im Interesse dieser Kundschafter des Friedens vorgenommen. Die Lobhudler suchen vielmehr nach «zufälligen», ausschließlich subjektiv bedingten «Ursachen» für das Scheitern der faschistischen Kriegsmaschinerie an dem ersten sozialistischen Staat der Welt. Und sie scheuen nicht einmal davor zurück, solche «Ursachen» selbst zu konstruieren.

Die militärische Stärke eines Staates hängt nicht von der Findigkeit eines einzelnen Kundschafters ab, sondern richtet sich

116 Dr. Kurt Zentner, Illustrierte Geschichte des zweiten Weltkrieges, München 1964, S. 205/206.
117 Charles Wighton, Meisterspione der Welt, Lengerich 1963, S. 196.
118 Siehe Michael Freund, Das Märchen vom Dr. Sorge. In: «Die Gegenwart», Frankfurt/Main, vom 11. Januar 1958, S. 11 ff.
119 Zitiert nach «Neue Zeit», Moskau Nr. 43/1964, S. 20.

stets nach dem Zustand seines ökonomischen, wissenschaftlich-technischen, moralischen und militärischen Potentials und seiner gesellschaftlich-politischen Ordnung. In diesem Zusammenhang ist es sehr nützlich, sich an die marxistisch-leninistische Einschätzung der Ursachen für den Sieg vor Moskau zu erinnern. «Nur die ungeheure Anspannung aller materiellen, physischen und psychischen Kräfte des Sowjetvolkes, das Massenheldentum der Truppen und ihr aufopferungsvoller Kampf gegen überlegene Kräfte des erfahrenen und technisch gut ausgerüsteten Gegners machten es der Roten Armee möglich, dem Ansturm der faschistischen Armeen standzuhalten und ihre Offensive abzuschlagen ... Die Vereitelung des Blitzkriegsplanes des faschistischen Deutschlands gegen die Sowjetunion war das wichtigste militärpolitische Ergebnis dieses Feldzuges. Das Scheitern dieses Planes zeigte der ganzen Welt, wie abenteuerlich die Politik und Strategie des faschistischen Deutschlands waren. Gleichzeitig bewies der Sowjetstaat seine unüberwindliche Stärke und Festigkeit.»[120] An Hand dieser realen Analyse erkennt man, daß auch der Geschichtsprofessor Freund in der BRD den Anteil Dr. Sorges und seiner Mitstreiter am Sieg in der Schlacht um Moskau falsch eingeschätzt hat. Denn die Spitzenmeldungen aus Tokyo trugen wirksam dazu bei, den faschistischen Blitzkriegsplan gegen die Sowjetunion zu vereiteln. Die Kundschaftertätigkeit der Gruppe «Ramsay», die im Auftrag der Roten Armee operierte, war ein untrennbarer Bestandteil des in der zitierten Analyse hervorgehobenen Massenheldentums der sowjetischen Truppen und ihres aufopferungsvollen Kampfes.

In voller Anerkennung ihrer Heldentaten verlieh der Oberste Sowjet der UdSSR führenden Angehörigen der Tokyoter Gruppe internationaler Friedenskämpfer hohe und höchste staatliche Auszeichnungen. Der Sowjetbürger Dr. Richard Sorge wurde für «hervorragende Verdienste gegenüber der Heimat und für Tapferkeit und Heldenmut» postum als Held der Sowjetunion geehrt. Der deutsche Kommunist Max Christiansen-Clausen wurde vom Präsidium des Obersten Sowjets mit dem Rotbannerorden und seine tapfere Frau Anna mit dem Orden Roter Stern ausgezeichnet. Der jugoslawische Kommunist Branko Vukelić bekam postum den Orden des Großen Vaterländischen Krieges I. Klasse zugesprochen.

Es steht außer Zweifel, daß die Deputierten der obersten Volks-

vertretung der UdSSR und die Organe der sowjetischen Streitkräfte die Leistungen der Gruppe «Ramsay» und deren Auswirkungen auf das Kriegsgeschehen besser zu beurteilen in der Lage
sind als beispielsweise in der BRD ein Professor Freund.

Die friedliebende Menschheit wird den opferreichen Kampf nie
vergessen, den die Männer und Frauen um Dr. Sorge im Zentrum
des japanischen Faschismus und Imperialismus zu bestehen hatten. Die friedliebende Menschheit sieht in ihnen Persönlichkeiten,
die die gesellschaftlichen Erfordernisse stets erkannten und sie
mit aller Kraft durchzusetzen halfen. Sie waren dazu in der Lage,
weil sich die engsten Mitstreiter Richard Sorges schon vor ihrer
Tokyoter Friedensmission im Vortrupp der Arbeiterklasse, der
fortschrittlichsten Klasse unserer Epoche, bewährt hatten und die
Gesetze der geschichtlichen Entwicklung genau kannten. Aus
ihrer Volksverbundenheit resultierte die Energie, mit der sie ihren
langen und todesmutigen Kampf führten.

Genickbruch der Würger

Im Oktober 1941 griff die japanische Geheimpolizei zu. Die Angehörigen der Gruppe «Ramsay» wurden verhaftet. Es steht fest,
daß kein Mitglied bei seiner Kundschaftertätigkeit versagt hatte
und somit die Gruppe mehr oder weniger zufällig entdeckt wurde.
Durch einen Außenstehenden, der sich in eine japanische kommunistische Organisation eingeschlichen hatte und der Geheimpolizei Spitzelinformationen zukommen ließ, erhielten die japanischen Behörden erste Hinweise, denen sie fieberhaft nachgingen.
Obwohl Richard Sorge peinlich genau darauf geachtet hatte, daß
keiner seiner Mitarbeiter mit illegalen kommunistischen Zellen in
Verbindung stand, konnte sich auf Grund einer ganzen Kette von
Denunziationen und Verhaftungen, Folterungen und Vermutun-
gen die japanische Polizei immer näher an das Mitglied der Kommunistischen Partei der USA, Yotoku Miyagi, heranarbeiten, von
dem einige Japaner wußten, daß er zumindest früher in Los Angeles parteilich organisiert gewesen war.

Dr. Sorge hatte wenige Stunden vor seiner Festnahme noch mit

---

120 Geschichte des Großen Vaterländischen Krieges der Sowjetunion, a. a. O., S. 319/320.

Max Christiansen-Clausen zusammengesessen. Der deutsche Kommunist beschrieb dieses letzte Treffen. «In der Nacht vor der Verhaftung besuchte ich Richard. Diesmal sprachen wir über unser Leben in Deutschland. Wir wurden dann übrigens, soweit ich mich noch erinnern kann, an einem hohen Feiertag des kaiserlichen Japans, nämlich am 18. Oktober 1941, verhaftet. Sorge hatte am Abend zuvor eine Flasche Rheinwein aus dem deutschen Restaurant ‹Fledermaus› in Tokyo mitgebracht. Er war besorgt. Schon seit ein paar Tagen waren wir ohne Nachrichten von Ozaki und Miyagi. Doch das war auch vorher schon öfter vorgekommen. Richard fragte sich: Was ist mit unseren japanischen Genossen los? Er war davon überzeugt, daß Miyagi im Falle einer Verhaftung eher den Tod wählen, als etwa aussagen würde. Das erwähnte er auch an diesem Abend, winkte dann aber sofort ab. Gegen zweiundzwanzig Uhr brachen wir unser Gespräch ab. Das war unsere letzte Begegnung.»

Das Urteil Dr. Sorges über die Verläßlichkeit seines Mitstreiters Miyagi sollte sich als absolut zutreffend erweisen. Bereits am 10. Oktober 1941 hatte ihn die japanische Geheimpolizei überrumpelt. Schon zwei Tage später versuchte er, sich dem Folterverhör durch einen Sprung aus dem Fenster zu entziehen. Er wollte Selbstmord begehen. Der Fenstersprung gelang zwar, doch wurde Miyagi mit angebrochenen Gliedern wieder eingeliefert.

Von Sorges Funker wissen wir, was ihm persönlich widerfuhr, nachdem ihn Polizisten unter dem Vorwand, den Schadenersatzanspruch eines japanischen Radfahrers regeln zu müssen, ins nächste Polizeirevier gelockt hatten. Die Geheimpolizei hatte diesen Trick gewählt, weil sie offenbar über keinen ordentlichen, richterlichen Haftbefehl verfügte. Max Christiansen-Clausen erzählte uns: «Im Revier mußte ich mich sofort in eine Ecke stellen. Ich protestierte gegen diese Behandlung, doch das half nichts. Dann wurde ich dem Staatsanwalt vorgeführt. Der Staatsanwalt, der mich verhörte, hieß Iyo. Anschließend kam ich in den Keller des Polizeireviers. Dort waren etwa zehn Zellen, jede mit Gittertüren. In den Zellen lag lediglich ein wenig Stroh auf dem Fußboden. Nachts wurde ich, an den Händen gefesselt, herausgeholt und mit einem Auto, von drei Polizisten bewacht, nach Sugamo in das moderne Zuchthaus gebracht. Dort erst sah ich den Untersuchungsrichter. Jeden Tag wurde ich zusammen mit japanischen Gefangenen zu weiteren Verhören gefahren. Dabei bekam jeder

Auszug aus «Tokyo Asahi Shimbun». Tokyo, vom 17. Mai 1942 mit der Meldung über die Festnahme der Gruppe «Ramsay»

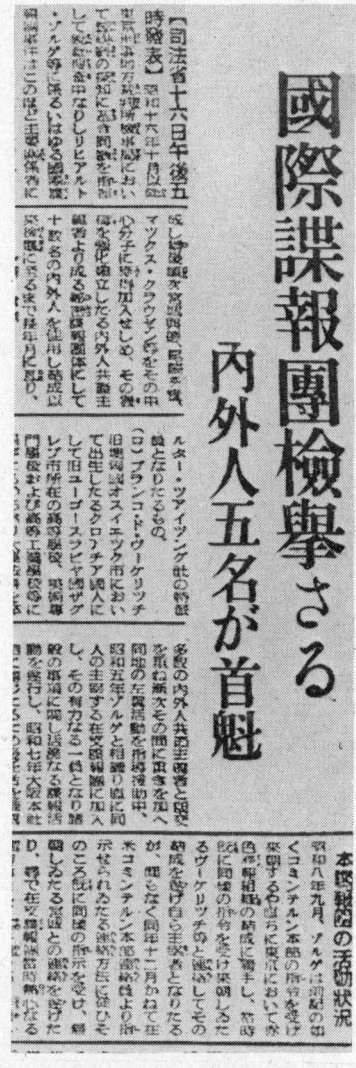

von uns einen spitzen Strohhut auf den Kopf, in dem nur ein Schlitz angebracht war, durch den man zwar gucken konnte, der aber verhüten sollte, daß die Gefangenen einander erkannten. Die Japaner wurden erst gefesselt und dann zusätzlich mit Stricken aneinandergebunden. Ich aber, als ‹besonderer› Gefangener, durfte sogar vernickelte Handschellen tragen. Den anderen legten

289

die Bewacher verrostete Eisen um die Gelenke. Ich wurde auch nicht mit den japanischen Gefangenen zusammengebunden, dafür aber stets von zwei Wächtern flankiert. Unten im Gerichtsgebäude sperrte man uns in Zellen, aus denen man uns nacheinander in die Verhörzimmer brachte. Es war mir unmöglich, Angehörige unserer Gruppe zu sehen oder zu erkennen. Diese ganze Prozedur dauerte ein Jahr lang.»

Man stelle sich diese riesige Belastung vor! Hinzu kam noch, daß die japanischen Kerkermeister ein raffiniertes System von Foltermethoden entwickelt hatten. Besonders gegen die verhafteten japanischen Mitarbeiter Dr. Sorges gingen sie brutal vor. Der Arzt Dr. Yasuda, ein langjähriger Informant von Miyagi, hat das aus eigenem Erleben bestätigt. Er wurde erst am 8. Juni 1942 festgenommen, ein Beweis dafür, daß er von Miyagi nicht verraten worden sein kann. An diesem Tag, früh um sieben Uhr, holten ihn nicht weniger als zehn bullige Geheimpolizisten von der Schlafmatte. Im Polizeirevier wurde der Arzt unmenschlich zusammengeschlagen und sofort danach vernommen. Auch dann

Richard Sorge und Angehörige seiner Gruppe schmachteten jahrelang im Sugamo-Zuchthaus

noch schlug ein Polizist auf ihn ein und brüllte: «Dieser Schuft hat Sorge ausgeheilt, hat ihn vom unvermeidlichen Tod errettet!»[121] Ein halbes Jahr brachte Dr. Yasuda in dieser Polizeifolterkammer zu. Vom häufigen Prügeln und von den nächtelangen zermürbenden Verhören begann er körperlich zu verfallen und bekam schwere Herzanfälle. Erst in diesem Zustand lieferte man ihn in eine Haftanstalt ein, in der bereits andere Beschuldigte der Gruppe «Ramsay» in Verliesen lagen.

Von Tokutaro Yasuda wissen wir, wie es den japanischen Kampfgenossen Richard Sorges erging: «Es begann ein neues Gefängnisleben. Um sechs Uhr früh hieß es aufstehen. Nach einer Stunde war Zählung. Die Zellen wurden aufgerissen, jeweils drei Kerkermeister fragten: ‹Lebend?› Der Gefangene hatte sie mit einer Verneigung bis auf den Boden zu begrüßen. Dann gab es Frühstück: eine Handvoll Reis oder Gerste, einen Topf Suppe. Mittagessen und Abendbrot bestanden aus angefaulten Produkten. Man mußte das Essen mit eigenem Geld kaufen. Wenn die Angehörigen eines Häftlings arm waren, erhielt er nichts zu essen. Viele politische Häftlinge starben an Dystrophie[122]. Am Tage ein Spaziergang, nur zwanzig Minuten – die Tage zogen sich quälend lang dahin. Die Zelle war ein Betonkasten, fünf Schritte lang, drei Schritte breit, oben ein winziges Fenster mit einem Gitter, dazu eine Unmenge von Flöhen. Und Häftlinge bedachten uns mit ihrer Aufmerksamkeit. Oft kamen sie, um uns zu verhöhnen: ‹Wieviel hast du für den Verrat bekommen? Hast dir wohl die Brieftasche vollgestopft?› Auch die Wächter begriffen nicht, daß wir nur für unsere Idee gekämpft und niemals Geld bekommen hatten. Bei den Vernehmungen führte uns der Richter zu einer Landkarte. ‹Schau dir deine Heimat an. Hier dein Smolensk, es ist eingenommen. Hier Moskau – nehmen wir in einigen Tagen ein!› Unter solchen Bedingungen lebte auch Richard Sorge. Übrigens hatte er es noch schwerer.»[123]

Zwölf Tage nach Sorges Verhaftung gelang es Botschafter Ott und seinem Gesandten Kordt auf Grund offizieller Proteste beim japanischen Außenministerium, zu Dr. Sorge ins Sugamo-Zuchthaus vorzudringen. Sie standen sich nur drei genehmigte Minuten gegenüber. Ott hat später resümiert: «Sorge war schlecht rasiert,

121 Zitiert nach «Iswestija», Moskau, vom 8. August 1964.
122 Dystrophie ist eine durch Fehlernährung verursachte Schwund- oder Entartungserkrankung.
123 Zitiert nach «Iswestija», Moskau, vom 8. August 1964.

trug den Pullover der Gefangenen und machte einen erschütternden Eindruck.»[124] Zu diesem Urteil Otts über die körperliche Verfassung Dr. Sorges kommt das von Kordt hinzu: «Wir begaben
uns also in Begleitung eines Beamten des japanischen Außenam-
tes ins Sugamo-Gefängnis. Sorge wurde nach wenigen Minuten
von einer Anzahl Geheimpolizisten in den Raum geführt, wo wir
warteten. Er ging aufrecht und machte einen selbstbewußten Eindruck... ‹Man hat mir verboten, Ihnen eine Erklärung zu geben›,
antwortete er auf unsere Frage. Er habe keine Wünsche, auch
nicht hinsichtlich der Stellung eines Rechtsbeistandes ... Ich
glaube, daß er sich über seine Lage im klaren war.»[125]

Das traf sicher für Dr. Sorge zu, der vor seinen Kerkermeistern
nicht kapitulierte und alles mögliche unternahm, um sich Informationen über die Lage an den Fronten des zweiten Weltkrieges,
besonders über den Kampf der Roten Armee zu verschaffen. Solche Nachrichten zu bekommen war für ihn selbstverständlich
außerordentlich schwer, da er in strenger Einzelhaft gehalten
wurde. Einiges über den Kriegsverlauf erfuhr er von dem japanischen Germanisten Professor Yoshitoshi Ikoma, der bei allen Verhören als Dolmetscher für die Untersuchungsrichter fungierte.
Professor Ikoma, den wir in Tokyo, Kokubunji-Shi, Izumicho I
Chome, fanden, hat uns im August 1965 berichtet: «In der Pause
zwischen den Verhören haben ich und Dr. Sorge über allerlei gesprochen, vor allem über den Verlauf des deutsch-sowjetischen
Krieges, was ihn am meisten zu interessieren schien. Wenn der
Kampf zugunsten der Sowjetunion verlief, wie beim Endstadium
der Stalingrader Schlacht, wurde er guter Laune und gesprächig.
Wenn das Gegenteil der Fall war, sah er ganz niedergeschlagen
aus und wurde wortkarg. Er war ein großer Freund und Anhänger der Sowjetunion. Dr. Sorge schien ein geborener Journalist
mit abenteuerlichem Charakter gewesen zu sein. Zudem war er
bis zum Tode seinem Prinzip und seinem Glauben als Kommunist treu geblieben. Ich weiß genau, daß er in einer seiner Aufzeichnungen, nachdem er schon zum Tode verurteilt worden war,
geschrieben hat: ‹Ich werde als treuer Soldat der Roten Armee
sterben!›»

Die japanischen Untersuchungsrichter und Zuchthausaufseher
lernten in Richard Sorge einen aufrechten und standhaften Kommunisten kennen.

Er gab sich als Sowjetbürger zu erkennen und hängte damit

den gesamten Naziklüngel der deutschen Botschaft ab. Der SD-Chef in Japan, SS-Obersturmbannführer Meisinger, hatte im Auftrage Hitlerdeutschlands von der japanischen Regierung mehrmals und nachhaltig die sofortige Auslieferung des ehemaligen deutschen Kommunisten Sorge an die Gestapo gefordert. Doch vergebens. Die japanische «Achsenmacht» sah überhaupt keinen Grund, einen Sowjetbürger an Deutschland zu übergeben. Sorge persönlich übernahm von Anfang an die Verantwortung für die Tätigkeit der ganzen Gruppe.

Sein ihm später – erst kurz vor dem Prozeß – pro forma zugewiesener Pflichtverteidiger, Rechtsanwalt Asanuma, hat sich dazu nach dem Kriege folgendermaßen geäußert: «Dr. Sorge machte mir seine Verteidigung sehr schwer, er bezeichnete sich gegenüber den Polizeiorganen und Staatsanwälten nicht nur für sein eigenes Handeln, sondern auch für die Tätigkeit aller seiner Helfer voll verantwortlich.»

Die Japaner warfen Richard Sorge Spionage vor. Er lehnte einen solchen Anklagepunkt kategorisch ab und ließ die Handlanger des japanischen Imperialismus und Militarismus zudem wissen, daß er weder gewillt war, seine revolutionäre Vergangenheit zu leugnen, noch die Vorwürfe beziehungsweise die konstruierte Anklage hinzunehmen.

Im Verlauf der Untersuchungen legte Dr. Sorge folgendes schriftlich nieder: «Die russische Revolution wies mir den Weg zur internationalen Arbeiterbewegung. Ich beschloß, sie nicht nur theoretisch und ideologisch zu unterstützen, sondern auch selbst ein aktiver Teilnehmer dieser Bewegung zu werden. Von nun an ging ich, selbst wenn es Beschlüsse zu persönlichen Fragen waren, die ich zu fassen hatte, nur von dieser Zielsetzung aus. Und heute, wo ich Zeuge des zweiten Weltkrieges geworden bin, der nun schon das dritte Jahr andauert, besonders aber des deutsch-sowjetischen Krieges, bin ich noch mehr davon überzeugt, daß die Wahl, die ich vor fünfundzwanzig Jahren getroffen habe, richtig war. Ich sage das angesichts alles dessen, was mir in diesen fünfundzwanzig Jahren zugestoßen ist.»[126]

Dann entkräftete Sorge die japanischen Spionagevorwürfe. Aus

124 Zitiert nach «Der Spiegel», Hamburg, vom 19. September 1951, S. 23.
125 Erich Kordt, a. a. O., S. 430.
126 Zitiert nach «Rekishigaku Kenkyu», Tokyo, Nr. 4/1963, S. 27.

歴史學研究

4

1963. 4   No. 275

「目的の積極的側面は，ソ連社会主義国家を擁護せんとしたことであり，消極的側面は，ソ連をしてあらゆる反ソ的な政治上の発展または軍事上の攻撃を回避せしめることによりソ連を防衛せんとしたことであります。」そして「「ソ連自らは決して他国特に日本との政治的紛争や，武力的衝突を欲するものでもなく，また日本

を侵略せんとするものでもありませぬ。したがって私を初め私のグループは，決して日本の敵として日本に渡来したのではありませぬ。また私達は一般の所謂スパイとは全くその趣を異にしておるのであります。英米諸国の所謂スパイなるものは日本の政治上，経済上，軍事上の弱点を探り出し，これに向かって攻撃を加えんとするものでありますが，私達はかような意図から日本における情報を蒐集したのではありませぬ。

Zu deutsch:

«Rekishigaku Kenkyu
Nr. 275
- 4/1963

‹Die aktive Seite unseres Zieles bestand darin, die sozialistische Sowjetunion zu schützen, und die passive Seite darin, die UdSSR zu verteidigen, indem wir verschiedene sowjetfeindliche politische Machenschaften sowie einen militärischen Überfall gegen die Sowjetunion zu verhindern suchten.›

Und weiter: ‹Die Sowjetunion wünscht keine politischen Konflikte oder militärischen Zusammenstöße mit anderen Ländern, besonders nicht mit Japan. Sie hat auch nicht die Absicht, Japan zu überfallen. Folglich sind wir – ich und die Angehörigen meiner Gruppe – keineswegs als Feinde Japans in dieses Land gekommen. Für uns trifft der Sinn, der dem Wort Spion gewöhnlich unterlegt wird, überhaupt nicht zu. Spione aus Ländern wie England oder den Vereinigten Staaten versuchen, die politisch, wirtschaftlich und militärisch schwachen Stellen Japans ausfindig zu machen und dementsprechende Angriffe zu führen. Wir dagegen hatten bei der Sammlung von Informationen in Japan keineswegs solche Absichten.›»

Nicht anders verhielten sich Richard Sorges Kampfgefährten.

Etwa gleichzeitig mit der Verhaftung Sorges war das dritte Kabinett des Fürsten Konoe gestürzt worden. An die Spitze der japanischen Regierung trat der als besonders reaktionär verschrieene ehemalige Kriegsminister General Hideki Tojo. Dieser ließ nicht zu, daß über die Verhaftung Dr. Sorges und seiner japanischen sowie ausländischen Mitstreiter auch nur ein einziges Wort in die japanische Öffentlichkeit drang. Erst volle sieben Monate nach der Inhaftierung der Friedenskämpfer kamen die ersten Pressestimmen durch die Zensur.[127] Damals saßen fünfunddreißig Angehörige der Gruppe «Ramsay» in den Folterkammern der japanischen Geheimpolizei.

Japan, ein imperialistischer Unrechtsstaat, ließ sich mit dem Abschluß der viele Monate währenden Ermittlungen Zeit. Am 7. Dezember 1941, wenige Wochen nach Dr. Sorges letztem Funkspruch an die Moskauer Zentrale, hatte Japan, wie auf der Kai-

---

127 Siehe «Tokyo Asahi Shimbun», Tokyo, vom 17. Mai 1942.

Sorges Mitstreiter, der japanische Kommunist Yotoku Miyagi nach seiner Rückkehr aus den USA...

und nach der Folter 1942 im japanischen Kerker

serlichen Konferenz beschlossen, die USA angegriffen. In einem überraschenden See- und Luftangriff waren die Japaner über die in Pearl Harbor stationierte amerikanische Pazifikflotte hergefallen und hatten 18 Schlachtschiffe, Kreuzer und Zerstörer der USA versenkt oder außer Gefecht gesetzt. Vier Tage darauf schlossen sich Hitlerdeutschland und das faschistische Italien der japanischen Kriegserklärung gegen die USA an, die Stunden nach dem Überfall auf Pearl Harbor erfolgt war. Der von der Gruppe «Ramsay» vorausgesagte japanische Vorstoß in den südpazifischen Raum hatte begonnen. Die Truppen des Tenno landeten noch im Dezember 1941 auf den Philippinen, besetzten die britische Kronkolonie Hongkong, vernichteten in kurzer Zeit 27 Kriegsschiffe und 800 Flugzeuge der Amerikaner und Briten. Im Februar 1942 zogen die japanischen Aggressoren, nachdem sie am 8. Dezember in Malaya gelandet waren, in das strategisch wichtige Singapore ein. Sie eroberten Burma und fielen auch über Niederländisch-Neuguinea, Hunderte pazifischer Inseln und über das damalige Niederländisch-Indien her. Die japanischen Kaisertreuen und von ihnen zeitweilig verführte Teile des japanischen Volkes befanden sich in einem wahren Siegestaumel.

Indes schmachteten die Friedenskämpfer in ihren Kerkern. Trotz der unmenschlichen Behandlung ließen sie sich nicht mundtot machen. So wurde beispielsweise am 3. März 1942, inmitten des Siegeszuges der japanischen Streitkräfte in Fernost, Hozumi Ozaki zum wiederholten Male scharf verhört. Darüber ist ein Protokoll erhalten geblieben, das amerikanische Truppen nach dem Kriege zusammen mit anderen Akten erbeuteten. Nach diesem Protokoll hat Dr. Ozaki folgende beachtliche Prognose aufgestellt, die vom weiteren Verlauf des Krieges in wesentlichen Teilen bestätigt wurde: «Die japanische Wirtschaft krankt an feudaler Tradition, an Rohstoffarmut und vorrangig militärischer Zielsetzung. Japan steht eine grundlegende soziale Umwälzung bevor. Japan wird zwar beim Zusammenstoß mit Großbritannien und den USA zunächst Siege erringen, aber diese werden wegen des fehlenden ökonomischen Potentials und wegen seiner Erschöpfung im Chinakrieg zeitlich begrenzt sein. Zuletzt werden die führenden Klassen Japans zu kraftlos sein, um den Kurs zu ändern und das Land wieder aufzubauen. Nur die japanische Arbeiterklasse wird die Nation retten können. Die Freundschaft zwischen Japan und der Sowjetunion würde helfen, Japans soziale Struktur und seine Wirtschaft gesunden zu lassen. Wenn Japan ein sozialistischer Staat sein wird, wenn China von Kommunisten geführt wird, könnten Japan und China mit der UdSSR den Kern einer ‹neuen Ordnung in Ostasien› darstellen.»[128]

Diese wenigen Worte stellten geradezu ein antiimperialistisches nationales Programm für das japanische Volk dar. Dr. Sorge, Ozaki und ihre inhaftierten Mitstreiter setzten der imperialistischen Ordnung im Fernen Osten unter japanischer Führung, die der Tenno, seine Generale und Admirale zu realisieren versuchten, ein zukunftweisendes Programm für die Befreiung der Völker Asiens von Ausbeutung und Unterdrückung entgegen. Zwar mögen des Kaisers Krieger die prophetischen Worte der Gequälten belächelt haben. Doch eines steht fest, sie unternahmen alles, die Prozeßverhandlungen gegen die politisch-moralisch Ungebrochenen immer wieder hinauszuschieben.

Erst als sich die Wende im pazifischen Kriegsgeschehen zuungunsten Japans abzuzeichnen begann, kam es im September 1943 – nahezu zwei Jahre nach der Festnahme der Gruppe «Ramsay» und siebzehn Monate nach der formalen Anklageerhebung – zu den Prozeßverhandlungen gegen Dr. Richard Sorge

128 Zitiert nach Charles A. Willoughby, a. a. O., S. 112.

und Dr. Hozumi Ozaki. Da sich die herrschenden Kreise Japans selbst noch im Gerichtssaal vor den tapferen Kundschaftern fürchteten, ließen sie diese Verhandlungen — wie auch schon einige Monate zuvor andere Prozesse gegen Angehörige der Sorge-Gruppe — unter Ausschluß der Öffentlichkeit durchführen.[129] Auf diese Weise wollten sie die Auswirkungen des «Falles Sorge» eindämmen. Dennoch wirkte sich die Festnahme Dr. Sorges und seiner Mitkämpfer sehr spürbar aus.

Der von Richard Sorge überlistete Nazibotschafter Ott blieb zunächst auf seinem Posten, obwohl er in Tokyo «sein Gesicht verloren» hatte. In diese Periode, in der sich die japanischen Regierungskreise dem deutschen Botschafter gegenüber sehr reserviert verhielten, fielen folgende Ereignisse:

Am 3. November 1941 bot Ott dem japanischen Generalstab deutsche Waffenhilfe für einen Überfall auf die USA an.

Am 25. November 1941 erneuerten Hitlerdeutschland, das faschistische Italien und das kaiserliche Japan in Berlin den Antikominternpakt, den Ott maßgeblich mit vorbereitet hatte.

Am 5. Dezember 1941, zwei Tage vor dem japanischen Überfall auf den Flottenstützpunkt der USA Pearl Harbor, riet Botschafter Ott dem japanischen Generalstab, nach dem Vorbild der Faschisten unbedingt einen solchen Kriegsgrund zu wählen, der sich propagandistisch den USA zuschieben ließe. Eine entsprechende Meldung über diese Gespräche sandte Ott nach Berlin.

Am 11. Dezember 1941 schlossen auf der Basis ihres dreiseitigen Kriegspaktes Deutschland, Italien und Japan ein Abkommen über die gemeinsame Kriegführung und über die gegenseitige Abgrenzung der Operationsgebiete im Indischen Ozean. Am selben Tage prahlte Hitler im Berliner Reichstag: «Deutschland, Italien und Japan werden den Krieg mit allen ihnen zu Gebote stehenden Machtmitteln gemeinsam bis zum siegreichen Ende führen.» Die drei Regierungen hatten sich verpflichtet, ohne gegenseitiges Einverständnis keinen Waffenstillstand und keinen Frieden mit ihren Gegnern zu schließen.[130]

Es schien, als sei das Verhältnis Berlin—Tokyo durch nichts getrübt, aber es schien eben nur so. Tatsächlich verschlechterten sich die japanisch-deutschen Beziehungen zusehends.

Der im Auswärtigen Amt die Untersuchungen führende Gesandte Braun von Stumm hatte noch am 14. November 1941 folgenden Schriftsatz vorgelegt bekommen:[131]

Ref. P. VIII.   Berlin, den 14. 11. 1941.
LS. Baßler.

A u f z e i c h n u n g .

Der seit 1936 für die Frankfurter Zeitung tätige deutsche Korrespondent Richard S o r g e in Tokyo ist am 22. 10. 1941 zusammen mit einem anderen Reichsangehörigen namens Max Claussen von der japanischen Polizei wegen angeblichen staatsfeindlicher Verbindungen verhaftet worden.

Richard Sorge ist ein guter Japankenner und befähigter Journalist, hat sich jedoch wegen seiner streng objektiven und daher auch vor gelegentlicher Kritik nicht zurückschreckenden Berichterstattung in seinem Gastlande manchmal unbeliebt gemacht. Der Verdacht der Sorge zur Last gelegten kommunistischen Betätigung ist nach Auskunft der zuständigen deutschen Stellen in Tokyo als abwegig zu betrachten. Nach Ansicht von Botschafter Ott, der ein naher Bekannter Sorges ist, handelt es bei der Aktion vermutlich um eine politische Intrige, da Sorge gewisse vertrauliche Informationen über den Stand der als Staatsgeheimni behandelten japanisch-amerikanischen Verhandlungen erhalten hatt

Außer einem kurzen formellen Besuch durch Botschafter Ott ist bisher eine Aussprache mit dem Verhafteten nicht gestattet worden. Trotz ständiger Bemühungen seitens des Außenministeriums hat die Staatsanwaltschaft bis jetzt auch jegliche Einsichtnahme in das gegen den Beschuldigten vorliegende Beweismaterial verweigert. Angeblich sollen im Zusammenhang mit der Angelegenheit auch eine große Anzahl Japaner festgenommen worden sein.

Hiermit

Herrn Gesandten Brau . Stumm
vorgelegt.

129 Siehe «Tokyo Asahi Shimbun», Tokyo, Abendausgabe vom 29. September 1943.
130 Siehe auch «Frankfurter Zeitung», Frankfurt/Main, vom 11. Dezember 1941; Jahrbuch der Weltpolitik 1942, Berlin 1942, S. 787 bis 799; «Der Spiegel», Hamburg, vom 29. August 1951.
131 In dem Dokument ist das Datum der Festnahme falsch angegeben; es muß richtig heißen: 18. 10. 1941. Auch der Name von Max Christiansen-Clausen ist falsch geschrieben.

Wie aus der Vermutung, es handle sich «um eine politische Intrigue», hervorgeht, mißtrauten die Nazis ihren japanischen Verbündeten. Das allerdings beruhte auf Gegenseitigkeit, was uns Ministerialdirektor a. D. Wohlthat, der damals als Chef der Fernost-Wirtschaftsdelegation der Nazibotschaft in Tokyo nicht unterstand, aus eigenem Erleben bestätigt hat.

HELMUTH WOHLTHAT
4005
MEERERBUSCH b DÜSSELDORF
HINDENBURGSTRASSE 32ᴊ
TEL.: BÜDERICH b DÜSSELDORF 301

8. Januar 1965

...

Die Verhaftung des führenden deutschen Journalisten und eines engen persönlichen Freundes des Botschafters durch die Japaner als Spion war ein Schock für alle Deutschen. Dieser Vorgang führte nach japanischer Auffassung zu dem ‹Gesichtsverlust› des Botschafters. Bei dieser Betrachtungsweise wird zunächst nicht untersucht, ob der Gesichtsverlust durch eigene Schuld oder durch tragische Umstände eingetreten ist. Die Japaner waren zunächst der Auffassung, der Botschafter würde von selbst zurücktreten. Als aber zu ihrer Überraschung auf deutscher Seite nichts geschah, brachten sie ihre Beurteilung der Lage an verschiedenen Stellen zum Ausdruck, und zwar in Tokio in erster Linie bei den drei Militär-Attachés und bei mir. Ich wurde persönlich von hohen Offizieren des Generalstabes und des Admiralstabes angesprochen. Später äußerten sich hochgestellte Japaner in demselben Sinne in Manchukuo. Es dauerte aber ein Jahr, bis Botschafter Ott abgelöst wurde.

In diesem Jahr hatten diese Umstände die Fähigkeit des Botschafters, auf die japanische Regierung in Wahrnehmung deutscher Interessen einzuwirken, gelähmt. Die Japaner zogen auch Rückschlüsse auf die deutsche Berichterstattung über den Sorge-Fall auf die Urteilsfähigkeit des Auswärtigen Amtes, der Reichsregierung und der deutschen militärischen obersten Führung. In der Tat waren außer dem Botschafter, der Vertreter der Gestapo, Oberst Meisinger und auch der Landesgruppenleiter (der Nazipartei – J. M.) bemüht, über den Sorge-Fall in abschwächender Form zu berichten.

Botschafter Ott versuchte seine Stellung solange wie möglich zu halten und geriet dabei in verschiedene Konflikte mit deutschen Persönlichkeiten in Japan, Manchukuo und China...

H. Wohlthat. [132]

Nun muß man wissen, daß jeder, der in ostasiatischen Gefilden «sein Gesicht verliert», ein anrüchiger Mann wird. Ministerialdirektor Wohlthat konnte das auf Grund seiner Erfahrungen gut beurteilen und berichtete damals darüber direkt nach Berlin. Der deutsche Militärattaché in Tokyo, Generalmajor Kretschmer, der Luftwaffenattaché, Generalmajor von Gronau, und der Marineattaché, Vizeadmiral Wennecker, suchten, da sie selbst von Dr. Sorge überlistet worden waren, einen anderen als Sündenbock. In ihren Berichten an das Oberkommando der Wehrmacht, Amt Ausland/Abwehr, schoben sie die ganze Schuld auf den Botschafter. Dabei träumte wohl jeder der Militärattachés davon, nach der Abberufung Otts selber Botschafter in Tokyo zu werden.

Die Japaner wiederum ließen, nachdem sie ermittelt hatten, daß Richard Sorge viele Informationen direkt von den bei ihm Hilfe suchenden Militärattachés bezogen hatte, gegenüber den Offizieren der deutschen Botschaft in Tokyo außerordentliche Vorsicht walten. Sie trauten ihnen nicht mehr und übergaben ihnen nur noch drittrangiges Material. Dadurch litt ihre Berichterstattung nach Berlin sehr. Schließlich schaltete sich das Spionage- und Sabotageamt Ausland/Abwehr ein. Der Chef dieses Amtes, Admiral Wilhelm Canaris, beauftragte seinen Agentenführer in China, Oberst Eisenträger, sowie seinen Spitzenagenten in der Mandschurei, Dr. Ivar Lissner, über die Situation in der deutschen Botschaft in Japan einen genauen Bericht zu verfassen. Eisenträger recherchierte monatelang und kam zwangsläufig zu einem katastrophalen Ergebnis. Der Reichsaußenminister von Ribbentrop mußte dann Ott – ein Jahr nach der Inhaftierung Dr. Sorges – doch noch zurückziehen, weil er in Japan keine Au-

132 Brief vom 8. Januar 1965 an den Autor.

```
        T e l e g r a m m
          ( geh.Ch.V.)


Tokio, den 9. Januar 1942          ·10.15 S
Ankunft: " 9.      "     "          24.00 Uhr



  Nr. 60 vom 9.1.        G e h e i m !


  Im Anschluss an Telegramm vom 25.November Nr.2539 +)
  +) Pol VIII
          Nach längeren Bemühungen um Überlassung
  von Beweismaterial im Fall Sorge übermittelte Staats-
  anwaltschaft durch Vermittlung Aussenministeriums zwei
  längere Aufzeichnungen.
```

VI. Ich habe Aussenministerium auf die Mängel beider
Aufzeichnungen hingewiesen und erneut um Überlassung weiteren
Materials, vor allem über die angebliche kommunistische Betätigung Sorges in Europa gebeten und einen Besuch Polizeiverbindungsführers bei Sorge beantragt. Aussenministerium erklärte, dass
Staatsanwaltschaft über komplizierten, auf grössseren Japaner-
kreis ausgedehnten Fall im Augenblick kein Material zur Verfügung
stellen könne. Ebenso könne im Augenblick noch kein Besuch erfolgen. Man erwarte, dass Gesamtuntersuchungsfall, in dem Sorge
figuriere, noch einige Wochen in Anspruch nehmen werde. Aussenministerium wolle sich jedoch bemühen, schon vorher weitere
Aufklärung, vor allem soweit Europa in Frage komme, zu beschaffen und gegebenenfalls Besprechung Polizeiverbindungsführers mit
zuständigem Staatsanwalt zu vermitteln.

        VII. Wäre dankbar, wenn Angaben der beiden Aufzeich-
nungen, vor allem über die angebliche Tätigkeit Sorges in Europa,
dort nachgeprüft würden.

                                        Ott

*Dokument aus dem Geheimarchiv des Auswärtigen Amtes: Nazibotschafter
Eugen Ott sammelte Belastungsmaterial gegen Dr. Sorge*

Ref. P VIII   Berlin, den 11.Febr.1942
LS. Bassler

A u f z e i c h n u n g

Bei der Untersuchung des Falles Sorge bitte ich, wenn
möglich, auch Erkundigungen über die Ehefrau des Sorge ein-
zuziehen. Frau Sorge lebt, soviel hier bekannt ist, in Stuttgart. Um 1934 hat sie sich von ihrem Ehemann getrennt. Eine
Ehescheidung ist meines Wissens nicht ausgesprochen worden.
Es ist möglich, dass ihr nähere Einzelheiten über die politische Tätigkeit des Sorge in den Nachkriegsjahren bekannt
sind.

Zu untersuchen ist weiterhin, wie Sorge Mitglied der NSDAP.
geworden ist. Wer hat für ihn gebürgt, wer kannte ihn näher?
Ferner bitte ich, über den Chef der Sicherheitspolizei und
des SD. unter Bezugnahme auf dessen Bericht vom 9.Januar,
IV A 1-B Nr.3237-41 G, anzufragen, ob über den ebenfalls mit
Sorge verhafteten Max Clausen noch etwas bekannt geworden ist.

*Legationssekretär Hilmar Bassler leistete als Gestapospitzel Beihilfe zur
Ermordung Dr. Sorges und zur Einkerkerung Max Christiansen-Clausens.
– «Panz.» über der Unterschrift Basslers und «P» im folgenden Vermerk
sind Abkürzungen für den damaligen SS-Obersturmbannführer im SD
Friedrich Panzinger, Leiter der Gestapogruppe IV A im Reichssicherheits-
hauptamt*

torität mehr besaß. Am 23. November 1942 war es dann soweit. Ott erblaßte beim Lesen der ihm aus Berlin als Telegramm Nr. 1462 übermittelten Verschlußsache, in der der Reichsaußenminister Joachim von Ribbentrop unmißverständlich anordnete:

«*Für Botschafter persönlich, selbst entziffern...*

Verschiedene Anzeichen deuten darauf hin, daß der Fall Sorge bei japanischen Stellen einen Eindruck hinterlassen hat, der sich auf Ihre persönliche Position gegenüber diesen Stellen ungünstig auswirkt. Nach reiflicher Überlegung hat sich daher der Führer auf meinen Vorschlag entschlossen, in der Leitung der dortigen Botschaft einen Wechsel eintreten zu lassen und Sie zu anderweitiger Verwendung in das Auswärtige Amt einzuberufen. Als Ihr Nachfolger ist Botschafter Stahmer – Nanking ausersehen. Ich bitte Sie, für ihn das Agrément einzuholen. Stahmer ist 50 Jahre alt, verheiratet, 2 Kinder. Seit Juli 1935 Hauptreferent in der Dienststelle Ribbentrop. 1940 mit Sonderauftrag in Ostasien betraut, im Mai 1941 zum Botschafter z. b. V. des Auswärtigen Amts ernannt, am 27. September 1941 zum Botschafter in Nanking... Für die Sicherheit Ihrer Rückkehr nach Deutschland ... besteht ... zur Zeit keine Gewähr. Ich bitte Sie daher, bis auf weiteres als Privatmann in Japan zu verbleiben. Die erforderlichen Mittel zur Anmietung eines Ihnen genehmen Hauses an einem Ihnen passenden ruhigen Orte und für die Bestreitung einer Ihrer bisherigen Stellung entsprechenden Lebenshaltung werden Ihnen zur Verfügung gestellt werden. Es versteht sich von selbst, daß Sie sich während Ihres weiteren dortigen Aufenthalts jeder politischen Betätigung enthalten...

Ribbentrop»[133]

Auch der Gesandte Kordt wurde auf Grund des Sorge-Zwischenfalls Ende 1942 nach China strafversetzt. Ein Jahr lang waren demnach die deutsch-japanischen Beziehungen merklich gestört. Dieser Zustand hielt auch später an, er resultierte vor allem aus der sich anbahnenden Niederlage der Achsenpartner und aus den imperialistischen Widersprüchen zwischen ihnen. Die Kontakte zwischen Hitlerdeutschland und dem Kaiserreich Japan gingen über das Offizielle kaum noch hinaus. Am 5. März 1943 wurde dieses Problem beispielsweise in einer Lagebesprechung bei Hitler behandelt. Dabei stand einer der letzten Berichte des

Durchdr.z.K./Schnellbr.1.V....

20. März   3.

D II 101 g.Rs. Ang.II

1)   SCHNELLBRIEF

Von der Deutschen Botschaft in Tokio ist am
18. März d.Js. nachstehendes Telegramm eingegangen:

"Für Reichssicherheitshauptamt:

Prozeß gegen Richard S o r g e beginnt
Ende März."

Meisinger.

Ich bitte um Kenntnisnahme.

Nach Abgang:

Abt. P
z.K. u.m.d.B. ... ...ern.   Im Auftrag
Die Vorgänge So.ge
finden sich dort.   gez. ...

2) ZdA.

An
den Chef der Sicherheitspolizei
und des SD - Attachégruppe -
zu Hd. ⚡-Sturmbannführer Dr. Plötz.
Berlin SW 11.
Prinz-Albrecht-Str.8.

267247

*«Geheime Reichssache» 1943: Nazibeamte in Tokyo, im Auswärtigen Amt
und im RSHA wurden nervös*

133 Staatsarchiv Potsdam, Film 3702, Aufnahme 297764f.

Militärattachés in Tokyo zur Diskussion. Es entspann sich folgender Dialog:

Hitler: «Man darf nichts darauf geben, was die Japaner sagen. Ich glaube kein Wort davon!»

Generaloberst Jodl, Chef des Wehrmachtführungsstabes: «Man darf ihnen nichts glauben, weil das die einzigen Leute sind, die mit wirklichem Bewußtsein und treuester Miene einem irgend etwas erzählen.»

Hitler: «Sie lügen einem die Hucke voll, und ihre ganzen Darstellungen sind auch alle auf etwas berechnet, was sich hinterher als Täuschung erweist.»[134]

Schon damals stand fest, daß die spezielle Aufgabe des Generalmajors a. D. und Botschafters Eugen Ott nach zehnjähriger Tätigkeit durch das Wirken Dr. Sorges endgültig gescheitert war. Der Gipfel faschistischer Infamie sollte nur reichlich zwei Jahre später, am 10. Februar 1945, erreicht werden, als der deutsche Geheimdienst durch einen Agenten im anglo-amerikanischen Hauptquartier folgendes Angebot unterbreiten ließ: Der deutsche Geheimdienst wäre bereit, dem Geheimdienst der USA «sämtliche wertvollen Informationen zu übergeben, die man in Deutschland über Japan besaß», wenn sich dafür die anglo-amerikanischen Truppen an der deutschen Westfront zu einem beiderseitigen Waffenstillstand bereit erklären würden.[135] Das ist ein weiterer Beweis dafür, wie imperialistisches Pack sich vertrug und hinterrücks schlug. Die Faschisten wollten sogar aus den Informationen über ihren Verbündeten Japan noch Kapital schlagen.

Auch Dr. Lily Abegg, die als langjährige Fernost-Korrespondentin von der Redaktion der «Frankfurter Zeitung» nach Tokyo dirigiert worden war, registrierte die veränderte Haltung der Japaner.

Dr. Lily Abegg *Zürich, den 20. Dez. 1964*
Salomon Vögelin Str. 33
8038 Zürich
Tel. 45 83 19

...

Für alle seine Freunde und Bekannte und für alle deutschen Journalisten in Japan war die Verhaftung Sorges sehr unangenehm. Die scharfe Zensur war, da ja Krieg herrschte, selbstverständlich. Aber nach der Verhaftung Sorges wurde uns allen viel mehr Miß-

trauen entgegengebracht. Wir wurden ständig – ‹unbemerkt› – bewacht und unsere Dienstboten waren Spitzel der Polizei. Als ich einmal kurz verhaftet wurde – weil ich während eines Luftalarms in den Hügeln Brombeeren gepflückt hatte –, fand ich zum Beispiel bei der Kempeitai den Inhalt meiner Papierkörbe vor... Natürlich war Sorge mit seinen scharfen Analysen in Japan ‹manchmal unbeliebt›... Besonders seit dem Winter 1944/45 war das Mißtrauen der Japaner grenzenlos. Drei deutsche Journalisten saßen – aber nicht im Zusammenhang mit dem Sorge-Fall – längst im Gefängnis und sind mißhandelt worden...

Lily Abegg [136]

Schon am 23. März 1942 hatte die Dienststelle des OKW-Amtes Ausland/Abwehr aus Hsingking als Geheime Reichssache unter anderem nach Berlin gefunkt: «Sorge soll aus Fanatismus für Moskau gearbeitet haben, nicht für Geld. Leidenschaftlicher Gegner (des) Nationalsozialismus … Folgen sehr nachteilig … Japanische Stellen äußern energisch Wunsch, daß deutsche Pressevertreter (in) Ostasien nur noch mit Genehmigung deutscher Wehrmachtsstellen Zulassung finden … Gewisse (japanische) Marinekreise sehr deutschfeindliche Haltung … Schärfste (japanische) Reisebeschränkungen für alle Reichsdeutschen Ostasiens: sogar Reise Tokyo–Yokohama nicht ohne Genehmigung. Kuehlborn.»[137]

List, Jagd nach Vorteilen, Angst und Mißtrauen grassierten so von oben bis unten in allen faschistischen Kreisen Europas und Asiens, während sie offiziell von Zusammenarbeit sprachen. Die imperialistischen Interessengegensätze zwischen dem faschistischen Deutschland und Japan ließen sich auf die Dauer eben auch nicht mit Zweckbündnissen und Militärpakten verkleistern. Verschärft wurden sie noch durch die Schlappe, die die Gruppe «Ramsay» sowohl der herrschenden Clique Deutschlands als auch der Japans zugefügt hatte.

134 Zitiert nach Helmut Heiber, Hitlers Lagebesprechungen, Stuttgart 1962, S. 168/169.
135 Siehe Stewart Alsop/Thomas Braden, Sub Rosa – The OSS and American Espionage, New York, 1946, S. 71/72.
136 Brief vom 20. Dezember 1964 an den Autor.
137 Staatsarchiv Potsdam, Auswärtiges Amt, Pol. IM Akten betreffend Abwehr, Ivar Lissner, Bd. I., Film 3703.

In Deutschland suchten indes Himmlers Geheime Staatspolizei und sein Sicherheitsdienst mit großem Kraftaufwand nach allen Spuren des deutschen Kommunisten und Revolutionärs Dr. Sorge. Die Untersuchungen erstreckten sich nicht nur auf die Geheimkarteien der Gestapo, die Staatsarchive und das Auswärtige Amt, sondern auch auf Haussuchungen bei Verwandten Richard Sorges und auf Verhöre von Redakteuren, die bisher Kontakte zu ihm gehabt hatten.

Oskar Stark, der damalige Leiter der Redaktionskonferenz der «Frankfurter Zeitung», erläuterte uns: «Die Verhaftung Sorges wurde der Redaktion zunächst nur andeutungsweise bekannt aus einem Telegramm von Lily Abegg, aus dem hervorging, daß Sorge offenbar nicht selbst telegrafieren könne. Aus dem Auswärtigen Amt erfuhren wir dann telefonisch – wenn ich nicht irre, von einem Prinzen Reuß, der früher an der Botschaft in Tokyo tätig und ein Freund Sorges gewesen war –, daß Sorge unter Spionageverdacht verhaftet sei. Das war für uns alle eine außerordentliche Überraschung, weil wir doch von den engen Beziehungen zwischen Sorge und dem Botschafter Ott Kenntnis hatten. Wir rechneten sogleich damit, daß sich die Gestapo für den Fall interessiere, und ich ließ mir sofort den Personalakt Sorges vorlegen, in dem unsere ganze Korrespondenz mit Sorge enthalten war, um festzustellen, ob daraus irgendwelche Belastung für die Redaktion herausgelesen werden könne. Die Prüfung ergab, daß der Akt vollkommen ‹gestaposicher› war, daß nichts herausgenommen zu werden brauchte, was auf uns vielleicht einen falschen Schein hätte werfen können. Einige Zeit später verlangte wohl das Auswärtige Amt von mir eine Darstellung unserer Beziehungen zu Sorge, wie wir zu seiner Mitarbeit gekommen seien, und so weiter. Ich machte eine Niederschrift, die der durchaus harmlosen, unverfänglichen Wahrheit entsprach, und schickte sie nach Berlin. Ob ich in dieser Sache von der Gestapo vernommen wurde, ist mir nicht mehr in Erinnerung; ich bin öfters von der Gestapo verhört worden in Angelegenheiten der Zeitung, weiß aber nicht, ob dies auch wegen des Falles Sorge geschehen ist.»[138]

Es gehört nicht viel Phantasie dazu, sich vorzustellen, wie die jahrelang von Dr. Sorge genasführten SS-Bonzen wie der Reichsführer SS Heinrich Himmler, der SS-Obergruppenführer von Ribbentrop, der Gestapochef Heinrich Müller und der SD-Führer Walter Schellenberg beim Vorliegen der Untersuchungsergebnisse

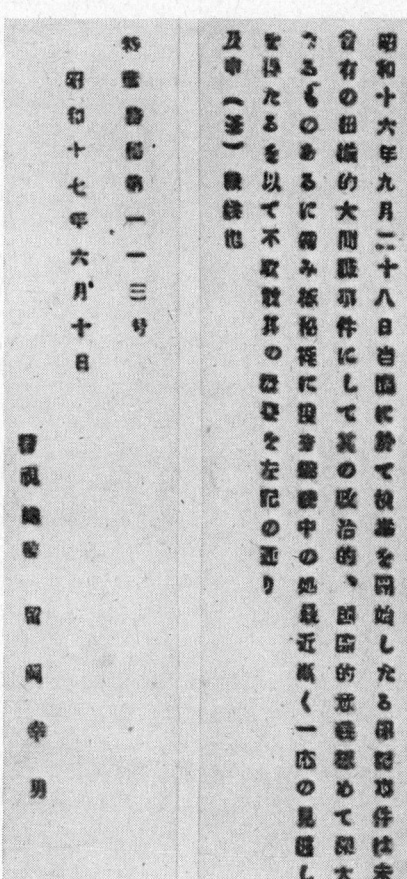

Erste Seite aus dem geheimen 264seitigen Spezialbericht Nr. 113 des Polizeipräsidenten von Tokyo über die Festnahme der Gruppe «Ramsay»

getobt haben müssen. Monatelang geisterte der Name Sorge durch die Regierungsämter in Berlin und in Tokyo.

Am 27. Oktober 1942 schrieb der Reichsführer SS und Chef der Deutschen Polizei im Reichsministerium des Innern, Heinrich Himmler, in der Sorge-Angelegenheit an Reichsaußenminister Joachim von Ribbentrop. Himmler betonte unter anderem: «Aufgrund seiner alten Freundschaft mit dem Botschafter Ott wurde Sorge bei Kriegsausbruch mit der Herausgabe des Funknachrichtendienstes der Deutschen Botschaft in Tokyo betraut. Später lei-

---

138 Oskar Stark in seinem Schreiben vom 16. Dezember 1964 an den Autor.

Der Kommunistenhasser und japanische Staatsanwalt Mitsusada Yoshikawa leitete die Untersuchungen des «Falles Sorge»

tete Sorge auch vorübergehend die Japanarbeit des Deutschen Nachrichten-Büros in Tokyo. Dadurch, daß Sorge aus bester deutscher Quelle über die Achsenpolitik und ihren künftigen Kurs ständig informiert war, bot der Spionagefall Sorge große politische Gefahren... Ich habe veranlaßt, daß notwendige Sicherungen bezüglich künftiger Aufnahmen in die Auslandsorganisation (der Nazipartei – J. M.) getroffen werden... Darüberhinaus möchte ich aufgrund dieser ... Spionagefälle anregen, daß alle nicht zur Vertretung selbst gehörenden Mitarbeiter von uns sicherheitspolizeilich überprüft werden, um in Zukunft derartige Vorkommnisse zu vermeiden.»[139]

Das Mißtrauen führender Nazis untereinander, zu ihren Untergebenen und allgemein vervielfachte sich. Die intensivierte Bespitzelung der Nazis im vierten Kriegsjahr band viele Kräfte und Mittel und mußte letztlich auch dazu führen, das Regime zu schwächen.

Im Jahre 1943 begannen die japanischen Welteroberer, wie bereits erwähnt, ihr Mütchen an den völlig entrechteten und ausgehungerten Kerkerinsassen zu kühlen. Von den fünfunddreißig Inhaftierten, die zu Richard Sorges Mitarbeitern gezählt hatten, wurden sechzehn nach und nach in Geheimverfahren abgeurteilt. Die Terrorurteile lauteten in zwei Fällen auf Todesstrafe, in zwei Fällen auf lebénslange Kerkerhaft beziehungsweise Aufenthalt im Konzentrationslager, und in weiteren zwölf Fällen wurden Strafen von insgesamt hundertundfünf Jahren Zuchthaus beziehungsweise verschärftem Kerker verhängt. Die japanischen Imperialisten und Militaristen nutzten sämtliche Möglichkeiten ihres Unrechtssystems: Die Richter beugten das Recht, und die Kerkermeister strebten danach, die inhaftierten Friedenskämpfer physisch zu vernichten.

Der deutsche Kommunist Max Christiansen-Clausen, dem die Botschaft bezeichnenderweise den sonst üblichen Rechtsschutz verweigert und für den der Ankläger in zwei Verfahren die Todesstrafe gefordert hatte, überlebte dennoch diese Hölle. Er schilderte rückblickend: «Es muß Anfang 1943 gewesen sein, als ich das erstemal vor Gericht stand und der Staatsanwalt die Todesstrafe beantragte. Das geschah unter Ausschluß der Öffentlichkeit. Nur ich allein stand gefesselt vor dem Richter. Die Urteilsverkündung wurde auf den 29. Januar 1943 festgelegt, das weiß ich noch ganz genau, und bei dieser Urteilsverkündung waren auch meine Anni und Vukelić im Gerichtssaal. Wir drei wurden dort nacheinander verurteilt. Vukelić und ich bekamen lebenslänglich und meine Anni sieben Jahre Zuchthaus. Das war übrigens das erstemal seit meiner Zuchthauseinlieferung, daß ich meine Frau und Vukelić gesehen habe.

Dann kam ich wieder zurück ins Zuchthaus, und schon nach etwa zehn Tagen brachte man mir die Mitteilung, daß der japanische Staatsanwalt Berufung eingelegt und wiederum die Todesstrafe gefordert habe. Es mußte also zu einer erneuten Urteilsverkündung kommen. Bis dahin dauerte es genau ein Jahr. Der endgültige Urteilsspruch, den die Richter fällten, lautete auf lebenslängliche Haft. In dem Saal war ich diesmal als Angeklagter ganz allein, allerdings waren einige der vielen Zuhörerbänke mit stur dreinblickenden Gestalten gefüllt. Anschließend kam ich ins Zuchthaus Sugamo. Damals fingen die Amerikaner bereits an, Tokyo zu bombardieren. Bald war um das stabile Zuchthaus herum alles niedergebrannt. Einen Angriff hätte ich beinahe nicht

139 Materiały i Dokumenty Wojskowego Instytutu Historycznego, Warschau, Mikrofilm T 175, R 128, Aufnahme Nr. 2 654 581 ff.

	Strafmaß
Dr. Richard Sorge	Todesstrafe
Dr. Hozumi Ozaki	Todesstrafe
Max Christiansen-Clausen	lebenslange Haft
Branko Vukelić	lebenslange Haft (1945 in der Haft verstorben)
Yoshinobu Koshiro	15 Jahre Kerker
Shige Mizuno	13 Jahre Kerker (1945 in der Haft verstorben)
Ugenda Taguchi	13 Jahre Kerker
Masazane Yamana	12 Jahre Kerker
Sumio Funakoshi	10 Jahre Kerker (1945 in der Haft verstorben)
Teikichi Kawai	10 Jahre Kerker
Fusako Kuzumi	8 Jahre Kerker
Anna Christiansen-Clausen	7 Jahre Kerker
Koji Akiyama	7 Jahre Kerker
Tomo Kitabayashi	5 Jahre Kerker (kurz nach dem Kriege an den Folgen der Haft verstorben)
Kinkazu Saionji	3 Jahre Kerker mit Bewährung
Dr. Tokutaro Yasuda	2 Jahre Kerker

überlebt. Dabei war es nachmittags um drei in meiner Zelle so dunkel wie in der Nacht. Ganze Flugzeuggeschwader entluden ihre Bombenschächte über Tokyo. Tausende Phosphorbomben hagelten nieder. In meine Zelle drang beißender Qualm ein. Durch die Gitterstäbe flogen unablässig brennende und glühende Stücke Holz, die aus Trümmern ehemals umherstehender Häuser stammen mußten. Ich konnte die immer wieder Feuer fangenden Matten auf dem Zellenboden kaum löschen. Der Gestank war nicht zum Aushalten. Ich muß erwähnen, daß meine Zelle stets abgeschlossen blieb, während man bei Fliegeralarm die Zellen der japanischen Häftlinge mit der Maßgabe aufschloß, daß sie sich wenigstens im Notfalle auf dem Gelände des mehrmals gesicherten Zuchthauses einen sicheren Unterschlupf suchen könnten.

Am nächsten Tag wurden alle Häftlinge in stark bewachte Omnibusse verfrachtet, und dann ging es ab in ein anderes Zuchthaus. In der neuen Zelle, in die man mich warf, waren bestimmt schon lange keine Gefangenen mehr drin gewesen. Es gab dort keine Strohmatten auf dem Fußboden, und aus den Fußbodenritzen quollen Tausende Flöhe. Ich kam Tag und Nacht nicht zur Ruhe. Ich versuchte, mir dadurch zu helfen, daß ich mit einem kleinen Blechbecher meine Wasserrationen in die Ritzen goß, um die Flöhe herauszuzwingen und sie zertreten zu können. Diese Marterhöhle lag in der Präfektur Sendai. Als ich dort befreit wurde, war mein Gesundheitszustand sehr schlecht. Ich hatte viele gefährliche Geschwüre und geschwollene Beine und litt an außerordentlichem Vitaminmangel. Ganz vorsichtig mußte man mich aufpäppeln, wie ein Kleinkind. Nach Tokyo zurückgebracht, habe ich dann zum ersten Mal nach dem Kriege meine Anni wiedergesehen. Wir waren beide so abgemagert, daß wir uns zunächst gar nicht wiedererkannten.»

So richteten die japanischen Faschisten ihre politischen Gefangenen zu – im Tokyoter Sugamo-Zuchthaus, in den mittelalterlichen Kerkern von Sendai und Moso, im Konzentrationslager auf Hokkaido. In diesem Konzentrationslager wurde der einst stattliche und kerngesunde Branko Vukelić umgebracht, dessen Körper im ausgehungerten Zustand nur noch 43 Kilogramm wog. Für solche Untaten bekamen nicht weniger als zweiunddreißig Beamte der Kempeitai hohe kaiserliche Orden an die Brust geheftet.[140] Das Schicksal der politischen Gefangenen interessierte diese Unmenschen überhaupt nicht. In der Blüte seines Lebens hatte der siebenunddreißigjährige jugoslawische Kommunist Vukelić das Glück, Vater zu werden, bevor er aus dem Kreise seiner Familie und seiner Freunde brutal herausgerissen wurde. Seine zweite Frau, Yoshiko Yamasaki, erinnert sich heute: «Als sechs Monate vor seiner Festnahme unser Sohn geboren wurde, war Branko der glücklichste Mensch auf der Welt und fotografierte ihn tagelang.»[141]

Branko Vukelić sah seinen Sohn niemals wieder. Er bekam auch nicht die Fotografien, die er sich im Konzentrationslager so sehr gewünscht hatte.

Auch Anna Christiansen-Clausen mußte Schweres ertragen. Im Sugamo-Zuchthaus verbrachte sie Monate voller Qualen. Dann wurde sie Ende Januar 1943 in das Zuchthaus Utsunomiya verlegt. Sie wurde sehr nachdenklich, als wir sie um einen Bericht über jene Zeit zwischen Leben und Tod baten. Sie sagte uns: «Während meiner Haft lernte ich das japanische Zuchthausperso-

---

140 Siehe «Neues Leben», Moskau, vom 23. September 1964.
141 Zitiert nach «BZ am Abend», Berlin, vom 29. Januar 1965.

nal als grausame Sadisten kennen. Es ließ keine Möglichkeit un-
genutzt, uns politische Häftlinge psychisch und physisch zu mar-
tern. Ich erinnere mich an einen Tag im Jahre 1942, als der
Zuchthausdirektor zu mir in die Zelle kam und mir, überlegen
grinsend, erklärte: ‹Bald werden wir Japaner ohne Paß zu unseren deutschen Verbündeten reisen können. Es kann sich nur noch
um wenige Monate handeln, dann ist Sowjetrußland besiegt.
Großdeutschland beginnt dann in Wladiwostok, unsere Mandschurei wird bald eine gemeinsame Grenze mit unseren Berliner
Freunden haben.› Dabei beobachtete er scharf, wie ich darauf reagierte. Aber er kriegte mich nicht klein. Ich zwang mich, nicht
eine einzige Gesichtsmuskel zu verziehen. Natürlich mußte ich
auch damit rechnen, daß man mich in den nächsten Stunden
heimlich beobachten würde. So konnte man auch von der Außenwelt völlig isoliert Tapferkeit unter Beweis stellen.

Meine Essenportionen wurden dann immer kleiner, bald war
ich ausgezehrt, und jede Bewegung kostete mich ungeheure Wil-
lensanstrengung. Ich glaube kaum, daß ich in dieser Zuchthaus-
hölle das Jahr 1945 überlebt hätte. Dazu kamen die verheerenden
Bombenangriffe der Amerikaner auf die japanischen Städte. Die
japanischen weiblichen Zuchthausgefangenen wurden evakuiert,
meine Zelle dagegen blieb auch während der Bombardements fest
verriegelt. Hilflos mußte ich mich dem Bombenhagel ausgeliefert
fühlen. Zuletzt war der ganze Block außer meiner Zelle leer.
Meine kleine Zelle verfügte nur zusammen mit der Nachbarzelle
über eine Beleuchtungsquelle, für die in der Zwischenwand an
der Decke eine kleine Öffnung gelassen worden war. Mit Entset-
zen stellte ich fest, daß die japanischen Aufseher nun in diesem
Nebenraum absichtlich uneingesargte Häftlingsleichen stapelten.
Bald zogen durch die Lichtöffnung widerlicher Leichengeruch
und Gase verwesenden Menschenfleisches in mein Verlies. Das
hielt tagelang an. Vielleicht wartete man auf meine Beschwerde,
aber ich wußte sehr wohl, daß diese vergeblich sein würde.

Kurz vor meiner Befreiung bekam mein Zellenblock noch einen
Bombentreffer. Die Decke meiner Zelle war teilweise herabge-
stürzt, ich konnte direkt in den Himmel sehen. Lange muß ich zunächst bewußtlos unter dem Schutt gelegen haben. Niemand
kümmerte sich um mich. Anschließend befreite ich mich, soweit
es meine Kräfte zuließen, aus der drückenden Last von Geröll,
Balkenresten und Eisenbeschlägen, schlug gegen die Tür, um

mich bemerkbar zu machen. Doch nichts geschah. Drei volle Tage und Nächte – den Tagesverlauf konnte ich ja jetzt gut durch das Loch in der Decke verfolgen – hockte ich ohne Nahrung und verlassen in meinem Trümmerloch. Dann wurde die Tür freigelegt und aufgebrochen.»

Über die allgemein von der Kempeitai im zweiten Weltkrieg gegenüber ihren politischen Gegnern angewandten physischen und psychischen Foltermethoden heißt es in der Aussage eines davon ebenfalls Betroffenen: «Unser Gefängnis ... führte den schönen Namen ‹Gomiuchi›, gleichbedeutend mit ‹Müllhaus›. Dieses Haus beherbergte sozusagen menschlichen Müll – und als solcher wurden wir dort auch behandelt ... Die Verhör- und ‹Aufnahme›-Zellen lagen im Erdgeschoß ... Nachts strahlte ... grelles Licht von der Decke. Es fiel anfangs sehr schwer, dabei zu schlafen... Besonders zu Anfang war ich der ‹Schlaffolter› ausgesetzt. Sie bestand einfach darin, daß man alle fünfzehn Minuten von zwei Wärtern geweckt wurde, und das erzeugte schließlich einen solchen Grad von Nervosität und Schlafbedürfnis, daß der Häftling einfach völlig apathisch werden mußte ... Der Gefängnisfraß war unbeschreiblich grauenhaft. Morgens eine Wassersuppe mit Blättern von penetrantem Geschmack. Sie hatte aber den Vorzug, heiß zu sein, und wurde deshalb genossen – ebenso wie das ‹Ofuro›, das Bad, zu dem wir einmal wöchentlich geführt wurden ... Ich bin anfangs außerstande gewesen, in diese mit einer dicken Schmutzschicht bedeckte Brühe, in der schon Hunderte von Vorbenutzern gebadet hatten, hineinzusteigen. Nachher taten wir's aber doch, denn in der nicht heizbaren Zelle wurde es empfindlich kalt, und die Brühe war wenigstens heiß ... Einen Vorgeschmack dessen, was folgen sollte, erhielten wir akustisch von dem, was um uns vorging: das Klatschen von Hieben und dann das langgezogene, unterdrückte Heulen der Kempeitai-Opfer. Zu Anfang ging das uns beiden rasend auf die Nerven.»[142]

Ein anderes Opfer japanischer Folterknechte kam nur dazu, vor seinem Tode Erinnerungsfetzen im Telegrammstil zu notieren: «Wer festgenommen: Erste Frage, mit wem Geschlechtsverkehr. Dann die festgenommen ... Angebunden an Füßen – Kopf herunter – Wasser – Kopf hinein ... In Sack genäht ... halb erstickt. Würgen ... Einer schrie immer, was mit ihm gemacht

142 Ivar Lissner, a. a. O., S. 325 ff.

werde. Jeden Abend nach dem Essen fürchterlich mit riesigen Stöcken – Rücken ein Blutfeld – ‹Jetzt würgt er mich› ... ‹jetzt Taschentuch in Mund› ... dann nicht mehr sprechen gehört. Die anderen hörten alles. Dunkelhaft, Schwindsucht, Tuberkulose, Skabies (Krätze).»[143]

Die Torturen, denen die Angehörigen der Gruppe «Ramsay» in den japanischen Verliesen ausgesetzt waren, lassen sich heute nur noch bruchstückartig erfassen. Bis zum Kriegsende drangen aus den Zuchthauszellen, Kerkern, Konzentrationslagern und aus den streng verschlossenen Gerichtssälen kaum Nachrichten an die Außenwelt. Erst intensive Nachforschungen nach 1945 brachten etwas Licht in das Dunkel, mit dem die japanischen Imperialisten besonders diese Verbrechen an wehrlosen Gefangenen für immer hatten umgeben wollen. Um so wichtiger ist es, die Untersuchungsergebnisse einmal chronologisch zu skizzieren.

16. Mai 1942: Dr. Richard Sorge, Max Christiansen-Clausen, Dr. Hozumi Ozaki, Yotoku Miyagi, Branko Vukelić, Kinkazu Saionji und Ken Inukai werden unter der Beschuldigung, Spionage betrieben zu haben, in Tokyo angeklagt. Von vornherein werden die Prozesse voneinander getrennt und unter Ausschluß der Öffentlichkeit geführt.

15. Dezember 1942: Yoshio Kawamura, der am 31. März 1942 in Schanghai verhaftet und unverzüglich nach Tokyo gebracht worden ist, stirbt nach schweren Folterungen in einem Kerker der japanischen Geheimpolizei.

29. Januar 1943: Ein japanisches Gericht verurteilt Max Christiansen-Clausen, seine Frau Anna und Branko Vukelić. Der Staatsanwalt fordert für Max Christiansen-Clausen und auch für Branko Vukelić die Todesstrafe. Das Urteil der Richter lautet: lebenslängliche Haft. Im Falle von Max Christiansen-Clausen beantragt der japanische Staatsanwalt Revision des Urteils. Branko Vukelić wird in ein Konzentrationslager eingeliefert.

2. August 1943: Nach unbeschreiblichen Torturen wird Yotoku Miyagi von seinen japanischen Kerkermeistern ohne Urteil umgebracht. Sein Tod wird vor seinen Mitstreitern geheimgehalten.

29. September 1943: Dr. Richard Sorge und Dr. Hozumi Ozaki werden von einem Tokyoter Distriktgericht zum Tode durch Erhängen verurteilt. Beide reichen ihre moralisch und juristisch begründeten Einsprüche gegen dieses Terrorurteil beim Obersten Berufungsgericht ein.

Aus dem Munde des Germanisten Dr. phil. Tosiro Ueda vernimmt Richard Sorge das Todesurteil. Dr. Ueda, der nach dem zweiten Weltkrieg ordentlicher Professor an der Universität Hitotsubashi zu Tokyo wurde, ließ uns wissen: «Bei der Urteilsverkündung, die ich auf Deutsch übersetzte, machte der Angeklagte Dr. Sorge einen gefaßten, ganz ruhigen Eindruck auf mich.»

Januar 1944: Der japanische Oberste Gerichtshof lehnt nacheinander die Einsprüche von Dr. Sorge und Dr. Ozaki ab und bestätigt ausdrücklich die ausgesprochenen Todesstrafen.

Max Christiansen-Clausen wird in einem Revisionsverfahren erneut zu lebenslanger Haft verurteilt.

August 1944: Dr. Richard Sorge und Dr. Hozumi Ozaki liegen bereits den achten Monat in ihren Todeszellen, gewissermaßen am Rande des Grabes. Sie erwarten stündlich ihre Hinrichtung. Das japanische Außenministerium fordert den SD-Beauftragten bei der deutschen Botschaft in Japan, SS-Obersturmbannführer Meisinger, auf, mit dem Todeskandidaten Sorge ein letztes Gespräch zu führen. Meisinger ist den Japanern bei der Beschaffung von Belastungsmaterial gegen Richard Sorge behilflich gewesen. Der SD-Beauftragte für Japan lehnt das Besuchsangebot jedoch ab und schickt lediglich den Botschaftsdolmetscher zu dem Verurteilten. Dolmetscher Hamel berichtet anschließend in der Botschaft über Dr. Sorge: «Er machte den Eindruck eines Mannes, der stolz ist, sein großes Werk getan zu haben, und der sich nun darauf vorbereitet, den Schauplatz seines Wirkens zu verlassen... Er bekennt sich freimütig und nicht ohne Triumph zu seinen Taten.»[144]

7. November 1944: Nach seinem Kampfgefährten Dr. Hozumi Ozaki wird als erster Europäer in Japan Dr. Richard Sorge im Sugamo-Zuchthaus am Galgen erdrosselt. Botschafter Stahmer, der darum gebeten hat, wird von der japanischen Regierung mündlich benachrichtigt, daß die Hinrichtung vollzogen ist. Keine der führenden japanischen Zeitungen, geschweige denn irgendeine Nazizeitung, erwähnt auch nur mit einer Zeile dieses Verbrechen gegen die Menschlichkeit.[145]

143 Ebenda, S. 332.
144 Zitiert nach «Der Spiegel», Hamburg, vom 3. Oktober 1951, S. 41.
145 Die Tokyoter National Diet Library teilte in ihrem Schreiben vom 9. November 1964 an den Autor mit, daß keine der drei damals führenden japanischen Zeitungen («Asahi», «Mainichi» und «Yomiuri») über die Hinrichtung hatte berichten dürfen.

愛情はふる星のごとく

獄中から妻と娘への手紙

尾崎秀実著

«Liebe − strahlend wie die Sterne»: Unter diesem Titel wurden nach dem Kriege die Briefe herausgegeben, die Hozumi Ozaki im Kerker an seine Frau und seine jüngste Tochter geschrieben hatte

Ishii Hanako, Richard Sorges japanische Lebensgefährtin, betonte: «Er hatte es schwer. Niemand von uns, seinen Nächsten, wußte ganz, wie schwer er es hatte. Er war ein wirklicher Kämpfer.»

Der Hinrichtung um 10.36 Uhr war folgendes vorangegangen: «Am frühen Morgen öffnete der Zuchthausleiter die Tür zur Todeszelle 20 im ersten Stock des Flügels Nummer 2 und vergewisserte sich sachlich, ob der Name des Häftlings wirklich Richard Sorge sei. ‹Ja, ich bin Richard Sorge.› Der Häftling erhob sich von seinem Hocker vor dem Brettertisch. ‹Wie alt sind Sie?› ‹Neunundvierzig.› Der Zuchthausdirektor hielt sich an das vorgeschriebene Zeremoniell, bestätigte Sorges Anschrift inTokyo und beglaubigte offiziell, daß er, der zum Tode Verurteilte, persönlich vor ihm stehe, um sich dann noch einmal zu verbeugen, wie das Zeremoniell es vorsieht. ‹Man hat mich beauftragt›, verkündete er, ‹Ihnen mitzuteilen, daß das gegen Sie ausgesprochene Todesurteil auf Anordnung des Justizministers Baron Iwamura heute vollstreckt werden soll ... Man erwartet von Ihnen, daß Sie ruhig sterben.› Wieder die traditionelle Verbeugung, auf die Sorge mit einem Kopfnicken antwortet. ‹Möchten Sie noch irgendwelche Wünsche äußern?› fragte der Zuchthausdirektor. ‹Nein, meinen Letzten Willen habe ich niedergeschrieben.› ‹In diesem Falle bitte ich Sie, mir zu folgen.› ‹Ich bin bereit›, erwiderte Sorge ruhig. Sorge wurde über einen Hof in einen engen Steinschuppen geführt. Hier erwarteten ihn der Staatsanwalt, der Henker und der buddhistische Geistliche. Richard Sorge stellte sich selbst unter den Galgen auf die Falltür. Er hob die Faust zum Rotfront-Gruß und rief: ‹Es lebe die Sowjetunion! Es lebe die Rote Armee!›»[146]

Ebenso wie in dem Ermittlungsverfahren und bei dem Prozeß gegen Richard Sorge kommt es also auch bei seiner Hinrichtung zu einer schwerwiegenden Verletzung der japanischen Gesetze: Kein diplomatischer Vertreter jenes Landes, dessen Staatsbürger er ist, darf – obwohl in Japan geltende Gesetze das ausdrücklich vorschreiben – anwesend sein. Die Henker und ihre Auftraggeber fürchten sich vor der Reaktion der Sowjetunion, den Protesten aus den Staaten der antifaschistischen Koalition. Schon jetzt sitzt Ministern und Generalen, Staatsanwälten und Richtern die Angst im Nacken, für ihre Verbrechen einmal zur Verantwortung gezogen zu werden. So läßt die kaiserliche Regierung nur eine lakonische Mitteilung über die Hinrichtung der beiden Friedenskämpfer in dem für den Dienstgebrauch der japanischen Staatsbürokratie gedruckten Amtsblatt zu.

146 Zitiert nach «Neues Leben», Moskau, vom 30. September 1970.

13. Januar 1945: Japanische KZ-Wächter bringen den jugoslawischen Kommunisten Branko Vukelić im Kerker von Abashiri auf Hokkaido um.

27. Februar 1945: Der Wissenschaftler Sumio Funakoshi, der zu zehn Jahren Kerker verurteilt worden ist, stirbt an den Folgen erlittener Mißhandlungen.

22. März 1945: Ein weiterer Kampfgefährte Dr. Sorges, der Japaner Shige Mizuno, zu dreizehn Jahren verschärften Kerkers abgeurteilt, stirbt auf Grund fortgesetzter Folterungen in der Haft.

So ließen die herrschenden faschistischen Kreise Japans ihre Wut an denen aus, die ihnen wehrlos ausgeliefert waren. Doch die Stunden der Würger waren bereits gezählt. Am 26. Juli 1945 hatten die Teilnehmerstaaten der Potsdamer Konferenz das Kaiserreich Japan aufgefordert, wie Deutschland bedingungslos zu kapitulieren. Die japanische Regierung ignorierte jedoch diese ernste und letzte Mahnung. So setzten die Streitkräfte der antifaschistischen Koalition zum Sturm auf die verbliebenen Bastionen der japanischen Militaristen an. Unter der Wucht des anglo-amerikanischen Vormarsches in Ostasien, vor allem aber unter den Schlägen des chinesischen Volkes und der verbündeten Roten Armee der Sowjetunion sah sich die kaiserlich-japanische Regierung schon am 10. August 1945 gezwungen, selbst ein Kapitulationsangebot zu unterbreiten, vier Tage darauf die bedingungslose Kapitulation zu unterzeichnen und bis zum 24. Oktober ihre Streitkräfte entwaffnen zu lassen.

Das japanische Volk stand vor einem unbeschreiblichen Chaos. Die Kriegspolitik der Herrschenden, die von der Gruppe «Ramsay» so nachhaltig und weitsichtig bekämpft worden war, hatte dem japanischen Volk schwere Verluste eingebracht: 300 000 Zivilpersonen und 1,5 Millionen Soldaten und Offiziere waren getötet worden. Zwei japanische Großstädte lagen, durch Atombomben zertrümmert, in Schutt und Asche. Auch an anderen Orten waren unter dem Bombenhagel eine Million Wohnhäuser dem Erdboden gleichgemacht worden. Nahezu die Hälfte des Nationalvermögens hatte der achtjährige Krieg gekostet, der 1937 mit dem Überfall auf China begonnen worden war. Dreißig Prozent der Industriekapazität Japans mußten als vernichtet registriert werden.[147]

147 Siehe Sándor Radó, Welthandbuch, Budapest 1962, S. 635.

Grab des Helden der Sowjetunion Dr. Richard Sorge

Gedenkstein für die Gruppe «Ramsay» auf dem Tama-Friedhof bei Tokyo

Der Mahn- und Gedenkstein für Dr. jur. Hozumi Ozaki in Tokyo

Die Zellen, in denen die Friedenskämpfer unsagbare Qualen erlitten hatten, waren mit japanischen Kriegsverbrechern gefüllt, die ihrer Bestrafung entgegensahen. Die Hauptkriegsverbrecher wurden vor das Internationale Militärtribunal in Tokyo zitiert. Die Völker saßen über die Aggressoren auch in Asien zu Gericht.

Das Urteil gegen diese Verbrecher, auch gegen jene, die es gewagt hatten, Dr. Sorge und seine Mitstreiter so unmenschlich zu behandeln, fiel hart, aber gerecht aus.

Der einstige Ministerpräsident Fürst Konoe, der den Überfall auf China gebilligt und im Jahre 1937 den Krieg vom Zaun gebrochen hatte, in dessen letzter Amtsperiode die Festnahmedirektiven gegen die Angehörigen der Gruppe «Ramsay» erteilt worden waren, entzog sich schuldbewußt der Verantwortung, indem er Gift schluckte.

Der frühere Ministerpräsident General Hideki Tojo, dessen Kabinett die Terrorurteile gegen Dr. Sorge und seine aktivsten Mitarbeiter veranlaßt und gebilligt hatte, wurde vom Internationalen Militärgerichtshof als Hauptkriegsverbrecher abgeurteilt und endete 1948 ehrlos am Galgen. Dieser Tojo war übrigens 1937 Polizeichef und danach Stabschef der Kwantungarmee gewesen und bereitete als Vizekriegsminister die antisowjetischen Provokationen der Jahre 1938 und 1939 mit vor.

Der ehemalige Ministerpräsident General Kuniaki Koiso, in dessen Amtszeit die Todesurteile gegen Richard Sorge und Hozumi Ozaki vollstreckt und andere Angehörige der Sorge-Gruppe widerrechtlich ermordet worden waren, wurde für den Rest seines Lebens in ein Zuchthaus gesteckt und starb dort 1950 – von der Masse des japanischen Volkes verachtet.

Auch der frühere Justizminister Baron Michiyo Iwamura, der für die Verhaftung der Kundschafter des Friedens und für ihre Verurteilung maßgeblich mit verantwortlich war, hatte eine langjährige Zuchthausstrafe abzusitzen.

Die Angehörigen der Gruppe «Ramsay», die gerade noch rechtzeitig aus der Haft befreit und somit ihren Henkern entrissen werden konnten, suchten sofort nach Kriegsende die sterblichen Überreste Dr. Sorges. Ishii Hanako, Richards japanische Lebensgefährtin, fand schließlich erste Spuren. Nach der Hinrichtung hatten die Würger den Körper des Toten in einem Massengrab direkt auf dem Hof des Sugamo-Zuchthauses eingescharrt. Frau Hanako mußte viele Anträge stellen, mit Behörden ringen und sich sogar gegen die US-amerikanische Besatzungsmacht durchsetzen, bevor sie endlich die Erlaubnis bekam, Richard Sorge umbetten zu lassen. Der Leichnam wurde geborgen, dann verbrannt und in Anwesenheit der engsten Freunde und Mitstreiter dieses Helden auf dem Friedhof Tama beigesetzt.[148]

Seitdem wird das Gewissen der Menschen in Ost und West, in Nord und Süd aufgerüttelt von den wenigen Worten über einen unbeugsamen Kommunisten, die in grauen Granit gemeißelt wurden:

> *Hier ruht ein Held,*
> *der sein Leben hingab im Kampf gegen den Krieg,*
> *für den Frieden auf der ganzen Welt.*
> *Geboren 1895 in Baku,*
> *1933 nach Japan gekommen,*
> *1941 verhaftet,*
> *hingerichtet am 7. 11. 1944.*

148 Siehe «Prawda», Moskau, vom 4. September 1964; «Die Presse der Sowjetunion», Berlin, Nr. 106/1964.

Nach Jahrzehnten: Das große Wie

General Willoughby schießt daneben

Als die Truppen der USA im Herbst 1945 in Tokyo einmarschierten, konnte man neben ihrem Oberkommandierenden in Fernost, General MacArthur, den dreiundfünfzigjährigen US-Generalmajor Charles Andrew Willoughby sehen. Willoughby, ein gebürtiger Deutscher, den man in den USA erst 1910 naturalisiert hatte, war der verantwortliche Geheimdienstchef im Stabe MacArthurs.[1] Man hätte eigentlich annehmen müssen, Willoughbys große Stunde sei nun gekommen. Er hatte nicht nur vier Jahre lang Belastungsmaterial gegen die japanischen Kriegsverbrecher zu sammeln gehabt, sondern jetzt auch die Möglichkeit bekommen, die letzten Schuldigen zu suchen und durch Militärtribunale und Gerichte zur Rechenschaft ziehen zu lassen. Doch Willoughby interessierte das wenig. Statt dessen machte sich dieser rechtsradikale Geheimdienstler – den Direktiven bestimmter Washingtoner Kreise entsprechend – mit Feuereifer daran, nachträglich die Tätigkeit der Gruppe «Ramsay» zu untersuchen, die der Sowjetunion so wichtige Informationen geliefert und damit ihren Teil zum Sieg der Antihitlerkoalition beigetragen hatte. Willoughby recherchierte dabei nicht nur gegen Staatsbürger der Sowjetunion, die damals mit den USA verbündet war, sondern auch gegen deutsche, jugoslawische und japanische Antifaschisten. Er vernachlässigte seine wichtigsten dienstlichen Obliegenheiten, nur um bei den Rechtsextremisten im Washingtoner Kriegsministerium als absolut zuverlässiger Kommunistenhasser zu gelten.

Der Monopolist James Vincent Forrestal hatte sich nach Beendigung des zweiten Weltkrieges sogleich gegen jede Abrüstung der USA, gegen die Umstellung der nordamerikanischen Industrie auf eine Friedenswirtschaft gestellt und war im Weißen Haus dafür eingetreten, die Sowjetunion mit Atombombendrohungen zu erpressen. Forrestal gehörte zum äußersten rechten

Er haßte Sorge und förderte nach 1945 japanische Altfaschisten: US-Geheimdienstgeneral Charles Andrew Willoughby

Flügel der herrschenden Kreise. Da seine Politik wenig populär war, versuchte er, das Schreckgespenst des Kommunismus zu strapazieren. Als Kriegsminister der USA forderte er zu diesem Zweck auch von Willoughby entsprechendes «Material» an. Hier sei gleich vorweggenommen, daß dieser Kriegsminister schließlich ein Opfer der von ihm selbst geschürten Hysterie wurde. 1949 beging Forrestal im Zustand des Irreseins Selbstmord.

Von diesem Mann hatte Willoughby den Auftrag bekommen, ausgerechnet aus den Unterlagen der verruchten Kempeitai – aus angekohlten Akten und aus Übersetzungen – einen Bericht zusammenzustellen, der

erstens beweisen sollte, daß der konsequente Antikriegseinsatz der Sorge-Gruppe Spionage gewesen sei, daß alle Kommunisten Agenten Moskaus seien; und in dem

zweitens die Arbeitsmethoden der Gruppe «Ramsay» daraufhin untersucht werden sollten, welche Erfahrungen sich für das

---

1 US-Generalmajor Charles A. Willoughby war von 1939 bis 1951 Geheimdienstchef bei US-General Douglas MacArthur. Er befand sich während dieser Zeit, das heißt vom zweiten Weltkrieg bis zum Überfall auf die Koreanische Demokratische Volksrepublik, stets im Fernen Osten. 1951 wurden MacArthur und Willoughby sogar vom Präsidenten der USA Harry Truman gleichzeitig abberufen, weil sich beide weit über ihre Kompetenzen hinaus blindwütig dafür eingesetzt hatten, die Sowjetunion mit Hilfe amerikanischer Kernwaffen politisch zu erpressen.

Ausbildungsprogramm der Agentenarmee der USA gewinnen ließen.[2]

Die Untersuchungen Willoughbys und seines großen Arbeitsstabes kosteten die Steuerzahler der USA 150000 Dollar, damals also rund 600000 Mark. Zum Vergleich sei erwähnt, daß die Gruppe «Ramsay» in den Kriegsjahren 1937 bis 1941, also in achtundfünfzig Monaten, nur 40000 Dollar verbraucht hatte.

Was Willoughby schließlich für den fast vierfachen Aufwand vorlegte, war außerordentlich dünn: ein antikommunistisch gefärbter Bericht für ein Washingtoner Kongreßkomitee von Hexenjägern.[3] Diese mit Staatsgeldern erworbenen dürftigen Kenntnisse und die Akten, die er als Generalstabsoffizier der USA erbeutet hatte, verkaufte Willoughby gleichzeitig auf eigene Rechnung. Dem Buch gab er in den einzelnen Auflagen die für sich sprechenden Titel «Sorge, der sowjetische Meisterspion» beziehungsweise «Die Schanghaier Konspiration». Dieses Machwerk wurde in den USA zu einer Waffe im kalten Krieg gegen die Sowjetunion und die anderen sozialistischen Staaten. Willoughby hatte das Manuskript zu einer Zeit verfaßt, da viele japanische Faschisten rehabilitiert wurden, da die USA offiziell die Suche nach japanischen Kriegsverbrechern eingestellt hatten und ein Bündnis zwischen dem amerikanischen Militär-Industrie-Komplex und der japanischen Reaktion zustande kam.

Während der Geheimdienstgeneral des Pentagons gegen den sowjetischen Helden Dr. Sorge loslegte, kommentierte der Altfaschist und Nazibotschafter Stahmer aus der BRD den gegen die Sowjetunion und die Völker Asiens gerichteten amerikanisch-japanischen Bündnisvertrag: «Die Revision der Folgen der amerikanischen Besatzungspolitik durch die Japaner setzte bereits im Mai 1951 ein, als der amerikanische Oberbefehlshaber gestattete, daß die Tokyoter Regierung alle Gesetze und Kabinettsorders zwecks Überprüfung bzw. Korrektur oder Beseitigung durchsehen dürfe, die auf amerikanische Weisung herausgegeben werden mußten. Eine siebenköpfige japanische Kommission machte sich an die Arbeit. Das Ergebnis ist eine lange Liste. Manche sogenannte Reformen sind seitdem verändert und besonders nach der Rückgewinnung stärkerer japanischer Souveränität im Frühjahr 1952 gefallen. Laufend werden Listen veröffentlicht, nach denen sogenannte Militaristen und Kriegsverbrecher die vollen bürgerlichen Ehrenrechte zurückerhalten. Unter den aufgeführten Namen finden sich nicht selten diejenigen von den Amerikanern Hingerichteter wie die Generäle Homma und Yamashita. Homma war zeitweiliger Oberbefehlshaber auf den Philippinen und Yamashita ... der Eroberer von Singapur. Die japanische Regierung erklärte, daß die Generäle keine Verbrechen begangen hätten. Japanische Frontkämpfer gründeten ein Komitee zur nachträglichen Rehabilitierung und Ehrung General Yamashitas. Es war ein erfreuliches Zeichen amerikanischer Einsicht, daß der damals – April 1952 – kommandierende Oberbefehlshaber General Ridgway dieses Vorhaben persönlich billigte.»[4]

Wie man sieht, begannen sich die Ansichten der reaktionären deutschen und der japanischen Altfaschisten sowie der Ultras in den USA immer mehr zu decken. Man sprach von «erfreulichen Zeichen» und machte aus völlig zu Recht abgeurteilten Kriegsverbrechern «sogenannte». Parallel dazu steigerte sich die antikommunistische Hetze. Dem antisowjetischen Ziel seines Buches opferte Willoughby die Wissenschaftlichkeit seiner Untersuchung, so daß man ihm bescheinigen muß, daß er für die politische Einschätzung der Gruppe «Ramsay» nur Unwesentliches zusammengetragen hat.

Beispielsweise verwendete der US-General mehrere Seiten dafür, einige Erkennungsdialoge wörtlich wiederzugeben, die Dr. Sorge und seine Kuriere benutzt hatten, um die Echtheit der Gesprächspartner zu prüfen. Ganz erstaunt zeigte er sich, daß diese gegenseitige Prüfung auch mit zwei gängigen Banknoten erfolgt war, die fortlaufend hatten numeriert sein müssen und von denen jeder eine als Erkennungszeichen zum vereinbarten Treffen mitgebracht hatte.[5] Eine ebenso kindliche Verwunderung spricht aus den Zeilen des Washingtoner Geheimdienstlers, als er dann

2 Allen Welsh Dulles, von 1953 bis 1961 Chef der Central Intelligence Agency (CIA) der USA, schrieb in diesem Zusammenhang: «Das gibt dem angehenden Offizier eine Vorstellung von den vielen unberechenbaren Elementen ... Bis ins kleinste Detail wird er die neuere Geschichte der Abwehr und der Geheimdienste verfolgen und die Ursachen für Erfolg und Mißerfolg mit gleichem Eifer studieren. Wie gelang es ... Sorge und anderen bekannten Spionen, so lange unerkannt zu bleiben ...? ... Aus diesem methodischen Studium gewinnt der Anfänger ... gewisse Eindrücke.» Allen Welsh Dulles, Im Geheimdienst, Düsseldorf/Wien 1963, S. 241.
  Und John Edgar Hoover, der Chef des Bundeskriminalamtes (FBI), der Spionageabwehr und der Gegenspionage der USA, betonte unter diesem Gesichtspunkt: «Vielleicht war der allergrößte Spionageoperationserfolg im zweiten Weltkrieg jener der Gruppe in Japan, die unter der Leitung von Dr. Richard Sorge, einem methodischen deutschen Kommunisten, stand.» In: Encyclopaedia Americana, Bd. 10, New York 1966, S. 504f.
3 Siehe Hearings on American aspects of the Richard Sorge spy case. In: Hearings before the Committee on Un-American Activities, Washington 1951.
4 Heinrich Georg Stahmer, Japans Niederlage – Asiens Sieg, Bielefeld 1952, S. 188.
5 Siehe Charles A. Willoughby, Shanghai Conspiracy, New York 1952, S. 70.

schildert, daß sich die Gruppe «Ramsay» bei der Festlegung der Funkzeiten zeitweilig der ersten vier Wörter des deutschen Sprichwortes «Morgenstunde hat Gold im Munde» bedient hatte. Diese leicht einzuprägenden Wörter waren folgendermaßen genutzt worden:

Wochentag	Anfang des Sprichwortes, senkrecht angeordnet		
Montag	M	T	T
Dienstag	O	U	G
Mittwoch	R	N	O
Donnerstag	G	D	L
Freitag	E	E	D
Sonnabend	N	H	I
Sonntag	S	A	M

Für Mittwoch zum Beispiel wurde im Funkverkehr «RNO» verwendet. Wenn «MTT 27» gefunkt wurde, so bedeutete das, daß die nächste Durchgabe am 11. des Monats um 16 Uhr (11 + 16 = 27) zu erwarten war. Da der Empfänger der Chiffre «MTT» als Montag entschlüsseln konnte, war er in der Lage, das betreffende Datum des Montags (in unserem Falle den 11. des Monats) von der Summe 27 abzuziehen, und bekam so die Sendezeit (16 Uhr).

Das hielt dieser Geheimdienstgeneral für die große Offenbarung.

Willoughby stellte dann noch ein paar Regeln zusammen, die Dr. Richard Sorge in seiner Gruppe durchzusetzen verstanden hätte und die nach Willoughby zum Erfolg der Kundschaftertätigkeit beigetragen hätten:

1. Alle Mitglieder der Gruppe mußten aus Gründen der Tarnung einen Beruf ausüben, der keinen Verdacht erregte.
2. Nach jedem Funkspruch war die Verschlüsselungsgrundlage zu wechseln.
3. Kein Angehöriger der Gruppe durfte Kontakt zu Personen haben, von denen bekannt war, daß sie Kommunisten waren oder daß sie mit der kommunistischen Partei sympathisierten.

4. Nach jedem Funkspruch mußte das Funkgerät zerlegt werden. Die Einzelteile wurden getrennt aufbewahrt.

5. Treffs mit Kurieren der Moskauer Zentrale durften nur unter strengster Beachtung der Konspiration stattfinden, wobei zum Beispiel nie ein Familienname gebraucht wurde.

6. Jeder Angehörige der Gruppe trug einen Decknamen (Sorge – Ramsay, Ozaki – Otto oder Invest, Miyagi – Joe oder Intelli, Max Christiansen-Clausen – Fritz, Koshiro – Miki, Shinozuka – Spezialist und so weiter). Bei Funksprüchen und in bestimmten Gesprächen durften selbst die richtigen Vornamen nie genannt werden.

7. Auch alle Orts-. und Quellenbezeichnungen waren zu verschlüsseln. Die Gruppe verwendete beispielsweise an Stelle von Wladiwostok das Wort «Wiesbaden», an Stelle von Moskau «München».

   Bei Sorges Angaben über die Quelle seiner Meldungen bedeuteten beispielsweise «Marta» der deutsche Militärattaché in Tokyo, «Paula» der deutsche Vizeadmiral Wennecker, «White Bottle» die deutsche Kriegsmarine, «Grün» Japan und «Green Box» japanische Armee, «Mak» Matsuoka.

8. Alle Schriftstücke und Dokumente, die belastend sein könnten, waren zu vernichten, sobald sie nicht mehr benötigt wurden.

Diese Details, denen Willoughby viel Aufmerksamkeit widmete, sind selbstverständlich nicht uninteressant. Da aber der sowjetische Kundschafter Dr. Sorge für den Geheimdienstgeneral der USA lediglich ein «konspiratives Genie» war, schoß Willoughby am Wesen des Einsatzes der Gruppe «Ramsay» gehörig vorbei. Ja, selbst auf die sich aufdrängende Frage, warum Richard Sorge, der in Deutschland aktiv als Kommunist gewirkt hatte, in Japan unter seinem richtigen Namen aufgetreten war, konnte er keine Antwort geben.

Im Zusammenhang mit Dr. Sorges Erlebnissen im Jahre 1933 wurde diese Frage beantwortet. Und an verschiedenen Stellen dieses Buches ist deutlich geworden, daß Richard Sorge die Konspiration zwar meisterhaft beherrschte, sie aber weder für einen Lebens- noch für Selbstzweck hielt, sondern sie stets nur als ein Mittel betrachtete, seine hochpolitischen und militärisch bedeutsamen Kundschafteraufträge möglichst ungehindert erfüllen zu können. Er war also weit mehr als bloß ein «konspiratives Genie». Diese Erkenntnisschwelle hat der langjährige US-Geheim-

HEARINGS ON AMERICAN ASPECTS OF THE RICHARD SORGE SPY CASE

(Based on testimony of Mitsusada Yoshikawa and Maj. Gen. Charles A. Willoughby)

HEARINGS

BEFORE THE

COMMITTEE ON UN-AMERICAN ACTIVITIES HOUSE OF REPRESENTATIVES

EIGHTY-SECOND CONGRESS

FIRST SESSION

AUGUST 9, 22, AND 23, 1951

Printed for the use of the Committee on Un-American Activities

UNITED STATES
GOVERNMENT PRINTING OFFICE
WASHINGTON : 1951

dienstchef für Fernost, Charles A. Willoughby, offensichtlich nie zu überschreiten vermocht.

Zur selben Zeit, da Dr. Sorge Spitzenmeldung auf Spitzenmeldung mitten aus der Hochburg des japanischen Imperialismus an seine Zentrale funken ließ, verfügten das faschistische Deutschland und andere imperialistische Staaten in Japan über sorgfältig ausgebildete, sehr genau instruierte und fürstlich besoldete Agenten. Zwar wurden viele von ihnen Opfer der höchst mißtrauischen Kempeitai. Dennoch vermochten einige durch die Maschen des japanischen Geheimdienstes zu schlüpfen. Aber keiner war fähig, die jeweilige politische, ökonomische und militärische Situation des japanischen Aggressors ständig so exakt und zutreffend einzuschätzen wie die Gruppe «Ramsay» unter Sorges Führung.

Diese Tatsache mußte der Geheimdienstgeneral Charles A. Willoughby – wenn auch sehr widerwillig – 1951 in einem Kreuzverhör zugeben und dabei auch sein eigenes Versagen eingestehen. Darüber gibt es folgendes Protokoll:

Mr. VELDE. General, where were you stationed at the time of the attack on Pearl Harbor?

General WILLOUGHBY. I was stationed in Manila, in the same job that I have been holding for the last 13 years, namely, MacArthur's intelligence officer. So, of course, this type of information was of vital importance to us. We were the outpost of America, and we were seeking desperately every clue, every nuance of public or other repertorial opinion, in order to determine how close this menace would come. And therefore it is an acute perception in these particular months of the year or period of the year 1941 that I am talking about.

Mr. VELDE. But you had no idea at that time that Japan would attack Pearl Harbor?

General WILLOUGHBY. This cannot be answered by a clear-cut "yes" or "no." We had assayed, appraised, examined the position of Japan and their potential, and we knew that some movements had taken place on the Chinese mainland. But the final decisive report, like Sorge rendered to his master, Russia—he was not available to us, you see, in anything of that quality.

Zu deutsch:

«Verhöre zu den amerikanischen Aspekten des Richard-Sorge-Spionagefalles

(Auf der Grundlage der Zeugenaussagen von Mitsusada Yoshikawa und Generalmajor Charles A. Willoughby)

Verhöre vor dem

Untersuchungsausschuß gegen unamerikanische Tätigkeit

Repräsentantenhaus

82. Kongreß 1. Sitzung

9., 22. und 23. August 1951

Gedruckt für den Gebrauch des Untersuchungsausschusses gegen unamerikanische Tätigkeit

Vereinigte Staaten

Regierungsdruckerei

Washington, 1951

...

Herr VELDE: General, wo waren Sie zum Zeitpunkt des Überfalls auf Pearl Harbor stationiert?

General WILLOUGHBY: Ich war in Manila stationiert, in der gleichen Funktion, die ich während der letzten dreizehn Jahre innehatte, nämlich als Geheimdienstoffizier von MacArthur. Natürlich war eine so geartete Meldung für uns von lebenswichtiger Bedeutung. Wir waren der Außenposten Amerikas und suchten verzweifelt nach jedem Hinweis, nach jeder auch nur geringsten Spur in der Öffentlichkeit und in Berichten, um festzustellen, wann diese Gefahr drohen würde. Und deshalb ist das ein entscheidendes Problem dieser außergewöhnlichen Monate des Jahres beziehungsweise dieser Periode des Jahres 1941, über die ich aussage.

Herr VELDE: Aber Sie hatten keine Ahnung, daß zu dieser Zeit Japan Pearl Harbor angreifen würde?

General WILLOUGHBY: Das kann nicht mit einem klaren ‹Ja› oder ‹Nein› beantwortet werden. Wir haben die Haltung Japans und sein Potential analysiert, eingeschätzt und geprüft und wußten, daß einige Truppenbewegungen auf dem chinesischen Festland vor sich gegangen waren. Aber die letzte entscheidende Meldung, wie sie Sorge seinen russischen Auftraggebern übermittelt hat, stand uns in irgendwie vergleichbarer Qualität nicht zur Verfügung.»

Der in der BRD lebende Schriftsteller Hans Hellmut Kirst, der über das Leben und die Tätigkeit Richard Sorges ein Gemisch von Unwahrheiten, Halbwahrheiten und Wahrheiten zusammenschrieb, erreichte trotzdem folgenden Erkenntnisstand: «Aber ein Sorge ging viel weiter: Er studierte die Geschichte Japans, er versuchte Eingang in das zwiespältige, schwer durchschaubare Wesen der Japaner zu finden, er war bemüht, die verschiedenartigen kulturellen Strömungen des Landes genau auszuloten. Er war Spion und Forscher zugleich – selbst seine Feinde gestanden ihm bewundernd zu, daß er unter allen Weißen der unbestritten beste Kenner Japans war... Sorge verachtete die emsige Ameisenarbeit der blindwütigen Nachrichtensammler. Er selbst speicherte auf, sichtete und wertete aus. Er setzte kein Mosaik zusammen, er gab eine Analyse... Er hat niemals Gewalt angewendet, ... ist nicht durch Fenster gestiegen und hat keine Panzerschränke geknackt oder Akten gestohlen – er hatte alles das gar nicht nötig... Wenn Sorge ein Spion erster Klasse war, dann nicht zuletzt, weil ihm als Nachrichtenmann in seiner Umgebung keiner das Wasser reichen konnte. Er hat den Wust der wilden, unüberprüfbaren Meldungen der streunenden Herden von Geheimagenten ad absurdum geführt. Er hat gesichtet, geordnet, ausgewählt. Und diese Goldwäscherei war einfach unbezahlbar.»[6]

Wie man sieht, erkannte Kirst nicht den grundsätzlichen Unterschied zwischen einem Kundschafter im Dienste des Friedens und einem Spion, der ausgesandt wird, um Aggressionen mit vorzubereiten. Obwohl auch er das Wesen von Dr. Sorges Auftrag noch nicht voll zu erfassen vermochte, ging Kirst in seinem Urteil doch schon weiter als der Geheimdienstgeneral Willoughby.

In diesem Zusammenhang sei darauf hingewiesen, daß das imperialistische Deutschland – sowohl in Japan als auch im eigenen Lande – über ganze Kompanien spezieller Japan- und Chinaforscher verfügte. Die deutschen Monopolherren geizten auf der Jagd nach Maximalprofiten nicht mit Sold für solche Asienkenner. Und SS-Brigadeführer Professor Dr. Franz Alfred Six koordinierte die politische Japanforschung mit straffer Hand. Seine Beauftragten sammelten natürlich nicht nur die Meldungen, sondern fertigten auch Fernost- und besondere Japananalysen an

6 Hans Hellmut Kirst, Die letzte Karte spielt der Tod, Wien/München/Basel 1955, S. 66 und S. 224.

und stellten entsprechende Prognosen auf, die sich in der Konsequenz sowie bei der Nutzanwendung allerdings als politisch falsch erwiesen.

Ebenso wie Deutschland verfügten auch die USA, Großbritannien und Frankreich, die Niederlande und Australien über Japaninstitute und über nicht wenige Ostasienkenner von internationalem Ruf. Mißt man mit dem unbestechlichen Maßstab, den die historischen Ereignisse liefern, so müssen diesen Institutionen und Forschern bei der Einschätzung der Lage im Fernen Osten wohl Fehler unterlaufen sein, sicherlich deshalb, weil sie dem Wunschdenken der herrschenden imperialistischen Kreise zu viele Zugeständnisse gemacht haben.

Ein ähnliches Bild ergibt sich auf dem militärischen Sektor. Die imperialistischen Staaten schickten durchaus keine Hohlköpfe als Militärattachés nach Japan. Im Gegenteil, auf diesen wichtigen Außenposten entsandten sie akademisch geschulte Stabsoffiziere, die sich in den Generalstäben besonders bewährt hatten. Großbritannien beorderte den ausgezeichneten Fernostkenner Generalmajor Francis S. Piggott nach Tokyo, das kaiserliche beziehungsweise faschistische Deutschland die Generalmajore Haushofer, Ott und Kretschmer, den Oberst im Generalstab Matzky, Vizeadmiral Wennecker sowie Generalmajor von Gronau. Sie alle sammelten offiziell und inoffiziell sämtliche nur erreichbaren Angaben und Informationen über die japanischen Streitkräfte, über deren Entwicklung und Operationsplanung. Selbstverständlich wurde dieses Material von ihnen auch analysiert. Trotz generalstäblerischer Genauigkeit zeigte es sich jedoch, daß diese Analysen im Grunde nicht zutreffend waren.

Auf ökonomischem Gebiet hatten sich deutsche Konzerne seit langem mit Ostasien beschäftigt. Sie schickten Experten und gewandte Marktanalytiker immer wieder in die fernöstlichen Gebiete, auch nach Japan. Schon Anfang der dreißiger Jahre hatte der berüchtigte Dr. Ilgner vom IG-Farben-Konzern China und Japan bereist. Ihm folgten der Konzernmanager von Kirschbaum und der preußische Staatsrat Wohlthat mit jeweils einem ganzen Schwarm ökonomischer und technischer Berater. Sie verfügten über direkte, teilweise seit vielen Jahren gepflegte Geschäftsbeziehungen zu japanischen Industriemonopolen und Bankkonzernen. Als geschätzte Geschäftspartner bekamen sie von den Japanern recht viele Auskünfte. Andere imperialistische Staaten unterhiel-

Am 29. Januar 1965 nahmen Frau Yoshiko Yamasaki-Vukelić und ihr Sohn Hiroshi Lawoslaw im Moskauer Kreml den Orden des Großen Vaterländischen Krieges 1. Klasse entgegen, der Branko Vukelić postum verliehen worden war

ten in Japan und China ebenfalls erfahrene Wirtschaftsbeobachter. Bei der prinzipiellen Beurteilung der Lage müssen auch sie, wie der Ablauf der Geschichte zeigt, allesamt fehlgegangen sein. Dagegen heißt es in dem Abschlußbericht der Sorge-Untersuchung in den USA, der auf dem Schreibtisch General MacArthurs landete, in prägnanter Kürze: «Sorge war imstande, die Sowjetunion *umfassend* über die militärischen, politischen und industriellen Absichten der Japaner von 1933 bis 1941 zu informieren. Die Rote Armee kannte immer den Status der jeweiligen japanischen Pläne und konnte ihre eigenen Pläne und Entscheidungen danach treffen.»[7]

7 Zitiert nach «Der Spiegel», Hamburg, vom 13. Juni 1951, S. 30. Siehe auch Sorge-Bericht. In: «Sputnik», Moskau, Nr. 1/1972, S. 167.

Wie man sieht, muß jeder zu Trugschlüssen gelangen, der nur von den konspirativen oder auch von den wissenschaftlichen Arbeitsmethoden Dr. Sorges ausgeht. Um ihn, sein Werk und seinen Auftrag wirklich zu begreifen, bedarf es noch gründlicherer Überlegungen.

Der Kernfrage noch näher als Kirst kam der Kieler Professor Dr. Freund, wobei – wie man sehen wird – die Betonung auf näher liegt. Freund schrieb: Dr. Sorge «war tatsächlich ein wissenschaftlicher Geist, von der Leidenschaft beherrscht, wahrhaft die Zusammenhänge zu durchschauen. Es war ein Dämon in ihm, der ihn hinter den Nachrichten herjagen ließ. Sorge wußte vor allem, daß man im Nachrichtenwesen (im Nachrichtendienst, im Journalismus, in der Zeitgeschichte) verloren ist, wenn man keine geschichtlichen und politischen Maßstäbe hat und wenn man sich nur an die Texte des Tages, die Papierschnitzel, die aufgeschnappten Worte, an das zufällige Gerede mit zufälligen Begegnungen hält. Man muß an die Fetzen, die man immer nur erhaschen kann, die Sonde des großen Zusammenhangs und der geschichtlichen und politischen Entwicklung anlegen.»[8]

Professor Freund führte einen imaginären Begriff, einen unfaßbaren «Dämon», ins Feld, weil er die «geschichtlichen und politischen Maßstäbe», die Richard Sorge meisterhaft zu handhaben gewußt hatte, entweder nicht beim Namen nennen konnte, durfte oder wollte. Diese Maßstäbe sind und bleiben das Geheimnis für Dr. Sorges Erfolge im Friedenskampf – ein Geheimnis, das eigentlich keins ist: Richard Sorge war ein begeisterter Kommunist, ein materiell wie ideologisch unbestechlicher Vorkämpfer des Fortschritts der menschlichen Gesellschaft, ein bewußter Gegner des Imperialismus und seiner Raubkriege. Dr. Sorge und die aktivsten Angehörigen der Gruppe «Ramsay» beherrschten die Lehre von Karl Marx, Friedrich Engels und Wladimir Iljitsch Lenin und handelten danach. Sie betrachteten den Marxismus-Leninismus als Richtschnur im internationalen Klassenkampf, für ihre Tätigkeit zum Wohle der Völker und der Menschheit.

An diesem Kern des Sorgeschen Einsatzes schoß der Geheimdienstgeneral Willoughby mit seinem Bericht vorbei. Diese politische Seite übersah auch der britische Geheimdienstler Cookridge, der zwar bestätigen mußte: «Sorge hatte bis zum letzten recht!», sich aber nicht traute, die entscheidende Ursache für die Erfolge beim richtigen Namen zu nennen. Davor verschlossen auch Hans

Der japanische Kommunist und Friedenskämpfer Teikichi Kawai (l.), der von 1931 bis 1941 an Richard Sorges Seite kämpfte, betont:

Zu deutsch: «Daß die Sorge-Gruppe jetzt noch einmal journalistisch behandelt wird und daß man den antifaschistischen Kampf von Sorge, Ozaki und anderen während des zweiten Weltkrieges erneut einschätzt, halte ich angesichts der heutigen internationalen Situation, die die Gefahr eines dritten Weltkrieges in sich birgt, für außerordentlich bedeutungsvoll. 2. 2. 1965 T. Kawai»

8 Michael Freund, Das Märchen vom Dr. Sorge. In: «Die Gegenwart», Frankfurt/Main, vom 11. Januar 1958.

Hellmut Kirst und Dr. jur. Meissner, die in der BRD Bücher über Richard Sorge verfaßten, die Augen. Und der Kieler Professor Freund umschrieb diese Erfolgsursache «vornehm und diskret», indem er einen überirdischen «Dämon» erfand. Sie und alle ihre Nacheiferer blieben bei der Einschätzung Dr. Sorges Gefangene bourgeoiser Klassenschranken. Sie erwiesen sich letztlich als Soldschreiber nicht nur einer Gesellschaftsordnung, die die Schuld für imperialistische Kriege trug und trägt, sondern auch jener Kräfte, die mehr als einmal ihre Unfähigkeit bewiesen haben, das reale Kräfteverhältnis in der Welt richtig zu beurteilen. Wer Spekulationen anstellt, statt sich auf tiefgründige Kenntnisse über die Gesetzmäßigkeiten der gesellschaftlichen Entwicklung zu stützen, darf sich eben nicht wundern, daß diese Spekulationen danebengehen. Auf diese Weise werden solche Schreiber auch weiterhin nur in die Irre laufen.

Diejenigen, die noch heute Dr. Sorge bewußt falsch einschätzen, gehören oftmals zu den Exponenten jener chauvinistischen Kreise, die nach 1933 die aggressive faschistische Achse Berlin – Rom – Tokyo geschaffen, gefördert und bejubelt haben, die sich die katastrophalen Folgen dieses Kriegsbündnisses damals gar nicht haben vorstellen können. Und gegenwärtig widmen sich solche Leute der Aufgabe, in den USA und in der BRD wiederum einen neuen antikommunistischen Feldzug vorbereiten zu helfen, dieses Mal unter der Flagge der NATO. Da sie von einer historisch überlebten gesellschaftlichen Plattform ausgehen, wollen beziehungsweise können sie auch gar nicht die Lebensaufgabe, den Arbeitsstil, ja überhaupt den Sinn der Arbeit und die letzten Ursachen der Erfolge unseres Genossen Dr. Richard Sorge sowie seiner namentlich bekannten und namenlosen Kampfgefährten begreifen.

Dr. Sorges Arbeitsstil

Richard Sorge vermochte die universellen weltpolitischen Zusammenhänge sowie hinter allen Erscheinungen die Wirklichkeit in ihrer unaufhörlichen Bewegung und Entwicklung zu erfassen. Er und seine engsten Freunde vermochten nicht nur, zurückliegende und sich vollziehende Ereignisse absolut real einzuschätzen, sie konnten auch richtige Prognosen geben. Sie gelangten also zu exakteren Schlußfolgerungen sowie zu treffenderen Situationsberichten als die faschistische Regierung und das Kabinett des japanischen Kaisers, obwohl diesen weit mehr Informationsquellen und -material zur Verfügung standen. Das bestätigt auch der japanische Historiker Akira Fujiwara, der sich nach dem Kriege jahrelang mit dem Arbeitsstil Dr. Sorges beschäftigt hat. «Ausschlaggebend dafür (gemeint sind die richtigen Prognosen der Gruppe ‹Ramsay› – J. M.) waren ferner ihre ausgezeichnete Kenntnis des politischen Lebens Japans und ihre Fähigkeit, die Tendenzen der internationalen Lage wissenschaftlich zu analysieren. Sorge selbst sprach mit Stolz über ‹die Beobachtungsgabe und die Fähigkeit zur Analyse, die ihm als Marxisten eigen sind›. Das bestimmte dann auch den gewaltigen Unterschied zwischen ihm und der japanischen Führung.»[9]

Das Studium der jeweiligen Situation im nationalen und im internationalen Klassenkampf war stets der erfolgversprechende Ausgangspunkt für Sorges analytische Tätigkeit. Jener sowjetische Kundschafter, der im Jahre 1933, als der faschistische Terror wütete, Dr. Sorge in Berlin traf, hat später über sein Gespräch mit ihm unter anderem folgendes berichtet: «Richard sprach knapp und bemühte sich, den maximal möglichen Inhalt in dafür minimal notwendige Sätze zu legen. Selbst dabei offenbarte sich jener Zug seines Charakters, der hinter seinem analytischen Verstand durchaus nicht immer zu erkennen war: Ich meine die revolutionäre Leidenschaft Richard Sorges ... Voll leidenschaftlicher Überzeugung entwickelte Richard folgende Gedanken: Er warnte vor einer Unterschätzung des deutschen Faschismus. Zwar zweifelte Richard nicht eine Sekunde lang an der schließlichen Niederlage des Faschismus. Aber er hielt die Auffassung für absolut falsch, daß sich ‹Hitler nicht lange halten wird›, daß dieses ‹barbarische System nicht lange existieren kann›. Derartige Meinungen waren damals unter den Antifaschisten weit verbreitet. Sorge verurteilte diese Ansicht mit aller Schärfe, denn er hielt sie vom Standpunkt eines wirkungsvollen Kampfes gegen den Faschismus für äußerst gefährlich. Er sah deutlich die wachsende Gefahr eines Krieges gegen die Sowjetunion. Und das war der Kernpunkt

9 Zitiert nach «Rekishigaku Kenkyu», Tokyo, Nr. 4/1963, S. 29.

seiner Argumentation: Der Lauf der Ereignisse wird zu einer faschistischen Koalition der Staaten Deutschland, Japan und Italien führen, und die führende Kraft in diesem Dreierbund der Aggressoren wird wegen seines militärischen und ökonomischen Potentials das faschistische Deutschland werden. Die Gesamteinschätzung Richards lautete: Es wird in der Weltsituation ein wesentlicher Umschwung eintreten, die Kräfte des Faschismus und des Krieges organisieren sich für den Angriff. In diesem Sinne war Richard die Bedeutung der Mission, die er in Japan zu erfüllen hatte, völlig klar.»[10]

In Tokyo studierte Dr. Sorge sofort die Geschichte, die Erscheinungsformen und die konkreten Auswirkungen des Kapitalismus in Japan. Da er viel publizierte, sind uns eine Reihe von Beweisen dafür erhalten geblieben, wie intensiv er sich mit den Klassenkräften in Japan, aber auch in anderen Staaten auseinandersetzte. Soweit sich Richard Sorge in seinen Publikationen mit den Kriegsvorbereitungen und den militärischen Operationen des Kaiserreiches Japan beschäftigte, muß man selbstverständlich davon ausgehen, daß er bei weitem nicht alle seine Kenntnisse und Erkenntnisse preisgab, die er als Kundschafter erlangt hatte und nutzte. Bekannt jedenfalls ist, daß er hinsichtlich der Lage der Werktätigen bald zu dem Schluß kam: «Die Masse der japanischen Bevölkerung ist außerordentlich arm, auf einem winzigen Raum zusammengepreßt. Ihr steht nur eine kleine Handvoll Menschen gegenüber, die von der wirtschaftlichen Entwicklung und außenpolitischen Expansion Japans materielle Vorteile haben.»[11]

Die Ursachen für die allgemeine Armut, besonders der Landbevölkerung, untersuchte er dann sehr differenziert. Er fand: «Schon heute hat Japan aufgehört, ein reiner, ja selbst ein vorwiegender Agrarstaat zu sein. Es gehört schon jetzt der Gruppe der acht führenden Industrieländer der Welt an ... Und das Heer der industriellen Arbeiterschaft macht einen wachsenden Prozentsatz der Gesamtbevölkerung aus. Mächtige Industriestädte fressen sich tief in die Landschaft der Ebenen hinein... Die menschliche Arbeitskraft kostet in Japan sehr wenig. Auf dem Lande so gut wie nichts, wie allgemein in Asien ... So sind Agrarnot und Industrieaufschwung in Japan so eng und so eindeutig miteinander verbunden, wie es nur einmal vorher, in Europa zur Zeit des Beginns der industriellen Revolution Englands der Fall gewesen ist … Der Fremde, der heute durch die großen Städte Japans wandert, steht staunend vor dem ‹Geheimnis› des Doppelgesichts Japans, vor dem Nebeneinander des alten und des neuen Japans. Es ist nicht nur ein Doppelgesicht; es ist die Doppelexistenz Japans selbst. Auch heute noch lebt die Hälfte des Volkes fern der modernen Technik, außerhalb der Geld- und Börsenwirtschaft, wenig berührt vom modernen gesellschaftlichen Gegensatz in der Vermögenslage und Lebenshaltung. Die Landwirtschaft wird heute technisch nicht viel anders betrieben wie vor Hunderten von Jahren … Die bäuerliche Bevölkerung, die seit längerer Zeit beinahe stationär geblieben ist (das gewaltige Bevölkerungswachstum ließ die Städte anschwellen), macht heute noch 48 Prozent der Gesamtbevölkerung aus. So müssen also rund 31 Millionen Menschen auf den 61 000 Quadratkilometern ein Volk von 70 Millionen ernähren. Das bedeutet, daß auf einen Menschen der landwirtschaftlichen Bevölkerung ein Stück Land in der Größe etwa 50 mal 40 Meter kommt. Auf einen Bauernhaushalt entfällt ein Grundstück von etwas über einen Hektar, genauer gesprochen von einer Größe von 110 mal 100 Meter. Das nennen wir in Deutschland einen mittleren Hausgarten … Von allen Bauernhaushalten sind infolgedessen 71 Prozent nie oder nur bei sehr günstigen Ernteverhältnissen in der Lage, durch landwirtschaftliche Arbeit ihre Existenz zu sichern. 26 Prozent der japanischen Bauernwirtschaft gehören zu dem gesunden Bauernstand, der im allgemeinen existieren kann. Nur 2 Prozent können zum wohlhabenden und reichen Bauern gerechnet werden. Das restliche 1 Prozent gehört zur Kategorie der Großgrundbesitzer … Praktisch reicht aber die Bedeutung der Großgrundbesitzer weit über ihre numerische Stärke hinaus. Sehr viele Großgrundbesitzer sind gleichzeitig Reishändler, je größer in der einen, desto mächtiger in der anderen Eigenschaft, und beeinflussen durch ihre Manipulationen die Reispreise und die Reisbörse. Sehr oft haben sie auch in der Politik starken Einfluß… Fast 10 Prozent sind Geldausleiher und Bankiers, nur ganz vereinzelt sind Industrielle unter den Großgrundbesitzern zu finden. Neuerdings beginnen die Banken stärker als früher, und zwar zwangsmäßig, Großgrundbesitzer zu werden.»[12]

10 J. Gorew, Ich kannte Sorge. In: «Komsomolskaja Prawda», Moskau, vom 8. Oktober 1964.
11 «Frankfurter Zeitung», Frankfurt/Main, vom 9. April 1936.
12 «Zeitschrift für Geopolitik», Berlin, Nr. 1/1937, S. 20ff. und Nr. 2/1937, S. 134ff.

Immer wieder widmete Dr. Sorge der japanischen Landwirtschaft sein Augenmerk, sicher nicht zuletzt deshalb, weil die übergroße Masse der japanischen Armee aus Söhnen von Landproletariern und Bauern bestand. Dabei beobachtete er gleichzeitig den Prozeß der verstärkten Industrialisierung Japans. Im Jahre 1935 schrieb er: «Der Widerspruch zwischen einer noch fast völlig ‹feudalen› Landwirtschaft und einer sich mächtig entwickelnden modernen Industrie- und Finanzwirtschaft, verschärft durch Naturkatastrophen, äußert sich gerade in diesen Jahren in ganz erschreckender Weise. Auf dem Rücken der Bauern vollzog sich die erstaunliche Industrialisierung; die Bauern wurden die Opfer der reicher und mächtiger werdenden Finanzinstitute und Händler, sie trugen die Hauptlast einer, die Landwirtschaft unverhältnismäßig stärker treffenden Besteuerung.»[13]

Und an anderer Stelle signalisierte Richard Sorge: «Die Landwirtschaft und ihre Bevölkerung lebt seit Jahrzehnten in einer chronischen Krise, die in den letzten fünf Jahren beschleunigter Industrialisierung in ein akutes Stadium getreten ist.»[14]

Sie war, wie Dr. Sorge erkannt hatte, die Ursache dafür, daß die für die Lebenshaltung zur Verfügung stehenden Mittel des japanischen «Bauern noch niedriger sind als die des japanischen Arbeiters, der selbst schon ein außerordentlich bescheidenes Dasein führt»[15]. Mit Besorgnis registrierte Richard Sorge, daß die kaiserlich-militaristischen Führungskreise Japans den jungen Soldaten, die aus purer Not in die Reihen der Armee drängten, die «Notwendigkeit der Eroberung» ausländischer Gebiete vorgaukelten, daß sie den Chauvinismus steigerten und versuchten, die brennenden sozialen Fragen im Interesse der Konzernherrn und Großgrundbesitzer, also der Ausbeuter in Stadt und Land, zu verkleistern beziehungsweise auf ihre Art zu «lösen». Schon sehr bald wies er darauf hin, daß «die innere wirtschaftliche Notlage und der dementsprechende Drang nach Ausdehnung diesen jungen Nationalismus gewaltig anwachsen und innerlich stark haben werden lassen»[16]. Und er beschäftigte sich auch speziell mit den aggressiven Kräften.

«Die japanische Wehrmacht hat stets aktive Außenpolitik getrieben», stellte er fest. «Sie war niemals nur die Waffe eines über ihr stehenden politischen Willens. Sie verkörperte seit Beginn der modernen japanischen Geschichte Waffe und Wille in einer Einheit. Ihrer aktiven Außenpolitik lag seit der Erneuerung ... ein gleichbleibender, großer Generalplan zugrunde: Sicherung des japanischen Inselreiches *durch Ausdehnung*.»[17]

Dr. Sorge entlarvte immer wieder in aller Öffentlichkeit die «Volk ohne Raum»-Parolen der japanischen Imperialisten. Er bewies, daß bisher nur die herrschenden Klassen Nutznießer dieser «Ausdehnung» gewesen waren. Und bereits im März 1937 – im darauffolgenden Juli fielen japanische Truppen ohne Kriegserklärung über China her – warnte er in einem schon Ende 1936 formulierten Artikel: «Andere trösten sich (in Japan – J. M.) fatalistisch mit der Zauberformel ‹Überbevölkerung› und sehen in dieser Expansion den einzigen Ausweg. Sie vergessen zu gerne, daß Expansion bisher dem japanischen Bauern niemals irgendwelche Erleichterung und Hilfe gebracht hat: Das Beispiel (der von Japan eroberten beziehungsweise beanspruchten Gebiete – J. M.) Koreas, Formosas (gemeint ist Taiwan – J. M.), der Südsee-Inseln und Mandschukuos sind schlüssige Beweise. Sie vergessen weiter, daß ‹Überbevölkerung› ein sehr relativer Begriff ist, durch Technik, verbesserte soziale Ordnung, Einkommensverteilung und erhöhte Aktivität des Staates behoben oder sogar in Mangel an Bevölkerung umgewandelt werden kann. Sie vergessen weiter, daß Japan durch ‹innere Kolonisation› noch Land und Nahrung für Millionen Bauern in Japan selbst schaffen könnte, allerdings nur mit großen finanziellen Aufwänden.»[18]

Besonders gründlich analysierte Richard Sorge auch die japanische Staatsmaschinerie, die sich in den Händen der Monopolherren, Großgrundbesitzer, Bürokraten und Militaristen befand. Er kam dabei zu dem Schluß, daß «nach japanischen Grundsätzen ... die Verfassung dem japanischen Volke keinen Rechtsanspruch auf die Ausübung gewisser politischer Funktionen» gab.[19] Der japanische Staat – Sorge bezeichnete ihn als «totalitäre Monarchie»[20] – wurde von den herrschenden Klassen zur Niederhaltung und Irreführung des Volkes benutzt. Die Bündelung der politischen, ökonomischen und militärischen Interessen sowie das Ausnutzen der umfangreichen Staatsbürokratie durch die gewal-

13 Ebenda, Nr. 8/1935, S. 482 f.
14 «Der deutsche Volkswirt», Berlin, Nr. 29/1936, S. 1936.
15 «Zeitschrift für Geopolitik», Berlin, Nr. 3/1937, S. 214.
16 Ebenda, Nr. 8/1935, S. 480.
17 Ebenda, Nr. 485.
18 Ebenda, Nr. 3/1937, S. 220.
19 «Zeitschrift für Politik», Berlin, Nr. 8–9/1939, S. 588.
20 Ebenda.

tigsten japanischen Konzerne, das heißt die staatsmonopolistischen Züge des japanischen Imperialismus beachtete Dr. Sorge ständig und ebenso aufmerksam, wie er bei jeder der vielen Regierungsumbildungen genau untersuchte, welche wirtschaftlichen und politischen Triebkräfte jeweils aus dem Hintergrund wirkten. Kurz vor dem Überfall Japans auf das chinesische Volk schrieb er zum Beispiel über eine Umstrukturierung des japanischen Ministerrates: «Die Kreise der großen Wirtschaft hatten in der neuen Regierung ... mehr erreicht. Sie hatten mit dem Finanzminister Yuki einen Vertreter der wirtschaftlichen Interessen der japanischen Großindustrie zum verantwortlichen Leiter der japanischen Finanzpolitik gemacht, der, unterstützt von dem neuen Präsidenten der Bank von Japan und früheren Chef des großen Mitsui-Konzerns, Ikeda, deren Finanzinteressen ... wahrte. Rein rechnungsmäßig hatte Yuki den Haushaltsplan um rund 8 Prozent herabgesetzt. Der Wehrmachtshaushalt war jedoch praktisch nur um 3 Prozent vermindert worden. Bedenklich war aber erst die Tatsache, daß mehr als die Hälfte der erzielten Ersparnisse durch die Preisgabe der Reform der Gemeindefinanzen erzielt wurde. Der Staatshaushalt wurde so zwar von einer bestimmten Zuschußpflicht an die Gemeinden frei, aber die örtlichen Steuern, unter denen die Bauernschaft so schwer leidet, bleiben bestehen. Dennoch hatten sich die Parteien mit dieser reaktionären Seite der Finanzpolitik Yukis abgefunden.»[21]

Dieses Zitat läßt erkennen, wie Richard Sorge objektive gesellschaftliche Prozesse im Zusammenhang mit ihren subjektiven Besonderheiten studierte, um zum Wesen bestimmter Erscheinungen vorzudringen und daraus zuverlässige Prognosen ableiten zu können.

Selbstverständlich beschränkte sich seine Beobachtung nicht nur auf die Strategie und Taktik des Klassengegners. Gleichzeitig verfolgte er auch das Wirken jener politischen Kräfte des japanischen Volkes, die gegen die Pläne der Monopolisten und Militaristen auftraten, welche mit Terror nach innen und Aggression nach außen durchgesetzt werden sollten. Dabei stieß Sorge auf eine nationale Besonderheit, die sich auf das Klassenbewußtsein vieler Japaner negativ auswirkte. In wohl keinem modernen Staat spielt die Familie als «Keimzelle des Staates» eine derartige Rolle wie in Japan. Ohne das Kazoku Seìdo, das Familiensystem, ist Japans gesellschaftliches Leben undenkbar. Damit hängen auch der tief verwurzelte Ahnenkult und in letzter Instanz die Stellung des Tenno, des japanischen Kaisers, zusammen, der seit ungezählten Generationen als Repräsentant «göttlicher Sendung» gilt, wie ein Gott verehrt wurde, die japanischen Streitkräfte befehligte und somit den expansiven Zielen dieser Streitkräfte «göttlichen Charakter» verlieh.

Dr. Sorge übersah diese Realität keineswegs. Zwar kam er zu dem Schluß: «In Japan hat es niemals erfolgreiche Revolutionen von ‹unten› gegeben»[22], doch er betonte auch, das bedeute nicht, «daß es keine revolutionären Strömungen gegeben hätte, die die Volksmassen ergriffen und Aufstände und Revolten erzeugten. Das Gegenteil ist richtig. Doch die Klan-Gebundenheit des früheren Japaners und die Familien- und Gebietsbeengtheit des heutigen Japaners ... haben vielmehr immer bedeutenden Persönlichkeiten der führenden Kreise die Möglichkeit gegeben, die politischen Strömungen in breiten Reformbewegungen aufzufangen.»[23]

Richard Sorge forschte also sehr gründlich nach revolutionären Traditionen, besonders jener Kräfte, die historisch dazu berufen waren, dem japanischen Volk den sozialen Fortschritt zu ermöglichen und den Frieden zu erhalten. Der Vortrupp dieser Kräfte, die illegal tätigen Kommunisten, konnte nur in sehr beschränktem Umfang wirken. Die in Japan herrschenden Kreise betrachteten die Kommunisten als vogelfrei, verfolgten sie mit aller Brutalität und strebten ihre physische Vernichtung an. So schrieb Dr. Sorge im Jahre 1939, in jenem Jahre also, in dem in Europa der deutsche Faschismus den zweiten Weltkrieg auslöste, diese Worte nieder: «Andere Kräfte aber (außer dem japanischen Hof- und Verdienstadel, den Staatsbeamten und den Militaristen – J. M.), die Einheitlichkeit und Geschlossenheit in der praktisch-politischen Willensbildung zustande bringen könnten, gibt es heute wenigstens noch nicht.»[24]

Schon zwei Jahre nach seiner Ankunft in Tokyo hatte er von einer «herrschenden Stagnation, ja sogar Versumpfung des politischen Lebens in Japan» gesprochen, deren Ursachen er darin gesehen hatte, daß «Kräfte aus der zivilen Bevölkerung ... leider bis

21 «Frankfurter Zeitung», Frankfurt/Main, vom 1. April 1937.
22 Ebenda, vom 7. September 1940.
23 Ebenda, vom 29. September 1940.
24 «Zeitschrift für Politik», Berlin, Nr. 8–9/1939, S. 589.

heute noch nicht entwickelt genug sind», in das politische Leben «kühn und aufrüttelnd» einzugreifen.[25]

In Japan gab es damals keine bürgerlich-demokratischen Verhältnisse, die eine organisatorische Zusammenführung aller Kräfte der Arbeiterklasse erleichtert oder gar erst ermöglicht hätten. Noch bis 1925 hatte ein amtlicher Vermögenszensus dafür gesorgt, daß überhaupt nur drei Millionen Japaner wahlberechtigt waren. Aber auch nach der Wahlreform besaßen die Frauen immer noch kein Wahlrecht. Und wie es um die verschiedenen kaiserlich genehmigten Parteien, die um die Gunst der japanischen Wähler buhlten, bestellt war, erläutert Dr. Sorge mit folgenden Worten: «Endlich sei daran erinnert, daß die zugelassenen Parteien des Reichstages – der mögliche Ausdruck einer demokratischen Willensbildung in Japan – selbst zur Zeit ihrer höchsten Machtentfaltung oligarchische Organisationen des Finanzkapitals waren, die zu ausgesprochenen Gegnern einer entwickelten politischen Demokratie gehörten. Heute aber (1939 – J. M.) ... stellen sie geschäftsmäßige Organisationen, eine Art von Börsen der Berufspolitiker, dar, ohne tiefere Beziehungen zum ‹Demos› (Staatsvolk – J. M.) Japans.»[26]

Der volksfeindliche Schacher der bürgerlich-feudalen Politiker, den Sorge in allen Phasen genau verfolgte, veranlaßte ihn einmal zu dem Urteil: «In dieser so schwierigen Lage (1935 – J. M.) sieht sich Japan politisch führerlos. Seine Regierungen sind schon seit Jahren eine Mischung von militärischen, bürokratischen, großwirtschaftlichen und parteimäßigen Einflüssen, ohne innere Kraft und Entschlossenheit. Die vor Jahren so mächtigen Parteien sind durch Korruption und inneren Gruppenkampf politisch völlig entartet, von großen Teilen der Bevölkerung verachtet. Die Staatsbürokratie, die mehr und mehr zur Führung gelangt, schwankt zwischen den Parteien und dem Militär hin und her.»[27] Und später schrieb er über die Parteien, die das japanische Volk zu täuschen versuchten: «Gerade diese Parteien, die in der Vergangenheit zur Genüge bewiesen haben, daß sie selbst nicht die Absicht hegen, wirkliche soziale Reformen durchzuführen, werden, obwohl sie noch keine Beweise eigener Erneuerung und wirklicher Abkehr von der alten korrumpierten Praxis erbracht haben, im kommenden Kampf mit der Regierung und mit dem Heere sich als die Verteidiger der Interessen der ärmeren japanischen Volksschichten hinstellen.»[28]

Das Fehlen einer legalen marxistisch-leninistischen Partei mit Massenbasis und der politische Kuhhandel der bürgerlich-feudalen Parteien begünstigten die Politik der japanischen Militaristen und Faschisten. Dr. Sorge stellte sich daher die Frage, welche Kräfte, welche politischen Richtungen die Macht im japanischen Staate vollends an sich reißen würden. Seine Antwort lautete: das «Militär mit seinem nationalistisch-faschistischen zivilen Anhang» und die «Finanztrusts mit ihren verschiedenen Organen und Anhängern»[29].

Die damalige innenpolitische Situation Japans wurde von den Militaristen ausgenutzt, um große Kreise der japanischen Landbevölkerung, die durch das Vorgehen der Parteien zurückgestoßen wurden, für ihre aggressive Politik einzuspannen. Wie in jeder Armee der Welt, so spiegelte sich auch in der japanischen der politisch-moralische Zustand der Bevölkerung wider. Und da das imperialistische Japan beim Aufbau seiner Millionenarmee immer stärker auf Menschen vom Lande zurückgriff, die durch die territoriale Rekrutierung der Divisionen besonders eng mit ihrem Hinterland verbunden waren, wurde deren Unzufriedenheit über die Besitzverhältnisse zwangsläufig in die Reihen der Armee getragen. Sorge ging auch an diese Erscheinungen als Marxist-Leninist heran und entlarvte die japanischen Militaristen, die den sozialen Spannungen im Kaiserreich zu entgehen suchten, indem sie ihre aggressiven Ziele und Pläne populär machten und das japanische Volk gegen die Nachbarvölker aufhetzten.

«Doch die tiefste Ursache dieser politischen radikalen Strömungen im Heere», schrieb er, «ist die soziale Notlage der japanischen Bauernschaft und des kleinen städtischen Bürgertums. Während die japanische Industrie und die Banken seit Jahren eine glänzende Konjunktur erleben, ist die schleichende Krisis unter den beiden genannten Bevölkerungsschichten in derselben Zeit in ein akutes Stadium getreten. Das japanische Offizierskorps setzt sich aber fast zu 50 Prozent aus Kreisen, die eng mit dem Land verbunden sind, zusammen (Söhne mittlerer und wohlhabender Bauern und Gutsbesitzer). Ein weiterer großer Prozent-

25 «Zeitschrift für Geopolitik», Berlin, Nr. 8/1935, S. 492.
26 «Zeitschrift für Politik», Berlin, Nr. 8–9/1939, S. 588.
27 «Zeitschrift für Geopolitik», Berlin, Nr. 8/1935, S. 479.
28 «Frankfurter Zeitung», Frankfurt/Main, vom 13. Januar 1937.
29 «Zeitschrift für Geopolitik», Berlin, Nr. 6/1935, S. 347.

satz kommt aus den kleinbürgerlichen Schichten der Städte. Es ist somit sehr einleuchtend, daß sich die Notlage dieser Schicht besonders im Offiziersstande konzentrieren muß, zumal die Soldaten fast zu 90 Prozent vom Lande herkommen. Bei der fehlenden politischen Organisation gerade dieser Bauern, des lediglich formalen Interesses der beiden Hauptparteien an ihnen, mußte das Heer zuallererst das Sprachrohr und Organ der stärker werdenden Spannung dieser ländlichen und städtischen Schichten werden.»[30]

Besonders mit Hilfe seines Kampfgefährten Dr. Ozaki konnte sich Dr. Sorge immer wieder aufschlußreiche Informationen über die beziehungsweise aus den japanischen Parteien verschaffen. Als Berater des japanischen Premierministers Fürst Konoe beobachtete Ozaki jahrelang sehr aufmerksam dessen Bemühungen, nach dem Vorbild der italienischen und der deutschen Faschisten alle zugelassenen politischen Parteien Japans zu einer faschistisch orientierten Kriegspartei zu verschmelzen. Unter der Regierung des Fürsten Konoe wurde dann tatsächlich die «Einheitsbewegung zur Förderung des Thrones» gegründet, die dem größenwahnsinnigen Eroberungsprogramm der japanischen Führungskreise einen «göttlichen» Anstrich verleihen und ihm eine gewisse Massenbasis im Volk verschaffen sollte. In diese faschistische «Einheitsbewegung» mündeten nach ihrer sogenannten Selbstauflösung im Laufe des Jahres 1940 alle bisher legalen Parteien. Die japanische Reaktion brachte es also fertig, das Volk politisch irrezuführen. Sie lenkte die Ausgebeuteten vom Klassenkampf ab und versuchte, deren «Lebens»interessen nach außen, auf eine Aggression zu orientieren. Die Bevölkerung wurde chauvinistisch betäubt. Das ging von Anfang an auf Kosten des japanischen Volkes und seines sowieso niedrigen Lebensstandards. Gleich nachdem im Juli 1937 Japan das chinesische Volk überfallen hatte, also ganze acht Jahre, bevor die Aggressoren zur Rechenschaft gezogen wurden und das von ihnen verführte Volk die Rechnung für den verlorenen Raubkrieg präsentiert bekam, ging Dr. Sorge gegen die Täuschungsmanöver der herrschenden Kreise Japans unter anderem mit folgenden Sätzen an: «Innerwirtschaftlich läßt sich ... verzeichnen, daß die bedrohlich anwachsende Lohnbewegungs- und Streikwelle plötzlich zurückgegangen zu sein scheint, obwohl die Preise und Lebenshaltungskosten weiter steigen, und Reis, das wichtigste Nahrungsmittel Japans, den

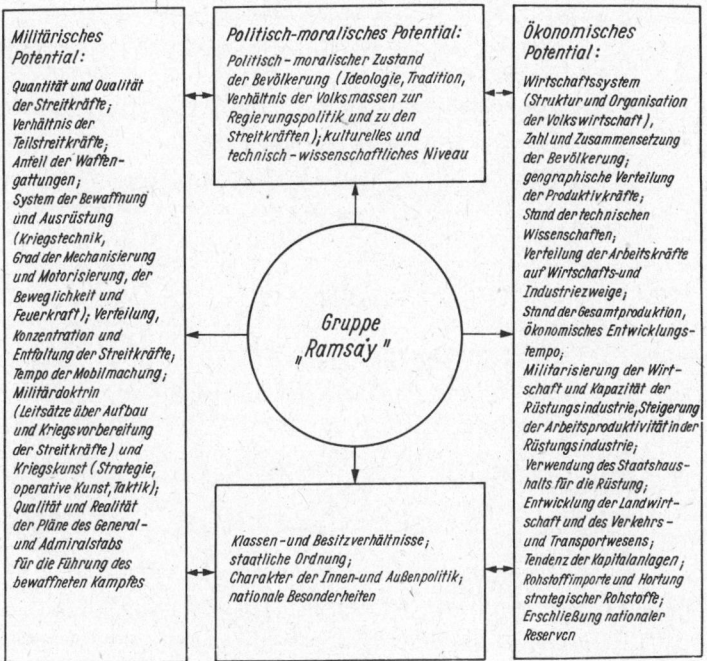

Militärisches Potential:	Politisch-moralisches Potential:	Ökonomisches Potential:

Militärisches Potential:

Quantität und Qualität der Streitkräfte; Verhältnis der Teilstreitkräfte; Anteil der Waffengattungen; System der Bewaffnung und Ausrüstung (Kriegstechnik, Grad der Mechanisierung und Motorisierung, der Beweglichkeit und Feuerkraft); Verteilung, Konzentration und Entfaltung der Streitkräfte; Tempo der Mobilmachung; Militärdoktrin (Leitsätze über Aufbau und Kriegsvorbereitung der Streitkräfte) und Kriegskunst (Strategie, operative Kunst, Taktik); Qualität und Realität der Pläne des General- und Admiralstabs für die Führung des bewaffneten Kampfes

Politisch-moralisches Potential:

Politisch-moralischer Zustand der Bevölkerung (Ideologie, Tradition, Verhältnis der Volksmassen zur Regierungspolitik und zu den Streitkräften); kulturelles und technisch-wissenschaftliches Niveau

Gruppe „Ramsay"

Klassen- und Besitzverhältnisse; staatliche Ordnung; Charakter der Innen- und Außenpolitik; nationale Besonderheiten

Ökonomisches Potential:

Wirtschaftssystem (Struktur und Organisation der Volkswirtschaft), Zahl und Zusammensetzung der Bevölkerung; geographische Verteilung der Produktivkräfte; Stand der technischen Wissenschaften; Verteilung der Arbeitskräfte auf Wirtschafts- und Industriezweige; Stand der Gesamtproduktion, Ökonomisches Entwicklungstempo; Militarisierung der Wirtschaft und Kapazität der Rüstungsindustrie, Steigerung der Arbeitsproduktivität in der Rüstungsindustrie; Verwendung des Staatshaushalts für die Rüstung; Entwicklung der Landwirtschaft und des Verkehrs- und Transportwesens; Tendenz der Kapitalanlagen; Rohstoffimporte und Hortung strategischer Rohstoffe; Erschließung nationaler Reserven

Die Beobachtungsgebiete der Gruppe «Ramsay»

höchsten seit neun Jahren verzeichneten Preis erreicht hat ... Zu dem natürlichen Nachlassen der Käufe infolge des Nachhinkens der Löhne und Gehälter hinter den Preisen ist nun auch noch die freiwillige Selbstbesteuerung der Bevölkerung zugunsten des nationalen Verteidigungsfonds gekommen und schließlich die Propaganda für freiwillige Verbrauchseinschränkung und Sparen von Geld.»[31]

Diese Beispiele, aus vielen Hunderten herausgegriffen, demonstrieren, wie Dr. Sorge ständig alle Veränderungen im Klassenkampf beobachtete und daß er die wirklichen Interessen des japanischen Volkes nie aus den Augen verlor, auf die er so weit wie möglich durch seine Publikationen die internationale Aufmerksamkeit lenkte. Selbst der letzte Nazibotschafter in Japan, Heinrich Georg Stahmer, der schon vor seinem Amtsantritt des öfteren

30 Ebenda, Nr. 5/1936, S. 316.
31 «Der deutsche Volkswirt», Berlin, Nr. 49/1937, S. 2398.

in Tokyo geweilt, Richard Sorge dort kennengelernt und zu dessen ausgeprägtesten politischen Widersachern gezählt hatte, sah sich in seinen Memoiren gezwungen zuzugeben: «Sorge war ein Mann von bedeutenden Fähigkeiten und größter Selbstbeherrschung ... Sorge war ein erstklassiger Asienkenner; einer der wenigen Fachleute über die soziale Struktur Japans und Chinas und speziell der Problematik der Bodenreform in diesen Ländern.»[32]

Das stimmt zweifellos, und zwar nicht nur im Hinblick auf die zitierten Fachgebiete; denn außer den Untersuchungen über die Lage der Unterdrückten und deren politische Kraft sowie über die politischen Potenzen der herrschenden Klassen Japans erwarb sich Sorge auch fundierte Kenntnisse über die wichtigsten Seiten des japanischen Wirtschaftslebens, über die Zentralisation und Modernisierung der Produktion, die Konzentration des Kapitals, den Aufbau der Rüstungsindustrie in den verschiedenen Wirtschaftszweigen, deren Standortverteilung sowie über den Import und Export.

Es ist noch heute erstaunlich, welch einen präzisen Überblick über das Entwicklungstempo, den Umfang, die Verteilung und die Betriebskapazitäten der japanischen Rüstungsindustrie sich die Gruppe «Ramsay» verschafft hatte. Als die japanische Geheimpolizei im Oktober 1941 in die Wohnung Dr. Sorges eindrang und das von ihm in acht Jahren gesammelte Material mit mehreren Transporten wegbrachte, befanden sich darunter auch Karteikästen, um deren Inhalt so manches Wirtschaftsinstitut Richard Sorge beneidet hätte. Hunderte von Karteikarten, die er in mühevoller Kleinarbeit eng beschriftet hatte, waren eines der Hauptergebnisse seiner gründlichen Forschungsarbeit. Die Daten stammten zum größten Teil aus Nachschlagewerken, Firmenberichten, Bilanzen von Aktiengesellschaften, statistischen Handbüchern, Forschungsmemoranden sowie aus Journalen des In- und Auslandes. Hinzu kamen Angaben von Arbeitern, die sein Vertrauter Miyagi besorgt hatte, und Übersichten aus führenden japanischen Regierungs- und Wirtschaftsdienststellen, die von Ozaki herangeschafft worden waren. Besonders ausführlich hatte Sorge die Karten über sechzehn japanische Monopole geführt, die zusammen ein Aktienstammkapital von etwa drei Milliarden Yen verkörperten und gewissermaßen die wichtigsten Wirbel im Rückgrat des japanischen Militär-Industrie-Komplexes darstellten. Es handelte sich um folgende Monopole:

Konzern	Sitz	an japanischer Rüstung beteiligt mit
Südmandschurische Eisenbahn AG	Tokyo	Grundstoff- und Chemieindustrie
Mitsubishi	Tokyo	Grundstoffindustrie
Mitsui	Tokyo	Schiffs- und Maschinenbau, Elektrogeräten
Kawasaki	Kobe	Stahl, Eisen, Schiffsbau
Sumitomo	Tokyo	Stahl, Eisen
Nippon Seitetsu Kabushiki Kaisha	Tokyo	Stahl, Eisen
Nippon Kokan	Tokyo	Stahl, Eisen
Nomura Gemei Kaisha	Osaka	Stahl, Eisen
Furakawa Kogyo Kabushihi Kaisha	Tokyo	Kohle, Nichteisenmetallen
Santoku Kogyo Co.	Tokyo/ Osaka	Legierungsmetallen, Buntmetallen, seltenen Metallen
Showa Denko K. K.	Tokyo	Chemieerzeugnissen
Hitachi Ltd.	Tokyo	Chemie- und Elektroausrüstungen
Sumitomo Electric	Osaka	Elektroausrüstungen
Osaka Hen-Atsuki	Osaka	Elektroausrüstungen
K. K. Irisu Shokai (Tochtergesellschaft des deutschen Bosch-Konzerns)	Tokyo	Spezialelektrik
K. K. Sanyo Shokai	Tokyo	Metall, Chemie, Maschinenbau, Importen aus Deutschland

Bereits diese Auswahl der von Dr. Sorge und seinen Mitarbeitern in ihrer Entwicklung überwachten japanischen Rüstungskonzerne läßt erkennen: Die Gruppe «Ramsay» war sich wohl bewußt, daß eine moderne Kriegswirtschaft ohne diese Hauptzulieferer aus den Industriezweigen für Eisen und Stahl, für Buntmetalle, für Chemie und Elektrotechnik nicht funktioniert hätte. Stahl war der wichtigste Rohstoff der damaligen Kriegsproduktion. Und die wichtigsten japanischen Stahlproduzenten sowie ihr Kapazitätsausbau blieben der Kundschaftergruppe nicht unbekannt. Wer die Förderung und die Verteilung von Kohle wissenschaft-

32 Heinrich Georg Stahmer, a. a. O., S. 82 und S. 85.

lich verfolgte, besaß einen Schlüssel für die reale Beurteilung der Möglichkeiten, die die Eisen- und Stahlproduktion, die Herstellung flüssiger Treibstoffe sowie von Sprengstoffen, die Fabrikation von Kampfstoffen, Plaste und Medikamenten hatte.

Typisch für die Erkundungsmethoden Richard Sorges war zum Beispiel die außerordentliche Sorgfalt, mit der er die Entwicklung des Produktionssortimentes des Santoku-Kogyo-Konzerns verfolgte, der sich auf die Gewinnung und die Verarbeitung von Buntmetallen und seltenen Metallen spezialisiert hatte, die in Japan sehr rar waren. Dieser Konzern lieferte Aluminium für die Flugzeug-, Kriegsschiff-, Kabel- und Brandgeschoßherstellung; Chrom für nichtrostende Hartstähle; Beryllium für Flugzeugvergaser, feuerfeste Schmelzgefäße, Federn und Kompasse; Titan für Hartlegierungen zur Panzerplatten-, Elektroden- und Flugzeugproduktion; Zirkonium für Rundfunkröhren, Panzerplatten, Artilleriegeschoßzünder und panzerbrechende Geschosse; Tantal für die Hochfrequenztechnik; Kupfer für Funkausrüstungen, Lager, Hülsen, Kraftfahrzeuge und Flugzeuge; Vanadium für Maschinengewehrläufe, Lafetten, Steuerungsgeräte sowie für Flugzeug- und U-Boot-Teile; Molybdän für Flug- und Kraftfahrzeuge, Geschützrohre und Panzerplatten. Da an allen diesen strategischen Rohstoffen in Japan durchaus kein Überfluß herrschte, war es zusammen mit der Beobachtung des Importes möglich, aus der inländischen Produktionsmenge und dem Umfang der Einfuhren genaue Schlüsse auf die mögliche Endfertigung zu ziehen. Und aus dem Einsatz dieser Metalle in der Heeres- beziehungsweise Kriegsmarinerüstung ergaben sich zuverlässige Prognosen über die Entwicklung der jeweiligen Teilstreitkraft.

Dr. Sorges vorrangigstes Interesse allerdings galt einem strategischen Rohstoff besonderer Art, dem Erdöl. Als Sohn eines Erdölexperten hatte er die zukunftsträchtige Bedeutung dieses Rohstoffes für die Treibstoffertigung und die gesamte chemische Industrie schon im Elternhaus kennengelernt. Dem jungen Sorge war sehr bald klargeworden: Ohne Erdöl und seine Veredlungsprodukte würde sich im 20. Jahrhundert kein Motor drehen, es sei denn, Benzin würde auf anderem Wege zusätzlich gewonnen. In jedem Fall aber würde Erdöl der hauptsächliche Rohstoff für alle Treib- und Schmierstoffe bleiben. Bei dem Entwicklungsstand, den die Militärtechnik Ende der dreißiger, Anfang der vierziger

Jahre erreicht hatte, konnte keine damals moderne Armee ohne flüssigen Treibstoff Krieg führen, schon gar nicht die japanische, die sowohl beim Angriff auf kontinentale Ziele als auch beim Angriff auf überseeische Gebiete ungeheure Treibstoffmengen benötigte, um die beachtlichen Entfernungen zu überwinden. Wer den Überblick über die Treibstoffvorräte eines Landes behielt, konnte sich unter Berücksichtigung der technischen Kampfmittel der jeweiligen Armee die Einsatzmöglichkeiten der motorisierten Heeresverbände, der Luftstreitkräfte und der Kriegsmarine ausrechnen. Das bezog sich sowohl auf den Aktionsradius, auf das Angriffstempo und die Manövrierfähigkeit der Truppen als auch auf die Dauer geplanter Operationen.

Schon im Jahre 1926 hatte Sorge eine Arbeit über den «Ölimperialismus» veröffentlicht.[33] Und 1937 erschien eine Untersuchung über «Japans Erdölsorgen», in der er kurz vor der japanischen Aggression gegen China aus der Art und Weise der Erdölbevorratung Japans Rückschlüsse auf die militärischen Möglichkeiten des Aggressors andeutete: «Eine der schwächsten Stellen in der japanischen Wirtschaftsstruktur ist die Erdölversorgung ... Obwohl 1936 die heimische Rohölerzeugung auf 370 000 t gesteigert werden konnte – um 28 % gegenüber 1935 und um 80 % gegenüber 1933 – deckte sie nur etwa 6 % des Bedarfs ... Um seine Abhängigkeit vom Auslande für den Kriegsfall wenigstens etwas zu verringern, hat die japanische Regierung vor einiger Zeit ein Gesetz erlassen, auf Grund dessen die heimischen sowie die ausländischen Importeure von Erdöl gezwungen wurden, über ihre notwendigen Handelsvorräte hinaus dauernd Vorräte in Höhe einer vollen Halbjahreseinfuhr zu halten. Die Marine, deren Ölverbrauch wesentlich größer ist als der des Heeres, hält überdies erhebliche eigene Reserven; der Marineminister konnte daher kürzlich erklären, daß ihr im Kriegsfalle genügend Öl zum Durchhalten eines längeren Kampfes zur Verfügung stehen würde, aber der Kriegsminister (zuständig für Heer und Heeresluftwaffe – J. M.) gab keine derartige Erklärung ab.»[34]

Ohne ausreichende Treibstoffreserven, deren Einlagerung Dr. Sorge hätte auffallen müssen, konnten aber das japanische Heer und seine Luftwaffe auf Grund der besonderen geographi-

33 Siehe R. Sonter (Pseudonym) Rezension. In: «Kommunistische Internationale», Hamburg/Berlin, Nr. 29 (103)/1926, S. 45 ff.
34 «Der deutsche Volkswirt», Berlin, Nr. 36/1937, S. 1760.

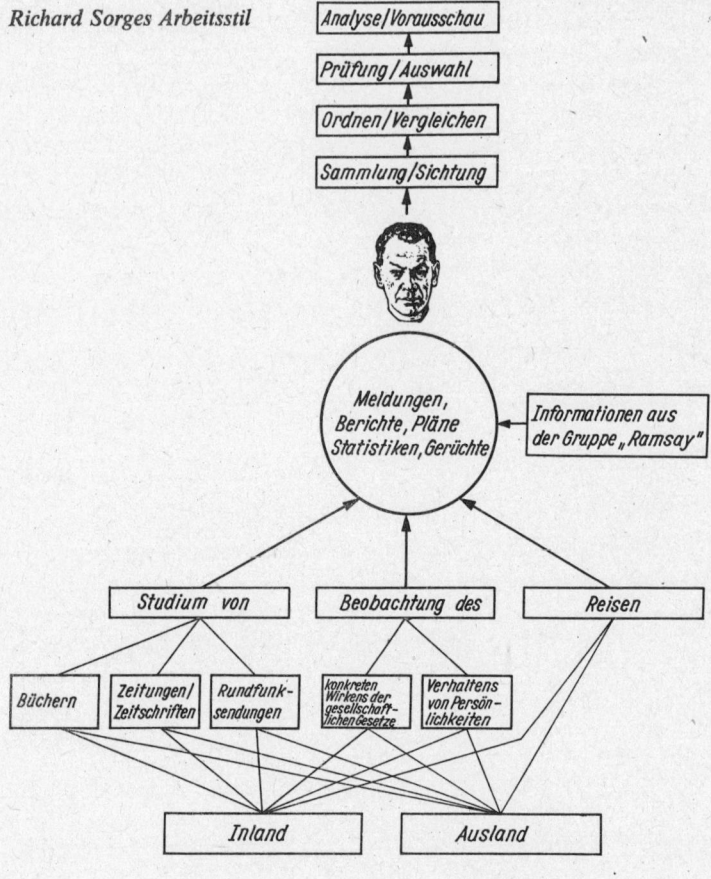

schen Bedingungen und des noch wenig ausgebauten Eisenbahnnetzes damals keinen Überfall auf die Fernostgebiete der Sowjetunion wagen. Die japanische Treibstoffmisere beeinflußte schließlich auch im Jahre 1941 in zweierlei Hinsicht die strategische Hauptstoßrichtung des japanischen Imperialismus mit: Einmal gierten die japanischen Monopole nach den Erdölquellen Südostasiens, das um so mehr, da sie nicht länger von den angloamerikanischen Ölimporten abhängig sein wollten. Zum anderen verfügte das japanische Heer trotz seiner jahrelangen Forderungen nicht über jene riesigen Treibstoffmengen, die es für eine Ausdehnung der Kriegshandlungen auf dem asiatischen Festland, also in China und gegen die Sowjetunion, unbedingt benötigt hätte.

Auch am Beispiel dieses kriegsökonomischen Problems kann man sehen, wie Richard Sorge die dialektische Untersuchungsmethode zu handhaben verstand. Nicht anders ging er bei seiner Analyse der japanischen Außenhandelsbeziehungen vor.

Die japanische Industrie exportierte ja nicht nur ein Drittel ihrer Produktion, sie war auch sehr stark von Rohstoffimporten abhängig. Diese Abhängigkeit zeigt sich in folgendem:[35]

Strategischer Rohstoff	Eigenproduktion in Japan vor dem zweiten Weltkrieg
Bauxite (Aluminium), Molybdän, Wolfram, Kokskohle, Kautschuk	0 Prozent
Erdöl, Nickel, Quecksilber	4 bis 6 Prozent
Eisenerz, Blei	10 bis 20 Prozent
Mangan, Zink, Zinn	25 bis 35 Prozent
Steinkohle, Chrom, Kupfer	60 bis 80 Prozent

Diese Rohstoffe sind eine wichtige materielle Voraussetzung für die Massenproduktion von Kriegsmaterial. Wenn sich also Japan auf eine Aggression vorbereiten, wenn es seine Rüstungsindustrie zielstrebig ausbauen wollte, mußten strategische Rohstoffe in verstärktem Maße eingeführt, mußte die Zusammensetzung der traditionellen Einfuhren Japans umstrukturiert werden. Daß und in welchem Umfang dies geschah, zeigt die folgende Tabelle.

Struktur des japanischen Imports
(prozentualer Anteil am Gesamtimport)

Jahr	Rohstoffe	Halb-fabrikate	Nahrungs-mittel
1903/04	31,0	13,6	31,3
1913/14	51,5	16,8	15,0
1920/21	50,4	21,0	11,2
1926/27	55,8	15,5	14,8
1930/31	54,5	15,0	13,2
1936/37	57,8	23,1	7,5

35 Siehe «Frankfurter Zeitung», Frankfurt/Main, vom 20. Oktober 1937.

Die Rohstoffversorgung war im imperialistischen Japan ein gesamtstaatliches Problem, ein Schnittpunkt, von dem sich Schlußfolgerungen auf Wirtschaft, Technik, Handel, Finanzen und auch auf die Militärdoktrin ziehen ließen. Dr. Sorge entdeckte nicht nur, daß der Rohstoffanteil an den Gesamteinfuhren von 31 Prozent im Jahre 1903 auf 58 Prozent im Jahre 1937, als Japan China überfiel, anstieg, sondern auch, daß eine Umorientierung der Einfuhren hinsichtlich der Bezugsländer erfolgte. Dabei stellte er unter anderem fest, daß Japan den Import von Kriegsmaterial aus Deutschland auf Kosten der Handelsbeziehungen zu den USA und Großbritannien vorantrieb.

Bereits im Jahre 1935 signalisierte Richard Sorge, «daß infolge der Rüstungskonjunktur ... Japans, seine Einfuhr von Rohstoffen über dasjenige Maß hinaus gesteigert worden ist, das durch die wachsende Ausfuhr japanischer Industrieerzeugnisse gegeben ist»[36]. Indirekt deutete er damit auf die insgeheim betriebene Bildung strategischer Rohstoffvorräte in Japan hin. Und noch im selben Jahr berichtete er über Verhandlungen der Wirtschaftskommission Deutschlands mit japanischen Monopolen. Dabei hob er hervor: «Für Deutschland ist der Handel mit Japan stark aktiv ... Neben Preishöhe und Qualität haben diese deutschen Lieferungen (für Japan – J. M.) noch den Vorzug, daß sie aus einem Lande kommen, das sogar als theoretischer politischer wie militärischer Gegner nicht in Frage kommt; dies ist wichtig für die stark im Vordergrund stehende Kriegsindustrie Japans.»[37]

Vier Jahre vor dem Ausbruch des zweiten Weltkrieges und ein Jahr vor dem Abschluß des sogenannten Antikominternpaktes also wies Dr. Sorge bereits auf die kriegsorientierte Zusammenarbeit zwischen den deutschen und den japanischen Monopolen hin. Er konnte das, weil ihn unter anderen leitende Mitarbeiter der Deutschen Handelskammer in Tokyo informierten, ferner der Lufthansa-Experte und Verkaufsmanager der Junkerswerke, Freiherr von der Gablenz, und der Chefingenieur Haag von den Heinkelwerken, die mit japanischen Konzernen zusammenarbeiteten. Informationen erhielt Richard Sorge auch vom Chefverkäufer des Duisburger Industriekonzerns DEMAG, Diplomingenieur Goossens, von Herrn von Kirschbaum von der deutschen Importfirma Illies & Co. in Tokyo und schließlich von Mitgliedern der deutschen Ostasien-Wirtschaftskommission, die unter der Leitung des Ministerialdirektors Wohlthat stand.

Dr. Sorge interessierte sich aber nicht nur für die Waren, die Deutschland nach Japan lieferte, nicht nur für deren Menge und den Zeitpunkt der Lieferungen, sondern benutzte auch Angaben über strategische Rohstoffe, die Japan nach dem faschistischen Deutschland exportierte, um die Richtigkeit anderer Informationen, die er bekommen hatte, zu überprüfen. Ein solcher Prüfstein waren beispielsweise die von der deutschen Rüstungsindustrie dringend geforderten Transporte von Kautschuk, Wolfram und Zinn. Diese Rohstoffe mußten in Asien besorgt und nach Deutschland gebracht werden. In diesem Zusammenhang erinnere man sich an die Weisung Nr. 24 des Oberkommandos der Wehrmacht über die Zusammenarbeit mit Japan, die kurz vor dem Überfall auf die Sowjetunion herausgegeben worden war. Dort hieß es unter Punkt 3 c: «Kautschuklieferungen müssen auch nach Kriegseintritt Japans durchgeführt werden, da für Deutschland lebenswichtig.»

Über den Kriegsmarineattaché Wennecker bekam Dr. Sorge auch von einem Einsatzbefehl der deutschen Seekriegsleitung vom 14. November 1940 Kenntnis. In diesem Befehl waren all jene Maßnahmen fixiert worden, die den Kautschuktransport selbst nach dem geplanten Überfall auf die Sowjetunion und nach dem Wegfall sämtlicher Landtransportmöglichkeiten auf dem Seeweg sichern sollten. Unter anderem war vorgesehen, alle deutschen Handelsschiffe, die sich gerade in Pazifikhäfen befanden, in Japan zu konzentrieren, um sie mit Kautschuk zu beladen. In persönlichen Gesprächen mit Kapitänen und Schiffsoffizieren der Blockadebrecher «Odenwald», «Burgenland» und «Benno» erfuhr Sorge weitere Einzelheiten über diese strategisch wichtigen Transporte, die letztlich mit der faschistischen Kriegsplanung gegen die Sowjetunion im Zusammenhang standen.

Wie der Mangel an Erdöl, so bestimmte schließlich auch die Rohstoffarmut des Kaiserreiches die Aggressionsplanung des japanischen General- und Admiralstabes maßgeblich mit. Die Notwendigkeit, der Rüstungsindustrie die erforderlichen Rohstoffe zu sichern, ließ die japanischen Imperialisten 1941 in den südpazifischen Raum vorstoßen. Kurz hintereinander setzten sie sich in Südostasien unter anderem in den Besitz

von 95 Prozent der Weltproduktion an Rohgummi,

36 «Der deutsche Volkswirt», Berlin, Nr. 33/1935, S. 1531.
37 Ebenda, Nr. 12–13/1935, S. 555.

von 90 Prozent der Weltproduktion an Chinin,
von 70 Prozent der Weltproduktion an Reis und
von 70 Prozent der Weltproduktion an Zinn.

Die geplante Stoßrichtung der japanischen Aggressoren ließ sich auch aus der Verteilung der Militärbudgets auf die Teilstreitkräfte und Waffengattungen ablesen; denn diese Budgets, die wesentliche Bestandteile der Staatshaushaltspläne und -ausgaben imperialistischer Staaten sind, widerspiegeln stets die außen- und militärpolitische Konzeption dieser Länder. So spielte die Festlegung des Umfangs und der Verteilung der Etatmittel bei den Auseinandersetzungen über strategische Grundfragen zwischen dem General- und dem Admiralstab Japans eine außerordentlich große Rolle.

Dr. Sorge ließ sich durch keine Manipulation der japanischen Regierung im Staatshaushaltsplan irreführen. Wußte er doch, daß die Etatposten, die der Kriegsvorbereitung dienten, sowohl im militärischen als auch im zivilen Teil des Haushalts zu suchen waren. Er betrachtete den Staatshaushalt als ein Klassenbudget und war sich im klaren, daß die Ausgabenseite der Staatsfinanzen vorwiegend den Interessen der Ausbeuter diente und diese letztlich bereicherte. Über den Staatshaushalt eines imperialistischen Staates wird das Nationaleinkommen immer zugunsten der herrschenden Klassen umverteilt. Man kann annehmen, daß sich Richard Sorge in den Staatsfinanzen Japans besser auskannte als viele kaiserliche Finanzbürokraten und die Masse der japanischen Reichstagsabgeordneten. Auch auf diesem Gebiet erfaßte er kontinuierlich alle wichtigen Fakten und analysierte die Staatshaushaltspläne Japans, die Haushaltsdebatten des japanischen Parlaments sowie die Ausgabenpolitik der kaiserlichen Regierung. Dabei untersuchte er besonders den Zusammenhang zwischen der aggressiven Außen- und Militärpolitik des Inselreiches und ihrer Finanzierung. Im Januar 1937 wies Sorge darauf hin: «Der regelmäßige jährliche Sprung von Rekord zu Rekord begann nach dem Jahr des ‹mandschurischen Zwischenfalls› (in Japan übliche Bezeichnung für den Überfall auf Nordostchina und die Annexion des mandschurischen Gebietes in den Jahren 1931/32 – J. M.). Damals betrugen die Ausgaben noch 1477 Millionen, im folgenden Jahr wurden sie schon auf 1950 Millionen erhöht (im Haushaltsjahr 1937/38 dann auf 3041 Millionen Yen – J. M.). Gleichzeitig ging mit dem Steigen der Staatsausgaben ein Wachsen der Staatsschulden Hand in Hand.»[38]

Bereits zwei Jahre vor dem Überfall Japans auf China hatte er über den rücksichtslos erhöhten Militäretat und damit schließlich über die Kriegsvorbereitung des Kaiserreiches geschrieben: «Das dritte große Problem der japanischen Wirtschaft ist die Lage der Staatsfinanzen. Auch diese gab ... wieder Anlaß zur Beunruhigung, da im März (1935 – J. M.) das Budget mit seinen außerordentlich hohen Ausgabe- und seinen allzu kleinen Einnahmeziffern Gesetz geworden ist. Annähernd 2200 Millionen staatlichen Ausgaben, von denen fast die Hälfte direkte Ausgaben für Heer und Flotte sind, stehen ordentliche Einnahmen von knapp 1450 Millionen Yen gegenüber, so daß die Staatsschulden abermals um 750 Millionen vergrößert werden müssen.»[39]

Und Anfang 1937 solidarisierte sich Dr. Sorge mit jenen Japanern, die gegen die maßlose Ausdehnung der Rüstungsausgaben auftraten, indem er hervorhob: «Die Kritik des neuen Haushalts in der Öffentlichkeit, die im allgemeinen sachlich ist, ist auf verschiedenen Argumenten aufgebaut. Erstens wird das immer stärkere Vorherrschen der Rüstungsausgaben getadelt. Nicht, daß man die Notwendigkeit der Rüstung in Zweifel zöge; aber einerseits glaubt man, daß ihr gegenwärtiges Anstiegstempo über die volkswirtschaftliche Leistungsmöglichkeit des Landes hinausgehe; und andererseits erblickt man eine starke Gefahr darin, daß die wirtschaftlichen und sozialen Reformen, die einst von dem neuen Hirota-Kabinett mit Recht als ebenso wichtig bezeichnet wurden wie die Ausgaben für die Rüstung, abermals vollkommen in den Hintergrund gedrängt worden sind.»[40] Gleichzeitig schlug Sorge zur Verringerung der schnell zunehmenden japanischen Staatsverschuldung «eine drastische Senkung der Ausgaben, und zwar vor allem derjenigen für die Rüstungen» vor.

Als Ende März 1940 jener Staatshaushaltsplan beraten und verabschiedet wurde, der die finanzielle Basis für die Vorbereitung Japans auf den Eintritt in den zweiten Weltkrieg bildete, kritisierte Richard Sorge wiederum den japanischen Etat und wies mit allem Ernst auf die sich abzeichnenden Gefahren hin.[41]

---

38 «Frankfurter Zeitung», Frankfurt/Main, vom 24. Januar 1937.
39 «Der deutsche Volkswirt», Berlin, Nr. 33/1935, S. 1531.
40 Ebenda, Nr. 16/1937, S. 788.
41 Siehe «Frankfurter Zeitung», Frankfurt/Main, vom 29. März 1940.

Dr. Sorge beschränkte sich nicht auf periodische Untersuchungen der quantitativen Seite der Staatsausgaben des imperialistischen Japans. Er verfolgte sie auch über lange Zeiträume und widmete gleichzeitig der Verteilung der Haushaltsmittel auf die beiden Teilstreitkräfte große Aufmerksamkeit. Davon zeugt die folgende Übersicht über die direkten japanischen Rüstungsausgaben:

Haushaltsjahr	Anteil der Rüstungsausgaben an Gesamtausgaben des Staatshaushalts in Prozenten	Rüstungsausgaben in Milliarden Yen[42]	Anteil für Heer	Anteil für Kriegsmarine[43]
			in Prozenten	
1912/13	29	0,20	50	50
1918/19	19	0,28	43	57
1932/33	45	0,68	54	46
1935/36	45	1,02	48	52
1936/37	47	1,07	48	52
1937/38	46	1,41	52	48
Zusatzbudget für China-Aggression	–	6,49	77	23
1938/39	43	1,24	45	55

Die Militärausgaben hatten, wie man sieht, eine allgemein steigende Tendenz, und die Rüstungspolitik veränderte sich nach dem Überfall Japans auf China im Jahre 1937 – trotz der damit verbundenen großen Landoperationen – zugunsten der Kriegsmarine. Diese Bevorzugung der japanischen Seestreitkräfte hielt auch im Jahre 1940 an. Damals erhielt Dr. Sorge Kenntnis vom «Sechsjahrplan zur Verstärkung des Heeres und der Kriegsmarine». Auch dieser staatliche Finanzplan ließ die strategische Umorientierung des japanischen Imperialismus auf einen maritimen Stoß nach Süden und nach Südostasien erkennen.

42 Die Zahlen stammen aus einer von Dr. Sorge zusammengestellten Übersicht für die «Frankfurter Zeitung», Teil «Frankfurter Handelsblatt», Frankfurt/Main, vom 17. August 1938 und vom 3. Februar 1940.
43 Die Relationen wurden aus den von Dr. Sorge zusammengestellten absoluten Zahlen errechnet.

Verteilung der direkten Rüstungsausgaben nach dem vom kaiserlichen Hauptquartier 1940 aufgestellten «Sechsjahrplan zur Verstärkung des Heeres und der Kriegsmarine» Japans[44]

	Milliarden Yen	Anteil in Prozenten
Direkte Rüstungsausgaben insgesamt	11,0	100
Ausgaben für das Heer	5,4	49,0
davon für die Verstärkung des Heeres	3,1	28,2
für die Reorganisation und den Ausbau der Heeresluftwaffe	1,4	12,7
für Zusatzinvestitionen in der Rüstungsindustrie	0,8	7,3
Ausgaben für die Kriegsmarine	5,6	51,0
davon für Neubauten von Kriegsschiffen	3,4	31,0
für den Ausbau von Kriegshäfen	1,0	9,1
für Marineluftgeschwader	0,5	4,5
für die Modernisierung von Kriegsschiffen	0,4	3,6

Bei oberflächlicher Betrachtung scheint der Unterschied zwischen dem Etat des Heeres und dem der Kriegsmarine nur unbedeutend zu sein. Wenn man aber bedenkt, daß es sich beim japanischen Heer um eine Millionenarmee handelte, die seit zweieinhalb Jahren in China ununterbrochen Krieg führte, und man ferner in Rechnung stellt, daß dabei der Verschleiß von Waffen und technischen Ausrüstungen sehr beachtlich war, ist der Unterschied enorm.

So wurden die Informationen, die Dr. Sorge bekommen hatte und die besagten, daß Japan sich auf einen schnellen Vorstoß gegen Inselgruppen im Pazifik und gegen die südostasiatischen Rohstoffländer vorbereitete, auch durch die Militärbudgets bestätigt. Ein solcher Überfall setzte eben voraus, daß man für den Bau von Kriegsschiffen und für den Ausbau von Kriegshäfen

44 Berechnet nach Angaben der «Frankfurter Zeitung», Frankfurt/Main, vom 3. Februar 1940.

sehr große Mittel bereitstellte. Für Richard Sorge waren die Etatsummen natürlich noch weit aussagekräftiger, da er durch seine Studien und auf Grund seiner Kundschaftertätigkeit den jeweiligen Ausrüstungsstand der japanischen Teilstreitkräfte und Waffengattungen im wesentlichen kannte.

Dieses Beispiel läßt die enge Verzahnung der politisch-militärischen mit der finanzpolitischen Problematik deutlich werden, die von Sorge systematisch untersucht wurde, der bei seinen Analysen stets davon ausging, daß die militärische Strategie prinzipiell von der politischen abhängig ist. Von Lenin hatte er gelernt, diesen Zusammenhang zu beachten.

Aus der aggressiven Politik der japanischen Imperialisten und aus den ihm gut bekannten ökonomischen Potenzen des Kaiserreiches leitete Dr. Sorge im Jahre 1939 ab, «daß es für Japan weder eine ‹nördliche› oder ‹südliche› oder sonst eine ‹kompaßbestimmte› Expansion gibt. Bis zum heutigen Tage sind die Nähe, das Festland und die jeweilige politisch-militärische Schwäche des Gegners die entscheidenden Faktoren für die Richtung der japanischen Expansion oder der ‹japanischen Flucht von seinem Inselreich›. Praktisch gesprochen bedeutet dies die Expansion nach China, wobei Korea als zu China gehörend angesehen wird. Nur nach der Bewältigung dieser Aufgabe, deren Lösung in den wenigen letzten Jahren ungewöhnlich stark forciert worden ist, dürfte Japan sich neue Hauptexpansionsziele stellen. Entweder in der Richtung der unendlichen mongolisch-turkestanischen sibirischen Steppen oder in die südlichen Gebiete des Pazifik, Indochina, Indien und die pazifischen Inseln... Die Hauptkonzentration der machtmäßigen Ausbreitung Japans bleibt für absehbare Zeit auf China konzentriert, in China gebunden. Mit Kraftentfaltungen, die höchstens noch bis Wladiwostok, Hongkong und dem nördlichen Indochina und bestenfalls bis nach Siam reichen.»[45]

Für eine expansive Politik des japanischen Kaiserreiches traten alle japanischen Imperialisten und Militaristen ein, darüber gab es unter ihnen keine prinzipiellen Meinungsverschiedenheiten. In ihren Reihen gab es aber Anhänger zweier unterschiedlicher strategischer Grundkonzeptionen. Hinter den militärischen Exponenten dieser beiden Ansichten standen jeweils verschiedene Kräftegruppen der herrschenden Klasse, wobei die eine Richtung im wesentlichen vom Heer, die andere von der Kriegsmarine vertreten wurde.

Die japanischen Generale schworen auf die Konzeption des Tanaka-Memorandums. Der Kriegsverlauf in Asien stimmte dann auch im wesentlichen mit den bereits 1924 entwickelten Grundgedanken dieses Memorandums überein. Das Tanaka-Memorandum sah nacheinander die Eroberung Chinas und der Mongolischen Volksrepublik sowie spätere Angriffskriege gegen die Sowjetunion und die USA vor. Dabei strebten nach der Errichtung des Faschismus besonders die Generale des japanischen Heeres eine enge Zusammenarbeit mit Deutschland an. Aus diesen Gründen war es für Dr. Sorge sehr wichtig, die Verstärkung und die räumliche Verteilung der Heeresdivisionen, die diese Konzeption eines Tages verwirklichen sollten, ständig zu beobachten. Dabei fiel ihm auf, daß die Japaner ihr stehendes Heer von 300 000 Mann im Jahre 1937 bis zum Jahre 1939 auf 1,2 Millionen Mann vergrößert, also vervierfacht hatten. Außerdem kamen dazu jeweils noch zwei Millionen Reservisten.

Der andere Flügel der japanischen Militaristen hatte sich hinter den Admiralen formiert, die unablässig auf eine Verstärkung der Flottenrüstung drängten und mehr Einfluß auf die Innen- und Außenpolitik forderten. Sie vertraten vornehmlich die Interessen jener japanischen Monopole, die die Rohstoffvorkommen Südostasiens und die Flottenstützpunkte im Pazifischen Ozean in ihre Hand bekommen wollten. Die Admirale verwiesen außerdem auf die verheerende Niederlage, die die japanischen Landstreitkräfte durch sowjetische und mongolische Truppen schon im August 1939 am Chalchin-Gol erleiden mußten, als sie damals versuchten, in die Mongolische Volksrepublik und in das sowjetische Transbaikalgebiet vorzustoßen. In diesem Zusammenhang warnten die japanischen Admirale vor einem so hohen Risiko.

Mit Hilfe seiner Kampfgefährten bekam Dr. Sorge ständig die neuesten Meldungen aus dem 1. und dem 2. Kriegsmarinedistrikt. Diese und andere Informationen zeigten, daß die japanische Kriegsmarine relativ stärker ausgebaut wurde als das Heer.

Richard Sorge kamen bei seinem Japaneinsatz auch die militärstrategischen und waffentechnischen Studien sehr zugute, die er schon in früheren Jahren betrieben hatte. 1927 hatte er in einer gründlichen Untersuchung geschrieben: «Denn erst jetzt fängt

45 «Zeitschrift für Geopolitik», Berlin, Nr. 8–9/1939, S. 622.

die Entwicklung der Waffentechnik an, einen Krieg im Stillen Ozean zwischen Amerika – Japan oder Amerika – England – Japan möglich zu machen. Bisher waren die großen Entfernungen trotz der Seestationen im Stillen Ozean ein entscheidendes Hindernis für einen Krieg.»[46]

Wollte Japan in Richtung Süden vorstoßen, mußte sich das für einen Kenner der Situation an verschiedenen Erscheinungen feststellen lassen: Bruch der international vereinbarten Beschränkung der japanischen Kriegsmarine, gesteigerte Flottenrüstung, Ausbau der Nachschubbasen an den südlichen und östlichen Küsten des Inselreiches, Zunahme des Personalbestandes der Kriegsmarine zum Zwecke massiver überseeischer Operationen und zur Sicherung ausreichender Seetransporte über weite Entfernungen. Wir wissen heute, daß Dr. Sorge all diese Faktoren beachtete und schon sehr bald erkannte, daß das geheime japanische Flottenrüstungsprogramm auf folgenden Grundsätzen aufgebaut war:

1. *Einsatz außergewöhnlich großer Kriegsschiffe mit einer ungewöhnlich starken Bewaffnung.* Tatsächlich baute Japan die damals schwersten Schlachtschiffe der Welt – teilweise mit 42500 Tonnen Wasserverdrängung – und lehnte die international vorgeschlagene Beschränkung der Schiffsartillerie-Kaliber auf maximal 35,6 Zentimeter ab. Die Japaner verwendeten auf ihren 10 Schlachtschiffen Geschütze bis zu einem Kaliber von 40 Zentimetern. Dabei darf nicht übersehen werden, daß noch 1905 Japan überhaupt nicht in der Lage gewesen war, Kriegsschiffe mit mehr als 12000 Tonnen Wasserverdrängung zu bauen!

2. *Schaffung von militärtechnischen Mitteln, die es ermöglichen, weite Strecken bis zum unmittelbaren Kampfgebiet zu überwinden.* 1935 verfügte die japanische Kriegsmarine über 12 Flugzeugträger, 1941 hatte sie bereits 16 moderne Trägerschiffe für Rad- und Wasserflugzeuge, die 400 Maschinen an weit entfernte Ziele heranbringen konnten. Die japanische Kriegsmarine verfügte zu diesem Zeitpunkt über 3000 Bomber, meist Langstreckenflugzeuge. Das waren mehr, als das Heer einsetzen konnte! Im Durchschnitt gehörte jeder fünfundzwanzigste Kriegsmarineangehörige zum Luftwaffenpersonal. Gleichzeitig wurde der Anteil großer U-Boot-Kreuzer mit weitem Aktionsradius an der 60 Boote starken japanischen U-Boot-Flotte vergrößert.

Nicht unwesentlich für die Realisierung des Flottenrüstungsprogramms war, daß sich das Offizierskorps der Kriegsmarine vor allem aus Söhnen großbürgerlicher Überseehandelsfamilien und aus Nachkömmlingen der ehemaligen japanischen Kriegerkaste zusammensetzte. Die Kriegsmarine hatte eine doppelt so lange Dienstzeit wie das Heer eingeführt. Durch die kapitalistischen Elemente besonders aus den Kreisen der Exporteure und Importeure kam es in der Führungsschicht der Kriegsmarine zu einer Verquickung der ökonomischen, militärischen und persönlichen Interessen im Sinne der Eroberung von Rohstoffgebieten in Asien. Dafür hatte der Admiralstab einen Plan entwickelt, nach dem die Überlegenheit der Seestreitkräfte der USA und Großbritanniens durch einen blitzartigen Überfall auf die wichtigsten Marinebasen der Anglo-Amerikaner im Pazifik von vornherein zugunsten des japanischen Aggressors verringert werden sollte.

Diese sich immer mehr durchsetzende strategische Konzeption bestimmte den Umfang, die Qualität und das Tempo der Bewaffnung und Ausrüstung von Heer und Flotte. Für den aufmerksamen und geschulten Wissenschaftler ließen sich daraus außerordentlich brauchbare Rückschlüsse ziehen, in welchem Maße diese Konzeption realisierbar war. Da Dr. Sorge die japanischen Kriegsvorbereitungen stets im Zusammenhang mit den sich entwickelnden Produktivkräften studierte, da er die dialektische Einheit von geplanter Front und zielstrebig organisiertem Hinterland beachtete, konnte er sich jenes Material erarbeiten, das ihm ermöglichte, die Echtheit der strategischen Pläne Japans zu überprüfen, die ihm schließlich doch noch zugänglich wurden. Unter anderem bekam er die Beschlüsse vom 2. Juli 1941 in die Hände, die in Anwesenheit des Tenno gefaßt worden waren und die die künftige Hauptstoßrichtung der japanischen Aggressoren bereits erkennen ließen.[47] Aber auch schon einige Zeit zuvor, nämlich im Jahre 1939, hatte Sorge «eventuelle Expansionsbewegungen in den Südpazifik – wenn besondere weltpolitische Ereignisse eintreten»[48] – angedeutet. Und im November 1940 hatte er eine Prognose gestellt, die sich ein Jahr später im wesentlichen bestätigen sollte: «Der russische ‹Erbfeind› (vom Standpunkt Japans aus – J. M.) verliert an Interesse; er gewinnt sogar als möglicher freundschaftlicher Nachbar einen neuen Charakter. Um so schärfer aber stößt Japan nun mit England und den Vereinigten Staaten zusam-

46 «Kommunistische Internationale», Hamburg, Nr. 1/1927, S. 198.
47 Siehe «Neue Zeit», Moskau, Nr. 43/1964, S. 19.
48 «Zeitschrift für Geopolitik», Berlin, Nr. 8–9/1939, S. 621.

men; denn sie waren die Oberherren des ‹großasiatischen› Raumes gewesen und fühlen sich wohl auch heute noch in dieser Rolle.»[49]

Richard Sorge verhielt sich gegenüber dem Kampf der beiden herrschenden Gruppierungen durchaus nicht passiv. Die Gruppe «Ramsay» besaß ja auch Unterlagen über das «Sondermanöver Kantokuen». Das war die Deckbezeichnung für den japanischen Überfallplan auf die Sowjetunion.[50] Immer wieder warnte Dr. Sorge in seinen Publikationen, soweit ihm das ohne Gefährdung seines Kundschafterauftrages möglich war. So erinnerte er an die Niederlage, welche die japanischen Konterrevolutionäre seinerzeit bei ihrer Intervention gegen die junge Sowjetmacht erlitten hatten: «Nach dem Kriege (gemeint ist der erste Weltkrieg – J. M.) beteiligte sich Japan mit ungefähr 70 000 Mann an der internationalen Expedition nach Sibirien. Das Ergebnis dieser Expedition war für alle (konterrevolutionären – J. M.) Verbündeten recht unbefriedigend.»[51] Und ein anderes Mal betonte er: «Nur einmal hat die (japanische – J. M.) Wehrmacht eine solche Unbeliebtheit in jahrelangem Rückgang ihres politischen Einflusses zu spüren bekommen: nach dem Mißerfolg der Besetzung Wladiwostoks und anderer sibirischer Gebiete während des dortigen Bürgerkrieges 1919/21.»[52]

Richard Sorge zog die japanischen Friedensstörer ans Licht der Öffentlichkeit, indem er hervorhob, «daß das japanische Heer immer wieder und bei jeder Gelegenheit, wenn abgeschlossene Verhandlungen freundschaftlichere Gedanken zwischen Japan und Sowjetrußland aufkommen lassen, einen Strahl kalten Wassers in den Optimismus sprengt».[53] Und die um den Tenno gescharten militaristischen Hitzköpfe ließ er unmißverständlich wissen: «Ein Vorstoß nach Sibirien über China oder gar durch die Mongolei wäre nur die Wiederholung des napoleonischen Marsches auf Moskau.»[54]

Während sich 1937 die japanischen Generale nach dem Überfall auf China in einem wahren Siegestaumel befanden, erklärte Dr. Sorge, daß sie die Widerstandskraft des chinesischen Volkes, die Potenzen Chinas und seiner Verbündeten sowie die Probleme, die sich aus der Weite des chinesischen Landes ergaben, völlig falsch eingeschätzt hätten. Als dann im Jahre 1941 die japanischen Militaristen in China zum «totalen Krieg» übergingen, weil sie keine andere Möglichkeit sahen, das chinesische Volk zu überwältigen, machte Sorge kein Hehl aus seiner Sympathie für jene chinesischen Kräfte, die den Aggressoren bedeutende Verluste beibrachten. Wenn auch die Kriegsgegner eine sehr unterschiedliche Stärke aufzuweisen schienen, ließ sich Sorge auf Grund seiner selbst in China gesammelten Kenntnisse von diesem Schein in keiner Weise beirren. So beschäftigte er sich im Februar 1941, acht Monate vor seiner Festnahme, in einem Zeitungsartikel ausführlich mit der Strategie und Taktik der chinesischen Partisanen in den nördlichen Provinzen des Landes. Er würdigte die Kampferfolge der kommunistischen chinesischen Achten Armee und bezeichnete diese Feldarmee als «Hauptgegner der Japaner in den besetzten Gebieten Nordchinas»[55]. Richard Sorge gehört auch in diesem Fall zu jenen, denen die Geschichte recht gegeben hat, denn vier Jahre später, im Jahre 1945, wurden die japanischen Aggressoren auch in China vernichtend geschlagen und entwaffnet.

All diese Beispiele zeigen, daß Dr. Sorge auf sämtlichen Gebieten der Lagebeurteilung den japanischen Ministern, Generalen und Admiralen weit überlegen war. Dabei hat dieser Überblick nur einige Seiten seines genialen Arbeitsstils deutlich machen können. Sorge war – das muß hier betont werden – alles andere als ein Stubenhocker. Doch seine Arbeit an der Schreibmaschine oder am Karteikasten gehörte ebenso zu seiner Kundschaftertätigkeit wie Hunderte operativer Einsätze.

Neben häufigen Reisen an die nordwestliche, vor allem aber an die südliche und südwestliche Küste Japans unternahm er auch ausgedehntere Erkundungs- und Kurierfahrten in den fernöstlichen Raum, so beispielsweise

1935 in die Mandschurei,
1936 nach Peking und in die Südmongolei,
1937 nach Taiwan und Schanghai,
1938 nach Taiwan, auf die Philippinen und nach Hongkong,
1939 an die mongolische Grenze und
1940 nach Schanghai.

49 «Frankfurter Zeitung», Frankfurt/Main, vom 13. November 1940.
50 Siehe «Rekishigaku Kenkyu», Tokyo, Nr. 4/1963, S. 28.
51 «Die Wehrmacht», Berlin, Nr. 15/1937, S. 7.
52 «Zeitschrift für Geopolitik», Berlin, Nr. 8/1935, S. 481.
53 Ebenda, S. 487.
54 Ebenda, S. 492.
55 «Frankfurter Zeitung», Frankfurt/Main, vom 12. Februar 1941.

Ein paar Episoden aus dieser operativen Tätigkeit an der geheimen Front sollen deshalb erwähnt werden.

Dr. Sorge reiste ohne Rücksicht auf die damit verbundenen außergewöhnlichen Strapazen und Gefahren. Allerdings fuhr er grundsätzlich nie mit einem Mitglied seiner Gruppe. Er durfte bei der Kempeitai keinen, auch nicht den allergeringsten Verdacht erregen. Deshalb zog er es vor, sich im Schatten prominenter Persönlichkeiten zu bewegen. So reiste er zusammen mit dem Berichterstatter des zentralen Organs der Nazipartei «Völkischer Beobachter» und späteren Diplomaten Fürst von Urach, mit dem Freiherrn von der Gablenz, einem Vorstandsmitglied der Lufthansa, oder mit dem weltbekannten Sinologen Professor Dr. Erich Haenisch.

Dieser hat uns geschildert, was sich auf einer solchen abenteuerlichen Fahrt zu Ruinenstätten längst verblichener Mongolenfürsten ereignete. «Zwischen dem 10. und 14. September 1936 reiste ich mit zwei Zeitungsleuten, einem Polen und Richard Sorge, unter der Leitung des schwedischen Kaufmanns Georg Söderbaum in die südmongolische Steppe zu den Gebieten der Senit- und Tumet-Mongolen. Meine Fahrt wurde vom Preußischen Kultusministerium finanziert, wer die Kosten für Dr. Sorge trug, ist mir unbekannt. Sorge interessierte sich für Mongolenfürsten, Ruinenstätten und Steininschriften. Damals zu reisen war durchaus nicht ungefährlich. Als wir beispielsweise eines Abends, schon in der Dämmerung, unser Zelt aufschlugen, tauchte ein mongolischer Soldat auf und wollte uns vier erschießen. Georg Söderbaum konnte das im letzten Augenblick noch verhindern. Damals wurden in diesem Gebiet schon japanische Truppen erwartet.»[56]

Der Sinologe Haenisch ahnte nicht, was Dr. Sorge, der so tat, als interessiere er sich nur für Ruinen und mongolische Inschriften, wirklich in diese verlassene Einöde trieb. Der Kundschafter der Roten Armee sondierte nämlich einen möglichen Kriegsschauplatz, ein eventuelles Aufmarschgebiet der Japaner gegen die Sowjetunion. Darüber schrieb er einige Monate später: «Rein theoretisch betrachtet, ist natürlich die Mongolei der ideale Aufmarschraum für Japan in einem Krieg gegen die Sowjetunion ... Sicher ist auch, daß manche kühne Strategen in dem Stoß durch die Mongolei zum Baikalsee die wahre strategische Lösung sehen, nicht in Aktionen an der mandschurisch-sibirischen Grenze.

Doch die Wirklichkeit sieht erheblich schwieriger aus. Die erste Hemmung für einen solchen Feldzugsplan wird durch die Entfernungen hervorgerufen, um die es sich hier handelt... Diese Entfernung wird durch den Charakter des in Frage kommenden Geländes vervielfacht... In der Mongolei müßte ein Heer alles bis aufs letzte selbst mitbringen... Noch eine gefährliche Eigenschaft hat diese Hochsteppe. Sie bietet kein Versteck. So weit der Blick reicht, ist jede Bewegung einzusehen; nichts kann einem Späher verborgen bleiben, besonders nicht dem Beobachter im Flugzeug... Dazu ein Klima, das im besten Falle Kampfhandlungen nur in 6 oder 7 Monaten des Jahres erlaubt... All die genannten Schwierigkeiten sind heute technisch, im Maßstabe eines großen Feldzuges, noch nicht zu bewältigen.»[57]

Man geht also nicht zu weit, wenn man feststellt, daß der sowjetische Kundschafter Sorge die verheerende Niederlage der schließlich 75 000 Mann zählenden japanischen Aggressionstruppen am Chalchin-Gol bereits zwei Jahre im voraus öffentlich prognostiziert hatte.

Nichts entging dem scharfen Späherblick Dr. Sorges, weder in der Mongolei noch in dem von den Japanern hastig zum riesenhaften Kriegshafen ausgebauten Rashin[58], weder in der Kriegsmarinebasis Yokosuka noch im 2. Marinedistrikt von Akita. Und war es ihm nicht möglich, in bestimmte Orte zu fahren, spannte er sogar besessene Nazis oder japanische Generalstabsoffiziere für seine Zwecke ein. Auch mit der Tochter des britischen Militärattachés in Tokyo, des Generalmajors Francis Stewart Piggott, sah man ihn auf dem Tennisplatz, weil er damit rechnete, auf diesem Wege zu wichtigen Informationen zu gelangen. Miss Piggott schrieb uns vielsagend vorsichtig:

(Deutsche Übersetzung)

Oak Cottage
Cranleigh, Surrey
17. November 1964

... Was Dr. Sorge betrifft, könnte es sein und wahrscheinlich ist es auch der Fall gewesen, daß mein Vater ihn getroffen hat. Ich erinnere mich, daß ich mit ihm einmal Tennis gespielt habe. Aber jetzt

56 Prof. Dr. Erich Haenisch in seinem Schreiben vom 3. November 1964 an den Autor. Siehe auch «Zeitschrift für Geopolitik», Berlin, Nr. 5/1937, S. 367 ff.
57 «Zeitschrift für Geopolitik», Berlin, Nr. 5/1937, S. 372 f.
58 Siehe ebenda, Nr. 6/1935, S. 345.

kann sich mein Vater an nichts erinnern, was Dr. Sorge betrifft,
und ich kann nur sagen, daß ich mich daran erinnere, daß er besser
Tennis spielte als ich ...

gez. (Fräulein) Juliet Piggott

Vor dem Überfall Japans auf China im Jahre 1937, den Sorge vor-
aussah, brauchte er – gewissermaßen zur letzten Kontrolle – genaue Angaben über das japanische Heer. Er beschaffte sich deshalb einen Auftrag, der besagte, daß er für das offizielle Organ
des Reichskriegsministeriums, nämlich für die Zeitschrift «Die
Wehrmacht», einen Artikel über den japanischen Achsenpartner
zu schreiben habe, und berief sich auf den Antikominternpakt,
der erst kurz zuvor abgeschlossen worden war. Da er auf Grund
seiner sehr guten Beziehungen zum deutschen Botschafter auch
die militärischen Geheimklauseln dieses Paktes genau kannte,
vermochte er besonders sicher aufzutreten, so daß der Chef der
Zentralverwaltung im japanischen Kriegsministerium, General
Muto, Dr. Sorge «kameradschaftlich» unterstützte, und zwar in
weitergehendem Maße als sonst üblich. Muto beauftragte sogar
den Kempeitai-Oberst Maki, dem deutschen Journalisten schnell
zu den gewünschten Informationen zu verhelfen. So verschaffte
sich Richard Sorge auch dieses Mal ohne Gewalt und Nach-
schlüssel die Angaben, die er benötigte.

In anderen Fällen holte er zum Beispiel dem Botschafter Generalleutnant Oshima, dem Obersten Utsunomiya vom japanischen
Kriegsministerium und dem Major Yamagata – wie er zu Max
Christiansen-Clausen zu sagen pflegte – «die Würmer aus der
Nase». Der mit einer Sondergenehmigung ausgerüstete Nazi-
kriegsberichterstatter für Fernost, Fürst von Urach, lieferte
Dr. Sorge seltene Fotos über die neue Militärtechnik der Japaner,
beispielsweise Aufnahmen von modernsten Panzern, motorisierten Haubitzen, luftgekühlten Maschinengewehren und Kanonen[60], ohne dabei auch nur im mindesten zu ahnen, daß er damit
einem Kundschafter der Roten Armee zuarbeitete. Voller Neid
hat der Luftfahrtexperte und spätere Luftwaffenattaché in Tokyo,
Generalmajor Wolfgang von Gronau[61], eingestehen müssen, daß

ihm Dr. Sorge schon im Jahre 1936 Unterlagen über die neuesten japanischen Flugzeugtypen, Kleinkanonen und Maschinengewehre zeigte[62], die dieser sich als wendiger Pressemann besorgt hatte. Und mit grimmigem Unterton erinnerte sich der pensionierte Bundeswehr-Generalleutnant Gerhard Matzky, der Richard Sorge ungewollt wichtige Informationen geliefert hatte, an die Zeit, da Sorge «über Standort und Stärke der japanischen Truppen und ihre Bewegungen beinahe mehr... als die deutschen militärischen Stellen selber»[63] wußte.

Über die Außenpolitik und über militärische Vorhaben der japanischen Aggressoren holte sich Dr. Sorge nicht selten Auskunft aus erster Hand. Er interviewte als Journalist japanische Minister, Parteiführer, Generale und Admirale. Zu den von dem sowjetischen Meisterkundschafter direkt Befragten gehörten beispielsweise die japanischen Außenminister Matsuoka und Togo, die Botschafter Shiratori und Generalleutnant Oshima, der Admiral Kobayashi und der Parteiführer Nakano.[64]

Der letzte Nazibotschafter in Tokyo, Heinrich Stahmer, kommt in diesem Zusammenhang nicht umhin, Richard Sorge rückblickend zu bescheinigen, daß er «eine Unsumme gesellschaftlicher und persönlicher Informationen über alle möglichen fernöstlichen wie europäischen Persönlichkeiten mitbrachte»[65].

Dr. Sorge achtete nicht nur auf die sich objektiv vollziehenden gesellschaftlichen Prozesse, sondern beobachtete auch sehr genau das Verhalten einflußreicher Persönlichkeiten im Lager des Klassenfeindes, um keinen subjektiv wirkenden Faktor zu übersehen. Deshalb widmete er sich sehr intensiv den Lebensläufen solcher Männer, die sich an die Schalthebel der Politik gedrängt hatten. Ja, er versuchte sogar mit Erfolg, auf Grund von Erfahrungen ihr zukünftiges Verhalten vorauszusagen.

Richard Sorge beobachtete als Wissenschaftler und Reporter, berichtete als Kundschafter und Journalist. Er stellte wirtschaftliche und militärische Prognosen auf, verfolgte massenpsychologische Prozesse. Ihm entging keine innenpolitische Machtverschie-

59 Brief vom 17. November 1964 an den Autor.
60 Siehe «Die Wehrmacht», Berlin, Nr. 15/1937, S. 5 ff.
61 Siehe Karl-Heinz Eyermann, Der große Bluff, Berlin 1963, S. 307.
62 Siehe «Der Spiegel», Hamburg, vom 15. August 1951, S. 32.
63 Zitiert nach ebenda.
64 Siehe Charles A. Willoughby, a. a. O., S. 221; «Frankfurter Zeitung», Frankfurt/Main, vom 15. September 1936.
65 Heinrich Georg Stahmer, a. a. O., S. 83.

bung oder außenpolitisch-strategische Umorientierung. Er wertete Statistiken und Bilanzen aus, ließ sich dabei aber von keiner Fälschung des Klassengegners täuschen. So wandte der Marxist-Leninist Sorge jene Methode zur Analyse politischer und ökonomischer Erscheinungen sowie gesellschaftlicher Entwicklungstendenzen an, die nie veraltet.

Jeder, der sich ernsthaft mit dem Leben und dem Arbeitsstil dieses sowjetischen Kundschafters beschäftigt, weiß, daß es keinen Platz für ständige Trinkgelage und amouröse Abenteuer bot, wie sie bürgerliche Schreiberlinge dem heldenhaften Friedenskämpfer angedichtet haben. Professor Dr. jur. Kordt, einst Gesandter des Nazistaates in Japan und später in China, der Dr. Sorge damals in vertrauten Gesprächen – sicher ungewollt – viele Informationen gegeben hatte, unterhielt sich nach 1945 mit einem hohen Geheimdienstoffizier der USA, der den «Fall Sorge» zu untersuchen hatte. Über das Ergebnis dieses Gespräches berichtete Kordt unter anderem: «Der Amerikaner hatte nichts über Geisha-Liebe und das sonstige schmückende Beiwerk gelesen (nämlich in den erbeuteten japanischen Polizeiberichten

Urkunde über den Erlaß des Präsidiums des Obersten Sowjets der UdSSR über die postume Verleihung des Ehrentitels Held der Sowjetunion an Genossen Richard Sorge

und Gerichtsdokumenten – J. M.), mit dem später der Fall Sorge (vor allem in der BRD sowie in Großbritannien, Frankreich, Italien und Japan – J. M.) als Fortsetzungsroman drapiert worden ist.»[66] In diesem Fall sagte Kordt die Wahrheit.

Dr. Sorge wußte, daß seine Gruppe ein wichtiges Glied in der Kette vieler Kundschafter war, die an allen Brennpunkten des antifaschistischen und antiimperialistischen Kampfes für den Frieden wirkten und halfen, daß richtige Entschlüsse gefaßt werden konnten. Und so ist der Stolz mehr als berechtigt, der aus den Worten spricht, die Richard Sorge am Ende seines Lebens im Schatten der Gitterfenster eines japanischen Zuchthauses niederschrieb: «Ich möchte bemerken, daß meine Nachrichtenarbeit in China und Japan völlig neu und erstmalig war. Das trifft besonders auf Japan zu, wo ich der erste und einzige bin, der je imstande war, eine solche Aufgabe so lange und erfolgreich zu erfüllen.»[67]

Rendezvous mit Spionen

Bevorzugte Richard Sorge im Ausland die Tarnung als deutscher Staatsbürger, hatte er von vornherein damit zu rechnen, routinemäßig vom deutschen Geheimdienst bespitzelt zu werden. Dieser interessierte sich – und das nicht erst nach der Machtübernahme der Faschisten im Januar 1933 – speziell für Auslandskorrespondenten, ihre Tätigkeit und ihre Arbeitsergebnisse.

Bereits während seines Chinaeinsatzes machte sich ein deutscher Journalist namens Wolfgang Sorge[68] in Schanghai, Charbin und Peking recht auffällig an Dr. Sorge heran. Richard Sorge durchschaute seinen Namensvetter vom «Berliner Lokalanzeiger» sehr schnell und entlockte ihm sogar gegen Prognosen zur chinesischen Ernte wichtige militärische sowie geheimdienstliche Informationen. «Wolfgang Sorge war ein alter ‹Chinese›, hatte gute Verbindungen zu den chinesischen Behörden, ausgezeichnete Kenntnisse über die Mandschurei, wo Sorge ihn zum erstenmal in Charbin traf, und die weißrussischen Gruppen und chinesischen

66 Erich Kordt, Nicht aus den Akten, Stuttgart 1950, S. 433.
67 Zitiert nach «Der Spiegel», Hamburg, vom 13. Juni 1951, S. 30.
68 Außer vielen China-Artikeln für deutsche Zeitungen in den zwanziger und dreißiger Jahren veröffentlichte dieser Wolfgang Sorge auch das Buch «Krieg entbrennt am Pazifik», Berlin 1934.

Geheimbünde. Er sprach fließend russisch und fuhr häufig als Korrespondent in die Sowjetunion.»[69]

Richard Sorge warnte auch Max Christiansen-Clausen vor diesem antikommunistischen Pressemann. Übrigens war Wolfgang Sorge bei der britischen Spionageabwehrabteilung in Schanghai schon «als möglicher Agent des deutschen (militärischen – J. M.) Nachrichtendienstes»[70] registriert. Später fand man heraus, daß er als strammer Nazi und Schriftleiter des Berliner August-Scherl-Pressekonzerns im Auftrage des Reichsleiters der Hitlerpartei und Reichsministers für Volksaufklärung und Propaganda, Joseph Goebbels, vom Berliner «Devisenstab» in China für seine Spionage monatlich «Bardevisen» von umgerechnet 600 RM zugesteckt bekam.[71]

In Japan setzte der deutsche militärische Geheimdienst, inzwischen unter Admiral Wilhelm Canaris zum Amt Ausland/Abwehr beim Oberkommando der faschistischen Wehrmacht ausgebaut, zwei seiner Fernost-Spitzenagenten auf Dr. Richard Sorge an: den zeitweise im US-Pazifikstützpunkt Pearl Harbor «stationierten» Klaus Mehnert und den in die Mandschurei geschickten Ivar Lissner. Beiden war außer ihrem professionellen Spitzelauftrag sicher nicht zufällig mindestens viererlei gemeinsam: Sie waren in Rußland geboren oder hatten sich lange dort aufgehalten, sie sprachen perfekt Russisch und Englisch, sie hatten den akademischen Grad eines Doktors und arbeiteten als Journalisten und Publizisten. In Berlin glaubte man, sie seien damit einem Dr. Sorge «ebenbürtig und unverdächtig». Dr. phil. Mehnert, im zaristischen Moskau als Sohn eines deutschen Kapitalisten geboren und aufgewachsen, war schon in den zwanziger Jahren bei der Reichswehr im Infanterieregiment 13 in Schwäbisch Gmünd und im Jahre 1936 von der Hitlerwehrmacht im Infanterieregiment 18 in Lippe-Detmold auf die Geheimdienstarbeit vorbereitet worden. Danach lebte er mit seiner aus den USA stammenden Frau in Hawaii, um als Professor an der dortigen Universität zu lehren und an seinem geplanten Buch «Die Russen in Hawaii 1804 bis 1819» zu schreiben, das dann auch 1939 erschien. Seine Auftraggeber interessierten jedoch mehr die Flottenstärke, -stationen und -manöver der USA im Pazifik, die er für Generalmajor a. D. Karl Haushofer analysierte.[72] Mehnert arbeitete auch als Korrespondent für solche Nazigazetten wie «Angriff» und «Braune Post». Am 26. August 1940 wurde er vom New Yorker

«Time Magazine» der Spionage für Nazideutschland beschuldigt; eine Nachricht, die einige Tage später auch der in Hawaii erscheinende «Honolulu Advertiser» und das «Star-Bulletin» übernahmen. Derart bloßgestellt, blieb den Mehnerts schließlich nichts anderes übrig, als sich im Juni 1941 mit dem japanischen Schiff «Tatsuta Maru» nach Japan zurückzuziehen. Nach dem zweiten Weltkrieg wies Ellis Zacharias, Kapitän zur See der US Navy, nach, daß sich die Japaner, die seit 1936 mit der Hitlerwehrmacht gewisse geheimdienstliche Ergebnisse auszutauschen pflegten, bei ihrer Angriffsplanung gegen die USA und speziell bei ihrem «Blitzschlag» gegen Pearl Harbor, dem am 7. Dezember 1941 immerhin 19 Kriegsschiffe und über 2700 Matrosen der USA zum Opfer fielen, auf Mehnerts Analysen stützen konnten.[73]

Klaus Mehnert traf, wie bereits festgestellt wurde, erstmals 1936 in Tokyo beim Besuch des ihm bekannten Wehrmachtsattachés Ott mit Sorge zusammen. Sorge konnte ihn mühelos täuschen und abschlagen. Mehnert muß sogar in seinen Memoiren eingestehen, daß Sorge «als einer der besten Japan-Kenner unter den westlichen Journalisten galt. Daß er über die Jahre zwischen Aachen (also 1920 – J. M.) und China (also 1929 – J. M.) vage blieb, fiel mir nicht auf.»[74] Auch bei seinem zweiten Zusammentreffen im Juni 1941 mit Sorge zog Mehnert den kürzeren. Mehnert schreibt: «Der Angriff der Wehrmacht gegen die Sowjetunion stand unmittelbar bevor. Ich wußte das nicht, aber Ott wußte es und durch ihn – Richard Sorge.»[75]

Nach der Verhaftung Dr. Sorges wurde Klaus Mehnert als zuverlässiger Nazi vom Auswärtigen Amt in Berlin der «Frankfurter Zeitung» als Ostasienkorrespondent empfohlen. Als faschistischer Propagandaspezialist erhielt er in Schanghai sogar noch acht Wochen vor der bedingungslosen Kapitulation Hitler-

69 F. W. Deakin/G. R. Storry, a. a. O., S. 83.
70 Ebenda.
71 Siehe Staatsarchiv Potsdam, Beauftragter für den Vierjahresplan, Aufstellung der Devisenabteilung der Reichspressekammer über die Verteilung der monatlich zur Verfügung stehenden 40000 RM Bardevisen vom 19. September 1936, S. 3.
72 Klaus Mehnert, Problem XIX. US-Flottenmanöver im Pazifik. In: «Zeitschrift für Geopolitik», Berlin, Nr. 7/1938.
73 Siehe Ellis Mark Zacharias, a. a. O., S. 433; Julius Mader, Hitlers Spionagegenerale sagen aus, Berlin 1979, S. 459.
74 Klaus Mehnert, Ein Deutscher in der Welt. Erinnerungen 1906–1981, Stuttgart 1981, S. 157.
75 Ebenda.

deutschlands als Durchhaltefanatiker das Kriegsverdienst-kreuz.[76]

Dr. phil. Ivar Lissner, in Riga als Sohn eines Großkaufmanns geboren und in Sibirien aufgewachsen, tauchte als Korrespondent des «Völkischen Beobachters» kurz vor Kriegsausbruch 1938 in Japan und der Mandschurei auf, wo er die nächsten vier Jahre blieb. Er war im selben Jahr von Admiral Canaris persönlich angeworben und instruiert worden. Im Sommer des Jahres 1938 begleitete er, Vertrauter des Kempeitai-Obersten Kasuga, als Kriegsberichterstatter die Einheiten der japanischen Kwantungarmee, die in Richtung Amoy – Suchow – Keifeng – Anking vorstießen und beim Chassansee in sowjetisches Territorium eindrangen. Der Agent Lissner schildert, auf welche raffinierte Art er Sorge zunächst eine Falle stellen wollte: Es «war in Tokyo, am 1. September 1939. Zu jener Zeit hielt jedermann Richard Sorge für einen guten Deutschen. Er war ein Bonvivant, keineswegs bösartig, und schien sich über die Zukunft wenig Gedanken zu machen. In Wirklichkeit war er außerordentlich intelligent, geboren in Baku am Kaspischen Meer und Korrespondent der ‹Frankfurter Zeitung› ... Eines Tages kam ich mit einer russischen Zeitung und legte sie auf den Tisch. Mir war das Russische geläufig ... ‹Lesen Sie das!›, sagte ich. Sorge hatte gut seine fünfzehn Gläser Whisky getrunken. Russisch war seine Muttersprache, er sprach es ebenso gut wie deutsch, aber niemand wußte dies, und er verriet sich nie. ‹Das lesen? Da wäre man ja nicht ganz normal!› Und sein Gelächter ließ wie gewöhnlich die Wände wackeln.»[77]

Bald hatte Dr. Sorge auch den Canaris-Mann Lissner überlistet, er suchte seine Freundschaft, und Lissner fiel darauf herein. Sorge wußte von da an vieles über antisowjetische Spionage- und Diversionsaktivitäten des Amtes Ausland/Abwehr. Lissner resümierte in der «Paris Match» noch vor seinem Tode in der BRD: «Sorge war mein guter Freund. Wenn ich nach Tokyo kam – meist blieb ich in der Mandschurei – dann sah ich immer Sorge. Und er hatte eine echte Freude daran, sich mit mir zu treffen. Das merkt man so im Laufe der Jahre ... Er spielte seine Rolle glänzend, leistete sich nicht den geringsten Fehler und fand immer den richtigen Augenblick, sich zu empfehlen und in sein japanisches Häuschen zurückzuziehen.»[78]

Lissner wurde dann Mitte 1943 von den immer mißtrauischer werdenden Japanern unter Spionageverdacht in Haft genommen, jahrelang gefoltert und in mehrjähriger Haft zum Krüppel gemacht. Sogar seine alten Kempeitai-Kumpane konnten ihm nicht mehr helfen.

Zunehmend geriet Dr. Sorge auch in das Visier der Gestapo und des Sicherheitsdienstes der Faschisten. Im achten Jahr seines Japaneinsatzes wandte sich Wilhelm von Ritgen, ehemaliger U-Boot-Kommandant und Träger des Pour le mérite aus dem ersten Weltkrieg, ohne ersichtlichen Anlaß an diese faschistischen Stellen und forderte sie auf, Sorge auf seine Zuverlässigkeit hin zu überprüfen. Wilhelm von Ritgen leitete in Berlin das Deutsche Nachrichtenbüro (DNB) und war zudem SD-Agent.

SS-Gruppenführer Walter Schellenberg, der spätere Chef des Amtes VI im Reichssicherheitshauptamt, also der Leiter des SS-Auslandsgeheimdienstes, schrieb darüber in seinen Memoiren: «Es war im Sommer 1940, als mich der Leiter des Deutschen Nachrichtenbüros, Herr von Ritgen, ansprach und mich um eine Unterredung wegen Richard Sorge bat. Der Genannte lebte seit 1934 (richtig aber: 1933 – J. M.) in Ostasien und arbeitete in den folgenden Jahren unter anderem auch für das Deutsche Nachrichtenbüro und als Korrespondent der ‹Frankfurter Zeitung› ...

Herr von Ritgen, mit dem Sorge eine persönliche Korrespondenz führte, bat mich nun, doch einmal Einsicht in die über Sorge geführten Geheimakten sowohl beim Amt III (Sicherheitsdienst/ Inland – J. M.) als auch beim Amt IV (Gestapo – J. M.) zu nehmen. Ritgen, der offensichtlich nicht gern auf Sorges Mitarbeit beim DNB verzichten wollte, verwies hinsichtlich der Zweifel an Sorges politischer Zuverlässigkeit auf dessen Zusammenarbeit mit Professor Haushofer in München. In der geopolitischen Zeitschrift Haushofers sei eine längere Aufsatzreihe Sorges über die Revolte der jungen Offiziere (Japans – J. M.) erschienen, seiner Meinung nach bisher das Beste, das je über die Hintergründe der damaligen Spannungen zwischen Armee und Wirtschaft in Japan geschrieben worden sei. Ritgen rühmte überdies die vorzügliche Kenntnis Sorges von Land und Leuten in Ostasien sowie seinen geschulten Blick für die politischen Zusammenhänge im gesamten östlichen Raum. So habe er das Kräfteverhältnis zwischen den

76 Siehe Braunbuch, Berlin 1965, S. 304f.
77 Ivar Lissner, a. a. O., S. 291.
78 Ebenda, S. 299.

er Reichsminister des Innern

ol. S I A 2 u Nr.: 1150/42
(Boreführungsberechtigte Stelle)

Vorschlag zur Ernennung

RP 904/43

des

,Reg.-u. krim.Rats Meisinger   zum   Oberst der Polizei
(Amtsbezeichnung, Name)   (Amtsbezeichnung)

der Reichsbesoldungsgruppe A 1 oder der ihr entsprechenden Landesbesoldungsgruppe

Anlage 1 mitgezeichnete Urkunde

Die Parteikanzlei hat Einwendungen
gegen die Ernennung nicht erhoben.

An den

Berlin , den 18. Januar 1943

Herrn Staatsminister und Chef der Präsidialkanzlei
des Führers und Reichskanzlers

In Vertretung

Berlin W 8

H. Himmler

Voßstraße 4

(Nach Spalte 22 der Besoldungsgruppe des Führers und Reichskanzlers nachzutragen)

Hierzu ist bei RP. 1044/43 verfügt:

Im Namen des Deutschen Volkes

ernenne ich
den obengenannten Beamten.

Die Ernennungsurkunde ist unter dem heutigen
Tage mit meiner faksimilierten Unterschrift auszufertigen.

Führer-Hauptquartier, den 25. Januar 1943

Der Führer und Reichskanzler
gez. Adolf Hitler

Präsidialkanzlei   Berlin, den 26. Jan. 1943

1. Die unter obenstehender Orts- und Datumsangabe mit der faksimilierten Unterschrift
des Führers und Reichskanzlers ausgefertigte Urkunde geb. mit Anschreiben an
die antragstellende Behörde zurück.

zu 1.

2 6. 4. 43.
8. Jan.

2. Zu den Akten.
gez. Dr.Meissner

Sämtliche Muster usw. der Druckschriftenverwaltung der Reichsdruckerei in Berlin SW 68, Oranienstr. 90—94, unter Nr. D 33 bezogen werden.

Reichsführer SS Himmler schickte 1940 den Massenmörder Meisinger als SD-Chef nach Tokyo. Angaben aus Meisingers Personalunterlagen: NSDAP-Mitglieds-Nr. 3201697, Inhaber des «Blutordens» und SS-Standartenführer

Josef Meisinger in Zivil

10	11	12
Militärverhältnis a) früher (Frontkämpfer) Kriegsbeschädigter?) b) jetzt	a) Mitglied der NSDAP? b) Seit wann? c) Mitglieds-Nr. d) Amter in der Partei? e) Dienstrang und Führerstelle in SA, SS, NSKK, NSFK, HJ) usw. (Angabe des Sturms usw.)	Welchen politischen Parteien und Verbänden hat der Beamte früher angehört und wie lange? (Ämter?)
a) Vize-feldwe-bel, 30 % kriegs-besch. b(---	a) Ja b) 1.5.33 c) 3201697 d) --- e) ⚡⚡-Staf. im SD des RF⚡⚡ (Inhaber des Blutordens Nr. 374).	Freikorps Epp von 1919 bis 1920, Freikorps Oberland von 1920 bis 1924

Mächten China – Japan – Rußland auf der einen, sowie Amerika – England auf der anderen Seite in den Grundzügen stets richtig erkannt und beurteilt ... Ich sah mir daraufhin die Akten an. Irgendein Grund, gegen Sorge vorzugehen, war jedoch aus den Unterlagen nicht zu ersehen ... Als ich Heydrich davon unterrichtete, billigte er meinen Plan nur mit der Maßgabe, daß Sorge ab sofort überwacht werde... Ich muß gestehen, daß ich die von Heydrich verlangte sofortige Überwachung Sorges fahrlässigerweise verzögert habe.»[79]

Kritischer wurde die Situation für die Gruppe «Ramsay», als im Frühjahr 1941 der Chef des Reichssicherheitshauptamtes (RSHA), SS-Obergruppenführer Reinhard Heydrich, einen speziellen Polizeibeauftragten mit Sondervollmachten auch an die deutsche Botschaft in Tokyo schickte. Seine Wahl fiel dabei auf den bayrischen SS-Obersturmbannführer im SD und Kriminaldirektor Josef Meisinger, einen brutalen Massenmörder. Er war 1938 dabei, als 60 000 Österreicher in Konzentrationslager transportiert wurden, und 1939 ließ er als Polizeichef im okkupierten Warschau 150 000 Juden in den Tod treiben. Sorge war auch in seinem Fall rechtzeitig vorgewarnt, er wußte, welche Schlüsselstellung Meisinger innehatte. Künftig sollte Meisinger vieles mehr und rechtzeitiger wissen als der Botschafter Ott. Der Augenzeuge Dr. Lissner nahm zwar einiges wahr, vermochte jedoch nicht hinter die Fassade zu blicken, als er niederschrieb: «In Tokyo hing Meisinger zunächst einigermaßen in der Luft. Die Berufsdiplomaten hatten mit dem Schnüffler und Säufer wenig zu reden, und auch die Japaner brachten ihm keine besondere Sympathie entgegen. Sein Posten, der eines ‹Polizeiverbindungsführers›, war erst nach der Unterzeichnung des Antikominternpaktes geschaffen worden und sollte der deutsch-japanischen Zusammenarbeit in der Abwehr kommunistischer Spionage dienen. Meisingers Hauptsorge war es zunächst, sich vollen diplomatischen Status zu verschaffen. Lebens- und Genußmittel, Benzin und leichte Mädchen waren die Früchte der Privilegien, um die es ihm ging, um die er aber noch lange vergeblich kämpfen sollte. Der einzige Deutsche, der sich näher mit ihm abgab, mit ihm soff und pokerte, war der Intimus des Botschafters Ott und Korrespondent der ‹Frankfurter Zeitung›, Dr. Richard Sorge.»[80]

Inzwischen arbeitete Dr. Sorge zielstrebig daran, sich geheimen Zutritt zu Meisingers Privaträumen in der Botschaft zu verschaffen, in denen dieser seine wertvollsten Handakten aufbewahrte. Dabei versicherte sich Richard Sorge der Mitarbeit einer Deutschen, Gegnerin des faschistischen Regimes, die mit ihm befreundet war und sich ihm anvertraut hatte. Professor Eta Harich-Schneider unterrichtete an der Staatlichen Akademischen Hochschule für Musik in Berlin und befand sich seit 1941, viel gefeiert und umjubelt, auf einer Gastspielreise durch Japan. Sie bewohnte als Gast von Ott direkt eine Suite im Botschaftsgebäude. Sorge hatte keine Wahl, nur sie konnte und wollte ihm auch helfen, und für ihn war sie menschlich absolut zuverlässig. In ihrem Lebensbericht erinnert sie sich an die ihr völlig ungewohnte Aktion im antifaschistischen Widerstandskampf. «Inzwischen war der neue Gestapochef, Oberst Meisinger, in Tokyo angekommen, ein Zwei-Zentner-Mann mit bleichen Augen im fetten Gesicht, Geheimname ‹Der Henker von Warschau›. Ott und Meisinger standen sich ganz ausgezeichnet, nur war Meisinger entsetzt über die Enge seines Büros. Ott bot ihm daher das Appartement an, in dem ich wohnte, und eröffnete mir, daß ich ‹in ein sehr schönes Zimmer im ersten Stock mit Telefon› umziehen müsse. Meisinger sei selig... Aber Richard war dieses Vordringen der Gestapo ins Haupthaus sehr unangenehm. Bei seinem Morgenbesuch machte er seinen Gefühlen Luft. ‹Natürlich kommst du in noch größere Abhängigkeit. Andererseits aber hast du jetzt Zugang zum Personalaufgang hinten, der direkt in den ersten Stock führt. Ich besorge dir einen Haustürschlüssel. Der Ott wird völlig unter Meisingers Daumen kommen. Bring mir auf alle Fälle heute abend deine Wohnungsschlüssel; ich brauche Zugang zur Gestapo. Bis morgen früh habe ich Abdrücke.›

Um neun Uhr, nach dem Konzert, wollte er mich erwarten. Das Konzert verlief wieder gut, und ich zog mich hinterher mit voller Billigung von Frau Ott ‹zum Ausschlafen› zurück. Hanzawa fragte, ob er noch etwas für mich tun könne; ich verneinte und zog meine Schlüssel von innen ab. Es war mir klar, daß ich durchs Fenster mußte, denn in der Halle, direkt vor dem Haupteingang, saßen Otts mit ihren Gästen. Im Dunkeln zog ich mich um, dann schnell zum Fenster, die Schlüssel in der Hand, und ohne viel Besinnen sprang ich in die Dunkelheit. Ich schlug elend hin; es war viel tiefer, als ich gedacht hatte, ich fiel aber weich.

79 Walter Schellenberg, Aufzeichnungen, Wiesbaden/München 1979, S. 149f.
80 Ivar Lissner, a. a. O., S. 284f.

*Half als
Antifaschistin
Dr. Richard Sorge
in Tokyo:
Musikwissen-
schaftlerin
Eta Harich-Schnei-
der*

Dann blitzschnell über den Rasen. Sorge öffnete die Arme, er kam mir entgegen, ich rannte die letzten Schritte, bekam einen Lachanfall, fiel ihm an die Schulter, die Schlüssel hoch erhoben: ‹Vater – hier ist der Apfel!› Er hob mich in die Höhe und küßte mich, erschrak über meine zerschundenen und schmutzigen Hände. Die blutende Schramme am Bein sah er nur kurz an: ‹Das ist nichts.› Mit rauhem, aber gekonntem Griff säuberte und bepflasterte er meine Beinschramme ... Meine Rückkehr in die Botschaft war nicht schwierig; Hanzawa hatte Nachtwache und ließ mich ein. Gegen Morgen wachte ich mit heftigen Schmerzen im linken Bein auf ... Ich schlich mich im Morgenlicht ans Fenster, um zu sehen, wie tief ich gesprungen war – das Herz stockte mir. Direkt unter dem Fenster lag ein großer, spitzer Feldstein. Meine Fußspur, tief in den Boden eingedrückt, war kaum zwei Zentimeter davon entfernt. Ich hätte tot sein können. Nie werde ich vergessen, wie ich da blindlings ins Dunkel sprang in der warmen, weichen Nacht. Den ganzen Tag bin ich immer wieder ans Fenster gegangen und habe hinuntergesehen. Vormittags – ich stand gerade im Gespräch mit dem SS-Leutnant Werner Kölln im Hauptportal – kam Richard herein. Wir sprachen ein paar Worte vor allen Leuten, und ehe ich's mich versah, hatte ich meine Schlüssel wieder in der Hand.»[81]

Von nun an hatte Sorge auch unkontrollierbaren Einblick in Meisingers geheimste Schriftsachen. Sorge und somit auch die Moskauer Zentrale wußten in diesem Falle mehr als Ott. Meisinger aber blieb ahnungslos. Er unterstand zwar unmittelbar dem Chef der Sicherheitspolizei und des SD Heydrich, hatte aber auch seine Spezialkontakte zum erwähnten SD-Auslandsgeheimdienstchef Walter Schellenberg. Und dieser bestätigte noch nach dem zweiten Weltkrieg als ein Kronzeuge das absolute Versagen Meisingers im Falle des sowjetischen Kundschafters Sorge. «Nachdem nun einmal seine Abordnung nach Tokyo beschlossene Sache war, beauftragte ich Meisinger notgedrungen, eine Überwachung Sorges einzuleiten und mir regelmäßig telefonisch Bericht zu erstatten. Statt sich nun aber seiner eigentlichen Aufgabe zu widmen, gab er sich einem bequemen Leben hin und spielte plötzlich die Rolle eines Biedermanns. Er berichtete zwar regelmäßig über ‹Post› – diesen Decknamen hatten wir für Sorge verabredet –, doch ich wüßte nicht, daß seine Meldungen mir gegenüber jemals anders als positiv gewesen wären. Meisinger betonte ständig das gute Renommee, das Sorge sowohl bei der deutschen Botschaft in Tokyo als auch bei den japanischen Dienststellen genoß.»[82]

Dies sind nur einige typische Beispiele, daß es Dr. Sorge bis zuletzt gelungen ist, bei unvermeidbaren Zusammentreffen mit Spionen des Klassengegners souverän und allen Situationen gewachsen zu sein.

Als Kurier nach Schanghai

Anna Christiansen-Clausen gehörte zu den am meisten geehrten Kämpferinnen gegen den Faschismus. Sie war eine kluge, eine politisch aktive Frau. Ihre ganze Persönlichkeit strahlte menschliche Güte und Bescheidenheit aus. Die Jahre der Haft im japanischen Kerker waren allerdings nicht spurlos an ihr vorübergegangen. Ihre Gesundheit blieb angegriffen, die Haare waren ergraut. Doch die Augen hinter der Brille konnten schalkhaft blicken. In

81 Eta Harich-Schneider, a. a. O., S. 203f.
82 Walter Schellenberg, a. a. O., S. 151.

Anna vereinten sich vollendete Fraulichkeit mit klassenbewußtem Auftreten, Liebe zu Menschen guten Willens mit unbändigem Haß gegen alle, die ausbeuten und den Frieden stören.

Anna Christiansen-Clausen bewährte sich über ein Jahrzehnt lang an der geheimen Front, für die Rote Armee, für das Sowjetvolk. Sie legte in fremden Ländern als Kurier Zehntausende Kilometer zurück – allein, mit geheimsten Nachrichten, umgeben von verschlagenen Feinden, stets den Tod vor Augen. Und sie bluffte den Gegner immer wieder, unter anderem als Dame von Welt, die mehrere Sprachen beherrschte.

Nach ihrer Festnahme im Jahre 1941 erfuhren weder die japanischen Folterknechte noch die Blutrichter von ihr die Wahrheit über ihre Tätigkeit in China und Japan. Sie war bereit, ihr Wissen notfalls mit in den Tod zu nehmen. Auch noch viele Jahre später, in der Hauptstadt der DDR, war es nicht leicht, von der sehr regen Genossin etwas über ihre Arbeit als Kurier und Kundschafter zu erfahren, da sie der Meinung war, sie habe nie mehr als bewußt ihre Pflicht getan, nur Selbstverständliches geleistet, das – erforderte es die Situation und erlaubte es ihr Gesundheitszustand – sie jederzeit zu wiederholen bereit wäre. Erst nach Drängen erfuhr der Autor dann doch einiges aus ihrem bewegten Leben. Sie erzählte: «Nach dem Kriege habe ich viel über sowjetische Partisaninnen gelesen, über französische Widerstandskämpferinnen und norwegische Patriotinnen, die am Tage und nachts zu den Waffen griffen, schweren Herzens ihre Kinder verließen, um sich der Faschisten zu erwehren, die in ihre Heimat eingedrungen waren. Sie taten das Ihre, damit hinter der Front Gestapoquartiere in die Luft flogen, militärisch wichtige Brücken einstürzten und der eine oder andere Hitlergeneral beziehungsweise Generalstabsoffizier unschädlich gemacht wurde. Ich sah auch grauenvolle Bilder von überwältigten und dann zur Abschreckung aufgehängten Partisaninnen der Roten Armee, denen man Schilder mit abschreckenden Texten umgehängt hatte. Alle diese Kämpferinnen für das Glück ihrer Völker und Familien waren Heldinnen, die ich bewundere und verehre. Was mich betrifft, so kann ich mich mit ihnen nicht ohne weiteres vergleichen. Mein Kampfauftrag war anders geartet. Ich habe nie in meinem Leben eine Waffe getragen, obwohl mich in manchen Situationen eine Pistole sehr beruhigt hätte.

Bei den Kurierfahrten kam es darauf an, unsere Gegner mit anderen Waffen zu schlagen – mit Ideen, List, schnellem Reaktionsvermögen und, wenn es sein mußte, auch mit vorgetäuschtem Charme. Jeder von uns wußte, was von unseren Meldungen für Hunderttausende, vielleicht für Millionen Menschen abhing. Diese Nachrichten nützten niemandem, wenn sie nicht ankamen. Es mußte deshalb dafür gesorgt werden, daß sie ankamen. Wie und auf welchem Wege, das war oft uns überlassen, unserer Intelligenz, unserem Mut. Unter diesem Blickwinkel war natürlich jede unserer – und auch meiner – Kurierfahrten ein Spiel auf Leben und Tod. Wir wußten das sehr wohl. Trotzdem wurde das Notwendige getan. Ich selbst ging achtzehnmal als Kurier auf den mehr oder weniger langen Weg ins Ausland, schloß – ehrlich gesagt – achtzehnmal mit dem Leben ab, konnte aber auch achtzehnmal meinen Auftrag erledigen. Das waren meine schwierigsten Aufgaben, die vielen anderen Kurierwege will ich nicht erst erwähnen.

Bevor ich den Verlauf von einigen meiner Kurierfahrten schildere, möchte ich sagen, worin ich rückblickend den gemeinsamen Nenner für das Gelingen aller meiner Meldegänge an der geheimen Front erblicke. Jede Fahrt bereiteten wir bis ins einzelne gründlich vor. Aber ein nicht vorauszusehendes Ereignis mußte von dem Kurier blitzschnell eingeschätzt und durch entsprechende Reaktion für sich ausgenutzt werden. So ergänzten sich vorsorgliche, konspirative Planung und individuelle Handlungsfreiheit. Erst beide Faktoren zusammen garantierten das Durchkommen auf den in jedem Falle nicht ungefährlichen Kurierwegen.

Es war im Jahre 1931. Die Japaner fielen in die nordchinesische Mandschurei ein. Damals wohnte ich vorübergehend in Kanton. Max – wir waren zu dieser Zeit noch nicht verheiratet – saß in Schanghai und forderte dringend sein Funkgerät an. Er hatte es nicht mitnehmen können, da er anderes wichtiges Gepäck zu befördern gehabt hatte und Männer, durch die Kriegswirren bedingt, auch strenger visitiert wurden. Max konnte aber auch nicht ohne weiteres ein neues Gerät zusammenbasteln, da der Verkauf bestimmter Teile in den Geschäften einer verschärften Kontrolle unterlag. Beim damaligen Stand der Technik waren die Funkgeräte um ein vielfaches größer als heute.

Ich fing also sofort an, die 1 200-Kilometer-Seereise mit der wichtigen Fracht vorzubereiten. Viel Zeit hatte ich nicht. Das

Genossin Anna Christiansen-Clausen erhielt unter anderem folgende Auszeichnungen: Vaterländischer Verdienstorden in Gold, Orden des Roten Stern, Medaille für Kämpfer gegen den Faschismus 1933–1945, Verdienstmedaille der NVA in Gold, Ehrennadel der Gesellschaft für Deutsch-Sowjetische Freundschaft in Gold, Ernst-Moritz-Arndt-Medaille, Ehrennadel des Demokratischen Frauenbundes Deutschlands in Gold und zwei NAW-Aufbaunadeln in Silber.

Genosse Max Christiansen-Clausen wurde unter anderem mit folgenden Auszeichnungen geehrt: Karl-Marx-Orden, Vaterländischer Verdienstorden in Gold, Rotbannerorden, Medaille für Kämpfer gegen den Faschismus 1933–1945, Verdienstmedaille der NVA in Gold, Ehrennadel der Gesellschaft für Deutsch-Sowjetische Freundschaft in Gold, Ernst-Moritz-Arndt-Medaille, zwei Medaillen «Aktivist des Siebenjahrplanes», zwei Medaillen für ausgezeichnete Leistungen, sieben NAW-Aufbaunadeln in Gold und die Meißener Plakette für hervorragende Mitarbeit im Nationalen Aufbauwerk der Hauptstadt der DDR

Funkgerät wurde von mir soweit wie möglich auseinandermontiert. Dann kaufte ich verschiedene billige Küchengeräte und vor allem Porzellan. Das Geschirr wurde sorgfältig in Stroh gehüllt und in einer Kiste verpackt. Dazwischen legte ich immer wieder kleine, separat eingepackte Funkgeräteteile. Die Kiste – einen Meter lang, fünfzig Zentimeter hoch und fünfzig Zentimeter breit – wurde dann solide vernagelt und außerdem mit einem Stahlband versehen, das sie umschloß. Für die Fahrt wählte ich ein britisches Schiff. Kurz vor Schanghai nahm ein englisches Kommando die befürchtete scharfe Zollkontrolle vor. Jetzt kam die Nervenprobe. Die von mir genau beobachtete Abfertigung der Passagiere ließ erkennen, daß der Zoll unerbittlich arbeitete. Dann kam ich an die Reihe. Der Kommandoführende – ein etwa gleichaltriger britischer Offizier, er war ein hübscher Mann – wollte von mir wissen, was in der Kiste sei. Gleichzeitig stürzten sich hinter seinem Rücken zwei Matrosen auf mein Gepäck, rissen im Nu das Stahlband ab und setzten Brecheisen am Kistendeckel an. Jetzt mußte ich schnell reagieren – aber wie? Gedanken schossen mir durch den Kopf. Noch rechtzeitig fiel mir ein, daß viele Engländer eine Vorliebe für Eßservice haben.

Meine Antwort lautete deshalb in Oxford-Englisch: ‹Sir, in der Kiste befindet sich mein Service. Bitte sorgen Sie dafür, daß kein Stück beschädigt wird. Sie wissen doch, wenn auch nur ein Teil in Scherben geht, ist dieses Geschenk für mich wertlos!›

Das Argument schien den Offizier überzeugt zu haben, denn er brüllte seine Matrosen sofort an: ‹Vorsicht! Vorsicht!› Da kamen aber auch schon Stroh und die obenauf liegenden Teller zum Vorschein. Der Blick des Offiziers glitt von mir zur Kiste, dann wieder prüfend auf mich zurück. Ich lächelte völlig ungezwungen, obwohl mir gar nicht danach zumute war. Wußte ich doch, daß zwei Handbreiten unter den Tellern die ersten Röhren des Funkgeräts steckten. Das Herz blieb mir fast stehen. Doch der Offizier befahl: ‹Schon gut! Alles wieder sorgfältig verpacken und schließen. Daß mir keiner etwas zu Bruch macht!›

Er stempelte die Zollpapiere und sagte beinahe entschuldigend zu mir: ‹Madame, ich weiß, wie Frauen über ihr gutes Geschirr wachen. Meine Mutter ist auch so!› Dann reichte er mir zum Abschied die Hand. Die umstehenden Passagiere blickten uns erstaunt an. Der Schanghaier Hafen kam in Sicht.

So bekam ein Funker der sowjetischen militärischen Aufklärung sein angefordertes Gerät. Ein britischer Offizier durfte sich als Gentleman fühlen. Und ich freute mich über die gelungene List.

Ein anderes Mal führte mich ein Auftrag von Tokyo nach Schanghai. Man schrieb das Jahr 1938. Die japanische Armee befand sich in China auf dem Vormarsch.

Vor der Abreise hatte mir Richard noch einmal ans Herz gelegt: ‹Anni, diesmal hängt von dir sehr viel ab›, und dann in seiner scherzhaften Art hinzugefügt: ‹Also – Hals- und Beinbruch!›

Ich mußte die wichtigsten Meldungen, es waren immerhin etwa zehn Schreibmaschinenseiten, Wort für Wort auswendig lernen. Allein das war sehr schwierig. Denn die mit vielen Fakten und Zahlen gespickten, außerordentlich gedrängten Texte boten keinerlei Gedächtnisstützen. Diese Meldungen sollte ich unserem Verbindungsmann in Schanghai mündlich übermitteln. Schriftlich durfte ich sie vorsichtshalber nicht mitnehmen. Hinzu kamen als Transportauftrag Texte im Umfang von etwa tausend Schreibmaschinenseiten, ungefähr im Format A 4. Diese Seiten waren von Branko auf knapp dreißig Kleinbildfilme aufgenommen worden. Jeder Film hatte eine Länge von über einem Meter. Es blieb mir nichts anderes, als die fest zusammengedrehten Filme eng um den Körper zu binden, auch um die Oberschenkel.

Mit mir reiste in der Kabine eine britische Korrespondentin. Reisen nach Schanghai, das heißt auf den Nachschublinien in das japanische Kriegsgebiet in China, waren damals außerordentlich stark eingeschränkt worden. Und wer eine Schiffskarte bekommen hatte, mußte jede Minute mit Kontrollen rechnen, die von den immer und überall sehr mißtrauischen japanischen Geheimpolizisten unter geradezu menschenunwürdigen Bedingungen durchgeführt wurden. Außerdem wimmelte es von japanischen Uniformträgern. Unter diesen Bedingungen konnte ich während der ganzen Fahrt die Befestigung der Filme nicht ein einziges Mal lockern, denn niemand, auch nicht die in der Kabine mitreisende Engländerin, durfte nur das mindeste ahnen. Mit der Zeit wurde die Umschnürung immer hinderlicher. Die Oberschenkel schwollen an, bei jedem Schritt hätte ich vor Schmerzen heulen können.

Kurz vor Schanghai, nach bangen Tagen der Überfahrt, erschallte aus den Bordlautsprechern in mehreren Sprachen nach-

einander: ‹Alle Passagiere werden in den grünen Salon gebeten!›
Das bedeutete: Die Stunde der Bewährung war wieder einmal gekommen. Unser Gepäck hatten japanische Zollinspekteure kurz
zuvor in den Kabinen bereits genau untersucht. Man konnte jedoch sicher sein, daß das in Verdachtsfällen in Abwesenheit der
Passagiere wiederholt würde. Ich behielt die Filme bei mir. So
hatte ich sie unter Kontrolle. Bald schlossen sich hinter den rund
zweihundert Reisenden alle Salontüren. Ich fühlte mich wie in
einer Mausefalle. In meinem Kopf hämmerte es. Aber gerade jetzt
hieß es, kühles Blut zu bewahren. Eine Tür, die zu einem Gang in
Richtung der Reling führte, wurde geöffnet. Davor nahmen je
sechs Polizisten und Polizistinnen in Form eines Spaliers Aufstellung. Noch nie hatte ich eine solch entwürdigende Leibesvisita-
tion erlebt. Die Polizisten kontrollierten die männlichen Passagiere, die Polizistinnen die weiblichen. Angefangen von den
Hand- und Westentaschen bis auf die Schuhe, die ausgezogen
werden mußten, wurde alles peinlich genau untersucht. Die japanischen Polizisten griffen jede Anzug- und Rocknaht ab, sie fin-
gerten an Schuhabsätzen herum und legten das Ohr an gebogene
Schuhsohlen, um festzustellen, ob eventuell ein verdächtiges Kni-
stern hörbar würde. Die Polizistinnen betasteten Brüste, Hüften
und Schenkel der weiblichen Passagiere. Der Protest einer reichlich mit Schmuck behängten Engländerin wurde unter Hinweis
auf das Kriegsrecht brüsk zurückgewiesen. Die Kontrolle verlief
entsprechend langsam. Ich kam mir vor wie auf einem Bratrost.
Ich sah nur noch einen Ausweg, den ich in dem Moment, da ich
zur Kontrolle aufgerufen würde, nutzen konnte: Mit starkem An-
lauf durchbrechen und über die Reling ins Meer stürzen! Würde
ich gefaßt, wären Folterungen unvermeidlich; und dann käme die
Enthauptung durch ein Samurai-Schwert oder das öffentliche Erhängen. Sollten Brankos Mühen umsonst, sollte der Eifer unserer
Gruppe vergeblich gewesen sein? Richards Worte gingen mir
nicht aus dem Sinn. Ich drückte mich, die Tür nicht aus dem
Auge lassend, derart an die Wand, daß ich mich kräftig genug ab-
stoßen konnte. Ein Polizist hakte Namen nach Namen auf der
Passagierliste ab und prüfte die Pässe. Unaufhaltsam rückte der
Augenblick heran, da auch ich an der Reihe sein würde. Doch ich
durfte mir keinerlei Erregung anmerken lassen. Ich meine, niemand kann das wirklich nachfühlen, wenn er nicht selbst etwas
Ähnliches erlebt hat!

Schließlich waren nur noch vier Reisende in dem Salon. Da geschah das völlig Unerwartete: Die Japaner brachen ihre Kontrolle plötzlich ab. Sie hatten sich offensichtlich in der Zeit verkalkuliert, denn das Schiff legte bereits an. Ich fühlte mich wie neugeboren, trippelte zu meinem Gepäck, nahm vorsichtshalber noch ein Kind an die Hand, das zu einer mit Koffern schwer beladenen Engländerin gehörte, und verließ unauffällig, aber schnell das japanische Schiff und den Hafen. Das Material übergab ich erst am zweiten Tag nach meiner Ankunft unserem Verbindungsmann, nachdem ich durch Zickzackfahrten mit verschiedenen Taxis eventuelle Verfolger abgeschüttelt und mich davon überzeugt hatte, daß auch dem Verbindungsmann niemand gefolgt war.

Ich fragte mich immer wieder: Hatte ich nur Glück gehabt? Hatte mir mein deutscher Reisepaß geholfen? Wollten die Japaner Beschwerden durch Hitlers Diplomaten vermeiden, um deren Gunst sie warben? Stand ich vielleicht schon unter Beobachtung? Wollte etwa die japanische Geheimpolizei an meinen Fersen die Spur zu unseren Schanghaier Verbindungsleuten aufnehmen? Äußerste Vorsicht war geboten. Zum Grübeln jedoch blieb wenig Zeit, denn bald darauf mußte ich die Rückreise nach Tokyo antreten – wiederum mit nicht wenigen Informationen, mit schriftlichem Material aus der Zentrale und mit, allerdings unverdächtigen, Geldscheinbündeln zur Finanzierung unserer Arbeit in Japan.

So war jede Reise mit im voraus unberechenbaren Ereignissen verbunden. Für den Kurier stand nur eines fest: Das Material mußte ankommen, es durfte weder verlorengehen noch in die Hände des Klassenfeindes geraten. An jedem Stück Film oder Papier konnte das Schicksal zahlreicher Menschen hängen, die von unserer Tätigkeit und von der gefährlichen Arbeit der Kuriere nichts wußten.

An eine der letzten Kurierfahrten im Kriegsjahr 1941 kann ich mich noch sehr gut erinnern, weil sie unter außergewöhnlichen Umständen verlief. Max war es mit Hilfe eines hochgestellten Japaners gelungen, für mich einen Flug von Tokyo nach Schanghai zu buchen. Der Abschied von Richard war wie immer herzlich. Dann vertraute er mir ungefähr fünfundzwanzig Kleinbildfilme an.

Max, der aus Gründen der Tarnung als Geschäftsmann auftrat, brachte mich mit unserem Wagen ‹standesgemäß› zum Flugplatz. Ein letzter Kuß. Dann mußten wir uns trennen, denn die Maschine stand bereits auf dem Rollfeld. Max, der mir nachblickte und winkte, war genauso erschrocken wie ich. Es handelte sich nämlich um ein Militärtransportflugzeug mit Tarnanstrich. Zusammen mit mir bewegten sich lauter hohe japanische Offiziere auf die startbereite Maschine zu, viele Generale, der niedrigste Dienstgrad war der eines Obersten. Jeder dieser kaiserlichen Krieger trug ein unhandliches, aber rasiermesserscharfes Samurai-Schwert. Ein Vizeadmiral fiel in der Gruppe durch seine blaue Uniform auf. Ich überragte die hohen Militärs fast um Haupteslänge. Ein unauffälliges Zurück gab es also für mich nicht mehr. Unter den Passagieren war ich die einzige Frau, dazu noch eine Europäerin, die ja in Japan immer mißtrauisch betrachtet wurde. Wahrscheinlich blieb es den Generalen ein Rätsel, wie ich zu dem Flugschein gekommen war, denn sie behandelten mich durchweg untadelig, ich muß sagen, sogar mit Hochachtung und Respekt. Nachdem wir gestartet waren, mußte ich mich pausenlos mit ihnen unterhalten. Wir plauderten über dies und das, und zwar in mehr als einer Fremdsprache. Trotz meiner innerlichen Erregung durfte ich mich nicht verhaspeln. Die Offiziere scherzten, prosteten mir zu und wechselten sich auf dem Platze neben mir ab. Ich durfte gar nicht daran denken, wie nahe sich die Geheimdokumente aus dem Büro des japanischen Ministerpräsidenten neben dem Uniformtuch unmenschlicher japanischer Militaristen befanden.

Die Maschine flog ihrem Ziel entgegen. Für mich bedeutete das, mich wieder auf die übliche Durchsuchung zu konzentrieren. Das Flugzeug rollte aus. Eine teppichbelegte Gangway wurde herangeschoben. Die Tür öffnete sich, und eingekeilt zwischen Generalen, stieg ich mit meinem Handköfferchen aus – auf das Schlimmste gefaßt. Soldaten, Polizisten und Offiziere grüßten in strammer Haltung. Wie bei einem Staatsempfang schritt ich, einer Diva gleich, die Front des Empfangskommandos mit ab. Die weiße Frau, die inmitten eines solch sternenübersäten Generalaufgebots reiste, war selbstverständlich tabu für jede diskriminierende Kontrolle. Unsere Reisegesellschaft trennte sich endlich nach vielem Händeschütteln und tiefen Verneigungen der mit Höflichkeitserweisungen nicht geizenden Militärs.

Meine Freude über den verhältnismäßig unkomplizierten Verlauf dieser Kurierfahrt wurde jedoch bald getrübt. Mein Weg zum Verbindungsmann führte mich durch eine Schanghaier Wohnsiedlung, die von japanischen Bomben total zerstört war. Verrußte Trümmer zeigten wie mahnende Finger in den Himmel. An Stacheldrahtsperren vorbei ging ich zu dem vereinbarten Treffpunkt. Der grauenhafte Anblick des von der Kriegsfurie verwüsteten Stadtteils machte mir den tiefen Sinn meiner Reise noch stärker bewußt.

Ich werde die an unseren Nerven zehrenden Tage in Japan, das für die meisten Deutschen nur das ferne Land der Kirschblüte bedeutet, und die Tage in China, dessen Volk nach dem Überfall der Japaner das Lachen verlernt hatte, nie vergessen. Ein klein wenig dürfen wir stolz darauf sein, daß wir still und heimlich versucht haben, stets unsere Aufgaben zu erfüllen, wohin auch immer unser Auftrag uns geführt hat. Als Kommunisten standen wir stets an der Seite der vom Imperialismus bedrohten Völker und widmeten zielstrebig all unsere Kraft einer guten, ja der besten Sache der Welt.»

Max funkte dazwischen

Wären die Umstände und der Zweck des Einsatzes nicht so bitterernst gewesen, könnte man darüber schmunzeln: Max Christiansen-Clausen, ein deutscher Kommunist, durch die harte Schule des Klassenkampfes gegangen und lange Jahre Sorges Funker, mußte in Tokyo die Rolle eines Unternehmers spielen, um ungestört seine Aufgaben lösen zu können!

Die Tokyoter Gruppe «Ramsay» war sich über eines völlig im klaren: Die besten Informationen nützten nur dann etwas, wenn sie schnell zur Moskauer Zentrale gelangten. Zwar hielt die Verwaltung Aufklärung der Roten Armee die Verbindung mit ihren Kundschaftern in Japan von Anfang an über Kuriere aufrecht, aber der Kurierweg wies neben Vorteilen – beispielsweise konnten auf jeder Fahrt verhältnismäßig viel Informationsmaterial, ja selbst Fotokopien von Originaldokumenten transportiert werden – auch eine Reihe von Nachteilen auf. Die Kuriere brauchten für die weiten Entfernungen, zumal sie Verkehrsmittel benutzen mußten, in denen sie nicht auffielen, sehr viel Zeit. Hinzu kam das Risiko, daß bei den häufigen Polizei- und Zollkontrollen das mitgeführte Material doch einmal gefunden werden konnte. Man muß sich in diesem Zusammenhang vergegenwärtigen, daß Tokyo rund 10 000 Kilometer von Moskau entfernt ist. Das ist eine Strecke, die einem Viertel des Erdumfanges oder – anders ausgedrückt – der Luftlinie von Berlin bis zum Golf von Mexiko entspricht. Es gab nur ein Mittel, eine solche Entfernung in Sekunden zu überwinden: die Funktelegraphie. Der Mann aber, der den ersten Abschnitt dieser Funkbrücke, nämlich die rund 1 500 Kilometer lange Strecke von Tokyo bis in die Gegend von Wladiwostok – die der Luftlinie von Berlin bis zur Südspitze Italiens entspricht – unter allen Umständen zu sichern hatte, durfte nicht ein einziges Stückchen Kupferdraht, geschweige denn Funkgeräteteile aus Moskau mitnehmen.

Max Christiansen-Clausen besaß nach seiner Ankunft in Japan kein Patentrezept für sein weiteres Handeln. Er war übrigens das erstemal in diesem Land. Nichts führte er bei sich, was die Aufmerksamkeit der Zöllner und Geheimpolizisten hätte erregen können. Er selbst sagte dazu: «Die Japaner waren an und für sich sehr neugierig. In Yokohama ging ich von Bord. Ich hatte dort überhaupt keine Schwierigkeiten mit dem Zoll.»

In Tokyo traf er – noch vor der vereinbarten Zeit – zufällig Richard Sorge. Max Christiansen-Clausen hat uns darüber berichtet: «Am Abend des Tages, an dem ich angekommen war, hatte der Deutsche Klub eine Veranstaltung. Ich ging sogleich dorthin, denn als ‹guter Deutscher› mußte ich mich ja vorstellen. Am Eingang hatte ein Maler auf dem Korridor seine Bilder ausgestellt. Ich stand da und schaute sie mir an. Dann blickte ich zur Seite und entdeckte Richard in Frack und Zylinder. Er betätigte sich an diesem Klubabend in origineller Weise als Berliner Wurstmaxe. Wir bemerkten einander, aber keiner verzog auch nur eine Miene. Erst als wir uns davon überzeugt hatten, daß wir unbeobachtet waren, tauschten wir die ersten Sätze aus.»

Max Christiansen-Clausen machte sich unmittelbar danach an seine Arbeit. Bald hatte er einen brauchbaren Sender und einen Empfänger zusammengebastelt. Nach einigen Versuchen gelang es ihm, mit der Funkstelle in der Nähe von Wladiwostok Kontakt aufzunehmen. Die Funkverbindung zwischen Tokyo und Moskau war damit geknüpft. Noch chiffrierte und dechiffrierte Dr. Sorge alle Funksprüche selbst. Anfang des Jahres 1937 weihte er dann seinen Funker in den recht komplizierten Kode ein.

Mindestens ebenso wichtig wie die Aufrechterhaltung des konspirativen Funkverkehrs war für Max Christiansen-Clausen die Tarnung. Die deutsche Botschaft, die dort tätigen Offiziere des Himmlerschen Sicherheitsdienstes und ihre gedungenen Spitzel, aber auch die japanischen Geheimdienste beobachteten jeden Deutschen genau. Doch an Christiansen-Clausen fiel ihnen nichts auf. Zunächst beteiligte er sich an der Werkzeugproduktion eines anderen Deutschen namens Förster. Später begannen Förster und sein «unternehmungslustiger» neuer Geschäftspartner, Zündapp-Motorräder nach Japan zu importieren. Einer ihrer ersten Kunden war Richard Sorge. Als die Firma die Arbeitskraft von Max Christiansen-Clausen zu stark zu beanspruchen begann, machte er sich selbständig. Als Chef konnte er über seine Zeit beliebig verfügen. So prangte bald über seiner Werkstatt das Firmenschild «M. Clausen Shokai». Max war ein honoriger Geschäftsmann und pünktlicher Umsatzsteuerzahler geworden. Sein Betrieb stellte Vervielfältigungsgeräte her und fertigte von Fall zu Fall auch Kopien von Schriftstücken an. Schießlich beschäftigte er vierzehn Arbeiter und Angestellte. Angesehene japanische Professoren sowie mehrere Konzerne gehörten zu seinen Kunden. Christiansen-Clausens Geschäft florierte. Das Verfahren für die Herstellung seiner Spezialgeräte gab er nicht aus der Hand. Die wichtigsten Geräteteile produzierte er sogar persönlich. Ihm war sehr daran gelegen, diese vortreffliche Tarnung möglichst lange nutzen zu können. Der größte Teil seiner Einkünfte floß als Zuschuß für die Finanzierung der konspirativen Tätigkeit in die Kasse der Gruppe «Ramsay».

Auf Sorges Empfehlung hin mietete sich das Ehepaar Christiansen-Clausen in Chigasaki, 60 Kilometer südwestlich von Tokyo, ein Sommerhaus am Pazifik. Und der «Unternehmer» funkte abwechselnd von dort sowie aus seiner Tokyoter Wohnung, aus der des britischen Journalisten Stein und der des jugoslawischen Kommunisten Branko Vukelić. Max Christiansen-Clausen hielt auf diese Weise die Geheimdienste der Japaner, vor allem die Kempeitai, länger als siebzig Monate in Atem. Dabei gönnte er sich selbst kaum Ruhe. Für Dr. Sorges Funker gab es während des Japaneinsatzes keinen Urlaub. Je stärker die japanischen Militaristen nach ihrem Überfall auf China im Jahre 1937 die Kurierwege der Gruppe «Ramsay» nach dem Festland, besonders nach dem von den Japanern besetzten Schanghai, unter

Kontrolle nahmen, um so mehr war sie auf Christiansen-Clausen angewiesen. Keiner außer ihm konnte das Funkgerät so vollendet bedienen. Und unter welch dramatischen Umständen er oftmals funken mußte, kann man sich heute nur schwer vorstellen. Im Jahre 1940 zum Beispiel, als die japanischen Stabsoffiziere ihre neuen Aggressionspläne immer mehr konkretisierten und die Rüstungsindustrie des Inselstaates auf Hochtouren lief, als es darauf ankam, die Zentrale umfassend, genau und schnell zu informieren, fesselte eine schwere Herzkrankheit den überarbeiteten Max Christiansen-Clausen ans Krankenlager. Das geschwächte Herz wurde zu einer ernsten Lebensfrage, nicht weniger die politische Situation, die kurz bevorstehende kriegerische Ereignisse erkennen ließ.

Rückblickend hat uns Richard Sorges Meisterfunker seine Erlebnisse in diesen schweren Monaten geschildert: «1940 machte mir mein Herz schwer zu schaffen. Ein deutscher Arzt behandelte mich. Er verordnete mir strenge Bettruhe. Ich bekam ungezählte Spritzen. Das dauerte ungefähr drei Monate. Er empfahl mir, mich nicht um meine Firma zu kümmern. Aber es mußte doch weiter gesendet werden. So ließ ich mir in der Werkstatt meines Tarnbetriebes ein Gestell bauen, das mir – das war der Vorwand – helfen sollte, im Bett zu lesen. Auf diesem Gestell habe ich dann die Telegramme chiffriert. War ich damit fertig, hat mir meine Frau den Sender schnell auf zwei Stühlen am Bett aufgebaut. Ich lag, während ich sendete, im Bett und hatte neben mir auf einem Stuhl den Taster. Richard gab mir in dieser Zeit nur das Allerdringendste. Ich mußte dann noch ein paar Wochen zur Erholung nach Hakone, draußen in den Bergen. Von dort aus bin ich zweimal in der Woche nach Tokyo gefahren, um zu senden.»

Die Qualität der Funkverbindung zwischen der Tokyoter Kundschaftergruppe und der sowjetischen Empfangsstation hing aber nicht nur von Max Christiansen-Clausens ständiger Einsatzbereitschaft, sondern wesentlich auch von seinem technischen Können ab. Ein Funkexperte der DDR hat einmal nach einem Schaltbild den von Christiansen-Clausen unter schwierigsten Bedingungen gebauten Sender beurteilt und unter anderem geschrieben: «Durch die Verwendung von Wechselstrom als Anodenspannung und durch das Tasten in der Minusleitung ist der Sender sehr reich an Oberwellen. Dadurch muß sich ein, mit heutigen Maßstäben gemessen, unmöglicher Ton ergeben haben. Die Frequenzkonstanz des Senders ist äußerst gering und wohl kaum zu unterbieten.»[83]

Bei dem Funkgerät handelte es sich um einen einstufigen Sender mit etwa 15 Watt, der nach dem Prinzip der Oszillatorschaltung arbeitete. Der Sender war mit zwei parallelgeschalteten Röhren des Typs UX-210 bestückt. Mit einem solchen Gerät, das überdies nur mit einem Dipol ausgestattet war, da eine größere Antenne den Standort des Senders hätte verraten können, wurden jahrelang politisch, wirtschaftlich und militärisch höchst wichtige Nachrichten von Japan in die Sowjetunion übertragen.

Die japanischen Geheimdienste suchten mit nicht nachlassendem Eifer, ungeheuer viel Personal und erheblichem technischem Aufwand fast sechs Jahre lang nach der weitreichenden Stimme der Tokyoter Friedenskämpfer, die in all diesen Jahren nicht verstummte. Auf den Tischen des japanischen, aber auch des britischen und des nordamerikanischen Funküberwachungsdienstes häuften sich aufgefangene Funksprüche beziehungsweise Funkspruchfetzen. Ja, sogar in Deutschland konnte die Funküberwachungszentrale des OKW-Amtes Ausland/Abwehr mehrmals, durch besondere atmosphärische Bedingungen begünstigt, Funksprüche des Geheimsenders aus dem fernen Tokyo aufnehmen. Daß die Peil- und Suchtrupps des japanischen Heeres und der Kriegsmarine bei ihrer Jagd nach dem unbekannten Funker immer wieder ins Leere stießen, war nicht nur auf den von der Gruppe «Ramsay» verwendeten Kode zurückzuführen, den sie nicht zu brechen vermochten. Max Christiansen-Clausen hielt die japanischen Funküberwacher auch durch seine nie nachlassende Wachsamkeit und seine Intelligenz immer in gehörigem Abstand von den Angehörigen der Sorge-Gruppe. Er war sich ständig seiner großen Verantwortung gegenüber der gesamten Gruppe bewußt und bestrebt – ein Abhören der Funksprüche war technisch nicht zu verhindern und mußte deshalb einkalkuliert werden –, so unauffällig und so unregelmäßig wie nur irgend möglich zu arbeiten. Sein Arbeitsstil beruhte im wesentlichen auf sieben Prinzipien:

1. Er kaufte nur solche Einzelteile für seinen Sender und für den Empfänger, deren Qualität und Menge sich in keinem Fall

83 «Junge Welt», Berlin, vom 16. Dezember 1964.

von dem Bedarf eines normalen Rundfunkgerätebastlers unterschieden. Das erforderte besondere konstruktive Lösungen. Zum Beispiel stellte er seine Funktaste aus einem hölzernen Butterformbrettchen her. In einem Rundfunkgeschäft hätte allein schon der Wunsch nach einer Morsetaste die Spitzel aufmerksam gemacht und sofort zur Festnahme von Max Christiansen-Clausen geführt.

2. Um das Funkgerät möglichst klein zu halten, wurde auf einen Gleichrichter verzichtet und mit Wechselstrom gearbeitet.

3. Eine in die Anodenleitung eingeschaltete Niederfrequenzdrossel setzte die unvermeidlichen Tastenklicks wesentlich herab.

4. Der Sender wurde nach jedem Funkspruch so weit wie möglich zerlegt. Dadurch war er bei überraschenden Polizeikontrollen, mit denen immer gerechnet werden mußte, schwer auffindbar und befand sich stets in einem Zustand, der den sofortigen Transport erlaubte. Da Christiansen-Clausen an verschiedenen Orten beziehungsweise in verschiedenen Wohnungen vorgefertigte Bodenplatten gut versteckt hatte, konnte mit Hilfe von wenigen Zusatzteilen, die in einer Aktentasche bequem Platz hatten, das Funkgerät schnell einsatzbereit gemacht werden. Der Empfänger war so klein gehalten, daß er nicht demontiert zu werden brauchte.

5. Es wurde nicht ständig auf derselben Wellenlänge gesendet, sondern von Mal zu Mal zwischen dem 39- und dem 41-Meter-Band gewechselt.

6. In Tokyo wurde jedesmal aus einem anderen Stadtbezirk gefunkt. Den Sender stationierte man auch am Stadtrand und außerhalb von Tokyo. Bei längeren Funksprüchen — Max Christiansen-Clausen mußte einmal in einer einzigen Nacht zweitausend Wörter in den Äther jagen, und das dauerte zweieinhalb Stunden — wurde sogar mitten in der Sendung der Ort gewechselt. Diejenigen jedoch, die behaupten, Max Christiansen-Clausen habe während seines Japaneinsatzes von einem Boot oder von einem Schiff aus gesendet, verbreiten lächerliche Legenden. Eine solche Sendung hätte mit größter Wahrscheinlichkeit bereits beim ersten Versuch zur Ortung des Gerätes und zur Festnahme des Funkers geführt, da der japanische Küstenschutz lückenlos funktionierte.

7. Gesendet wurde zu den unterschiedlichsten Zeiten, so daß

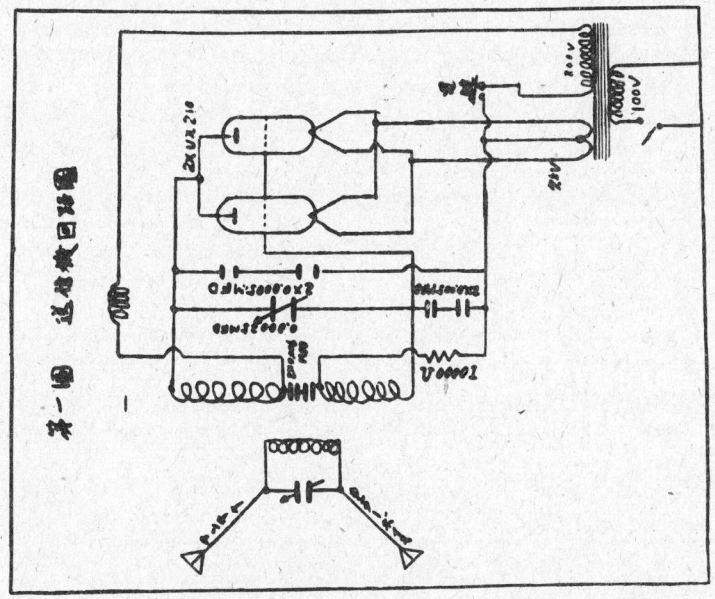

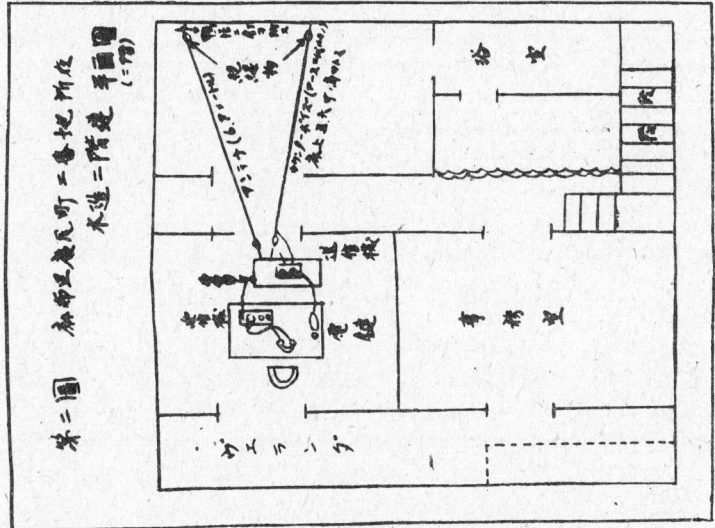

Aus den Akten der japanischen Geheimpolizei über den «Fall Sorge»: Lageskizze der Wohnung von Max und Anna Christiansen-Clausen in Tokyo mit dem eingezeichneten Standort des Senders (unten). Das Schaltbild des Geheimsenders (oben)

die japanischen Funküberwacher nie wußten, wann der nächste Funkspruch abgesetzt werden würde.

Während des Japaneinsatzes hielt Dr. Sorge ständig engsten Kontakt zu seinem Funker. Max Christiansen-Clausen berichtete nicht ohne Rührung darüber: «Richard sagte immer: ‹Max, sei vorsichtig! Das hier ist eilig und das da weniger. Dieses Material muß sofort heraus, jenes kann einen Tag oder auch zwei bis drei Tage liegenbleiben. Wir müssen unbedingt sichergehen, daß man uns nicht schnappt. Wir müssen die Peiler ermüden und zugleich einschläfern!›»

Alles zusammengenommen half wesentlich mit, die Spuren zu verwischen und die Möglichkeit, den Sender zu entdecken, bedeutend zu verringern. Doch das Kernstück des Funkverkehrs mit der Gegenstelle, der ja abgehört werden konnte, bestand letztlich in dem Kode und den Chiffren. Zwei Dutzend Jahre nachdem Max Christiansen-Clausen das letztemal in Tokyo auf seine Sendetaste gedrückt hatte, beschrieb er uns jenen Kode, den er in Japan wie seinen Augapfel gehütet hatte. Das ist die erste authentische Darstellung überhaupt.

«An Hand einer der letzten Meldungen», sagte Sorges Meisterfunker, «die mir Richard zur schnellen Weiterleitung übergab, möchte ich unser Chiffriersystem einmal genau darstellen.

Der so wichtige Text lautete: DER SOWJETISCHE FERNE OSTEN KANN ALS SICHER VOR EINEM ANGRIFF JAPANS ERACHTET WERDEN. Dieser Text mußte so verschlüsselt werden, daß kein Unberufener ihn entziffern konnte. Ich wendete deshalb unser durch Jahre hindurch bewährtes System an. Zunächst mußten die Buchstaben in Zahlen umgesetzt werden. Wir benutzten das englische Alphabet. Die am häufigsten vorkommenden Buchstaben wurden durch einstellige Zahlen ersetzt, beispielsweise s, i, o, e, r, a, t und n durch die Ziffern 0 bis 7. Den übrigen Buchstaben entsprachen zweistellige Zahlen, und zwar von 80 bis 99. Zum besseren Verständnis führe ich jetzt das Alphabet und darunter die den Buchstaben entsprechenden Ziffern auf:

A	B	C	D	E	F	G	H	I	J	K	L	M
5	87	80	83	3	92	95	98	1	84	88	93	96

N	O	P	Q	R	S	T	U	V	W	X	Y	Z
7	2	85	89	4	0	6	82	99	91	81	97	86

Daraus ergab sich folgendes:

Zu chiffrierender Text	Chiffrierte Fassung
DER	83 3 4
SOWJETISCHE	0 2 91 84 3 6 1 0 80 98 3
FERNE	92 3 4 7 3
OSTEN	2 0 6 3 7
KANN	88 5 7 7
ALS	5 93 0
SICHER	0 1 80 98 3 4
VOR	99 2 4
EINEM	3 1 7 3 96
ANGRIFF	5 7 95 4 1 92 92
JAPANS	84 5 85 5 7 0
ERACHTET	3 4 5 80 98 6 3 6
WERDEN	91 3 4 83 3 7

Diese einfache Verschlüsselung war für uns noch nicht sicher genug, denn sie konnte vom gegnerischen Abhördienst eventuell doch entziffert werden. Für die zweite Chiffrierung benutzten wir das ‹Statistische Jahrbuch für das Deutsche Reich›. Der Jahrgang dieses Nachschlagewerks wurde während unseres Japaneinsatzes gewechselt. Im Jahre 1941, als dieser Funkspruch von mir abgesetzt werden mußte, legte ich den Jahrgang 1935 zugrunde. Das statistische Jahrbuch enthielt Hunderte von Tabellen, die aus vielen, vielen Zahlen bestanden. Im ersten Teil des Buches waren innerdeutsche Statistiken auf weißem Papier gedruckt. Dieser Teil wurde von mir als Chiffrierunterlage benutzt. Die zweite Hälfte des Werkes mit den internationalen Übersichtsstatistiken, auf grünem Papier gedruckt, benutzte die Zentrale zur Verschlüsselung der Funksprüche an uns. Wir hatten das völlig ‹unpolitische› Statistikjahrbuch nicht nur wegen der hunderttausendfachen Kombinationsmöglichkeiten gewählt, sondern auch deshalb, weil es im Besitz des Journalisten Sorge und auch bei mir, der ich ja als solider Geschäftsmann galt, keinen Verdacht erregte.

Jeder Funkspruch begann mit unserem Absender: DAL, also 83 5 93. Das war die Abkürzung für den russischen Begriff ‹Dalny Wostok› (Ferner Osten). Die Funksprüche endeten mit Richard Sorges Kodenamen RAMSAY, in Zahlen demnach mit: 4 5 96 0 5 97. Gefunkt wurde grundsätzlich in Fünfergruppen.

Ich möchte nun versuchen, so verständlich wie möglich zu erläutern, wie die zweite Chiffrierung vor sich ging. Die Ziffern des
mit Absender und Unterschrift versehenen Textes – der jetzt lautete: DAL DER SOWJETISCHE FERNE OSTEN KANN ALS SICHER VOR
EINEM ANGRIFF JAPANS ERACHTET WERDEN RAMSAY – wurden in
Fünfergruppen niedergeschrieben. Dabei ließ ich unter jeder Zeile
soviel Platz, daß die Zahlen aus dem statistischen Jahrbuch eingesetzt werden konnten und auch für die Addition genügend Raum
blieb. Die Verschlüsselung sah also folgendermaßen aus:

8 3 5 9 3	8 3 3 4 0	2 9 1 8 4
3 5 6 3 5	5 1 3 0 3	2 4 9 3 2
1 8 1 2 8	3 4 6 4 3	4 3 0 1 6
3 6 1 0 8	0 9 8 3 9	2 3 4 7 3
1 0 0 1 0	7 8 1 9 1	1 2 1 0 6
4 6 1 1 8	7 7 9 2 0	3 5 5 7 9
2 0 6 3 7	8 8 5 7 7	5 9 3 0 0
2 1 1 6 9	4 1 8 6 1	7 6 1 4 7
4 1 7 9 6	2 9 3 3 8	2 5 4 4 7
1 8 0 9 8	3 4 9 9 2	4 3 1 7 3
1 0 5 8 9	6 6 9 8 4	8 5 2 4 9
2 8 5 7 7	9 0 8 7 6	2 8 3 1 2
9 6 5 7 9	5 4 1 9 2	9 2 8 4 5
5 0 3 9 7	0 1 4 7 1	0 3 3 3 0
4 6 8 6 6	5 5 5 6 3	9 5 1 7 5
8 5 5 7 0	3 4 5 8 0	9 8 6 3 6
9 1 9 2 9	5 6 6 2 2	0 1 8 0 6
7 6 4 9 9	8 0 1 0 2	9 9 4 3 2
9 1 3 4 8	3 3 7 4 5	9 6 0 5 9
1 5 1 1 2	8 4 1 1 2	1 3 8 6 5
0 6 4 5 0	1 7 8 5 7	0 9 8 1 4

Am Ende der obersten Zahlenreihe der letzten Fünfergruppe fehlt die Ziffer 7, also die zweite Ziffer der Zahl 97 = y. Sie wurde weggelassen, um das Fünfergruppensystem nicht zu durchbrechen.

Ich muß nun noch erklären, wie die Ziffern der zweiten und dritten Reihe einer jeden Gruppe zustande kamen. Auf der Buchseite 405 ist ein Ausschnitt der Originalseite 193 des ‹Statistischen Jahrbuchs für das Deutsche Reich›, Jahrgang 1935, abgebildet. Die Ziffern für die zweite Reihe entnahm ich dieser Seite des Jahrbuchs, und zwar begann ich mit der siebenten Zeile in der fünften Spalte. Die Spalte ‹Im Jahre› blieb unberücksichtigt. Natürlich habe ich in dem statistischen Jahrbuch damals nichts angestrichen. Die Unterstreichung ist hier nur zum besseren Verständnis erfolgt. Um uns zusätzlich zu sichern, nahmen wir niemals die erste Ziffer, sondern begannen stets mit der letzten Ziffer der jeweiligen Spalte, in diesem Fall also mit 3. Dann folgten 5 6 3 5 und so weiter.

Waren die Zahlen aus dem Nachschlagewerk unter die Ziffern der ersten Verschlüsselung geschrieben, wurde addiert, ohne die Zehnerstellen zu berücksichtigen. Ich schrieb nur die Einer der Summen hin. So entstand die dritte Reihe. Demnach sah der doppelt verschlüsselte Funkspruch folgendermaßen aus:

```
1 8 1 2 8    3 4 6 4 3    4 3 0 1 6
4 6 1 1 8    7 7 9 2 0    3 5 5 7 9
4 1 7 9 6    2 9 3 3 8    2 5 4 4 7
2 8 5 7 7    9 0 8 7 6    2 8 3 1 2
4 6 8 6 6    5 5 5 6 3    9 5 1 7 5
7 6 4 9 9    8 0 1 0 2    9 9 4 3 2
0 6 4 5 0    1 7 8 5 7    0 9 8 1 4
```

Der Zentrale mußte jetzt noch mitgeteilt werden, an welcher Stelle im statistischen Jahrbuch mit der Entzifferung begonnen werden sollte. Das war erforderlich, weil ich jedesmal eine *neue* Seite benutzte und mit einer anderen Zeile beziehungsweise Spalte begann. Diese Mitteilung wurde gesondert verschlüsselt. Ich setzte unter die vierte Fünfergruppe des doppelt chiffrierten Textes (4 6 1 1 8) die Seitenzahl 193 und die Ziffern der Zeile und der Spalte, also 7 und 5. Darunter schrieb ich außerdem die drittletzte Fünfergruppe (0 6 4 5 0). Das alles wurde dann addiert, wobei wiederum nur die Einer der jeweiligen Summe berücksichtigt

Statistisches Jahrbuch für das Deutsche Reich

Herausgegeben
vom Statistischen Reichsamt

Vierundfünfzigster Jahrgang
1935

Berlin 1935

Verlag für Sozialpolitik, Wirtschaft und Statistik G.m.b.H.
in Berlin SW 68

Titelblatt und Seite einer Original-Chiffrierunterlage von Max Christian-sen-Clausen

4. Schiffsverkehr über See

e. Verkehr in den wichtigeren deutschen Häfen

Im Jahre	Angekommene Schiffe						Abgegangene Schiffe					
	mit Ladung		in Ballast oder leer		davon zusammen im Auslandverkehr		mit Ladung		in Ballast oder leer		davon zusammen im Auslandverkehr	
	Anzahl	in 1000 Reg.-Tons netto	Anzahl	in 1000 Reg.-Tons netto	Anzahl	in 1000 Reg.-Tons netto	Anzahl	in 1000 Reg.-Tons netto	Anzahl	in 1000 Reg.-Tons netto	Anzahl	in 1000 Reg.-Tons netto
1913	187	92	—	—	91	62	46	11	27	8	25	6
1933	352	168	2	3	219	124	150	65	8	4	103	51
1934	308	147	—	—	190	107	161	76	4	2	112	57
1913	294	418	46	4	252	412	176	23	183	340	181	333
1933	183	147	36	16	37	100	126	27	69	95	81	84
1934	195	186	69	23	107	181	230	114	86	79	122	96
1913	253	63	14	1	113	56	35	5	130	32	49	32
1933	100	107	81	9	112	106	211	69	41	86	176	147
1934	105	89	66	9	84	85	249	50	39	70	147	103
1913	3 309	1 929	566	220	1 806	1 511	2 841	1 213	865	863	1 809	1 506
1933	5 213	4 372	438	399	2 727	3 343	4 692	4 322	876	497	3 256	3 703
1934	5 372	4 715	773	739	3 062	3 819	5 433	4 940	802	571	3 718	4 330
1913	1 414	2 280	50	78	554	2 038	1 537	2 231	112	183	502	1 963
1933	976	2 514	68	71	395	2 050	731	2 144	159	315	356	1 866
1934	950	2 688	51	101	313	1 849	659	2 311	144	341	281	1 779
1913	554	1 260	10	0	147	1 134	480	1 137	7	1	89	1 018
1933	393	726	6	0	124	585	285	642	46	8	85	531
1934	440	591	26	1	88	431	338	494	68	5	54	335

wurden. Das ergab folgendes Bild:

4. Fünfergruppe von vorn	=	4	6	1	1	8
Seite 193, Zeile 7, Spalte 5	=	1	9	3	7	5
3. Fünfergruppe von hinten	=	0	6	4	5	0
		5	1	8	3	3

Diese Gruppe – in unserem Beispiel 5 1 8 3 3 – wurde stets zu Beginn es Funkspruchs gesendet.

An diesem Chiffriersystem, das mir Genosse Sorge anvertraut hatte, bissen sich, solange ich in Japan funkte, die Dechiffrierexperten einiger Staaten, die im Abhörbereich unseres Senders lagen – der immerhin 3000 Kilometer betrug –, die Zähne aus. Nicht ein einziges von uns verschlüsseltes Wort konnte entziffert werden! Weder Richard noch ich hatten Aufzeichnungen über unsere Chiffriermethode bei uns. Wir hatten sie im Kopf. Und auf den konnten wir uns jederzeit verlassen. Vielleicht meint der eine oder der andere, das System sei zu umständlich, zu arbeitsaufwendig gewesen. Ihm sei gesagt, daß es uns in jedem Falle auf absolute Sicherheit ankam, einmal darauf, daß unsere Meldungen nicht bekannt wurden, zum anderen natürlich auch auf die Sicherheit unserer Gruppe in Tokyo. In diesem Zusammenhang sei noch bemerkt, daß ich während des Japaneinsatzes mühelos in der Lage war, stündlich 500 Fünfergruppen zu chiffrieren und ebenso viele Gruppen in einer Stunde zu geben.»

Wir wissen von Max Christiansen-Clausen, daß nicht ein einziger seiner Funksprüche die Interessen des japanischen Volkes, die Interessen der Arbeiter, der Bauern und der Intelligenz Japans verletzt hat. Der Inhalt eines jeden Funkspruches richtete sich gegen die Aggressionspläne und -handlungen der imperialistischen Kreise des Kaiserreiches. Max Christiansen-Clausen, der jahrelang mit japanischen Arbeitern und Angestellten unmittelbar zusammenarbeitete und Geschäftsbeziehungen zu vielen japanischen Kunden unterhielt, hat die Werktätigen und die Intelligenz dieses Landes sehr schätzengelernt. Er liebte das japanische Volk und hoffte von ganzem Herzen, daß es sich nie mehr zu Aggressionen gegen Nachbarvölker mißbrauchen lassen wird.

Als sich Marx Christiansen-Clausen in Untersuchungshaft befand, brachten ihm japanische Geheimdienstoffiziere ganze Stapel abgehörter, nicht entzifferter Funksprüche und wollten wissen, was darin stand. Die Abhörergebnisse stammten von

1965 als Ehrengast bei der Baltischen Rotbannerflotte:
Max Christiansen-Clausen

Funkstationen der japanischen Streitkräfte, von Postämtern, von japanischen Dienststellen im okkupierten China, aus der Mandschurei und auch von einzelnen Funkamateuren. Auf Grund dieses Materials schlußfolgerte er klar: «Wenn es der vierte Teil von dem war, was ich in den knapp sechs Jahren durchgegeben hatte, dann war das viel. Es war ein ganz schöner Stapel, den man mir vorlegte. Zum Teil waren meine Funksprüche aber sehr fehlerhaft aufgenommen worden, außerdem erwiesen sich oft nur kleine Stücke als vollständig. Die Niederschriften mußten sehr strapaziert worden sein, denn die Ränder waren sichtlich abgegriffen und die notierten Funkzeichen stark befingert. Nicht einen einzigen Funkspruch hatten die Japaner entziffern können!»

Nach dem Kriege trug der Geheimdienst der USA, von General Willoughby angestachelt, aus den Büros der japanischen Geheimdienste, aus Telegraphenämtern und Marinedienststellen noch weitere aufgefangene Sprüche zusammen und ergänzte sie mit nicht entschlüsselten Archivbeständen der Kriegsmarine der USA. Dabei kam folgende Übersicht zustande:[84]

Jahr	Zahl der Sendungen	Gesendete Wörter	Durchschnittliche Zahl der Wörter je aufgefangene Sendung
1939	60	23 139	385
1940	60	29 179	486
1941 (nur bis Oktober)	21	13 103	624

Wir legten Max Christiansen-Clausen diese Zahlen vor. Er meinte dazu: «Diese Ermittlungsergebnisse übertreffen, soweit ich mich erinnern kann, die japanischen. Aber auch sie sind außerordentlich lückenhaft. Zum Beispiel funkte ich seit Ende des Jahres 1935. In den Ergebnissen von Willoughbys Sisyphusarbeit fehlen aber die Sendungen der Jahre 1935 bis 1938 völlig. In den von ihm angeführten Jahren habe ich nach sehr gründlichen Schätzungen jährlich etwa 40 000 Wörter gefunkt. Das bezieht sich besonders auf das Jahr 1941, in dem wir sehr viele dringende Nachrichten, die im Zusammenhang mit den japanischen Kriegsvorbe-

84 Charles A. Willoughby, a. a. O., S. 121.

reitungen standen, durchgeben mußten, weil unsere Kurierlinien praktisch unbenutzbar geworden waren. Demnach ist von den japanischen und den US-Abhörstellen in diesen drei Jahren nur rund die Hälfte meiner Sendungen überhaupt aufgefangen worden. Ein solches Ergebnis bestätigt mir noch einmal, daß sich unsere weitestmöglich kombinierten Sicherheitsvorkehrungen bewährt haben.»

So bleibt es eine historische Tatsache, daß Max Christiansen-Clausen dank seiner außergewöhnlichen Kenntnisse und Erfahrungen während des zweiten Weltkrieges im Fernen Osten mächtig «dazwischenfunkte». Der Mann, den im ersten Weltkrieg Funkoffiziere des deutschen Kaisers ausbildeten, damit er den Zielen der Imperialisten diente, hat während des zweiten Weltkrieges im pazifischen Raum durch seine vorbildliche, in dieser Art wohl einmaligen Leistung als Funker der Roten Armee mitgeholfen, die japanischen Militaristen und ihre faschistischen Verbündeten in Europa zu schlagen.

Gedenkstätte der
Sozialisten
am Zentralfriedhof
Berlin-Friedrichs-
felde:
Grab für
Anna und Max
Christiansen-Clau-
sen

Die Waffen des Dr. Sorge

Richard Sorge diente in der Roten Armee dreizehn Jahre lang als verwegener Kundschafter, doch zwanzig Jahre seines Lebens arbeitete er ununterbrochen als Journalist und Publizist. Während dieser zwei Jahrzehnte handhabte er im Dienste des Friedens, der Völkerfreundschaft und des Sozialismus meisterhaft ideologische Waffen. Hunderte von leicht verständlichen Veröffentlichungen, die der Wissenschaft und der Wahrheit dienten, waren das Ergebnis.

Dr. Richard Sorge publizierte unter seinem Namen, aber auch unter «I. K. Sorge», «R. I. Sorge», «J. u. H.», «I. u. H.» nur unter «I.» beziehungsweise «J.» oder unter dem Pseudonym «R. Sonter». Wir fanden außerdem Artikel, die er nur mit «R. S.» beziehungsweise «rg» gezeichnet hatte. In der «Frankfurter Zeitung» erschienen viele seiner Artikel hinter einem fettgedruckten «S». Insgesamt liegen uns bisher zwei Broschüren, über 200 Zeitungsartikel und 38 lange Zeitschriftenaufsätze vor, die aus Dr. Sorges Feder stammen. Weiterhin wissen wir, daß er in der Sowjetunion zwei druckreife Manuskripte geschrieben hat. Eines davon behandelt die Entwicklung des deutschen Imperialismus und erschien 1928 in Deutschland als Buch. Seinen Zuchthausaufzeichnungen ist zu entnehmen, daß er für einen deutschen Verlag an einem umfangreichen Buch über Japan arbeitete, für das er die ersten 300 Seiten bereits fertiggestellt hatte. Es wäre außerordentlich zu begrüßen, weitere Hinweise auf Publikationen Dr. Sorges aus dem In- und Ausland zu bekommen.

Erstaunlich ist die Vielfalt der von Richard Sorge genutzten journalistischen Genres. Er formulierte Leitartikel, faßte Nachrichten ab, schrieb überzeugende Kommentare und aussagekräftige Porträts, lieferte vielsagende Reportagen und sachliche Wirtschaftsberichte. Er wußte, wie man zu Arbeitern und wie zu

Intellektuellen sprechen muß. Sein Reagieren auf den jeweiligen Leserkreis beweist, daß er den Journalismus beherrschte. Die Büttel suchten bei diesem revolutionären Propagandisten und Agitator vergeblich nach Schußwaffen, das geht auch aus der folgenden Aussage des japanischen Staatsanwaltes Yoshikawa hervor. Statt dessen stießen die kaiserlichen Geheimpolizisten auf das Arsenal eines Wissenschaftlers – Bücher über Bücher, bedeutende Nachschlagewerke, ausgewählte Landkarten und übervolle Karteikästen.

HEARINGS ON AMERICAN ASPECTS OF THE RICHARD SORGE SPY CASE

(Based on Testimony of Mitsusada Yoshikawa and Maj. Gen. Charles A. Willoughby)

THURSDAY, AUGUST 9, 1951

UNITED STATES HOUSE OF REPRESENTATIVES,
COMMITTEE ON UN-AMERICAN ACTIVITIES,
Washington, D. C.

Mr. YOSHIKAWA. We arrested Max Klausen, his wife, Anna Klausen, and Voukelitch, and conducted a house search of these people.

We were afraid that Sorge might shoot at us with a pistol. We put Sorge's house under surveillance for several days. That morning a person from the German Embassy visited Sorge. After that person left we went in and arrested Sorge.

Zu deutsch:
«Verhöre zu den amerikanischen Aspekten des Richard-Sorge-Spionagefalles
(Auf der Grundlage der Zeugenaussagen von Mitsusada Yoshikawa und Generalmajor Charles A. Willoughby)
Donnerstag, 9. August 1951
Repräsentantenhaus der Vereinigten Staaten, Untersuchungsausschuß gegen unamerikanische Tätigkeit, Washington, D. C.

411

...

Herr YOSHIKAWA: Wir nahmen Max Clausen, seine Frau Anna Clausen und Vukelić fest und leiteten bei diesen Leuten Haussuchungen ein ...

Wir befürchteten, daß Sorge mit einer Pistole auf uns schießen würde. Wir beobachteten Sorges Haus einige Tage. An jenem Morgen besuchte eine Person von der deutschen Botschaft Sorge. Nachdem diese Person Sorge verlassen hatte, gingen wir hinein und nahmen ihn fest.»[1]

Bei den Veröffentlichungen Dr. Sorges muß man zwei Perioden unterscheiden. Die erste umfaßt die Jahre von 1921 bis 1928, daran schließt sich bis zu seiner Verhaftung die zweite an.

Bis 1928 machte der Kommunist und proletarische Internationalist Sorge auch in seinen Schriften und Artikeln kein Hehl aus seiner revolutionären Leidenschaft. Schon damals überblickte er die gesellschaftlichen Prozesse, griff unermüdlich den Klassengegner an und gab vielen seiner Klassen- und Parteigenossen im schweren Ringen um den Frieden, gegen den Imperialismus, für den Sozialismus die Orientierung.

Aus dieser Zeit stammen seine beiden, im Kapitel II bereits charakterisierten Kampfschriften, die in deutsch und in russisch erschienen, sowie 13 Leitartikel und Situationsberichte, die er zwischen dem 7. Dezember 1921 und dem 3. Juni 1922 als politischer Hauptredakteur der Solinger «Bergischen Arbeiterstimme» zu Papier brachte. Seine Argumentation war stets situationsbezogen, seine Schlußfolgerungen waren parteilich. Er polemisierte gegen christliche Demagogen und solche Monopolherren wie Stinnes und Krupp, entlarvte die hinterhältige sogenannte Kapital- und Gewinnbeteiligung, mit der die Arbeiter korrumpiert und den Monopolherren zusätzliche Investitionsmittel verschafft werden sollten, und vermittelte seinen Lesern Lehren aus dem Streik der deutschen Eisenbahner. Er beschäftigte sich mit antinationalen Konferenzen und Beratungen der Politiker und Diplomaten imperialistischer Staaten, setzte sich mit Arbeiterverrätern in der Führung der Sozialdemokratischen Partei Deutschlands auseinander und schilderte die Verelendung des deutschen Proletariats an Rhein und Ruhr. Seine Forderungen nach einer politisch konsequenten, organisatorisch gefestigten marxistisch-leninistischen Massenpartei und sein Auftreten für eine antiimperialistische

Einheitsfront des Volkes erwiesen sich als historisch notwendig. Eine der letzten Arbeiten aus seiner Solinger Zeit – der Leitartikel vom 3. Mai 1922 – stand unter dem Motto «Arbeiter fordert lauter: Weltarbeiterkongreß!». Dieser Beitrag schloß mit der Aufforderung, «dem Aufmarsch des Kapitals den Aufmarsch der Arbeiterschaft entgegenzusetzen».

In den Publikationsorganen des Exekutivkomitees der Kommunistischen Internationale und in der «Roten Gewerkschaftsinternationale» behandelte Dr. Sorge in 17 sehr umfangreichen Aufsätzen und Rezensionen – mehrmals unter dem Pseudonym «R. Sonter» – vor allem Probleme des deutschen und des nordamerikanischen Imperialismus, der Erdölmonopole und politische Fragen des Fernen Ostens.

Von 1929 an schrieb Richard Sorge für bürgerliche Zeitungen und Zeitschriften. Hatte er seine Weltanschauung revidiert? Nein! Heute ist allgemein bekannt, daß sich Dr. Sorge nicht geändert hatte. Sein Geheimauftrag aber zwang ihn, die Rolle eines Pressemannes zu spielen, der den Redaktionen bürgerlicher und sogar führender faschistischer Publikationsorgane tragbar erschien.

Es darf ja nicht vergessen werden, daß auch die sogenannte Reichspressekammer Hitlerdeutschlands unter verschärften Kriegsbedingungen im Jahre 1940 Dr. Sorge als ihr Mitglied aufnahm!

Er erfüllte auch diesen Teil seines Kundschafterauftrags also mit außerordentlich großer Geschicklichkeit. Obwohl er für Sprachrohre der Ausbeuterklasse berichtete, muß man ihm ausdrücklich bestätigen, daß er dabei keineswegs blindlings und bedingungslos mit den Wölfen heulte. Er blieb ein kritischer Betrachter der Weltpolitik, ein Mahner des Friedens, ein Beobachter, der die Gesetzmäßigkeiten gesellschaftlicher Prozesse gut kannte. Natürlich mußte er seine Artikel sehr geschickt formulieren, aber dem intelligenten Leser fiel es nicht schwer, das wahre Anliegen Sorges herauszulesen. Aus dieser Zeit sind bisher 163 Artikel aus der «Frankfurter Zeitung» und 16 aus der «Deutschen-Getreide-Zeitung», 11 Aufsätze aus der «Zeitschrift für Geopolitik» und 8 Wirtschaftsbetrachtungen aus dem «Deut-

---

1 Hearings on American aspects of the Richard Sorge spy case. In: Hearings before the Committee on Un-American Activities, House of Representatives, eighty-second Congress, first Session, Washington, 1951, S. 1137.

schen Volkswirt» sowie je eine Arbeit aus der Zeitschrift «Die Wehrmacht» und aus der «Zeitschrift für Politik» gefunden worden, die sich mit politischen, wirtschaftlichen und militärischen Themenkomplexen des Fernen Ostens kritisch auseinandersetzten. Richard Sorge schrieb auch noch für andere Zeitungen, beispielsweise regelmäßig für das «Berliner Tageblatt». In diesem Zusammenhang hat uns zum Beispiel der Sekretär des Amsterdamer «Algemeen Handelsblad», D. W. Voors, berichtet: «Die Mitarbeit des Herrn Dr. Sorge an unserer Zeitung war beschränkten Umfangs. Einzelheiten darüber können wir Ihnen leider nicht mehr beschaffen. Unser Archiv enthält keine Manuskripte von Dr. Sorge.»[2]

Die Übersicht zeigt, daß Sorge die meisten seiner Publikationen in der «Frankfurter Zeitung» veröffentlichte, einem Organ des deutschen Monopolkapitals. Dafür hatte er offenbar Gründe. Dr. Sorge beschäftigte sich vor seinem Japaneinsatz sehr intensiv mit der Ideologie des deutschen Faschismus. J. Gorew, der 1933 in Berlin einige operative Fragen mit ihm besprochen hatte, schrieb später einmal: «Ein Genosse, der in jenen Tagen oft mit Sorge zusammentraf, berichtete, daß dieser alles las, was er an nazistischer Literatur nur auftreiben konnte. Er studierte die nazistischen Phrasen und Termini und lernte sie auswendig. Er versuchte, sich in die ‹seelische Verfassung der Nazis› hineinzuversetzen. Hitlers Buch ‹Mein Kampf› hatte er praktisch auswendig gelernt.»[3]

Bei diesen Studien stieß er sicherlich auch auf Hitlers Kritik an der «Frankfurter Zeitung», die der Braunauer Anstreicher als «sogenannte Intelligenzpresse für unsere geistige Halbwelt»[4] bezeichnet hatte. Als Dr. Sorge im Jahre 1933 die mündliche Übereinkunft mit der Redaktion dieser Tageszeitung schloß, künftig für sie zu arbeiten, war die «Frankfurter Zeitung» durchaus noch nicht völlig gleichgeschaltet. Erst später, als Richard Sorge längst in Japan war, bekamen die Faschisten die Zeitung in den Griff. Doch selbst danach erkannte die Naziführung ihre Sonderstellung noch an, denn schließlich sollte sie das «Dritte Reich» im Ausland repräsentieren. Hinzu kam, daß hohe Wirtschafts- und Ministerialkreise in Deutschland viele ihrer Informationen der «Frankfurter Zeitung» entnahmen.

Sorge nutzte die Spalten dieses Blattes, um von 1936 an diesen Leuten und der deutschen Intelligenz am Beispiel des imperialistischen Japans die Auswirkungen der Aufrüstung auf ein Volk immer wieder vor Augen zu führen, um ihnen ab 1937 die schädlichen Folgen einer Aggression selbst für das eigene Volk zu verdeutlichen. Kein Mensch, der in jenen Jahren die «Frankfurter Zeitung» aufmerksam gelesen hat, kann heute behaupten, dieses Fernostbeispiel in der verschiedensten Form von Dr. Sorge nicht dargelegt bekommen zu haben.

Trotzdem findet man im Magazin «Der Spiegel» den folgenden Satz: «Von der fast kultivierten Neigung der ‹Frankfurter› (Zeitung – J. M.), ketzerische Ansichten zwischen den Zeilen herausgucken zu lassen, ist bei Sorge nicht viel zu finden.»[5]

So versucht ein Artikelschreiber, der seinen Sold über die Wahrheit stellt, den Ruf Dr. Sorges als eines Journalisten, der auch in bürgerlichen Zeitungen vor der faschistischen Welteroberungspolitik gewarnt hat, zu schänden – ganz im Sinne der Bourgeoisie, die alles unternimmt, um nicht nur den Friedenskämpfer und Kundschafter Sorge, sondern auch den Journalisten Sorge mit Schmutz zu bewerfen.

Diese politische Kurzsichtigkeit wurde sogar in der BRD von Professor Freund festgestellt und beweiskräftig widerlegt.[6]

Zur Bestätigung des eindeutigen Urteils sollen noch einige der an den damaligen Ereignissen Beteiligten zu Wort kommen.

«In Tokyo konnte ich gleich feststellen», sagte der heutige Professor Friedrich Sieburg, der mit Dr. Sorge durch Japan gereist war, «daß Sorge unter den deutschen Berichterstattern unbestritten den ersten Platz einnahm und auch bei den internationalen Kollegen eine große Autorität besaß.»[7]

Diese «große Autorität bei den internationalen Kollegen» verdankte Richard Sorge vor allem der Tatsache, daß er die Wahrheit schrieb. Doch nicht alles, was aus seiner Feder kam, wurde im faschistischen Deutschland gedruckt – nicht etwa, weil es kein Niveau gehabt hätte, sondern weil es den deutschen und den japanischen Imperialismus sowie deren Wechselbeziehungen zu sehr bloßstellte. Das mußte nach dem Kriege auch der ehemalige Nazigesandte Professor Dr. Kordt zugeben, der erklärte, daß viele

2 D. W. Voors in seinem Schreiben vom 21. September 1964 an den Autor.
3 J. Gorew, Ich kannte Sorge. In: «Komsomolskaja Prawda», Moskau, vom 9. Oktober 1964.
4 Adolf Hitler, Mein Kampf, Bd. 1, München 1926, S. 259.
5 «Der Spiegel», Hamburg, vom 8. August 1951, S. 28.
6 Siehe «Die Gegenwart», Frankfurt/Main, vom 11. Januar 1958.
7 Zitiert nach «Der Spiegel», Hamburg, vom 8. August 1951, S. 28.

*So beurteilte der Nazidiplomat Bassler noch 1941 den Journalisten
Dr. Sorge. — Bemerkung: Die Schreibweise «Poersgen» ist falsch; es handelte sich um Dr. Poerzgen*

der Artikel Dr. Sorges nicht abgedruckt worden seien, «weil darin
die deutsche und die japanische Politik zu kritisch behandelt
wurde»[8]. Was aber dennoch in die Spalten der «Frankfurter Zeitung» und anderer deutscher Publikationsorgane gelangte, wog
im allgemeinen schwerer und war weit beachtlicher als manch ein
Bericht des Nazibotschafters Ott aus Tokyo.

Ausdrücklich sei hier auch auf die Worte Dr. Lily Abeggs verwiesen, die als festangestellte Korrespondentin der «Frankfurter
Zeitung» seit 1939 in Tokyo gewesen war. Sie teilte uns mit, daß
sich Dr. Sorge durch «seine scharfen Analysen» bei den herr-

416

schenden Kreisen Japans durchaus nicht beliebt gemacht hatte. Es ist zu vermuten, daß dieser Umstand beim Urteilsspruch und bei der Bestätigung des Todesurteils gegen Richard Sorge eine strafverschärfende Rolle gespielt hat, weil es den japanischen Monopolherren und Militaristen darauf ankam, diesen unbestechlichen Kritiker ihrer Politik für immer mundtot zu machen.

Der ehemalige Leiter der Redaktionskonferenz der «Frankfurter Zeitung», Oskar Stark, achtete Dr. Sorge als erstklassigen Fernostkenner und bestätigte es in diesem Sinne: «Sicher ist, daß wir seine (Sorges – J. M.) Mitarbeit wegen ihrer Akkuratesse und ihrer Gründlichkeit sehr schätzten, ebenso wegen des guten politischen Urteils des Autors.»[9]

Beim Lesen und bei der Beurteilung der aus Sorges zweiter Schaffensperiode stammenden Zeitungsartikel muß man immer bedenken: Es kann zwar nicht mehr in jedem Fall nachgewiesen werden, welches Manuskript an welcher Stelle einem mehr oder weniger starken Redaktionsprozeß im faschistischen Sinne unterworfen worden ist, fest steht aber, daß Sorge-Artikel gekürzt und stellenweise manchmal auch redaktionell verändert worden sind. Das bestätigte uns Dr. Paul Sethe, der ehemals zuständige Ressortleiter in der «Frankfurter Zeitung» und spätere leitende Mitarbeiter der Hamburger Zeitung «Die Zeit».[10]

WOCHENZEITUNG FÜR POLITIK
WIRTSCHAFT · HANDEL · KULTUR

REDAKTION   Dr. Sethe   *1. Dezember 1964*
...

Richtig ist, daß natürlich alle Artikel von jedem Autor darauf geprüft wurden, ob sie nicht zu einem Eingreifen des (Goebbels- – J. M.) Ministeriums oder der (Nazi- – J. M.) Partei hätten führen können. Eine gewisse Marge von Freiheit nahm die Redaktion auch unter diesem Regime immer in Anspruch, sonst hätte die Exi-

---

8 Erich Kordt, a. a. O., S. 428.
9 Oskar Stark in seinem Schreiben vom 16. Dezember 1964 an den Autor.
10 Brief vom 1. Dezember 1964 an den Autor.

stenz der Frankfurter Zeitung keinen Sinn mehr gehabt ... Im Falle Sorge haben wir geglaubt, dieses Maß von Sachlichkeit und Unbefangenheit wagen zu sollen, das in der Veröffentlichung der Berichte lag ... Die Beiträge von Sorge habe ich redigiert, mit Ausnahme der Zeiten, in denen ich nicht in Frankfurt war ... Ich glaube nicht, daß Sorge hohe Bezüge von uns erhielt, da er nur nebenamtlich für uns arbeitete ... Sorge hat wohl nicht aus finanziellen Gründen für uns gearbeitet. Ich vermute, daß er a) einmal eine Gelegenheit suchte, Gedanken auszusprechen, die er sonst für sich behalten mußte, und zum zweiten b), daß er eine zusätzliche Legitimation haben wollte, wenn er Auskünfte einzog ... Ich schätzte Sorge als einen Mann von Kenntnissen, Sachlichkeit, Unbefangenheit, Genauigkeit. Wegen dieser Eigenschaften wurde er auch von den Sachkennern außerhalb der Zeitung geschätzt ...

Untersucht man nun die Berichterstattung Dr. Sorges für die «Frankfurter Zeitung» nach zeitlichen sowie mengenmäßigen Gesichtspunkten, so fällt auf, daß er neben seiner nervenaufreibenden Kundschaftertätigkeit dann publizistisch am aktivsten wurde, wenn sich politische Krisen abzeichneten, Kriegsgefahr und Aggression im Fernen Osten unmittelbar bevorstanden:

Im Jahre	Zahl der Artikel	Verhältnis zu allen 163 Artikeln	Politische Situation
1936	7	4,3 %	
1937	25	15,3 %	Überfall Japans auf China, japanische Provokationen an der sowjetischen Grenze
1938	32	19,6 %	Vormarsch der japanischen Aggressoren in China und antisowjetische Provokation am Chassansee
1939	6	3,8 %	
1940	44	27,0 %	forcierte japanische Kriegsvorbereitungen
1941 (bis Oktober)	49	30,0 %	letzte Kriegsvorbereitungen der japanischen Aggressoren

Journalist und Tokyo-Korrespondent der «Associated Press» Relman (Pat) Morin aus New York über Dr. Sorge: «Er war ein bezaubernder, attraktiver Mann und guter Gefährte.»

Noch deutlicher wird das, wenn man zusammenstellt, in welchen Monaten er seine Arbeiten in der «Frankfurter Zeitung» publizierte. Zum Beispiel wurden im Jahre 1937 etwa 80 Prozent seiner Artikel nach dem japanischen Überfall auf China in Druck gegeben und im Jahre 1941 genau 60 Prozent erst nach der Beratung vom 2. Juli, deren Beschlüsse in Anwesenheit des Tenno gefaßt worden waren und die die neue strategische Hauptstoßrichtung Japans bereits erkennen ließen. Die Doppelbelastung des Kundschafters und Journalisten Sorge muß also ungeheuer groß gewesen sein.

Für deutsche Zeitschriften war Dr. Sorge vorwiegend zu jener Zeit tätig, in der er sich in Tokyo durch gründliche Japan- und Chinastudien prinzipiell informierte, nämlich in den Jahren 1934 bis 1939, wobei die Arbeiten, die um 1937 erschienen, einen quantitativen Höhepunkt bildeten. Aus aufgefundenen Unterlagen der Sorgeschen Aufsätze für die «Zeitschrift für Geopolitik» und für den «Deutschen Volkswirt» sowie aus den Auskünften, die die damals zuständigen Redakteure gaben, geht hervor, daß diese Arbeiten fast überhaupt nicht redaktionell bearbeitet worden sind. So schilderte der ehemalige Chefredakteur der «Zeitschrift für Geopolitik», Kurt Vowinckel: «Von Zeit zu Zeit sandte Sorge ein

419

November 1969: Im traditionsreichen Berliner Arbeiterbezirk Friedrichs-hain wird in der Richard-Sorge-Straße eine Gedenktafel enthüllt

Manuskript an Professor Haushofer nach München, ich erhielt dann die gesamten Manuskripte für ein Heft einmal im Monat von dort ... Manuskripte wurden von Haushofer nie, von mir gelegentlich stilistisch etwas überarbeitet.»[11]

Die Vielseitigkeit der journalistisch-analytischen Tätigkeit Richard Sorges kristallisiert sich klar heraus, wenn man seine 21 deutschen Zeitschriftenaufsätze auf ihre Themen hin betrachtet. Danach beschäftigten sich

30 Prozent mit der japanischen Außenpolitik und dem japanischen Außenhandel,

20 Prozent mit dem japanischen Staatsaufbau und dem Staatshaushalt Japans,

20 Prozent mit den japanischen Streitkräften und ihrer Strategie,

20 Prozent mit der japanischen Landwirtschaft und

10 Prozent mit wirtschaftlichen Problemen Japans und deren innerpolitischen Auswirkungen.

11 Kurt Vowinckel in seinem Schreiben vom 29. September 1964 an den Autor.

420

Dr. Richard Sorge bleibt unvergessen: Hier legen die zur Olympiade 1964 in Tokyo weilenden DDR-Journalisten an seinem Grabe einen Kranz nieder

Dr.-Sorge-Sonderbriefmarke der UdSSR aus dem Jahre 1965 und Briefmarken-Sonderblock der DDR von 1976 zu Ehren von Dr. Richard Sorge

Ende 1933: Der japanische Kaiser Hirohito empfängt den neuen Botschafter Nazideutschlands, Dr. Herbert von Dirksen, im Kaiserpalast. Richard Sorge (Mitte) läßt nichts unbeobachtet

Aus dieser Zusammenstellung lassen sich die besonderen Interessengebiete Dr. Richard Sorges ablesen und auch gewisse Rückschlüsse auf seine Kundschaftertätigkeit ziehen.

Das waren einige Bemerkungen, die wir einer Auswahl seiner publizistischen Originalarbeiten vorangestellt haben, um sie einzuführen und um Zusammenhänge zu verdeutlichen. Mit diesem Abdruck sollen nicht nur wichtige Aufsätze und Artikel Dr. Sorges der Vergessenheit entrissen, sondern es soll auch breiten Kreisen ermöglicht werden, diese Publikationen zu lesen und sich selbst ein Urteil über das Schaffen dieses hervorragenden politischen Propagandisten und Ostasienkenners zu bilden. Wenn auch die ausgewählten Beiträge unter Beachtung der Faktoren Zeit und Raum sowie teilweise unter dem Gesichtspunkt der Tarnung betrachtet werden müssen, so sind dennoch viele seiner politischen Prognosen selbst heute noch lehrreich und geben nicht unbedeutende Hinweise für die Politik der Gegenwart und für die Geschichtsschreibung. An Hand der folgenden Seiten wird jedermann erkennen können, daß Richard Sorge ausgezeichnet zu informieren pflegte und selbst dann, als er gezwungen war, für bürgerliche Blätter zu schreiben, seine Meinung sagte und – selbstverständlich im Rahmen der ihm verbliebenen Möglichkeiten – aktiv gegen die Ideologie der Faschisten auftrat.

Bergische Arbeiterstimme

Organ der Kommunistischen Partei Deutschlands, Sektion der 3. Internationale

Solingen,
7. Dezember 1921

LONDON UND WASHINGTON

Solingen, den 6. Dezember 1921

Vom weltpolitischen Gesichtspunkt aus steht die Washingtoner Konferenz[12] augenblicklich im Brennpunkt des Interesses, nicht nur für die kapitalistischen Staaten, sondern auch für Sowjet-Rußland und damit für die gesamte Arbeiterschaft. Scheint sich doch hier eine Kräftegruppierung herauszubilden, die selbstverständlich nicht ohne Einfluß auf die Politik Rußlands bleiben wird. Andererseits aber konzentriert sich das Hauptinteresse der deutschen Bourgeoisie auf London. Wird doch hier um ein gut Teil Schicksal des deutschen Kapitals geschachert und verhandelt. Beide Konferenzen stehen aber in einem Zusammenhang.

Es ist kein Zufall, daß gerade, während die Verhandlungen in Washington einige Klärung in den Beziehungen der kapitalistischen Staaten gebracht hatten, Stinnes und Rathenau nach London fuhren, um dort über den Aufschub und sonstige Erleichterungen und Unterstützungen für das deutsche Kapital zu verhandeln. Genau so nämlich, wie das Verhältnis zwischen England, Amerika und Japan und dann erst in zweiter Linie zu den anderen Staaten in eine Sackgasse geraten war, an deren Ende der drohende Krieg zwischen diesen drei Weltmächten stand, genauso war im engeren Rahmen das Verhältnis zwischen Frankreich und England und Belgien auf einem toten Punkt angelangt, der entweder Lösung oder weitere Verschärfung der schweren Krise, in der das englische Wirtschaftsleben sich befindet, bedeuten würde. Dadurch aber, daß im weltpolitischen Rahmen England von Frankreich durch die Washingtoner Konferenz abrückte, wurde die Kluft zwischen den beiden Staaten in ihren engeren Beziehungen zu Deutschland vertieft und den Strömungen, die «Los von Frankreich» rufen, mehr freier Lauf gelassen. Eine ganz natürliche Erscheinung, daß England sich durch die Washingtoner Konferenz mehr von Frankreich in bezug auf das Verhältnis zu Deutschland loslöste. Denn in Washington war man auf Gegensätze zwischen diesen beiden Ländern gestoßen, die nicht so ohne weiteres überkleistert werden konn-

---

12 Die sogenannte Washingtoner Konferenz begann im November 1921 und dauerte bis 1922. Die Konferenz stellte sich zwei Hauptaufgaben:
1. Korrektur des Kräfteverhältnisses in Fernost, das sich während des ersten Weltkrieges zugunsten Japans verschoben hatte.
2. Herbeiführung eines internationalen Abkommens über Flottenbeschränkung im pazifischen Raum. Das Flottenabkommen schrieb den USA, Großbritannien und Japan für Schlachtschiffe ein Verhältnis von 5 : 5 : 3 vor.
Zur Konferenz waren eingeladen: die USA, die Niederlande, Japan, Frankreich, Italien, Belgien, Großbritannien, Portugal und China. Die Sowjetunion protestierte mehrmals gegen den Ausschluß von dieser Konferenz. Die Washingtoner Konferenz beendete die imperialistische Neuaufteilung der Welt nach dem ersten Weltkrieg und brachte eine gewisse Kräfteverschiebung zugunsten der USA.

ten, da hier bei den Verhandlungen noch andere Staaten zugegen waren und weiterhin, weil es sich hier um ganz allgemeine Grundsätze handelte, die nicht beiseite geschoben werden konnten, die einfach da waren. Frankreich wollte die Flottenabrüstung nicht mitmachen, an der England ein Interesse hat, wenn die Beziehungen zu Amerika enger und fester werden sollen; Frankreich trumpfte in bezug auf die Landrüstungen auf und versuchte mit Hilfe von Italien sich ein Gegengewicht gegen England zu schaffen, das wieder Interesse daran hat, daß im Mittelmeer nicht die französische Fahne ausschlaggebend wird. Weiter suchte Frankreich den Gegensatz zu England in bezug auf die deutschen Angelegenheiten zu seinen Gunsten durch die phrasenhaften Reden Briands zu regeln, während England schon lange ein Interesse daran hat, Frankreichs Leidenschaftlichkeit in diesem Punkt gedämpft zu sehen. Hier mußte also England ebenfalls gegen Frankreich auftreten. Und so konnte schon von manchen nationalistischen Blättern triumphiert werden, Frankreich sei vollkommen isoliert. So allerdings liegen die Dinge noch lange nicht.

All diese Momente treffen zusammen, um den schon an sich lauten Stimmen der englischen Industrie noch mehr Raum zu geben, um diese Stimmen noch lauter werden zu lassen. Und so wurde denn gerade einige Tage vor der Reise Stinnes' nach London von der englischen Großindustrie, die unter den französischen Ansprüchen etwas leidet, auf einer Tagung dieser eine Resolution gefaßt, die in der Richtung der Wünsche der deutschen Kapitalisten fiel. Schwupp, einige Tage später war Stinnes in London. Um über die allgemeinen Reparationsprobleme zu verhandeln, aber auch um seine eigenen Geschäfte zu betreiben. Er will dabei natürlich nicht zu kurz kommen. Noch einige Tage später fuhr Rathenau nach London und ist noch dort, um die Verhandlungen zu einem für Deutschlands Kapitalisten günstigen Ergebnis zu bringen.

Der Kern der Bemühungen ist folgender:
Deutschland muß im Januar wieder 500 Millionen in Goldmark zahlen.[13] Dies würde wieder einen ungeheuerlichen Kurssturz mit sich bringen, so daß der Bankrott des Staates unmittelbar bevorsteht. Also Stundung dieser oder Gewährung einer Anleihe, mit der dann diese Summen bezahlt werden können. Gleichzeitig aber soll das ganze Zahlungssystem der Wiedergutmachung revidiert werden, damit man nicht alle paar Monate vor denselben Schwierigkeiten steht. Es wird angestrebt, daß Deutschland seine Schuld durch Sachleistungen deckt. Das heißt: die deutsche Industrie liefert Rohstoffe oder Fertigfabrikate, übernimmt den Bau von Eisenbahnen im Ausland und nimmt in hervorragendem Maßstabe an dem Aufbau Rußlands teil. Diese Arbeiten würden auf Kosten des Deutschen Reiches geschehen, das beim Ausland eine Anleihe aufnimmt oder von der deutschen Industrie.

Dadurch würden natürlich mehrere Fliegen mit einer Klappe geschlagen sein. Frankreich würde durch das Ausbleiben der deutschen baren Summen in große finanzielle Schwierigkeiten geraten, es würde dadurch, so hofft man, kleiner und häßlicher werden, auf die Dauer etwas mehr an die Wand gedrückt werden. England würde dadurch von der Schleuderkonkurrenz mehr bewahrt werden, könnte Deutschland in den Geschäften arbeiten lassen, die ihm nützlich sind und es nicht weiter in eine Krisis treiben. Weiter würde es aus den Geschäften in Rußland wie Frankreich einen Anteil erhalten und würde durch die Gewährung einer Anleihe mehr an dem Schicksal Deutschlands interessiert sein. Es würde mehr den Wünschen der deutschen Kapitalisten Rechnung tragen müssen. Weiter würde dadurch, durch die Stabilisierung der Mark, auch England wieder einen Absatz in Deutschland finden und in Rußland, das durch Stinnes für England «aufgebaut» werden soll. Natürlich würde auch das amerikanische Kapital sehr interessiert sein, weil nun durch diese Arbeit Japan etwas hintenan gedrängt werden könnte.

Für das deutsche Kapital aber würde es bedeuten eine dauernde Gewinnquelle, die der Staat zu zahlen hat durch diese Aufträge. Weiter würde der längst ersehnte Einfluß der Großindustrie auf den Staat mit Hilfe des englischen Kapitals durchgedrückt werden können.

Die Arbeiterschaft aber müßte unter *jeder Bedingung* dann arbeiten. Denn nun kann das Kapital mit dem Hinweis auftreten, daß die internationalen Verpflichtungen es zwingen, nicht der eigene Gewinntrieb, so und so zu handeln, diese und jene Bedingungen zu fordern. Ausgeliefert wäre die Arbeiterschaft dem Diktat des gesamten internationalen Großkapitals, nicht bloß dem des deutschen Kapitals, dem es immerhin schon gelernt hat, seine Kräfte in gewissem Maße entgegenzusetzen, soweit Arbeitsgemeinschaft und Mehrheitsminister sie nicht daran hindern. Auch für Rußland bedeutete diese Abmachung eine große Gefahr. Rußland könnte sich jetzt Erpressungsversuchen gegenüber nicht mehr auf die Arbeiterschaft verlassen, auf die deutsche Arbeiterschaft, sondern es wäre dann in starkem Maße der Erpressung eines Stinnes, hinter dem das englische Großkapital steht, ausgeliefert.

London und Washington, beides sind Versuche der kapitalistischen Staaten, aus der Klemme herauszukommen. Beide Versuche haben gemeinsam, daß sie unternommen werden sollen auf Kosten der Arbeiterschaft und auf Kosten Rußlands, das Hilfe notwendig hat, dem aber graust vor einer solchen Hilfe, wie sie Stinnes in London zu vereinbaren versucht hat.

Diese Tatsachen fordern daher von der Arbeiterschaft, will sie nicht noch stärker unter das Joch des Kapitals kommen, Beseitigung der Arbeitsgemeinschaftspolitik[14] in den Gewerkschaften und in der Regierung und Zusammenschluß zur revolutionären Einheitsfront. Denn jedes Zusammengehen der Mehrheitler mit Stinnes bedeutet eine weitere Stärkung des internationalen Kapitals.   s.

13 Vom 21. Februar bis zum 14. März 1921 beziehungsweise vom 29. April bis zum 5. Mai 1921 hatten die Londoner Konferenzen stattgefunden. An ihnen hatten Vertreter Englands, Frankreichs, Italiens, Japans, Griechenlands, Deutschlands und der Türkei teilgenommen. Auf der zweiten Londoner Konferenz war über die von der Reparationskommission vorgesehene Höhe der deutschen Reparationen verhandelt und deren Höhe auf 132 Milliarden Goldmark festgelegt worden.
14 Gemeint ist eine Politik auf der Grundlage des «Arbeitsgemeinschaftsabkommens», das am 15. November 1918 zwischen den deutschen Gewerkschaften und dem Monopolkapital geschlossen worden war. Diese Übereinkunft war gegen die Novemberrevolution gerichtet und half, vor allem die wirtschaftliche und politische Macht der Kapitalisten zu sichern.

Die Rote Gewerkschafts=
Internationale

Berlin, Nr. 5/1925,
S. 298/299

DIE STREIKBEWEGUNG IN DEUTSCHLAND

Januar bis April 1925

Nach der Annahme des Dawes-Planes[15] im August–September 1924, bis in die Januartage 1925 hinein, kann kaum von einer größeren Streikbewegung in Deutschland die Rede sein. Die Tatsache von Löhnen in stabiler Währung ließ die Arbeiterschaft die niedrigen Löhne solange ertragen, als das Ungewohnte dieser neuen Lage durchaus noch empfunden wurde und die Löhne durch die Preisentwicklung nicht vollständig bedroht waren.

Nachdem aber die Preisbewegung unaufhaltsam aufwärts stieg, nach dem Index des «Berliner Tageblatts» von 129 auf 143 im Februar 1925, mußte die Streikbewegung in Deutschland trotz des Unbehagens der reformistischen Gewerkschaften zunehmen. Ergänzt wurde dieser Druck auf die Arbeiterschaft durch die steigenden Preise und durch die neue arbeiterfeindliche Steuerpolitik. Die Massen wurden mit neuen schweren Steuern belastet, um die Zahlungen für den Dawes-Plan aufzubringen, während der Besitz durch Erlaß oder durch die Milderung einer ganzen Reihe von Steuern begünstigt wurde. Hinzu kam noch der verschärfte Druck des Unternehmertums wegen Einführung verlängerter Arbeitszeit. Natürlich spielte bei der Ruhe im Lohnverhältnis auch die außerordentliche Arbeitslosigkeit eine Rolle, die vom August 1924 bis Ende Februar dauernd zunahm. Um so verwunderlicher ist, daß sich trotz dieses Anwachsens der Arbeitslosigkeit gerade im Monat Februar eine recht starke Streikwelle bemerkbar machte, die zwar im März und April 1925 nachgelassen, aber durchaus noch nicht aufgehört hat.

In der Metallindustrie

sind in dieser Zeit, also Anfang Februar bis Anfang April, eine Reihe lokaler Streiks zu verzeichnen. Die Streikwelle in der Metallindustrie begann Ende Januar in einer großen Anzahl von Klein- und Mittelbetrieben. Diese zahlreichen Streiks umfaßten kaum mehr als je allerhöchstens 400 bis 500 Mann an den einzelnen Orten. Anfang Februar beginnen die Streikbewegungen, sich auf die größeren Betriebe auszudehnen, so z. B. auf die *Daimler-Motorenwerke* in *Sindelfingen* und auf die *Tuttlinger Metallwerke*. Letztere Streikbewegung umfaßte 1600 Mann. Ferner begannen im *Saargebiet* Kämpfe in der Metallfertigindustrie. Es streikten dort in

9 Betrieben 3500 Mann. Außerdem streikten in *Hamburg* eine ziemlich großen Anzahl *Bauschlosser*. Der Streik im Saargebiet dehnte sich Mitte Februar auf die Röchlingwerke aus.

In der *Bielefelder Metallindustrie* nahmen Mitte Februar die Kämpfe großen Umfang an. Nachdem 7000 Arbeiter gegen den Schiedsspruch, der in der Bielefelder Metallindustrie gefällt wurde, mit einem Streik antworteten, wurden 20000, also nahezu die gesamte Bielefelder Metallarbeiterschaft, durch Sympathieaktionen und Aussperrungen mit in diesen Kampf hineingezogen. Die Ausdehnung des Kampfes auf das rheinischwestfälische Metallgebiet wurde durch die Verbindlichkeitserklärung eines Schiedsspruches und mit Hilfe der reformistischen Gewerkschaften verhindert. Der Bielefelder Metallarbeiterstreik dauerte etwa 20 Tage und endete mit einem Kompromiß.

Anfang März kam es in *Berlin* zu einzelnen Streiks der Metallarbeiter. Diese Kämpfe dehnten sich auf die Berliner Lokomotivfabriken mit einer Gesamtbelegschaft von 7000 Arbeitern aus. Auch die AEG wurde mit 2000 Arbeitern in den Kampf hineingezogen. Der Konflikt in Berlin spitzt sich jetzt, also Mitte April, außerordentlich zu, nachdem die Unternehmer erklärten, daß, wenn die Arbeiter in den Lokomotivfabriken die Arbeit nicht umgehend aufnehmen, eine Gesamtaussperrung der Berliner Metallarbeiter vorgenommen werden wird. Die Entscheidung dürfte in nächster Zeit fallen.

Die Lage im *Bergbau* ist dauernd sehr gespannt. Die Stillegungen aber werden den Ausbruch von Kämpfen verhindern.

Chemische Industrie

Anfang Februar setzte auch in der chemischen Industrie eine Streikbewegung ein. In *Biebrich* streikten 3500 und in *Darmstadt* etwa 1000 Arbeiter, ferner ein kleinerer Teil der Chemiearbeiter in *Eberswalde* bei Berlin.

Kämpfe im Verkehrsgewerbe

Mitte Januar begann in *Königsberg* ein Hafenarbeiterstreik, in *Hamburg* ebenfalls ein solcher, der aber bald ein Ende fand. Ein um dieselbe Zeit geführter Streik der *Barmen-Elberfelder* Verkehrsarbeiter brachte vollen Erfolg.

Der bedeutendste Kampf im Verkehrsgewerbe war der *Eisenbahnarbeiterstreik*. Schon Ende Februar machte sich zuerst in einzelnen Eisenbahn-

15 Nach dem amerikanischen Finanzmann Charles Gates Dawes benannter Plan aus dem Jahre 1924 über die deutschen Reparationszahlungen nach dem ersten Weltkrieg. Der Plan sah die Überwachung der deutschen Finanzen und der Währung vor und verpflichtete Deutschland zu ansteigenden Jahreszahlungen bis zu 2,5 Milliarden Goldmark (1928/29). Der Dawesplan verhinderte das Wiedererstarken des deutschen Imperialismus jedoch nicht. Er wurde 1929 durch einen neuen Zahlungsplan, den Youngplan, ersetzt.

bezirken eine starke Gärung geltend, die sich dann auf die wichtigsten Eisenbahnbezirke ausdehnte. Im ganzen beteiligten sich an diesem Streik 12 000 Eisenbahnarbeiter, von 240 000, die in der deutschen Reichsbahn-A.-G. beschäftigt sind. Unter Anerkennung einer kaum nennenswerten Lohnerhöhung wurde dieser Streik von den Reformisten untergraben.

Anfang April setzte in *Hamburg* ein Streik der Straßen- und Hochbahner ein, mit ungefähr 2 000 Beteiligten.

Neben diesen hauptsächlichsten Kämpfen sind noch eine Reihe Bewegungen der *Glasarbeiter, Werftarbeiter, Töpfer, Bauarbeiter, Holzarbeiter, Zimmerer* und *Lederarbeiter* zu verzeichnen.

Besonders stark war die Bewegung bei den *Glasarbeitern*. Im *Lausitzer Gebiet* standen 8 000 Glasarbeiter im Kampf, der mit dem Streik einiger hundert Spezialarbeiter begann. Daraufhin sperrten die Unternehmer die gesamten Glasarbeiter aus. Nachdem aber nach wenigen Tagen diese Spezialarbeiter den Streik abbrachen, mußten auch die übrigen 8 000 Arbeiter den Kampf bedingungslos einstellen.

Der Kampf der *Lederarbeiter* ging von Schleswig-Holstein aus, wo 2 800 nach acht Stunden die Betriebe verließen. Ihre Aussperrung führte zur Ausdehnung des Kampfes auf ganz Norddeutschland. Beteiligt waren ungefähr 11 000 Lederarbeiter während einer Zeit von sechs Wochen.

In *Württemberg* setzte Anfang April ein *Landarbeiterstreik* ein, über dessen Umfang und Ziele noch keine Angaben gemacht werden können.

Im allgemeinen kann gesagt werden, daß die Streikwelle im März etwas nachgelassen hat. Diese Tatsache hängt mit einer gewissen Frühjahrsbelebung des Arbeitsmarktes zusammen und mit einer geringen Senkung des Preisniveaus, die ebenfalls meistens im Frühjahr zu verzeichnen ist.

Bemerkenswert ist, daß bei diesen Kämpfen häufig die Niederlegung der Arbeit nach acht Stunden die Ursache zu ausgedehnten Bewegungen war, so daß also diese Lohnkämpfe auch Kämpfe um den Achtstundentag waren.

Für die Zukunft ist mit einer Belebung der Streikbewegungen zu rechnen, denn der Druck der deutschen Unternehmer auf die Löhne und auf den Achtstundentag sowie auf die sonstigen sozialen Einrichtungen muß mit den zunehmenden Schwierigkeiten bei der Erfüllung des Dawes-Planes stark anwachsen. Allerdings muß auch gesagt werden, daß die starke Arbeitslosigkeit, die in Deutschland herrscht, und die nach der vorübergehenden Abnahme im allgemeinen wieder anwachsen muß, daß durch diese Erscheinung die Belebung der Lohnkämpfe verzögert und vielleicht auch aufgehalten wird.

I. Sorge

Hamburg/
Berlin,
Nr. 1/1927,
S. 197–199

R. Sonter

«DIE IMPERIALISTISCHE POLITIK IM FERNEN OSTEN»*

Der Verfasser dieses Buches ist Mitglied des Schweizer Nationalrates, Lehrer von Beruf, altes Mitglied der Schweizer Sozialdemokratie, und nun seit zwei Jahren ihr Präsident. Er gehört innerhalb der Schweizer Sozialdemokratie zur Zentrumsrichtung. Da aber die Schweizer Sozialdemokratie beschlossen hat, in die II. Internationale einzutreten (sie gehörte vorher zur 2½ Internationale), dürfte der Verfasser in der II. Internationale zum linken Flügel gehören. Wir haben es also hier mit einer Schrift zu tun, die unbedingt in einer Reihe von Einschätzungen einzelner Ereignisse von der offiziellen sozialdemokratischen Linie der II. Internationale abweichen wird, indirekt ihre Kritik darstellen muß, gleichzeitig aber auch gerade in allen Fragen, die sich auf die praktischen Konsequenzen beziehen, genau so falsch, aktionslos und damit natürlich vom Klassenstandpunkt aus ebenso verräterisch sein muß, wie die der II. Internationale. Die ungefähre Einigkeit in der *praktischen* Einstellung ist ja die Grundlage der Einigung mit der II. Internationale. In der Tat ist die theoretische Struktur der vorliegenden Schrift, die *theoretische* Einschätzung einer Reihe weltpolitischer Ereignisse, oppositionell gegenüber der Linie der II. Internationale. Die außerordentlich schwache Seite des Buches besteht darin, daß es nicht einen einzigen *praktischen* Wink in bezug auf die Arbeit des Proletariats und ihrer Organisationen zur Unterstützung des Befreiungskampfes gibt, trotzdem die Kritik der imperialistischen Politik derartig scharf ist, daß unbedingt praktische Konsequenzen erwartet werden. Der Verfasser

---

* Ernst Reinhard: Die imperialistische Politik im Fernen Osten. Verlag Ernst Bircher A.-G., Bern und Leipzig. 236 Seiten.

wendet sich in der Widmung, die er in seinem Buche vorausschickt, an «alle Menschen, deren Herzen sich empören, wenn sie von Unrecht und Bedrückung erfahren ... an alle, die unwissentlich sich zu Werkzeugen des Unrechts machen lassen ... es (das Buch) ruft die Menschlichfühlenden zur Tat.»

Wie aber die Tat beschaffen ist, ist aus den Schlußzeilen des Buches zu ersehen. Dort erklärt der Verfasser: «Es geschieht Unrecht, es wird weiter Unrecht getan ... Sollen wir da in der Stunde der Gefahr schweigen ...? Es gibt eine Macht, die stärker ist als alle anderen Bedenken: Das Gewissen in uns! Ihm haben wir gehorcht.» (Durch die Veröffentlichung des Buches nämlich!!! A. S.)

Da aber das Buch ausgezeichnetes Material und in seinen Tatsachenangaben sehr viel Neues bringt (es ist zu vermuten, daß dem Verfasser das Archivmaterial des Völkerbundes zur Verfügung stand), kann das Buch nach zwei Richtungen hin ausgenutzt und bewertet werden: Einmal durch die Benutzung des im Buche enthaltenen Materials im Kampfe gegen den Imperialismus, zweitens aber auch zur Entlarvung der II. Internationale gegenüber den imperialistischen Problemen im Fernen Osten auf Grund der *unfreiwilligen* Kritik des Verfassers.

Die Schrift bringt als Einleitung eine kurze, aber treffende Charakteristik der immer mehr wachsenden Abhängigkeit des Schicksals des europäischen Proletariats, der Bauernschaft, von dem Schicksal des chinesischen Kulis und des chinesischen Bauern. Natürlich zieht der Verfasser nicht die geringsten Konsequenzen in bezug auf die Sabotage gerade dieser Probleme durch die II. Internationale. Weiter schildert er dann die alte und hohe Kultur Chinas, die weit weniger als in Europa nur ein Vorrecht der besitzenden Klassen gewesen ist.

Dann beginnt eine schonungslose Schilderung des Eindringens der Kapitalisten mit Hilfe von christlichen Missionaren, denen immer sofort die bewaffnete Macht der eindringenden Staaten nachfolgte. Die Phrase von der friedlichen Durchdringung (die übrigens auch von der Sozialdemokratie aufgegriffen wurde) enthüllt sich schonungslos. Denn selbst in den Zeiten, in denen nicht fremde Kriegsschiffe wehrlose chinesische Städte zerschossen, Landgebiete besetzten usw., waren die «friedlichen Methoden» mindestens ebenso grausam wie die militärischen. Die von den ausländischen Kapitalisten angewandten Arbeitsmethoden dürften kaum im Frühkapitalismus eine Parallele aufzuweisen haben. Kinder- und Frauenarbeit hat in den Fabriken einen Maßstab angenommen, der die Schilderung von Marx im «Kapital» übertreffen dürfte.

Weiter schildert dann der Verfasser die Kämpfe der verschiedenen imperialistischen Mächte unter sich um die Vorherrschaft in Asien. Er bringt zu diesem Zwecke eine ausgezeichnet zusammengestellte graphische Tabelle, die die jeweilige Machtposition der einzelnen Staaten seit dem 16. Jahrhundert bis zu den heutigen Tagen anzeigt. Aus dieser Tabelle geht ganz deutlich hervor, wie immer neue Mächte in der Vormachtstellung in Asien einander ablösen, die Vormachtstellung einander abjagen, und er zeigt, daß heute die Entscheidung über die Vormachtstellung des amerikanischen, englischen und japanischen Imperialismus fallen muß.

Durch diese Darstellung versetzt er einer der wichtigsten Theorien der II. Internationale einen ganz gehörigen Stoß, nämlich der Theorie vom Ueberimperialismus. Während Hilferding immer wieder betont, daß in der Nachkriegszeit die Tendenz immer stärker wird, die Gegensätze der Imperialisten unter sich durch friedliche Vereinbarungen zu überwinden, und während hierfür als Beweis das Washingtoner Abkommen, der Völkerbund und die Abrüstungspläne der Imperialisten angeführt werden, widerlegt gerade Reinhard mit einwandfreiem Tatsachenmaterial diese Theorie. Er zeigt auf, daß die Washingtoner Abrüstungskonferenz keine Verringerung der Rüstungen gebracht hat, sondern umgekehrt eine Vergrößerung, besonders derjenigen Waffengattungen, die für den kommenden Krieg in Asien entscheidend sein können, d. h. Flugzeuge, schnelle Kreuzer, Unterseeboote. Weiter beweist er, daß die Vereinbarungen über China keine friedlichen Vereinbarungen waren, sondern ein erfolgreicher Kampf des amerikanischen Imperialismus gegen den sich während des Krieges außerordentlich ausdehnenden japanischen Imperialismus. Gerade auf Grund der Verhältnisse in Asien verschärfen sich die Gegensätze zwischen den drei stärksten imperialistischen Mächten und wird der Krieg unvermeidlich. Der Verfasser sagt ausdrücklich auf Seite 218: «Aber der Tag kommt, wo die Interessen des Kapitals stärker als alles andere sind, und wo ihr Schutz den Austrag mit den Waffen erheischt.»

Diese Notwendigkeit wird immer stärker, denn erst jetzt fängt die Entwicklung der Waffentechnik an, einen Krieg im Stillen Ozean zwischen Amerika—Japan oder Amerika—England—Japan möglich zu machen. Bisher waren die großen Entfernungen trotz der Seestationen im Stillen Ozean ein entscheidendes Hindernis für einen Krieg.

Damit ist aber ein Eckpfeiler der sozialdemokratischen Außenpolitik zertrümmert. Diese beruht ja gerade darauf, daß sich innerhalb des Imperialismus die Tendenzen immer deutlicher entwickeln sollen, jeglichen bewaffneten Konflikt auszuschalten.

Aber der Verfasser begnügt sich nicht damit, die einzelnen politischen Tatsachen aufzuführen und der Wahrheit entsprechend zu schildern, er fragt auch nach dem Grund, weshalb die imperialistische Ausbeutung solche einzigartige Formen annehmen muß. Er zeigt den Zusammenhang des Bank- und Industriekapitals in den großen Trusts. Er führt von den wichtigsten imperialistischen Staaten die großen Trustmagnaten auf, belegt mit Zahlen ihre unerhörte Macht über die Riesenunternehmungen der einzelnen Länder und zeigt den Zusammenhang auf Grund des Aktienkapitals mit den Bank- und Industrieunternehmungen in China, womit er gleichzeitig den Imperialismus nicht als eine zufällige Politik der kapitalistischen Staaten erklärt, sondern nachweist, daß diese imperialistische Ausbeutung, wie sie in Asien betrieben wird, nichts anderes ist, als die Erscheinungsform der kapitalistischen Wirtschaft in einer bestimmten Epoche. Also auch hier wieder, ohne daß Reinhard es will, ein neuer Schlag gegen das theoretische Gebäude der II. Internationale.

Erhebliche Leibschmerzen verursacht diesem Sozialdemokraten die Rolle Sowjetrußlands in den nationalen Befreiungskämpfen in Asien. Er kann nicht umhin, zuzugestehen, daß die Rolle, die Sowjetrußland heute spielt, dadurch hervorgerufen ist, daß die revolutionären Kräfte Chinas

Sowjetrußland tatsächlich als *einzigen Verbündeten* ansehen und begründet das wie folgt: Sowjetrußland ist das *einzige anti-imperialistische Land,* das zur Unterstützung in Frage kommt. Natürlich ist ihm dieses Zugeständnis sehr peinlich, und er versucht bei der Schilderung des Verhältnisses zwischen China und Sowjetrußland immer wieder den Eindruck zu erwecken, als verfolge Sowjetrußland ganz bestimmte eigene, egoistische, machtpolitische Interessen, die sich nur zufällig und zeitweilig mit den chinesischen begegnen. Den Vertrag, den Sowjetrußland mit Japan über Sachalin abschloß, stellt er sogar als gegen China gerichtet dar. Außerdem wird er nicht müde zu betonen, daß diese Sympathie der revolutionären chinesischen Kräfte keine Sympathien mit dem Kommunismus bedeute, dieser hat seiner Meinung nach überhaupt keinen Boden in China.

Trotz all dieser Behauptungen bedeuten aber diese Ansichten Reinhards wiederum einen Schlag gegen einen der Hauptstützpunkte der sozialdemokratischen Politik. Ihre Sabotage der revolutionären Bewegung in Asien begründet die Sozialdemokratie zum großen Teil damit, daß sie nicht «die imperialistische Politik Sowjetrußlands unterstützen könne». Diese Argumentation spielt eine sehr große Rolle bei der Sozialdemokratie. Auf dem Heidelberger Parteitag[16] tauchte sie auf, und in der «Gesellschaft» ist sie auf Schritt und Tritt zu finden.

Natürlich weist dieses Buch außer den schon angeführten wesentlichen Mängeln noch eine Reihe anderer auf. Die Bauernbewegung in Asien, überhaupt die Agrarfrage, wird nicht berührt. Die Rolle der Volksarmee, die gerade wieder heute sehr stark hervortritt, ist nicht richtig gekennzeichnet. Der fortschreitende Prozeß der Differenzierung innerhalb der revolutionären Bewegung und das noch riesenhafte Kräftereservoir der chinesischen Revolution und der chinesischen Bauernschaft selbst, und der nationalen Bewegungen am Stillen Ozean sind zu wenig erkannt und berücksichtigt. Doch der schlimmste und nicht zu entschuldigende Fehler ist das hilflose pazifistische Gewäsch, mit dem der Verfasser an allen tatsächlichen praktischen Aufgaben des europäischen Proletariats zur Unterstützung der Bewegung in China vorbeiredet. Zu feige, aus dem sozialdemokratischen Sumpf zu steigen, will er sich dadurch retten, daß er mit der bloßen Konstatierung der Wirklichkeit glaubt, die Wirklichkeit überwunden zu haben. Eine weinerliche Süßigkeit durchzieht das ganze Buch.

Dennoch aber stellt das Buch einen wertvollen Beitrag zur Entlarvung der pro-imperialistischen Politik der II. Internationale dar. Dieses Buch, von einem Sozialdemokraten geschrieben, stellt den Bankrott dieser Politik fest. Und wenn die II. Internationale in all ihren Veröffentlichungen immer wieder betont, daß die Bewegung in Asien, wenn sie eruptiven, nicht evolutionären Charakter annimmt, selbst eine Gefahr für den Weltfrieden darstellt, so dürften diese Aeußerungen der Schlußpunkt in der Entwicklung der Führer der II. Internationale zu einer Hilfsgarde für den Imperialismus sein. Zur Verbreitung dieser Tatsache und zu ihrer Aufhellung hat der Sozialdemokrat Reinhard einen unfreiwilligen, aber dennoch außerordentlich wertvollen Beitrag geliefert.

16 Der Heidelberger Parteitag der Sozialdemokratischen Partei Deutschlands fand vom 13. bis zum 18. September 1925 statt. Auf der Tagesordnung standen unter anderem Probleme der europäischen Politik und das Parteiprogramm.

ZEITSCHRIFT FÜR

GEOPOLITIK

verbunden mit der Zeitschrift

WELTPOLITIK UND WELTWIRTSCHAFT

Berlin, Nr. 8/1935,
S. 479–493

R. S.

DIE JAPANISCHE WEHRMACHT

Ihre Stellung. – Ihre Rolle in der japanischen Politik. –

Wehrgeographische Folgerungen

Einleitende Bemerkungen

Japan befindet sich heute in einer der schwersten Lagen seiner modernen
Geschichte. Die Not der Landwirtschaft beginnt, eine ernste Gefahr für
Kraft und Geschlossenheit des japanischen Volkes zu werden. Die lebhafte Industrie- und Exportkonjunktur zeigt in sich bedenkliche Widersprüche. Die Staatsfinanzen, vom Strudel ständig wachsender Rüstungsausgaben ergriffen, treiben einer schweren Krise entgegen. Dazu kommen
außenpolitische Schwierigkeiten mit bedeutenden Großmächten, die erhebliche Gefahren in sich bergen.

In dieser so schwierigen Lage sieht sich Japan politisch führerlos. Seine
Regierungen sind schon seit Jahren eine Mischung von militärischen, bürokratischen, großwirtschaftlichen und parteimäßigen Einflüssen, ohne
innere Kraft und Entschlossenheit. Die vor Jahren so mächtigen Parteien
sind durch Korruption und inneren Gruppenkampf politisch völlig entartet, von großen Teilen der Bevölkerung verachtet. Die Staatsbürokratie,
die mehr und mehr zur Führung gelangt, schwankt zwischen den Parteien
und dem Militär hin und her und ist ohne versprechenden Nachwuchs.
Die jungen Organisationen mit faschistischer oder nationalsozialistischer
Färbung sind, heute wenigstens noch, hoffnungslos zerrissen. Und ihre re-
ligiöse Verherrlichung des Thrones als des erhabenen, über allen Dingen
stehenden Führers der Nation, erschwert die Entwicklung großer Führer-
naturen aus dem Volke, die den praktischen Problemen des heutigen Japans dauernde und großzügige Lösungen geben könnten. Oder aber sie
verzetteln ihre Energien in mittelalterlichem, romantischem Verschwörer-
tum. Die so einzigartige, früher allmächtige Körperschaft der «Älteren
Staatsmänner», das heißt der engsten Berater des Kaiserhauses, ist im
Aussterben. Der fast 90jährige Fürst Saiyonji ist der letzte lebende Vertreter der großen Berater, die schon dem Kaiser Meiji gedient haben.

Jeder, der Japan aufmerksam betrachtet, weiß, daß dieser Zustand der
Gegensätzlichkeit und inneren Unentschlossenheit nicht lange mehr anhalten kann. Es steht innenpolitisch etwas bevor. Die japanische Wehrmacht aber, heute wenigstens die einzige sichtbare starke Kraft, die nach

neuen Wegen sucht, wird bei den möglichen und kommenden innenpolitischen Veränderungen eine entscheidende Rolle spielen. Es ist Zeit, diese Kraft zu erkennen.

1. Die Rolle der japanischen Wehrmacht in der Innenpolitik

Die Wehrmacht umfaßt in Japan Heer und Flotte des aktiven Dienstes; indirekt auch die Millionen Reservisten, die von der Wehrmacht organisatorisch erfaßt und politisch geführt werden. Sie stammt in ihren Massen aus der Landwirtschaft, ist fast zu 99 Prozent armer Herkunft. Ein kleiner Prozentsatz kommt aus Mittelstand und Beamtenschaft. Auch das Offizierskorps gehört überwiegend zu einer materiell nur wenig gehobenen sozialen Schicht. Die Nachkommen der alten Samurais[17] sind selten reich. Die Sorge um wirtschaftlich mehr oder weniger notleidende Familien ist vielen Offizieren mit ihren Mannschaften ebenso gemeinsam wie das eigene spartanische Leben. Der Sold der Soldaten ist niedrig, das Offiziersgehalt aber ebenfalls. Die so begründete weitgehende Gemeinsamkeit der Oberen und Unteren ist durch eine Tradition gefestigt, die die Betonung sozialer Unterschiede verpönt und das Verhältnis des unbedingten Gehorsams patriarchalisch begründet. Einfachster Lebenswandel, unerschütterliche Treue, unbegrenzte Selbstaufgabe beim Kampfe, das sind die Elemente aus der feudalen Vergangenheit – ernster, wörtlicher genommen als meistens sonst in der heutigen Welt. Brennende Vaterlandsliebe kam entsprechend der späten Erweckung des Landes erst in unserer Zeit hinzu. Doch die Bedrohung jedes von Japan in seiner kurzen modernen Geschichte erkämpften Erfolges durch das Ausland, die innere wirtschaftliche Notlage und der dementsprechende Drang nach Ausdehnung haben diesen jungen Nationalismus gewaltig anwachsen und innerlich stark werden lassen.

Die Wehrmacht war stets führend an den Fortschritten des neuen Japan beteiligt. Nicht nur durch die Siege über China und Rußland, die Kriegsentschädigungen für die weitere Entwicklung oder territoriale Erwerbungen für das Land brachten; nicht nur durch ihre antreibende Rolle bei der Meisterung der modernen Technik und deren Anwendung im japanischen Wirtschaftsapparat. Auch durch ihren erzieherischen Einfluß, durch den Widerstand gegen Entwicklungen, die zu Klassenkämpfen hätten führen können.

Trotzdem stand die Wehrmacht in Friedenszeiten politisch in der Reserve, allerdings in der schlagbereiten Reserve. Diese Haltung ist das Ergebnis einer sehr schwierigen Doppelstellung der japanischen Wehrmacht im politischen Leben. Auf der einen Seite ist dem Soldaten und Seemann von dem heute zur höchsten Autorität gewordenen Kaiser Meiji aufs strengste jede politische Betätigung verboten worden. In dem Erlaß dieses Kaisers, der heute noch dieselbe Bedeutung in Japan hat wie die Kriegsartikel des deutschen Soldaten, unter denen wir 1914 ins Feld zogen, heißt es wörtlich:

«Daher soll der Soldat und der Seemann niemals von augenblicklich herrschenden Meinungen abgelenkt werden, noch soll er sich in die Politik einmischen ...»*

Auf der anderen Seite ist aber der Leitung der Wehrmacht gerade im Parlament und in der Regierung eine solche Sonderstellung eingeräumt worden, daß sie notwendigerweise politische Auswirkungen haben muß. Der Heeres- und Marineminister ist zum Beispiel weitgehend unabhängig von der jeweiligen Regierung Japans und völlig unabhängig von den parlamentarischen Parteiverhältnissen. Diese Sonderstellung ermöglichte es der Wehrmacht, in kritischen Augenblicken aus der Reserve herauszutreten, Entscheidungen zu verhindern oder zu erzwingen, diese oder jene Regierung zu stürzen. Letzteres tat die Wehrmacht häufig. Doch trotzdem viele Admirale oder Generale der Reserve oder des Ruhestandes Ministerpräsidenten waren, gelang es der Wehrmacht fast immer, den Parteien oder den Bürokraten die Verantwortung für die Regierungsgeschäfte zu übertragen, zusammen mit der daraus sich ergebenden Unbeliebtheit bei dem Volke. Nur einmal hat die Wehrmacht eine solche Unbeliebtheit in jahrelangem Rückgang ihres politischen Einflusses zu spüren bekommen: nach dem Mißerfolg der Besetzung Wladiwostoks und anderer sibirischer Gebiete während des dortigen Bürgerkrieges 1919/21.

Doch seit den Attentaten in Tokio im Mai 1932 und dem Einmarsch der japanischen Truppen in die Mandschurei und der Schaffung Mandschukuos ist der politische Einfluß des Heeres ganz besonders stark gestiegen. In Mandschukuo ist es, über die militärischen Maßnahmen hinaus, zum Führer der wirtschaftlichen und politischen Entwicklung des neuen Staates geworden. Die Wehrmacht hat eine große Chance, dies auch in Japan selbst zu erreichen. Wird sie zugreifen und mit welcher Zielsetzung?

II. Die japanische Wehrmacht als Reformator

Schon immer herrschte bei den aktiven jüngeren und mittleren Offizieren ein begeisterter Patriotismus, der im allgemeinen die Färbung eines sozia-

---

17 Samurai war im feudalen Japan die allgemeine Bezeichnung für Angehörige der Kriegerkaste, vom Shogun bis zum einfachen Schwertträger. Samurai waren abhängige, kleine Vasallen des Shogun (Träger der obersten politischen und militärischen Gewalt im feudalen Japan seit 1192; das Amt des Shogun wurde 1868 durch die Erneuerung der Kaisermacht in der Meiji-Restauration beseitigt) und der Daimyo (autonome feudale Territorialfürsten, die sich 1871 ihre Machtbefugnisse durch die zentrale kaiserliche Regierung abkaufen ließen und von ihr in den Adelsstand erhoben wurden), von denen sie eine Naturalrente erhielten (Reisdeputat). Später waren auch künstlerische und wissenschaftliche Berufe unter den Samurai vertreten. Um die Mitte des 18. Jahrhunderts waren von den 28 Millionen Japanern etwa 500 000 Samurai.

* Dieser 1882 ausgegebene Erlaß des Kaisers Meiji enthält noch unter anderem folgende außerordentlich bezeichnende Richtlinien für die japanische Wehrmacht: «Die höchste Kommandogewalt Unserer Streitkräfte ist in Unserer Hand ... niemals werden Wir diese höchste Autorität einem Untertanen übertragen ... Unsere Beziehungen zu euch werden sehr enge sein, wenn Wir uns auf euch als unsere Glieder verlassen wollen und ihr auf Uns als euer Haupt seht ... Wenn ihr Soldaten und Seeleute eure Vorgesetzten respektlos behandelt und eure Untergebenen mit Härte, so werdet ihr ein Schandfleck der Streitmacht und Verbrecher gegen den Staat ... Niemals einen unterlegenen Feind verachten oder einen überlegenen fürchten, nur seine Pflicht tun, das ist wahrer Mut ... Wenn ihr nur mit Gewalttätigkeit handelt, so wird die Welt euch bald verachten und auf euch als wilde Tiere herabschauen ... Treue heißt, sein gegebenes Wort halten, Rechtschaffenheit aber heißt die Ausführung seiner Pflicht ... Der Soldat und der Seemann soll Einfachheit zu seinem Ziele machen.»

len Radikalismus angenommen hat. Aufgebaut auf bäuerlicher Volksgemeinschaft und Kaisertum, enthält dieser erhebliche antikapitalistische Elemente. Natürlich bestand schon immer unter diesen Offizieren entschiedene Gegnerschaft zu allen parlamentarischen, demokratischen Einrichtungen, zu den schon seit Jahren mißachteten Parteien und Klassenorganisationen. Diese Offiziere sind es, die – wenigstens bisher – die zahlreichen zivilen nationalistischen und faschistischen Verbände beeinflussen und sogar führen. Diese Grundeinstellung des aktiven Teiles des japanischen Offizierskorps hat in den letzten Jahren erhebliche Entwicklungen durchgemacht. Von verschwommenen faschistischen Ideen über stärker betonte nationalsozialistische Gedankengänge scheint sich nunmehr diese Einstellung zu einer nationalen und sozialen Reformbewegung zu verdichten, die sich den Namen «Nipponismus»[18] zugelegt hat und die sich gegen den deutschen Nationalsozialismus und italienischen Faschismus abzugrenzen versucht.

Das von allen Kreisen der japanischen Wehrmacht ohne Unterschied einmütig vertretene Ziel drängt zu einer solchen Entwicklung. Dieses Ziel ist die rücksichtslose Mobilisierung aller Kräfte des Volkes und des Staates für den als unabwendbar angesehenen Augenblick, wo um Sein oder Nichtsein des heutigen Japan gekämpft werden muß. Die «totale Mobilmachung» schon in Friedenszeiten, koste es, was es wolle, ist der leitende Grundsatz der japanischen Wehrmacht, dem alles andere untergeordnet werden muß oder dem alle politischen und sozialen Erscheinungen und Entwicklungen angepaßt werden müssen. Notwendigerweise mußte sich die Wehrmacht dabei auch mit den wirtschaftlichen und sozialen Problemen des heutigen Japan auseinandersetzen. Denn die «totale Mobilmachung» schon in Friedenszeiten forderte als erste Voraussetzung die Bereitstellung umfangreichster Mittel zur Erneuerung und Verstärkung der Landesverteidigung.

In wenigen Jahren steigerte die Wehrmacht die ihr auch bewilligten Ansprüche an den Staatshaushalt auf 47 Prozent des gesamten Budgets – also ein fast unerhörtes Verhältnis zwischen Militärausgaben und Gesamtstaatsausgaben in Friedenszeiten. Durch diese Forderungen in den letzten vier Jahren wurden die Staatsschulden Japans auf fast 10 Mrd. Yen getrieben, eine Summe, die von vielen Kennern als unmittelbar an die tragbare Höchstgrenze reichend angesehen wird. Es scheint auch sicher zu sein, daß weitere Forderungen, die aber unbedingt kommen werden, zu einer Wirtschafts- oder Finanzkrise treiben müssen. Diese außerordentliche Belastung der gesamten japanischen Volkswirtschaft wird von der Wehrmacht in einer Zeit durchgesetzt, in der gerade die japanische Landwirtschaft und mit ihr die Bauernschaft, heute noch die umfangreichste Bevölkerungsschicht in Japan, in fast nie gekannte Notlage geraten ist. Der Widerspruch zwischen einer noch fast völlig «feudalen» Landwirtschaft und einer sich mächtig entwickelnden modernen Industrie- und Finanzwirtschaft, verschärft durch Naturkatastrophen, äußert sich gerade in diesen Jahren in ganz erschreckender Weise. Auf dem Rücken der Bauern vollzog sich die erstaunliche Industrialisierung; die Bauern wurden die Opfer der reicher und mächtiger werdenden Finanzinstitute und Händler, sie trugen die Hauptlast einer, die Landwirtschaft unverhältnismäßig stärker treffenden Besteuerung. Auf der anderen Seite verdienten Teile der Industrie und der Banken erheblich an den großen Summen, die jährlich für die Aufrüstung ausgegeben wurden. Die Wehrmacht geriet in die Gefahr, von geschickten Agitatoren als die Urheber der Not der Bauernschaft hingestellt zu werden, derjenigen Bevölkerungsschicht, aus der sie sich zum größten Teile rekrutiert.

Vor einigen Jahren war es nur ein kleiner Kreis von Offizieren um die Generale Araki, Koizo und andere mehr, die den Zusammenhang der Forderung nach der «totalen Mobilmachung» mit allen Wirtschafts- und sozialen Fragen, ja auch mit den Fragen der japanischen Moral, der Erziehung und dem Eindringen fremder Gedankengänge erkannten. Die Notwendigkeit einer sozialen Analyse und eines breiten Reformprogramms, mit einer fast religiös gereinigten Vorstellung vom japanischen Kaiserhause als Kernstück dieses Reformprogramms, breitete sich in der Wehrmacht besonders aus. Heute vertritt das Kriegsministerium unter dem Minister Hayaschi, wenn auch mit deutlicher werdenden Abstufungen, ähnliche Gesichtspunkte.

Wenn auch die soziale Analyse und die Entwicklung des Reformprogramms heute noch nicht abgeschlossen sind, so lassen sich doch schon aus Veröffentlichungen des Kriegsministeriums vom November 1934 und vom März 1935 und sonstigen neueren Verlautbarungen die Grundgedanken des «Nipponismus» deutlich erkennen. In der Aufklärungsschrift des Kriegsministeriums vom November 1934 finden wir unter anderem folgende Sätze:

«Es ist eine ungeheuer wichtige Frage für die Wehrmacht, ob die materielle Lage des Volkes sichergestellt ist. Wenn der Soldat im Kriege tapfer sein soll, so muß er wissen, daß die Familie keine Not leidet und daß die Heimat hinter ihm steht... Der augenblickliche Wirtschaftsorganismus hat sich auf der Grundlage des Individualismus entwickelt... Infolgedessen entspricht er nicht immer den allgemeinen Interessen des Staates... Der Reichtum, der von einer Minderheit angehäuft worden ist, erzeugt das Elend der Massen, den Hunger... beunruhigt das Leben der Nation... es ist notwendig, daß das Volk die Auffassung vom wirtschaftlichen Individualismus und Egoismus aufgibt und die Auffassung einer kollektivistischen Wirtschaft sich zu eigen macht... Der neue Wirtschaftsorganismus soll auf den Ideen der Gründung unseres Kaiserreiches aufbauen und das Wohlbefinden der gesamten Nation erhöhen...»*

Solche und ähnliche Gedankengänge werden in einer weiteren Aufklärungsschrift vom März 1935, die in der Entwicklung des «Nipponismus» weiter geht, als die oben angeführte Schrift, durchaus wiederholt. Dort heißt es sogar zum Teil noch krasser:

«Die Wirtschaft ist also dem Finanzkapital ausgeliefert. Dem Volk ist

18 «Nipponismus» war die Bezeichnung für eine chauvinistische politische Bewegung in Japan. «Nippon» bedeutet «Land des Sonnenaufgangs».

* Die verschiedenen Schriftstücke, die japanisch teilweise in Broschüren vorliegen, sind von Privatpersonen übersetzt worden. Da der japanische Text viel mit altjapanischen Ausdrücken und Gedankengängen durchsetzt ist, ist eine genaue Übersetzung der teilweise modernen Probleme außerordentlich schwer. Ungenauigkeiten müssen also in Kauf genommen werden. Der hier benutzten Übersetzung liegt ein deutsches und französisches Übersetzungsmanuskript zugrunde.

unter dem schweren Druck der kapitalistischen Gesellschaftsordnung nur Arbeitslosigkeit und Hunger beschert worden ...»

Also eine sehr weitgehende Wirtschafts- und Sozialkritik an den heutigen Zuständen in Japan.

Doch das japanische Heer bleibt nicht in der Wirtschaftskritik stecken. Es geht weiter und sieht als notwendige Voraussetzung der «totalen Mobilmachung» auch die geistige, erzieherische Erneuerung des zwischen westlicher und östlicher Kultur hin und her geworfenen japanischen Volkes an. In der letzterwähnten Broschüre finden wir folgende Formulierung in dieser Hinsicht:

«Die Störungen zu Hause rühren daher, daß das japanische Volk gierig nach der europäischen Kultur greift, daß seine Gesinnung zum Verfall neigt und das Volk äußerst verarmt ist ... Jetzt ist die Zeit gekommen, die echte japanische Kultur aufblühen zu lassen durch Ausscheidung der schlechten Teile des fremden Einflusses. Nur dadurch kann das 3000 Jahre alte Japan die ihm geziemende großartige Kultur hervorbringen ...»

Die ans Phantastische grenzende Hochschätzung der eigenen japanischen Kultur, die auf die sagenhaften Überlieferungen der vorchinesischen Kulturperiode zurückgreift, führt das japanische Militär zu noch weitergehenden Folgerungen. Es wird die Weltsendung Japans proklamiert.

«... es (Japan) hält sich bereit, den Geist japanischer Moral über die Welt zu verbreiten ... So müssen wir uns würdig machen, die Welt bei der Aufgabe zu *führen*, der Menschheit das dauernde Glück zu verschaffen.»

Doch all die angeführten Gedankengänge des «Nipponismus» müssen immer nur als Rahmenwerk um das Kernstück aufgefaßt werden, das Kernstück, das in der japanischen Kaiseridee besteht. Gerade in diesen Tagen wird der Kampf um die Reinheit der japanischen Kaiseridee besonders heiß geführt, wobei der Kampf sich heute noch hauptsächlich gegen die staatsrechtlichen und staatsphilosophischen Einflüsse des Westens richtet. So ist nunmehr die seit Jahrzehnten allgemein anerkannte Theorie *Minobes*, der wegen seiner Leistungen vom Kaiser selbst geehrt wurde, der die stark westlich beeinflußte Verfassung des Kaisers Meiji auch mit westlichen Begriffen erläuterte, verworfen und seine Schriften verboten worden. Doch eine positive Formulierung der «reinen» japanischen Kaiseridee wird wohl noch einige Zeit auf sich warten lassen, so weit es sich um begriffliche Fassungen handelt und nicht um gefühlsmäßige Erklärungen. Hinter diesem Kampfe treten neuerdings alle anderen praktisch-wirtschaftlichen und sozialen Forderungen der Wehrmacht deutlich zurück.

Wenn auch diese hier angeführten Ansichten heute vom Kriegsministerium als offizielle Ansicht der japanischen Wehrmacht vertreten werden, so ist damit noch nicht gesagt, daß sie von allen Teilen der Wehrmacht geteilt werden. Da ist zum Beispiel die Gruppe der älteren, hohen Offiziere. Unter diesen herrscht noch sehr stark die strenge Auffassung vom reinen Berufsoffizier vor, der sich um nichts als nur dienstliche Fragen zu kümmern habe. Bei diesen setzt sich auch hin und wieder die gehobene soziale

Stellung durch, Verbindungen mit einflußreichen Wirtschaftsinteressen stellen sich ein; persönlicher und politischer Ehrgeiz entfremden sie dem radikalen Idealismus der jüngeren Offiziere.

Auffällig ist die geringe Beteiligung der Marine an der Entwicklung der geschilderten Gedankengänge. Die Gründe, die in den meisten Ländern die Marine zu einem etwas exklusiveren Teil der Wehrmacht gemacht haben, scheinen sich auch in Japan durchzusetzen. Dies schließt natürlich nicht aus, daß auch in der Marine einzelne Anhänger der im Heere hauptsächlich vorherrschenden Ideen zu finden sind. Ja, daß sogar ein Teil noch radikalerer Elemente unter jungen Offizieren der Marine gesucht werden müssen. Zum Beispiel veröffentlicht ein Korvettenkapitän N. Saito in der Zeitschrift «Gakwan», Januar 1935, eine solche sehr weitgehende radikale Analyse, die äußerste linke Tendenzen entdecken läßt. Neben diesen Anschauungen, die sogar schon eine Kritik an dem «Nipponismus» darstellen, vertreten andere jüngere Offiziere terroristische, putschistische Anschauungen. Hier herrscht ein wirres Durcheinander von religiösen, primitivagrarkommunistischen Ansichten vermischt mit zivilem Abenteurertum.

Bisher hat sich die Wehrmacht auf die reine Analyse und auf die Werbung für ihre Reformgedanken beschränkt. Aber diese Propaganda ist ebenso wie die Analyse sehr theoretisch geblieben, hat sogar die Neigung, immer theoretischer zu werden, anstatt ins Praktische, Aktuelle überzugehen. Möglich, daß der Japaner überhaupt nicht wie der Deutsche klar ausgearbeitete, straff entwickelte Programme und Gesichtspunkte fordert; daß er mehr als im Westen nur auf den führenden Mann und auf die allgemeine Gedankenrichtung sieht. Wird sich die Wehrmacht mit der Propaganda einer theoretischen Analyse auch weiterhin begnügen? Oder sammelt sie Kräfte, um im großen Zuge diese inneren Reformen durchzuführen? Das ist heute die wichtigste innenpolitische Frage in Japan.

III. Die Rolle der japanischen Wehrmacht in der Außenpolitik

Die japanische Wehrmacht hat stets aktive Außenpolitik getrieben. Sie war niemals nur die Waffe eines über ihr stehenden politischen Willens. Sie verkörperte seit Beginn der modernen japanischen Geschichte Waffe und Wille in einer Einheit. Ihrer aktiven Außenpolitik lag seit der Erneuerung bis zum Weltkriege ein gleichbleibender, großer Generalplan zugrunde: *Sicherung des japanischen Inselreiches durch Ausdehnung.*

Die übrigen einflußreichen Gruppen der japanischen Innenpolitik waren zwar immer auf einen ähnlichen Generalplan eingestellt. Da aber bei ihnen die Interessen der Tagespolitik stets eine größere Rolle spielten als langfristige und weittragende Pläne, so standen sie häufig bei der Durchführung eines neuen Planabschnittes gegen die Wehrmacht. Sehr oft war somit eine Lage geschaffen, in der die Wehrmacht entweder auf Grund ihrer innenpolitischen Machtstellung Druck ausüben mußte oder sogar vollendete Tatsachen schaffte, während die Politiker noch zögerten und ängstlich erwogen. Die japanische Geschichte ist seit Beginn ihrer modernen Epoche voll von solchen Momenten. Der Handstreich des Militärs auf Mukden am 18. September 1931, der zur Schaffung Mandschukuos überleitete, und der weittragende außenpolitische Folgen hatte, war bisher das letzte größere Beispiel eines solchen unmittelbaren Eingreifens. Nachträglich haben sich, wie fast immer, die anderen politischen Kräfte Japans auf den Boden der vollendeten Tatsachen gestellt – allerdings nicht ohne erhebliche Verluste ihres Ansehens beim Volke.

Im Zuge dieses Generalplanes der japanischen Wehrmacht sind Formosa[19], Korea und Südsachalin erobert, die Russen aus der Kwantung-Halbinsel verjagt worden, die Südsee-Mandatsinseln[20] tatsächlich dem japanischen Reiche einverleibt. All diese Ausdehnungen konnten bisher als Sicherung des japanischen Reiches vor den sich mächtig ausdehnenden fremden Mächten angesehen werden, konnten als Notwendigkeit der Landesverteidigung von der Wehrmacht gefordert und erklärt werden. Doch schon mit den 21 Bedingungen an China während des Weltkrieges, der mißglückten Intervention in Sibirien und eindeutig mit der Schaffung Mandschukuos[21] ist gerade die Wehrmacht aus diesem Rahmen der «Sicherungen» herausgetreten, ist zur machtpolitischen Ausdehnung des Lebensraumes auf das asiatische Festland endgültig geschritten.

Und selbst die offizielle Außenpolitik des Außenministers Hirota läßt durchaus erkennen, daß mit dieser neuen Ausdehnungspolitik, die von der Wehrmacht eingeleitet wurde, zum mindesten die wirtschaftliche und politische Ausdehnung des japanischen Einflusses auf dem Kontinente nicht abgeschlossen ist. Er war es, der erklärte, daß Japan «der einzige Eckpfeiler des Friedens in Ostasien geworden sei», daß es «allein die Lasten der Verantwortung für den Frieden in Ostasien trage». Unter ihm wurden die anderen Mächte darauf aufmerksam gemacht, und zwar in wenig verblümter Sprache, daß sie ihre Finger vom Fernen Osten lassen möchten und daß nunmehr zu der alten Formel: «Amerika den Amerikanern» eine neue Formel geschaffen wird: «Asien den Asiaten.» Es wäre verfehlt, zu glauben, daß die Wehrmacht, die diese Entwicklung stark beeinflußt hat, nunmehr in ihren außenpolitischen Forderungen zurückhaltender als die offizielle Außenpolitik geworden sei. Mit Recht kann das Umgekehrte angenommen werden. Denn der «Nipponismus», der besonders in der japanischen Wehrmacht seinen Verkünder gefunden hat, kennt als Ausdruck seines Missionsgedankens nicht nur die Forderung «Asien den Asiaten», sondern geht weiter und fordert die «Befreiung der farbigen Rassen von der unmoralischen Ausbeutung durch die Weißen Völker». (Aus der Novemberschrift des Kriegsministeriums.) *Es ist dieser Gedanke des «Nipponismus», der die japanische Außenpolitik zu beeinflussen beginnt.*

In den letzten Jahren ist aber noch ein neuer Faktor aufgetreten, der das Planen der japanischen Wehrmacht stark beeinflußt. Die Entwicklung des Sowjetstaates wird vom japanischen Heer als sehr ernste Gefahr eingeschätzt. Es glaubt, in der Weltrevolution eine immer mächtiger werdende wirtschaftliche und militärische Waffe heranwachsen zu sehen. So ist aus dem alten geographischen Feind Rußland nunmehr auch ein tief empfundener Systemfeind geworden. Den vollen Inhalt dieser Doppelfeindschaft kann nur der verstehen, der sich erinnert, mit welcher Konzentration das japanische Heer in diesen Tagen seinen Kampf in Japan um die Reinhaltung und Vertiefung des japanischen Kaisergedankens führt. Ist der Bolschewismus sowieso der schlimmste Feind der Monarchie, so muß gerade der japanische Kaiserbegriff ihn zu einem unerträglichen Systemfeind für das japanische Heer machen ...

Hinzu kommt, daß gerade nach der Schaffung Mandschukuos jedes militärisch geschulte japanische Auge Wladiwostok als eine ständige Bedrohung, einen «gezückten Dolch auf Japan gerichtet», ansehen muß. Auch das steigende Ölbedürfnis der japanischen Wehrmacht wendet den Blick weiter nach Norden, nach Sachalin*. So ist es denn verständlich, daß das japanische Heer immer wieder und bei jeder Gelegenheit, wenn abgeschlossene Verhandlungen freundschaftlichere Gedanken zwischen Japan und Sowjetrußland aufkommen lassen, einen Strahl kalten Wassers in den Optimismus sprengt. All dies bedeutet längst noch nicht Krieg. Selbst wenn noch so viele Äußerungen radikaler Offiziere den Eindruck erwecken könnten, daß Teile des Heeres ihn lieber früher als später beginnen möchten. Es bedeutet aber einen Druck auf die japanische Außenpolitik, die aus verschiedenen Gründen gerade jetzt die Gegensätze mildern möchte. Ein Druck, der die Möglichkeiten einer militärischen Auseinandersetzung immerhin um einiges erhöht.

Am deutlichsten aber wird der Gegensatz zwischen offizieller Außenpolitik und den Plänen des Heeres in der chinesischen Frage. Während die Außenpolitik aus allgemeinem Beruhigungsbedürfnis, aber auch aus Rücksicht auf die schon äußerst angespannten Finanzen Japans ein schrittweises Vorgehen mit diplomatischen Mitteln anstrebt, greift das Militär recht hart und rücksichtslos gegenüber den Maßnahmen der eigenen Außenpolitik nach Nordchina hinein. Es ist bekannt, daß gerade die Armee auf dem Festlande, die Kwangtung-Armee, für «starke» Politik China gegenüber ist. Ihr Plan ist, Nordchina auch de facto von dem übrigen chinesischen Reiche zu trennen, Südchina möglichst selbständig zu machen und die Nanking-Regierung als eine von verschiedenen Teilregierungen bestehen zu lassen.

Die letzte Aktion in Nordchina liegt auf dem Weg zu diesen Zielen; es ist kein Zufall, daß die Kwangtung-Armee, die Truppe, in der am meisten Anhänger des radikalen Flügels von Araki zu finden sind, die Verwirklichung der Pläne gegen den Willen des Außenministers Hirota begonnen hat. Mit einer solchen Politik wäre auch dem Wunsch nach einer stärkeren politischen Beeinflussung des gesamten Mongolei-Problemes und dem

19 Gemeint ist Taiwan.
20 Zu den Südsee-Mandatsinseln zählten im wesentlichen die Inseln der Karolinen-, Marianen-, Marshall- und Palau-Gruppe. Diese ehemaligen deutschen Kolonialgebiete wurden auf der Konferenz der Siegermächte in Versailles 1919 und später auch vom Völkerbund Japan als Mandatsgebiet zugewiesen. Nach dem Austritt Japans aus dem Völkerbund im Jahre 1933 beanspruchte das Kaiserreich diese strategisch wichtigen Inseln weiterhin.
21 Mandschukuo war ein auf dem von Japan okkupierten Teil Nordchinas errichteter Marionettenstaat mit dem Status eines Kaiserreiches. Als Regent war von den Japanern der letzte Kaiser der 1911 gestürzten Tjing-Dynastie, Pu I, eingesetzt worden. 1945 wurde das projapanische Regime in Mandschukuo durch sowjetische und von der Kommunistischen Partei Chinas geführte chinesische Truppen gestürzt, und das Territorium Mandschukuos wurde wieder Bestandteil des chinesischen Staates.

* Vgl. die Spottzeichnung von Sapajou in Heft 6, Juni, Seite 377. Die Schriftleitung.

Bedürfnis nach Bahnbauten in diese Gebiete leichter entsprochen. Nach militärischer Besetzung großer Teile Chinas hat wohl auch die Wehrmacht kein Bedürfnis. Auch sie will wie die offizielle Außenpolitik einen *überragenden* wirtschaftlichen und politischen Einfluß in China.

Im Vergleich zu diesen kontinentalen Plänen der japanischen Wehrmacht spielen die Probleme des Südwest- und Südpazifik eine verhältnismäßig geringere Rolle. Zwar hat der Besitz der Mandatsinseln, der Einbruch der japanischen Waren in die indischen und niederländisch-indischen Märkte, die wahrscheinliche Neugestaltung der politischen Verhältnisse in den Philippinen die Aufmerksamkeit Japans auf diese weiten Räume ganz erheblich gesteigert. Doch dieses Interesse ist heute noch nicht auf territoriale Ausdehnung in dieser Richtung eingestellt. Es ist weit mehr ein Interesse an gesteigerter Ausfuhr, an der Schaffung wirtschaftlicher und politischer Stützpunkte in diesen Gebieten, die vielleicht später einmal sehr nützlich sein können. Es ist mehr die Schaffung und die Ausdehnung von Sicherheitsräumen gegen eine theoretische englisch-amerikanische Einmischung in die japanische Kontinentalpolitik. Die Konzentration auf den asiatischen Kontinent, nicht so sehr die Fragen Hawaiis, Guams, Philippinen, sind es, die die Einstellung der japanischen Wehrmacht, besonders der japanischen Flotte, Amerika gegenüber verständlich machen. So sehr auch die japanische Außenpolitik die japanisch-amerikanischen Probleme in ihrer Gesamtheit betrachtet — für die japanische Wehrmacht ist Amerika fast ausschließlich nur insoweit ein Problem, als es die Pläne der japanischen Wehrmacht auf dem asiatischen Kontinente durchkreuzen könnte. Daher die Unbeugsamkeit der japanischen Marine in der Flottenfrage, die alle früheren Versuche, zu einem allgemeinen politischen Ausgleich mit Amerika zu kommen, zunichte machte. Sogar das Kriegsministerium unterstreicht in der schon erwähnten Schrift diesen Gesichtspunkt ganz kraß:

«Amerika verlangt ... Gleichberechtigung in China und offene Tür in Ostasien. Wir müssen daher eine starke Marine haben, um den Frieden in Ostasien zu sichern, da Amerika mit seiner großen Flotte unsere außenpolitischen Ziele durchkreuzen will.»

Dies ist zwar nicht sehr klar, dennoch verständlich genug gesprochen.

Die Stellung der japanischen Wehrmacht England gegenüber ist sehr heikel. Sie ist sich klar darüber, daß bei der Spannung Japans zu Amerika und zu Sowjetrußland, England entweder als Verbündeter oder wohlwollender Neutraler eine Lebensfrage sein kann. Auf der anderen Seite setzt sich die Konkurrenz beider Länder auf dem Weltmarkte, die hervorragende Rolle Englands in Asien einschließlich Chinas, in gewissen Schroffheiten der japanischen Wehrmacht England gegenüber durch. Dennoch hat die Wehrmacht die Bemühungen der offiziellen Außenpolitik, die Beziehungen zu England enger zu gestalten, voll unterstützt.

Unter allen Ländern ist Deutschland das einzige, dem die japanische Wehrmacht eine positive, herzlich zu nennende Einstellung entgegenbringt. Sie geht hier erheblich weiter als die offizielle Außenpolitik. Gerade das japanische Heer hat Deutschland militärisch zu viel zu verdanken, als daß sich dies nicht ausdrücken müßte. Und die militärischen

Kreise, die an der nationalen und sozialen Reform Japans arbeiten, haben und lernen noch weiterhin wichtige Grundsätze der nationalen Erneuerung vom heutigen Deutschland. Manchmal trifft man auf offene Anerkennung dieser Tatsache, eine sehr seltene und erfreuliche Erscheinung in der heutigen Welt.

IV. Japans wehrgeographische Lage*

Das innenpolitische Programm, die Forderung nach der «totalen Mobilmachung» und die außenpolitischen Forderungen, sind von der japanischen Wehrmacht unter den Gesichtspunkt gestellt worden, daß Japans Existenz aufs schwerste durch das Ausland bedroht ist. Seit den mandschurischen Ereignissen 1931 wird dieser Gedankengang der japanischen Bevölkerung immer wieder erfolgreich eingehämmert. Es muß die Frage aufgeworfen werden: Hat sich die wehrgeographische Lage Japans vom Standpunkte der zu verteidigenden Landesgrenzen und vom Gesichtspunkt der zur Verteidigung lebenswichtigen Rohstoffe heute gegenüber der Zeit vor dem Jahre 1931 wirklich verschlechtert? Wurde nicht Mandschukuo ausdrücklich unter dem Gesichtspunkte erhöhten Schutzes der Landesgrenzen und der Erweiterung der Rohstoffbasis für Japan geschaffen?

Vor der Schaffung Mandschukuos und vor der Einbeziehung Ostasiens in die Gebiete, in denen Japan sich als «einzigen Eckpfeiler des Friedens» von nun an betrachtet, waren die Aufgaben der Landesverteidigung verhältnismäßig einfach. Vor feindlichen Truppenlandungen auf den japanischen Hauptinseln war und ist Japan auch heute vollkommen geschützt. An der pazifischen Küste besteht ein enges Netz von Küstenverteidigungsanlagen und Flottenstützpunkten, im Norden bei den Kurilen beginnend bis nach Formosa im Süden herunterreichend. Mindestens ebenso stark sind alle Zugänge von der China-See geschützt und ganz besonders die so wichtige Straße zwischen Korea und Schimonoseki. Dazu besitzt Japan bis heute im Verhältnis zu Amerika und England mindestens eine Flottenstärke von 5 : 5 : 3, also bei den Entfernungen, mit denen ein theoretischer englisch-amerikanischer Feind zu rechnen hat, eine unangreifbare Stellung. Die Aufgabe des Heeres bestand bis 1931 in der Verteidigung der koreanischen Grenzen mit Einschluß der Ebene bis zum Kwangtung-Gebiet oder bis nach Mukden. Die koreanische Grenze aber ist geographisch eine vollendete natürliche Festung. Der theoretische Gegner der Armee waren damals chinesische Truppen gewesen; eventuell auch die Rote Armee in Sibirien, die vor den mandschurischen Ereignissen kein ernster Gegner für das japanische Heer gewesen wäre. Es ist auch sicher, daß diese Armee ohne die mandschurischen Ereignisse für sehr lange Zeiten kein ebenbürtiger Gegner geworden wäre – was sie heute allerdings ist. Die Entwicklung des Luftwesens aber war damals noch nicht weit genug, um *allein* die Hinausschiebung der Landesgrenzen zu begründen.

* In diesem Abschnitt sind mit Absicht alle Erörterungen über vorhandene Truppenstärken, mutmaßliche zukünftige, technische Ausrüstung usw. vermieden worden.

Diese einfache Verteidigungsaufgabe hat aber doch zwei bedeutsame Schwächen. Einmal hätten sich theoretische Gegner in ganz China festsetzen können. Die russische Armee hätte sich, theoretisch wenigstens, mit diesen durch die Mandschurei herkommend verbinden können. Damit wäre damals schon die Möglichkeit von Luftangriffen auf Japan selbst erheblich erhöht worden. Zweitens wäre dadurch die Rohstoffzufuhr von China und der Mandschurei unterbunden und die Ausnutzung wichtiger japanischer Industrieanlagen in diesen Gebieten für Japan unmöglich gemacht.

Die Schaffung Mandschukuos und das Bestehen Japans auf Flottenparität mit England und Amerika sind Maßnahmen, die die genannten Schwächen beseitigen können. Die Übernahme der Verteidigung Mandschukuos durch die japanische Wehrmacht hat mögliche kriegerische Handlungen der Armee weit fort von der koreanischen Grenze (bis auf eine kleine Stelle) und von den japanischen Inseln geschoben. Auch vom Standpunkte der Luftgefahr kann nunmehr weder Harbin noch ein anderer Platz in der Mandschurei als Luftstützpunkt eines Gegners in Frage kommen. Wer das Gelände in der Mandschurei kennt, besonders entlang der sowjetrussischen Grenze, der weiß, daß die Geländeschwierigkeiten derartig groß sind, die Einfallstore so beschränkt, daß kaum mit einem erfolgreichen russischen Angriff gerechnet werden kann. Selbst das Einfallstor den Sungarifluß herauf kann leicht abgeriegelt werden. Erwähnt sei nur noch die ungünstige Verkehrslage Sibiriens und die damit gegebenen Schwierigkeiten des Nachschubes für die russischen Truppen. Somit wären auch die mandschurischen Rohstoffe und dortigen wichtigen Betriebe, außer vor Luftangriffen, gesichert. Ein Flankenangriff der Roten Armee durch die Mongolei dürfte wegen der schwierigen Geländeverhältnisse sowieso kaum in Frage kommen. (?) Dagegen ist Wladiwostok nunmehr durch die Entstehung Mandschukuos weit mehr als vorher gefährdet. Nordchina aber wird mehr und mehr zu einer Pufferzone zwischen China und Mandschukuo, so daß chinesische Truppen kaum den japanischen in der Mandschurei in den Rücken fallen könnten.

Doch diesen Vorteilen stehen auch eine Reihe von nicht zu unterschätzenden Nachteilen gegenüber. Einmal dürfen die heute schon erfaßbaren Rohstoffe und Industrieanlagen Mandschukuos nicht überschätzt werden. Doch viel wichtiger ist, daß *die theoretischen Fronten nunmehr zum größten Teile vom japanischen Zentrum so weit entfernt sind wie Moskau von Berlin.* Das Gelände ist unerhört viel schwieriger als das des eben herangezogenen Vergleiches. Und selbst mit einer gewaltigen Nachschuborganisation müssen die Verpflegungsschwierigkeiten sehr groß sein. Denn das Verkehrsnetz auch von japanischer Seite darf niemals mit europäischen Maßstäben gemessen werden. Man vergesse nicht, daß in der gesamten Mandschurei, einschließlich Koreas, nur eine einzige zweigleisige Bahn vorhanden ist: die Dairen-Hsingking-Bahn. Alle anderen, selbst die wichtige strategische Bahn von Fusan, an der Südspitze Koreas bis nach Antung und Mukden und auch die neuen Bahnen im Norden von Seishin und Rashin an der nordkoreanischen Grenze entlang nach Kirin und Harbin, auch diese sind alle nur eingleisig, führen über schwierigstes Gelände und sind mit zahlreichen, teilweise sehr provisorischen Kunstbauten ausgestattet, die natürlich ihre Verwundbarkeit erhöhen. Dazu eine ablehnende, ja sogar feindliche Bevölkerung, zum Teil gut bewaffnet und straff organisiert, die mit allen Mitteln einen Aufmarsch stören würde. Ein Aufmarsch, der übrigens Wochen in Anspruch nehmen müßte. Daher auch schon die Erwägungen, ähnlich wie die Sowjets es schon in Sibirien getan haben, eine selbständige Armee in Mandschukuo zu halten. Doch wenn schon heute die Wehrmacht für Mandschukuo rund 150 Millionen Yen jedes Jahr verlangt, dann dürfte diese Summe sich bei der Durchführung des erwähnten Planes leicht verdoppeln.

Weiter getrübt wird das Bild durch die heute wohl noch feststehende Überlegenheit der russischen Fliegerwaffe. Außerdem hat das Hinausschieben der Grenzen die Rolle Wladiwostoks als eines entscheidend wichtigen Flugstützpunktes nicht berührt. Die schon erwähnte Flankenstellung der Japaner an der Ost-Mandschukuo-Grenze wird sicherlich zu einer entsprechenden Verstärkung der Festung und des Flughafens Wladiwostok geführt haben. Bei der schnellen Entwicklung der Flugwaffe entwickelt sich hier für die japanischen Inseln der allergefährlichste Punkt.

Erheblich umfangreicher und schwerer sind auch die Aufgaben der Flotte geworden, nachdem die Beherrschung der gesamten chinesischen See und Küste bis nach Süden herunter strategisches Ziel geworden ist. Auch hier ist das Operationsfeld ganz wesentlich erweitert worden, mit der großen Gefahr, daß Englands Haltung durch solche ausgedehnten Operationen erheblich, und zwar ungünstig beeinflußt werden kann. Formosa aber müßte sich von einem japanischen Außenposten zu einem der wichtigsten Ausgangspunkte für die japanische Flotte umwandeln.

In einem Punkte aber hat die Wehrmacht durch die beginnende «totale Mobilmachung» einen vollen Erfolg erzielt. Die Bereitschaft der Wehrmacht als solche, aber auch breiter Schichten des Volkes der Wehrmacht zu folgen, ist heute außerordentlich groß. Es fragt sich nur, wie lange diese moralische Hochspannung aufrechterhalten bleiben kann. Dies ist eine *ernste* Frage.

Es ist sicher anzunehmen, daß sowohl Sowjetrußland als auch Amerika die Unmöglichkeit, in absehbarer Zeit gegen Japan aktiv vorzugehen, durchaus kennen. Doch dieselben Schwierigkeiten sprechen auch gegen ein aktives Vorgehen von seiten Japans gegen die genannten theoretischen Feinde. Ein Vorstoß nach Sibirien über China oder gar durch die Mongolei wäre nur die Wiederholung des napoleonischen Marsches auf Moskau. Um die Mongolei wird erst noch politisch gekämpft werden müssen. Ein Vorstoß an die amerikanische Küste wäre Selbstmord; selbst Hawaii ist heute noch ein viel zu fernes Ziel. Nach Süden herunter gerät Japan in gefährliche Nachbarschaft Hongkongs und Singapores. Wenn also kühle, rechnende Erwägung in Japan vorherrschend bleibt, wird auch von japanischer Seite in absehbarer Zeit keine kriegerische Entscheidung gesucht werden.

Die wehrgeographische Lage Japans hat sich, zumindestens für die Armee, gebessert, wenn auch die Aufgaben nunmehr viel umfangreicher geworden sind. Für die Flotte ist die wehrgeographische Lage durch die neuen Aufgaben heute ungünstiger als früher. Bei der Luftflotte hat die Überlegenheit der theoretischen Gegner durch die Schaffung der Mandschurei errungene Vorteile wieder aufgehoben. Dies ist unserer Meinung nach das nicht einheitliche Bild der neuen wehrgeographischen Läge Japans.

V. Schlußbetrachtung

Die japanische Wehrmacht hat in die seit Jahren herrschende Stagnation, ja sogar Versumpfung des politischen Lebens in Japan kühn und aufrüttelnd eingegriffen. Andere Kräfte aus der zivilen Bevölkerung sind leider bis heute noch nicht entwickelt genug, um diese Rolle zu übernehmen.

Sicher ist, daß die Gedanken der japanischen Wehrmacht Kritik hervorrufen können. Allein vom japanischen Standpunkt kann auf den Widerspruch zwischen dem erwähnten Befehl des Kaisers Meiji und der tatsächlichen großen politischen Bedeutung des Programmes der Wehrmacht hingewiesen werden. Auch kann die Originalität der gleichzeitigen Bejahung und Verneinung moderner westlicher Einrichtungen, die Japan begierig übernommen hat, angezweifelt werden. Es könnte auch die Wissenschaftlichkeit der geschichtlichen Auffassung über die Vergangenheit des japanischen Volkes bestritten werden. Ebenso die Möglichkeit einer Auflösung des Widerspruches zwischen der Rolle des Kaiserhauses und der Notwendigkeit einer praktischen Diktatur. Zweifel müssen auch laut werden, ob das Bild der Wehrmacht von der äußersten Bedrohung Japans durch das Ausland den Tatsachen entspricht. Ja, es könnte auf den allerernstesten Widerspruch hingewiesen werden: daß nämlich das Reformsystem der japanischen Wehrmacht, die beginnende «totale Mobilmachung», immer weitere Verschlechterungen in der Lage großer japanischer Bevölkerungsschichten bis heute ungehindert zuläßt. Doch diese und viele andere kritische Überlegungen gehören nicht zu unserem Aufgabenkreis, die wir nur freundschaftliche Zuschauer der weiteren Entwicklung Japans sein können. Doch dürfen wir die Hoffnungen aussprechen, daß Japan, das in eine ernste innen- und außenpolitische Krise geraten ist, sich nicht zu viel zumuten möge: in der Tragfähigkeit seiner in Not befindlichen Bevölkerung, in dem Umfange seiner außenpolitischen Zielsetzung und in der Größe der militärisch zu lösenden Aufgaben.

Der deutsche Volkswirt

VERLAG UND REDAKTION: BERLIN W 35, MATTHÄIKIRCHSTR. 10

ERSCHEINT JEDEN FREITAG. EINZELNUMMER RM 1,20. INLAND-ABONNEMENT VIERTELJÄHRLICH RM 12,—

Berlin,
Nr. 12–13/1935,
S. 555

DIE DEUTSCH-JAPANISCHEN HANDELSBEZIEHUNGEN

Die deutsch-japanischen Handelsbeziehungen zeigen seit 1931 eine für beide Länder günstige, *aufsteigende Entwicklung.* Sie ist erfreulicherweise weder durch die sonst so häufigen Absperrungstendenzen noch durch Valutaschwierigkeiten oder Boykottbestrebungen unterbrochen worden. Die für 1935 geltende Vereinbarung, daß der japanische Export nach Deutschland zum deutschen Export nach Japan in ein Wertverhältnis von 1 zu 4 gebracht werden soll, ist ohne Schwierigkeiten durch freundschaftliche Verhandlungen abgeschlossen worden.

Für Deutschland ist der Handel mit Japan *stark aktiv.* 1934 war das Verhältnis Yen 109,5 Mill. deutschen Exportes nach Japan zu 19,6 Mill. japanischen Exports nach Deutschland. Im ersten halben Jahr 1935 ist das Verhältnis Yen 71,3 Mill. zu 10,2 Mill. Dies bedeutet für Japans Ausfuhr ungefähr die Aufrechterhaltung des gleichen Standes wie im ersten halben Jahr 1934, während Deutschlands Export nach Japan zugenommen hat. Die getroffene Vereinbarung muß sich also in einer stärkeren Senkung des deutschen Exportes in der zweiten Hälfte des geltenden Jahres auswirken oder in einem erheblich vergrößerten Export Japans nach Deutschland. Im Juli und im August deutete sich die erstgenannte Entwicklung an, doch ist es noch zu früh, in der Senkung des deutschen Exportes für diese beiden Monate Schlüsse auf das kommende halbe Jahr zu ziehen. So groß der deutsche Export auch erscheinen mag, es soll nicht vergessen werden, daß er 1934 noch um rund 30 % hinter dem für Deutschland besten Jahre 1929 zurückbleibt. Andererseits muß daran erinnert werden, daß der japanische Export nach Deutschland im vergangenen Jahre um fast 50 % größer gewesen ist als in dem erwähnten Jahre 1929. Für die ganze Zeit gerechnet ist also der japanische Export schneller gewachsen als der deutsche.

Bei der Beurteilung der Handelsbeziehungen beider Länder muß berücksichtigt werden, daß die deutsche Ausfuhr nach Japan überwiegend wichtige, ja *lebenswichtige Waren* umfaßt. Dies kann durchaus nicht im gleichen Maße von der japanischen Ausfuhr nach Deutschland gesagt werden. Die wichtigsten nach Deutschland ausgeführten japanischen Erzeugnisse sind Düngemittel und Futtermittel. 1933 machten diese 11,5 % der japanischen Ausfuhr nach Deutschland aus. An zweiter Stelle steht die Einfuhr von japanischem Baumwollgarn. Recht beachtlich ist die Zunahme der Ausfuhr der japanischen Kunstseidenfäden. – Bei der deutschen Einfuhr nach Japan steht an erster Stelle die Einfuhr deutscher Maschinen. 1934 war sie auf Yen 24,8 Mill. gegenüber 16,5 im Jahre 1930 gestiegen. An zweiter Stelle folgen Eisen und Stahl. 1934 wurden für Yen 23,6 Mill. aus Deutschland eingeführt, was eine geringe Senkung gegenüber 1933 bedeutet, aber immerhin noch eine wesentliche Steigerung gegenüber 1930. Metallfertigwaren sinken als Einfuhrartikel ständig und machen heute nur noch 1,7 % der deutschen Einfuhr aus. Ein bedeutsamer deutscher Ausfuhrartikel ist Ammoniumsulphat, der im Werte von Yen 11,6 Mill. nach Japan aus Deutschland eingeführt wurde. Doch diese Einfuhr wird wohl nicht mehr lange anhalten, da Japan seine *eigene Produktion* erheblich erweitert. Aufsteigende Tendenzen zeigte die Einfuhr deutscher Farben- und Teerprodukte. Hopfen und Methylalkohol nehmen ebenfalls stark zu.

Vergleicht man die *Stellung der verschiedenen Länder* in der Einfuhr der wichtigsten Waren nach Japan, so ergibt sich folgendes Bild: In der Einfuhr von Eisen und Stahl steht Deutschland an zweiter Stelle. Amerika führt mit einem sehr bedeutenden Vorsprung, den es aber erst seit der Dollar-Entwertung überragend gemacht hat. England folgt an dritter Stelle. In der Einfuhr von Maschinen steht Deutschland ebenfalls an zweiter Stelle und folgt ganz dicht der amerikanischen Einfuhr. England folgt an dritter Stelle. In der Einfuhr von Ammoniumsulphat spielt nur Deutschland noch eine Rolle. In der Einfuhr von synthetischer Farbe steht Deutschland an der Spitze.

Der Charakter des beiderseitigen Exportes läßt *keine schwierigen Probleme* im Handelsverkehr der beiden Länder aufkommen. Japan kauft von Deutschland überwiegend solche Produkte, die es zur Erweiterung seiner eigenen Industrie braucht oder als Ergänzung seiner im Augenblick noch nicht ausreichenden Produktion hochqualifizierter Erzeugnisse. Neben Preishöhe und Qualität haben diese deutschen Lieferungen noch den Vorzug, daß sie aus einem Lande kommen, das sogar als theoretischer politischer wie militärischer Gegner nicht in Frage kommt; dies ist wichtig für die stark im Vordergrund stehende Kriegsindustrie Japans. Versuche, von japanischer Seite aus das Exportverhältnis auf etwa 1 zu 2 zu steigern, lassen diese Gesichtspunkte außer acht und vergessen, daß Deutschland nur ein sehr begrenztes Bedürfnis an japanischen Erzeugnissen haben kann. Doch damit sind die deutsch-japanischen Wirtschaftsprobleme nicht erschöpft. So sehr aus formellen Gründen Japan und Mandschukuo als zwei selbständige Wirtschaftsgebiete hingestellt werden, sind doch die wirtschaftlichen Entwicklungen in *Mandschukuo* und seine außenwirtschaftlichen Beziehungen heute völlig von Japan aus bestimmt. Die unbefriedigenden und ungeregelten Wirtschaftsbeziehungen zwischen Deutschland und Mandschukuo können daher nur über Japan geklärt und verbessert werden. Hier steht eine immer mehr gedrosselte Einfuhr Deutschlands aus der Mandschurei von rund Yen 64 Mill. einem deutschen Export in die Mandschurei von nur Yen 8 Mill. gegenüber. Der *industrielle Bedarf* des im Umbau und Aufbau befindlichen Mandschukuo läßt ohne weiteres eine erhebliche Steigerung des deutschen Exportes dorthin zu. Auf der anderen Seite wird der Ausfall der deutschen Bohnenkäufe, die früher schon über Yen 100 Mill. betragen hatten, immer unangenehmer für Mandschukuo. Die Lage der mandschurischen Bauern wird entscheidend dadurch beeinflußt und damit die Stellung dieser Bauern zum neuen Staat und zu Japan; ganz abgesehen von der allgemeinen Wirkung auf die Kaufkraft des Landes. Hier liegen also wichtige Wirtschaftsprobleme, die die deutsche *Wirtschaftskommission* durch Verständigung mit den unterhandlungsbereiten japanischen Kreisen lösen möchte.

Tokio, im November 1935

Richard Sorge

Der deutsche Volkswirt

VERLAG UND REDAKTION: BERLIN W 35, MATTHÄIKIRCHSTR. 10

ERSCHEINT JEDEN FREITAG. EINZELNUMMER RM 1,20. INLAND-ABONNEMENT VIERTELJÄHRLICH RM 12,—

Berlin,
Nr. 29/1936,
S. 1396/1397

DIE KRISE
DER JAPANISCHEN LANDWIRTSCHAFT

Die Februar-Ereignisse in Tokio hatten ihre Ursache in den *wachsenden sozialen Spannungen* Japans. Die tiefe Krise der japanischen Landwirtschaft trägt hauptsächlich zur Verschärfung dieser Spannungen bei. Japan gehört heute schon zu den acht führenden Industrie-Staaten der Welt. Bei weiterem Einhalten des Tempos der Industrialisierung ist Japan auf dem Wege, bald zur Gruppe der führenden fünf Industrieländer zu gehören. Dennoch aber leben 48 % seiner Bevölkerung von landwirtschaftlicher Tätigkeit. Der Ertrag des japanischen *Reisbaues* reicht unter Hinzuziehung des koreanischen und formosanischen Reises aus, die ständig wachsende japanische Bevölkerung zu ernähren. Dazu liefert die japanische Landwirtschaft neben Getreidefrüchten, Tee und anderen Nahrungsmitteln noch den so ungemein wichtigen Exportartikel Rohseide. Der Exportwert der *Rohseide* ist erst in letzter Zeit vom japanischen Textilexport überholt worden. Darüber hinaus bildet das übervölkerte notleidende Dorf ein fast unerschöpfliches Menschen-Reservoir für die wachsende Industrie. Es ist auch heute noch der unverdorbene Boden staatserhaltender Gesinnung und stellt nahezu ausschließlich den Soldaten und Matrosen der japanischen Wehrmacht; Städter sind kaum unter ihnen.

Die *Landwirtschaft* und ihre Bevölkerung lebt seit Jahrzehnten in einer chronischen Krise, die in den letzten fünf Jahren beschleunigter Industrialisierung in ein ungemein akutes Stadium getreten ist. Die Hauptursachen sind folgende: Die landwirtschaftlich benutzte Fläche Japans ist sehr klein. Nur rund 16 % der Oberfläche sind in der Hauptsache zum Reisanbau verwandt. Umgerechnet bedeutet das, daß jedem japanischen Bauernhaushalt durchschnittlich rund ein Hektar Anbaufläche zur Verfügung steht. Rund 71 % aller Bauernfamilien bebauen ein Land, das unter einem Hektar groß ist, also selbst nach japanischen Grundsätzen kleiner ist, als

449

zur nackten Existenz, durchschnittlich gerechnet, unbedingt notwendig ist. Nur 26 % aller Bauern haben Land, das ausreichend groß ist, und nur 3 % bearbeiten Flächen, die eine wohlhabende Bauernwirtschaft ermöglichen. Die Kleinheit der landwirtschaftlich benutzten Flächen läßt schon einen ersten nachdenklichen Schluß auf die Lage des japanischen Bauern zu. Mit der *Winzigkeit der Flächen* und der Armut der Bauern verbunden ist das völlige *Fehlen moderner technischer Mittel* in der landwirtschaftlichen Produktion. Kraß stehen sich hierin Stadt und Land gegenüber: In der Nachbarschaft modernster Maschinenfabriken steht der Bauer im Reisfeld, zerdrückt jeden einzelnen Erdklumpen mit den Händen oder den Zehen, setzt er bis zu den Knien im Wasser stehend jede junge Reispflanze mit den Händen in den Schlamm, betreibt er mit seiner Muskelkraft ein Wasserrad, schneidet er die gereiften Reishalme Handvoll für Handvoll mit seiner kurzen Sichel. Der Holzpflug ist noch genau derselbe wie vor Jahrhunderten. Künstliche Düngemittel sind das einzige, was der Bauer an modernen Errungenschaften anwendet. Doch der Boden, den der Bauer so bearbeitet, ist meistens nicht sein eigener. Nur rund 31 % aller Bauern haben ihren eigenen Grund und Boden; 27 % sind reine Pächter, und 42 % haben ein winziges Stück eigenes Land, müssen den größeren Teil aber hinzupachten. Dabei besteht die eindeutige Tendenz zum Anwachsen der landlosen Pächter. Heute ist fast die Hälfte allen bebauten Landes Pachtland. In Deutschland stehen sich Eigenbesitz und Pachtland wie 2 zu 1 gegenüber, und die im Eigenbesitz bearbeitete Fläche macht 88 % gegenüber 10 % in Pacht bearbeiteter Fläche aus. Großgrundbesitz ist zahlenmäßig sehr wenig verbreitet; wirtschaftspolitisch allerdings spielt er eine weit größere Rolle. Die Angaben über die *Besitzverhältnisse* sind Durchschnittszahlen. Bemerkenswert ist, daß gerade in den wichtigsten Reisebenen die Besitzverhältnisse noch viel ungünstiger sind; der Prozentsatz der reinen und Halbpächter steigt außerordentlich mit der Güte und Bedeutung des Reisgebietes. Doch das Bild wird noch viel trüber, wenn die *Pachtbedingungen* betrachtet werden. Es gibt bis heute noch kein Pächterrecht in Japan. Selbst bei Abschluß eines schriftlichen Pachtvertrages auf mehrere Jahre hat der Besitzer das Recht, den Vertrag einseitig zu lösen, auch wenn schon die Reispflanze gesetzt ist. Überwiegend besteht in Japan die Naturalrente, beim Reisbau sogar ausschließlich. Durchschnittlich muß der japanische Pächter 50–55 % von der Ernte dem Grundbesitzer abliefern. Die Rente steigt natürlich mit dem Werte der Reisebene. Wo Geldrente besteht, ist ihr Durchschnitt rund 28 % des Erntewertes. Bei den kleinen Anbauflächen kann man sich leicht vorstellen, was solche Rentensätze für die Lebenslage der japanischen Bauern bedeuten.

Aus Gründen der Preispolitik für Exportwaren und der Bildung neuen Industrie-Kapitals sind die *Steuern und Lasten* des japanischen Bauern erheblich größer als die des städtischen Handel- und Gewerbetreibenden. Ein Grundbesitzer mit einem Einkommen von nur Yen 500 jährlich muß rund 45 % Steuern und Abgaben abgeben; der selbständige Bauer rund 36 %; der Pächter, der keine Grundsteuer zahlt, 8 bis 17 %. Doch da er die hohe Pacht zu zahlen hat, sind 60–70 % seines Einkommens abzuliefern. Der städtische Gewerbetreibende dagegen mit derselben Einkommensstufe entrichtet nur rund 17 % seines Einkommens an Steuern und sonstigen Lasten. Hinzu kommt noch die *Schuldenlast* des Bauern. Die chronische Krise der Agrarwirtschaft, und besonders ihre Verschärfung in den letzten Jahren, hat der japanischen Bauernschaft eine Schuldenlast von Yen 6–8 Mrd. gebracht, die er nie in seinem Leben abzahlen kann; oder, wenn er dazu gezwungen wird, ihn zum Bettler, der seine Kinder «verkaufen» muß, macht. Durchschnittlich macht die Schuldenlast des einzelnen Bauernhaushaltes mindestens das Doppelte seines jährlichen Einkommens aus.

So ist es einleuchtend, daß die Kaufkraft des japanischen Dorfes minimal, daß die Lebenshaltung des Bauern erschreckend niedrig ist und Elend auf dem Lande herrscht. Jährlich strömen Hunderttausende von Bauernburschen und Mädchen beschäftigungsuchend in die Städte. Hier hat die japanische Industrie ihr unerschöpfliches Reservoir, das nahezu zu allen Bedingungen willige Arbeitskräfte liefert. Hier haben so zweifelhafte Einrichtungen wie Geisha- und sonstige Häuser unbegrenzte Auswahl. Hier ist aber auch ein Zentrum, aus dem die *soziale Unrast* ihre wachsende Stärke zieht. Bisher hat keine japanische Regierung wirksame Maßnahmen ergriffen. In den letzten Jahren hat man versucht, die Krise durch höhere Reispreise zu mildern. Doch diese Politik ist unter japanischen Bedingungen sehr zweischneidig; sie hat für den wohlhabenden Bauern und Reishändler ihren Wert, nicht aber für den armen Bauern, der am Ende des Jahres mit neuen Schulden Lebensmittel kaufen muß, um sich und seine Familie durchzubringen. Theoretisch gibt es auch für Japan sehr weitgehende und wirkungsvolle Mittel gegen die Agrarnot. Einmal kann auch heute noch die landwirtschaftliche Anbaufläche mindestens um 25 % erhöht werden. Auch könnte die kaum vorhandene Viehzucht kräftig entwickelt werden. Dazu würde eine kräftige Entschuldungsaktion bedeutende Erleichterung bringen, ebenso eine grundlegende Änderung in den Pachtverhältnissen. Auch eine Reform der Besitzverhältnisse ist durchaus möglich. Es steht fest, daß dem japanischen Bauern durch innere japanische Maßnahmen weitgehend geholfen werden kann. Der heutige Zustand der japanischen Agrarwirtschaft kann nicht mit der «Überbevölkerung» ausreichend erklärt werden. Allerdings, eine wirkliche Agrarreform kostet außerordentlich viel Geld, das nur vom Staate gestellt werden kann. Selbsthilfe der Bauern reicht längst schon nicht mehr aus. Doch es scheint sehr zweifelhaft, ob den Ansprüchen der Landwirtschaft an den kommenden Staatshaushalt anderen erhöhten Ansprüchen gegenüber der Vorrang gegeben werden soll.

Tokio, im März 1936

Richard Sorge

Der deutsche Volkswirt

VERLAG UND REDAKTION: BERLIN W 35, MATTHÄIKIRCHSTR. 10

ERSCHEINT JEDEN FREITAG. EINZELNUMMER RM 1,20. INLAND-ABONNEMENT VIERTELJÄHRLICH RM 12,—

Berlin,
Nr. 36/1937,
S. 1760

JAPANS ERDÖLSORGEN

Eine der schwächsten Stellen in der japanischen Wirtschaftsstruktur ist die Erdölversorgung. Am Anfangsstadium der japanischen Industrialisierung und Motorisierung reichten die heimischen Erdölreserven zwar aus, um einen sehr erheblichen Teil des Bedarfs zu decken, aber von Jahr zu Jahr bleiben sie mehr hinter dem Verbrauch zurück. Obwohl 1936 die heimische Rohölerzeugung auf 370 000 t gesteigert werden konnte – um 28 % gegenüber 1935 und um 80 % gegenüber 1933 – deckte sie nur etwa 6 % des Bedarfs; nachdem der Erzeugungsrückgang der letzten zwei Jahrzehnte mit vieler Mühe wieder ausgeglichen worden ist, erscheint es zweifelhaft, ob sie noch weiter gesteigert werden kann. Japan ist also fast gänzlich von der Einfuhr fremden Erdöls, vor allem aus den Vereinigten Staaten, Niederländisch-Indien und der Sowjetunion abhängig. Es konnte zwar im Jahre 1936 etwas über 200 000 t aus seinen eigenen Erdölkonzessionen in Nordsachalin einführen, aber da die großen Hoffnungen auf bedeutende Ölgewinnung aus Ölschiefer in Japans neuem Patenstaate Mandschukuo sich bis jetzt nicht erfüllt haben, so liegen die Ursprungsquellen seiner wichtigsten Einfuhr weit außerhalb seiner eigenen militärischen und politischen Machtsphäre.

Rein wirtschaftlich betrachtet, ist Japans Abhängigkeit von ausländischen Erdöllieferungen dadurch etwas weniger fühlbar geworden, daß es eine eigene große *Raffinierungs-Industrie* entwickelt hat. Von der Gesamteinfuhr, die Japan im Jahre 1936 Yen 181 Millionen kostete (gegen Yen 124 Millionen im Jahre 1934 und Yen 60 Millionen im Jahre 1926), entfielen nur 51 Millionen auf verarbeitete Erdölprodukte, die früher den weitaus größten Teil an der Gesamteinfuhr ausgemacht hatten.

Um seine Abhängigkeit vom Auslande für den Kriegsfall wenigstens etwas zu verringern, hat die japanische Regierung vor einiger Zeit ein Gesetz erlassen, auf Grund dessen die heimischen sowie die ausländischen Importeure von Erdöl gezwungen wurden, über ihre notwendigen Handelsvorräte hinaus dauernd *Vorräte* in Höhe einer vollen Halbjahreseinfuhr zu halten. Die Marine, deren Ölverbrauch wesentlich größer ist als der des Heeres, hält überdies erhebliche eigene Reserven; der *Marine*minister konnte daher kürzlich erklären, daß ihr im Kriegsfalle genügend Öl zum Durchhalten eines längeren Kampfes zur Verfügung stehen würde, aber der Kriegsminister gab keine derartige Erklärung ab.

Der Industrie- und Handelsminister hat kürzlich erklärt, daß der gegenwärtige Benzinbedarf, der 1936 13,5 Millionen hl ausmachte und von dem nur 0,8 Millionen hl aus der Verarbeitung eigenen Rohöls gedeckt werden konnten, bis 1943 auf etwa 24,7 Millionen hl anwachsen dürfte; während der Bedarf an Schweröl, der 1936 16,0 Millionen hl betrug (von denen 1,6 Millionen hl aus heimischen Material stammten), auf 28,6 Millionen hl anwachsen wird. Er legte gleichzeitig einen Plan vor, nach dem bis 1943 die vom Auslande unabhängige japanische Benzinproduktion auf 15,2 Millionen hl und diejenige von Schweröl auf 12,8 Millionen hl gesteigert werden soll. *Kohleverflüssigung* spielt die Hauptrolle in diesem Plan, der die Möglichkeiten zwar sehr optimistisch berechnet, aber doch weit hinter den Hoffnungen auf völlige Unabhängigkeit vom Auslande zurückbleibt. Die direkte Verflüssigung von Kohle soll nach Ablauf von sechs Jahren 6 Millionen hl Benzin und 4,2 Millionen hl Schweröl pro Jahr ergeben. Von der synthetischen Benzinherstellungsmethode erwartet man eine Produktion von 3,9 Millionen hl Benzin und 2,1 Millionen hl Schweröl und von der Kohlendestillation 0,4 Millionen hl Benzin sowie 5,1 Millionen hl Schweröl. 4 Millionen hl Benzin sollen durch Alkoholbeimischungszwang ersetzt werden, während man aus der Produktion der heimischen Ölfelder 1,0 Millionen hl Benzin und 1,5 Millionen hl Schweröl zu gewinnen hofft.

Um jedoch auf diese Weise 45 % des Benzinbedarfs und 44 % des Schwerölbedarfs aus heimischen Rohstoffen decken zu können, wie es der Plan vorsieht, muß eine neue Kapitalanlage von etwa Yen 700 Millionen erfolgen; eine hohe Summe für den beschränkten japanischen Kapitalmarkt, der überdies durch fortdauernd steigende staatliche Anleihen so stark in Anspruch genommen wird. Die für diese Pläne notwendige *Kohlenmenge* wird auf 9 Millionen t jährlich geschätzt, wovon Japan selbst nur die Hälfte wird bereitstellen können, während je ein Viertel aus den japanischen Kolonien und aus Mandschukuo eingeführt werden müßten. Weitere Yen 95 Millionen sind erforderlich, damit der Staat die Hersteller von Kunstöl unterstützen kann, um während der nächsten sieben Jahre den Preisunterschied gegenüber den natürlichen Erdölprodukten zu überbrücken.

Nach den Erfahrungen, die man in den letzten Jahren mit den Versuchen der Südmandschurischen Eisenbahngesellschaft und der Konzerne Mitsui und Mitsubishi beim Aufbau einer Kunstölindustrie gemacht hat, will man sich nicht allein auf private Gesellschaften verlassen. Es ist vielmehr beschlossen worden, durch die Gründung einer *halbstaatlichen Dachgesellschaft*, der Teikoku Brennstoff-Entwicklungsgesellschaft, der privaten Industrie starke Anregung und Unterstützung zu geben. Diese Gesellschaft, die hauptsächlich als Vermittler für staatliche Kapitalanlagen in privaten Unternehmungen wirken, zur Lösung technischer Probleme beitragen und die Gesamtentwicklung der neuen Industrie kontrollieren soll, ohne selbst die Produktion von Kunstöl aufzunehmen, soll demnächst auf Grund eines Reichsgesetzes mit einem Kapital von Yen 100 Millionen gegründet werden. Davon wird je die Hälfte in je sechs Jahresraten vom Staate und von privaten Geldgebern aufzubringen sein. Die Gesellschaft wird ferner im Laufe der Zeit Schuldverschreibungen in Höhe von Yen 300 Millionen aufnehmen, deren Verzinsung ebenso wie die fünfprozentige Dividende ihrer in private Hände gehenden Aktien vom Staat garantiert werden soll. Man rechnet damit, daß die Unternehmungen, in denen die Dachgesellschaft Kapitalanlagen vornehmen wird, ihrerseits Yen 350 Millionen aufbringen müssen.

Tokio, Mai 1937

Richard Sorge

Der deutsche Volkswirt

VERLAG UND REDAKTION: BERLIN W 35, MATTHÄIKIRCHSTR. 10

ERSCHEINT JEDEN FREITAG.   EINZELNUMMER RM 1,20.   INLAND-ABONNEMENT VIERTELJÄHRLICH RM 12,—

Berlin,
Nr. 49/1937,
S. 2397/2398

JAPANS WIRTSCHAFT UND FINANZEN UNTER DEM DRUCK DES NORDCHINA-ZWISCHENFALLES

Dieser Bericht unseres Vertreters in Tokio wurde am 17. August geschrieben. Inzwischen ist es sicher geworden, daß der chinesisch-japanische Konflikt einen sehr ernsten Charakter annehmen wird. Über die in den folgenden Ausführungen angegebenen Kosten hinaus soll der japanische Reichstag am 3. September weitere Yen 2 Mrd. an Kriegskosten beschließen. Die Schriftleitung.

Die japanische Wirtschaft ist durch die neuen Zwischenfälle in Nordchina und die getroffenen militärischen Maßnahmen ziemlich überrascht worden. Sie hatte gerade unter der Konoe-Regierung eine außenpolitisch verhältnismäßig ruhige Zeit erwartet, in der systematisch an der Überwindung einiger der japanischen Wirtschaft eigenen Schwächen gearbeitet werden könnte. Das ist jetzt anders geworden, und sie muß sich nunmehr mit allen Kräften der Nordchina-Aktion der japanischen Wehrmacht zur Verfügung stellen, ohne die Frage der Kosten vorläufig aufmerksam zu verfolgen, trotzdem diese gleich zu Anfang bedeutend sind.

Das Ausmaß der Unkosten der neuen militärischen Aktion in China hat allgemein überrascht. Zuerst wurden Yen 10 Mill. aus einem besonderen Reservefonds der Regierung bereitgestellt. Kurz darauf wurde ein Zusatzbudget in Höhe von Yen 97 Mill. zur Deckung der Unkosten des «Nordchina-Zwischenfalles» eingebracht; und noch ehe seit Ausbruch des ersten Gefechtes ein Monat vergangen war, mußte der Reichstag ein zweites Zusatzbudget von Yen 419 Mill. annehmen. Insgesamt sind also die vorläufigen Unkosten des Zwischenfalles für das am 31. März 1938 ablaufende Finanzjahr bereits jetzt auf Yen 526 Mill. beziffert worden; und dementsprechend mußte der Gesamthaushalt des laufenden Jahres — ohnedies ein Höchstrekord der Ausgabenseite, wenn auch nicht der Einnahmenseite — um fast 20 % auf über Yen 3,4 Mrd., erhöht werden. Für den Kampf um die riesige Mandschurei vom Jahre 1931 ab wurde für die ersten sieben Monate nur eine Summe von wenig mehr als Yen 50 Mill. bewilligt und ausgegeben; und auch im ersten vollen Finanzjahr 1932/33 überstiegen die Ausgaben für den «Mandschurischen Zwischenfall» kaum Yen 200 Mill. Dagegen ist schon heute in der Presse die Rede davon, daß die Ausgaben für den «Nordchina-Zwischenfall» wohl ebenso sehr ein permanenter Posten in der japanischen Haushaltsrechnung bleiben werden, wie diejenigen für den «Mandschurischen Zwischenfall», die noch jetzt, sechs Jahre nach Ausbruch des Kampfes und fünf Jahre nach der Gründung Mandschukuos, dauernd zunehmen und Japan etwa ein Zehntel seiner letzten Staatshaushalte kosten.

Obwohl von vornherein feststand, daß die neue Ausgabenlast zum weitaus größten Teil durch neue Schuldaufnahme des Staates bestritten werden müßte, hielt die Regierung es doch für notwendig, diese Gelegenheit zu erheblichen Steuererhöhungen und zur Ausschreibung neuer Steuern zu benutzen. Denn die vaterländische Erregung, die der «Nordchina-Zwischenfall» hervorgerufen hatte, würde keine Opposition seitens der Großwirtschaft und der politischen Parteien zulassen. So wurde die Einkommensteuer erheblich erhöht und je eine neue Steuer auf Sonderprofite (hauptsächlich aus der Rüstungskonjunktur) sowie auf Dividenden eingeführt. Dazu kamen noch 20prozentige Verbrauchssteuern für Musikinstrumente und Grammophonplatten, für Photokameras und Filme und für Schmuckgegenstände. Alle diese Maßnahmen bringen aber höchstens Yen 120 Mill. ein, so daß über Yen 400 Mill. neue staatliche Schuldverschreibungen ausgegeben werden müssen, über die Yen 900 Mill. hinaus, die ohnedies in diesem Jahre wieder das große Haushaltsdefizit decken müssen, von denen allerdings wegen der letzthin so akut vergrößerten Unterbringungsschwierigkeiten in den ersten *vier* Monaten dieses Finanzjahres noch nichts zur Ausgabe gelangt ist. In dieser Hinsicht wird also in den nächsten Monaten eine schwere Aufgabe vom Finanzministerium zusammen mit der japanischen Reichsbank gelöst werden müssen.

Die Banken und Versicherungsgesellschaften hatten wieder einmal gefürchtet, daß man sie gesetzlich dazu verpflichten würde, einen noch höheren Prozentsatz ihrer Depositen und Reserven in staatlichen Anleihen zu halten, als sie es bereits jetzt freiwillig tun. Aber man hat bis jetzt noch auf solche Zwangsmaßnahmen verzichtet, da davon ein Kurssturz der ohnehin allzu sehr zur Schwäche neigenden japanischen Staatsanleihen erwartet wird. Man versucht daher, auf dem Verhandlungswege *Banken, Sparkassen und Lebensversicherungsgesellschaften* zur Neuaufnahme einiger weiterer Hunderte von Millionen Yen staatlicher Schuldverschreibungen zu veranlassen; und im übrigen findet man sich allmählich damit ab, daß die japanische Reichsbank in Zukunft selbst einen sehr großen Teil der vom Staat zum Weiterverkauf übernommenen Schuldverschreibungen behalten und durch vermehrte Notenausgabe jedenfalls teilweise finanzieren muß. So ist denn auch die kürzlich erfolgte «Aufwertung» der Goldreserven der japanischen Reichsbank als Vorbereitung einer Vergrößerung des Notenumlaufs zu erklären.

Ebenso wie der «Nordchina-Zwischenfall» auf die Staatsfinanzen schnell einen ungünstigen Einfluß ausübt, so auch auf den japanischen *Außenhandel,* der übrigens ebenfalls schon ohnedies gerade in eine schwierige Situation hineingeraten war. Denn infolge der vergrößerten Einfuhr, die mit den wachsenden Rüstungen in Zusammenhang steht, und infolge der steigenden Weltmarktpreise, die sich bei der Kostengestaltung der japanischen Einfuhr ungleich stärker auswirkten als bei den Ver-

In zunehmendem Maße werden Panzerwagen verwandt und verschiedene Panzerformationen sind aufgestellt. Gleichzeitig wird auch die Feuerkraft der Infanterie entsprechend den neuzeitlichen Grundsätzen gesteigert.

Die japanische Armee ist nach territorialen Grundsätzen in bezug auf das Menschenmaterial aufgestellt. Das heißt, jede Division (Armeekorps gibt es nicht in der Friedenszeit) rekrutiert ihre Soldaten aus dem Divisionsgebiet. So bleibt der in Japan so enge Zusammenhang mit seiner Familie auch während seiner zweijährigen Dienstzeit aufrechterhalten. Die

Das Fehlen einer Massenbewegung der Bevölkerung zum Kampfe gegen diese Einflüsse ließ die Armee zum Träger der nationalen Erneuerungsbestrebungen in Japan werden. Und so ist die japanische Armee, anders als in den meisten Ländern, gerade in den letzten Jahren als innere und außenpolitisch treibende Kraft besonders hervorgetreten. Durch diese besondere Rolle der Armee unterscheidet sich die Erneuerungsbewegung Japans von der Deutschlands und Italiens. Das Ziel aber ist auch hier die Schaffung des „Totalen Staates" unter Führung des japanischen Kaiserhauses, in dem der Wehrwille des japanischen Volkes zu seiner höchsten Entfaltung gelangen soll.

K. S., Tokio

456

Fotos und Textauszüge aus einem Artikel von Richard Sorge in «Die. Wehrmacht», Berlin, Nr. 15/1937 (Juni)

Japans heutiges Heer

vom
Samurai
zur
Panzertruppe

kaufspreisen japanischer Ausfuhrwaren, entstand in den ersten sieben Monaten des Jahres ein *Rekord-Überschuß der Einfuhr* von Yen 720 Mill. Die Hoffnung, daß dieses gewaltige Defizit sich im Laufe der nächsten Monate verringern wird, ist durch den «Nordchina-Zwischenfall» noch geringer geworden, als sie es schon vorher war. Denn nun erfahren alle Einfuhrkäufe von Waren, die direkt oder mittelbar für Kriegs- und Rüstungszwecke wichtig sind, eine neue Anregung. Und anderseits ist das so wichtige japanische Exportgeschäft nach China so gut wie ganz zum Stillstand gekommen. Soweit dort nicht infolge der bereits stattfindenden und der noch erwarteten Kämpfe der Handel überhaupt stockt, ist im ganzen übrigen China der *Boykott* seiner Waren wieder aufgelodert, nachdem erst vor kurzem die gleichen Folgen des «Mandschurischen Zwischenfalles» von 1931 endlich überwunden worden waren. Selbst für den Fall eines schnellen militärischen Sieges in Nordchina wird es lange dauern, bis dort der Schaden jedenfalls zum Teil wieder ausgeglichen werden kann. Unterdessen befürchtet man auch den möglichen Ausfall von chinesischen Lieferungen nach Japan, auf die man angewiesen ist. So mußten z. B. bereits mit erheblichen Preisopfern in Britisch-Indien, Malaya usw. *Eisenerzkäufe* vorgenommen werden, um einem heute besonders peinlichen Fortfall chinesischer Lieferungen vorzubeugen.

Besonders unangenehm scheint weiten Kreisen der Wirtschaft die Einwirkung zu sein, die der neue «Nordchina-Zwischenfall» auf die gerade in Gang gekommenen *englisch-japanischen Besprechungen* über wirtschaftliche und politische Verständigung hat. Der englische Außenminister erklärte im Unterhaus, daß die Verhandlungen vorläufig unterbrochen werden müßten, und damit verlor Japan die Hoffnung, mit England wieder in engere freundschaftliche Beziehungen zu kommen, um gewisse Beschränkungen seiner weiteren Exportausdehnung beseitigt zu sehen, und um für den in letzter Zeit so schwachen Yen im Notfalle vielleicht doch eine englische Stützungshilfe erwarten zu können. Da von England aus die China-Frage einer der wichtigsten Gesprächsgegenstände gewesen ist und da auf die besorgten englischen Fragen in bezug auf Nordchina und allgemeine chinesisch-japanische Beziehungen jetzt durch die Geschehnisse in Nordchina eine vom englischen Standpunkt ungünstige Antwort gegeben worden ist, so erwarten auch selbst Optimisten so bald *keine* Wiederaufnahme und noch weniger einen Erfolg der englisch-japanischen Besprechungen.

Innerwirtschaftlich läßt sich nur das eine günstige Ergebnis des «Nordchina-Zwischenfalles» verzeichnen, daß die bedrohlich anwachsende *Lohnbewegungs-* und *Streikwelle* plötzlich zurückgegangen zu sein scheint, obwohl die Preise und Lebenshaltungskosten weiter steigen, und Reis, das wichtigste Nahrungsmittel Japans, den höchsten seit neun Jahren verzeichneten Preis erreicht hat. In vielen Wirtschaftszweigen macht sich der Rückgang des heimischen Konsums seit dem «Nordchina-Zwischenfall» besonders stark fühlbar. Denn zu dem natürlichen Nachlassen der Käufe infolge des Nachhinkens der Löhne und Gehälter hinter den Preisen ist nun auch noch die freiwillige Selbstbesteuerung der Bevölkerung zugunsten des nationalen Verteidigungsfonds gekommen und schließlich die Propaganda für freiwillige Verbrauchseinschränkung und

Sparen von Geld. Mit dieser Sparbewegung, die allerdings bei dem verhältnismäßig geringen Verbrauch und Einnahmen des größten Teiles der
japanischen Bevölkerung nicht viel Spielraum zu haben scheint, will man
unter anderem auch zur Verbesserung der Zahlungsbilanz mit dem Auslande beitragen.

Die japanische Wirtschaft hofft zur Zeit noch immer, obwohl sie selbst
wenig praktische Berechtigung dazu sieht, daß der «Nordchina-Zwischenfall» nicht über den Rahmen seines ersten Stadiums (der Kämpfe
um Peiping[22] und Tientsin) hinauswachsen möge. Sie hat sich zwar ein-
deutiger und bedingungsloser als je seit vielen Jahren hinter die Regierung
gestellt; dennoch kann sie eine gewisse Sorge nicht verleugnen wegen der
Gefahr einer möglichen Erweiterung des Nordchina-Konfliktes und der
damit erheblich gesteigerten Kosten und Außenhandelsrückschläge.

Tokio, den 17. August 1937   *R. Sorge*

| ZEITSCHRIFT FÜR GEOPOLITIK | Berlin, Nr. 7/1938, S. 524–532, und Nr. 8/1938, S. 638–644 |

verbunden mit der Zeitschrift

WELTPOLITIK UND WELTWIRTSCHAFT

R. S.

HONGKONG UND SÜDWEST-CHINA IM JAPANISCH-CHINESISCHEN KONFLIKTE[23]

Eindrücke von einer Reise

Tokyo, April 1938.

Einleitung.

I. Hongkongs Bedeutung im japanisch-chinesischen Konflikt. – Die geo-
graphisch-politische Stellung der britischen Kolonie. – Hongkongs praktische Hilfeleistung. – Hongkong als militärischer Faktor.

II. Kanton und Südwestchina im japanisch-chinesischen Konflikt. –
Kanton. – Die neue Rolle der Südwestprovinzen.
Schluß.

Einleitung

Wer heute von Japan über Schanghai, an dem immer noch menschenlee-
ren, zerschossenen Woosung und Chapei vorbei, nach Südchina reist,

---

22 Peiping ist eine ältere Bezeichnung für Peking.

23 Zu diesem Artikel, den Dr. Sorge im April 1938 schrieb und der im Juli sowie im August desselben Jahres veröffentlicht wurde, ist zu bemerken, daß nur kurze Zeit darauf der japanische Vorstoß in das von ihm untersuchte Gebiet Chinas erfolgte, den er vorausgesagt hatte. Im Oktober
1938 eroberte Japan Kanton. Die britische Kronkolonie Hongkong wurde am 15. Dezember
1941 von den Japanern angegriffen, und die dort stationierten lediglich sechs britischen Batail-
lone mußten bereits zehn Tage später vor den Aggressoren kapitulieren.

kann sich kaum nachdenklicher Überlegungen enthalten. Wieder einmal hat sich die große chinesische Mauer als unzureichender Schutz gegen fremde Eroberer erwiesen. Ganz Nordchina, das heißt, das Gebiet der fünf nordchinesischen Provinzen, ist in den Händen der japanischen Armee. Und selbst der Gelbe Fluß vom Ordos-Bogen in der inneren Mongolei über das historisch so bedeutsame Shansi-Shensi-Honan Knie bei Tungwan bis zu seiner Shantung-Mündung hat aufgehört, ein unüberwindliches Hindernis für die japanischen Truppen zu sein. Auch das zentralchinesische Yangtse-Mündungsgebiet zwischen Schanghai und Nanking und Hangchow ist in den Händen der Japaner.

Und der Gedanke liegt nahe, daß auf japanischer Seite der Wunsch auftauchen oder sogar die Notwendigkeit empfunden werden könnte, auch Südchina zumindest an seinen wichtigsten Stellen in Fukien und Kwangtung militärisch zu besetzen, unter die Kontrolle Japans durch Einsetzung fragwürdiger «provisorischer oder sonstiger Regierungen» zu bringen.

Ein solcher Versuch, die militärische Eroberung Chinas auch von Süden her vorzunehmen, wäre geschichtlich ein völlig neues Ereignis; denn selbst die Rolle Hongkongs bei der Eröffnung Chinas für den Welthandel könnte nicht als Parallele herangezogen werden. Doch Japan hat sich in seiner Expansion niemals völlig auf die nördliche und nordwestliche Richtung festgelegt. Formosa, die erste Frucht dieses Vordringens, und später die Besitzergreifung der Südseeinseln haben so viele südchinesische Interessen für Japan geschaffen, daß das Eindringen in Südchina und selbst militärische Operationen von dort nach Norden, durchaus nicht unvorstellbar sind. Diese mögliche Entwicklung gewinnt sogar durch die völlig veränderte Stellung Japans zu England noch mehr an ... Wahrscheinlichkeit. Für den japanischen Anspruch auf Vorherrschaft im fernöstlichen Interessengebiet, einen Anspruch, den Japan mehrmals angekündigt hat, muß Hongkong, das Südchina unmittelbar vorgelagert ist, als stark störender Fremdkörper erscheinen. Und je mehr sich der Dampfer der britischen Kronkolonie Hongkong nähert, von den graublauen japanischen Kriegsschiffen argwöhnisch beobachtet, desto zweifelhafter erscheint angesichts des lauernden Aufmarsches der Japaner das zukünftige Schicksal Südchinas und des ... mit diesem so eng verbundenen Hongkong.

Diese theoretischen Überlegungen erfahren durch genauere Untersuchungen über die Lage in Hongkong und Südchina Bestätigung. Man kann sehr bald feststellen, daß die Rolle der britischen Kronkolonie und ihre ... Beziehungen zu Südchina dem japanischen Expansionsdrang recht wirksame Antriebskraft geben könnten.

1. Hongkongs Bedeutung im japanisch-chinesischen Konflikt
Die geographische und politische Stellung der britischen Kolonie

Hongkong liegt am östlichen Rande der großen Einfahrtsbucht in das Kanton-Delta des Perlflusses. An der Westseite dieser Bucht liegt die portugiesische Kolonie Macao. Die Schiffsreise nach Kanton beansprucht nur sechs bis sieben Stunden. Die Eisenbahnfahrt unter normalen Bedingungen nicht ganz drei. Der Hafen Hongkongs, der durch die Meeresbucht zwischen der Hauptinsel der Kolonie und dem Festlande gebildet wird, gehört zu den hervorragendsten natürlichen Hafenanlagen in ganz Ostasien. Beste Trinkwasserverhältnisse, guter Windschutz durch die Berge der verschiedenen Inseln, geben bei der großen Taifungefahr dem Hongkonger Hafengebiet besondere Anziehungskraft. Hinzu kommt, daß Kanton, die einzige bedeutende chinesische Handelsstadt an der Südchinesischen Küste mit dem durchaus nicht unbedeutenden Wassersystem des Nord- und Westflusses, der natürliche Partner Hongkongs ist. Kein südchinesischer Hafen ist in der Lage, die großen Ozeanriesen aufzunehmen; in Hongkong hingegen können sie ohne jede Schwierigkeit anlaufen und umladen. Hongkong ist so, in der Symbiose mit Kanton, der gegebene Umschlageplatz für den gesamten Südchinahandel.

Die britische Kronkolonie umfaßt die eigentliche Insel Hongkong mit der Hauptstadt Victoria, südwestlich davon die Lamma-Inseln und weiter westlich die Lantao-Insel, die allergrößte. Die Südgrenze der Kronkolonie verläuft südlich der genannten Inseln am Südrande der kleinen Soko- und Potei-Inseln. Nördlich von der eigentlichen Insel Hongkong umfaßt die Kronkolonie das Gebiet des «Neuen Territoriums», d. h. des südlichen Zipfels des chinesischen Festlandes zwischen der Deep Bay und der Mirs Bay. Die nördliche Grenze dieses Festlandteiles der Kronkolonie verläuft im Westen von der Mündung des Cham-Chun-Flusses diesem folgend, um dann nach Osten abzubiegen und bei Sha Taukock wieder an die Mirs Bay zu stoßen. Die Mirs Bay und Deep Bay gelten noch als Hoheitsgewässer der britischen Kronkolonie.

Gestützt auf diese hervorragende geographische Lage und sein Insel- und Festlands-Gebiete umfassendes Territorium, *ist die britische Kronkolonie heute der wichtigste ausländische Stützpunkt der chinesischen Zentralregierung in ihrem Widerstand gegen Japan.* Diese Behauptung wird aufrechterhalten selbst bei Berücksichtigung der wachsenden Bedeutung Französisch-Indochinas und der nördlichen Verbindungen der Zentralregierung mit Sowjet-Rußland.

Die heutige Bedeutung Hongkongs ist um so eindrucksvoller, als die Rolle der Kronkolonie bei ihrer Gründung vor ungefähr hundert Jahren eine völlig entgegengesetzte war. Hongkong war die Schlüsselstellung der Engländer, von der aus das sich abschließende China berannt werden konnte. Erst nach den erfolgreichen Kämpfen der Engländer gegen Kanton konnte die Eröffnung und die wirtschaftlich-politische Durchdringung Chinas von den «westlichen Barbaren» erfolgreich und schnell durchgeführt werden. Von Hongkong aus wurde den Chinesen zuerst das Opium aufgenötigt, später der militärische und politische Wille der Westmächte. Diese Rolle hatten die Chinesen selbst 1925 noch nicht vergessen, als Hongkong von der damaligen Kuomingtang-Regierung in Kanton, die ihrer Besetzung nach teilweise noch immer gleichbedeutend mit der heutigen Zentralregierung ist, als der größte «imperialistische Feind» Chinas durch Boykott und Streikbewegungen recht erfolgreich bekämpft wurde.

Doch die enge ... Verbundenheit Hongkongs mit Südchina braucht sich durchaus nicht nur im Gegensatz zu äußern. Das Auftreten Japans, gegen das nicht nur China sondern nunmehr auch England und andere Westmächte ihre Interessen zu verteidigen haben, zwingt Hongkong und China zur engsten Zusammenarbeit. Die heutige Bedeutung der Kronkolonie für den Widerstand Chinas basiert nicht nur auf der geographischen Lage, wird nicht nur durch den Ausfall von Tientsin und Schanghai als Umschlagplätzen für die Versorgung Chinas mit ausländischen Waren gefördert, – sondern hat eine sehr eindeutige *politische* Einstellung der Hongkong-Engländer und des Britischen Reiches zum heute abrollenden japanisch-chinesischen Konflikt zur Voraussetzung. *Ohne die klare politische Entscheidung Englands zu Gunsten der chinesischen Zentralregierung oder allgemein für die chinesische Seite im jetzigen Konflikt, würde Hongkong trotz seiner günstigen Lage niemals seine augenblickliche Bedeutung erlangt haben.*

Diese britische Einstellung kann, entsprechenden zahlreichen Äußerungen von Engländern in Hongkong, folgendermaßen zusammengefaßt werden:

Englands wirtschaftliches, politisches und militärisches Interesse in China – aber auch im Südpazifik – verlangt eine Beschränkung der japanischen Expansion auf die Gebiete nördlich des Gelben Flusses. Da England nicht in der Lage ist (weder heute noch in absehbarer Zeit), mit eigenen Machtmitteln die japanische Expansion auf das genannte Gebiet zu beschränken, auch sich Kraft Chinas allein nicht dazu ausreicht, setzt England durch seine Kronkolonie Hongkong durchaus legale verkehrstechnische, wirtschaftliche und politische Kräfte zur Stärkung des Widerstandes der chinesischen Zentralregierung ein.

Dabei kommt es den Engländern durchaus nicht ausschließlich darauf an, ein militärisches Vordringen Japans über die gesamte Grenze hinaus zu verhindern. Wichtiger ist es England, durch die Unterstützung der Widerstandskraft Chinas, Japan in einem Maße zu schwächen, daß es bei der Liquidation des Konfliktes sich gezwungen sieht, die von England und übrigens auch von einigen anderen Mächten gewünschten Grenzen seiner Expansion anzuerkennen. Dabei gibt England sehr deutlich zu verstehen, daß es jeder japanischen Expansion nördlich des Gelben Flusses u. U. sogar wohlwollend neutral gegenüberstehen würde. Auch daß es gewisse Konzessionen an Japan im Schanghaigebiet als nicht im Widerspruch zu der eben aufgezeigten Grundeinstellung stehend ansieht.

Eine der Grenzen der englischen Unterstützung für die Zentralregierung ist die Gefahr eines kriegerischen Zusammenstoßes mit Japan. Oberster Grundsatz ist es, diese Gefahr mit allen Mitteln zu vermeiden. Übereinstimmend und betont erklären die Engländer, daß sie im Falle einer japanischen Kriegserklärung an China Handel und Transporte von Kriegsmaterial über Hongkong verbieten würden, um nicht in die Gefahr zu kommen, mit in den Krieg hineingezogen zu werden. Sie sind sich dabei durchaus bewußt, daß Hongkong durch einen solchen Entschluß wirtschaftlich sehr schwer getroffen werden müßte.

Doch da diese Grenze, die akute Gefahr in einen Krieg mit Japan verwickelt zu werden, flüssig ist, nicht nur von der Stärke oder Schwäche Japans, auch nicht allein von der internationalen Lage abhängig ist, sondern auch von dem Grade der englischen Kriegsfähigkeit im Fernen Osten, folgt die weitere Notwendigkeit für England, Hongkong und Singapur beschleunigt auszubauen; eine mit erstaunlicher Energie aufgenommene Arbeit.

Dies dürften die leitenden Grundgedanken aller Hongkong-Engländer sein. Sie werden von den übrigen ausländischen Kaufleuten, europäischen und amerikanischen, einschließlich der deutschen, durchgehend geteilt. Diese sind in einem erstaunlichen Maße mit den Engländern in bezug auf Sympathien im Konflikte und in bezug auf das erwünschte Ziel einig. Das gleiche wirtschaftliche Interesse am chinesischen Markte bietet dafür die Erklärung.

Hongkongs praktische Hilfeleistung
Als Umschlagsplatz

Hongkong hat keine eigene Industrie oder Landwirtschaft, deren Produktion Bedeutung für den Export nach China hätte. Es ist ausschließlich Handels- und Umschlagsplatz für den internationalen Handelsverkehr und besonders für den Chinahandel. In den heutigen Kriegszeiten muß diese seine Bedeutung besonders dadurch erhöht werden, daß Hongkong im Gegensatz zu Schanghai und Tientsin und den anderen größeren Handelsplätzen Chinas nicht auf chinesischem Boden liegt; es ist britisches Hoheitsgebiet und damit «neutrales Ausland».

Die durch den japanisch-chinesischen Konflikt gestiegene Bedeutung Hongkongs als internationaler Handelsplatz geht aus folgenden Umsatzziffern hervor: Der gesamte Warenexport und -Import Hongkongs betrug

1935	636 Millionen Hongkong-Dollar,
1936	803 Millionen Hongkong-Dollar,
1937	1 084 Millionen Hongkong-Dollar.

(Ein englisches Pfund ist gleich 14 Hongkong-Dollar.)

Der chinesisch-japanische Konflikt, der in der zweiten Hälfte des Jahres 1937 begann und große Teile Chinas zum Kriegsschauplatz machte, konnte die seit einigen Jahren feststellbare Steigerung des Hongkonger Warenumsatzes nicht aufhalten. Gegenüber 1936 stieg der Umsatz im Jahre 1937 um 35 %. Allerdings läßt sich feststellen, daß 1937 der Import nach Hongkong stärker stieg als sein Export. Ersterer erhöhte sich um 36,4 %, letzterer um 33,2 %. Diese Verschiebung hängt mit dem stark gestiegenen Eigenbedarf Hongkongs zusammen, das sehr stark aufrüstet und seinen technischen Umschlagsapparat vergrößert und verbessert.

Doch für diese Untersuchung ist die Frage wichtiger, welche Rolle Hongkong im Chinahandel spielt, und besonders in der Versorgung Chinas mit Auslandswaren. Der Export Hongkongs nach China (erstmal ganz China gerechnet) ist, wenn auch nicht in demselben Umfange wie der Gesamtexport Hongkongs, immerhin recht bedeutend gestiegen. 1937 nahm dieser gegenüber 1936 um 30 % zu (Gesamtexport Hongkongs um 33,2 %) und gegenüber 1935 um 45 % (Gesamtexport für die entsprechende Zeit um 72,4 %).

Der Anteil des Chinaexports am gesamten Hongkongexport betrug 1937 rund 41 %, bei weitem der größte Anteil eines einzelnen Landes. Der nächstgrößte Abnehmer von über Hongkong verschifften Waren sind die USA, die aber nur 8,8 % des Hongkongexportes erhalten. Innerhalb des Chinaexportes, der 1937 fast 200 Millionen Hongkong-Dollars betrug, spielt der Export nach Südchina die größte Rolle. 1937, also die ersten fünf Monate des Konfliktes mit eingerechnet, machte der Südchina-Export rund 66 % des gesamten Exportes nach China aus; er stieg Ende des Jahres, im Monat Dezember, auf fast 70 %. Erstaunlich ist, daß der Export von Hongkong nach Nord- und Mittelchina ziffernmäßig durchaus nicht nachgelassen hat, wenn auch besonders in den letzten Monaten des Jahres 1937 die Werte des Exportes nach Südchina stärker gestiegen sind und im Dezembermonat 14 Millionen überschritten.

Bei dem heutigen Handel Hongkongs mit China sind *zwei wesentliche Qualitätsveränderungen festzustellen*. Wenn sich auch summenmäßig die Relation zwischen dem Export nach Südchina und den anderen heute von Japan besetzten Teilen Chinas wenig geändert hat, so hat sich die Art der Waren entschieden gewandelt. Was heute nach Nord- und Mittelchina geht, also nach Tientsin und Schanghai, sind Waren, die keinerlei Beziehungen zum Kriege haben können. Die Japaner werden dafür Sorge tragen. Der starke Handel in kriegswichtigen Materialien, der früher überwiegend über Schanghai ging, ist nunmehr einseitig nach Südchina abgelenkt worden. Man kann, ohne fehl zu gehen, behaupten, daß der nach Südchina gehende Export von Hongkong nahezu ausschließlich ein Export ist, der wehrwirtschaftliche Bedeutung hat, was vor dem Konflikt durchaus nicht der Fall war. Unter wehrwirtschaftlich wichtigem Export verstehen wir Kriegsmaterial im weiten Sinne, rechnen also Lastkraftwagen, die in der südchinesischen Handelsbilanz heute stark vertreten sind, mit hinein; ebenso Materialien für den Bau von Straßen, die heute eines der wichtigsten Elemente in der Verlängerung der Widerstandskraft der Zentralregierung darstellen; fast so wichtig wie reine Munitions- und Waffenlieferungen, die nunmehr ausschließlich durch Hongkong kommen.

Die zweite bedeutende Verschiebung in der Bedeutung Hongkongs liegt darin, daß es die so außerordentlich schwierige Aufgabe zu lösen übernommen hat, die meistens kriegswichtigen Waren von seinem neutralen Boden in das unter Kriegsverhältnissen stehende Südchina zu schaffen. Das heißt: durch den Ring japanischer Kriegsschiffe und durch die von den japanischen Flugzeugen überraschten Gebiete.

Diese beiden neuen Momente, die Veränderung im Warencharakter des Exportes und die Aufgabe der Überleitung dieser Waren vom neutralen in das Kriegsgebiet, lassen die Bedeutung Hongkongs für den Widerstand der Zentralregierung so außerordentlich groß werden. Man muß darauf hinweisen, daß eine monatliche Einfuhr von 12—14 Millionen Hongkong-Dollars nach Südchina viel zu gering ist, um entscheidenden Einfluß auf die Kriegsführung Chinas auszuüben*. Auch ohne auf den primitiven Charakter der chinesischen Kriegsführung einzugehen, sei hier nur die Behauptung aufgestellt, daß die aus dem Auslande stammenden Kriegslieferungen zwar ziffernmäßig nicht sehr groß sind, dafür aber in der Warenqualität die zur Fortsetzung des Krieges unerläßlichen Stoffe umfassen. Die Massenwaren, wie Patronen, Handgranaten, Gewehre, stellen die Chinesen ausreichend in eigenen Werkstätten oder fabrikähnlichen Betrieben her. Chemikalien für die Munitionserzeugung, Automobile, Flugzeuge, besondere Stahlsorten für Maschinengewehr-Produktion, Flugzeugabwehrgeschütze sind die wichtigsten Einfuhrwaren.

Es darf natürlich nicht der Eindruck erweckt werden, Hongkong sei der einzige Ort auf Erden, von dem aus solche Kriegsmaterialien nach Südchina und weiter nach Zentralchina gelangen. Sicher ist, daß auch durch Indochina Flugzeuge, Tanks, Autos, Straßen- und Eisenbahnmaterialien ihren Weg nach China finden. Sicherlich liefern auch die Sowjets jeden Monat einige wichtige Waffen auf dem so beschwerlichen Weg von Sibirien nach Zentralchina. Die Größe dieser Lieferungen ist schwer abzuschätzen; auf jeden Fall spielen sie heute noch keine so große Rolle wie die Lieferungen von Hongkong, die auf dem denkbar kürzesten Wege von dem denkbar besten und günstigsten Umschlagsplatz aus durchgeführt werden können.

Man könnte denken, die Engländer monopolisierten das gewinnbringende Kriegsgeschäft für sich. Das ist nicht der Fall. Sie liefern nur einen Teil der Flugzeuge, Abwehrgeschütze, Straßenbau- und Eisenbahnmaterialien. Die Hongkong-Engländer verdienen außerdem an dem Umschlaggeschäft und den mit den Kriegslieferungen der anderen Nationen verbundenen Finanztransaktionen. Und endlich haben sie mit den Lieferungen für die Aufrüstung Hongkongs wahrscheinlich alle Hände voll zu tun. An dem Kriegsgeschäft selbst sind die Kaufleute aller Länder beteiligt, ohne jede Ausnahme.

Verkehrstechnische Hilfe

Die Aufgabe, die für Südchina bestimmten Waren nach Kanton zu schaffen, ist nur mit aktivster Unterstützung Hongkongs zu lösen. Chinesische Handelsschiffe jeder Art, gleich ob Dampfer oder Dschunken, sind nur so lange vor den japanischen Kriegsschiffen oder Flugzeugen sicher, als sie sich in britischen Hoheitsgewässern befinden. Einmal aus diesen heraus, sind sie auf ihrer Fahrt nach Kanton jedem Angriff ausgesetzt. Aus diesem Grunde ist der Schiffsverkehr nach Kanton nur mit Hilfe der ausländischen Flagge möglich. Am stärksten ist die englische Flagge bei diesen Fahrten vertreten. Aber auch portugiesische und amerikanische Flaggen sind zu beobachten. Berichterstatter konnte auf seiner Dampferreise nach Kanton zwei amerikanische Frachtschiffe, anscheinend von amerikani-

---

* Bei den Zahlenangaben, die alle den offiziellen Statistiken der Hongkong-Regierung entnommen sind, muß berücksichtigt werden, daß Munition und Waffenarten in den Statistiken nicht geführt werden. Es besteht somit auch keine Sicherheit, ob sie in den genannten Endsummen überhaupt miteinberechnet sind. Falls nicht, dann müßte der Gesamtwert der Ausfuhr Hongkongs nach Südchina außerordentlich viel größer sein. Sicher ist, daß der reine Durchgangsverkehr, also derjenige, der keinen Umschlag der Waren im Hafen von Hongkong beansprucht, nicht in der Statistik aufgeführt wird. Über die Größe dieses Verkehrs sind keine Schätzungen vorhanden.

schen Ölgesellschaften, den Fluß herunterkommen sehen, während ebenfalls zwei große englische Frachtdampfer den entgegengesetzten Weg nahmen. Die Personendampfer, die regelmäßig täglich eine Fahrt ausführen, laden keine Kriegsmaterialien im engeren Sinne. Doch selbst chinesische Dampfer und Dschunken wagen häufig die Reise; doch zeugt eine große Zahl von Wracks im Perlfluß davon, daß solche Fahrten für chinesische Schiffe durchaus nicht ungefährlich sind. Die Warenmenge, die per Schiff nach Kanton kommt, ist nicht festzustellen. Man gewinnt den Eindruck, daß sie nicht den größten Prozentsatz ausmacht gegenüber dem Eisenbahntransport und dem Transport auf der neuen Landstraße von Kawloon nach Kanton.

Die Eisenbahn, die direkt vom Kawlooner Hafen nach Kanton führt, ist eine chinesische Bahn, die mit englischem Gelde gebaut, nach englischen organisatorischen Grundsätzen und in den allerwichtigsten Posten auch personell von Engländern geleitet wird. Die bedeutendste Persönlichkeit unter diesen ist der englische Major Walker, der die gesamte organisatorische Leitung unter sich hat.

Bis zur Grenze des Gebietes der Kronkolonie, also bis zum Sham-Chun-Fluß, ist jeder Zug völlig sicher. Doch einmal aus dem Bereich der Kronkolonie heraus, unterliegt der Verkehr ständigen Luftangriffen der Japaner. Aus diesem Grunde verkehren die Züge nur mit Einbruch der Dunkelheit, sogar die Personenzüge, auf die, wie allmählich festgestellt worden ist, die Japaner keine Bomben werfen, wenn sie als Personenzüge erkannt werden. Nach erheblichen Stockungen des Zugverkehrs in den ersten Zeiten der Fliegerangriffe auf die Bahn, ist der nächtliche Verkehr nunmehr völlig regelmäßig sichergestellt. Dabei ist die Luftabwehr außerordentlich dürftig. Es gibt nur einige wenige Abwehrgeschütze an den wichtigsten Eisenbahnbrücken und Stationen. Die gewöhnlichen Stationen sind ohne jede Abwehr. Da die Japaner nur selten Luftangriffe auf die Eisenbahn bei Nacht unternehmen und die Züge bei solchen Ausnahmefällen längst vorher gewarnt, abgedunkelt in Tunnels oder Stationen Zuflucht nehmen, kam es bisher nur einmal vor, daß der aus einem Tunnel hervorragende Teil eines Zuges mit Erfolg angegriffen werden konnte. Im allgemeinen beschränkt sich der Japaner auf Luftangriffe bei Tageslicht gegen den Bahnkörper.

Heute ist die Organisation auch so weit, daß Volltreffer, selbst wenn Brücken getroffen werden, dank des geschickten Reparaturverfahrens nicht länger als zwei bis vier Stunden Reparatur verlangen. Die Störungen auf der Kanton-Hankow-Bahn dauern viel länger, weil dort keine englisch-ausländische Leitung vorhanden ist.

In ähnlicher Weise wird der Verkehr auf der neuen Kawloon-Landstraße aufrechterhalten. Auch hier wie bei der Eisenbahn wird die Befrachtung der Lastwagen in aller Sicherheit innerhalb des Gebietes der Kronkolonie vorgenommen. Auch hier findet der Hauptverkehr nachts statt.

Doch da die Straße größtenteils keine feste Decke hat, in dem Lehmboden eingeschnitten ist, kommen häufig Brüche und Festfahren der Autos vor. Versuche, aus diesem Grunde doch tagsüber einen Verkehr aufrechtzuerhalten, haben die Japaner zu Tiefangriffen gegen solche fahrende

Lastautos veranlaßt, die von chinesischer Seite als sehr störend geschildert wurden. Den Verkehr auf der Straße führt eine Gesellschaft durch, die bis zum Februar einen Wagenpark von ungefähr hundert Lastautos besaß.

Von steigender Bedeutung ist auch die Luftverbindung, die Hongkong bietet. Die Eurasia hat Hongkong zum regelmäßigen Anflugplatz gemacht. In sieben Stunden ist die Strecke nach Hankow zurückzulegen, die in starkem Maße von Persönlichkeiten der Zentralregierung ausgenutzt wird. In Hongkong ist dann der Anschluß an die Panpazifiklinie, an die Imperial Air Lines und an die französische Indochina- und Europalinie vorhanden. Also für alle internationalen wirtschaftlichen und politischen Verhandlungen der Zentralregierung eine ideale Verbindung. Doch Hongkong stellt seinen Flugplatz auch den Privatflugzeugen der Regierungsmitglieder der Zentralregierung zur Verfügung. Es vergeht kaum eine Woche, ohne daß nicht solch «hoher Besuch» angeflogen kommt.

Finanzpolitische Unterstützung

Es ist bekannt, daß die Engländer die Stabilisierung des chinesischen Geldes vor ungefähr zwei Jahren zum Teil gegen den Widerstand verschiedener chinesischer und besonders der japanischen Bankkreise durchgeführt haben. Es ist ebenso sicher, daß heute die chinesische Währung nur mit Hilfe der Engländer gehalten werden konnte. Der letzte Besuch des chinesischen Finanzministers Kung in Hongkong und die ständigen Verhandlungen Soongs mit den englischen Bankkreisen im Februar während der Anwesenheit des Berichterstatters sind von den Engländern mit der Frage der weiteren Aufrechterhaltung der chinesischen Währung in Zusammenhang gebracht worden.

Recht deutlich wird die finanzpolitische Bedeutung Hongkongs durch den Silberimport und -export. 1936, also vor dem Konflikt, importierte Hongkong von China rund 72 Millionen Silber-Dollars, exportierte nach Amerika und nach London 143 Millionen zur Ausgleichung der Handelsbilanz und zur Stabilisierung seiner Währung. 1937 aber, in Verbindung mit dem Konflikte, führte Hongkong 386 Millionen Dollars ein und führte 395 aus. Das heißt: China finanzierte seinen Kampf mit seinen großen Silbervorräten, die in London Grundlage für die Auslandsaufträge und für die Stabilisierung der Währung abgeben. Auch wurde bekannt, daß neben diesen Summen in London schon über 300 Millionen Dollars chinesisches Silber deponiert ist. Die Frage, wie lange China finanziell den Krieg aushalten kann, hängt von der Frage der Silbervorräte im Lande ab und von der Bereitschaft Englands, diese als Grundlage der chinesischen Zahlungsfähigkeit anzuerkennen. Hongkong und London allein können diese Frage beantworten.

Von nicht unwesentlicher Bedeutung für die Finanzlage der chinesischen Regierung ist die Zunahme des aus Südchina stammenden Exports. Es ist den Chinesen gelungen, trotz der Kriegsschwierigkeiten diese Ausfuhr ganz erheblich zu steigern, sie gegenüber 1936 fast zu verdoppeln. Damit ist die passive Handelsbilanz auf wenige Millionen heruntergedrückt worden. Außerdem konnte ein Teil der Einfuhr auf Grund eines

Bartersystems mit der Ausfuhr so wichtiger Stoffe wie Wolfram, Zinn, Blei, pflanzlichen Ölen bezahlt werden. Die in Hongkong organisierte Hilfe hat diese Entwicklung besonders gefördert.

Die Engländer betonen immer wieder die international-rechtliche, einwandfreie Grundlage aller von Hongkong ausgehenden Maßnahmen. Doch sie wissen besser als die meisten anderen Völker, daß Fragen des internationalen Rechtes meistens Machtfragen sind. Und so versuchen sie auch in Hongkong, alte Versäumnisse in bezug auf ihre Wehr- und Verteidigungsfähigkeit nachzuholen.

Hongkong als militärischer Faktor

Hongkong beginnt heute wieder eine militärische Rolle zu spielen. Vor ungefähr hundert Jahren, zur Zeit der Gründung der Kronkolonie, hatte die kahle, fast unbewohnte Insel Bedeutung nur als britische Flottenbasis und Festung gegen Kanton. Erst allmählich wurde es Handelszentrum, überflügelte Macao, traditionelles Handelszentrum der Chinakaufleute aller Nationen. Mit den Washingtoner Flottenverträgen verlor Hongkong die letzte Bedeutung als Festung. Die an sich schon veralteten Verteidigungsanlagen verfielen sehr schnell. Außerdem war Hongkongs Verteidigungssystem, entsprechend dem alten Gegensatz zu Kanton, fast ausschließlich gegen Norden gerichtet. So stand die Kronkolonie den neuesten Ereignissen in China, das heißt, dem japanisch-chinesischen Kampf, mit Verteidigungsanlagen gegenüber, die nur einige veraltete Anlagen an der Nordgrenze des «Neuen Territoriums» und ein Paar schwere nach Norden ausgerichtete Geschütze auf dem Mt. Davis aufzuweisen hatten.

Die unerwartete Ausweitung des japanisch-chinesischen Konfliktes, die aktive Rolle Hongkongs zugunsten der Chinesen, die zunehmende antibritische Stimmung in Japan und besonders die Bewegungen der japanischen Flotte weckten starke Befürchtungen vor einem japanischen Handstreich gegen Hongkong. Die nunmehr mit erstaunlicher Energie betriebene Neubefestigung Hongkongs geht von der täglich zu beobachtenden Tatsache aus, daß die japanische Marine Hongkong von drei Seiten umschlossen hält; weiter, daß im Ernstfalle mit einer Landung der Japaner in der Nähe des «Neuen Territoriums» auf dem Festlande gerechnet werden muß und mit Landangriffen gegen die Grenze des Festlandsgebietes der Kolonie. Die neuen Verteidigungsanlagen müssen also mit allseitigen Angriffen rechnen.

Aus den Gesprächen mit zahlreichen interessierten Engländern ging hervor, daß zumindest in zwei Himmelsrichtungen die Verteidigungsanlagen zu einer gewissen Vollkommenheit entwickelt werden konnten. Es ist dies die nördliche Festlandsgrenze und die südliche Einfahrt nach Hongkong. Der Ausbau der nördlichen Verteidigungslinie ist durch den Sham-Chun-Fluß sehr erleichtert, der die Hälfte der Grenze mit seinem Lauf natürlich schützt. Die Verteidigung hat sich die Erfahrungen des «Tochika» und «Fillbox»-Systems zunutze gemacht. Reisfelder machen weiterhin die Annäherung eines Gegners schwierig. Die Gesamtlänge dieser «Front» beträgt rund 20 km. Die westliche Hälfte dieser Verteidigungslinie ist stark hügelig und bietet der Verteidigung erhebliche Vorteile.

Die Verteidigung der südlichen Einfahrt nach Hongkong (durch den Tathong-Channel) besteht in der Bestückung der der Einfahrt zugekehrten Berge der Hongkong-Hauptinsel. Es handelt sich um eine 7 km lange Küste. Zur Ergänzung dieser Verteidigungsanlage wurden auf der Festlandsseite die die Einfahrt einengenden Halbinseln stark befestigt.

Die Kürze der Zeit, der offensichtliche Mangel an ausreichendem schwerem Festungsgeschützmaterial, die Einstellung auf Luftangriffe haben nun zur Ergänzung dieses festeingebauten Verteidigungssystems durch bewegliche motorisierte Einheiten geführt. Vielleicht mit den stärksten Eindruck machen die Wegebauten, die heute alle Teile von Hongkong durchziehen.

Schon früher fand der Berichterstatter das Straßenbauwesen Hongkongs erstaunlich gut entwickelt. Heute gibt es kaum eine vorspringende Hügelgruppe oder Landzunge, wie öde sie auch sein mag, die nicht durch eine vorzügliche Autostraße mit dem Hauptverkehrsnetz Hongkongs verbunden ist. Ausdrücklich erklären die Engländer diese Entwicklung des Verkehrsnetzes der allerdings verhältnismäßig kleinen Kronkolonie als eine der wichtigsten Verteidigungsarbeiten. Heute schon können bewegliche Einheiten in sehr kurzer Zeit an jede Stelle der Hauptinsel geworfen werden und an die wichtigsten Stellen des neuen, viel größeren «Neuen Territoriums». Allerdings wird behauptet, daß der Mannschaftsbestand der Kronkolonie einige tausend Mann nicht übersteigt, neben einer kleinen Zahl Freiwilliger der Hongkongbürger. Doch rechnet man bei kritisch werdender Entwicklung mit Verstärkungen aus Indien, das auch die Reserve für die Luftwaffe abgibt, die im Notfalle durch einige Geschwader aus Singapore verstärkt werden soll. An den Einsatz größerer Flottenverbände im Ernstfalle gegen die Japaner wird kaum gedacht. Man rechnet nicht mit Flottenverstärkung aus Singapur, da diese der gesamten japanischen Flotte gegenüber längst nicht ausreichend wäre. Die in Hongkong befindlichen Schiffe sind in ihrem Kampfwerte vollkommen bedeutungslos.

Es ist natürlich ausgeschlossen, ein Urteil über die heute schon erreichte Verteidigungsfähigkeit Hongkongs abzugeben. Immerhin dürften die Äußerungen eines verantwortlichen englischen Militärs dem Berichterstatter gegenüber einen gewissen Anhalt für die Urteilsbildung abgeben. Dieser Offizier gab ohne weiteres zu, daß noch im Herbst vergangenen Jahres ein Widerstand gegen einen japanischen Handstreich völlig außerhalb jeder Erwägung gewesen sei. Englischerseits hätte man nur versuchen können, den katastrophalen Eindruck eines solchen Prestigeverlustes der Außenwelt gegenüber mit politischen Mitteln zu verkleinern. Heute dagegen sei einmal die allgemeine außenpolitische Lage Englands besser; der Verdacht der Amerikaner den japanischen Absichten gegenüber habe immerhin wieder eine Atmosphäre der «anglo-sächsischen Solidarität» zustandegebracht. Und endlich sei die Verteidigungsfähigkeit Hongkongs jetzt immerhin derart, daß ein *harter Kampf* um Hongkong geführt werden müsse. Wie auch der Ausfall dieses Kampfes sein möge, er würde *auf jeden Fall den Beginn des großen englisch-japanischen Krieges bedeuten.*

Man hoffe, Japan sei sich bewußt, was der Krieg *gegen das Britische Empire* bedeute.

Die größere Sicherheit der Kronkolonie drückt sich deutlich in der gesamten Haltung nicht nur der englischen, sondern auch der ausländischen Einwohner aus, die heute zunehmendes Vertrauen auf die Verteidigungsfähigkeit Hongkongs haben und jeden weiteren Monat Aufrüstungszeit als beachtlichen Kraftzuwachs beurteilen. Man kann heute sogar schon wieder Stimmen hören, die Japan warnen, in Südchina, also außerhalb der britischen Kronkolonie, etwaige Landungsabsichten auszuführen. Während noch vor einigen Monaten eine solche Landung japanischer Truppen ohne weiteres hingenommen worden wäre, glauben heute schon viele Ausländer die Zeit gekommen zu sehen, in der sie vor der Verletzung großer ausländischer Interessen in Südchina warnen; sie deuten in zunehmendem Maße an, daß eine japanische Landung sehr leicht zur Vermehrung unliebsamer Zwischenfälle führen könnte, deren Wirkung nicht geringer als die des «Panay-Zwischenfalles» auf dem Yangtse sein könnten. Auch in dieser Haltung kommt das zurückgekehrte Selbstbewußtsein der Engländer zum Ausdruck. Die Eröffnung der Singapur-Basis hat in dieser Beziehung eine erstaunliche moralische Wirkung ausgeübt; eine Wirkung, die sicher größer ist als der augenblickliche Wert Singapurs für die Kronkolonie Hongkong.

II. Kanton und Südwestchina im japanisch-chinesischen Konflikt
Kanton

Wer heute von der britischen Kronkolonie Hongkong nach Kanton reisen will, muß im Gegensatz zu früheren Zeiten mit Überraschungen und Unbequemlichkeiten mancher Art rechnen. Für beide sorgt die japanische Marine. Am angenehmsten und den geringsten Störungen unterworfen ist die sehr schöne Schiffsreise den Perlfluß aufwärts nach Kanton. Doch selbst diese unter englischer Flagge fahrenden Flußdampfer werden ab und zu, ohne ihr Ziel zu erreichen, zur Umkehr nach Hongkong gezwungen. Die chinesischen Behörden sperren nämlich, aus Furcht vor einem Vorstoß japanischer Kanonenboote nach Kanton, manchmal die engste Stelle des Perflusses mit einer Barre. Nicht selten verzögert sich die Reise, weil der Dampfer in achtungsvoller Entfernung das Ende eines lebhaften Feuergefechtes zwischen japanischen Kriegsschiffen und den chinesischen Flußforts, der Bocca Tigris, abwarten will. Aus Erfahrung weiß man, daß Gefechte nicht sehr lange dauern und fast immer für beide Gegner ohne Schaden ablaufen. Hin und wieder kann man auch überraschter Zeuge von Flugzeugangriffen auf chinesische Dschunken werden, die bei den Japanern im Verdacht stehen, Kriegsmaterial nach Kanton zu bringen. Viele aus dem Flußwasser herausragende Wracks zeugen davon, daß scharf geschossen wird.

Die schon immer unbequeme Eisenbahnfahrt von Kawloon (dem Festlandsgebiet der britischen Kronkolonie) nach Kanton ist heute noch weniger angenehm geworden. *Ein* Personenzug fährt nur noch täglich, und zwar nach Einbruch der Dunkelheit, von oder nach Kanton. Und während man früher nicht ganz drei Stunden für die Strecke brauchte, muß man sich heute auf vier bis sieben Stunden gefaßt machen. Je nachdem, ob gerade ein Luftalarm den Zug in einem Tunnel oder einer Station zum Halten zwingt, oder ob einer der seltenen Bombentreffer das Gleis zerstört hat. Selbst die so meisterhaft (mit britischer Hilfe) organisierten Reparaturarbeiten verzögern die Ankunft immerhin um einige Stunden. So besteht schon vor dem Eintreffen in Kanton kein Zweifel, daß auch die Hauptstadt Südchinas mit in die japanisch-chinesischen Auseinandersetzungen einbezogen worden ist. Das Interesse der Japaner an Kanton ist natürlich sehr gut zu verstehen. Kanton ist heute weit mehr als nur die Hauptstadt Südchinas. Es ist der wichtigste Gegenspieler Hongkongs in dessen Rolle als bedeutsamer ausländischer Stützpunkt Chinas im Kampfe gegen Japan.

Es gibt an der südchinesischen Küste keine andere Hafenstadt, die diese Aufgabe auch nur mit annäherndem Erfolg übernehmen könnte. Die erst in der Entwicklung begriffenen neuen Zufahrtsstraßen über Indochina und Burma werden wohl niemals in der Lage sein, Kantons Rolle in der Versorgung Chinas zu übernehmen, nachdem Nordchina und das Schanghaigebiet in japanische Hände gefallen sind.

Der Kantonese ist sich seiner neuen Bedeutung auch völlig bewußt. Abgesehen von der Befriedigung seines sehr stark ausgeprägten Geltungsbedürfnisses, seiner schon traditionellen Ausländer- und heute besonders betonten Japanfeindlichkeit, kennt er die materiellen Vorteile seiner Stellung als ausschlaggebende Verbindung Chinas mit der Außenwelt. Schon vor mehr als hundert Jahren hat er das Monopol der ausschließlichen Verbindung mit den «westlichen Barbaren» ausgezeichnet auszunutzen verstanden. Der fast verdoppelte Warenumschlag, sowohl der Ein- als auch der Ausfuhrwaren, bietet erheblich vergrößerte Verdienstmöglichkeit, vom Kuli aufwärts bis zum Regierungsbeamten. Das gilt genauso für den beschleunigt betriebenen Ausbau des gesamten Verkehrsnetzes zu seinen südwestlichen Nachbarprovinzen, nach Norden in Richtung Hankow, dem Hauptquartier Chiang Kaisheks[24], und nach Süden in die Kwangtung-Küstenstriche. Hier entsteht ein immer engmaschiger werdendes Straßennetz, das die Vorbedingung einer erfolgreichen Verteidigung bei eventuellen Landungsversuchen der Japaner ist. Es wächst auch die Bedeutung der kantonesischen Banken wieder, die lange Jahre gegenüber der «Chekiang-Bank-clique», die das chinesische Bankwesen Schanghais und Nankings beherrschte, zur Zweitrangigkeit verurteilt waren.

Das japanische Ziel Südchina gegenüber ist die Loslösung der Provinz Kwangtung von der Zentralregierung. Nahezu tägliche Luftangriffe auf Südchina, besonders Kanton, sollen neben der Erschwerung der Transporte Kriegsmüdigkeit und Zersetzung hervorrufen. Gleichzeitig werden von Hongkong aus geheime Fäden mit den verschiedenen politischen und Gangsterelementen in Kanton aufrechterhalten zur Vorbereitung von «Staatsstreichen». Als letztes Mittel käme eine großangelegte Landung in Südchina in Frage, die als lebendige Drohung den Kantonesen und den Hongkongausländern ständig vor Augen gehalten wird.

24 Andere Schreibweise für Tschiang Kai-schek.

Die ersten Luftangriffe auf Kanton (Spätsommer 1937) schienen die erhoffte Wirkung erzielen zu können. Die rücksichtslos auf die übervölkerten Stadtteile abgeworfenen Bomben hatten erschreckende physische und moralische Wirkung. Viele Kantonesen versicherten dem Berichterstatter, daß die entschlossene Fortsetzung dieser Luftangriffe auf die offene Stadt unweigerlich zur schwersten Panik und damit zur Kapitulation Kantons geführt hätten. Die leidenschaftliche Kampagne, besonders der englischen Nachrichtenagenturen und Zeitungen, verfehlte ihre Wirkung nicht. Japan gab diese Art der Kriegführung auf, beschränkte sich auf sehr viel harmlosere Ziele für die Luftangriffe. So störend diese täglichen Luftangriffe, der Luftalarm in der Stadt, die Einschränkung des Verkehrs auch für den einzelnen sein mögen, so wenig Bedeutung haben die Bombardierungen der bis zu 40 Bombern starken japanischen Geschwader. Mit nicht ganz verständlicher Regelmäßigkeit werfen diese über längst verlassene Flugplätze ihre Bomben ab, ackern den schon aufgewühlten Boden mit 500-kg-Bomben weiter um; nicht weniger wirkungslos sind die Abwürfe auf ein schon längst stillgelegtes Arsenal, dessen Maschinen schon zum großen Teil fortgeschafft, in anderen Arsenalen im Innern Aufstellung gefunden haben. Die in den etwas moderneren Vororten Kantons lebenden Ausländer oder wohlhabenden Chinesen haben sich schon längst bombensichere Unterstände zugelegt für den Fall, daß sich die japanischen Flieger mal die Privatwohnungen der hohen chinesischen Beamten als Zielscheibe aussuchen. Die Behinderung des Verkehrs und damit der militärischen Transporte ist gering.

Versuche, «spontane Staatsstreiche» ausbrechen zu lassen, haben bisher keinen Erfolg gehabt. Ein solcher Versuch ist dem Berichterstatter bekanntgeworden. Im Februar wurde eine bis ins einzelne vorbereitete Verschwörung aufgedeckt, die, wenigstens nach Mitteilung des Provinzgouverneurs Wute Chen, von japanischer Seite organisiert worden sei. Es wäre auch verwunderlich, wenn die Japaner nicht versuchen wollten, mit dem bislang so häufig angewandten Mittel eines «inneren Staatsstreiches» ihr Ziel zu erreichen, Kanton und den Süden in die Hände zu bekommen. Dabei rechnen die Japaner nicht bloß mit der Macht des Bestechungsgeldes. Sie hoffen, die alten Gegensätze zwischen Süd- und Nordchinesen ausspielen zu können, zwischen den führenden Männern in Kanton, die durchaus nicht eine einheitliche, sich absolut vertrauende Gruppe bilden. Der erste Staatsstreichversuch sollte mit einem heute in der Führung unberücksichtigt gebliebenen alten General durchgeführt werden. Doch es hat sich sehr vieles in China geändert, und so groß wohl auch die Gegensätze zwischen diesem General und den heutigen Machthabern gewesen sein mögen, sie haben nicht ausgereicht, auch nicht die großen Geldsummen, den Gegensatz zu den Japanern zu überbrücken. Der alte General hat jede Einzelheit der Verschwörung umgehend an die Regierung weitergemeldet. Als die japanischen Flugzeuge in großer Zahl an dem bestimmten Tag des geplanten Umsturzes ständig über Kanton kreisten und auf das verabredete Zeichen warteten, das den Erfolg des Unternehmens melden sollte, waren die am Komplott Beteiligten schon längst hinter Schloß und Riegel.

Auch hier scheinen die Japaner die Veränderungen nicht zu sehen, die seit 1931/32 in der Haltung, auch des einfachen Chinesen, der japanischen Politik gegenüber vor sich gegangen sind. Doch man würde in den entgegengesetzten Fehler verfallen, wollte man bei der Beurteilung der inneren Lage die vorhandenen Spannungen und Reibungen unter den führenden Personengruppen Chinas außer acht lassen.

Heute muß wohl der schwächste Punkt der Einigkeit Kantons in dem Mißtrauen gesehen werden, das zwischen dem Oberkommandierenden der Provinzarmee und den politischen Leitern der Provinz Kwangtung und Kantons besteht. Dies Mißtrauen führt nicht nur zu häufigen Intrigen, sondern auch zu sehr gefährlichen Experimenten. So wurde z. B. die in Kwangtung sehr weit durchgeführte Bewaffnung der Bauern, ihre lokale Zusammenfassung zu Bürgermilizen zum großen Teil unter dem Gesichtspunkt beschleunigt betrieben, einer möglicherweise gefährlich werdenden Unzuverlässigkeit der Armeeführung durch unabhängig bewaffnete Kräfte entgegenwirken zu können. Doch in der Geschichte Chinas haben die Bauern oft ihre Waffen zu Zwecken verwendet, die den augenblicklichen Machthabern nicht immer ganz recht waren.

Die Furcht der Kantonesen vor einer Landung der Japaner im Süden ist zwar im Laufe der Monate geringer geworden, wenn auch nicht völlig beseitigt. Häufige Beschießungen chinesischer Küstenorte, Landungsunternehmungen der Marine gegen zahlreiche der Küste vorgelagerte Inseln halten Kanton in ständiger Spannung. Denn seit Monaten fürchtet man in all diesen japanischen Aktionen nur die Vorbereitungen zu einer großangelegten Landung im Süden sehen zu müssen, die die Unterbrechung der einzigen Verbindung Kantons mit dem Ausland, d. h. mit Hongkong, und die Besetzung Kantons selbst zum Ziele haben werden. Man ist sich im großen ganzen über die möglichen Stellen, an denen die Japaner landen könnten, einigermaßen klar. Als besonders geeignete Plätze wird die Bias-Bucht und das Gebiet nordwestlich von Hongkong angesehen. Eine erfolgreiche Landung würde sofort die Kawloon-Kanton-Eisenbahn von zwei Seiten her bedrohen, ohne daß dabei britisches Gebiet verletzt werden brauchte.

Natürlich haben die Chinesen umfangreiche Gegenmaßnahmen ergriffen; die verschiedenen Truppenkonzentrationspunkte sind durch Autostraßen mit den gefährdeten Küstenplätzen verbunden. In Kanton sind besondere Lastautokolonnen bereitgestellt, um im Notfall noch zusätzliche Truppen mit äußerster Geschwindigkeit an die bedrohten Stellen zu werfen. Allmählich steigt das Selbstvertrauen der Chinesen, ihre Küste verteidigen zu können. Auf jeden Fall ist es wohl richtig, daß mit jeder Woche, die die Japaner zögern, die Landung zu unternehmen, die Zahl der zur erfolgreichen Durchführung eines Landungsmanövers notwendigen japanischen Divisionen wachsen muß.

Über den Wert der Kantontruppen etwas sagen zu wollen, ist schwer. Viele Ausländer halten sie für besser als die Soldaten der Zentralarmee und weisen auf das Beispiel von 1932 hin, als die Südchinesen allein die Angriffe der Japaner auf Schanghai wochenlang aufhalten konnten. Auch die neuerlichen Leistungen der südchinesischen Divisionen in Zentralchina sollen beachtlich gewesen sein. Der äußere Eindruck der Soldaten in den Straßen Kantons ist gut; von einer südchinesischen Luftwaffe konnte nichts entdeckt werden. Sie dürfte schon in den ersten Wochen des Konflikts vernichtet worden sein.

Die neue Rolle der Südwestprovinzen

Kantons neue Rolle hätte nicht so groß werden können, wenn sich nicht auch bedeutsame Veränderungen im gesamten Provinzenblock Südwestchinas durchgesetzt hätten. Zu den Südwestprovinzen rechnet man außer Kwangtung die Provinzen Kwangsi, Yünnan und Kweichow. Eine umfangreiche Verlagerung wirtschaftlicher, besonders kriegswichtiger Unternehmungen aus den durch den Krieg bedrohten oder schon besetzten Provinzen nach dem Südwesten macht sich bemerkbar. Zahlreiche Arsenale sind aus den Kriegszonen nach Kwangsi überführt worden, das für die japanische Luftwaffe sehr schwer erreichbar ist. Neue Flugplätze als Ersatz für die durch die Luftangriffe zerstörten Kantonesischen sind in Kwangsi, Yünnan, Kweichow angelegt worden und können zu jeder Zeit für die Luftverbindung auch mit Hongkong benutzt werden. Selbst Flugzeugzusammensetzwerke und Reparaturwerkstätten für die über Hongkong verladenen ausländischen Maschinen, die auf englischem Boden nicht zusammengesetzt werden und auch von dort aus als Kriegsflugzeuge nicht zu den Formationen der Zentralarmee fliegen dürfen, sind eingerichtet worden. Hinzu kommt eine lebhafte Entwicklung der Rohstoffquellen dieser Provinzen für Ausfuhrzwecke. Diese Verlagerung und Neuentwicklung kriegswichtiger Anlagen setzt eine starke Verdichtung des Verkehrsnetzes in diesen Provinzen voraus. Und es bleibt eine der bedeutendsten Leistungen der Zentralregierung zusammen mit den Provinzverwaltungen, in der Entwicklung von national bedeutsamen Landstraßen und Eisenbahnprojekten unter den gegebenen, besonders schweren Verhältnissen der Kriegszeit ein Beispiel erstaunlicher Großzügigkeit gegeben zu haben. Die große Hongkong-Kanton-Hankow-Landstraße ist nicht die einzige Großverbindung des Südens mit Zentralchina. Längst schon ist Yünnanfu, die Hauptstadt der gleichnamigen Provinz, mit Hankow durch eine Straße verbunden, die Anschluß an das indochinesische Eisenbahnnetz der Franzosen hat. Als dritte und neueste Leistung kommt die Landstraße hinzu, die von der burmesisch-indischen Grenze mit Anschluß an das britisch-indische Eisenbahnnetz in die Provinz Szechuan führt und anschließend die Verbindung mit Hankow am Yangtse herstellt. Sicherlich handelt es sich hier nicht um Autostraßen in unserem Sinne. Zum großen Teil fehlt ihnen ein fester Unterbau, und der Verkehr wird kaum unter allen Witterungsverhältnissen regelmäßig aufrechterhalten werden können. Und dennoch kann die Bedeutung dieser Straßen bei der schwer vorstellbaren Größe der Entfernungen, der früheren Abgeschlossenheit all dieser Gebiete von internationalen Verbindungen und dem zentral-chinesischen Yangtseverkehrsnetz kaum unterschätzt werden.

Doch man begnügt sich nicht mit flüchtigem Straßenbau. Parallel zu der Hongkong-Hankow-Straße läuft die schon im Betrieb befindliche Eisenbahn. Und die aufgeführten neuen Großverbindungen werden nur als Vorläufer von schon in Bau befindlichen Eisenbahnlinien angesehen, die Indochina und Britisch-Indien mit Zentralchina besser und schneller verbinden sollen als die angeführten Straßen. Teilstrecken dieser Eisenbahnen sind sogar schon in Betrieb. Wichtige Querverbindungen zwischen diesen drei genannten Hauptverkehrslinien, die alle Anschluß an ausländische Verkehrslinien haben, sind zahlreich vorhanden und ermöglichen einen schnellen Verkehr zwischen den wichtigsten Städten der Südwestprovinzen und mit Kanton. Damit ist auch die Erklärung für die erstaunliche Tatsache gegeben, daß die Ausfuhr von Wolfram, Blei, Zinn durchaus nicht durch den Krieg gelitten hat, sondern sogar verstärkt von chinesischer Seite durchgeführt werden konnte. Es dürfte natürlich schwer sein, auf die Frage eine eindeutige Antwort zu bekommen, woher die Eisenbahnmaterialien für diese Neubauten kommen. Der Gedanke liegt nahe, daß englische und französische Interessen hier Warenkredite größeren Umfangs der Zentralregierung zur Verfügung gestellt haben.

So hat während des in Nord- und Zentralchina tobenden japanisch-chinesischen Kampfes innerhalb Chinas eine sehr bemerkenswerte verkehrspolitische und wirtschaftliche Umwandlung stattgefunden. Der Südwesten Chinas versucht mit erheblichem Erfolge die in japanische Hände geratenen Verkehrsverbindungen und wichtigen internationalen Handelszentren zu ersetzen. Diese sonst so fernen, auch stark von der Nankingregierung gegenüber der Provinz Chekiang und Kiangsu im Yangtsemündungsgebiet vernachlässigten Provinzen sind nunmehr zu wichtigen Kernprovinzen geworden, mit deren Hilfe der weitere Widerstand gegen Japan überhaupt nur durchgeführt werden kann. Und man kann mit ziemlicher Sicherheit annehmen, daß die neue Bedeutung des Südwestens auch nach Abschluß der Feindseligkeiten und nach Wiederherstellung des Yangtseverkehrs zum großen Teil erhalten bleibt.

Diese Entwicklung wäre natürlich unmöglich gewesen, wenn nicht England mit Hilfe seiner Kronkolonie Hongkong und Frankreich mit seiner indochinesischen Kolonie die neue wirtschaftliche und verkehrspolitische Bedeutung des Südwestens sofort erkannt und tatkräftigst gefördert hätten. Ihre Bereitschaft, die schon erhebliche Handelsgewinne und noch zu erwartende politische Vorteile sichert, ist die Voraussetzung für die neue Bedeutung der südwestlichen Provinzen im Rahmen des noch nicht von japanischen Truppen besetzten Chinas. Dementsprechend erweitern sich die finanziellen Verbindungen zwischen Hongkong-England mit dem Südwesten und damit der chinesischen Zentralregierung über den schon erreichten Umfang hinaus. Der an sich schon vorhandene Wunsch Frankreichs und Englands, Japan durch seinen Kampf mit China geschwächt zu sehen, wird durch die vergrößerten Finanz- und Handelsinteressen noch stärker materiell untermauert. Heute ist Frankreich und ganz besonders England mehr denn je an der Erhaltung eines nicht zum japanischen Machtbereich gehörenden Zentral- und Südchinas interessiert, suchen in diesem einen ausreichenden Ersatz für ein als verloren angesehenes Nordchina und ein an internationaler Bedeutung vermindertes Schanghaigebiet. Auch für deutsche in Schanghai geschädigte Handelsinteressen eröffnet sich hier im Süden ein erweitertes Arbeitsfeld.

In Verbindung mit der oben aufgezeigten Entwicklung kann eine Stärkung der militärischen Kräfte des Südwestens festgestellt werden. Heute vollzieht sich diese militärische Stärkung der einzelnen Provinzen nicht so sehr gegen den Willen der Zentralregierung, sondern sogar unter ihrer Zustimmung und Hilfeleistung. Zwar liegt in ihr ein gewisses Gefahrenmoment für Chiang Kaishek; doch im Augenblick überwiegen die Vorteile bei der Fortsetzung des Kampfes gegen Japan. Alte militärische Gegner haben sich als besonders tüchtig im Kampfe gezeigt und stellen eine bedeutsame Hilfe für die Zentralregierung dar. In dieser Beziehung wird die Kwangsiarmee besonders hervorgehoben werden müssen. Sie hat hervorragenden Anteil an den Kämpfen um Schanghai genommen und auch bei der späteren Verteidigung in Zentralchina. Auch die Vermehrung der Kwangsiarmee wird trotz gewisser Zweifel an der Zuverlässigkeit ihres Kommandeurs Yu Hanmau als eine Stärkung der Zentralregierung gewertet, da sie im wachsenden Maße in die Lage kommt, Südchina gegen eine Landung der Japaner zu verteidigen. Die Gefahr einer solchen Landung und die damit verbundene Abschnürung der Einfuhr aus dem Auslande erscheint der Zentralregierung viel größer als eine Unzuverlässigkeit der obersten Führung dieser Provinzarmee.

Auf der anderen Seite wirkt die Zentralregierung mit Geldzuschüssen, Materiallieferungen, stärkerer politischer Heranziehung der führenden Provinzialpersönlichkeiten zur Entscheidung wichtiger Fragen fördernd auf die neue Einheit des Südwestens mit der Zentralregierung ein. Auch sind eine Reihe dieser «Provinzmilitaristen» während des Krieges mit Japan über den Rahmen von kleinen Provinzgeneralen hinausgewachsen. Auch hier ragen die beiden Führer der ehemaligen «Kwangsi-Clique», Pauchung Shi und Li Tsujen, stark hervor, denen Chiang Kaishek mit Erfolg große Frontabschnitte anvertrauen konnte. Auch der Gouverneur von Kwangtung gilt im Gegensatz zu vielen seiner Vorgänger, die mit ihrem Separatismus erhebliche Geschäfte machten, als ausgesprochener Anhänger der Zentralregierung.

In dieser kurz gestreiften, nahezu alle Gebiete des provinzialen Lebens umfassenden veränderten Stellung des Südwestens im Gesamtrahmen des Widerstand leistenden Chinas, liegt zum großen Teil die Beantwortung der so häufig gestellten Frage nach der Dauer der Geschlossenheit und Einigkeit der noch unter der Zentralregierung verbliebenen Provinzen Chinas. Man kann wohl annehmen, daß nicht alle die Gegensätze, die früher das mehr formal unter der Nankingregierung geeinte China durchzogen, verschwunden sind. Auch der Südwesten wird noch manche eigenen Ziele und Absichten, die nicht völlig in Einklang mit der Zentralregierung zu bringen sind, verfolgen. Und so wäre es eine Vermessenheit, heute schon eine neue Absplitterung oder Selbständigmachung der südlichen Provinz für absolut unmöglich zu erklären.

Dennoch muß unterstrichen werden, daß gerade der Südwesten Chinas im Zusammengehen mit der Zentralregierung, im Festhalten am Widerstand gegen Japan, seine schnellste und großzügigste Entwicklung durchgemacht hat und noch weiter durchführen kann. Er hat im Rahmen der Zentralregierung Wünsche und Pläne durchsetzen und verwirklichen können, die die einzelne Provinz, getrennt von der Zentralregierung oder im Gegensatz zu dieser, niemals hätte erreichen können; erst recht nicht unter japanischer Oberhoheit. Außerdem würde eine Trennung von der Zentralregierung und eine Beschränkung auf enge Provinzialgrenzen sehr schnell wieder die alten Gegensätze unter den Südwestprovinzen stark aufleben lassen. Dem Berichterstatter scheint die stärkste Belastungsprobe für die im Kampf hergestellte praktische Einigkeit des Südwestens mit dem übrigen China der Zentralregierung erst mit dem Abschluß des Kampfes gegen Japan zu kommen. Die in vieler Hinsicht aus ihrer Regierungszeit vor dem Konflikt stark belastete Zentralregierung wird sich dann zwei großen Blockbildungen gegenübergestellt sehen, mit deren führenden Personen, neuen wirtschaftlichen Entwicklungen und politischen Strömungen sie sich auseinandersetzen muß. Es ist auf der einen Seite der unter kommunistischem Einfluß stehende Nordwesten Chinas; auf der anderen Seite der antikommunistische, stark an Bedeutung gewinnende Südwesten.

Schluß

Trotz der großen Bedeutung Hongkongs und des Südwestens für den Widerstand der Zentralregierung gegen Japan hat sich letzteres auf den Einsatz geringer und nicht sehr wirkungsvoller Machtmittel im Süden beschränkt. Aller Voraussicht nach ist die von verschiedenen Kreisen in Japan erhobene Forderung nach entschiedenen Maßnahmen gegen Hongkong, das heißt also England, endgültig fallen gelassen worden. Während des augenblicklichen chinesisch-japanischen Konfliktes scheint Japan entschlossen zu sein, die an sich schon recht unbefriedigenden Beziehungen zu England auf keinen Fall durch den Einsatz von Machtmitteln gegen die englische Kronkolonie zum Abbruch zu bringen. *Japan glaubt sich die Sowjet- und die britische Feindschaft nicht gleichzeitig während der noch vor sich gehenden Auseinandersetzung in Nord- und Zentralchina leisten zu können.* Viel schwerer ist die Voraussage über die Wahrscheinlichkeit einer Erweiterung der japanischen Kampfhandlungen größeren Stiles auf Südchina. Es ist deutlich, daß weder die heutige Regierung noch die Führung der Wehrmacht irgendwelche Neigungen zu dieser Verschärfung des Chinakonfliktes haben. Doch man darf zwei Möglichkeiten, die eine solche Erweiterung der Kampffronten in sich schließen, nicht völlig außer acht lassen. Die erste besteht in einer solchen unbefriedigenden Entwicklung der japanischen Pläne, den Widerstand der Zentralregierung entscheidend zu brechen, daß nur ein großer Vorstoß von Süden her den gewünschten Erfolg bringen kann. Wenn also die Kämpfe in Nord- und Zentralchina nicht zum Enderfolge führen sollten, könnte die Notwendigkeit (die militärisch eindeutige Notwendigkeit) zum Einsatz des letzten Mittels, der Aktion gegen den Süden, eintreten. Die zweite Möglichkeit besteht in einer innenpolitischen Veränderung in der japanischen Regierung, die in der Richtung der radikalnationalen Gruppen vorgenommen würde*. Ein verstärkter Einfluß dieser Strömungen könnte leicht zur Verschärfung der militärischen Maßnahmen führen, würde die Notwendigkeit des Feldzuges gegen den Süden schneller als gegeben ansehen als unter der heutigen Führung.

* Diese Richtung hat sich in der Zeit seit Absendung des Berichtes in Japan durchgesetzt. Die Schriftleitung.

477

ZEITSCHRIFT FÜR
GEOPOLITIK
verbunden mit der Zeitschrift
WELTPOLITIK UND WELTWIRTSCHAFT

Berlin, Nr. 2/1939,
S. 104–113

R. S.
DIE JAPANISCHE WIRTSCHAFT
IM CHINAKRIEGE. I

Inhaltsangabe:

Einleitung: Von der Strafexpedition zum Vollkrieg.
I. Japans Wirtschaft vor Kriegsbeginn.
II. Die japanische kriegswirtschaftliche Gesetzgebung.
III. Ergebnisse der japanischen Kriegswirtschaft.
    A. Die Vergrößerung der japanischen Kriegsindustrie.
    B. Japans Kriegs-Außenhandel.
    C. Finanzierung des Krieges und der Kriegswirtschaft.
    D. Sonstige Probleme der japanischen Kriegswirtschaft.
Schluß: Die Kriegswirtschaft und das Großziel Japans.

Von der Strafexpedition zum Vollkrieg

Als im Sommer 1937 die ersten Schüsse an der Marco-Polo-Brücke südwestlich von Peiping fielen, gab es wohl nur sehr wenige, die die Tragweite dieses Ereignisses ahnten. Und es steht heute außer Zweifel, daß die
damals verantwortlichen Männer Japans ehrlichst davon überzeugt waren, in ihren ersten, den heutigen Chinakrieg einleitenden militärischen
Maßnahmen, nur eine kurze «Strafexpedition» gegen die 29. nordchinesische Armee begonnen zu haben. Natürlich beabsichtigten die führenden
Persönlichkeiten Japans, besonders der Kriegsminister Sugiyama, der Ministerpräsident Konoye und der Außenminister Hirota, mit der «Strafexpedition» die Machtstellung Japans in Nordchina als Etappe zu dem
ihnen allen vorschwebenden Fernziele der japanischen Vorherrschaft in
ganz China und Ostasien zu verstärken. Doch keiner von ihnen hat wohl
daran gedacht, daß dieses große Ziel so akute Augenblicksaufgabe Japans
werden sollte. Keiner sah voraus, daß die Kämpfe im Peiping-Tientsin-
Gebiet sich zum Endkampf um die Hegemonieansprüche Japans über
China entwickeln würden.

Allerdings, dieses letzte Fernziel der japanischen Politik ist schon sehr
alt. Es mag den ersten Japanern, die unter ihrer Kaiserin Jingo Kogo im
4. Jahrhundert in Korea einbrachen, dunkel vorgeschwebt haben. Es war
dem genialen Hideyoshi während seiner koreanischen Feldzüge Ende des
16. Jahrhunderts ganz bewußte Vision. Und es veranlaßte Japan, unmittelbar nach seiner Restauration 1868, zu den ersten Expansionsbewegun-

gen, die hauptsächlich gegen unter chinesischer Souveränität stehende Gebiete geplant und geführt wurden. Japan ist dieser alten Tradition weiter treugeblieben. Selbst die Besitzergreifung der früheren deutschen Südsee-Inseln, ein Gelegenheitsgeschenk des Weltkrieges, vermochte diese feste Ausrichtung der japanischen Expansion nicht abzulenken. Und die Besetzung der Mandschurei, von vielen als der Anfang der Expansion nach Sibirien begrüßt, war nur der erste wirkungsvolle Schritt zu der «Strafexpedition» in das eigentliche China hinein. Japan kennt bis heute, abgesehen von der erwähnten Abweichung, keine «südliche oder nördliche Expansionsrichtung»; es kennt nur eine «Kontinentalexpansion» mit China als dem bisher geeignetsten Objekte zur Errichtung seiner ausschließlichen Vormachtstellung in Ostasien.

Der Verlauf der «Strafexpedition», die Auswirkung der Raumgröße Chinas, die der japanischen Armee das Gesetz des Handelns vorschrieb und sie immer tiefer ins Innere zieht, weitete im gleichen Maße auch das Kriegsziel aus. Aus den schon vergessenen Forderungen und Sonderrechten Japans in Nordchina wurde die allumfassende Höchstforderung nach der wirtschaftlichen, politischen und militärischen Unterordnung Chinas unter die japanische Vorherrschaft: eine Zwangsentwicklung größten Maßstabes. Damit wurde auch außenpolitisch der Hauptstoß, der sich, solange es um Nordchina ging, ausschließlich gegen die USSR richtete, gegen die asiatische Positionen der Westmächte überhaupt, und Englands, Frankreichs und Amerikas im besonderen, geführt. Die USSR interessiert heute die japanische Außenpolitik weniger; der diplomatisch-politische Kampf richtet sich hauptsächlich gegen die drei obengenannten Großmächte.

Dieser Entwicklung in den Kriegszielen und Neuorientierung der außenpolitischen Fronten ging ein intensiver innenpolitischer Kampf voraus. Mit der Einnahme Nankings begannen diese Auseinandersetzungen um die Erweiterung der Kriegsziele und Veränderung der außenpolitischen Stoßrichtung. Die sich hinschleppende «Suechow-Schlacht» im Frühjahr 1938 verschärfte den Druck der radikaleren Elemente, führte zum Rücktritt des Außenministers Hirota und des Kriegsministers Sugiyama und verhalf den radikaleren Gruppen, besonders nach dem Rücktritt des neuen Außenministers Ugaki, mit der Durchführung der Hankow-Expedition und der Kanton-Landung zum Siege. Die Regierungserklärung vom 3. November 1938*, die die Hegemonieforderung Japans offen zum Ausdruck brachte, vollendete den Sieg der radikalen Kräfte in Japan. Und immer deutlicher führt die innenpolitische Entwicklung in der Richtung einer von der Wehrmacht fast ausschließlich beherrschten «autoritären Staatsführung» Japans.

Ebenso bedeutsam sind die Veränderungen, die der Chinafeldzug der japanischen Wehrmacht, besonders der Armee gebracht hat. Die japanische Armee hat sich in der Zeit des Chinakrieges von einem kleinen kaum 230 000-Mann-Heere zum großen Massenheere im Maßstabe der deutschen und der Roten Armee entwickelt. Außerdem wird sie jetzt, nachdem sie bis zum Chinakriege als technisch recht zurückgeblieben angesprochen

* «Tokyo Gazettes», Dezember 1938, S. 16.

werden konnte, in eine alle modernen Waffen beherrschende, technisch hochstehende, kriegserfahrene Armee umgewandelt. Diese technisierte Massenarmee wird auch nach dem Abschluß der Hauptoperationen in China aufrechterhalten werden; sie ist, wie dies die japanische Regierung schon mehrfach angekündigt hat, das stehende Volksheer Japans von Morgen und Übermorgen. Es wird keine Demobilisierung in Japan geben, auch nicht im innen- und außenpolitischen Gewichte dieser Armee.

Doch all diese militärischen, innen- und außenpolitischen Neuentwicklungen, die der Chinakrieg in Japan hervorgerufen hat, verlangen eine reale Grundlage in der Volks- und Staatswirtschaft Japans. Und so wird die Frage nach der wirtschaftlichen Entwicklung Japans während des Feldzuges zur Frage, wieweit die neu geformte Kriegswirtschaft die ausreichende Grundlage für die schon eingetretenen Veränderungen abgibt und wieweit ihr Mechanismus den noch größer werdenden Anforderungen der Zukunft zu entsprechen verspricht.

Damit ist das Ziel der vorliegenden Untersuchung angedeutet; ebenso auch der Inhalt späterer in sich abgeschlossener Arbeiten über die innenpolitische und außenpolitische Bedeutung des zweiten Chinakrieges für das Japanische Reich.

I. Japans Wirtschaft vor Kriegsbeginn

Schon einige Jahre vor dem Ausbruch des Chinakonfliktes, in Verbindung mit dem sich ständig beschleunigenden Tempo der japanischen Aufrüstung, wurde der Zustand, in dem sich die japanische Wirtschaft organisatorisch und produktionsmäßig befand, von Regierungsseite als mit dem eines «halbkriegsmäßigen oder Vorkriegszustandes» bezeichnet. Das heißt, die Vorbereitungen auf einen bald erwarteten «Kriegsbedarf» waren schon seit einiger Zeit bewußt in die Wege geleitet.

Dennoch kann behauptet werden, daß die japanische Wirtschaft unter nicht sehr günstigen Voraussetzungen den Übergang in die Kriegswirtschaft gefunden hatte, die nur einem chinesischen Gegner gegenüber als ausreichend eingeschätzt werden durften. Eine Reihe «natürlicher und historisch-sozialer Gründe» müßten zur Erklärung der besonderen Schwächen der japanischen Wirtschaft angeführt werden, worauf aber bei dieser Untersuchung verzichtet werden muß. Allerdings auch mit einem sehr großen Plus ist die japanische Wirtschaft in den Krieg getreten: mit einer gesicherten Nahrungsdecke, die selbst den Ansprüchen eines langen Krieges genügen wird. Intensive Eigenproduktion, ergänzt durch den Reisbau Formosas und Koreas und eine seit Jahren betriebene Vorratswirtschaft, haben die Versorgung für 1938 gesichert. Auch für das kommende Jahr ist nach der diesjährigen Ernte der auf rund 80 Millionen Koku (1 Koku = 1,8 hl gefüllt mit Reis, was einem Gewicht von 150 kg gleichkommt) geschätzte Bedarf gesichert und darüber hinaus noch eine auf 7 Millionen Koku geschätzte Reserve. Zwar ist im kommenden Erntejahr mit einer gewissen Verringerung des Ernteertrages als Folge des Krieges zu rechnen. Auch mit einer sicherlich stärkeren Verminderung der Versorgung mit dem wichtigsten zusätzlichen japanischen Nahrungsmittel, dem

Fisch (Brennstoffmangel für die Fischerboote); dennoch kann die Nahrungsdecke auch für 1939 als ausreichend angesehen werden.

Mit eine der Ursachen für diese ausreichende Versorgung mit Nahrungsmitteln, die bei der starken Bevölkerungszunahme der letzten 50 Jahre erstaunen mag, liegt in einer aus alter geschichtlicher Vergangenheit übernommenen besonderen Konzentration der japanischen Wirtschaft auf die Landwirtschaft, besser gesagt, auf den Reisbau. Doch diese Konzentration bedeutete in unserem Falle auch gleichzeitig ein gewisses «Nachhinken» in der industriellen Entwicklung, die sich bei der heutigen Großmachtstellung Japans und seinen Vormachtsansprüchen im Fernen Osten zu rächen beginnt. Das spezifische Gewicht der Landwirtschaft ist nämlich in Japan im Verhältnis zu anderen Großmächten erstaunlich groß. 1936 machte z. B. der Prozentsatz der landwirtschaftlichen Bevölkerung noch 47 % der Gesamtbevölkerung aus. Von allen Haushalten Japans sind 42 % landwirtschaftliche Haushalte*. Und selbst im Werte der japanischen Jahresproduktion macht die landwirtschaftliche Produktion bei außergewöhnlich hoher Einschätzung der industriellen Produktion 20 %, bei kritischer Einschätzung dieser 23 % aus. Und rechnet man, daß in jedem landwirtschaftlichen Haushalte, dessen Mitgliederzahl in Japan auf 5,6 Personen angegeben wird, nur 2,5 Personen hauptberuflich in der Landwirtschaft tätig sind, die übrigen wegen Alters oder Jugend oder anderen Gründen von diesen miternährt werden, dann ergibt dies im Jahre 1936 rund 14 Millionen landwirtschaftliche *Arbeitshände* gegenüber rund 6 Millionen in der Industrie Tätigen. In Deutschland dagegen macht die land- und forstwirtschaftliche Bevölkerung nur 21 % der Erwerbstätigen aus. In der Industrie und im Handwerk dagegen sind 38 % der Bevölkerung beschäftigt, also rund 25 Millionen gegenüber den japanischen 6 Millionen (ausschließlich selbständigen Handwerkern)**.

Aber selbst diese, mit dem landwirtschaftlichen Sektor verglichen, relativ kleine und vom Standpunkt anderer führender Großmächte absolut kleine Industrie zeigte vor dem Chinafeldzug, wehrwirtschaftlich gesehen, zusätzliche Schwächen. Nach den statistischen Angaben (Oriental Economist, May 1937) ist die japanische Spinnereiindustrie bei weitem die wichtigste Industrie Japans. Sie produzierte 1935 allein 31 % des gesamten industriellen Produktionswertes (Produktion der Bergbauindustrie nicht mit eingerechnet). Die in ihr beschäftigte Arbeiterschaft machte 42 % aller industriellen Arbeiter aus, und die Zahl der Spinnereibetriebe betrug 30 % aller Betriebe. Ihr folgte im weiten Abstande in bezug auf den Produktionswert die Metallindustrie mit 17 %, – 9,2 % in der beschäftigten Arbeiterschaft und mit 8,6 % in bezug auf die Zahl der Betriebe. Dann folgt die chemische Industrie mit 16,8 % des Wertes, 9,6 % der Arbeiterschaft und 5,5 % der Betriebe. An vierter Stelle tritt die Maschinenindustrie mit 13,5 % des Wertes, 15,5 % der Arbeiterschaft und 12,2 % der Betriebe. Aus dieser Statistik geht aber auch hervor, daß die Durchschnittsgröße der Belegschaft der chemischen Betriebe 49 Arbeiter nicht übersteigt; die der Textilindustrie 39,4; die Maschinenindustrie 36 und die der Metallindu-

---

* Mikimura, Japan Agrarian Problems, Tokio, Dezember 1937, S. 3.
** Statistisches Jahrbuch des Deutschen Reiches, 1937.

strie nur 30 Arbeiter. Das heißt, die japanische Industrie war vor dem Chinafeldzuge überwiegend Leichtindustrie. Und ihre Größe, selbst in der kriegswichtigen Industrie, geht im Durchschnitt nicht über den Klein- und mittleren Betrieb hinaus. Neben einigen wenigen wirklich großen, modernen Industrieanlagen Japans überwiegen die kleinen und sogar Kleinstbetriebe.

Aber auch die absoluten Produktionsziffern der besonders wichtigen kriegswirtschaftlichen Industrien sind, gemessen an denen anderer Großmächte, recht bescheiden. Zum Beispiel betrug die japanische Roheisenproduktion 1936, also unmittelbar vor dem Chinakonflikt, 2,8 Millionen Tonnen; die amerikanische dagegen 31,5 Millionen; die deutsche 15,3; die sowjetrussische 14,3 und die britische 7,8 Millionen Tonnen. Die entsprechenden Ziffern für Stahl sind: Japan 5,2 Millionen Tonnen; USA 48,5; Deutschland 18,7; USSR 16,2; England 11,9 Millionen Tonnen*. Zwar erhöhen sich die japanischen Ziffern durch die Eisen- und Stahlproduktion des unter japanischer Oberherrschaft stehenden Mandschukuo**; dennoch bleiben sie erstaunlich weit hinter den anderen aufgeführten Ländern zurück, lassen auf einen für eine Großmacht recht kleinen schwerindustriellen Apparat schließen. Auch die für die Wehrwirtschaft so wichtige Kohlenindustrie bleibt weit hinter der der aufgeführten Vergleichsmächte zurück. 1936 produzierte Japan 41,8 Millionen Tonnen, USA dagegen 453, Deutschland 159, England 232, USSR 123 Millionen Tonnen.

Hinzu kommt, daß Japan vor dem Chinafeldzuge kaum eine eigene Automobilindustrie besaß. Der Hauptbedarf wurde durch die beiden amerikanischen Zusammensetzwerke und direkte Einfuhr aus Amerika befriedigt. Erst 1937 kamen die beiden Werke Nissan und Toyoda mit einigen Hundert eigenen Lastwagen und Personenfahrzeugen heraus. (Die mehrere Tausend umfassende jährliche Produktion der Datsun-Kleinpersonen-Autos, die wehrwirtschaftlich ohne jede Bedeutung sind, kann hier unberücksichtigt gelassen werden.) Daneben wurden in einzelnen Kriegsbetrieben jährlich einige Hundert Tanks und Panzerautos hergestellt. Besser entwickelt war die Flugzeugindustrie. Ihre Leistungsfähigkeit vor dem Konflikt kann auf ungefähr zweitausend Maschinen im Jahre angesetzt werden. Die kriegswirtschaftlich so wichtige Werkzeugmaschinenindustrie steckte vor dem Konflikt recht in den Anfängen. Ihr Jahresproduktionswert erreichte Ende 1936 nur rund 36 Mill. Yen, und der Importbedarf machte noch 38 % des inneren Bedarfes aus. Außerdem stellt das «Mitsubishi-Research Bureau», dessen Novemberheft 1938 diese Zahlen entnommen sind, fest, daß die Hauptmenge der besonders schwierigen Präzisionsmaschinen der Munitions- und Flugzeugindustrie nahezu ausschließlich importiert werden mußte. Recht fortgeschritten ist die japanische Schiffbauindustrie, die 1937 nach England und Deutschland in der Produktionsleistung an dritter Stelle stand. Auch die Elektrizitätsindustrie Japans ist stark entwickelt und von der ausländischen Einfuhr so gut wie gänzlich unabhängig; ebenso auch die schwefelchemische Industrie.

* Annuaire Statistique de la Societé des Nations, 1937/38.
** Ende 1936, Anfang 1937 wird die Roheisenerzeugung Mandschukuos auf rund 600000 Tonnen jährlich geschätzt.

Eine besonders ernste Schwäche der japanischen Wirtschaft ist die einheimische Rohstoffarmut. Die letzten Untersuchungen über das Verhältnis der japanischen Rohstoffvorkommen und des Bedarfes sind vom Mitsubishi-Forschungsinstitut 1936 veröffentlicht worden. (Japans Trade and Industries, Tokyo 1936, S. 74.) Doch diese Untersuchung bezieht sich auf die Rohstoffproduktion Japans und den Bedarf der Jahre 1933/34 und rechnet also den gerade nach diesen Jahren außerordentlich gesteigerten Industriebedarf an Rohstoffen nicht ein. Die Angaben über die Deckungsfähigkeit des japanischen Bedarfes aus eigenen Rohstoffquellen sind also zu günstig angesetzt, wie die heutige Praxis es bewiesen hat. Eine Reihe früher als ausreichend angesehener Rohstoffe sind in diesen Tagen auf die Dringlichkeitsliste der Einfuhr gestellt worden. Nach den Angaben der Untersuchung, die sich auf 65 industrielle Rohstoffe bezog, ausschließlich der Nahrungsmittel, war Japan überreichlich mit folgenden 9 Rohstoffen versehen: Silber, Schwefel, Arsen, Rohseide, Fischöl, Kampfer, Pfefferminz, Pflanzenöl, Kunstseidenfaser. Dagegen war Japan schon damals mit folgenden Rohstoffen zwischen 10–50 % auf ausländische Einfuhr angewiesen: Roheisen, Kupfer, Chrom, Soda, Baryt, Zellstoff, Paraffine, Häute. Überwiegend auf ausländische Zufuhr angewiesen, und zwar zwischen 50 und 90 %, war es in folgenden Rohstoffen: Eisenerze, Schrott, Blei, Zinn, Mangan, Wolfram, Molybdän, Salz, Borsten, tierische Fette, Jute, Flachs, Hanf, Ölsamen. Von 90–100 % abhängig in folgenden wichtigen Rohstoffen: Nickel, Antimon, Quecksilber, Platin, Aluminium, Asbest, Magnesium, Phosphate, Kali, Nitrate, Wolle, Rohbaumwolle, Petroleum.

Das heißt, Japan war für den 1933/34 bestehenden Bedarf nur in 9 von 65 Rohstoffen ausreichend und 17 einigermaßen gut versorgt. In allen anderen war es auf Einfuhr angewiesen, und zwar in einer Dringlichkeit, die bei den letzten sehr wichtigen aufgezählten Rohstoffen zwischen 90 und 100 % liegt. Auf der anderen Seite muß zugestanden werden, daß von den ausreichend vorhandenen oder sogar überschüssigen Rohstoffen nur zwei ernstlich kriegswirtschaftliche Bedeutung gewinnen können, nämlich Silber und Schwefel*.

Die mangelhafte Rohstoffgrundlage Japans, die relative Schwäche der Schwerindustrie und die Unentwickeltheit mancher hochwertiger Fertigwarenproduktionszweige, machten die japanische Wirtschaft im hohen Grade von der ausländischen Einfuhr abhängig. So setzte sich die japanische Einfuhr 1936, also vor dem Chinakriege, zu 62,9 % aus Rohstoffen, 17,3 % aus Halbfertigwaren und 10,9 % aus Fertigwaren zusammen**. Da Japan aber weder große Kapitalsanlagen im Auslande besitzt noch aus nationalen Gründen Wert auf langfristige ausländische Kredite gelegt hatte und durchaus keinen außergewöhnlich großen Devisen- und Gold-

---

* Eine soeben im Weltwirtschaftlichen Archiv, Septemberheft 1938, erschienene ausgezeichnete Arbeit von G. Konno, «Die Versorgung Japans mit Industriestoffen», führt die obigen Berechnungen für eine Reihe wichtiger Rohstoffe bis zum Jahre 1936 weiter. Dabei kommt G. Konno zu einem Ergebnis, das die Abnahme der japanischen Bedarfsdeckung für Mangan, Zinn, Eisenerze und Blei nachweist. Deckte Japan seinen eigenen Bedarf vor 1936 in diesen Rohstoffen noch mit 10–50%, so sank diese Eigendeckung 1936 auf 0–10% in den genannten Rohstoffen.
** Monthly Circular, Mitsubishi Economic Research Bureau, February, 1938.

vorrat hat, muß es seine lebenswichtige Einfuhr mit einer möglichst wertmäßig dieser entsprechenden Ausfuhr bezahlen. So spielt der Außenhandel Japans eine besonders große Rolle in der japanischen Volkswirtschaft. Schätzen wir den gesamten Produktionswert übertrieben hoch, so macht der Außenhandel Japans rund 29 % dieses Wertes aus. Setzen wir ihn für 1937 mit 22 Milliarden an, also nicht ganz so übertrieben wie manche japanische Statistiken*, so beträgt das Außenhandelsvolumen sogar 31 %. Für Deutschland kann man sicherlich nicht mehr als 20 % als Verhältnis des Außenhandelsvolumens zum Produktionsvolumen** ansetzen. Für Amerika noch erheblich viel weniger.

Die so notwendige Ausgleichung der internationalen Zahlungsbilanz war immer nicht sehr einfach für Japan. Stets bestand, bis auf die Jahre des Weltkrieges, eine passive Handelsbilanz, die aber im allgemeinen durch die japanische Goldproduktion und die unsichtbare, meist aktive Zahlungsbilanz ausgeglichen werden konnte. Doch mit der schnellen Aufrüstung und den Waren- und Kapitalsansprüchen des neugegründeten Mandschukuos konnte dieser Ausgleich nicht mehr gefunden werden. Die Ansprüche aber des Chinakrieges haben nun die Frage der Ausgleichung der Zahlungsbilanz zu einem der wichtigsten Probleme der Kriegswirtschaft gemacht.

*

Mit den obigen Ausführungen dürften die wichtigsten Eigenarten der japanischen «Vorkriegswirtschaft» gekennzeichnet sein, die zu Hauptproblemen der eigentlichen Kriegswirtschaft geworden sind. Natürlich werden in dieser neben anderen auch Fragen der Arbeiterbeschaffung, der Finanzierung der Industrieausdehnung, der Staatsfinanzen und endlich die organisatorischen Probleme eine mit der Dauer des Konfliktes zunehmende Rolle spielen. Die japanische Vorkriegswirtschaft hatte bei der Beschaffung von Arbeitskräften so gut wie gar keine Schwierigkeiten. Selbst das sicherlich objektiv vorhandene Problem der Heranziehung von Qualitätsarbeitern konnte wegen einer gewissen technischen Rückständigkeit der japanischen Industrie in den hochentwickelten technischen Produktionszweigen von Fall zu Fall gelöst werden. Sonst aber setzte das Land (die Übersetztheit der Landwirtschaft an Arbeitskräften und besonders die Not der Landbevölkerung) ungefähr rund 450000 neue Arbeitskräfte für die japanische Industrie frei, von denen sie durchschnittlich in den letzten Jahren nicht mehr als 150000 aufnahm***. Vom sozialen Standpunkt aus ein reichlich ernstes Problem; vom Standpunkt der Industrieunternehmungen eine glänzende Lage. Doch so schwer auch die soziale Lage des japanischen Arbeiters, besonders der Arbeiterinnen, des Bauern und des kleinen Angestellten schon vor dem Konflikte gewesen sein mag, eine soziale politische Beunruhigung für die Wirtschafts- und Staatsführung stellte sie besonders in den letzten Vorkonfliktjahren auf keinen Fall

* Mitsubishi Research Bureau schätzt den Gesamtwert der japanischen Produktion 1937 auf 24 Milliarden Yen.
** Statistisches Jahrbuch. 1937.
*** Mitsubishi Research. Monthly Circular, Oktober 1939.

dar. Die Frage aber, wieweit hier potentielle Gefahrenquellen oder ander-
weitige, nach einem Ausbruch drängende Kräfte sozialer Natur zu finden
sind, gehört in eine soziologische und innenpolitische Studie über Japan
zur Zeit des Chinakonfliktes.

Auch die Finanzierung der schnellen Industrieentwicklung in der Vor-
konfliktszeit bot weder Schwierigkeiten noch besondere Eigenarten. Sie
konnte leicht aus der verhältnismäßig großen Profitrate der großwirtschaftlichen Unternehmen erfolgen. Und dort, wo diese kein besonderes
Risiko in der Finanzierung auf sich nehmen wollten, konnte diese Schwierigkeit durch die außerordentlich enge Zusammenarbeit der staatlichen
Finanzführung mit den Großbanken und Unternehmungen überwunden
werden. Diese enge Verbindung erleichtert auch die Unterbringung des
ständig wachsenden Staatsbedarfes, der sich in den letzten Jahren sprunghaft erhöht hat. Die besondere Machtstellung der japanischen Wehrmacht
half dort nach, wo die genannte Zusammenarbeit nicht ausreichend wirksam werden wollte. Erst die vollentfaltete Kriegswirtschaft beginnt auf der
Finanzierungsseite im Laufe der Zeit ernste Fragen aufzuwerfen.

Die eben erwähnte staatliche und privatwirtschaftliche Zusammenarbeit hat auch die organisatorischen Umstellungen verhältnismäßig leicht
werden lassen. Schon lange vor dem Konflikte bestanden in Japan zahlreiche staatlich herbeigeführte Zusammenfassungen über den Rahmen einzelner Trusts oder Kartelle hinaus, die zur Grundlage der kriegswirtschaftlichen Kontrolle und Leitung der Privatwirtschaft wurden.
Zahlreiche Ein- und Ausfuhrverteilungsgilden, industriemäßige Zusammenfassungen mit Zwangscharakter, scharfe militärpolizeiliche Erfassun-
gen aller kriegswirtschaftlich wichtigen Betriebe, gaben der heutigen
Zwangswirtschaft schon lange vor dem Chinakriege eine breite organisatorische Grundlage.

II. Die japanische kriegswirtschaftliche Gesetzgebung*

Aus der vorhergegangenen Schilderung der besonderen Züge der japanischen Volkswirtschaft ergeben sich folgende Hauptgebiete für eine kriegswirtschaftliche Gesetzgebung und Kontrolle:

Erstens: Gesetze zur Steigerung der Produktion aller kriegswirtschaftlich wichtigen Waren.

Zweitens: Bestimmungen zur Einschränkung des nichtkriegswirt-
schaftlich notwendigen Konsums, soweit dieser sich nicht ausschließlich
auf heimische Grundstoffe stützt und soweit er nicht der valutabringen-
den Ausfuhr dient. Oder anders ausgedrückt: Sicherung der kriegswirtschaftlich wichtigen Importe bei gleichzeitiger weitgehender Ausgleichung
der internationalen Zahlungsbilanz.

Drittens: Durchführung solcher Maßnahmen, die der Finanzierung
der Kriegsindustrie dienen, die steigenden Ansprüche des Kriegshaushal-
tes befriedigen und eine möglicherweise durch die Ausfuhr Japans nicht

---

* Die folgende Aufzählung der kriegswirtschaftlichen Gesetze stützt sich auf die in englischer
Sprache erschienenen Aufzählungen und Besprechungen des «Monthly Circular» vom September, Oktober, November 1937; März, Mai, August, September, November 1938.

auszugleichende Zahlungsbilanz mit Hilfe der Gold- und Devisenreserven ausgleichen können.

Die kriegswirtschaftlichen Gesetze Japans, die während des bisherigen Verlaufes des Chinakonfliktes erlassen wurden, schließen sich an eine Reihe von Gesetzen und Verordnungen an, die schon längere Zeit vor dem Chinakonflikte in Vorbereitung erwarteter außenpolitischer Zusammenstöße angenommen wurden. Als wichtigste dieser mögen hier nur die verschiedenen «Reisgesetze» der letzten Jahre genannt werden, die die Vorratsbildung und Festsetzung von Höchst- und Mindestpreisen einführten; Gesetze, die weiterhin die Entwicklung und Kontrolle der Eisen- und Stahlindustrie und Milderung der Abhängigkeit Japans von der Benzineinfuhr anstrebten und die Bildung einer gewissen Ölreserve verlangten.

Auch Maßnahmen zur Steigerung der Kohlenproduktion und beschleunigten Entwicklung einer japanischen Autoindustrie wurden getroffen.

Gleich bei Beginn des Chinakrieges wurde dann, entsprechend dem *ersten* obengenannten Hauptziele, der Vermehrung der kriegswichtigen Produktion, das alte aus dem Jahre 1918 stammende Gesetz zur «Mobilisierung der Waffen- und Munitionsbetriebe» wieder in Kraft gesetzt. Die Wirksamkeit dieses Gesetzes wurde dann im März 1938 durch die weitergehenden Bestimmungen des «Allgemeinen nationalen Mobilmachungsgesetzes»* ersetzt, das die Kontrolle und Eingriffsgewalt des Staates auf die gesamte kriegswichtige Industrie ausdehnte. Auch wurde gleich zu Anfang ein neues Eisen- und Stahlgesetz erlassen, das erweiterte staatliche Kontrolle und erhebliche Vergünstigungen für die Eisen- und Stahlwerke vorsieht und damit Produktionssteigerungen und Neugründungen anregte. Weitere Gesetze zur Steigerung und Verbesserung der Produktion von Flugzeugen, Werkzeugmaschinen, Mineralien, sonstigen Rohstoffe, wie z. B. Petroleum, und eine der Verstaatlichung nahekommenden Reorganisation der Elektrizitätsindustrie erschienen in schneller Folge.

Ein besonders wichtiges Gesetz, das ebenfalls gleich zu Anfang des Konfliktes ausgearbeitet wurde, ist das zur «zeitweiligen Regulierung der Finanzmittel», das eine umfassende Kontrolle aller Investierungen und ihre erfolgreiche Lenkung durch die Bank von Japan ermöglicht. Durch dieses Gesetz wurden die japanischen Unternehmungen in drei Kategorien eingeteilt, die je nach ihrer kriegswirtschaftlichen Dringlichkeit bei Neugründungen, notwendig werdenden Kapitalerhöhungen oder Obligationsausgaben unbedingt zu bevorzugen, von Fall zu Fall zu berücksichtigen oder von jeder Kapitalserhöhung auszuschließen sind. Durch diese Maßnahmen wurde das bereitstehende Privatkapital vorwiegend für den notwendigen Ausbau der Rüstungsindustrie zum Einsatz gebracht und u. a. ein geradezu staunenswert schneller Ausbau einer so wichtigen Ersatzindustrie wie der Zellstoffindustrie ermöglicht. Während hier bei einer allmählichen Verschärfung der Kontrolle stets die wirtschaftliche Rentabilität gefördert wurde, ist man neuerdings aus innenpolitischen Gründen dabei, durch Anwendung des Paragraphen 11 des «nationalen Mobilmachungsgesetzes» die Gewinne der Unternehmungen unter Kontrolle zu

---

* Englische Wiedergabe in «Tokyo Gazettes», Mai 1938.

nehmen und damit allerdings die Anregung zu einer nicht sehr begrüßenswerten Verschleierungstaktik zu geben.

Zur Erreichung des zweiten Hauptzieles der japanischen Kriegswirtschaft, der Sicherung der Einfuhr von kriegswichtigen Waren aus dem Auslande und zur Anbahnung einer ausgeglichenen Handels- und Zahlungsbilanz, hat Japan eine «geschlossene Devisen- und Einfuhrkontrolle» eingeführt. Ausgangspunkt dieser außerordentlich straffen Kontrolle wurde das schon 1933 erlassene Gesetz gegen die Kapitalflucht, das durch zahlreiche Einzelgesetze so weit ergänzt wurde, bis die Devisenbeschaffung für Importzwecke und sonstige Zahlungen durch Devisentransferbestimmungen straff in der Hand der «Yokohama Spezie Bank» konzentriert waren, durch die allein Devisen bezogen werden können. Selbst die ausländischen Banken haben keine Möglichkeit, außerhalb des Rahmens der Devisentransferbestimmungen Devisen zu verkaufen. Ein Verbot, mehr als 100 Yen jährlich für kommerzielle Zwecke ins Ausland zu schicken, sperrte unkontrollierbare Einfuhr mit Hilfe von Yenzahlungen. Diese Gesetze wurden dann durch das Gesetz vom 10. September 1937, «betreffend provisorische Maßnahmen in bezug auf Import und Export», ergänzt, das durch Bestimmungen «über Ein- und Ausfuhrerlaubnis»* vom 11. Oktober 1937 seine Ausführungsbestimmungen erhielt. Durch diese wird die Einfuhr und Ausfuhr einer staatlichen Erlaubnis unterworfen, die eine strenge Scheidung zwischen kriegswichtiger und nichtkriegswichtiger Einfuhr vornimmt. Die Waren aber, die ausgesprochen kriegswichtig sind, wie Petroleum, Eisenerze usw., die keiner besonderen Einfuhrerlaubnis bedürfen, sind durch die obenerwähnte Devisenkontrolle praktisch auch der staatlichen Einwilligung zu ihrer Einfuhr unterworfen. Außerdem sieht das Rahmengesetz vom 10. September auch die Kontrolle der Verwendung der kriegswichtigen Waren, ihrer Verteilung und ihrer Produktion vor.

Mit der Durchführung dieser Gesetze ist in der Tat eine nahezu restlose Kontrolle der japanischen Einfuhr und der Devisenzahlungen ins Ausland gelungen. Ausfuhrverbote haben den Abfluß kriegswichtiger Waren ebenfalls verhindert. Die in der ersten Zeit sehr schroffe Handhabung der betreffenden Gesetze hat zu einer schweren Schädigung des für Japan so wichtigen Exportes geführt. Daher mußte die Regierung durch eine Reihe neuer ergänzender Gesetze versuchen, die Ausfuhrbehinderung möglichst zu mildern oder zu beseitigen, soweit es sich um devisenbringende Ausfuhr handelt. Groß ist allerdings der Erfolg dieser Maßnahmen zur Förderung der Ausfuhr bei starker Einfuhrbeschränkung bisher nicht gewesen.

Bei der Erfüllung der dritten Aufgabe der Finanzierung ist zu berücksichtigen, daß Japan die Finanzierung seines industriellen Kapitalbedarfes (für Japan und den Yenblock), seiner Kriegskosten und seines Haushaltes und der Einfuhr seines Kriegsbedarfes nahezu ausschließlich mit eigenen Mitteln vornehmen muß. Anleihen oder größere Kredite vom Auslande stehen nur in bescheidenem Maße zur Verfügung.

---

* Law concerning provisional Measures relating to Imports and Exports and the provisional Regulations concerning Imports and Exports Permissions. Department of Foreign Affairs. Tokyo, April 1938. Englisch.

Für die an erster und zweiter Stelle genannten Finanzbedürfnisse steht dem japanischen Staate theoretisch das gesamte Volkseinkommen, abzüglich des zur Aufrechterhaltung des volkswirtschaftlichen und privaten Lebens notwendigen «Reproduktionsteiles» des Einkommens, zur Verfügung. Die Aufgabe der kriegswirtschaftlichen Gesetzgebung muß also darin bestehen, alle über diese Mittel hinausgehenden Einkommensteile der Kapitalsbildung für die Kriegswirtschaft oder dem Anleihebedarf und den Ansprüchen des Haushaltes zuzuführen.

Die Überleitung dieses Teiles des Volkseinkommens in die genannten Kanäle ist einmal durch eine Reihe verschärfter Steuergesetze nach dem Konfliktsausbruch in die Wege geleitet worden. Zweitens dient das schon erwähnte Investitionskontrollgesetz (Gesetz über die «zeitweilige Regulierung der Finanzmittel») dazu, einen bestimmten Teil des Einkommens den wichtigsten Kriegsunternehmungen zuzuleiten. Darüber hinaus sorgen eine Reihe von Gesetzen über die Einschränkung des Verbrauches von Bedarfsgegenständen oder sogar des Verbotes der Verwendung dieser zu nichtkriegswirtschaftlichen Zwecken für die Beschränkung der Ausgaben der Bevölkerung. Die bewußt geförderte Beschränkung von Produktion von Luxusartikeln, das Verschwinden vieler früher vom Auslande eingeführter, teurer Konsumgüter und endlich eine sehr weitgehende Propaganda für Sparsamkeit drängen einen Teil der Einkommen in die gewünschte Richtung; das heißt entweder in Industriekapitalanlagen oder in die Staatsanleihen. Auch sind schon Maßnahmen getroffen, um Einnahmen, die über den notwendigen Einkommensbedarf hinauszugehen scheinen, in Form von Anleiheanteilen auszuzahlen. Fürs erste haben diese angeführten Maßnahmen genügt, um die benötigten Mittel der Wirtschaft und dem Staate zuzuführen. Das heißt, man ist mit einer gut gesteuerten Kreditinflation ausgekommen und hat die Steigerung der Notenausgabe der Bank von Japan und der Notenbank von Korea und Formosa in mäßigen Grenzen halten können. Der Notenumlauf dieser Banken ist von 1,820 Millionen Yen vor Ausbruch des Konfliktes Juni 1937 auf 2,382 Millionen Yen im Oktober 1938 gestiegen. In Mandschukuo ist allerdings die inflationistische Tendenz kräftiger und drückt sich in einer rund 33 proz. Steigerung des Notenumlaufes aus.

Da die japanische Ausfuhr bei weitem nicht ausreicht, um die internationale Zahlungsbilanz auszugleichen, muß die Ausgleichung durch die Devisen- und Goldvorräte Japans vorgenommen werden. Zur Erleichterung dieser Finanzoperationen sind einige Gesetze zur Steigerung der Goldproduktion in Japan und in den Gebieten des Yenblocks, zur Konzentration der Gold- und Devisenvorräte in der entsprechenden staatlichen Bank und zur besonderen Verwendung dieser Vorräte durch diese Bank erlassen worden.

Japans kriegswirtschaftliches Gesetzgebungswerk ist noch nicht abgeschlossen. Das Netz der Kriegsgesetze wird immer enger gezogen werden müssen, je länger der Chinakonflikt andauert. In der Voraussicht dieser Entwicklung hat der letzte Reichstag im März 1938 das schon erwähnte «Ermächtigungs- oder Rahmengesetz», das «allgemeine nationale Mobilisierungsgesetz», angenommen, mit dessen Hilfe alle weiteren gesetzgeberischen Maßnahmen auf wirtschaftlichem, sozialem und politischem Ge-

biete getroffen werden können. Bisher sind nur die Bestimmungen in
Kraft gesetzt worden, die die Mobilisierung der Industrie und der «Sani-
tätskräfte» bezwecken. Um die weitere Anwendung, besonders auf die
Verwendung der Gewinne der Privatwirtschaft, die diese aus der Kriegswirtschaft zieht, wird ein zäher, versteckter innenpolitischer Kampf geführt ...

ZEITSCHRIFT FÜR

GEOPOLITIK

verbunden mit der Zeitschrift

WELTPOLITIK UND WELTWIRTSCHAFT

Berlin,
Nr. 8–9/1939,
S. 617–622

R. S.

DIE JAPANISCHE EXPANSION

Einleitung

Die japanische Expansion der Frühzeit, des Mittelalters und der Neuzeit
zeigt in ihrer Zielsetzung eine überraschende Gleichartigkeit; man könnte
sogar von einer in der Weltgeschichte einzigartigen starren Einförmigkeit
sprechen. Sie kennt, seit der ersten nach außen gerichteten Aktivität der
frühgeschichtlichen Periode Japans, bis zum heutigen Tage nur eine
Hauptrichtung – nach Korea und dem dahinter liegenden, sich unermeßlich ausdehnenden Chinesischen Reiche mit den diesen vorgelagerten chinesischen Inseln. Seit dem 4. Jahrhundert n. Chr. ist immer das unter chinesischem Einflusse und sogar Souveränität stehende Korea das erste Ziel
jeder Expansionsperiode der japanischen Geschichte. Es gibt nur eine *erfolgreiche* Ausdehnung Japans, die in anderer Richtung verlief: die Einverleibung der früheren deutschen Südseeinseln während des Weltkrieges.
    In dieser Gleichförmigkeit aller japanischen Ausdehnungsbestrebungen
äußert sich der Drang (beinahe möchte man von einer Flucht sprechen)
von den rohstoffarmen, von ständigen Naturkatastrophen heimgesuchten,
räumlich bedrückend kleinen Inseln fort auf das in verhältnismäßiger
Nähe liegende, alle Naturschätze versprechende, unermeßlich große Festland hin. Und da der sibirische Norden des Kontinents solchen klimatischen Verhältnissen unterworfen ist, die der Japaner am schwersten er-
trägt, richtete sich der Hauptstoß der Japaner, wenigstens bislang, nahezu
ausschließlich auf das den japanischen Inseln vorgelagerte Korea und
China. Diese feststehende Hauptausrichtung aller japanischen Expan-
sionsunternehmungen wurde durch die jeweils zu Beginn einer Expansionsperiode vorher festgestellte politische Schwäche des koreanischen
und chinesischen Gegners wesentlich angeregt.
    Dieser ausschließliche Drang nach dem Festlande ist für ein Inselvolk
erstaunlich. Man sollte eigentlich annehmen, daß der Wille zur Schaffung

eines Insel-Kolonialreiches über Formosa hinaus nach den Philippinen, nach Neuguinea zum mindesten gleich stark vorhanden gewesen wäre. Doch die (fälschlicherweise) sogenannte «südliche Expansion» ist erst allerneuesten Datums und stellte selbst bis zum heutigen Tage keine Hauptlinie der japanischen Expansionsbewegung dar. Bis zum Weltkriege war Japan seit den frühesten Jahrhunderten weder interessiert noch darauf vorbereitet, ein Kolonialreich im südlichen Pazifik zu schaffen; ja, überhaupt Kolonialpolitik im europäischen Sinne zu betreiben. Besondere innenpolitische Entwicklungen ließen Japan auf die Schaffung einer Seemacht verzichten. (Nur einzelne Piraten stießen bis nach Indien vor.) So mußte sich die verhältnismäßige Nähe des Festlandes mit seiner koreanischen Vorschiebung besonders stark auf dieses Inselvolk auswirken, für das das Meer, im Gegensatz zum Polynesier des 7. Jahrhunderts und dem mittelalterlichen Europäer weit mehr ein isolierendes Hindernis, als erfolgreich zu benutzender Verkehrsweg war. Selbst die klimatischen Vorzüge und die teilweise besonders reichen Naturschätze der südpazifischen Inseln konnten diese Hemmungen, die das Meer bereitete, nicht überwinden. *Die riesigen Landräume des chinesischen Festlandes waren und sind heute noch das Hauptziel der japanischen Expansion.*

I. Die japanische Expansion der Frühzeit

Die erste geschichtlich nachprüfbare Ausdehnungsbewegung über das Gebiet des japanischen Inselreiches hinaus, begann 363 n. Chr.*, d. h. also, auf Grund der neueren Forschungen, ungefähr dreieinhalb Jahrhunderte nach der Landung der aus Süd-Kyushu kommenden Yamato-Stämme auf der Kii-Halbinsel, der mitteljapanischen Halbinsel, die durch den Ise-Schrein, Nara und das heutige Osaka bekannt ist. Hier begann der Aufstieg des Yamato-Klanes, der sich dann im Laufe der Jahrhunderte zum herrschenden Klan und dessen höchste Klan-Familie zum Kaiserhaus Japans erhob. Ohne die Herrschaft über Japan schon auf alle Gebiete des Inselreiches ausgedehnt zu haben, eingekeilt von feindlichen nordjapanischen Stämmen und besonders von den in Südjapan auf der Insel Kyushu bestehenden zahlreichen Königtümern bedroht, unternahmen die Japaner unter der Regentin Jingo Kogo, gegen den Willen des kaiserlichen Gemahls, ihren ersten Vorstoß nach außen. Er richtete sich wie alle später folgenden grundlegenden Expansionsbestrebungen zuallererst gegen Korea. Schon damals stand Nord- und Zentral-Korea seit Jahrhunderten unter wechselnd starkem politischen, aber auch militärischen Einfluß Chinas; Süd-Korea, in viele sich befeindende Königtümer zersplittert, war *kulturell* chinesisches Einflußgebiet. Hier in Süd-Korea setzten die japanischen Eroberer unter Ausnutzung der politischen Zersplitterung mit wechselndem Erfolge zur Errichtung ihrer Vorherrschaft an. Dreihundert Jahre wogte der politische und militärische Kampf, bis 663 n. Chr. die japanischen Eroberer durch vereinte koreanische, aber

---

* Vergleiche hierzu: Wedemeyer, Japanische Frühgeschichte, Tokio 1930, S. 34. Y. Kuno, Japanese Expansion, California 1937, Kapitel I.

auch Truppen des wieder geeinten Chinas entscheidend zu Wasser und zu Lande geschlagen wurden.

Der erste nach außen gerichtete Eroberungsversuch war somit politisch und militärisch ein Fehlschlag; vom wirtschaftlichen, technischen und kulturellen Standpunkte aus ungeahnt erfolgreich. In diesen Jahrhunderten des Kampfes um Korea wurde die Grundlage der Entwicklung Japans für die kommenden Jahrhunderte gelegt, eine Grundlage, die durchaus nicht durch die heutige Modernisierung Japans beseitigt worden ist. Während des Kampfes um Korea eignete sich Japan die weit überlegenere chinesisch-koreanische Technik, die entscheidenden Einfluß auf die wirtschaftliche Entwicklung hatte, an; übernahm die chinesischen Schriftzeichen, die konfuzianischen Lehren, den Buddhismus, wandte in seiner Kunst chinesisch-koreanische Grundsätze an. Die Nara- und Kyotoperioden sind heute noch die lebendigsten Zeugen dieser überragenden Einflüsse von außen. Tausende von koreanischen und chinesischen Handwerkern, Gelehrten, Priestern wurden in Japan angesiedelt, verschmolzen mit den führenden Schichten der Japaner, zumal der Niederlage der Japaner in Korea engste friedliche Beziehungen zwischen Japan, Korea und China folgten. Nahezu tausend Jahre ruhte jeglicher Expansionsdrang der Japaner. Nur einmal wurden die friedlichen Beziehungen in Ostasien durch den Einbruch des Mongolenkaisers auf dem chinesischen Throne, Kublai Khan, Ende des 13. Jahrhunderts auf kurze Zeit unterbrochen.

Die Motive für diesen so überraschend erscheinenden Ausdehnungswillen der Japaner lassen sich leicht aufzeigen. Der um die Vorherrschaft in Japan ringende Yamato-Klan konnte bald erkennen, daß seine Gegner, besonders die in Kyushu lebenden, in Verbindung mit wirtschaftlichen, technischen und kulturellen Kräften standen, die eine Niederwerfung des Widerstandes dieser inneren japanischen Gegner nur dann aussichtsreich erscheinen ließen, wenn diese Verbindung unterbrochen und der Yamato-Klan das Monopol der Ausnutzung der überlegenen Reichtümer und Kenntnisse erringen konnte. Die enge Seestraße nach Korea aufs Festland (weniger als 250 Kilometer breit, durch Inselstützpunkte noch verkürzt) wies den einzig möglichen Weg. Alle anderen Länder, Inselreiche rings um Japan waren räumlich viel zu weit entfernt, kulturell und reichtumsmäßig viel zu zurückgeblieben, als daß überhaupt eine andere Richtung eingeschlagen werden konnte. Das asiatische Festland, Korea und China, wurden identisch mit Reichtum, Naturschätzen, höherer Technik und Kenntnis. Nicht umsonst soll die Regentin Jingo Kogo ihre Gefolgsleute zum Eroberungszuge nach Korea mit den Worten aufgerufen haben: «Jenseits liege das Land der unermeßlichen Schätze.» Die Träger aber dieser erstmaligen Expansionsbewegungen waren damals (man fühlt sich beinahe verführt zu sagen: und bis zum heutigen Tage) die Krieger des Yamato-Stammes, das Landheer. Eine Flotte als Waffe gab es damals noch nicht in Japan.

II. Hideyoshis Koreanischer Feldzug

Von 663 bis 1592 beherrschten innere Probleme das staatliche Leben Japans. Die Verarbeitung der aus Korea und China übernommenen Kenntnisse und Errungenschaften und die ausschließlich innerpolitischen und militärischen Auseinandersetzungen erstickten jeden nach außen gerichteten Expansionsdrang. Ende des 13. Jahrhunderts wurde diese Konzentration nach innen durch den Mongoleneinfall unter dem Kaiser Chinas, Kublai Khan, unterbrochen. Auch in diesem Falle war Korea die Brücke für die Heere und Flotten des Mongolenkaisers. An den Küsten Kyushus schlugen die japanische Armee und ein Taifun die Angriffe zurück.

Dann setzte 1592 der große Eroberungszug Hideyoshis ein; nachdem er schon seit Jahren geheime Vorbereitungen getroffen hatte, um sie dann in wunderlich großsprecherischen Briefen an den König von Korea, den Kaiser von China und den Generalgouverneur von Indien bekanntzugeben. Wieder wurde Korea zum Kriegsschauplatz. Doch diesmal sollte die Eroberung Koreas nur die gesicherte Etappe abgeben für die geplante Eroberung ganz Chinas und die Unterwerfung Asiens bis nach Indien. Hideyoshis großartige Vision sah ein unter der Oberherrschaft Japans stehendes Großasien. Doch am Yalufluß, an der koreanischen-mandschurischen Grenze, dem Schlachtfelde zweier Kriege der Neuzeit, brach der Sturm zusammen. Wieder schlugen koreanische und chinesische Truppen die Japaner zurück. Die erstaunliche Überlegenheit der chinesischen und besonders der koreanischen Flotte besiegelte endgültig das Schicksal dieses sechsjährigen Kampfes, nachdem der Tod Hideyoshis den Japanern die letzte innere Kraft geraubt hatte.

Zwei Motive lagen dieser Expansionsbestrebung Hideyoshis zugrunde. Erstens der Wille zur Eröffnung Koreas und Chinas zwecks intensiveren Handelsverkehrs. Die gesteigerten Bedürfnisse der Oberschicht Japans, der Massenheere, die es in den inneren Kämpfen entwickelt hatte, konnten durch den Piratenhandelsverkehr als einzige Handelsverbindung nicht mehr befriedigt werden. Zweitens veranlaßten innere Gründe Hideyoshi zur Expansion. Eine Abrüstung der Massenheere auf japanischem Boden schien dem neuen Einiger Japans ebenso gefährlich wie die Eifersucht der zahlreichen territorialen Daimyos gegen sein neugegründetes Shogunenhaus. Die Ablenkung dieser zusammengeballten militärischen Energien und Gegensätze veranlaßten Hideyoshi zur militärischen Expansion. Das Fehlen aber einer überlegenen Seestreitmacht zwang ihn, den nahen Weg über Korea zu wählen. Hideyoshis Pläne scheiterten; seine Familie wurde ausgerottet. Das Tokugawa-Shogunat jedoch fand für mehr als 250 Jahre andere Mittel zur Aufrechterhaltung seiner Oberherrschaft als die Expansion nach außen. Erst die gewaltsame Eröffnung Japans durch die Westmächte und die Meijirestauration eröffneten eine neue erstaunliche Ära der japanischen Expansion.

III. Die japanische Expansion der Neuzeit

Die moderne japanische Expansion, also die von 1868 bis zum heutigen Tage, läßt sich unschwer in zwei Abschnitte einteilen. Der erste, in dem sich Japan die Eroberung und Einverleibung Koreas zur Aufgabe stellte; der zweite, der auf der Grundlage des eroberten Koreas sich die Beherrschung Chinas zur Aufgabe machte. Und falls Japan im heutigen Ringen um China erfolgreich bleiben sollte, dann wäre die dritte Expansionsperiode eingeleitet, die der Vorherrschaft in Ostasien bis nach Indien hin gewidmet sein dürfte. Bewußt oder unbewußt liegt also der japanischen Expansion die außenpolitische Vision des genialen Hideyoshi zugrunde.

Der Kampf um Korea

Wieder wurde das sich dicht an Japan heranschiebende Korea zum Hauptziel der japanischen Expansion in der Neuzeit. Rein datumsmäßig wurden zwar zuerst die Ryukkyu-Inseln dem japanischen Reiche 1871 einverleibt. Doch diese Ausdehnung Japans war nur eine amtliche Besiegelung einer schon lange bestehenden Zugehörigkeit dieser südlich von Kagochima liegenden Inseln. 1874 wurde eine Strafexpedition nach Formosa unternommen; dann wurden durch Verhandlungen mit Amerika die Bonin-Inseln südlich Yokohama erworben und Sachalin gegen die Kurilen-Inseln ausgetauscht. Doch obgleich der Krieg um Korea (mit China geführt) erst 1894 ausbrach, war das «Korea-Problem» schon seit 1868, also mit Beginn der Meiji-Restauration bei weitem das aktuellste in Japan. Schon damals forderten die durch die Restauration noch brotloser als vorher gewordenen Samurais gefährlich stürmisch den Krieg gegen Korea. Die Expeditionen nach den Ryukkyu-Inseln und nach Formosa waren bewußt geöffnete «Ventile» der japanischen Staatsführung zur Beschäftigung der nach Krieg dürstenden Kriegerkaste. Trotzdem konnte der 1878 ausgebrochene Aufstand der Satsuma-Samurais nicht verhindert werden, der teilweise durch die einem Krieg ausweichende Politik der Meiji-Berater mit hervorgerufen war. Doch schon 1875 gingen die Japaner militärisch gegen Korea vor und erzwangen dessen Eröffnung für den Handelsverkehr in derselben Art und Weise, wie es kurz vorher die Amerikaner unter Perry Japan gegenüber taten. Dann folgt eine romanhaft anmutende Periode wildester chinesisch-japanischer Intrigen um den entscheidenden Einfluß in Korea, die endlich 1894/95 zum Kriege führten. Der von den Japanern erfochtene Sieg sicherte jedoch noch nicht die alleinige Vorherrschaft Japans. Ein zweiter Krieg, diesmal gegen das zaristische Rußland, mußte 1904/05 ausgefochten werden, um das Hauptziel der ersten Periode der modernen japanischen Expansion, die Beherrschung Koreas zu verwirklichen. 1910 wurde dieser Erfolg durch die Einverleibung Koreas erweitert.

Der Kampf um die Beherrschung Chinas

Schon mit dem Siege 1895 über China, ein Kampf, der ausschließlich um Korea begonnen wurde, griff Japan in seinen Friedensbedingungen auf das Reichsgebiet Chinas über. (Korea stand mit einem eigenen Königs-hause in einem dehnbaren Souveränitätsverhältnis zum chinesischen Rei-che.) Formosa, seit Jahrhunderten chinesischer Besitz, wurde durch den Friedensvertrag dem japanischen Reiche angegliedert. Alle Vorrechte, ein-schließlich das der Konzessionsgebiete, die die übrigen Westmächte besa-ßen, mußten nunmehr auch den Japanern eingeräumt werden, die in Ja-pan selbst noch nicht alle exterritorialen Rechte der Ausländer abgeschüttelt hatten. (Eine sehr bemerkenswerte Tatsache.) Doch der großangelegte Sprung Japans auf das chinesische Festland, die beabsich-tigte Schaffung eines umfangreichen Pachtgebietes in der Südmandschu-rei, wurde durch die Intervention Frankreichs, Rußlands und Deutsch-lands verhindert. Erst im Kriege 1904/05 gegen Rußland gelang dieser Einbruch in das chinesische Festlandgebiet. Das sogenannte «Kwang-tung-Pachtgebiet» wurde geschaffen und eine Japan unterstehende Eisen-bahnzone, die von Dairen bis nach dem heutigen Hsingking reichte. Da-mit war für die kommenden Zeiten die Mandschurei automatisch zum Ausgangspunkt aller weiteren gegen China gerichteten Expansionsbewe-gungen geworden.

Diese Basis für die weitere Expansion nach China hinein wurde wäh-rend des Weltkrieges durch einen Teil der auf die Mandschurei zuge-schnittenen berühmten «21 Bedingungen» verstärkt. Die meisten anderen Versuche während des Weltkrieges, durch den Ausbau der japanischen Positionen im japanisch besetzten Tsingtau- und Shantung-Gebiet und mit Hilfe der allgemeinen politischen Bestimmungen der «21 Bedingun-gen» die Vorherrschaft Japans auf Kosten der anderen Fremdmächte zu erringen, scheiterten an der «Friedenspolitik» der damaligen Verbündeten Japans. Nur die Südsee-Inseln konnte Japan im Austausch für die Räu-mung der Shantung-Provinz behalten. Diese Inseln, eigentlich ein «Ne-benprodukt» der japanischen Beteiligung am Weltkriege, wurden nun ne-ben den verbesserten Positionen in der Mandschurei zu einem der wichtigsten Ergebnisse der japanischen Kriegsführung, und gewinnen mit dem stärkeren Ausbau der japanischen Flotte immer mehr den Charakter einer «in der Reserve gehaltenen Basis» für eventuelle Expansionsbewe-gungen in den Südpazifik – wenn besondere weltpolitische Ereignisse ein-treten sollten oder die Beherrschung Chinas sicher erscheint.

Die erfolglose Beteiligung Japans an der internationalen Intervention in Sibirien in den Jahren 1918 bis 1922 stellt in Wirklichkeit keine Abwei-chung von der «chinesischen» Zielsetzung der japanischen Expansion dar. Das Hauptziel war die Nordmandschurei und besonders die nord-mandschurische Eisenbahn. Der Wunsch, Wladiwostok und die Amurei-senbahn zu behalten, entsprang dem Bedürfnis, diese nordmandschuri-schen Gebiete zu sichern, nicht dem Wunsche, Sibirien zu erobern.

Die Niederlage in Sibirien, die Rückschläge durch die internationalen Konferenzen nach dem Weltkriege und die Auflösung des seit 1902 beste-henden englisch-japanischen Bündnisses brachten auch innenpolitische Rückschläge für die Träger der aktiven japanischen Expansionspolitik in China, nämlich für die japanische Armee. Erst im September 1931 wurde die innenpolitische Schwächung der Armee überwunden und die ständig wachsenden Angriffe der chinesischen nationalistischen Bewegung auf die Machtpositionen der Fremdmächte und Japans in China zum Anlaß des Angriffes auf die Mandschurei und die Schaffung des «unabhängigen Mandschukuos» genommen. Während all diejenigen, die die jahrhundertealte Ausrichtung der japanischen Expansion auf China nicht beachteten, auf die Fortsetzung der japanischen Expansion aus der Mandschurei heraus gegen Sibirien warteten, ging Japan vollkommen folgerichtig zum Einbruch in das eigentliche China und zum Kampf um die Alleinherrschaft in China über. Mit Hilfe der Einbeziehung der Provinz Jehol in Mandschukuo, Schaffung neuer Stützpunkte jenseits der großen Mauer und in der inneren Mongolei, Entwicklung politischer und militärischer Sonderstellungen im Peiping-Tientsin-Gebiet, wurde die Grundlage zum heutigen, Juli 1937 ausgebrochenen, grandiosen Kampf um die Beherrschung Chinas gelegt...

IV. Der Charakter der japanischen Expansion

Die vorhergegangene geschichtliche Darstellung erlaubt die Feststellung, daß es für Japan weder eine «nördliche» oder «südliche» oder sonst eine «kompaßbestimmte» Expansion gibt. Bis zum heutigen Tage sind die Nähe, das Festland und die jeweilige politisch-militärische Schwäche des Gegners die entscheidenden Faktoren für die Richtung der japanischen Expansion oder der «japanischen Flucht von seinem Inselreich». Praktisch gesprochen bedeutet dies die Expansion nach China, wobei Korea als zu China gehörend angesehen wird. Nur nach der Bewältigung dieser Aufgabe, deren Lösung in den wenigen letzten Jahren ungewöhnlich stark forciert worden ist, dürfte Japan sich neue Hauptexpansionsziele stellen. Entweder in der Richtung der unendlichen mongolisch-turkestanischen sibirischen Steppen oder in die südlichen Gebiete des Pazifik, Indochina, Indien und die pazifischen Inseln. *Solange aber die «Aufgabe China» noch nicht gelöst ist, wird Japan nur Nebenkräfte anderen Gebieten widmen wollen und können.* Die Hauptkonzentration der machtmäßigen Ausbreitung Japans bleibt für absehbare Zeit auf China konzentriert, in China gebunden. Mit Kraftentfaltungen, die höchstens noch bis Wladiwostok, Hongkong und dem nördlichen Indochina und bestenfalls bis nach Siam reichen.

Mit dieser Konzentration auf China ist der japanischen Expansion der Charakter der «Kolonialexpansion» genommen. Nur in der Südsee und in Teilen Formosas kann japanische «Kolonialpolitik» angetroffen werden. China ist viel zu bevölkert, kulturell dem Japaner zu ebenbürtig, als daß er ein Kolonialreich auf dem Kontinente schaffen könnte. Die japanische Expansion zielt ab auf die militärische, wirtschaftliche und politische Beherrschung formell «selbständiger Gebiete» des Kontinentes. *Der Japaner ist ein Eroberer, aber kein Kolonisator.*

Diese Tatsache ist auch durch den eigentlichen Träger der japanischen Expansion bedingt. Dieser ist nicht wie in den europäischen Staaten der Händler und Privatwirtschaftler, der sich nur des Staates bedient. In Japan ist die Wehrmacht und noch genauer gesprochen die Armee der wirkliche ausschlaggebende Träger des Expansionsgedankens. Dadurch sind das Festklammern an der Expansionsrichtung auf den Kontinent, aber auch die praktischen Ziele der Expansion bedingt. Neben dem Bedürfnis jeder Wehrmacht, ihren Machtbereich auszudehnen, steht das wehrwirtschaftliche, strategische Bedürfnis an allererster Stelle. Der japanischen Wehrmacht sind die privatwirtschaftlichen Gewinne der Mitsui, Mitsubishi, Sumitomo und vieler anderer mehr eine bedauerliche Nebenerscheinung der erfolgreichen Expansion, nicht das Hauptargument. Sie will Rohstoffe für die Kriegsindustrie und formt die Grenzen ihrer Eroberungen nach strategischen Gesichtspunkten. In dieser begrenzten Zielsetzung liegt die Stärke, aber auch die Schwäche der japanischen kontinentalen Expansion. Denn so scharf begrenzt «Autarkie» und «strategisches Bedürfnis» als Begriffe erscheinen, so grenzenlos und undefinierbar sind sie in der Praxis; ebenso grenzenlos wie der Begriff des «Asiatischen Kontinents».

ZEITSCHRIFT
für POLITIK

Herausgegeben von WILHELM ZIEGLER und
PAUL MEIER-BENNECKENSTEIN

Berlin,
Nr. 8–9/1939,
S. 587–589

DIE POLITISCHE FÜHRUNG JAPANS

Japan ist kein demokratischer Staat im Sinne Englands, Amerikas und Frankreichs. Das bestehende Wahlrecht für die männliche Bevölkerung, die Parteiorganisationen im Reichstage und das Zweikammersystem des japanischen Parlamentes deuten zwar einen gewissen Umfang parlamentarischer Einrichtungen an, diese sind jedoch durchaus nicht mit «demokratischen» Institutionen gleichbedeutend. Denn die *Rechte und Pflichten* dieser japanischen parlamentarischen Einrichtungen sind derartig begrenzt, daß sie weder eine ausreichende Kontrolle noch aktive Einflußnahme des Parlamentes auf die Regierungsführung zulassen. Man vergesse nicht, daß der japanische Reichstag und die in ihm vertretene Öffentlichkeit keine eigene Initiative zum Zusammentritt entfalten können, daß er auf sehr begrenzten Gebieten nur beratende, zustimmende oder ablehnende Befugnisse hat, keine selbständige, gesetzgeberische Kraft. Weiter, daß die jeweilige Regierung durchaus nicht dem Parlamente, sondern allein dem *Kaiser* verantwortlich ist, und daß solche entscheidenden Gebiete wie die Außenpolitik, die Landesverteidigung und die Ernennung von Staatsbeamten jenseits der Beschlußkraft des Reichstages liegen, ja sogar nicht einmal in den Aufgabenbereich des Gesamtkabinetts fallen. Es sind Aufgaben, die neben anderen ausschließlich zu den *kaiserlichen Vorrechten* gehören, von besonderen Personenkreisen, nicht vom Reichstage und Kabinett, entschieden werden. Endlich sei daran erinnert, daß die zugelassenen Parteien des Reichstages – der mögliche Ausdruck einer demokratischen Willensbildung in Japan – selbst zur Zeit ihrer höchsten Machtentfaltung oligarchische Organisationen des Finanzkapitals waren, die zu ausgesprochenen Gegnern einer entwickelten politischen Demokratie gehörten. Heute aber... stellen sie geschäftsmäßige Organisationen, eine Art von Börsen der Berufspolitiker, dar, ohne tiefere Beziehung zum «Demos» Japans. Die Geschichte des modernen Japans zeigt, daß selbst die geringen Entwicklungsmöglichkeiten, die die japanische Verfassung einer westlich orientierten Demokratie erlaubt, ihren Höhepunkt überschritten haben.

Alle die Bestimmungen der japanischen Verfassung, die eine Entwicklung im westlich demokratischen Sinne nicht zulassen, machen das japanische Regierungssystem einer *absoluten Monarchie* ähnlicher als einer konstitutionellen. Denn nach japanischen Grundsätzen gibt die Verfassung dem japanischen Volke keinen Rechtsanspruch auf die Ausübung gewisser politischer Funktionen. Die Gewährung der Verfassung stellt einen freiwilligen Gnadenakt des Kaisers dar, der auf die Ausübung eines Teiles seiner absoluten Rechte zugunsten des Volkes verzichtet. Doch die Stellung des japanischen Kaisers ist für den heutigen offiziell denkenden Japaner nicht allein staatsrechtlich zu erfassen. Der Kaiser ist nicht nur staatliches Oberhaupt; auch nicht nur oberster Priester des neubelebten japanischen Shinto-Kultes; sondern er ist auch als Nachkomme der höchsten Gottheit dieser Shinto-Religion[25] *selbst zu einem Gegenstand des Kultes geworden,* der auf der Verehrung der Urahnen des gesamten japanischen Volkes beruht. Somit ist der japanische Kaiserbegriff nahezu allumfassend. Zwar sagt der Kaiser nicht von sich selbst: «L'état c'est moi!»; wohl aber sagen die Regierung und der kaisertreue Japaner: «Der Kaiser ist Japan, ohne japanischen Kaiser kein japanisches Volk und kein japanischer Staat.» Und so könnte man – nachdem die letzten Vertreter der kürzlich noch anerkannten staatsrechtlichen Auffassung, daß das Kaiserhaus nur ein Organ des japanischen Staates sei, unter physischer Bedrohung das Lehr- und Diskussionsfeld verlassen haben – die japanische Monarchie, entsprechend der heute allein gültigen Anschauung, am besten als eine *«totalitäre Monarchie»* bezeichnen.

Doch diese *«totalitäre Monarchie»,* also die in der Person des Kaisers zusammengefaßte Einheit der politischen und militärischen Führung, des staatlichen Oberhauptes und des göttergleichen Nachkommens der japanischen Urahnen, verbietet das persönliche Eingreifen des Kaisers in das tägliche politische Leben des Staates. Diese Monarchie verlangt nach einer über allem Alltäglichen stehenden Kaisergestalt; sie fordert daher die Einrichtung der *«Beauftragten»,* die im Namen des Kaisers handeln und die praktischen Aufgaben des politischen Lebens der Nation zu lösen haben. Nur in seltenen Ausnahmefällen, wenn das Schicksal des Volkes auf dem Spiele steht oder die «Beauftragten» zu keinem Entschluß gelangen können, greift der Kaiser in den sogenannten *«Kaiserkonferenzen»,* von denen es seit der Restauration von 1868 nur sechs gegeben hat, mit ei-

25 Shintoismus ist ein im wesentlichen Ahnen und berühmte Persönlichkeiten, besonders den Kaiser, sowie Naturgottheiten verehrender religiöser Kult. Diese in Japan alteinheimische Religion wurde nationalistischen und dynastisch-imperialistischen Interessen dienstbar gemacht.

gener Willensbildung und Entscheidung ein. Bei allen anderen Gelegenheiten wirken nur seine «Beauftragten» in seinem Namen.

Die japanische Verfassung sieht drei vollgültige «Beauftragten-Organe oder Personengruppen» vor. Das jeweilige *Kabinett,* die *Spitzen der Wehrmacht* und der *Geheime Oberste Staatsrat.* Die beiden Häuser des Reichstages, das Ober- und Unterhaus, sind nur als beratende, nicht handelnde «Beauftragten-Organe» anzusehen. Außerdem bilden, in der Verfassung nicht vorgesehen, noch das «Genro-Amt», also die *«Älteren Staatsmänner»* und die *Minister des kaiserlichen Haushaltes* ungemein wichtige «Beauftragten-Institutionen», deren Wirksamkeit sich hauptsächlich «hinter dem Vorhange» vollzieht. So löst sich die praktische politische Willensbildung der «totalitären Monarchie» Japans in eine Reihe nicht einheitlicher Willensstrebungen verschiedener «Beauftragten-Organe» auf. Hier liegt die Wurzel für die besonders innenpolitisch so stark auffallende Vielheit der Absichten, der «Reformprogramme», für die Gegensätzlichkeiten, das ständige Suchen nach Kompromissen und die innerpolitische Hemmung so mancher Regierungen.

Allerdings wird diese Zersplitterung dadurch gemildert, daß, sozial und allgemein politisch gesehen, die «Beauftragten» überwiegend zu dem engen Kreise des Adels (des Hof- und Verdienstadels), des Staatsbeamtentums und der Wehrmacht gehören. Sie stammen meistens von den Schichten ab, die entscheidend bei der Wiederherstellung der kaiserlichen Macht in den sechziger Jahren des vorigen Jahrhunderts mitgewirkt haben. Es sind also die Nachkommen der *Samurais,* die den Grundstock des Staatsbeamtentums und der Wehrmacht gebildet haben, und die Nachkommen des Hofadels, der den Kaiser in Kioto während seiner Machtlosigkeit umgab. Das große Bürgertum und die Spitzen des modernen japanischen Geisteslebens dringen als neue Schichten meistens nur in den äußeren Ring dieser «Beauftragten-Organe» ein, durch die Mitgliedschaft im Parlament oder als Einzelpersonen, nachdem sie in den eng geschlossenen, jeweiligen Standeskreisen des Adels, der Staatsbeamtenschaft und der Wehrmacht völlig aufgesogen worden sind. So bleiben diese «Beauftragten» immer hoch über dem allgemeinen Volke.

Häufig hat die Verschiedenartigkeit der Willensrichtung dieser «Beauftragten-Organe» zu scharfen Auseinandersetzungen untereinander geführt, mit unzweideutigen Absichten dieser oder jener Schicht zur Vorherrschaft. Am dramatischsten verlief der Kampf der *Hochfinanz* um den Hauptanteil an der Staatsführung nach dem Weltkriege, den diese mit Hilfe der Parteien im Reichstage führte. Die Wehrmacht brachte dieser neu aufkommenden Schicht im «mandschurischen Zwischenfall»[26] und den verschiedenen Attentaten auf die Hauptvertreter des großen Bürgertums die entscheidende Niederlage bei. Heute neigt das Schwergewicht innerhalb der zur Staatsführung zugelassenen «Beauftragten« stark zur *Wehrmacht* hin, besonders nachdem hohes Alter den letzten Genro, den Fürsten Saionji, außer Wirksamkeit gesetzt hat. Doch ist es sehr fraglich,

26 In Japan pflegte man die Aggression gegen die Mandschurei und die Okkupation dieses nordöstlichen Gebietes von China, die in den Jahren 1931/1932 erfolgte, als «mandschurischen Zwischenfall» zu bezeichnen.

ob die Wehrmacht jemals die offene Vorherrschaft im Kreise der «Beauftragten» beanspruchen wird; es widerspräche der «Eigenart und Einzigartigkeit« des japanischen Regierungssystems. (Andere Kräfte aber, die Einheitlichkeit und Geschlossenheit in der praktisch-politischen Willensbildung zustande bringen könnten, gibt es heute wenigstens noch nicht.)

Das «Beauftragten-System» der japanischen «totalitären Monarchie» ist weder demokratisch noch totalitär. Es ist auch kein Kompromiß und keine Synthese zwischen beiden Regierungssystemen, wenn es auch je nach dem Kräfteverhältnis der verschiedenen «Beauftragten-Organe» untereinander in seiner politischen Wirksamkeit gewisse demokratische oder totalitäre Charakterzüge annehmen kann. Es stellt in der Tat eine *eigenartige japanische Schöpfung* dar.

Frankfurt/Main, 13. November 1940

DIE GROSSE WENDUNG

Die «Revision» der japanischen Außenpolitik durch den Dreimächtepakt

S Tokio, Anfang November

Die Regierung Konoe hat innerhalb der ersten zwei Monate ihrer Amtszeit die große Entscheidung gefällt, vor der schon die drei vorhergehenden japanischen Regierungen gestanden hatten. Nach dieser Entscheidung, die in dem Dreimächtepakt ihren Ausdruck fand, ist Japan heute schon weit auf seinen neuen außenpolitischen Wegen vorangeschritten. Beim Sturze der Regierung Yonai-Arita im Juli dieses Jahres war der letzte Versuch zusammengebrochen, unter dem Banner der »traditionellen japanischen Außenpolitik», also im Zeichen der Verständigung mit den angloamerikanischen Mächten, Japans wachsende Ansprüche auf «Lebensraum» zu befriedigen. Schon der Konflikt mit China hätte der jahrzehntealten außenpolitischen Tradition Japans den realen Boden entzogen; denn die Spannungen zwischen Japan und seinen beiden «traditionellen Freunden», die vorher nur ab und zu aufgetreten waren, entwickelten sich im Laufe des chinesischen Krieges zu unlösbaren Gegensätzen. Der europäische Krieg aber und die großen politischen und militärischen Erfolge Deutschlands und Italiens ließen diese außenpolitische Tradition zu einem die Wirklichkeit der japanischen Expansion gefährdenden Irrtum werden. Doch die Stärke der alten außenpolitischen Grundeinstellung, die außerordentliche Tragweite der auf ein Bündnis mit Deutschland und Italien zielenden Wendung rief für kurze Zeit ein gewisses

Zögern und Zurückschrecken vor dem letzten entscheidenden Schritt innerhalb der japanischen führenden Kreise hervor. Manche einflußreichen Schichten, besonders die, die das Ende der traditionellen Außenpolitik ungern anerkennen wollten, glaubten eine Neuorientierung anraten zu müssen, die Japan erlauben sollte, in stolzer Isolierung die Früchte des großen Kampfes in Europa ohne Bindungen an eines der beiden großen Lager ernten zu können. Diese Auffassung wurde durch Hinweise darauf gestützt, daß Deutschland nach dem Nichtangriffspakt mit der Sowjetunion zu sehr auf den Kampf in Europa konzentriert sei, als daß es überhaupt Zeit und Interesse an Ostasien und an engen Beziehungen zu Japan haben könnte. Doch diese Behauptungen wurden Mitte September durch klare Beweise deutscher Bereitschaft widerlegt. Damit war die Zeit des Zögerns für Japan vorbei. In knapp zwei Wochen konnte der Dreimächtepakt unterzeichnet werden. Ein neuer außenpolitischer Weg war mit neuen Methoden unter lebhafter Mitwirkung der Führung der japanischen Armee und Flotte eingeschlagen worden.

Die Wendung der japanischen Außenpolitik muß als außerordentlich radikal bezeichnet werden. Einmal in bezug auf die Stoßrichtung oder räumliche Zielsetzung der aktiven Außenpolitik, und dann auch in bezug auf die potentiellen Gegner; endlich im Hinblick auf die Rolle Japans als Vertragspartner Deutschlands und Italiens. Die Stoßrichtung der japanischen Expansion ist seit der Frühgeschichte (364 nach Christus) bis in die moderne Zeit hinein immer dieselbe gewesen: über Korea als Brücke nach China hinein, und zwar nach dem nördlichen China mit der Mandschurei, Nordchina und Schantung. Die Einverleibung der ehemaligen chinesischen Insel Formosa ändert nichts an der Grundsätzlichkeit dieser durch die Jahrhunderte nachweisbaren Hauptzielsetzung aller japanischen Außenpolitk. Die moderne japanische Raumpolitik betonte ihr Interesse an dem nördlichen Teile Chinas noch dadurch, daß sie bereits im ersten chinesischen Kriege, 1894/95, in Rußland den einzigen militärischen potentiellen Gegner sah, da schon damals China zwar als Ziel, nicht aber als ein ernst zu nehmender Widersacher galt. So entstand die fast allgemein gültige Ansicht, daß Rußland der Erbfeind Japans sei und bleiben müsse. Selbst der heutige Krieg in China wurde noch in der Absicht begonnen, das Aufmarschgebiet gegen Norden durch die Beherrschung Nordchinas und der Mongolei erweitern und sichern zu können. Erst die Wirkung des «chinesischen Raums» als Waffe und dann die Erschütterung der englisch-französischen Weltstellung auch im Osten durch die deutschen Siege in Europa ließ «Großostasien» mit seinem Schwergewicht in Mittel- und Südchina und im südwestlichen Pazifik als den wahren Lebensraum Japans erstehen. Während das englisch-japanische Bündnis von 1902 den Japanern nur ihre Vormachtstellung in Korea und ein besonderes Interesse an China zugestanden hatte, spricht der Dreimächtepakt Japan diesen neuen Lebensraum «Großostasien» bindend zu. Damit ist die alte Vision des großen Hideyoshi, der Japans Herrschaftsbereich China und den ganzen Südpazifik umfassend erträumte, zur modernen Zielsetzung Japans erhoben und von den siegreichen Großmächten Europas vertraglich anerkannt worden. In der Tat, eine radikale Wendung in der japanischen Expansionspolitik gegenüber den vergangenen sechzehnhundert Jahren. Das Schwergewicht verlagerte sich in kürzester Zeit, fast ohne Übergang, vom nördlichen Teil des asiatischen Kontinentes auf den Südpazifik unter Einschluß des Chinesischen Meeres.

Damit veränderten sich auch mit einem Schlage die «potentiellen» militärischen Gegner. Der russische «Erbfeind» verliert an Interesse; er gewinnt sogar als möglicher freundschaftlicher Nachbar einen neuen Charakter. Um so schärfer aber stößt Japan nun mit England und den Vereinigten Staaten zusammen; denn sie waren die Oberherren des «großasiatischen» Raumes gewesen und fühlen sich wohl auch heute noch in dieser Rolle. Es waren hauptsächlich diese beiden Mächte gewesen, die um der Sicherung ihrer pazifischen Besitzungen willen Japan jahrzehntelang in die nordkontinentale Expansionsrichtung zu drängen suchten. Heute ist es sehr gut möglich, daß Wladiwostok, das bis noch vor kurzer Zeit als der «auf Japan gerichtete Dolch» bezeichnet wurde, seine Spitze verliert. Singapore ist heute dagegen bereits das Wahrzeichen der englisch-amerikanischen Feindschaft gegen die japanische Großraumpolitik im Pazifik. Doch es handelt sich hier nicht allein um eine neuentdeckte politische Raumgegnerschaft zwischen Japan und den anglo-amerikanischen Mächten. Japan weiß bereits seit einiger Zeit, daß die Schärfe der wirtschaftlichen Drohungen Amerikas und Englands auf seine sehr späte Besinnung auf die wirtschaftliche Bedeutung der südpazifischen Gebiete, hauptsächlich Indochinas und Niederländisch-Indiens, zurückzuführen ist. Japan erkennt heute, daß die traditionelle Freundschaftspolitik zu England und Amerika wesentlich auch eine Funktion des Umfangs der wirtschaftlichen Abhängigkeit von dem anglo-amerikanischen Wirtschaftsblock gewesen ist. Die jahrzehntelangen freundschaftlichen Beziehungen ließen die japanische Wirtschaft den Weg des geringsten Widerstandes gehen ...

Die Kraft, mit der Japan seinen neuen außenpolitischen Weg einschlägt, hängt also nicht allein von der Vereinbarung im Dreimächtepakt ab, sich bei der Schaffung der großen Lebensräume in Ostasien und Europa mit allen Mitteln zu unterstützen und gegen neue Mächte militärisch vorzugehen, die sich etwa in den europäischen oder den chinesischen Krieg einmischen wollten. Noch stärker als diese Verpflichtungen wirkt auf japanischer Seite das Bewußtsein der politischen Gegnerschaft der Vereinigten Staaten und Englands gegen seine «großostasiatische» Politik und ganz besonders die Erkenntnis von der Notwendigkeit, sich durch die neuformulierte Politik so schnell wie möglich von der alten wirtschaftlichen Abhängigkeit zu befreien. Damit ist ein erheblicher Krafteinsatz Japans als Bündnispartner Deutschlands und Italiens vorauszusehen. So ist denn auch seine entschlossene Haltung gegenüber den ersten Maßnahmen Amerikas und Englands gegen die japanische neue Außenpolitik deutlich geworden. Weder die Verhängung des Eisen- und Stahlembargos noch die Wiedereröffnung der Birmastraße und erst recht nicht die Mobilisierung der amerikanischen Pazifikflotte und die Zurückberufung der Amerikaner aus Ostasien haben Japan schwankend machen können, seinen neuen außenpolitischen Weg weiterzugehen.

Aus Moskauer Archiven:
Sorge-Dokumente

In staatlichen Moskauer Zentralarchiven sind noch viele Original-Berichte Dr. Sorges beziehungsweise Funksprüche der Gruppe «Ramsay» verwahrt. Wir bringen davon eine Auswahl von 1931 bis 1941.

Zur deutschen Textversion der Funksprüche muß betont werden, daß die Originale in Englisch verfaßt waren, chiffriert und dechiffriert, ins Russische und dann erst in die deutsche Sprache übersetzt worden sind.

Januar 1931, China
(Berichtstext siehe Seite 156 dieses Buches)

9. Juni 1933, Berlin
«Die Situation ist für mich hier nicht sehr verlockend, und ich werde froh sein, wenn ich abhauen kann. Ramsay.»

30. Juli 1933, Berlin
«Ich kann nicht behaupten, daß ich das gesteckte Ziel hundertprozentig erreicht habe, doch war es einfach unmöglich, mehr zu vollbringen. Weiter hierzubleiben, um noch einige andere Zeitungsvertretungen zu erhalten, wäre jedoch einfach sinnlos. So oder anders muß ich's versuchen, muß ich mich ans Werk machen. Das Nichtstun widert mich an. Vorläufig kann ich nur sagen, daß die Voraussetzungen für die künftige Arbeit mehr oder weniger geschaffen sind. Ramsay.»

1933/34, Japan
«Habe mich mit Ozaki in Verbindung gesetzt und nach einer gründlichen Prüfung beschlossen, ihn wieder zur Arbeit heranzuziehen. Das ist ein sehr zuverlässiger und kluger Mensch. Er hat eine gute Stellung in einer großen Zeitung und verfügt über einen ungewöhnlich großen Bekanntenkreis.»

1934, Japan
«Ich fürchte die ständige und vielfältige Beobachtung und Aufsicht nicht mehr besonders. Ich glaube, jeden einzelnen Spitzel und jede von ihnen angewandte Methode zu kennen. Ich denke, daß ich sie schon alle an der Nase herumführe.»

1934, Japan

«Wenn Ott interessantes Material erhält oder selbst vorhat, etwas Interessantes zu schreiben, holt er mich, zeigt mir das Material. Minderwichtige Unterlagen gibt er mir zu diesem Zweck nach Hause mit. Wichtigere Geheimpapiere lese ich bei ihm im Arbeitszimmer.»

März 1936, Japan

«Die japanische Kriegsbereitschaft ist infolge der Ereignisse vom 26. Februar 1936 für viele Monate, ja sogar für Jahre hinausgeschoben. Wird ein Krieg nicht als letzter Ausweg aus unerwarteten starken inneren Widersprüchen ausgelöst, sondern planmäßig vorbereitet, so wird es in diesem Jahr keinen Krieg geben. Selbst unter den obengenannten Bedingungen wird die Wahrscheinlichkeit eines Krieges ohne gleichzeitiges Vorgehen Deutschlands immer geringer. Japan allein ist immer weniger in der Lage, einen Krieg zu führen. Doch die Tatsache, daß Deutschland 1937 den wichtigsten Teil seiner Aufrüstung beenden wird, bedeutet eine außerordentliche Zuspitzung der Gefahr für Anfang oder Mitte 1937. Vom rein militärischen Standpunkt entwickelt sich die Kriegsvorbereitung, ungeachtet der durch die Ereignisse vom 26. Februar ausgelösten Wirren, beschleunigt. Besonders betont werden müssen die großen Anstrengungen bei der Entwicklung der Luft- und der Panzerwaffe sowie bei der Ausbildung an den ‹Punkten›...»

1936, Japan

«Die deutsch-japanischen Verhandlungen über den Abschluß eines Pakts finden in Berlin statt. Informationen über diese Verhandlungen werden bald erwartet. Ramsay.»

1937, Japan

«Beide (Dirksen und Ott) betonen die Krise in Japan und halten es für notwendig, daß das Land mehrere Jahre Atempause bekommt, ehe es seine außenpolitische Tätigkeit entfalten kann. Sie möchten die deutschen Behörden vor einer Überschätzung der Japaner als Bundesgenossen warnen, wobei sie mögliche Absichten der deutschen Führung abbremsen wollen, auf Japan gestützt, energisch vorzugehen. Beide verhalten sich zu den Japanern skeptischer als im vorigen Sommer, als sie in Deutschland über den Abschluß des Vertrages Rechenschaft ablegten.»

1938, Japan

«Aufgrund zahlreicher Materialien und früher von mir geäußerten Erwägungen drängen sich folgende Schlüsse auf: Der Krieg gegen die UdSSR wird weder im Frühjahr noch im Sommer 1938 beginnen. Die Ereignisse über diesen Zeitpunkt hinaus vorauszusehen, übersteigt selbstverständlich das Menschenmögliche.»

26. April 1938, Japan

«Die Gründe für meinen beharrlichen Wunsch, nach Hause zu fahren, sind Ihnen bekannt. Sie wissen, daß ich schon das fünfte Jahr hier arbeite, und Sie wissen auch, wie schwer das ist.»

3. Oktober 1938, Japan

«... Habe vom Militärattaché (Oberst Matzky – J. M.) eine Information erhalten, derzufolge nach der Lösung der Sudetenfrage das polnische Problem aufgerollt, aber zwischen Deutschland und Polen angesichts ihres gemeinsamen Krieges gegen die UdSSR auf friedlichem Wege gelöst werden soll.»

7. Oktober 1938, Japan

«Sie brauchen vorläufig nicht über uns besorgt zu sein. Obwohl uns die Gegend hier äußerst über ist, obwohl wir müde und erschöpft sind, bleiben wir dieselben beharrlichen und entschlossenen Jungs und sind wie bisher fest entschlossen, die Aufträge zu erfüllen, die unsere große Sache uns auferlegt hat. Wir grüßen Sie und Ihre Freunde herzlich. Bitte übermitteln Sie den beiliegenden Brief an meine Frau und grüßen Sie sie von mir. Und bitte kümmern Sie sich zuweilen um sie ... Ramsay.»

23. Januar 1939, Japan

«Habe Informationen erhalten, daß sich die Militärs in drei Hauptgruppen gespalten haben:

Die erste Gruppe verlangt einen rasch geführten Krieg gegen China, bis ganz China erobert ist und alle ausländischen Mächte aus China vertrieben sind.

Die zweite Gruppe, die die Kwantungarmee vertritt, verlangt den Frieden mit China und möchte alle Kräfte auf einen Krieg gegen die UdSSR konzentrieren.

Die dritte Gruppe, der Itagaki (japanischer Kriegsminister – J. M.), Terauchi (General, Mitglied des Obersten Rates der japanischen Armee – J. M.) und andere angehörten, äußert den Wunsch, die Operationen in Süd- und Zentralchina einzustellen und nur Nordchina und die Mongolei als Aufmarschgebiet gegen die Sowjetunion zu benutzen ...»

21. Februar 1939, Japan

«Wir sind auf dem Posten und begehen zuammen mit euch den Feiertag in kämpferischer Stimmung. Ramsay.»

9. April 1939, Japan

«Oshima (General, japanischer Botschafter in Deutschland – J. M.) hat wieder die Frage nach einem Militärpakt aufgerollt und von der japanischen Regierung eine Antwort verlangt. Nach langen Debatten hat sich Japan zu einem militärischen Bündnis entschlossen, das ausschließlich gegen die Sowjetunion gerichtet ist. Ramsay.»

15. April 1939, Japan

«Der Zweite Sekretär der deutschen Botschaft ist aus Berlin zurückgekehrt, wo er sich an mehreren Konferenzen im Außenministerium beteiligt hat. Ribbentrop wohnte den Konferenzen bei. Der Sekretär hat erklärt, daß die deutsche Politik sich in den nächsten ein bis zwei Jahren ausschließlich auf die französische und die britische Frage unter Berücksichtigung aller die UdSSR betreffenden Probleme konzentrieren würde.

. Deutschlands wesentlichstes Ziel ist es, eine solche politische und militärische Kraft zu erlangen, daß England ohne Krieg gezwungen sein wird, Deutschlands Vorherrschaft in Mitteleuropa sowie seine kolonialen Ansprüche anzuerkennen.

Nur auf dieser Grundlage wird Deutschland bereit sein, einen langfristigen Frieden mit England zu schließen, dabei sogar Italien zu verleugnen und einen Krieg gegen die Sowjetunion zu beginnen. Ramsay.»

Juni 1939, Japan

«1. Ein Krieg Deutschlands und Japans gegen die UdSSR ist in der nächsten Zeit wenig wahrscheinlich. Deutschland ist voll und ganz mit der Vorbereitung zur Eroberung Polens und dem Kampf gegen England beschäftigt und wird in nächster Zeit kaum unmittelbar an einem Krieg gegen die UdSSR interessiert sein. Innerhalb der nächsten Monate muß sich das Geschick Polens entscheiden. Dann, nach der Zerschlagung Polens, werden sich der deutschen Wehrmacht neue, unvorhergesehene, unüberblickbare Entwicklungsmöglichkeiten bieten, die auch das Vorgehen Japans in bestimmter Weise beeinflussen können.

2. Der sich in die Länge ziehende Krieg in China verlangt von Japan die Anspannung aller Kräfte. Von einer gleichzeitigen Entfesselung eines Krieges gegen die UdSSR ohne die Unterstützung Deutschlands kann nicht die Rede sein. Die japanischen Streitkräfte – Heer, Kriegsmarine und Luftwaffe – bedürfen einer gründlichen Reorganisation und Umrüstung. Nach Angaben des deutschen Militärattachés wird diese Reorganisation noch anderthalb bis zwei Jahre dauern, d. h., Japan wird nicht vor 1941 zu einem ‹großen Krieg› bereit sein.

3. Bei dem Bündnis mit Deutschland und Italien werden sich die Japaner nicht so bedingungslos binden wie Deutschland und Italien. Doch in ihrer Fernostpolitik werden die Japaner sich nach Deutschland und Italien richten. Wenn Deutschland und Italien einen Krieg entfesseln, so wird Japan im Fernen Osten bestimmte feindselige Handlungen gegen England und Frankreich unternehmen und namentlich nicht an Singapur vorübergehen.»

24. Juni 1939, Japan

«Die Unterredungen zwischen Deutschland, Italien und Japan über das Militärbündnis werden fortgesetzt. Die letzten japanischen Vorschläge enthalten laut Mitteilung des deutschen Botschafters Ott und des Assistenten des Militärattachés Scholl folgende Punkte:

1. Im Falle eines Krieges zwischen Deutschland und der Sowjetunion schaltet sich Japan automatisch in den Krieg gegen die Sowjetunion ein.

2. Im Falle eines Krieges von Italien und Deutschland gegen England, Frankreich und die Sowjetunion schließt sich Japan ebenfalls automatisch an Deutschland und Italien an ...»

25. August 1939, Japan
«Die japanische Presse und Öffentlichkeit waren vom Wortlaut des (deutsch-sowjetischen – J. M.) Nichtangriffspakts erschüttert.»

(Von sich aus fügte Sorge hinzu, daß das Kabinett unter Ministerpräsident Hiranuma diesen Schritt Deutschlands als Verstoß gegen dessen Verpflichtungen aus dem Antikominternpakt betrachte.)

1. Januar 1940, Japan
«Mein lieber Genosse. Wir haben Ihre Weisung erhalten, noch ein Jahr zu bleiben; so sehr wir auch nach Hause möchten, werden wir diese Weisung voll und ganz ausführen und unsere schwere Arbeit hier fortsetzen. Ich nehme dankbar Ihre Grüße und Wünsche in bezug auf Erholung entgegen. Wenn ich aber jetzt auf Urlaub fahre, so wird das die Information sofort verringern. Ramsay.»

Mai 1940, Japan
«Es versteht sich von selbst, daß wir im Zusammenhang mit der gegenwärtigen Kriegslage den Termin für unsere Heimkehr verschieben. Ich versichere Ihnen erneut, daß jetzt nicht die Zeit ist, die Frage danach zu stellen.»

12. Juli 1940, Japan
«Klausen ist herzkrank. Er liegt im Bett und bedient den Sender.»

7. November 1940, Japan
«Gratuliere zu unserem großen Jahrestag der Oktoberrevolution, wünsche allen unseren Menschen größte Erfolge an unserem großen Werk.»

28. Dezember 1940, Japan
«An der deutsch-sowjetischen Grenze sind 80 Divisionen konzentriert. Hitler beabsichtigt, das Territorium der UdSSR bis zur Linie Charkow – Moskau – Leningrad zu okkupieren.»

11. März 1941, Japan
«Bei den höchsten deutschen Offizieren und in den Kreisen Himmlers äußern sich scharfe sowjetfeindliche Tendenzen. Der Militärattaché Deutschlands in Japan ist der Ansicht, nach Beendigung des Krieges mit England müsse ein erbitterter Kampf Deutschlands gegen die Sowjetunion beginnen.»

11. April 1941, Japan
«Ein Vertreter des Generalstabes in Tokyo erklärte, sofort nach Kriegsende in (West)Europa wird der Krieg gegen die Sowjetunion beginnen.»

2. Mai 1941, Japan
«Hitler beabsichtigt ernsthaft, gegen die UdSSR Krieg zu führen und sie zu zerschlagen, um den europäischen Teil der Sowjetunion als Rohstoff- und Getreidebasis zu nutzen. Kritische Termine für den möglichen Kriegsbeginn:

a) Abschluß der Zerschlagung Jugoslawiens
b) Abschluß der Aussaat
c) Abschluß der Verhandlungen zwischen Deutschland und der Türkei.
   Die Entscheidung über den Kriegsbeginn wird von Hitler im Mai getroffen werden...»

Mai 1941, Japan
«Eine Anzahl deutscher Vertreter kehrt nach Berlin zurück. Sie nehmen an, daß der Krieg gegen die Sowjetunion Ende Mai beginnt.»

15. Mai 1941, Japan
«Der Überfall Deutschlands wird am 20. bis 22. Juni erfolgen.»

21. Mai 1941, Japan
«Deutschland hat 9 Armeen, bestehend aus 150 Divisionen, gegen die UdSSR konzentriert.»

1. Juni 1941, Japan
«Von seiten der Deutschen sind Flanken- und Umgehungsmanöver sowie Versuche, einzelne Verbände einzukesseln und zu isolieren, zu erwarten.»

15. Juni 1941, Japan
«Der Überfall wird am 22. Juni in aller Frühe auf breiter Front erfolgen.»

1941, Japan
«Ich habe Euch schon mitgeteilt, daß ich, solange der europäische Krieg weitergeht, auf dem Posten bleibe... Inzwischen bin ich schon 45 Jahre alt geworden, davon elf bei dieser Arbeit. Ich muß schon seßhaft werden, mit meinem Nomadenleben Schluß machen und die riesigen Erfahrungen, die ich gesammelt habe, auswerten. Ich bitte Euch, nicht zu vergessen, daß ich hier ständig lebe und zum Unterschied von anderen ‹anständigen› Ausländern nicht alle drei, vier Jahre auf Urlaub fahre. Das kann verdächtig erscheinen.
   Wir verbleiben, allerdings mit etwas geschwächter Gesundheit, aber nichtsdestoweniger immer Eure treuen Genossen und Mitarbeiter.»

12. August 1941, Japan
«Die Deutschen üben ständigen Druck auf Japan aus und verlangen dessen Eintritt in den Krieg. Die Tatsache, daß die Deutschen Moskau nicht bis zum vergangenen Sonntag erobert haben, wie sie es den höchsten japanischen Kreisen versprachen, hat den Enthusiasmus der Japaner gedämpft.»

14. September 1941, Japan
«Die japanische Regierung hat beschlossen, nicht gegen die UdSSR loszuschlagen. Die Streitkräfte werden jedoch in der Mandschurei belassen. Kampfhandlungen können im kommenden Frühjahr beginnen, falls die UdSSR eine Niederlage erleidet.»

Ende September 1941, Japan
«Der sowjetische Ferne Osten ist vor einem Überfall Japans sicher.»

4. Oktober 1941, Japan
«... Es wird in diesem Jahr keinen Krieg (Japans gegen die UdSSR – J. M.) geben.»

Oktober 1941, Japan
«... Auftrag in Japan erfüllt. Krieg konnte vermieden werden. Holen Sie uns nach Moskau, oder schicken Sie uns nach Deutschland... Ramsay.»

Einige Brieftexte aus der Korrespondenz Dr. Sorges mit seiner Ehefrau Katja:

etwa 1935
«Meine geliebte Katjuscha! Endlich besteht die Gelegenheit, Dir Nachricht von mir zu geben. Bei mir ist alles in Ordnung, die Arbeit geht voran. Ich schicke Dir ein Foto von mir. Ich glaube, es ist mein bestes Bild. Ich will hoffen, daß es Dir gefällt. Ich sehe da wohl nicht allzu alt und müde aus, eher nachdenklich... Es bedrückt mich sehr, daß ich schon lange nicht weiß, wie es Dir geht. Ich will versuchen, Dir ein paar Sachen zu schicken... Im Ernst, ich habe Dir, wie ich glaube, sehr schöne Sachen gekauft. Ich wäre glücklich, wenn Du sie erhältst, denn eine andere Freude kann ich Dir leider nicht machen, bestenfalls Sorgen und Grübeleien... Aber sei nicht traurig, einmal werde ich wiederkommen, und wir werden alles nachholen, worauf wir verzichten mußten. Das wird so schön sein, daß Du Dir das gar nicht vorstellen kannst. Bleib gesund, meine Geliebte!»

9. April 1936
«Meine liebe K. Endlich hatte ich sehr frohe Nachricht über Dich bekommen. Mir wurden Deine Grüße bestellt. Auch wurde mir mitgeteilt, daß es Dir gut geht, daß Du eine bessere Wohnung bekommen hast und endlich, daß unser ‹Versuch› wenigstens bis heute gelungen ist und daß ich bald endgültige Nachricht im Mai erwarten kann. Ich bin über alles sehr glücklich und freue mich unglaublich auf die Nachricht. Das einzige, was mich traurig macht, ist, daß Du alles alleine abmachen mußt, daß ich Dir gar nicht dabei helfen kann und lieb zu Dir sein kann. Das ist traurig und hart wie unsere Trennung überhaupt. Doch ich weiß, daß Du da bist und daß es etwas gibt, was ich sehr lieb habe und an das ich hier draußen denken kann, wenn es gut oder schlecht geht. Und bald wird noch jemand anderes dabei sein, der dann zu uns beiden gehört. Weißt Du noch unsere Verabredung mit dem Namen? Ich möchte von meiner Seite die Verabredung dahin ändern, daß, wenn es ein Mädchen ist, es Deinen Namen tragen soll. Den Namen mit K. auf jeden Fall. Ich möchte nicht den anderen Namen, wenn es auch der Name meiner Schwester ist, die immer sehr nett zu mir war. Oder gib dem Ankömmling zwei Namen, wovon der eine un-

bedingt Deiner sein soll. Bitte, erfüll mir den Wunsch, wenn es sich um ein Mädchen handelt. Wenns ein Bub ist, nun dann kannst Du die Namensfrage mit Willi ausmachen. Ich mache mir natürlich sehr viele Sorgen, wie Du das alles aushalten wirst und ob alles gut geht. Bitte sorge dafür, daß ich umgehend Nachricht bekomme.

Ich habe Dir ein Paket mit Sachen geschickt. Hoffentlich freust du Dich daran und kannst es gebrauchen, wenn die schwere Zeit für Dich vorbei ist und Du wieder elegant sein kannst. Heute veranlasse ich ein zweites Paket mit Sachen für das Baby. Ob und wann es allerdings zu Dir kommt, das ist leider ganz unbestimmt. Bald soll ich einen Brief von Dir bekommen. So wurde mir gesagt. Natürlich freue ich mich sehr darauf, endlich mal ein wirkliches Lebenszeichen von Dir zu bekommen. Wirst Du zu Hause bei Deinen Eltern sein? Bitte grüße sie von mir, sie sollen nicht ärgerlich sein, daß ich Dich allein gelassen habe. Ich werde versuchen, später alles durch viel Liebe und Zärtlichkeit für Dich wiedergutzumachen. Mir geht es gut, und ich hoffe, man hat Dir gesagt, daß man mit mir zufrieden ist. Nun lebe wohl, Du, schüttele Dir die Hand und küsse Dich sehr, sehr herzlich.
Dein Ika»

Sommer 1936
«Meine teure Katjuscha! Ich habe von zu Hause eine kurze Mitteilung erhalten und weiß jetzt, daß alles ganz anders gekommen ist, als ich hoffte. Bitte entschuldige, doch aufgrund der beiden vorhergehenden Nachrichten von Dir schien mir, alles ginge gut. Und ich muß hinzufügen, daß ich das sehr wollte. Hoffentlich habe ich Dir damit kein Leid zugefügt?

Bald muß ich einen Brief von Dir erhalten, ich denke nach drei, vier Wochen. Dann werde ich über alles Bescheid wissen, auch darüber, wie es Dir geht und was Du treibst. Ich freue mich immer über Deine Briefe, ist es doch so schwer, hier ohne Dich zu leben und dazu noch fast ein Jahr lang keine Nachricht von Dir zu erhalten. Das ist noch schwerer. Die wenigen Tage haben unsere Beziehungen zueinander noch bestimmter und stärker gemacht. Ich möchte sehr, daß dieser Zustand der ständigen Trennung jetzt nicht so lange währt und daß wir ihn durchstehen. Ich quäle mich mit dem Gedanken, daß ich alt werde. Mich erfaßt die Stimmung, bei der ich rasch wieder nach Hause will, nach Hause in Deine neue Wohnung. Doch das alles sind vorläufig nur Träume, und es bleibt mir nur übrig, mich auf die Worte des ‹Alten› zu verlassen, und das bedeutet, noch recht lange auszuharren. Streng objektiv gesagt ist es hier schwer, sehr schwer. Doch immerhin besser, als zu erwarten stand.

Schreibe mir bitte über Dein Zimmer, in welchem Bezirk es liegt und wie Du Dich dort eingerichtet hast.

Überhaupt bitte ich Dich, dafür zu sorgen, daß ich bei jeder Gelegenheit von Dir Nachricht erhalte, ich bin hier nämlich furchtbar einsam. So sehr man sich auch an diesen Zustand gewöhnt, wäre es gut, wenn sich das ändern ließe. Bleib gesund, meine Liebe.

Ich liebe Dich sehr und denke nicht nur dann an Dich, wenn ich es besonders schwer habe. Du bist stets bei mir. Drücke Dir herzlich die Hand und küsse Dich. Viele Grüße an die Freunde, Dein Ika.»

Sommer 1936

Liebe Katjuscha!

Endlich habe ich zwei Briefe von Dir. Der eine ist sehr traurig, offenbar hast Du ihn im Winter geschrieben. Der andere etwas froher, aus dem Frühjahr.

Ich danke Dir, meine Geliebte, für beide, für jedes Wort in diesen Briefen. Verstehe bitte, das ist das erste Lebenszeichen von Dir nach langen Tagen, und ich habe so darauf gewartet.

Heute erhielt ich Nachricht, daß Du auf Urlaub gefahren bist. Es muß wunderbar sein, mit Dir auf Urlaub zu fahren! Wird es uns irgendeinmal gelingen? Ich möchte das so sehr! Vielleicht kannst Du Dir gar nicht vorstellen, wie sehr ich das möchte? Nein, Du begreifst das natürlich, und ich brauche darüber kein Wort verlieren.

Es freut mich, daß Du die neue Wohnung hast. Ich würde gerne dort mit Dir zusammen sein ... Eines Tages wird diese Zeit kommen.

Es ist hier jetzt furchtbar heiß, fast unerträglich. Doch zuweilen gehe ich ans Meer und schwimme. Aber eine besondere Erholung ist das nicht. Jedenfalls haben wir alle Hände voll zu tun, und wenn Du nach uns fragst, so wird man Dir sagen, daß man mit uns zufrieden ist und daß ich nicht der Schlechteste bin. Sonst hätte das für Dich und für uns alle zu Hause keinen Sinn.

Es hat hier angespannte Zeiten gegeben, und ich bin überzeugt, daß Du in den Zeitungen darüber gelesen hast. Doch wir haben das gut durchgestanden, obwohl mein Gefieder dabei etwas gelitten hat. Doch was kann man von einem ‹alten Raben› verlangen, der allmählich sein Äußeres einbüßt.

Ich habe eine große Bitte an Dich, Katjuscha, schreibe mir mehr über Dich, allerlei Kleinigkeiten, alles, was Du willst, bloß etwas mehr. Schreibe mir bitte auch, ob Du alle meine Briefe aus dem vorigen Jahr erhalten hast.

Es wird schon alles gut! Bald wirst Du noch einen Brief und sogar einen Bericht über mich erhalten. Bleib gesund und vergiß mich nicht. Grüße die Freunde. Ich entbiete Dir einen herzlichen Gruß, drücke Deine Hand und küsse Dich. Ika.»

August 1936

Liebe K.! Dieser Tage erhielt ich Deinen Brief vom 6.36. Danke für die Zeilen, die mir soviel Freude brachten. Ich hoffe, Du hast Deinen Urlaub gut verlebt. Wie gern würde ich wissen, wo Du warst, wie Du die Zeit verbracht, wie Du Dich erholt hast. Warst Du auf Ferienscheck in einem Sanatorium Deines Betriebes oder meiner Dienststelle, oder bist Du einfach nach Hause gefahren? Auf viele dieser Fragen wirst Du keine Antwort geben können, und ich würde diese Antwort erst erfahren, wenn es schon wieder kalt ist und Du den Urlaub fast vergessen hast. Indessen nutze ich die Gelegenheit, Dir einen Brief und ein kleines Geschenk zu schicken. Ich hoffe, daß die Uhr und die kleinen Bücher Dir Freude bereiten.

Was ich tue? Das ist schwer zu beschreiben. Ich habe viel Arbeit, anstrengende Arbeit. Besonders bei der jetzigen Hitze und nach all den hiesigen Ereignissen. Du verstehst, daß das alles nicht so einfach ist. Doch allmählich geht es vorwärts. Die Hitze hier ist unerträglich, eigentlich ist es gar nicht so heiß, aber wegen der feuchten Luft ist es sehr schwül. Als ob man in einem Treibhaus sitzt und von früh bis spät schwitzt. Ich wohne in einem kleinen Haus vom hiesigen Typ. Es ist ganz leicht und besteht hauptsächlich aus Schiebewänden. Auf dem Fußboden liegen geflochtene Matten. Das Haus ist ganz neu und sogar ‹moderner› als die alten, und recht gemütlich. Eine ältere Frau kocht für mich morgens alles, was ich brauche. Auch das Mittagessen, wenn ich zu Hause esse. Ich habe natürlich wieder eine Menge Bücher, und Du würdest sicher interessiert in ihnen blättern. Ich hoffe, daß die Zeit kommt, da das möglich ist.

Zuweilen mache ich mir große Sorgen über Dich. Nicht, weil Dir etwas zustoßen kann, sondern weil Du allein bist und so weit weg. Ich frage mich ständig, ob Du das tun mußt. Vielleicht wärst Du ohne mich glücklicher? Vergiß nicht, daß ich Dir keine Vorwürfe machen würde. Es ist jetzt schon ein Jahr her, daß wir uns nicht gesehen haben, und das letzte Mal fuhr ich frühmorgens weg. Wenn alles gut wird, bleibt noch ein Jahr. All das regt zum Nachdenken an, und deshalb schreibe ich Dir darüber, obwohl Du mir immer teurer wirst und ich mehr denn je zu Dir nach Hause möchte.

Doch unser Leben wird nicht von diesen Erwägungen geleitet. Und meine persönlichen Wünsche treten in den Hintergrund. Ich bin jetzt auf meinem Platz und weiß, daß das noch eine gewisse Zeitlang weitergehen muß. Ich kann mir nicht vorstellen, wer mir hier die Fortsetzung dieser wichtigen Arbeit abnehmen könnte.

Meine Liebe, bleib gesund! Bald wirst Du von mir wieder Post erhalten, ich denke, etwa in sechs Wochen. Schreibe auch Du mir häufiger und ausführlicher. Dein Ika.»

Oktober 1936
Meine liebe K.! Ich nutze die Gelegenheit, Dir einige Zeilen zu schreiben. Es geht mir gut, und alles, meine Liebe, ist in Ordnung.

Wenn ich nicht so einsam wäre, so wäre alles überhaupt gut. Doch all das wird sich einmal ändern, da mein Chef mir versichert hat, daß er sein Versprechen hält.

Jetzt beginnt bei Euch dort der Winter, und ich weiß, daß Du den Winter so gar nicht liebst und daß Du wahrscheinlich in schlechter Stimmung bist. Doch bei Euch ist der Winter wenigstens äußerlich schön. Hier bedeutet er Regen und feuchte Kälte, wogegen auch die Wohnungen schlecht schützen, denn man lebt ja hier fast unter freiem Himmel.

Wenn ich auf meiner Maschine schreibe, so hören das fast alle Nachbarn. Wenn ich das nachts tue, so beginnen die Hunde zu bellen und die Kinder zu weinen. Deshalb habe ich mir eine lautlose Schreibmaschine besorgt, um die mit jedem Monat wachsende Kinderschar in der Nachbarschaft nicht zu beunruhigen.

Wie Du siehst, ist die Situation hier recht eigenartig, und überhaupt gibt es hier viel Eigenartiges, ich würde Dir gern davon erzählen. Über einige Dinge würden wir zusammen lachen, denn wenn man so etwas zu zweit erlebt, sieht alles ganz anders aus. Besonders, wenn es dann Erinnerung ist.

Ich hoffe, daß Du bald Gelegenheit haben wirst, Dich für mich zu freuen und sogar stolz auf mich zu sein und Dich davon zu überzeugen, daß Dein Mann ein recht nützlicher Mann ist. Und wenn Du mehr und häufiger schreibst, so werde ich mir vorstellen können, daß ich zudem auch noch ein ‹lieber› Mensch bin. Also, meine Liebe, schreibe, ich freue mich stets über Deine Briefe. Alles Gute. Ich liebe Dich und schicke einen herzlichen Gruß. Dein Ika.»

1. Januar 1937

«Liebe K.! Das neue Jahr ist also angebrochen. Ich wünsche Dir das allerbeste in diesem Jahr und hoffe, daß es das letzte Jahr unserer Trennung sein wird. Ich rechne sehr darauf, daß wir das nächste Neujahr gemeinsam feiern werden und unsere lange Trennung vergessen.

Vor kurzem gab es bei mir eine Periode sehr angespannter Arbeit, doch in nächster Zeit wird es offenbar etwas leichter. Damals war es aber sehr schwer. Dafür war es sehr angenehm, in den letzten Monaten zwei Briefe von Dir und einige Zeilen von W. zu erhalten. Deine Briefe sind mit August und September datiert. In dem einen schreibst Du, daß Du krank warst, warum teilst Du mir jetzt nicht mit, wie es Dir gesundheitlich geht und was das für eine Krankheit ist. Ich habe mir große Sorgen um Dich gemacht. Bitte teile mir so schnell wie möglich mit, wie es Dir gesundheitlich geht. Ich danke Dir herzlich für die Briefe. Jetzt kann ich mir wenigstens vorstellen, wo und in welcher Umgebung Du lebst. Offenbar liegt Deine Wohnung sehr günstig.

Du wirst Dich wahrscheinlich wundern, daß wir jetzt bis zu 20 Grad Wärme haben, während bei Euch die Temperatur etwa ebenso viele Grade unter Null liegt.

Nichtsdestoweniger würde ich es vorziehen, bei dem Frost mit Dir zusammen zu sein, als hier in dieser feuchten Hitze.

Also alles Beste, meine Liebe, ich muß Schluß machen. In zwei Monaten bekommst Du die nächste Nachricht von mir. Ich hoffe, sie wird angenehmer sein.

Du brauchst Dir keine Sorgen um mich zu machen. Alles ist in Ordnung. Ich küsse Dich, liebe K.   I.»

15. Mai 1937

«Liebe Katja! Nach langer Unterbrechung habe ich erneut die Möglichkeit, Dir einige Zeilen zu schreiben und Dir das Beste zu wünschen. in dieser Zeit habe ich von Dir zwei sehr liebe Briefe erhalten, einen vom November, den anderen vom Dezember. Ich danke Dir herzlich dafür. Es freut mich so sehr, etwas von Dir zu hören. Deine Trostworte machen mir Mut. Es ist doch hier immerhin sehr schwer, und dabei noch die Einsamkeit. Aber ich hoffe, daß das nicht mehr lange dauern wird ... Nächstes Mal schreibst Du mir bitte, was ich Dir schicken soll. Also bis später, meine Liebe. Ich wünsche Dir und unseren Freunden alles Gute. Auf baldiges Wiedersehen. Küsse Dich herzlich. Dein Ika!»

Liebe Katja! Endlich schreibe ich Dir wieder. Allzu lange konnte ich das nicht tun, und auch von Dir habe ich nichts gehört. Dabei brauchte ich das so, denn ich konnte mein Versprechen nicht halten und im vorigen Herbst nicht heimkehren.

Ich weiß nicht, ob Du die Geduld nicht schon verloren hast, während Du auf mich wartest. Aber, meine Liebe, anders geht es nicht.

Mein Freund, der zu Euch kommt, wird Dir sagen, daß es nicht anders ging und wie ich auch auf den Augenblick warte, daß sich diese Möglichkeit bieten wird.

Zumindest bin ich jetzt davon überzeugt, daß dies sehr bald geschieht. Ich denke, meine Liebe, daß ich bald nach Hause fahren kann.

Mir scheint, Du wirst mich sehen wollen, obwohl die Wartezeit allzu lang war und ich sehr müde bin. Das Leben ohne Dich ist sehr schwer und vergeht allzu langsam. Ich bitte Dich, wenn möglich, mit dem Sommerurlaub bis zu meiner Ankunft zu warten. Dann fahren wir zusammen. Ich werde wahrscheinlich zu diesem Zeitpunkt wieder zurück sein. Bis dahin auf Wiedersehen, meine Liebe. Küsse Dich herzlich. – Dein Ika.»

7. Oktober 1938

«Liebe K.! Als ich Dir den letzten Brief Anfang dieses Jahres schrieb, war ich so sehr davon überzeugt, daß wir im Sommer unseren Urlaub gemeinsam verbringen werden, daß ich sogar Pläne machte, wo wir das am besten tun sollten.

Doch ich bin immer noch hier. Ich habe Dich so oft mit meinen Terminen irregeführt, daß ich mich nicht wundern werde, wenn Du das ewige Warten aufgegeben und daraus die entsprechenden Schlüsse gezogen hast. Mir bleibt nichts anderes übrig, als schweigend zu hoffen, daß Du mich noch nicht ganz vergessen hast und daß trotz alledem noch die Aussicht besteht, unseren schon fünf Jahre alten Traum in Erfüllung gehen zu lassen und endlich die Möglichkeit zu erhalten, zu Hause beisammen zu sein.

Ich gebe diese Hoffnung noch nicht auf, selbst wenn sie sich vollständig durch meine Schuld oder, genauer gesagt, durch die Schuld der Umstände nicht verwirklichen läßt, unter denen wir leben und die uns bestimmte Aufgaben stellen. Vorbei sind indessen der kurze Frühling und der heiße erschöpfende Sommer, die sich so schwer ertragen lassen, besonders bei dieser ständigen angespannten Arbeit. Und dazu noch bei dem Mißgeschick, das mir zustieß.

Ich hatte einen Unfall, nach dem ich mehrere Monate im Krankenhaus lag. Doch jetzt ist schon wieder alles in Ordnung, und ich arbeite wie früher.

Allerdings bin ich nicht schöner geworden. Ich habe noch einige Schrammen dazu bekommen, und die Zahl meiner Zähne hat sich wesentlich verringert. Doch werde ich mir künstliche machen lassen. Das alles kam von einem Sturz mit dem Motorrad. Wenn ich also wieder zu Hause bin, wirst Du mich nicht sehr schön finden. Ich sehe jetzt eher wie ein verschlissener Raubritter aus. Außer den fünf Wunden aus der Kriegszeit habe ich noch eine Menge gebrochener Knochen und Schrammen.

Arme Katja, denke möglichst gut über das alles nach. Es ist schön, daß ich wieder darüber Witze reißen kann, vor einigen Monaten war ich auch dazu nicht imstande.

Du hast mir nie geschrieben, ob Du mein Geschenk bekommen hast. Überhaupt ist es schon bald ein Jahr her, daß ich nichts von Dir höre. Was treibst Du? Wo arbeitest Du jetzt!

Möglicherweise bist Du jetzt schon ein großer Direktor, der mich in seiner Fabrik anstellen wird, wenigstens als Laufjunge. Na schön, wir werden schon sehen.

Bleib gesund, liebe Katja, bitte nimm meine besten und herzlichsten Wünsche entgegen! Vergiß mich nicht, denn ich bin ohnehin schon traurig genug. Ich küsse Dich fest und drücke Deine Hand. Dein Ika.»

Kurzbiographien

von Personen, die im Zusammenhang mit Dr. Richard Sorge und den Angehörigen der Gruppe «Ramsay» eine Rolle gespielt haben.

Akemine, Miye; Mitarbeiter des Informationsbüros beim japanischen Ministerrat, Angehöriger der Gruppe «Ramsay», Informant von Fusako Kuzumi, im Alter von 32 Jahren von der japanischen Geheimpolizei verhaftet.

Akiyama, Koji, geb. 1889; japanischer Dolmetscher, Angehöriger der Gruppe «Ramsay», Informant von Yotoku Miyagi, im Alter von 53 Jahren von der japanischen Geheimpolizei verhaftet, zu sieben Jahren Kerker verurteilt, am 10. Oktober 1945 aus der Haft befreit.

Asanuma; Rechtsanwalt, japanischer Pflichtverteidiger von Branko Vukelić, berichtete nach dem Krieg über Verfahrensfehler bei den Geheimprozessen gegen Dr. Sorge und seine Mitarbeiter.

Bassler, Hilmar; SD-Verbindungsmann im faschistischen Auswärtigen Amt, dort tätig als Legationssekretär in der Nachrichten- und Presseabteilung – Referat P VIII (Ostasien, Australien, Neuseeland, Hinter- und Niederländisch-Indien) –, bis 1957 Generalkonsul in Hongkong. 1958 Bonner Diplomat in Indonesien. 1964 Vortragender Legationsrat und Leiter des Referates für Ostasien in der Politischen Abteilung des Auswärtigen Amtes der BRD, 1969 Außerordentlicher und Bevollmächtigter Botschafter der BRD in Indonesien.

Bersin, Jan Karlowitsch (früher Janis Berziņš, Decknamen: Pawel Iwanowitsch, 1936 Grischin), 1890–1937; lettischer Kommunist, seit 1905 Mitglied der SDAPR, Flucht aus lebenslänglicher zaristischer Verbannung in Jakutien, 1917 Mitglied des Parteikomitees des Bezirkes Wyborg, Teilnehmer am Sturm auf das Winterpalais, März bis Mai 1919 stellvertretender Volkskommissar für innere Angelegenheiten in Lettland, dann Leiter der Politabteilung der 11. Petrograder Infanteriedivision, danach leitender Tschekist in der 15. Armee, November 1920 von Felix Dzierżyński mit der Bildung der sowjetischen militärischen Aufklärung beauftragt, Absolvent der Proletarischen Universität und der Sozialistischen Akademie der Gesellschaftswissenschaften in Moskau sowie eines zweijährigen Politökonomiekurses in Riga, 1924–1935 Chef der Verwaltung Aufklärung der Roten Armee, 1935 stellvertretender Oberbefehlshaber der Besonderen Rotbanner-Fernostarmee unter W. K. Blücher, nahm danach als sowjetischer Chefmilitärberater am Kampf des spanischen Volkes gegen die Faschisten teil, leitete seit Juni 1937 wieder die Verwaltung Aufklärung der Roten Armee, General der Roten Armee, zweimal mit dem Rotbannerorden ausgezeichnet, Träger des Leninordens, Opfer des Personenkultes, nach 1956 rehabilitiert.

Blücher, Wassili Konstantinowitsch, 1889–1938; seit 1916 Mitglied der SDAPR, bewährter Revolutionär, Marschall der Sowjetunion, 1923–1927 Leiter der sowjetischen Instrukteure bei der Armee der chinesischen Regierung unter Sun Yat-sen, 1934 Oberbefehlshaber der Besonderen Rotbanner-Fernostarmee.

515

Borch, Dr. Herbert Cuno von; bis 1928 Botschaftsrat an der deutschen Botschaft in Tokyo, 1929 Generalkonsul in Schanghai, unfreiwilliger Helfer Dr. Sorges während dessen Chinaeinsatzes.

Braun, Otto, 1900–1974; 1919 Eintritt in die KPD, Teilnehmer an den Kämpfen der bayrischen Räterepublik 1919 und an den Märzkämpfen 1921 in Mitteldeutschland, 1921 Mitarbeiter für militärpolitische Arbeit im ZK der KPD, ging 1928 in die UdSSR, diente als Sowjetbürger in der Roten Armee, 1929–1932 Besuch der «Frunse»-Militärakademie, 1932 auf Einladung des ZK der KP Chinas Militärberater, Teilnehmer an den Kämpfen gegen die Guomindangarmeen, am Langen Marsch und am antijapanischen Krieg beteiligt, 1939 Rückkehr nach Moskau, 1954 Heimkehr nach Berlin, Mitarbeiter im Institut für Marxismus-Leninismus beim ZK der SED.

Bütow, Dr. Hans; Mitarbeiter im ostasiatischen Ressort der «Frankfurter Zeitung», bearbeitete Artikel von Dr. Sorge, nach 1945 war Bütow stellvertretender Chefredakteur der «Frankfurter Neuen Presse».

Ch'ang Tzu-p'ing; chinesischer Kommunist, Mitglied der «Schöpfungs-Gesellschaft», Kampfgefährte von Dr. Hozumi Ozaki in Schanghai, 1930–1932 Helfer und Informant Dr. Sorges.

Christiansen-Clausen, Anna, 1899–1978; geborene Shdankow aus Nowonikolajewsk, Kommunistin, mit dem Arbeiter Michail Afanassjew verheiratet, der im ersten Weltkrieg umkam, Kurier der Gruppe «Ramsay», im Alter von 42 Jahren von der japanischen Geheimpolizei verhaftet, zu sieben Jahren Kerker verurteilt, im Oktober 1945 aus der Haft befreit, lebte seit 1946 in Berlin, 1964 vom Präsidium des Obersten Sowjets der UdSSR mit dem Orden Roter Stern geehrt.

Christiansen-Clausen, Max, 1899–1979; deutscher Kommunist, im Sommer 1922 nach Mechanikerstreik festgenommen und zu drei Monaten Gefängnis verurteilt, Kundschafter und Funker der Roten Armee, Mitarbeiter Dr. Sorges in China und Japan, gründete zu seiner Tarnung in Tokyo die Firma für Vervielfältigungsgeräte «M. Clausen Shokai», im Alter von 42 Jahren von der japanischen Geheimpolizei verhaftet, zu lebenslänglichem Kerker verurteilt, am 9. Oktober 1945 aus der Haft befreit, lebte seit 1946 in Berlin, 1964 vom Präsidium des Obersten Sowjets der UdSSR mit dem Rotbannerorden geehrt.

Correns, Prof. Dr. Dr. h. c. Erich, 1896–1981; 1915 Kriegskamerad Dr. Sorges, Chemiker, Mitglied der Akademie der Wissenschaften zu Berlin, Nationalpreisträger, Präsident des Nationalrates der Nationalen Front des demokratischen Deutschlands.

Cox, Melville James; Korrespondent der britischen Reuter-Agentur in Tokyo, mit Branko Vukelić befreundet, Bekannter von Dr. Sorge, im Juli 1940 als angeblicher britischer Spion von der japanischen Geheimpolizei verhaftet, beging Selbstmord, um den Folterungen zu entgehen.

Eisenträger, Lothar (Deckname: Ludwig Ehrhardt); faschistischer Geheimdienstoffizier, Oberst und Leiter der konspirativen «Kriegsorganisation Ferner Osten» des OKW-Spionage- und Sabotageamtes Ausland/Abwehr in Schanghai, getarnt als Sonderbevollmächtigter bei der deutschen Botschaft in Nanking, arbeitete mit Unterstützung des japanischen Generalstabes gegen die Sowjetunion.

Eisler, Prof. Dr. h. c. Gerhart, 1897–1968; 1918 Eintritt in die KP Öster-reichs, 1920 Übersiedlung nach Deutschland, Mitglied und führender Funktionär der KPD, politisch verfolgt, illegal tätig, Mitarbeit in kommunistischen Bruderparteien, 1933 Emigration, antifaschistischer Kampfeinsatz in Spanien, Organisator und Kommentator des illegalen deutschsprachigen Senders 29,8, 1941–1949 in den USA, dort mehr-mals widerrechtlich verhaftet, 1949 Rückkehr in die DDR erzwungen, bis zu seinem Tode Vorsitzender des Staatlichen Rundfunkkomitees der DDR.

Fischer, Martin; Nazidiplomat, Generalkonsul in Schanghai, unfreiwilli-ger Informant Dr. Sorges, 1954 Gesandter im Auswärtigen Amt der BRD, 1958 Generalkonsul der BRD in Hongkong.

Funakoshi, Sumio, 1902–1945; japanischer Zeitungsreporter, Leiter der Pekinger Zweigstelle des japanischen Instituts für Chinafragen, Ange-höriger der Gruppe «Ramsay», Informant von Hozumi Ozaki, 1925 in Tsingtau, 1927 in Schanghai, später in Hankou und Tientsin, gründete 1936 das Forschungsinstitut für Chinafragen, 1938–1941 Berater im Hauptquartier des japanischen Heeres in Hankou, im Alter von 40 Jah-ren von der japanischen Geheimpolizei in Peking verhaftet, zu zehn Jahren Kerker verurteilt, starb am 27. Februar 1945 an den Folgen der Haft im japanischen Kerker.

Fuse, Kenji; japanischer Staatsanwalt, leitete die Untersuchungen gegen Branko Vukelić.

Gablenz, Carl August Freiherr von der, 1893–1942; im ersten Weltkrieg Kommandeur eines Bombergeschwaders, 1926 stellvertretender Vor-standsvorsitzender der Deutschen Lufthansa AG und Flugdirektor, Flugzeugführer von Junkers-Langstreckenflugzeugen bei Testflügen nach Japan, nahm Dr. Sorge in die Mandschurei mit, unfreiwilliger In-formant Dr. Sorges, Nazigeneralmajor, Chef des Planungsamtes im Reichsluftfahrtministerium und Chef des Sondertransportgeschwaders der Luftwaffe.

Goossens, Heinrich; Generalvertreter der Duisburger DEMAG-Maschi-nenbau AG, unfreiwilliger Informant Dr. Sorges.

Goto, Noriaki; japanischer Angestellter der Südmandschurischen Eisen-bahn AG in Mukden, Informant von Hozumi Ozaki, im Alter von 44 Jahren im Zusammenhang mit der Verhaftungsaktion gegen Ange-hörige der Gruppe «Ramsay» von der japanischen Geheimpolizei in-haftiert.

Gronau, Hans Wolfgang von, geb. 1893; im ersten Weltkrieg Kapitänleut-nant und Marineflieger, später Präsident des Aeroklubs von Deutsch-land, 1932 Flug um die Erde, 1939–1945 Nazioberstleutnant und Luft-waffenattaché in Tokyo und für Mandschukuo, 1945 Nazigeneralmajor und verantwortlich für die Übernahme der Produktion des deutschen Strahltrieb-Jagdflugzeuges Me 163 und des Flügelgeschosses V 1 in Ja-pan; unfreiwilliger Informant Dr. Sorges.

Guillain, Dr. Robert, geb. 1908; Ritter der französischen Ehrenlegion, Lei-ter der französischen Nachrichtenagentur Havas in Tokyo, Vorgesetzter und Freund von Branko Vukelić, nach 1945 leitender Mitarbeiter der Zeitung «Le Monde».

Gyptner, Richard, 1901–1972; 1916–1918 Mitglied der Parteigruppe der Linksradikalen in Hamburg, dort Ende 1918 Mitbegründer der KPD, 1920–1922 Sekretär des KJVD, 1924–1928 Sekretär der Kommunistischen Jugendinternationale, 1928–1933 Sekretär des Westeuropäischen Büros der Komintern in Berlin, 1935–1943 Mitarbeiter Dimitroffs in der Komintern, 1945 Mitglied der «Gruppe Ulbricht», bis 1949 Leiter des Büros des ZK der SED, 1949–1950 Vizepräsident der Berliner Volkspolizei, 1951–1953 Hauptabteilungsleiter im Amt für Information der DDR, 1953–1955 Kollegiumsmitglied des Ministeriums für Auswärtige Angelegenheiten der DDR, 1955–1958 Botschafter in der Volksrepublik China, 1958–1961 Bevollmächtigter der Regierung der DDR für die arabischen Staaten und 1961–1963 Botschafter in der Volksrepublik Polen.

Haenisch, Prof. Dr. Erich, geb. 1880; 1904–1911 Lehrer in China, seit 1920 Professor für ostasiatische Kultur- und Sprachwissenschaften an deutschen Universitäten, 1928 Reise in die Mongolei, 1932 Direktor des Sinologischen Seminars der Universität Berlin, 1936 Reise mit Dr. Sorge in die Mongolei, Mitglied der Preußischen, Sächsischen und Bayrischen Akademien der Wissenschaften, Ehrenmitglied der Ostasiatischen Gesellschaft in Tokyo.

Haga, Yu, geb. 1897; japanischer Forschungsassistent und Regierungsbeauftragter für Wirtschaftsfragen, Informant von Hozumi Ozaki, im Alter von 44 Jahren im Zusammenhang mit der Verhaftungsaktion gegen die Gruppe «Ramsay» von der japanischen Geheimpolizei inhaftiert.

Harich-Schneider, Eta, geb. 1897; 1933–1940 Professorin und Leiterin der Cembaloklasse an der Staatlichen Akademischen Hochschule für Musik in Berlin, April 1941 aus politischen Gründen Reise nach Japan, lernte im Mai 1941 Dr. Sorge kennen und war bis zu seiner Verhaftung mit ihm befreundet, 1945 Musiklehrerin beim Stab der 8. US-Armee, 1954 Promotion zum Master of Arts in den USA, 1956–1972 Professorin an der Hochschule für Musik in Wien, international berühmte Künstlerin.

Haushofer, Prof. Dr. Karl, 1869–1946; Generalmajor, bereiste im Auftrag des deutschen kaiserlichen Generalstabes Indien, Japan, China, Korea und das asiatische Rußland, zeitweilig Mitglied der Deutschen Volkspartei, 1913 Autor von «Dai Nihon – Betrachtungen über Groß-Japans Wehrmacht, Wehrkraft, Weltstellung und Zukunft»; 1934–1937 Präsident der Deutschen Akademie in München, Vorsitzender des faschistischen «Vereins für das Deutschtum im Ausland (VDA)» in Bayern, Fernostexperte, Herausgeber der «Zeitschrift für Geopolitik», 1946 Selbstmord.

Hillmann, Rudolf; Generalstabsoffizier der Reichswehr, Präsident des Vorstandes der deutschen Export-Import-Firma Illies & Co., 1935 Landesgruppenleiter der Auslandsorganisation der Hitlerpartei in Fernost, 1940 Vertreter der HAPAG-Schiffahrtslinie in Japan, wurde im Februar 1943 wegen Unterschlagung von 215000 Yen abgelöst.

Himmler, Heinrich, 1900–1945 (Selbstmord); seit 1929 Reichsführer SS, 1936 Chef der faschistischen Polizei, 1944 Reichsinnenminister und Befehlshaber des Ersatzheeres, schloß am 27. Oktober 1942 persönlich die

Gestapo-Untersuchungen gegen Dr. Sorge ab, machte in diesem Zusammenhang dem Naziaußenminister SS-Obergruppenführer von Ribbentrop schwere Vorwürfe.

Hirano; japanischer Geheimpolizist in Tokyo, führte im Frühjahr 1941 in Sorges Wohnung eine illegale Haussuchung durch, ließ Dr. Sorge und Christiansen-Clausen bespitzeln.

Huber, Franz, geb. 1912; 1934 SS-Untersturmführer und Abteilungsleiter für bürgerliche Parteien und Kirchen in der Gestapozentrale, 1938 SS-Obersturmbannführer, Regierungs- und Kriminalrat, bis 1940 SD-Chef für Japan und Polizeiattaché an der deutschen Botschaft in Tokyo, unfreiwilliger Informant Dr. Sorges, 1940 Leiter der Gestapostelle Wien, 1942 SS-Brigadeführer und Generalmajor der Polizei, 1944 Inspekteur der Sicherheitspolizei und des SD in Wien, 1968 Exportkaufmann in München.

Ichijima; Direktor des Tokyoter Sugamo-Zuchthauses, leitete am 7. November 1944 die Hinrichtung von Dr. Sorge und Hozumi Ozaki.

Ikoma, Prof. Dr. Yoshitoshi; Germanist an der Auslandshochschule in Tokyo, amtlich berufener Übersetzer der Kerkeraufzeichnungen Dr. Sorges ins Japanische, nach 1945 Hochschulprofessor in Tokyo.

Inukai, Ken, geb. 1896; Grundbesitzer in Sendai, japanischer Reichstagsabgeordneter, Sohn des 1932 ermordeten japanischen Ministerpräsidenten Tsuyoshi Inukai, Chinaspezialist, Informant von Hozumi Ozaki, im Alter von 46 Jahren im Zusammenhang mit der Verhaftungsaktion gegen Angehörige der Gruppe «Ramsay» inhaftiert und angeklagt, im Hinblick auf seine Position jedoch freigesprochen, nach 1945 einer der Führer der demokratischen Partei, zehnmal ins Abgeordnetenhaus gewählt, 1953 Justizminister.

Ishii (Miyake), Hanako; mit Dr. Sorge befreundet, sollte im August 1941 als Polizeispitzel gegen Dr. Sorge angeworben werden, August 1943 von der Kempeitai verhaftet und nach einiger Zeit entlassen, im November 1949 ließ sie Sorges Leichnam exhumieren, identifizieren, einäschern und auf dem Tokyoter Tama-Friedhof beisetzen, schrieb zwei Bücher über Dr. Sorge, lebt in Tokyo, Mitglied der japanischen «Gesellschaft zur Unterstützung von Opfern des Falles Sorge–Ozaki».

Isono, Kiyoshi; Journalist und Reporter der «Tokyo Asahi Shimbun», Kriegsberichterstatter des japanischen Heeresministeriums, Informant von Hozumi Ozaki, im Alter von 36 Jahren im Zusammenhang mit der Verhaftungsaktion gegen Angehörige der Gruppe «Ramsay» von der japanischen Geheimpolizei inhaftiert.

Iwamura, Michiyo, geb. 1883; 1941 japanischer Justizminister, ließ die Angehörigen der Gruppe «Ramsay» verhaften, 1945 als Kriegsverbrecher inhaftiert, nach seiner Entlassung als Rechtsanwalt in Tokyo tätig.

Iyo, Hiroshi; japanischer Staatsanwalt, führte die Untersuchungen gegen Anna und Max Christiansen-Clausen, teilweise auch gegen Dr. Sorge.

Jankow-Jablin, Nikolai, 1896–1977; 1915 Gymnasiast und Mitglied einer illegalen sozialistischen Zelle, im ersten Weltkrieg Leutnant in einem Funkstab der bulgarisch-zaristischen Armee, 1918 Streikorganisator in

Jambol, 1920 Mitglied der Bulgarischen Kommunistischen Partei, in der Funkergruppe der illegalen Militärorganisation der BKP tätig, 1923 Kommandeur einer revolutionären Proletarischen Hundertschaft in Sofia, 1923 Emigration nach Jugoslawien, Österreich, Deutschland, in die UdSSR; Kundschafter der Roten Armee, Einsatz in Deutschland und 1925–1927 in Frankreich, 1927 Ingenieurstudium, 1928 Funkausbilder der militärischen Aufklärung des sowjetischen Generalstabes, Funklehrer von Max Christiansen-Clausen, 1931 Mitglied des wissenschaftlich-technischen Komitees beim Generalstab der Roten Armee, 1932–1933 Mitarbeiter eines kernphysikalischen Instituts der UdSSR, 1935 Staatsbürger der UdSSR, 1946 Rückkehr nach Bulgarien, Technischer Direktor des Staatlichen Bulgarischen Rundfunks, Direktor für Rundfunk und Fernsehen. «Verdienter Techniker des Volkes», Träger des UdSSR-Ordens «50 Jahre Sowjetmacht» und der DDR-«Medaille der Waffenbrüderschaft».

Kahlbaum; Vertreter deutscher Chemiekonzerne in Japan, unfreiwilliger Informant Dr. Sorges.

Kaieda, Hisataka; japanischer Angestellter der Südmandschurischen Eisenbahn AG in Mukden, Informant von Hozumi Ozaki, im Alter von 35 Jahren im Zusammenhang mit der Verhaftungsaktion gegen Angehörige der Gruppe «Ramsay» von der japanischen Geheimpolizei inhaftiert.

Karow; Korrespondent des Deutschen Nachrichtenbüros in Japan, unfreiwilliger Informant Dr. Sorges.

Karsch; Nazihauptmann d. R.; 1939–1945 Gehilfe des Militärattachés an der deutschen Botschaft in Tokyo; unfreiwilliger Informant Dr. Sorges.

Kawai, Teikichi, geb. 1901; japanischer Reporter in Schanghai, 1932 Rückkehr nach Japan, Organisator des Chinesisch-Japanischen Kampfbundes, Kommunist, seit 1931 Vertrauter von Dr. Sorge und Hozumi Ozaki, Angehöriger der Gruppe «Ramsay», erledigte Kundschafteraufgaben in der Mandschurei, im Alter von 40 Jahren von der japanischen Geheimpolizei verhaftet, zu zehn Jahren Kerker verurteilt, im Oktober 1945 befreit, hielt am 8. November 1964 in Tokyo die Gedenkrede zum 20. Jahrestag der Ermordung von Richard Sorge und Hozumi Ozaki.

Kawamura, Yoshio, 1911–1942; japanischer Korrespondent in der Mandschurei, Leiter des Schanghaier Büros der japanischen Zeitung «Manshu Nichi-Nichi Shimbun», Angehöriger der Gruppe «Ramsay», Informant von Hozumi Ozaki, im Alter von 31 Jahren von der japanischen Geheimpolizei verhaftet, starb an den Folgen der Kerkerhaft am 15. Dezember 1942.

Kikuchi, Hachiro; japanischer Reporter und Kriegsberichterstatter, Informant von Yotoku Miyagi, im Alter von 31 Jahren im Zusammenhang mit der Verhaftungsaktion gegen Angehörige der Gruppe «Ramsay» von der japanischen Geheimpolizei inhaftiert.

Kirschbaum, Hans G. von; leitender Mitarbeiter der deutschen Export- und-Import-Firma Illies & Co. in Japan, Landesgruppenleiter der Hitlerpartei in Mandschukuo.

Kishi, Michiso; 1937–1939 Privatsekretär des japanischen Ministerpräsidenten, übergab Hozumi Ozaki Protokolle von Kabinettssitzungen und Regierungsdokumente.

Kitabayashi, Tomo; Modistin, Informantin von Yotoku Miyagi, im Alter von 57 Jahren als erste der Angehörigen der Gruppe «Ramsay» von der japanischen Geheimpolizei verhaftet, zu fünf Jahren Kerker verurteilt, an den Folgen der Haft kurz nach Kriegsende verstorben.

Kitabayashi, Yoshisaburo; Informant von Tomo Kitabayashi, im Alter von 61 Jahren im Zusammenhang mit der Verhaftungsaktion gegen Angehörige der Gruppe «Ramsay» von der japanischen Geheimpolizei inhaftiert.

Kobayashi, Seizo, geb. 1877; 1930 stellvertretender japanischer Marineminister, 1933 Admiral, 1936–1940 Generalgouverneur von Taiwan, unfreiwilliger Informant Dr. Sorges.

Konoe, Fürst Fumimaro, 1891–1945; japanischer Politiker, 1918 Mitglied der japanischen Delegation zur Pariser Friedenskonferenz, 1931 Vizepräsident des Oberhauses, 1933–1937 Präsident des Oberhauses, 1937 Ministerpräsident und Präsident des Geheimen Staatsrates, billigte den Überfall auf China, Juli 1940 erneut Ministerpräsident, unterschrieb den deutsch-japanisch-italienischen Dreimächte-Kriegspakt, Juli 1941 wiederum Ministerpräsident, Präsident der «Gesellschaft für die Hilfe des Throns im Staat», der «Gesellschaft für internationale kulturelle Beziehungen», der «Indochina-Gesellschaft», der «Siam-Gesellschaft» und der «Toa-Dobunkai»-Gesellschaft Japans, verheiratet mit der Fürstin Taka nori Mori, trat im Oktober 1941 zurück, unfreiwilliger Informant Ozakis, entzog sich 1945 durch Selbstmord der Verantwortung.

Kordt, Prof. Dr. Erich, geb. 1903; SS-Sturmbannführer und Nazidiplomat, 1938–1940 Vortragender Legationsrat und Chef der «Dienststelle Ribbentrop» im Auswärtigen Amt, anschließend Gesandter an der deutschen Botschaft in Toyko, unfreiwilliger Informant Dr. Sorges, 1943–1945 deutscher Geschäftsträger in Nanking, nach 1945 Gesandter a. D. der BRD, 1951 Ausbilder für diplomatischen Nachwuchs in der BRD, Professor an der Universität Köln und Ministerialrat, Vorsitzender des Ausschusses für Ost-West-Fragen beim Auswärtigen Amt der BRD.

Koshiro, Yoshinobu (Deckname: Miki), geb. 1909; Unteroffizier im japanischen Heer, Englischdolmetscher, 1936 Einsatz in der Mandschurei, 1937 Einsatz in Nordchina, 1941 Einsatz in Südchina, Angehöriger der Gruppe «Ramsay», Informant von Yotoku Miyagi, im Alter von 33 Jahren von der japanischen Geheimpolizei verhaftet, zu 15 Jahren Kerker verurteilt, am 8. Oktober 1945 aus der Haft befreit.

Krapf, Franz; SS-Untersturmführer und SD-Angehöriger, 1940 Nazidiplomat an der deutschen Botschaft in Tokyo, unfreiwilliger Informant Dr. Sorges, 1955 Vortragender Legationsrat im Auswärtigen Amt der BRD, 1958 Botschaftsrat der BRD in Paris, 1960 Gesandter in Washington, seit 1962 Ministerialdirektor und Leiter der Abteilung West II, später der Ostabteilung im Auswärtigen Amt, 1966–1970 Botschafter in Japan; 1971 Botschafter bei der NATO.

Kretschmer, Alfred, geb. 1894; Reichswehroffizier, 1937 Lehrer an der faschistischen Kriegsakademie, 1939 Oberquartiermeister in der 10. Armee, 1940 Oberquartiermeister in der Panzergruppe Kleist, 1940–1945 Militärattaché in Tokyo und für Mandschukuo, unfreiwilliger Informant Dr. Sorges, deutscher General bei der japanischen Armee, Nazigeneralleutnant.

Kuusinen, Aino, 1893–1970; finnische Kommunistin, Ehefrau von Otto Kuusinen, 1924–1933 Mitarbeiterin bzw. Referentin für Skandinavien in der Kommunistischen Internationale, 1926 Bekanntschaft mit Dr. Sorge, 1931–1933 Parteitätigkeit in den USA, 1934–1937 Kundschafterin der Roten Armee mit dem Decknamen Elisabeth Hansson (als Schwedin) in Japan, traf mehrmals in Tokyo mit Dr. Sorge zusammen.

Kuusinen, Otto Wilhelm, 1881–1964; finnischer Kommunist, seit 1904 Mitglied des revolutionären Flügels der Sozialdemokratischen Partei Finnlands, 1906–1916 Redakteur des Zentralorgans «Työmies» (Arbeiter), 1921–1939 Sekretär des Exekutivkomitees der Komintern, seit April 1924 mit Dr. Sorge eng befreundet, 1940–1964 Deputierter des Obersten Sowjets der UdSSR, 1940–1957 Vorsitzender des Präsidiums des Obersten Sowjets der Karelo-Finnischen SSR, stellvertretender Vorsitzender des Präsidiums des Obersten Sowjets der UdSSR, 1941–1964 Mitglied des ZK der KPdSU, 1957–1964 Mitglied des Präsidiums und Sekretär des ZK der KPdSU.

Kuzumi, Fusako; japanische Kommunistin, 1929–1934 mit anderen Führern der KPJ in Haft, anschließend Angestellte der Sozialen Massenpartei Japans, Angehörige der Gruppe «Ramsay», hatte Beziehungen zum Büro des japanischen Ministerpräsidenten, Informantin von Yotoku Miyagi, im Alter von 53 Jahren von der japanischen Geheimpolizei verhaftet, zu acht Jahren schwerem Kerker verurteilt, am 8. Oktober 1945 befreit.

Lietzmann, Joachim; 1937–1940 Kapitän zur See und Marineattaché an der deutschen Botschaft in Tokyo und für Mandschukuo, brachte Dr. Sorge sein Tagebuch und den deutschen Marinekode zur Kenntnis.

Lissner, Dr. jur. Ivar (recte Robert Hirschfeld), 1909–1967; Sohn eines lettischen Börsenmaklers, 1918 Emigration nach Deutschland, 1933 Eintritt in die Nazipartei, Absolvent der SS-Junkerschule, 1936 in Erlangen promoviert, Nazischriftsteller, Leitartikler der Nazizeitungen «Völkischer Beobachter» und «Angriff», 1938 Fernost-Sonderkorrespondent dieser Zeitungen in Tokyo und Vertrauter des Botschafters Eugen Ott, Nazipropaganda-Attaché der deutschen Botschaft in Tokyo, 1940 Kriegsberichterstatter und antisowjetischer Agent des «Ostreferats» der Spionage-«Gruppe Luft» des OKW-Amtes Ausland/Abwehr in der japanisch okkupierten Mandschurei, Russischdolmetscher der japanischen Armee, Organisator antisowjetischer Sabotage- und Diversionsakte in Sibirien, 1941 mit faschistischem Kriegsverdienstkreuz II. Klasse mit Schwertern ausgezeichnet, 1942 denunziert er beim OKW-Amt Ausland/Abwehr deutsche Botschaftsangehörige in Tokyo als Informanten Dr. Sorges, Ende 1942 in Charbin von SS-Standartenführer Josef Meisinger als antijapanischer Wirtschaftsspion den Japanern angezeigt, Juni 1943 von der japanischen Polizei als Spion Hitlerdeutschlands inhaftiert, Anfang 1945 entlassen, 1947 nach Westdeutschland, in der BRD Chefredakteur der Illustrierten «Kristall» des Springer-Pressemonopols und seit 1956 Buchautor.

Löhrs; Kapitän des deutschen Blockadebrechers «Odenwald», verließ Yokohama im August 1941, unfreiwilliger Informant Dr. Sorges.

Luedde-Neurath, Kurt, geb. 1911; Nazidiplomat an der deutschen Botschaft in Tokyo, SA-Sturmführer, unfreiwilliger Informant Dr. Sorges, 1958 Gesandter der BRD auf Haïti, 1966 Botschafter in Indonesien, seit 1968 Botschafter in Neuseeland.

Magnus, Dr. Albrecht; deutscher Journalist, Vertreter der deutschen Wirtschaftsnachrichtenagentur in Tokyo, unfreiwilliger Informant Dr. Sorges, 1963 Leiter der Wirtschaftsabteilung in der Botschaft der BRD in Tokyo.

Maki; Kempeitai-Oberst, Leiter der Presseabteilung des japanischen Kriegsministeriums, unfreiwilliger Informant von Dr. Sorge.

Manuilski, Prof. Dr. Dmitri Sacharowitsch, 1883–1959; seit 1903 Mitglied der SDAPR, 1911 Absolvent der Juristischen Fakultät der Sorbonne, 1918 Mitglied des Allukrainischen Revolutionskomitees, Volkskommissar für Landwirtschaft der Ukrainischen SSR, 1920–1923 und 1949–1952 Mitglied des Politbüros und 1921–1922 Erster Sekretär des ZK der KP(B) der Ukraine, 1922 Funktionär der Komintern, 1922–1923 Kandidat und 1923–1952 Mitglied des ZK der KPR(B) bzw. der KPdSU(B), 1924–1928 Mitglied des Präsidiums und 1928–1943 Sekretär des Exekutivkomitees der Komintern, lernte im April 1924 Dr. Sorge kennen, war einer der Parteibürgen für Dr. Sorge, Abgeordneter des Obersten Sowjets der UdSSR, 1944–1946 Volkskommissar für Auswärtige Angelegenheiten, 1944–1953 stellvertretender Vorsitzender des Ministerrates der Ukrainischen SSR, stellvertretender Vorsitzender des Rates der Volkskommissare der UdSSR, Mitglied der Akademie der Wissenschaften der UdSSR.

Marchthaler, Dr. Hans Ulrich von; Nazidiplomat, Leiter der politischen Abteilung der deutschen Botschaft in Tokyo, mit dem Kriegsverdienstkreuz dekoriert, unfreiwilliger Informant Dr. Sorges, seit 1949 im diplomatischen Dienst der BRD, 1951 Botschaftsrat der BRD in Brasilien, 1955 Abteilungsleiter im Auswärtigen Amt.

Matsumoto, Itsuo; Mitarbeiter des japanischen Forschungsinstituts für Chinafragen, Informant von Hozumi Ozaki, im Alter von 21 Jahren im Zusammenhang mit der Verhaftungsaktion gegen Angehörige der Gruppe «Ramsay» von der japanischen Geheimpolizei inhaftiert.

Matsunaga; japanischer Geheimpolizist, ließ Dr. Sorge bespitzeln und versuchte, dessen japanische Lebensgefährtin Hanako Ishii als Polizeispitzel anzuwerben.

Matzky, Gerhard, 1894–1983; baute die schwarze Reichswehr mit auf, Generalstabsoffizier der Reichswehr, 1938–1940 Nazioberst i. G. und Militär- und Luftwaffenattaché in Tokyo und für Mandschukuo, unfreiwilliger Informant Dr. Sorges, anschließend im Oberkommando des Heeres Oberquartiermeister IV (Abteilungen Fremde Heere Ost und

Fremde Heere West sowie Attachéabteilung), Kommandeur der 21. Infanteriedivision, 1944 Generalleutnant, von Hitler mit dem Ritterkreuz ausgezeichnet, 1951 Inspekteur des Bundesgrenzschutzes der BRD, 1956–1960 Generalleutnant der Bundeswehr, zuletzt Kommandierender General des I. Korps der Bundeswehr, 1970 Vorsitzender des Verbandes Deutscher Soldaten der BRD.

Meisinger, Josef Albert, 1899–1947; 1934 SS-Unterstumführer und in der Gestapozentrale Abteilungsleiter für Homosexualität und für Überwachung der Mitglieder der Hitlerpartei, beging 1939 als Kommandeur der Sicherheitspolizei und des SD im besetzten Warschau Verbrechen gegen die Menschlichkeit, 1940 Polizeiattaché und SD-Chef an der deutschen Botschaft in Tokyo, Verbindungsoffizier des SD zum japanischen Geheimdienst, lieferte der japanischen Geheimpolizei 21 deutsche Staatsbürger aus, unfreiwilliger Informant Dr. Sorges, 1943 SS-Standartenführer, 1947 als Kriegsverbrecher in Warschau zum Tode verurteilt und hingerichtet.

Meissner, Dr. Hans-Otto; Nazidiplomat, bis 1939 dritter Botschaftssekretär und Protokollchef an der deutschen Botschaft in Tokyo, bis Kriegsausbruch Konsul an der Botschaft in London, seit 1941 Mitarbeiter im OKW-Spionage- und Sabotageamt Ausland/Abwehr, Verfasser einer politisch zweckgerichteten Kolportage über Dr. Sorge, 1950 in der BRD Konsul I. Klasse zur Wiederverwendung.

Mirbach-Geldern, L. Graf von; Nazidiplomat, Legationssekretär und Chef der Presseabteilung der deutschen Botschaft in Tokyo.

Miyagi, Yotoku (Decknamen: Joe und Intelli), 1903–1943; auf der Insel Okinawa als Bauernsohn geboren, Studium an einem Pädagogischen Institut, Familie wandert nach Kalifornien/USA aus, 1925 Absolvent der Kunsthochschule in San Francisco; in Los Angeles Studium sozialer Probleme unter dem kommunistischen Professor Siromo Takahashi, Mitbegründer der «Proletarischen Gesellschaft der Künste», Kommunist, wegen «kommunistischer Propaganda» mehrmonatige Untersuchungshaft in den USA, Angehöriger der Gruppe «Ramsay», im Alter von 38 Jahren von der japanischen Geheimpolizei verhaftet, nach einem Selbstmordversuch ohne Urteil in den Kerker geworfen, am 2. August 1943 ermordet.

Miyanishi, Yoshio; Mitarbeiter des Forschungsamtes der Südmandschurischen Eisenbahn AG in Tokyo, Informant von Hozumi Ozaki, im Alter von 33 Jahren im Zusammenhang mit der Verhaftungsaktion gegen die Gruppe «Ramsay» von der japanischen Geheimpolizei inhaftiert.

Mizuno, Shige, 1910–1945; Publizist und Verleger, Kommunist, 1936 wegen Teilnahme an der Neubildung der KPJ inhaftiert, beschäftigte sich mit der Geschichte der japanischen Jugendbewegung, Angehöriger der Gruppe «Ramsay», Informant von Hozumi Ozaki, besorgte Informationen aus der japanischen Geheimgesellschaft «Schwarzer Drache», im Alter von 31 Jahren von der japanischen Geheimpolizei verhaftet, zu 13 Jahren Kerker verurteilt, starb an den Folgen der Haft.

Mohr, Anita; in einer ihrer Ehen mit Billy Mohr verheiratet, unfreiwillige Informantin Dr. Sorges.

Mohr, Billy; Vertreter des Siemens-Konzerns und anderer deutscher Elektromonopole in Japan, unfreiwilliger Informant Dr. Sorges.

Morin, Relman Pat, geb. 1907; 1930 Universitätsstudium in China, nordamerikanischer Fernostexperte und Kriegsberichterstatter, Korrespondent in Schanghai, 1934 Berichterstatter der Presseagentur Associated Press in Los Angeles, dann AP-Chef für Japan und Südostasien in Tokyo beziehungsweise Saigon, unfreiwilliger Informant Dr. Sorges und Branko Vukelićs, 1942 unter Spionageverdacht japanische Internierung, 1945–1951 AP-Chef in Paris und in Washington, 1965 Spezialkorrespondent in der New-Yorker AP-Zentrale.

Muto; General, Chef der Zentralverwaltung des japanischen Kriegsministeriums, unfreiwilliger Informant Dr. Sorges.

Nakamura, Toneo; Chef der Untersuchungsabteilung des Tokyoter Distriktgerichtes, koordinierte die Bespitzelung und die Ermittlungen gegen die Gruppe «Ramsay».

Nakano, Seigo, 1886–1943; japanischer Journalist, Politiker und Parteiführer, gründete 1933 die faschistische Organisation «Tohokai», 1940 Generalsekretär der «Einheitsbewegung zur Förderung des Thrones», unfreiwilliger Informant Dr. Sorges, beging Selbstmord.

Nehmitz; Flieger der Luftwaffe, Ingenieur, seit 1937 Gehilfe des Luftwaffenattachés in Tokyo, unfreiwilliger Informant Dr. Sorges.

Newman, Joseph; Korrespondent der «New York Herald Tribune» in Tokyo, unfreiwilliger Informant von Branko Vukelić, 1950 im Pariser Büro der «New York Herald Tribune» tätig.

Ohashi, Takeo, geb. 1904; hoher Polizeioffizier im japanischen Innenministerium, leitete 1941 die geheimpolizeilichen Untersuchungen gegen Angehörige der Gruppe «Ramsay», 1949 japanischer Generalstaatsanwalt, 1951 Staatsminister, Parteipolitiker und antikommunistischer Publizist.

Okai, Yasumasa; japanischer Student, Informant von Hozumi Ozaki, im Zusammenhang mit der Verhaftungsaktion gegen die Gruppe «Ramsay» von der japanischen Geheimpolizei inhaftiert.

Osaki; japanischer Oberst, Chef der Spionageabwehr in Tokyo, ordnete 1939 an, den Geheimsender der Gruppe «Ramsay» abzuhören.

Ota, Prof. Kozo, geb. 1889; japanischer Staatsbeamter, Professor der Rechtswissenschaften, Chefsekretär des japanischen Ministerrates, Chef der japanischen Politischen Polizei (TOKOKA) im Justizministerium, an Verhaftungen und Vernehmungen von Angehörigen der Gruppe «Ramsay» beteiligt, 1945 als Kriegsverbrecher inhaftiert, nach seiner Haftentlassung 1948 als Rechtsanwalt tätig.

Ott, Eugen, geb. 1889; 1907 Fahnenjunker, 1909 Leutnant im 65. Württembergischen Feldartillerie-Regiment, 1914 Regimentsadjutant, 1916 Tätigkeit im kaiserlichen Großen Generalstab Deutschlands, 1923–1933 im Ministeramt des Reichswehrministeriums, 1933 als Nazioberstleutnant zum 3. kaiserlichen Artillerie-Regiment Japans in Nagoya abkommandiert, Einsatz in Mandschukuo, 1933 nach Deutschland zurückbeordert, 1934–1938 Oberst und Militärattaché sowie 1935–1938 gleichzeitig Luftwaffenattaché in Tokyo, 1937 Generalmajor, April 1938–November 1942 deutscher Botschafter in Japan, unfreiwilliger Informant Dr. Sorges, bis Weltkriegsende als Botschafter a. D. in Peking, nach 1949 Botschafter a. D. in der BRD.

Ott, Helma; Tochter des deutschen Politikers und Rechtsanwalts Dr. jur. Hartmann Bodewig, seit 1921 mit Eugen Ott verheiratet, seit 1933 unfreiwillige Informantin Dr. Sorges.

Ozaki, Dr. jur. Hozumi (Decknamen: Otto und Invest, Schriftstellerpseudonym: Sirikawa Ziro, Journalistenpseudonym in Gewerkschaftspresse: Kusano Genkiti), 1901–1944; Journalist und Schriftsteller, 1922–1925 Studium in Tokyo, 1926 in der Redaktion der «Tokyo Asahi Shimbun» tätig, 1927–1941 Verfasser von 68 Grundsatzbeiträgen in japanischen Zeitungen und Zeitschriften sowie von 5 Publikationen in Englisch, 1927 in der Redaktion der «Osaka Asahi Shimbun», 1928 Korrespondent in Schanghai, seit 1930 Vertrauter von Dr. Sorge, 1931 bis 1941 Autor von 11 japanischen Buchmanuskripten, 1934 erneute Zusammenarbeit mit Dr. Sorge in Japan, Angehöriger der Gruppe «Ramsay», Tätigkeit für die Zeitung «Tokyo Asahi Shimbun» und für die Gesellschaft zur Untersuchung von Problemen Ostasiens, August 1936 Teilnahme an der Konferenz der pazifischen Länder in Yosemite/Kalifornien, 1937 Mitarbeit in der Shoowa-Forschungsgesellschaft, 1938 von Fürst Konoe berufener Kabinettsberater für Chinafragen, gründete 1939 ein Institut für Chinafragen und arbeitete als Berater des Forschungsbüros der Südmandschurischen Eisenbahn AG, im Alter von 40 Jahren von der japanischen Geheimpolizei verhaftet, 1943 zum Tode verurteilt, am 7. November 1944 ermordet.

Petersdorff, Dr. Fritz Julius von, geb. 1900; Nazioberstleutnant, 1938 Gehilfe des Militärattachés an der deutschen Botschaft in Tokyo für Japan und Mandschukuo, arbeitete eng mit dem japanischen Generalstab zusammen, unfreiwilliger Informant Dr. Sorges.

Piggott, Francis Stewart, geb. 1883; britischer Generalmajor, 1921–1926 und 1936–1939 Militärattaché an der britischen Botschaft in Tokyo, unfreiwilliger Informant Dr. Sorges und Branko Vukelićs, 1958–1961 Präsident der Japanischen Gesellschaft von London.

Pjatnizki, Ossip Aronowitsch, 1882–1939, seit 1898 Mitglied des revolutionären Flügels der SDAPR, 1917–1918 Vorsitzender der Eisenbahnergewerkschaft Rußlands, 1918–1922 Mitglied des Exekutivkomitees des Moskauer Sowjets und Mitglied des Allrussischen Zentralen Exekutivkomitees, 1920 Sekretär des Moskauer Parteikomitees, 1920–1921 Kandidat des ZK, seit 1923 Sekretär des Exekutivkomitees der Komintern, seit April 1924 mit Dr. Sorge eng befreundet, 1924–1927 Mitglied der Zentralen Kontrollkommission und 1927–1939 Mitglied des ZK der KPdSU(B).

Reichert, Dr. Franz; leitender Mitarbeiter des Deutschen Nachrichtenbüros, Stellvertreter von Wilhelm von Ritgen, SD-Agent.

Reifenberg, Dr. Benno; Redakteur und Ressortleiter der «Frankfurter Zeitung», bearbeitete Artikel Dr. Sorges, 1945 Chefredakteur der westdeutschen Zeitschrift «Gegenwart», 1961 verantwortlicher Redakteur der «Frankfurter Allgemeinen Zeitung».

Rimm, Karl (Decknamen: Klaas Selman und Paul); Sohn eines estnischen Landarbeiters aus Antsla, Studium in Tartu, Dorfschullehrer,

1917 Kommunist und Rotgardist, Mitglied des Ortssowjets, Mitglied des Militärischen Rates in Wologda, Kampfeinsätze als Kommandeur einer MG-Kompanie gegen die Konterrevolutionäre und imperialistischen Interventen bei Jekaterinburg, Archangelsk und Narva, Leiter von Kommandeurskursen der Roten Armee, Stabschef einer Schützenbrigade, Absolvent der Militärakademie der Roten Armee, Chef eines Divisionsstabes, 1930 Stellvertreter und Militärberater Dr. Sorges bei dessen Chinaeinsatz.

Rimm, Ljuba Iwanowna; Tochter eines Lastträgers, estnische Kommunistin, an der Mittelschule illegale Tätigkeit in einer revolutionären Zelle, Erzieherin in einer Fürstenfamilie, Krankenschwester im Moskauer Institut für Mutter und Kind, 1930 Chiffriererin der Roten Armee und Angehörige der Sorge-Gruppe im Chinaeinsatz in Schanghai.

Saida; japanischer Geheimpolizist in Tokyo, bespitzelte 1941 Branko Vukelić.

Saigo; japanischer Major, unfreiwilliger Informant Dr. Sorges.

Saionji, Kinkazu, geb. 1906; Sohn des Fürsten Kimmochi Saionji, außenpolitischer Berater des japanischen Ministerrates, 1936 Studienbesuch in den USA, Präsident der japanischen Forschungsgesellschaft für internationale Probleme, oftmals Reisebegleiter des japanischen Außenministers Yosuke Matsuoka, unfreiwilliger Informant von Hozumi Ozaki, im Alter von 36 Jahren im Zusammenhang mit der Verhaftungsaktion gegen die Gruppe «Ramsay» von der japanischen Geheimpolizei inhaftiert, im Hinblick auf seine Herkunft und politischen Funktionen nur zu drei Jahren Kerker mit Bewährung verurteilt, nach 1945 Mitbegründer der japanischen Gesellschaft zur Erforschung pazifischer Probleme, 1947 ins Oberhaus gewählt.

Sansom, Prof. Sir George Baily; britischer Wirtschaftspolitiker und Diplomat, diente im ersten Weltkrieg im britischen Geheimdienst, 1925–1940 Handelsattaché an der britischen Botschaft in Tokyo, unfreiwilliger Informant Dr. Sorges, 1941–1942 Berater im Ministerium für wirtschaftliche Kriegführung, Mitglied des Kriegsrates für Fernost, 1942–1947 britischer Botschafter in Washington, 1949–1958 Professor und Direktor des ostasiatischen Instituts der Columbia-Universität in den USA, 1951 Mitglied der japanischen Akademie der Wissenschaften.

Scharff; 1934 Ortsgruppenleiter der Auslandsorganisation der Hitlerpartei in Tokyo-Yokohama, stellte Dr. Sorge das NSDAP-Mitgliedsbuch aus.

Schellenberg, Walter, 1910–1952; Gestapoführer, seit 1941 Chef des SD-Amtes VI (Auslandsgeheimdienst) des Reichssicherheitshauptamtes, SS-Gruppenführer, ließ Dr. Sorge bespitzeln, 1949 von einem Militärgericht der USA in Nürnberg als Kriegsverbrecher zu sechs Jahren Kerker verurteilt.

Scholl; Nazimajor, 1935–1939 Gehilfe des Militärattachés an der deutschen Botschaft in Tokyo, unfreiwilliger Informant Dr. Sorges, 1941–1945 Nazioberstleutnant und Militärattaché in Thailand.

Schotthöfer, Fritz; Leiter des ostasiatischen Ressorts der «Frankfurter Zeitung», bearbeitete Artikel Dr. Sorges.

Schuetz, Richard; Kapitän des deutschen Blockadebrechers «Burgenland», unfreiwilliger Informant Dr. Sorges.

Schulze, Wilhelm; Japankorrespondent der «Deutschen Allgemeinen Zeitung», unfreiwilliger Informant Dr. Sorges.

Sethe, Dr. Paul, geb. 1901; 1934–1943 Redakteur der «Frankfurter Zeitung», bearbeitete Artikel Dr. Sorges, 1949–1955 Mitherausgeber der «Frankfurter Allgemeinen Zeitung», dann Ressortleiter in der Redaktion «Die Welt», Kollegiumsmitglied in der Redaktion «Die Zeit».

Shinozuka, Torao (Deckname: Spezialist); japanischer Fabrikdirektor, Informant von Yotoku Miyagi, im Alter von 41 Jahren im Zusammenhang mit der Verhaftungsaktion gegen die Gruppe «Ramsay» von der japanischen Geheimpolizei inhaftiert.

Siebler, Hermann, geb. 1901; Metallarbeiter, 1921 Eintritt in die KPD, 1923 Mitorganisator der Streikkämpfe in Oberschlesien, ging 1930 in die UdSSR, Ausbildung als Funker der Roten Armee, Auslandseinsätze als Funker unter anderem 1932–1934 in China, Kurier zur Sorge-Gruppe in Schanghai und Mukden, 1936 als Funker von J. K. Bersin und der Gesamtleitung der Internationalen Brigaden Teilnehmer am Kampf des spanischen Volkes gegen die Faschisten, 1937 verwundet, Rückkehr in die UdSSR, 1967 Heimkehr nach Berlin.

Sieburg, Prof. Dr. Friedrich, geb. 1893; im ersten Weltkrieg deutscher Fliegeroffizier, 1930 Korrespondent der «Frankfurter Zeitung» in Paris und in London, Publizist und Schriftsteller, Reisebegleiter Dr. Sorges in Japan, 1948–1955 Mitherausgeber der «Gegenwart» in Frankfurt/Main, 1953 Professor, 1956 Ordentliches Mitglied der Akademie der Künste in Westberlin.

Smedley, Agnes, 1894–1950; proletarische Publizistin aus Missouri/USA, China-Expertin, Autorin mehrerer Bücher, 1920–1928 mit ihrem Lebensgefährten, dem indischen Kommunisten Virendranath Chattopadhyaya in Berlin, 1929–1933 Korrespondentin der «Frankfurter Zeitung» in Schanghai, 1930–1932 mit Dr. Sorge befreundet, den sie mit Hozumi Ozaki bekannt machte, 1929–1933 Aufenthalt in Kanton, Nanking und auf den Philippinen, 1933 nach finanzieller Übernahme der «Frankfurter Zeitung» durch die IG Farben als Korrespondentin entlassen, Reise in die UdSSR, 1934 in Japan, 1936 Reporterin in Nordchina, 1938 Korrespondentin des «Manchester Guardian» in Hankou, 1941 in den USA, Lektorin am Skidmore College.

Söderbaum, Georg; schwedischer Kaufmann, Ostasienreisender, Reisebegleiter Dr. Sorges.

Sorge, Friedrich Adolph, 1828–1906; Großonkel Dr. Sorges, Musiklehrer, Mitkämpfer von Karl Marx und Friedrich Engels, 1849 einer der revolutionären Führer des badischen Aufstandes, von der Reaktion zum Tode verurteilt, Flucht in die Schweiz, Emigration in die USA, Leiter der amerikanischen Sektion, später Generalsekretär der I. Internationale.

Sorge, Dr. phil. Hermann, 1887–1958; älterer, in Baku geborener Bruder Richard Sorges, Chemiker in München, gab Werke des Vaters heraus, 1941 von der Gestapo mit Sippenhaft bedroht, 1958 in Toulouse verstorben.

Sorge, Jekaterina Alexandrowna, 1905–1943; geboren in Petrosawodsk, 1926 Absolventin des Leningrader Instituts für Theaterkunst, in Moskau Dr. Sorges Russischlehrerin, nach 1929 Arbeiterin, Brigadierin, Meisterin und Werkhallenleiterin im Moskauer Präzisionsmeßgerätewerk «Totschismeritel», seit Januar 1933 Ehefrau Dr. Sorges.

Stahmer, Heinrich Georg, geb. 1892; Nazidiplomat, 1935 Generalkonsul und Hauptreferent für Fernost in der Spionage-«Dienststelle Ribbentrop», 1940 als Sonderbeauftragter Nazideutschlands in Ostasien, aktiv am Zustandekommen des Dreimächte-Kriegspaktes beteiligt, erhielt dafür als Gesandter an der Botschaft in Tokyo von der japanischen Regierung 1940 das «Großkreuz des Ordens des Heiligen Schatzes», 1941 Botschafter zur besonderen Verwendung im Auswärtigen Amt, September 1941 deutscher Botschafter bei der Nanking-Regierung Chinas, 1942–1945 deutscher Botschafter in Tokyo, nach 1945 Botschafter a. D. und Japanberater des Auswärtigen Amtes der BRD.

Stark, Oskar; Leiter der Redaktionskonferenz der «Frankfurter Zeitung», fertigte 1941 nach Sorges Verhaftung eine Einschätzung Dr. Richard Sorges für das Auswärtige Amt an, nach 1950 leitender Mitarbeiter der «Badischen Zeitung».

Stein, Guenther (Deckname: Gustav); Kommunist, Korrespondent des «Berliner Tageblatt» und der «British Financial News» in Japan, Mitarbeiter Dr. Sorges bis 1939.

Steinkraus; Kapitän des deutschen Blockadebrechers «Benno», unfreiwilliger Informant Dr. Sorges.

Stumm, Gustav Braun von, 1890–1963; Nazidiplomat, 1939 stellvertretender Abteilungsleiter der Nachrichten- und Presseabteilung des Auswärtigen Amtes, Gesandter, führte 1941 Untersuchungen gegen Dr. Sorge durch, nach 1945 Gesandter a. D. und Konzernherr in Brebach-Saar.

Suzuki, Kamenosuke; japanischer Makler, Informant von Yotoku Miyagi, im Alter von 55 Jahren im Zusammenhang mit der Verhaftungsaktion gegen die Gruppe «Ramsay» von der japanischen Geheimpolizei inhaftiert.

Taguchi, Ugenda, geb. 1902; japanischer Makler, 1928 als Kommunist zu drei Jahren Kerker verurteilt, Gewerkschaftsführer, Angehöriger der Gruppe «Ramsay», Informant von Yotoku Miyagi, im Alter von 39 Jahren von der japanischen Geheimpolizei verhaftet, zu 13 Jahren Kerker verurteilt, am 6. Oktober 1945 aus der Haft befreit.

Takahashi, Yu; Angestellter der Südmandschurischen Eisenbahn AG in Tokyo, Informant von Hozumi Ozaki, im Alter von 32 Jahren im Zusammenhang mit der Verhaftungsaktion gegen die Gruppe «Ramsay» von der japanischen Geheimpolizei inhaftiert.

Takata; Schulfreund von Hozumi Ozaki, japanischer Blutrichter, 1943 Gerichtsvorsitzender im Tokyoter Geheimprozeß gegen Dr. Sorge und Ozaki.

Takeda, Toshiko; Arbeiter, Informant von Yotoku Miyagi, im Alter von 31 Jahren im Zusammenhang mit der Verhaftungsaktion gegen die Gruppe «Ramsay» von der japanischen Geheimpolizei inhaftiert.

Tamazawa; japanischer Staatsanwalt, führte Ermittlungen gegen Hozumi Ozaki, Yotoku Miyagi und teilweise auch gegen Dr. Sorge.

Tanaka, Shinjiro; Leiter der Abteilung für Wirtschaftspolitik in der Redaktion der «Tokyo Asahi Shimbun», Informant von Hozumi Ozaki, im Alter von 43 Jahren im Zusammenhang mit der Verhaftungsaktion gegen die Gruppe «Ramsay» von der japanischen Geheimpolizei inhaftiert.

Thälmann, Ernst, 1886–1944; seit 1917 Mitglied der USPD, seit 1920 Mitglied der KPD, 1921 Vorsitzender der KPD Hamburgs und Abgeordneter der Hamburgischen Bürgerschaft, Delegierter zum III. Weltkongreß der Kommunistischen Internationale in Moskau, Oktober 1923 Organisator des bewaffneten Aufstandes des Hamburger Proletariats, nach Verbot der KPD und Haftbefehl gegen ihn war Dr. Sorge sein Kurier zur KPD-Zentrale in Berlin, seit 1924 Mitglied des ZK der KPD und Führer des Roten Frontkämpferbundes, 1925 und 1932 Kandidat für die Reichspräsidentenwahl, seit 1933 in faschistischer Haft, 1944 im KZ Buchenwald ermordet.

Thompson, Harold O.; Journalist der USA, bis 1941 Japankorrespondent der Presseagentur United Press, unfreiwilliger Informant Dr. Sorges und Branko Vukelićs, 1964 leitender Mitarbeiter der Arabian American Oil Company.

Tichy, Dr. Alois, geb. 1906; Nazidiplomat, Rechtsberater der Auslandsorganisation der Hitlerpartei in Japan, 1937 Legationsrat an der Botschaft in Tokyo, unfreiwilliger Informant Dr. Sorges, 1945 Gesandtschaftsrat, 1949 Referent in der Wirtschaftsabteilung des Auswärtigen Amtes der BRD, 1951 Mitarbeiter der Politischen Abteilung des Auswärtigen Amtes.

Tojo, Hideki, 1884–1948; Sohn eines japanischen Generalleutnants, 1915 Absolvent der Militärstabsakademie, 1919 Attaché in Deutschland, 1922 Ausbilder an der Militärstabsakademie, 1934–1935 Leiter der Mobilisierungsabteilung, Kommandeur des 1. kaiserlichen Infanterie-Regiments Japans, Abteilungschef im Generalstab, 1937 Kommandeur der Gendarmerie im Hauptquartier und Chef für Polizeiangelegenheiten der Kwantungadministration, Stabschef der Kwantungarmee, 1938 Vizekriegsminister Japans, Generaldirektor für Militärluftfahrt, Juli 1940 Kriegsminister, Oktober 1941 Ministerpräsident Japans, drängte auf Terrorurteile gegen die Angehörigen der Sorge-Gruppe, 1948 als ein japanischer Hauptkriegsverbrecher vom Internationalen Militärtribunal in Tokyo zum Tode verurteilt und hingerichtet.

Ueda, Prof. Dr. Tosiro; japanischer Germanist, 1943 vereidigter Dolmetscher im Tokyoter Geheimprozeß gegen Dr. Sorge und Ozaki, 1965 Professor an der Tokyoter Universität Hitotsubashi.

Urach, Albrecht Eberhard Karl Gero Fürst von, geb. 1903; vor 1945 Korrespondent des Organs der Hitlerpartei «Völkischer Beobachter» in Japan, Leiter des Referats P VIII der Nachrichten- und Presseabteilung des Auswärtigen Amtes, Reisebegleiter Dr. Sorges, 1965 Pressechef der Daimler-Benz AG.

Urizki, Semjon Petrowitsch, 1895–1937; Neffe des 1918 ermordeten Leiters der Petrograder Tscheka Moses Urizki, seit 1912 Mitglied der

SDAPR, beherrschte vier Sprachen, Kampfgefährte Lenins, 1915 Dienst in einem zaristischen Dragoner-Regiment, revolutionäre Tätigkeit, während der Oktoberrevolution ein Organisator und Leiter der Rotgardistischen Abteilungen von Odessa, Chef und Kommissar der Kavallerie der 3. Armee, Divisionsstabschef, Kommandeur einer Kavalleriebrigade in der 2. Reiterarmee, 1920 Leiter einer operativen Abteilung im Stab der sowjetischen militärischen Aufklärung, 1921 Kampfeinsatz gegen die Kronstädter Konterrevolutionäre, Absolvent der Militärakademie, Kundschaftereinsatz im Ausland, Leiter der Internationalen Infanterieschule in Moskau, Kommandeur verschiedener Divisionen und Korps, 1935 Nachfolger General Bersins als Chef der Verwaltung Aufklärung der Roten Armee, betreute Dr. Sorge während dessen Japan-Einsatzes bis 1937, 1937 Teilnahme am Kampf des spanischen Volkes gegen die Faschisten, danach Opfer des Personenkultes.

Ushiba, Tomohiko; Sekretär im Büro des japanischen Ministerpräsidenten, übergab Hozumi Ozaki Protokollkopien von Kabinettssitzungen und andere Regierungsdokumente.

Utsunomiya; japanischer Oberst, unfreiwilliger Informant Dr. Sorges.

Vowinckel, Kurt; seit 1923 kapitalistischer Verleger; vor 1945 Chefredakteur der «Zeitschrift für Geopolitik», unfreiwilliger Helfer Dr. Sorges, in der BRD Inhaber von zwei Verlagen in Neckargemünd und Berg am See für militaristisch-neofaschistische Literatur.

Vukelić, Branko (auch Branko de Voukelitch, Deckname: Gigolo), 1904–1945; beherrschte zehn Sprachen, jugoslawischer Kommunist, 1924 Studium in Zagreb an der Technischen Hochschule, wegen marxistischer Tätigkeit verhaftet, Studium in Brno, 1926 Studium in Paris, Organisator eines Pariser Druckarbeiterstreiks, Gefängnishaft, Tätigkeit in der Elektrogesellschaft des Grafen de la Roque, 1933 Japaneinsatz als Korrespondent der französischen Presseagentur Havas, stellvertretender Leiter von Havas in Tokyo, Kundschafter der Roten Armee, Angehöriger der Gruppe «Ramsay», im Alter von 37 Jahren von der japanischen Geheimpolizei verhaftet, zu lebenslänglicher Kerkerhaft verurteilt, starb am 13. Januar 1945 im Kerker an den Folgen der Haft, 1964 postum vom Präsidium des Obersten Sowjets der UdSSR mit dem Orden des Großen Vaterländischen Krieges I. Klasse geehrt.

Vukelić, Edith; Dänin, Sportlehrerin, bis 1939 Ehefrau von Branko Vukelić, Angehörige der Gruppe «Ramsay», verließ im September 1941 Japan.

Vukelić, Slawko; Bruder von Branko Vukelić, Ingenieur, Kommunist, seit 1933 Kundschafter der Roten Armee.

Vukelić, Yoshiko siehe unter Yamasaki-Vukelić.

Wang Jing-wei, 1884–1944; chinesischer Politiker, 1924 Mitglied des Zentralexekutivkomitees der Guomindang, 1928 deren Präsident, 1932–1935 chinesischer Außenminister, unfreiwilliger Informant Dr. Sorges, nach dem Überfall Japans auf China Präsident der japanischen Marionettenregierung in Nanking.

Weise, Rudolf; Leiter des Deutschen Nachrichtenbüros (DNB) in Tokyo, zeitweise Leiter der Tokyoter Parteizelle der Auslandsorganisation der NSDAP, unfreiwilliger Informant Dr. Sorges.

Wenneker, Paul Werner; 1933–1937 Fregattenkapitän und Marineattaché in Tokyo, 1937–1938 Kommandant des Panzerschiffes «Deutschland», 1940–1945 Konteradmiral und Marineattaché in Tokyo und für Mandschukuo, unfreiwilliger Informant Dr. Sorges, im Januar 1945 von Hitler mit dem Ritterkreuz ausgezeichnet, 1965 in Hamburg unter Mordverdacht verhaftet, 1966 freigesprochen, 1979 verstorben.

Werner, Ruth (Deckname: Sonja), geb. 1907; Tochter des Berliner Wissenschaftlers und Statistikers Dr. René Kuczynski, 1924 Eintritt in den KJVD, seit 1926 Mitglied der KPD, 1928 Tätigkeit in den USA, 1930–1932 in Schanghai mehrmaliges Zusammentreffen mit Dr. Sorge, Max Christiansen-Clausen und Hozumi Ozaki, 1933 in der UdSSR Ausbildung zur Kundschafterin und Funkerin der Roten Armee, 1935 Abreise aus China, 1936–1950 antifaschistische Kundschaftereinsätze in Polen, der Freien Stadt Danzig, in der Schweiz und in Großbritannien, zweimalige Auszeichnung mit dem Rotbannerorden, lebt seit 1950 als Schriftstellerin in der DDR, Trägerin des Karl-Marx-Ordens und des Nationalpreises der DDR.

Wilhelm, Prof. Dr. Dr. Richard, 1873–1930; deutscher Sinologe, 1899–1921 Missionar in Tsingtau, 1922 Berater der deutschen Gesandtschaft in Peking, 1924 Universitätsprofessor in Frankfurt, 1925 Herausgeber der «Chinesischen Blätter für Wissenschaft und Kunst», 1928 Herausgeber der «Sinica».

Winarow, Iwan; bulgarischer Kommunist und revolutionärer Mitstreiter Georgi Dimitroffs, verhinderte Waffenlieferungen an weißgardistische Konterrevolutionäre in Bulgarien, nach Inhaftierung Flucht in die UdSSR, Mitarbeiter der Verwaltung Aufklärung der Roten Armee, 1926 Mitglied der von Sun Yat-sen für China angeforderten sowjetischen militärpolitischen Expertengruppe, 1928 Berater Dr. Sorges vor dessen Chinaeinsatz, 1936 Teilnehmer am Kampf des spanischen Volkes gegen die Faschisten, während des zweiten Weltkrieges Kundschafter und Partisanenführer der Roten Armee, 1965 Generalleutnant in der Volksrepublik Bulgarien, 1969 verstorben.

Yamagata; japanischer Major, unfreiwilliger Informant Dr. Sorges.

Yamana, Masazene, geb. 1902; japanischer Landwirtschaftsexperte, Mitglied der Bauernvereinigung, 1928 als Kommunist verhaftet und zu fünf Jahren Zwangsarbeit verurteilt, Angehöriger der Gruppe «Ramsay», Informant von Yotoku Miyagi, im Alter von 39 Jahren von der japanischen Geheimpolizei verhaftet, zu 12 Jahren Kerker verurteilt, am 7. Oktober 1945 aus der Haft befreit.

Yamasaki-Vukelić, Hiroshi Lawoslaw, geb. 1941; Sohn von Branko Vukelić aus zweiter Ehe, 1964 Ökonomiestudent in Beograd, Diplomökonom.

Yamasaki-Vukelić, Yoshiko, geb. 1915; Japanerin, seit August 1939 Ehefrau von Branko Vukelić.

Yasuda, Dr. Tokutaro, geb. 1897; japanischer Arzt, Angehöriger der Gruppe «Ramsay», Informant von Yotoku Miyagi, im Alter von 45 Jahren von der japanischen Geheimpolizei verhaftet, zu zwei Jahren Kerker verurteilt.

Yoshikawa, Mitsusada, geb. 1907; 1938–1946 japanischer Staatsanwalt, führte die Ermittlungen gegen Dr. Sorge und Ozaki und bereitete deren Verurteilung vor, 1948 Chef der Spezialuntersuchungsbehörde des japanischen Generalstaatsanwaltes, Vertrauter des USA-Geheimdienstgenerals Willoughby, sagte 1951 vor dem Komitee gegen unamerikanische Tätigkeit in Washington aus, 1965 Abteilungsleiter für Politische Polizei im japanischen Justizministerium.

Yoshioka, Keiichi, geb. 1909; Abteilungsleiter im japanischen Innenministerium, führte 1941 die Ermittlungen gegen Yotoku Miyagi durch, 1952 Vizegouverneur der japanischen Präfektur Shizuoka.

Zermeyer; Japankorrespondent der deutschen Agentur Transocean Press, unfreiwilliger Informant Dr. Sorges.

Bibliographie der Publikationen von und über Dr. Richard Sorge

Ahrens, Wilfried	Stalins bester Mann: Dr. Sorge. In: «stern», Hamburg, vom 12. Juni 1966
Amort, Cestomir	SS-Chef Himmler fürchtete Richard Sorge. In: «Junge Welt», Berlin, vom 11. Januar 1966
Asarow, A.	Na ostrie metscha, Moskau 1975
Augstein, Rudolf	Herr Sorge saß mit zu Tisch. In: «Der Spiegel», Hamburg, vom 13. Juni bis 3. Oktober 1951
Bergamini, David	Japan's imperial Conspiracy, New York/London 1971
Beuchler, Klaus	Held auf geheimem Kampfplatz. Literatur um Richard Sorge. Sendung des Deutschlandsenders, Berlin, vom 23. November 1966
Boucard, R.	Les Dessous de l'espionage 1939–1959, Paris 1959
Boveri, Margret	Der Verrat im 20. Jahrhundert, Bd. 3, Hamburg 1957
Boveri, Margret	Späher für die andere Welt. In: «Frankfurter Allgemeine Zeitung», Frankfurt/Main, vom 12. März 1966
Boveri, Margret	Eine Heldenoper über Sorge. In: «Frankfurter Allgemeine Zeitung», Frankfurt/Main, vom 3. Juni 1967
Budkewitsch, Sergej L.	The Credo of Richard Sorge. In: «New Times», Moskau, Nr. 43/1964
Budkewitsch, Sergej L.	Die Sache Richard Sorges. In: «Meshdunarodnaja Shisn», Moskau, Nr. 4–6/1965
Budkewitsch, Sergej L.	Richard Sorge, wie er war. In: «Meshdunarodnaja Shisn», Moskau, Nr. 6/1967
Budkewitsch, Sergej L.	Delo Sorge, Moskau 1969
Budkewitsch, Sergej L.	Zoruge-Ozaki jiken, Tokyo 1970
Christiansen-Clausen, Max	Dem Morgenrot entgegen. In: «Der Binnenschiffer», Berlin, Nr. 8/1960 bis Nr. 17/1961
Cookridge, E. H.	Zentrale Moskau, Hannover 1956
Cvetič, Dušan	Wer war Branko Vukelić? In: «Revija», Beograd, Nr. 10/1964
Deakin, F. W./Storry, G. R.	The Case of Richard Sorge, London 1966
Deakin, F. W./Storry, G. R.	Richard Sorge, München 1966
Decaux, A.	Nouveaux dossiers secrets, Paris 1967
Dementjewa Irina A./Agajanz, Nikolai J./Jakowlew, Jegor W.	Genosse Dr. Sorge, Berlin 1973

Dubicki, Leon — Wspomnienia z walk w szeregach armii radzieckiej nad Chałchingoł. In: «Wojskowy przegląd historyczny», Warschau, Nr. 1/1974, S. 226 ff.

Dulles, Allen Welsh — Im Geheimdienst, Düsseldorf/Wien 1963

Eisler, Gerhart — Erinnerungen an Richard Sorge. In: «Neues Deutschland», Berlin, vom 2. November 1964

Fischer, Alexander — Dr. Sorge funkt aus Tokyo. In: «Gesellschaftswissenschaftliche Informationen», Lüneburg, Nr. 2/1968

Freund, Michael — Das Märchen vom Dr. Sorge, In: «Die Gegenwart», Frankfurt/Main, vom 11. Januar 1958

Goljakow, Sergej M./Ponisowski, Wladimir M. — Richard Sorge, Moskau 1965

Goljakow, Sergej M./Ponisowski, Wladimir M. — Richard Sorge – Spia senza pistola. In: «Vie Nuove», Milano, Nr. 25/1965

Goljakow, Sergej M./Ponisowski, Wladimir M. — A Berlin – Tokió rendkivüli megbizatás Richard Sorge, Budapest 1966

Goljakow, Sergej M./Ponisowski, Wladimir M. — Le Vrai Sorge, l'affaire Richard Sorge vue de Moscou, Paris 1967

Goljakow, Sergej M./Ponisowski, Wladimir M. — Die Stimme Ramsays, Moskau 1980

Goljakow, Sergej M./Ponisowski, Wladimir M. — Richard Sorge – Kundschafter und Kommunist, Berlin 1982

Görlitz, Walter — Ich führe sie alle an der Nase herum, In: «Die Welt», Hamburg, vom 28. Februar 1966

Gorew, J. — Ich kannte Sorge. In: «Komsomolskaja Prawda», Moskau, vom 8., 9. und 10. Oktober 1964; «Die Presse der Sowjetunion», Berlin, Nr. 130–140/1964

Guérin, Alain/Châtel, Nicole — Camarade Sorge, Paris 1965

Gunzenhäuser, Max — Geschichte des geheimen Nachrichtendienstes – Literaturbericht und Bibliographie, Stuttgart 1968

Harich-Schneider, Eta — Charaktere und Katastrophen, Frankfurt/Main/Wien 1978

Härmaste, Wiiwi — Bis zum anderen Ende der Welt – Aus der Lebenschronik der Ljuba Rimm. In: «Nôukogude Naine», Tallinn, Nr. 1/1967

Houbart, J. — Guerres sans drapeau, Paris 1966

Ikoma, Yoshitoshi — Zoruge Kaiso. In: «Misuzu», Tokyo, Nr. 3/1962

Ishii, Hanako — Ai wo subete Ningen Zoruge, Tokyo 1951

Ishii, Hanako — Sorge ist bei uns, Moskau 1964

Ishii, Hanako — Ningen-Zoruge, Tokyo 1967

Jacquemien, Rudolf — Dr. Sorge funkt aus Tokyo. In: «Freundschaft», Zelinograd, vom 27. Mai 1967

Jaszuński, Grzegorz	Tajemnica Richarda Sorgego, Warszawa 1969
Johnson, Chalmers	An Instance of Treason, Ozaki Hotsumi and the Sorge Spy Ring, Stanford/USA 1964
Johnson, Chalmers	An Instance of Treason, The Story of the Tokyo Spy Ring, London 1965
Kawai, Teikichi	Aru Kakumeika No Kaiso (Erinnerungen eines Revolutionärs), Tokyo 1953
Kawatani, Saneyoshi	Zoruge-jiken-hitoyanaka-ki (Aufzeichnungen aus dem Gefängnis zum Fall Sorge), Tokyo 1975
Kazama, Michitaro	Das Leben von Ozaki Hozumi, Tokyo 1959, Aru Hangyaku, Tokyo 1959
Kienast, Wolfgang	Das Haus in Azabu-ku, Berlin 1972
Kim, Buccie	Die Antikriegstätigkeit des Hozumi Ozaki – Seine Zusammenarbeit mit Richard Sorge, Berlin 1965 (Diplomarbeit am Ostasiatischen Institut der Humboldt-Universität, Abteilung Japanologie)
Kirst, Hans Hellmut	Die letzte Karte spielt der Tod, Wien/München/Basel 1955
Kluth, Hans	Sorge war ein «Kundschafter». In: «Die Zeit», Hamburg, vom 26. August 1966
Knietzsch, Horst	Wer sind Sie, Doktor Sorge? In: «Neues Deutschland», Berlin, vom 29. Januar 1965
Kolesnikow, Michail S.	Takim byl Richard Sorge, Moskau 1965
Kolesnikowa, Maria/ Kolesnikow, Michail S.	Drusja i soratniki Sorge, Moskau 1966
Kolesnikowa, Maria/ Kolesnikow, Michail S.	Richard Sorge, Moskau 1975
Kontschak, Ernst	Dr. Sorge funkt aus Tokyo. In: «Neues Leben», Moskau, Nr. 26/1966
Korolkow, Juri M.	Der Mann, für den es keine Geheimnisse gab – Richard Sorge in Tokio, Moskau 1965; Berlin 1967
Korolkow, Juri M.	Kio ku mizu! Sowerschenno sekretno – pri opasnosti sshetsch, Moskau 1972
Kozai, Yoshishige	Erinnerungen an Hozumi Ozaki und Shinichi Matsumoto, Tokyo 1949
Krahl, Franz	Aus dem Schatten getreten. In: «Neues Deutschland», Berlin, vom 18. Oktober 1964
Kristensen, Fredrik	Ny interessant bok om Richard Sorge, In: «Friheten», Oslo, vom 30. Juni 1966
Le Carré, John	Ein Romantiker als Spion. In: «Der Spiegel», Hamburg, Nr. 13/1966
Lehmann, Eberhard	Die verfälschte Darstellung Richard Sorges in der westdeutschen Publizistik, (Diplomarbeit) Leipzig 1967
Linden, Friedrich	Zwei Männer lebten einst in Japan. In: «Die Weltbühne», Berlin, Nr. 21/1966

Lissner, Ivar	Vergessen, aber nicht vergeben, Frankfurt a. M./Westberlin/Wien 1970
Lohmann, Uwe	Stalins Spion wurde Hitlers Schicksal. In: «Deutsche National-Zeitung und Soldaten-Zeitung», München, vom 28. Oktober 1966
Mader, Julius/ Stuchlik, Gerhard/ Pehnert, Horst	Dr. Sorge funkt aus Tokyo, Berlin 1966; Tokyo 1967; Kiew 1968; Budapest 1968; Warschau 1969
Majewski, Viktor	Genosse Richard Sorge, In: «Prawda», Moskau, vom 4. September 1964
Makai, György	Ki volt doktor Sorge?, Budapest 1965
Makino, Yoshiharu	Zoruge-jiken (Der Fall Sorge), Tokyo 1974
Marić, Mihailo	Die Fünfe aus Tokyo. In: «Većernje Nowosti», Beograd, Jg. 1962
Marić, Mihailo	Sorge obavješstajac stoljeća (Sorge, der Kundschafter des Jahrhunderts), Zagreb 1965
Marić, Mihailo	Sorge vyzvedač storocia, Bratislava 1966
Martini, Siegfried	Spionage für Moskau 1939 bis 1945. In: «Die Welt», Hamburg, vom 15. bis 27. Oktober 1966
Massing, Hede	Der fast vollkommene Spion. In: «Deutsche Rundschau», Darmstadt, Nr. 4/1953
Matsumoto, Shinichi	Nihon Teikokushugi to Ozaki Hotsumi. In: «Sekai», Tokyo, Nr. 12/1964
Meissner, Hans-Otto	So schnell schlägt Deutschlands Herz, Gießen 1951
Meissner, Hans-Otto	Der Fall Sorge, München 1954
Meissner, Hans-Otto	The Man with three Faces, London 1957
Meissner, Hans-Otto	Ich kannte Richard Sorge. Moskaus tüchtigster Spion. In: «Digest des Ostens», Königstein/Taunus, Nr. 4/1962
Miyashita, Hiroshi	Tokko-no-kaiso (Erinnerungen aus Kreisen der politischen Geheimpolizei Japans), Tokyo 1978
Moest, Gerd	Dr. Sorge funkt aus Tokyo. In «Montrealer Nachrichten», Montreal, vom 18. März 1967
Moltke, Kaj	Da mesterspionen drak bajere i København. In: «Politiken», Kopenhagen, vom 27. Dezember 1964
Newman, Bernard	Spionage – Mythos und Wirklichkeit, München/Esslingen 1962
Obi, Toshito	Zoruge-jiken, Tokyo 1962
Ohashi, Hideo	Watakushi wa Zoruge o Toraeta. In: «Sunday Mainichi», Tokyo, Nr. 7/1961
Ohashi, Hideo	Shinsō-zoruge-jiken (Der wahre Fall Sorge), Tokyo 1977
Ohashi, Takeo	Boryaku – Gendai-mi-ikiru – akashi – Kosaku – to – Zoruge-jiken, Tokyo 1965

537

Ott, Eugen	Der Fall Sorge in neuer Sicht. In: «Wetzlarer Neue Zeitung», Wetzlar, vom 26. März 1957
Ozaki, Hozuki	Der lebende Judas, Tokyo 1956
Ozaki, Hozuki	Verzeichnis der Schriften von Ozaki sowie Literaturverzeichnis zum Sorge-Fall, Tokyo 1960
Ozaki, Hozuki	Zoruge-jiken (Der Fall Sorge), Tokyo 1963
Ozaki, Hozuki	Transgressors of the Border (Der Fall Yotoku Miyagi), Tokyo 1977
Ozaki, Hozuki	Die Memoiren des Hozumi Ozaki, Tokyo 1979
Ozaki, Hozumi	Über die Wirtschaft Chinas, Tokyo 1930
Ozaki, Hozumi	Japan's Friends in China. In: «Contemporary Japan», Tokyo, Nr. 2/1935
Ozaki, Hozumi	Japan's Friends in China. In: «Contemporary Japan», Tokyo, Nr. 4/1935
Ozaki, Hozumi	Ökonomische Auseinandersetzungen zwischen Japan und Großbritannien in China, Tokyo 1936
Ozaki, Hozumi	Recent Developments in Sino-Japanese Relations. In: «Data Paper» of Institute of Pacific Relations, Tokyo, Nr. 14/1936
Ozaki, Hozumi	Die Kriegsgefahr in Ostasien, Tokyo 1937
Ozaki, Hozumi	Geschichte der Beziehungen zwischen der Kuomintang und der Kommunistischen Partei Chinas, Tokyo 1937
Ozaki, Hozumi	Latest Moves in China. In: «Contemporary Japan», Tokyo, Nr. 5/1937
Ozaki, Hozumi	New Far Eastern Diplomacy. In: «Contemporary Japan», Tokyo, Nr. 1/1938
Ozaki, Hozumi	Activities of Wu Pei-fu and Wang Ching-wei. In: «Contemporary Japan», Tokyo, Nr. 2/1939
Ozaki, Hozumi	Das moderne China, Tokyo 1939
Ozaki, Hozumi	Der zweite Weltkrieg und Ostasien, Tokyo 1939
Ozaki, Hozumi	The New National Structure. In: «Contemporary Japan», Tokyo, Nr. 10/1940
Ozaki, Hozumi	Die Frage der Südrichtung und das China-Problem, Tokyo 1940
Ozaki, Hozumi	Über die Gesellschaft und Wirtschaft Chinas, Tokyo 1940
Ozaki, Hozumi	Liebe – strahlend wie die Sterne. Briefe aus dem Kerker, Tokyo 1946
Peet, John	Real-Life Intelligence Man. In: «Democratic German Report», Berlin, vom 10. Februar 1967
Petrow, W.	Anders konnte man nicht handeln – Briefe Richard Sorges an seine Frau Jekaterina

	Alexandrowna Maximowa. In: «Komsomols-kaja Prawda», Moskau, vom 1. Januar 1965
Piekelnik, N.	Der Aufstieg Richard Sorges. In: «Iswestija», Moskau, vom 5. September 1964
Polkehn, Klaus	«ramsay» meldet … In: «Wochenpost», Berlin, Nr.17—19/1966
Prange, Gordon William	Target Tokyo — The Story of the Sorge Spy Ring, New York 1985
Reifenrath, J. W.	Richard Sorge war kein Doppelagent. In: «Kölner Stadt-Anzeiger», Köln, vom 19. August 1966
Reile, Oscar	Geheime Ostfront, München/Wels 1963
Reile, Oscar	Macht und Ohnmacht der Geheimdienste, München/Wels 1968
Reinhardt, Helmut	Richard Sorge starb für Moskau. In: «Sonntagsblatt», Hannover, vom 14. August 1966
Rostow, Sergej	Richard Sorge — ein hervorragender Kundschafter. In: «Sowjetskoje Gosudarstwo i Prawo», Moskau, Nr. 8/1967 und «Moskowski Komsomolez», Moskau, vom 27. September 1967
Rumjanzewa, Ninel S.	Friedrich Sorge — tschelowek uprjamoj sprawedliwosti, Moskau 1966
Rumjanzewa, Ninel S.	F. A. Sorge — widny dejatel amerikanskowo i meshdunarodnowo rabotschewo dwishenija, Moskau 1968
Saenger, Joachim	Rettete ein Agent Stalin? In: «Spandauer Volksblatt», Westberlin, vom 19. und 26. Oktober 1969
Saenger, Joachim	Ein Spion erfand seine Legende. In: «Die Zeit», Hamburg, Nr. 45/1969
Saito, Michikazu	Zoruge-no-ni-ni-ju-roku-jiken (Der Fall Sorge 26. 2.), Tokyo 1977
Scheel, Klaus	Dr. Sorge funkt aus Tokyo. In: «Zeitschrift für Geschichtswissenschaft», Berlin, Nr. 3/1968
Seth, Ronald	The Art of Spying. New York 1957
Smedley, Agnes	The Tokyo Martyrs. In: «Far East Spotlight», New York, Nr. 3/1949
Sonter, R. (Pseudonym für Richard Sorge)	Max Adler: Helden der sozialen Revolution. In: «Komunistische Internationale», Hamburg/Berlin, Nr. 6/1926
Sonter, R.	Der besondere Charakter des wiedererstehenden deutschen Imperialismus. In: «Kommunistische Internationale», Hamburg/Berlin, Nr. 8/1926
Sonter, R.	Pan-Europa. In: «Kommunistische Internationale», Hamburg/Berlin, Nr. 9/1926

Sonter, R.	Louis Fischer: Ölimperialismus. In: «Kommunistische Internationale», Hamburg/Berlin, Nr. 29/1926
Sonter, R.	Konzentration und Rationalisierung in der deutschen Industrie. In: «Weltwirtschaft und Weltpolitik», Moskau, Nr. 10–11/1926
Sonter, R.	Ernst Reinhard: Die imperialistische Politik im Fernen Osten. In: «Kommunistische Internationale», Hamburg/Berlin, Nr. 1/1927
Sonter, R.	Die Stellung der II. Internationale zum Nachkriegsimperialismus. In: «Kommunistische Internationale», Hamburg/Berlin, Nr. 2/1927
Sonter, R.	Scott Nearing und Joseph Freeman: Dollardiplomatie. In: «Kommunistische Internationale», Hamburg/Berlin, Nr. 48/1927
Sonter, R.	Fritz Tänzler: Aus dem Arbeitsleben Amerikas. In: «Kommunistische Internationale», Hamburg/Berlin, Nr. 50/1927
Sonter, R.	Die materielle Lage des Proletariats in Deutschland Ende 1927. In: «Kommunistische Internationale», Hamburg/Berlin, Nr. 51/1927
Sonter, R.	Die sowjetisch-skandinavische Gewerkschaftseinheit. In: «Kommunistische Internationale», Hamburg/Berlin, Nr. 37/1928
Sonter, R.	Der neue deutsche Imperialismus, Hamburg/Berlin 1928 (japanische Übersetzung 1929)
Sorge, Christiane	Mein Mann – Dr. R. Sorge. In: «Die Weltwoche», Zürich, vom 11. Dezember 1964
Sorge, I.	Die bisherige Auswirkung des Dawes-Plans auf die deutsche kapitalistische Wirtschaft. In: «Die Rote Gewerkschaftsinternationale», Berlin, Nr. 4/1925
Sorge, I.	Die Dawesierung Deutschlands. In: «Die Rote Gewerkschaftsinternationale», Berlin, Nr. 4/1925
Sorge, I.	Die Streikbewegung in Deutschland. In: «Die Rote Gewerkschaftsinternationale», Berlin, Nr. 5/1925
Sorge, I.	Acht Monate einer Stabilisierung der Weltwirtschaft. In: «Die Rote Gewerkschaftsinternationale», Berlin, Nr. 5/1925
Sorge I.	Die Krise der deutschen Wirtschaft und der Dawes-Plan. In: «Bolschewik», Moskau, Nr. 5/1926
Sorge, I. K.	Das Dawesabkommen und seine Auswirkungen, Hamburg 1925
Sorge I. K.	Die wirtschaftliche Depression in Deutsch-

540

	land. In: «Kommunistische Internationale», Hamburg/Berlin, Nr. 8/1925
Sorge, I. K.	Otto Neurath: Wirtschaftsplan und Naturalrechnung. In: «Kommunistische Internationale», Hamburg/Berlin, Nr. 19/1925
Sorge, R. I.	Rosa Luxemburg's Akkumulation des Kapitals – Bearbeitet für die Arbeiterschaft, Solingen 1922
Sorge, Richard	Die Reichstarife des Zentralverbandes deutscher Konsumvereine, (Dissertation) Hamburg 1919
Sorge, Richard	London und Washington. In: «Bergische Arbeiterstimme», Solingen, Nr. 262/1921
Sorge, Richard	Die Mehrheitler – Führer der Christlichen und Stinnes. In: «Bergische Arbeiterstimme», Solingen, Nr. 275/1921
Sorge, Richard	Weihnachten 1921. In: «Bergische Arbeiterstimme», Solingen, Nr. 281/1921
Sorge, Richard	Kapital und Gewinnbeteiligung der Werksangehörigen. In: «Bergische Arbeiterstimme», Solingen, Nr. 284/1921
Sorge, Richard	Zu Auseinandersetzungen in der Partei. In: «Bergische Arbeiterstimme», Solingen, Nr. 10/1922
Sorge, Richard	Eisenbahnerstreik und die Gesamtsituation des deutschen Kapitalismus. In: «Bergische Arbeiterstimme», Solingen, Nr. 32/1922
Sorge, Richard	Vierzigfache Preissteigerung. In: «Bergische Arbeiterstimme», Solingen, Nr. 34/1922
Sorge, Richard	Arbeitgebertag in Köln. In: «Bergische Arbeiterstimme», Solingen, Nr. 60/1922
Sorge, Richard	Einheitsfront – Einheitspartei. In: «Bergische Arbeiterstimme», Solingen, Nr. 73/1922
Sorge, Richard	Weshalb demonstriert heute in der ganzen Welt die Arbeiterschaft? In: «Bergische Arbeiterstimme», Solingen, Nr. 92/1922
Sorge, Richard	Arbeiter fordert lauter: Weltarbeiterkongreß! In: «Bergische Arbeiterstimme», Solingen, Nr. 102/1922
Sorge, Richard	Sozialdemokratische antibolschewistische Liga. In: «Bergische Arbeiterstimme», Solingen, Nr. 128/1922
Sorge, Richard	Das Anwachsen der Bauernbewegung in den skandinavischen Ländern. In: «Bauern-Internationale», Moskau, Nr. 1–2/1926
Sorge, Richard	Die Krise der deutschen Wirtschaft. In: «Bulletin der Weltwirtschaft», Moskau, Nr. 1/1926

Sorge, Richard	Japans «Lebenslinie». In: «Berliner Börsen-Courier», Berlin, vom 18. Oktober 1933
Sorge, Richard	Japans «nationale Krise». In: «Berliner Börsen-Courier», Berlin, vom 27. November 1933
Sorge, Richard	Diverse Artikel in «Algemeen Handelsblad Amsterdam» aus Tokyo zwischen 1934 und Januar 1940
Sorge, Richard	Diverse Artikel in «Frankfurter Zeitung» aus Tokyo zwischen April 1936 und 6. Oktober 1941
Sorge, Richard	Mandschukuo im Umbau. In: «Zeitschrift für Geopolitik», Berlin, Nr. 6/1935
Sorge, Richard	China – England – Japan. In: «Der deutsche Volkswirt», Berlin, Nr. 6/1935
Sorge, Richard	Die japanische Wehrmacht. In: «Zeitschrift für Geopolitik», Berlin, Nr. 8/1935
Sorge, Richard	Die deutsch-japanischen Handelsbeziehungen. In: «Der deutsche Volkswirt», Berlin, Nr. 12–13/1935
Sorge, Richard	Japans Wirtschaftslage. In: «Der deutsche Volkswirt», Berlin, Nr. 33/1935
Sorge, Richard	Die Armeerevolte in Tokyo. In: «Zeitschrift für Geopolitik», Berlin, Nr. 5/1936
Sorge, Richard	Japans Währungssorgen. In: «Der deutsche Volkswirt», Berlin, Nr. 5/1936
Sorge, Richard	Japanische Agrarfragen. In: «Zeitschrift für Geopolitik», Berlin, Nr. 1–3/1937
Sorge, Richard	Zur Lage in der Inneren Mongolei. In: «Zeitschrift für Geopolitik», Berlin, Nr. 5/1937
Sorge, Richard	Japans heutiges Heer: Vom Samurai zur Panzertruppe. In: «Die Wehrmacht», Berlin, Nr. 15/1937
Sorge, Richard	Japans neuer Staatshaushaltsplan. In: «Der deutsche Volkswirt», Berlin, Nr. 16/1937
Sorge, Richard	Japans Erdölsorgen. In: «Der deutsche Volkswirt», Berlin, Nr. 36/1937
Sorge, Richard	Japans Wirtschaft und Finanzen unter dem Druck des Nordchina-Zwischenfalles. In: «Der deutsche Volkswirt», Berlin, Nr. 49/1937
Sorge, Richard	Hongkong und Südwest-China im japanisch-chinesischen Konflikt. In: «Zeitschrift für Geopolitik», Berlin, Nr. 7–8/1938
Sorge, Richard	Die japanische Wirtschaft im Chinakrieg. In: «Zeitschrift für Geopolitik», Berlin, Nr. 2/1939
Sorge, Richard	Die japanische Expansion. In: «Zeitschrift für Geopolitik», Berlin, Nr. 8–9/1939

Sorge, Richard	Die politische Führung Japans. In: «Zeitschrift für Politik», Berlin, Nr. 8–9/1939
Sorge, Richard	Statji, korrespondenzii, rezensii, Moskau 1971
Stegemann, Herbert	Ein Spion macht Weltgeschichte. In: «Der Tagesspiegel», Westberlin, vom 2. April 1955
Thorwald, Jürgen	Dr. Richard Sorge. In: «Revue», München, Nr. 44–46/1949
Toledano, Ralph de	Spies, Dupes, and Diplomats, New York/New Rochelle 1967
Tschechonin, B.	Helden sterben nicht. In: «Iswestija», Moskau, vom 8. September 1964
Tschernjawski, Witali	Die Heldentat des Richard Sorge. In: «Prawda», Moskau, vom 6. November 1964
U. S. Army, Far East Command, Military Intelligence Section	A Partial Documentation of the Sorge Espionage Case, Tokyo 1950
U. S. Congress, Congressional Record	The Sorge Spy Ring – A Case Study in International Espionage in the Far East. 81. Congress, 1. Session, Washington 1949
U. S. Congress, House of Representatives, Committee on Un-American Activities	Hearings on American aspects of the Richard Sorge spy case. Washington 1951 (82. Congress, 1. Session, 9., 22. u. 23. 8. 1951)
Vowinckel, Kurt	Spion? In: «Scharnhorst Auslese», Neckargemünd, Heft 3/1966
Vukelić, Branko	Bemerkungen (von Yamasaki-Vukelić aus dem Japanischen übersetztes Manuskript), Tokyo 1941
Vukovic, Milan	Pogibija Branka Vukelića. In: «Trideset Dana», Beograd, Nr. 73/1952
Warkentin, J.	Bis zum letzten Atemzug, Alma-Ata 1968
Werner, Ruth	Sonjas Rapport, Berlin 1977
Wighton, Charles	Meisterspione der Welt, Lengerich 1963
Willoughby, Charles A.	Shanghai Conspiracy, New York 1952
Willoughby, Charles A.	Sorge, Soviet Master Spy, London 1952
Winarow, Iwan	Kämpfer der lautlosen Front, Sofia 1969
Wolf, Dieter	Der Funker des Senders «Ramsay». In: «Neues Deutschland», Berlin, vom 2. November 1964
Wolf, Dieter	Das war Dr. Richard Sorge. In: «Neues Deutschland», Literaturbeilage Nr. 4/1966, Berlin, vom 13. April 1966
Wolkow, F. D.	Sein Leben – eine Heldentat. Zum 70. Geburtstag von Richard Sorge. In: «Krasnaja Swesda», Moskau, vom 5. Oktober 1965
Wolkow, F. D.	Legenden und die Wirklichkeit über Richard Sorge. In: «Militärhistorische Zeitschrift», Moskau, Nr. 12/1966

Wolkow, F. D.	Die Heldentat des Richard Sorge, Moskau 1976
Wolkow, F. D.	Politisches Kredo Richard Sorges, Moskau 1976
Wolkow, F. D.	Richard Sorge, Warschau 1976
Wolkow, F. D.	Der Held Richard Sorge, Moskau 1981
–	Deckname Ivar. In: «Der Spiegel», Hamburg, Nr. 51/1971, S. 70
–	Internationales Biographisches Archiv (Munzinger-Archiv), Blatt 39/64-520 3 a, Ravensburg 1964
–	Il y a 22 ans … In: «Echo d'Allemagne», Berlin, Nr. 11/1966
–	O maior espião de todos os tempos in História secreta da guerra, Bd. 11, Lissabon 1950
–	«Rekishigaku Kenkyu», Tokyo 1963
–	Neues über Richard Sorge. In: «Prawda Ukraini», Kiew, vom 4. März 1966
–	Dr. Richard Sorge – Gedichte über den Helden der Sowjetunion, Berlin 1977
–	Noch einmal zur Sache Richard Sorges. In: «Sowjetskaja Kirgisia», Frunse, vom 27. bis 30. September 1967
–	Dr. Sorge funkt aus Tokyo. In: «Land og Folk», Kopenhagen, vom 26./27. Juni 1966; «Vorwärts», Basel, vom 11. August 1966; «Ny Dag», Stockholm, Nr. 36/1966; «Asahi Shimbun», Tokyo, vom 30. März 1967; «Sankei Shimbun», Tokyo, vom 13. April 1967; «Mainichi Shimbun», Tokyo, vom 15. April 1967; «Tokyo Shimbun», Tokyo, vom 19. April 1967; «Shukan Dokushojin», Tokyo, vom 8. Mai 1967; «Tosho Shimbun», Tokyo, vom 27. Mai 1967; «Gendai», Tokyo, 1967
–	Spion Sorge – Aus dem Heldenleben. In: «Der Spiegel», Hamburg, Nr. 32/1967
–	Der Spion, der den Weltkrieg entschied – Geschichte des größten Spions aller Zeiten. In:

«Deutsche National-Zeitung und Soldaten-Zeitung», München, vom 10. Januar 1969

– Toku-shomu-hi No. 113 (Geheimer Spezialbericht Nr. 113) über die Festnahme der Gruppe «Ramsay» vom 10. Juni 1942, Tokyo, Archiv des Polizeipräsidenten

– Zoruge-jiken (Der Fall Sorge). In: «Gendaishi-shiryō (Material zur modernen Geschichte), Bd. 1, 2, 3 und 24, Tokyo 1962 bis 1971

– Zoruge-jiken (Der Fall Sorge). In: «Gendaino-esupuri» (Moderner Geist), Tokyo, Nr. 140, Sonderausgabe 3/1979

Publikationen zum 40. Jahrestag der Ermordung und zum 90. Geburtstag Dr. Richard Sorges

Alexander, Susanne — Marxistische Arbeitswoche 1923. In: «Beiträge zur Geschichte der Arbeiterbewegung», Berlin, Nr. 1/1985

Blank, Alexander — Richard Sorge. In: «Sowjetunion heute», Bonn, Nr. 11/1984

Haferstroh, Peter/Imig, Werner/Mader, Julius — Dr. Richard Sorge – Parteifunktionär und Gesellschaftswissenschaftler, Berlin 1985

Herdfeuer, Wolf — Kundschafter für den Frieden. In: «UZ», Düsseldorf, vom 4. Oktober 1985

Ishii, Hanako — Richard Sorge weihte sein Leben dem Frieden. In: «Neues Deutschland», Berlin, vom 18. April 1985

Mader, Julius — Nachforschungen ergaben Präzisierung zum Lebenslauf Dr. Sorges. In: «Humboldt-Universität», Berlin, Nr. 6/1985

Niggl, Peter — Held der unsichtbaren Front. In: «Die Wahrheit», Westberlin, Nr. 46/1984

Siebler, Hermann — Mein Treff mit Sorge. In: «Neues Deutschland», Berlin, vom 4. Oktober 1985

Kurzbiographie Dr. Richard Sorges

1895, 4. Oktober   Richard Sorge wird bei Baku geboren. Vater ist der deutsche Erdöltechnologe Ing. Richard Sorge, Mutter die russische Arbeitertochter Nina Semjonowna.

1898   Familie Sorge übersiedelt in den Berliner Vorort Lankwitz.

1901–1914   Besuch der Volks- und Oberrealschule.

1914–1918   Kriegsfreiwilliger. Einsatz mit kaiserlich-deutscher Armee an den West- und Ostfronten.

1916   Not-Abitur und als Verwundeter Aufnahme des Philosophie- und Nationalökonomiestudiums an der Universität Berlin.

1917   Eintritt in die Unabhängige Sozialdemokratische Partei Deutschlands (USPD) und Aufnahme des aktiven Kampfes gegen den imperialistischen Krieg.

1918, November   Mitglied des ersten gemeinsamen Kieler Arbeiter- und Matrosenrates.

1919   Studium an der Rechts- und Staatswissenschaftlichen Fakultät der Universität in Hamburg.

August   Promotion mit einer lohnpolitischen Dissertation zum Dr. rer. pol. mit dem Prädikat «Summa cum laude».
Autor und Redakteur der «Hamburger Volkszeitung – Organ der USPD».

15. Oktober   Eintritt in die KPD (Mitglieds-Nr. 08678), erste Kontakte mit Ernst Thälmann.

Jahresende   Im Auftrage des Zentralausschusses der KPD Einsatz im Rheinland. In Aachen Wahl in die örtliche Parteileitung, Leiter von Studienzirkeln der Werke von Marx, Engels und Lenin.
Tätigkeit als wissenschaftlicher Assistent an der Technischen Hochschule von Aachen.

1920, März   Teilnahme an der bewaffneten Abwehr des reaktionären Kapp-Putsches, Mitglied der Streikleitung in Aachen. Daraufhin vom Rektor der TH Aachen entlassen. Manuelle Tätigkeit in Schächten des Ruhrgebietes und der benachbarten Niederlande. Gründer kommunistischer Betriebsgruppen in verschiedenen Bergwerken. Schafft unterirdische Fluchtwege für verfolgte deutsche Arbeiter nach den Niederlanden. Festnahme durch die niederländische Polizei und Ausweisung aus dem Land wegen KPD-Tätigkeit. Im Parteiauftrag Übersiedlung nach Rheinland-Westfalen. Wohnt in Remscheid und arbeitet als politischer Redakteur und Leitartikler im KPD-Territorialorgan «Bergische Arbeiterstimme» in Solingen (auch unter den Pseudonymen Adoml, Sonter, Heinze und Petzold).

1921   Übersiedlung nach Solingen. Zusätzlich Rechtsberater der KPD. Lehrer an der KPD-Parteischule in Wuppertal, Dozent für Betriebsräte-Lehrgänge an der Volkshochschule Ohligs.

22.–26. August   Gemeinsam mit Clara Zetkin Delegierter des Bezirks 19/20 (Rheinland-Westfalen) zum 2. (7.) Parteitag der KPD in Jena.
Eheschließung mit der diplomierten Bibliothekarin Christiane Gerlach.

1922 Im «Verbindungsdienst» der KPD Kurier zwischen Frankfurt/
Main und Sachsen sowie Thüringen. Seine erste Monographie, «Rosa
Luxemburg's Akkumulation des Kapitals – Bearbeitet für die Arbeiter-
schaft», erscheint in Solingen.
Mitarbeit an einer «Gesellschaft für Sozialforschung». Teilnehmer der
1. Marxistischen Arbeitswoche in Ilmenau.
Oktober Umzug nach Frankfurt/Main. Lehrbeauftragter am örtlichen
«Institut für Sozialwissenschaften».
1923 Organisator der Marxistischen Arbeitswoche in Geraberg/Kreis
Arnstadt.
Oktober Verbindungs-Kurier der KPD-Ortsorganisation Frankfurt/
Main zu den gerade gebildeten Arbeiter-Regierungen in Sachsen und
Thüringen bzw. zur Zentrale der KPD in Berlin.
Nach Abbruch des Hamburger Aufstandes persönlicher Geheimkurier
des in der Illegalität lebenden Genossen Ernst Thälmann zur Zentrale
der verbotenen KPD (Deckname: Robert).
Verbindungsmann der KPD-Zentrale zum KPD-Bezirk Wasserkante in
Hamburg. Bei Verbot der KPD bringt er Parteigelder und die Mitglie-
derkartei in Frankfurt/Main vor dem Zugriff der Reaktion in Sicherheit.
1924, 7.–10. April Delegierter zum 9. Parteitag der KPD in Offenbach-
Frankfurt/Main, der unter den Bedingungen der Illegalität streng kon-
spirativ durchgeführt werden muß. Für die Sicherheit und Betreuung
der Vertreter des Exekutivkomitees der Komintern verantwortlich.
Jahresende Mit Einverständnis der KPD-Führung Übersiedlung nach
Moskau und Aufnahme seiner Tätigkeit in der Komintern.
1925, Januar Sorge vertritt die KPD auf der Arbeitskonferenz der Komintern in Moskau. Er erwirbt die sowjetische Staatsbürgerschaft.
März Eintritt in die KPdSU(B) (Mitglieds-Nr. 0049927).
In Hamburg erscheint seine theoretische Schrift «Das Dawesabkommen und seine Auswirkungen»
(Pseudonym: I. K. [für Ika] Sorge).
1925–1928 Tätigkeit in der Informations-Abteilung der Komintern.
Autor von wissenschaftlichen und propagandistischen Beiträgen in solchen sozialistischen Zeitschriften wie «Kommunistische Internationale», «Bolschewik», «Die Rote Gewerkschaftsinternationale», «Bau-
ern-Internationale», «Weltwirtschaft und Weltpolitik» und «Bulletin
der Weltwirtschaft» (Pseudonym: I. Sorge, I. K. Sorge und R. Sonter).
1927 Partei-Instrukteur im Skandinavischen Länderbüro der Komintern. Reisen nach Dänemark und Schweden. Studium der politischen,
ökonomischen und militärischen Situation in Fernost und der konterrevolutionären Aktivitäten in China.
1928 In Leningrad und Berlin–Hamburg erscheint seine marxistisch-leninistische politökonomische Analyse «Der neue deutsche Imperialismus» (Pseudonym: R. Sonter).
17. Juli–1. September Teilnehmer des VI. Weltkongresses der Komintern.
Jahresende Reisen nach Dänemark und Norwegen.
1929 Dr. Sorge tritt in die von General Jan K. Bersin geleitete militäri-

sche strategische Aufklärung der Roten Armee als Kundschafter ein.

Jahresende Abreise zum China-Einsatz nach Schanghai. Tarnung als bürgerlicher deutscher bzw. US-amerikanischer Journalist (Pseudonym: Johnson), Korrespondent der «Deutschen Getreide-Zeitung» und Forscher der «Deutsch-Chinesischen Gesellschaft».

1930–1932 Aufbau einer Kundschaftergruppe in China. Sein Funker: der deutsche Kommunist Max Christiansen-Clausen. Erste Zusammenarbeit mit dem japanischen Patrioten und Friedenskämpfer Dr. jur. Hozumi Ozaki. Große Erfolge beim Auskundschaften der konterrevolutionären Politik und Strategie der von deutschen Reichswehr-Beratern umgebenen Tschiang-Kai-schek-Clique.

1932 Im gegenseitigen Einverständnis Auflösung seiner ersten Ehe mit Dr. rer. pol. Christiane Sorge.

1933, Frühjahr Eheschließung mit Jekaterina A. Maximowa in Moskau. Abreise über Deutschland, USA, Kanada und China zum Kundschafter-Einsatz in Japan. Aufbau der Kundschafter-Gruppe «Ramsay» in Tokyo. Tarnung als bürgerlicher Journalist u. a. für den «Berliner Börsen-Courier».

8. September Ankunft in Japan

1934, 1. Oktober Zur Tarnung seiner Kundschaftertätigkeit auftragsgemäßer Eintritt in die Nazipartei-Ortsgruppe von Tokyo (Mitglieds-Nr. 2751466).

1935 Reisen in die Mandschurei und Innere Mongolei.

Heimliche Reise über die USA in die UdSSR.

25. Juli–25. August Teilnahme am VII. Kongreß der Komintern in Moskau.

November Eintreffen von Max Christiansen-Clausen als «Ramsay»-Funker in Tokyo.

1935–1939 Zur Tarnung offizielle Autorentätigkeit für bürgerliche Journale wie «Der deutsche Volkswirt», «Zeitschrift für Politik», »Zeitschrift für Geopolitik« und «Die Wehrmacht».

1936, ab Februar Japan-Korrespondent der «Frankfurter Zeitung».

Herbst Erste strategische Spitzenmeldung nach Moskau: Inhalt der geheimen und militärischen, antisowjetischen Anlagen des aggressiven «Antikominternpaktes» Hitlerdeutschlands mit dem kaiserlichen Japan.

Reisen nach China und in die Innere Mongolei.

1937–1938 Reisen nach Südchina, auf die Philippinen und in die USA.

1939 Reisen nach China.

Zweite strategische Spitzenmeldung nach Moskau: Einzelheiten und Termine der japanischen Überfallsvorbereitungen gegen die Mongolische Volksrepublik mit Stoßrichtung in den sowjetischen Fernen Osten. Japanische Aggressoren werden von mongolisch-sowjetischen Truppen am Chalchin Gol vernichtend geschlagen.

Nach Ausbruch des zweiten Weltkrieges vom deutschen Nazi-Botschafter mit der Führung des Kriegstagebuches und der Herausgabe des täglichen Pressebulletins der Botschaft beauftragt.

1940 Reise nach China.

März Aufnahme als «Schriftleiter» in den «Reichsverband der Deutschen Presse» Hitlerdeutschlands.

1941, März–Juni Ständige Aktualisierung und Präzisierung der dritten strategischen Spitzenmeldung nach Moskau: strategische, operative und taktische Details einzelner Stadien der Vorbereitung der Aggression Hitlerdeutschlands gegen die Sowjetunion.

15. Juni Funkspruch: «Der Krieg wird am 22. Juni beginnen.»

14. September Nach Geheimsitzung des japanischen kaiserlichen Thronrates vierte strategische Spitzenmeldung nach Moskau: «Japan wird Amerika und England angreifen, die Gefahr für die Sowjetunion ist vorbei.» Diese Meldung war wichtiger Beitrag zur strategischen Umgruppierung der Roten Armee, die dann bis zum Jahresende die Hitlerwehrmacht vor Moskau zurückschlug und Hitlers Blitzkriegspläne ein für allemal scheitern ließ.

18. Oktober Eine antikommunistische Massenverhaftungsaktion der japanischen Geheimpolizei beginnt. Auch die Gruppe «Ramsay» wird ihr Opfer.

1943, 4. August Tod von Dr. Sorges Ehefrau Jekaterina Maximowa in einem Dorf bei Krasnojarsk, wohin sie mit ihrem Betrieb evakuiert worden war.

September Prozeß gegen Dr. Sorge vor dem Tokyoter Distriktgericht unter Ausschluß der Offentlichkeit.

29. September Verhängung des Todesurteils gegen Dr. Sorge und seinen japanischen Kampfgefährten Dr. Hozumi Ozaki.

1944, Januar Der Oberste Gerichtshof Japans lehnt die Einsprüche Dr. Sorges und Dr. Ozakis endgültig ab und bestätigt die Todesstrafe durch Erhängen.

7. November Am 27. Jahrestag der Großen Sozialistischen Oktoberrevolution werden im Tokyoter Sugamo-Zuchthaus Dr. Richard Sorge und Dr. Ozaki ermordet.

1964, 5. November Dr. Richard Sorge wird durch Erlaß des Präsidiums des Obersten Sowjets der UdSSR postum als «Held der Sowjetunion» geehrt.

Namenverzeichnis

Abegg, Lily 237, 239, 306–308, 416

Adler, Max 539

Adoml (Pseudonym von Richard Sorge)

Afanassjew, Michail 516

Agajanz, Nikolai J. 534

Ahrens, Wilfried 534

Akemine, Miye 249, 250, 515

Akiyama, Koji 249, 250, 312, 515

Almas, W. siehe unter Ruegg, Paul

Alsop, Stewart 307

Alten, von 139

Amau, Eiiji 202

Amort, Cestomir 534

Andrejew, Leonid Nikolajewitsch 117

Ansel, Ernst August 97, 139, 166, 167

Araki, Sadao 437, 441

Arita 499

Aritomi, Mitsukado 204

Asanuma 293, 515

Asarow, A. 534

Augstein, Rudolf 534

Bade 153

Barath, Hugo (Deckname von Richard Sorge)

Bassler, Hilmar 299, 303, 416, 515

Bauer, Max 91, 93, 94, 134, 135, 138, 154, 165

Bauer, Otto 138, 153

Baumgärtner 152

Bebel, August 27

Beelitz 153

Bergamini, David 534

Bernhardt 241, 249, 253

Bernhardt, Emma 241, 249

Bersin, Jan Karlowitsch 85, 86, 88, 89, 96, 127, 185–192, 231, 233–235, 239, 252, 273, 277, 515, 528, 531

Besymenski, Lew A. 213

Beuchler, Klaus 534

Beuster 93

Bircher, Ernst 429

Bismarck, Otto von 19

Blank, Alexander S. 121, 177, 267

Bloedorn, Erich 153

Blomberg, Werner von 225

Blücher, Gebhard Leberecht von 174

Blücher, Wassili Konstantinowitsch 93, 95, 515

Blum, Robert 33

Blume, Gustav 139, 146, 152, 166

Blumentritt, Günther 279

Bock, von 97, 139, 148

Boddien, Oskar von 138, 152

Bodewig, Robert Hartmann 220, 526

Boegel, Gustav 138, 142

Borch, Herbert Cuno von 108, 516

Borodin, Michael M. 95

Borowitsch, Alex 86, 122, 273, 277

Borsenko, S. 267

Boucard, R. 534

Boveri, Margret 27, 534

Braden, Thomas 307

Brann, Lotte 185

Braß, Otto 55

Bratman-Brodowski, Stepan 92

Braun, Otto 134, 144, 147, 152, 153, 155, 168–170, 174, 182, 183, 516

Brentano, Ludwig Joseph von 42

Briand, Aristide 424

Brundin, Ernest 114

Budkewitsch, Sergej L. 247, 534

Bürkner, Leopold 227

Bütow, Hans 516

Canaris, Wilhelm 225, 227, 301, 374, 376

Carlowitz 166

Ch'ang 120, 127–129, 150, 151

Ch'ang Tzu-p'ing 516

Charisius, Albrecht 95

Châtel, Nicole 535

Chattopadhyaya, Virendranath 114 bis 116, 528

Chen Cheng 166

Chen Shao-wu 90, 119

Chiang Kai-shek siehe unter Tschiang Kai-schek

Christiansen-Clausen, Anna 124, 128,
138, 151, 178, 184, 234, 236, 240,.
241, 249, 286, 311–313, 316, 383,
384, 386, 389, 399, 409, 411, 412,
516, 519
Christiansen-Clausen, Max 109,
122–124, 128, 139, 146, 149, 157,
163, 178, 184, 233, 234, 236, 240,
241, 249, 253, 272, 277, 286, 288,
299, 303, 311, 312, 316, 317, 329,
370, 374, 385, 387, 391–400, 404,
406–409, 411, 412, 506, 516, 519,
520, 532, 534
Chromow, K. 15
Ciano, Galeazzo Graf 271
Clausen, Anna und Max siehe unter
Christiansen-Clausen
Collenberg-Bödigheim, Rüdt von 107
Cookridge, Edward H. 281, 336, 534
Correns, Erich Hubert 23, 516
Cox, Melville James 253, 516
Cranz, Hermann 141
Cvetić, Dušan 534

Daimler, Gottlieb 426, 530
Damerau, Ulrich von der 153
Dante, Alighieri 19
Dattan, Otto 50
Daumier, Honoré 61
Davi Yul siehe unter Yü Ta-wei
Dawes, Charles Gates 69–71,
426–428, 540
Dawidowitsch, Dawid S. 59
Deakin, F. W. 13, 23, 37, 39, 49, 59,
61, 69, 73, 77, 97, 106, 113, 147,
162, 163, 173, 179, 183, 184, 197,
199, 219, 231, 257, 259, 263, 375,
534
Debuchi, Katsuji 196, 216
Decaux, A. 534
Dembowski, Edward 33
Dementjewa, Irina A. 534
Dimitroff, Georgi 232, 518, 532
Dirksen, Herbert von 201, 223, 503
Doihara, Kenji 189, 218
Drage, Charles 155
Drömmer 60
Dubicki, Leon 260, 261, 535
Düwell 50

Duisberg, Carl 48, 165, 166
Dulles, Allen Welsh 327, 535
Duncker, Hermann 52
Dzierżyński, Feliks Edmundowitsch
86–88, 515

Eberbeck, Erich 139, 141, 142
Ebert, Friedrich 57
Egidy, Christoph August von 97,
139, 153
Ehrhardt, Hermann 45
Ehrhardt, Ludwig siehe unter Eisen-
träger, Lothar
Eikenberg 50
Eisenträger, Lothar 301, 516
Eisler, Gerhart 180, 181, 517, 535
Engels, Friedrich 27–30, 33, 42, 45,
61, 65, 336, 528
Ertner 152
Etzel 133
Evers 166
Eyermann, Karl-Heinz 371

Falkenhausen, Alexander von 163
Falkenhayn, Erich von 22, 163
Fehrmann, Walther 153, 154
Feng yi-p'ei 145
Feng Yü-hsiang 119
Fessenden, Russel Green 162
Fischer, Alexander 535
Fischer, Louis 540
Fischer, Martin 517
Förster 395
Forrestal, James Vincent 324, 325
Freeman, Joseph 540
Freund, Michael 284–287, 336 bis
338, 415, 535
Frick, Wilhelm 134
Friedrich-Wilhelm IV. 35
Fröhlich, Paul 52
Fuchs, Karl 144
Fujiwara, Akira 339
Funakoshi Hisao 128, 130
Funakoshi, Sumio 5, 247, 249, 312,
320, 517
Fuse, Kenji 517

Gabelin, Sella 45, 237

Gablenz, Carl August von der 356, 368, 517

Galsworthy, John 117

Geisenheyner, Max 112, 113, 198

Georgadse, Michail Porfirjewitsch 12, 372

Gerlach, Kurt Albert 37, 38, 45, 47, 54, 60

Gilbert, Gottfried 142, 153

Godyna, Wladimir 187

Goebbels, Joseph 273, 374, 417

Goethe, Johann Wolfgang 19

Göring, Hermann 134

Görlitz, Walter 535

Goljakow, Sergej M. 35, 37, 49, 101, 124, 127, 129, 157, 179, 221, 535

Goossens, Heinrich 356, 517

Gordon, Harold J. 135

Gorew, J. 192–195, 197, 199, 213, 341, 414, 415, 535,

Gorki, Maxim 11, 54

Goto, Noriaki 245, 249, 517

Goya, Francisco de 61

Groehler, Olaf 165

Gronau, Hans Wolfgang von 224, 301, 334, 370, 517

Grosz, George 60, 61

Gudowius 139, 152

Guérin, Alain 535

Guillan, Robert 253, 517

Gunzenhäuser, Max 535

Guse 101

Gyptner, Richard 77, 98, 518

Haag 356

Habsburger 33

Haenisch, Erich 237, 368, 369, 518

Härmaste, Wiiwi 127, 535

Haga, Yu 249, 518

Halske, J. G. 159

Hamel, Karl 317,

Handtke, Georg 52

Hansson, Elisabeth siehe unter Kuusinen, Aino

Hanzawa 381, 382

Harich-Schneider, Eta 4, 27, 205, 207, 381–383, 518, 535

Harnack, Arvid 266

Hartmann, Walter 142, 152

Hartung 153

Haubs, F. 101, 152

Haushofer, Karl 196, 216–218, 334, 374, 377, 420, 518

Hayaschi, Senjuro 437

Heck 50

Heckert, Fritz 52

Heiber, Helmut 307

Heinze (Pseudonym von Richard Sorge)

Henning, von 166

Herrnstadt, Rudolf 235, 236

Heß, Rudolf 134, 216

Heyder, Hermann 50

Heydrich, Reinhard 380, 383

Hideyoshi 478, 492, 493, 500

Hilferding, Rudolf 431

Hillmann, Rudolf 518

Himmler, Heinrich 308, 309, 378, 395, 506, 518, 534

Hindemith, Paul 60, 61

Hindenburg, Paul von Beneckendorff und 225

Hirano 519

Hiranuma 506

Hirohito 196, 203, 210, 246, 248, 260, 261, 267, 275–278, 295–297, 320, 339, 345, 358, 362, 365, 366, 406, 419, 433, 435, 490, 496–498

Hirota, Koki 359, 440, 441, 478, 479

Hirschfeld, Robert siehe unter Lissner, Ivar

Hitler, Adolf 95, 121, 134, 135, 155, 156, 162, 163, 190, 192, 193, 199, 211, 213–216, 223, 225–228, 230, 235, 237, 248, 260, 261, 264, 267–269, 271, 272, 277, 280, 285, 293, 296, 298, 304, 306, 307, 339, 374, 375, 378, 384, 391, 413–415, 506, 507, 518, 523, 524, 527, 530, 532, 537

Hohenzollern 33

Ho Meng-hsiung 171

Homma 327

Hoover, Herbert 188, 189

Hoover, John Edgar 327

Hornhardt, von 97, 148

Houbart, J. 535
Hoym, Carl 81
Hubatsch, Walter 271
Huber, Franz 519
Hübner, Artur 174–176
Humboldt, Alexander von 536
Hummel, Franz 138, 153
Hunolstein, von 101, 139, 153

Ichijima 519
Ika (Pseudonym von Richard Sorge)
Ikeda, Kamesaburo 344
Ikoma, Yoshitoshi 292, 519, 535
Ilgner, Max 334
Illies 356, 518, 520
Inukai, Ken 245, 249, 316, 519
Inukai, Tsuyoshi 519
Isaacs, Harold 173
Ishii (Miyake), Hanako 204, 237, 318, 323, 519, 523, 535
Iso-gai 261
Isono, Kiyoshi 247, 249, 519
Itagaki 504
Iwamura, Michiyo 319, 323, 519
Iyo, Hiroshi 288, 519
Jacoby, A. 159
Jacquemien, Rudolf 535
Jagow, Traugott von 45
Jakowlew, Jegor W. 534
Jankow-Jablin, Nikolai 123, 519, 520
Jaron 142
Jaszuński, Grzegorz 536
Jewgenia 72
Jingo, Kogo 478, 490, 491
Jodl, Alfred 306
Johann (Deckname von Richard Sorge)
John 121, 125, 128, 150, 151
Johnson, Alex (Pseudonym von Richard Sorge)
Johnson, Chalmers 13, 15, 57, 77, 97, 167, 259, 261, 536
Judenitsch, Nikolai N. 126
Junge 270
Junkers, Hugo 517

Kahlbaum 520
Kahle, Hans 9

Kaieda, Hisataka 245, 249, 520
Kaiser 153
Kant, Immanuel 19
Kapp, Wolfgang 45, 47, 135
Karow 520
Karsch 520
Kartunowa, A. I. 93
Kasuga 376
Kawai, Teikichi 120, 128, 130, 131, 184, 231, 247, 249, 337, 520, 536
Kawakami, Hajime 130
Kawamura, Yoshio 5, 248, 249, 312, 316, 520
Kawatani, Saneyoshi 536
Kazama, Michitaro 536
Kegel, Gerhard 4, 235, 237
Keiper 152
Keitel, Wilhelm 226, 227, 270
Kern, Erich siehe unter Kernmayr, Erich
Kernmayr, Erich 284
Kienast, Wolfgang 536
Kikuchi, Hachiro 249, 520
Kim, Buccie 536
Kirschbaum, Hans G. von 334, 356, 520
Kirst, Hans Hellmut 333, 336, 338, 536
Kishi, Michiso 249, 521
Kitabayashi, Tomo 5, 249, 250, 312, 521
Kitabayashi, Yoshisaburo 249, 521
Klaas, Luisa siehe unter Rimm, Ljuba Iwanowna
Klaas, Selman siehe unter Rimm, Karl Martin
Klausen siehe unter Christiansen-Clausen, Max
Kleist, Ewald von 522
Klopstock, Friedrich Gottlieb 19
Kluth, Hans 536
Knietzsch, Horst 536
Knobelsdorff, Ernst von 101, 139, 153
Kobayashi, Seizo 371, 521
Kobeleff, Nina Semjonowna siehe unter Sorge, Nina
Kölln, Werner 382

Koenen, Wilhelm 52
König, Emma siehe unter Christian-
sen-Clausen, Anna
Köpke, Gerhard 167
Koeppen 152
Koiso (Koizo), Kuniaki 188, 323, 437
Kolesnikow, Michail S. 536
Kolesnikowa, Maria 536
Koltschak, Alexander W. 126
Komarow, E. N. 115
Konno, G. 483
Konoe, Fumimaro 242, 276, 295, 322, 348, 454, 478, 499, 521, 526
Kontschak, Ernst 536
Kordt, Erich 273, 291–293, 304, 372, 373, 415, 417, 521
Korolkow, Juri M. 536
Korsch, Karl 57
Koshiro, Yoshinobu 249, 250, 312, 329, 521
Kotz, Richard 153
Kozai, Yoshishige 536
Krahl, Franz 536
Krapf, Franz 521
Krestinski, Nikolai N. 92
Kretschmer, Alfred 224, 301, 334, 522
Kriebel, Hermann 132–135, 138, 153 – 155, 170
Kristensen, Fredrik 536
Krug, Hans 101, 152, 153
Krummacher, Friedrich Adolf 152–154
Krupp von Bohlen und Halbach 49, 159, 412
Kublai Khan 491, 492
Kuczynski, René 532
Kuehlborn 307
Kung 467
Kuno, Y. 490
Kurusu, Saburo 271
Kusano Genkiti siehe unter Ozaki, Hozumi
Kuusinen, Aino 522
Kuusinen, Otto Wilhelm 61, 62, 78, 233, 522
Kuzumi, Fusako 249, 250, 312, 515, 522

Lamezan, Albrecht von 172
Landauer 148
Lassen, Ernst 152
Lautenschlager, Heinz 108
Leber, Max 139, 141, 152
Le Carré, John 536
Lehmann, Eberhard 536
Lehmann, Otfried 144, 152
Lenin, Wladimir Iljitsch 36, 37, 39, 45, 65, 84, 86, 87, 89, 131, 285, 286, 336, 347, 362, 412, 531
Lessing, Gotthold Ephraim 19
Liebknecht, Karl 25, 39, 45
Liebknecht, Wilhelm 27
Liebmann, Kurt 90
Lietzmann, Joachim 522
Li Nai 91
Lindbergh, Charles Augustus 154
Lindemann, Friedrich 139
Linden, Friedrich 536
Link 139
Lin Piao 171
Lin Yü-nan 171
Liskow, Alfred 265
Lissner, Ivar 227, 260, 261, 301, 307, 315, 376, 377, 380, 381, 522, 537
Litman, A. D. 115
Li Tsujen 476
Liu Dchen-nien 119
Liverpool, Lord Russel of 275
Löhrs, 523
Lohmann, Uwe 537
Lohse 416
Lone Liang 167
Lorenz 176
Lorenz, Wilhelm 152–154
Losowski, Solomon A. 61, 62, 233
Ludendorff, Erich 45, 134, 135
Luedde-Neurath, Kurt 523
Lüttwitz, Walter von 39, 45, 47
Luther, Martin 15
Luxemburg, Rosa 25, 39, 45, 55, 541
Lyushkow 257, 262

MacArthur, Douglas 324, 325, 331, 332, 335
Mader, Julius 1, 3, 4, 77, 95, 99, 121, 175, 177, 181, 267, 375, 537
Magnus, Albrecht 523

Majewski, Viktor 537
Mai-tzu-nei siehe unter Metzener, Walther
Makai, György 537
Maki 370, 523
Makino, Yoshiharu 537
Maldaque, Margarete 97
Manuilski, Dmitri S. 61–63, 75, 233, 523
Marchthaler, Hans Ulrich von 523
Marić, Mihailo 4, 537
Marsh, Benjamin C. 189
Martin, Bernd 91, 135
Martin, Karl 153
Martini, Siegfried 537
Marx, Karl 27, 29, 30, 33, 34, 42, 45, 60, 61, 65, 130, 131, 174, 285, 286, 336, 347, 412, 430, 528, 532
Massing, Hede 537
Matsumoto, Itsuo 249, 523
Matsumoto, Shinichi 536, 537
Matsunaga 523
Matsuoka, Yosuke 246, 271, 329, 371, 527
Matzky, Gerhard 260, 334, 371, 504, 523
Maximowa, Jekaterina Alexandrowna siehe unter Sorge, Jekaterina
Mehner, Karl 91, 135
Mehnert, Enid 223
Mehnert, Klaus 223, 225, 374, 375
Mehring, Franz 25, 33
Meiji 433–435, 438, 492, 493
Meins 59
Meisinger, Josef Albert 293, 300, 305, 317, 378–381, 383, 523, 524
Meissner, Otto 378
Meissner, Hans-Otto 223, 338, 524, 537
Meiswinkel 50
Melchers 50
Mendelsohn, Arnold 61
Mercks, Fred 11, 13
Metzener, Walther 152, 166, 167
Meyer, Constantin 138, 153
Mikimúra 481
Mikojan, Anastas I. 12, 372
Minobes 438

Mirbach-Geldern, L. von 524
Mirowizkaja, R. A. 93
Miyagi, Yotoku 5, 231, 241, 248–250, 253, 256–259, 287, 288, 290, 296, 316, 329, 350, 515, 520–522, 524, 528–530, 532, 533, 538
Miyanishi, Yoshio 245, 249, 524
Miyashita, Hiroshi 537
Mizuno, Shige 5, 247, 249, 259, 312, 320, 524
Moellenhoff, Friedrich 153
Moest, Gerd 537
Mohr, Anita 524
Mohr, Billy 524, 525
Moltke, Helmuth Heinrich von 139, 144, 145
Moltke, Kaj 76, 77, 537
Mori, Takanori 521
Morin, Relman Pat 419, 525
Moritz 153
Mühlen, Hermynia zur 117
Müller, Heinrich 308
Munzinger 544
Mushanokoji, Kintomo 270
Mussolini, Benito 154
Muto 370, 525

Nakama, Sazo 215
Nakamura, Toneo 525
Nakano, Seigo 371, 525
Napoleon I. Bonaparte 19
Nearing, Scott 540
Nehmitz 525
Nehru, Jawaharlal 116
Nernst, Walther 165
Neumann, Fritz 176
Neurath, Konstantin von 227
Neurath, Otto 541
Newmann, Bernard 537
Newman, Joseph 253, 525
Nicolai, Walter 94, 212, 213, 215, 216
Nobel, Alfred 11, 13, 14
Nolte, Ado 166
Nolte, Hans-Erich 153, 166
Noske, Gustav 135
Noulens, Hilaire siehe unter Ruegg, Paul

Obi, Toshito 537
Ogissu, Rippo 259
Ohashi, Hideo 537
Ohashi, Takeo 525, 537
Okai, Yasumasa 249, 525
Osaki 525
Oshima, Hiroshi 218–220, 227–230, 271, 272, 370, 371, 504
Ota, Kozo 525
Ott, Eugen 199, 211–216, 218–231, 237, 262, 272, 277, 283, 291, 292, 298–302, 306, 308, 309 334, 375, 380, 381, 383, 416, 503, 505, 522, 525, 526, 538
Ott, Helma 220, 223, 381, 526
Otto Helmut 23
Ou Tsoch'i siehe unter Ozaki, Hozumi
Ozaki, Hozuki 538
Ozaki, Hozumi 4, 5, 120, 128–131, 183, 184, 241, 242, 244–249, 257, 258, 275, 276, 288, 297, 298, 312, 316–318, 322, 323, 329, 337, 348, 350, 502, 516–521, 523–534, 536–538
Ozaki, Yoko 244

Pabst, Waldemar 45, 154
Panzinger, Friedrich 303
Papen, Franz von 215
Pauchung Shi 476
Paul siehe unter Rimm, Karl Martin
Peet, John 538
Pehnert, Horst 77, 99, 175, 181, 537
Perels, Kurt 46
Perry 493
Petersdorff, Fritz-Julius von 281, 526
Petroikos siehe unter Smedley, Agnes
Petrow, W. 538
Petzold (Pseudonym von Richard Sorge)
Philby, Kim 10
Pieck, Wilhelm 25, 52, 62, 233
Piekelnik, N. 539
Pigott, Francis Stewart 253, 334, 369, 526
Pigott, Juliet 369, 370

Pirner, Hans 152–154
Pjatnizki, (Josef) Ossip A. 61, 233, 526
Plötz 305
Poersgen siehe unter Poerzgen, Hermann
Poerzgen, Hermann 416
Pohle, Franz 138, 153
Polkehn, Klaus 539
Pollak, A. 73
Polo, Marco 478
Ponisowski, Wladimir M. 35, 37, 49 101, 124, 127, 129, 157, 179, 221, 535
Prange, G. W. 539
Pretory, Reinhold 71
Prokofjewa, Maria Timofejewna 72
Protze, Richard 93
Pu I 441

Radó, Sándor 10, 320
Rathenau, Walter 423, 424
Rathert, Bertha 50
Rathgen, Karl 46
Reichert, Franz 526
Reifenberg, Benno 526
Reifenrath, J. W. 539
Reile, Oscar 227, 539
Reimann, Günther 165
Reinhard, Ernst 429, 431, 432, 540
Reinhardt, Helmut 539
Renn, Ludwig 9
Retzmann, Heinrich 159
Reuß 308
Rjasanow, Dawid B. 61
Ribbentrop, Joachim von 221, 226–229, 270, 271, 301, 304, 308, 309, 504, 519, 521, 529
Richter, Josef 50
Richter, Rudolf 265
Ridgway, Matthew 327
Riess, Curt 213, 215, 219, 221, 225, 229
Rimm, Karl Martin 125, 126, 128, 131, 147, 177, 178, 526, 527
Rimm, Ljuba Iwanowna 126–128, 527, 535
Rinzo, Fuwa 84
Ritgen, Wilhelm von 377, 526

Robert (Deckname von Richard Sorge)
Rockefeller, John Davison 167
Röchling, H. 427
Röhm, Ernst J. 134
Rolland, Romain 54
Rostow, Sergej 539
Rotärmel, Antonia 72
Rubens 144, 152
Rüef, Hans 152
Ruegg, Gertrude 171–174, 179
Ruegg, Paul 117, 171–174, 179
Ruland, Bernd 135, 155
Rumjanzewa, Ninel S. 539
Ryuki, Soejima 130

Saenger, Joachim 539
Saida 527
Saigo 527
Saito, Michikazo 539
Saito, N. 439
Sai(y)onji, Kimmochi 433, 498, 527
Sai(y)onji, Kinkazu 247, 249, 312, 316, 527
Salomon, Pfeffer von 213
Sansom, George Baily 527
Sapajou 441
Scharff 257
Scharnhorst, Gerhard von 543
Schaumburg, Otto von 153
Scheel, Klaus 539
Schellenberg, Walter 308, 377, 381, 383, 527
Scherl, August 374
Schiller, Friedrich von 19
Schippel, Hans 159
Schleicher, Kurt von 212–215, 226
Schloss, Justus 99, 107
Schmiedel, Karl 23
Schneller, Ernst 9
Scholl 257, 505, 527
Schorr, B. 115
Schotthöfer, Fritz 527
Schroeder, Paul 50
Schubert, Carl Theodor Conrad von 92
Schuetz, Richard 528
Schützle, Kurt 215

Schulze, Wilhelm 528
Schulze-Boysen, Harro 266
Schwarz, Paul 221
Schwinning, Wilhelm 141
Seeckt, Hans von 58, 59, 95, 168–170
Semanow 92
Seppel siehe unter Weingarten, Sepp
Seps, Jerry B. 135
Seth, Ronald 203, 213, 215, 221, 539
Sethe, Paul 199, 224, 417, 418, 528
Shdankow, Anna siehe unter Christiansen-Clausen, Anna
Shinozuka, Torao 249, 250, 329, 528
Shirakawa, Jiro siehe unter Ozaki, Hozumi
Shiratori, Toshio 371
Shukow, Georgi Konstantinowitsch 264 – 266, 269
Siebler, Hermann 174–176, 528
Sieburg, Friedrich 207, 224, 238, 415, 528
Siemens, Werner von 159, 525
Siemssen 166
Simon 166
Sinaida 72
Sinclair, Upton Beall 117
Sisyphus 408
Six, Franz Alfred 272, 333
Smedley, Agnes 93, 95, 100, 101, 104–106, 112–121, 129, 132, 133, 136–138, 144, 145, 154–156, 159–163, 167, 172, 173, 177, 528, 539
Snow, Edgar 173
Söderbaum, Georg 368, 528
Sommer, Walter 135
Sonja siehe unter Werner, Ruth
Sonter, R. (Pseudonym von Richard Sorge)
Soong, Ching-Ling 118, 119
Soong, Mei-Ling 118
Soong, T. V. siehe unter Sung Tzu-wen
Sorge, Christiane 17, 27, 39, 53–55, 57, 60, 61, 63–65, 71, 73, 78–80, 108, 303, 540
Sorge, Elisabeth Magdalena 32

Sorge, Friedrich Adolph 18, 27–33, 61, 528, 539
Sorge, Georg Wilhelm 29, 31, 32
Sorge, Gotthold Wilhelm 32
Sorge, Gustav Wilhelm Richard 13–15, 17, 18, 20, 32, 41
Sorge, Chlothilde Hedewig 32
Sorge, Hermann 15, 164, 165, 528
Sorge, Hermann Heinrich 29, 32
Sorge, Jekaterina Alexandrowna 185, 186, 191, 234, 508–514, 529, 538
Sorge, Johanne Christiane Elisabeth 32
Sorge, Johann George 32
Sorge, Johann Michael 32
Sorge, Magdalene Natalie 32
Sorge, Nina Semjonowna 15, 32, 36
Sorge, Wolfgang 373, 374
Spartakus 24, 25, 35, 37
Spemann, Kurt 139
Springer, Axel Cäsar 523
Stahmer, Heinrich Georg 189, 277, 304, 317, 326, 327, 349, 371, 529
Stalin, Josef Wissarionowitsch 18, 264, 266, 268, 534, 537, 539
Stark, Oskar 308, 309, 417, 529
Stegemann, Herbert 543
Stein, Bodo von 153
Stein, Guenther 241, 249, 253, 395, 529
Steinhäuser 38
Steinkraus 529
Stennes, Walter 154
Stern, Alfred 99
Stinnes, Hugo 412, 423–425, 541
Stölzner, Erich 149–151, 153
Storry, G. R. 13, 23, 37, 39, 49, 59, 61, 69, 73, 77, 97, 106, 113, 147, 162, 163, 173, 179, 183, 184, 197, 199, 219, 231, 257, 259, 263, 375, 534
Streppel, Kurt 153
Stuchlik, Gerhard 77, 99, 175, 181, 537
Stumm, Gustav Braun von 198, 299, 529
Suetsugu, Nobumasa 220
Sugiyama 478, 479

Sung Tzu-wen 118, 467
Sun Yat-sen 92, 93, 118–121, 173, 515, 532
Suzuki, Kamenosuke 249, 250, 261, 529

Tänzler, Fritz 540
Taguchi, Ugenda 249, 250, 312, 529
Takahashi, Siromo 524
Takahashi, Yu 245, 249, 529
Takata 529
Takeda, Toshiko 249, 529
Tamazawa 530
Tanaka, Shin-ichi 187, 363
Tanaka, Shinjiro 247, 249, 530
Techel 144
Tenno siehe unter Hirohito
Terauchi 504
Thälmann, Ernst 52, 57–59, 62, 84, 213, 233, 530
Thompson, Harold O. 209, 253, 281–283, 530
Thorwald, Jürgen 543
Thyssen, August 52
Tichy, Alois 530
Tjing 441
Togliatti, Palmiro 232
Togo, Shingenori 371
Tojo, Hideki 295, 322, 323, 530
Toledano, Ralph de 543
Tolstoi, Leo (Lew) Nikolajewitsch 54, 55
Truman, Harry 325
Tschang siehe unter Ch'ang
Tschang Fat-kwei 119
Tschang Hsüh-liang 92, 119
Tschang Tschung-tschang 119
Tschang Tsolin 119
Tschechonin, B. 543
Tscherepanow, A. I. 93
Tschernjawski, Witali 543
Tschiang Kai-schek 90–92, 95, 97, 102, 103, 105, 110, 118, 119, 131, 132, 135–137, 140–148, 150, 153–156, 158, 160–162, 165–173, 179, 180, 184, 188, 471, 476
Tschu De 113, 170
Tschuikow, Wassili Iwanowitsch 189

Tschung-tscheng siehe unter
   Tschiang Kai-schek
Tsuyoshi, Inukai 210

Ueda, Tosiro 317, 530
Ugaki, Kazushige 250, 479
Ulbricht, Walter 233, 518
Ulmen, G. L. 57, 61, 101
Ungern-Sternberg, von 187
Urach, Albrecht Eberhard Karl Gero
   Fürst von 4, 254, 368, 370, 530
Urizki, Moses 530
Urizki, Semjon Petrowitsch
   231–233, 530, 531
Ushiba, Tomohiko 247, 249, 531
Utsunomiya 370, 531

Velde, Harold 331, 332
Vogelsang, Thilo 213
Vogt, A. 91
Voors, D. W. 414, 415
Voretzsch, Ernst-Arthur 199
Voukelitch, Branko de siehe unter
   Vukelić, Branko
Vowinckel, Kurt 217, 419, 420, 531,
   543
Vukelić, Branko 5, 241–243, 249,
   251–253, 259, 281–283, 286,
   311–313, 316, 320, 335, 389, 390,
   395, 411, 412, 515–517,
   525–527, 530–532, 534, 543
Vukelić, Edith 241, 249, 251, 531
Vukelić, Hiroshi Lawoslaw siehe un-
   ter Yamasaki-Vukelić, Hiroshi
Vukelić, Slawko 251, 252, 531
Vukelić, Yoshiko siehe unter Yama-
   saki-Vukelić, Yoshiko
Vukovic, Milan 543

Wagner, Wilhelm 103, 108, 159
Waldersee, Alfred von 133
Walker 466
Walther, K. 259
Wangenheim, Eberhard von 97
Wang Hsüeh-wen 128, 130, 131
Wang Jing-wei (Ching-wei) 184, 531,
   538
Warkentin, J. 543
Warneck, Siegfried 247

Watanabe, Masanosuke 210
Watanabe, R. 90
Weber, Fritz 153
Wedemeyer, André 490
Weidemann, Diethelm 115
Weihs 20
Weil, Felix 60
Weil, Hermann 60
Weingarten, Sepp 121, 128, 177
Weise, Rudolf 531
Weizsäcker, Ernst von 227, 229
Welkoborski 144, 153
Wendt 172
Wendt, Carl Friedrich Louis 159
Wennecker, Paul Werner 224, 301,
   329, 334, 357, 532
Werner, Ruth 10, 120, 128, 129, 131,
   146, 147, 157, 159, 165, 532, 543
Wetzell, Georg 133, 135, 136, 138,
   139, 152–154, 170, 179, 180
White, Frederick 162
Wighton, Charles 284, 285, 543
Wilck, Hermann 138
Wilhelm II. 133, 212, 409
Wilhelm, Richard 100, 108, 532
Willi 509
Willoughby, Charles W. 205, 243,
   263, 297, 324–333, 336, 371, 408,
   411, 533, 543
Winarow, Iwan 10, 532, 543
Wittfogel, Karl August 100
Wohlgemuth, Heinz 25
Wohlthat, Helmuth C. H. 230, 300,
   301, 334
Wolf, Dieter 543
Wolkow, F. D. 543, 544
Wu Pei-fu 538
Wute Chen 472

Yamagata 370, 532
Yamakami, Masayoshi 128, 130
Yamamoto, Senji 210
Yamana, Masazane 249, 250, 259,
   312, 532
Yamasaki-Vukelić, Hiroshi Lawoslaw
   335, 532
Yamasaki-Vukelić, Yoshiko 4, 252,
   313, 335, 531, 532, 543
Yamashita, Tomobumi 327

Yamato 490, 491
Yang Liu-ch'ing 128, 130, 131
Yasuda, Tokutaro 248, 249, 290, 291, 312, 532
Yen Hsi-schan 119
Yonai 499
Yoshikawa, Mitsusada 310, 330, 332, 411, 532, 533
Yoshioka, Keiichi 533
Young 427
Yü Ta-wei 166, 167

Yu Hanmau 476
Yuki, Toyotaro 344

Zacharias, Ellis Mark 213, 219, 375
Zanthier, Rudolf von 97
Zeller 218
Zentner, Kurt 284, 285
Zermeyer 533
Zetkin, Clara 25, 45, 50, 52
Zielenziger, Alfred 99
Zimmermann, Wilhelm 153